취득세 실무

취득세
실무

최용원 공인회계사·세무사 지음

매일경제신문사

머리말

우리나라의 지방자치제도가 본격적으로 시작됨에 따라 지방세관계법의 체계도 변화를 거듭하고 있습니다. 2010년 「지방세법」이 정비되기 이전의 지방세는 단일법 체계로 총칙, 세목별 과세요건과 부과·징수, 과세면제와 경감 등 여러 가지 규정이 혼재되어 있어 납세자가 지방세 부과에 관한 내용을 알기 어렵고 법체계의 전문화에 한계가 있었습니다. 그러나 2010년 3월 31일 대대적인 지방세법체계의 개편에 따라 지방세법이 「지방세기본법」, 「지방세법」 및 「지방세특례제한법」으로 분법 되었으며, 세원이 같은 세목 및 유사세목을 통·폐합하는 등 세목체계도 대폭 간소화하였습니다.

그러나 그동안의 지방자치제도의 정착과 지방세체계의 정비에 따라 지방세의 중요성이 증대되었음에도 불구하고 국세분야에 비해 지방세분야에 대한 세무전문가나 납세자의 관심이 부족했던 것이 사실입니다. 특히, 취득세는 그 중요성에도 불구하고 국세가아닌 지방세목에 해당된다는 이유로 그 이론서나 실무서가 부족한 것이 현실입니다. 국세분야에서는 각각의 세목에 대한 다수의 서적이 출간되고 있으나 지방세법 분야에서는 각 세목별 이론 서적이나 실무서적이 전무하다시피한 형편입니다.

종전의 지방세법이 「지방세기본법」, 「지방세법」, 「지방세특례제한법」으로 분법 되고, 이러한 과정에서 종전의 취득세와 등록세가 취득세로 통합되는 대대적인 개편이 진행되었습니다. 이러한 취득세의 개편이후 현재까지 실무에서 많은 혼선이 이루어지고 있는 것이 현실입니다. 이러한 지방세 관련법들의 정비와 변화에 따라 지방세법 중 주요세목인 취득세 실무자들을 위하여 미력이나마 도움이 되고자 그동안 취득세 실무를 담당하면서 취합한 각종 자료들을 바탕으로 새로 정비된 개정내용들을 정리하여 취득세 실무서를 발간하게 되었습니다.

본서는 2014년 12월 31일 이전까지 개정된 지방세 관례법의 내용을 반영하였습니다. 또한 본서는 「지방세기본법」, 「지방세법」 및 「지방세특례제한법」에 규정된 내용 중 취득세의 실무와 직접 또는 간접적으로 관련이 있는 조항들을 취합하여 기술하였습니다. 이론보다는 실무에 중점을 두었으며, 이에 따라 각 규정들과 관련된 실무사례를 발췌하여 다룸으로써 다양한 실무에 참고가 될 수 있도록 하였습니다. 이러한 실무사례는 지방세 관계법이 현행과 같이 정비되기 전의 사례들이 많아 현행의 법률체계와 현저한 차이가 있을 수 있고, 내용면에서도 현행법의 내용과 차이가 있을 수 있습니다. 그러나 그러한 사례들을 다룸으로써 현행법령을 해석하고 이해하고자 하였습니다.

본 졸저를 보시면서 미흡하고 아쉬운 부분이 많으실 것이라 생각됩니다. 이러한 부분에 대하여 많은 질타를 주시면 저자이기 이전에 취득세의 실무를 담당하고 있는 한 사람으로서 앞으로 독자 여러분들과 충분한 논의과정을 거쳐 보다 나은 실무지침서가 만들어질 수 있도록 노력하겠습니다. 본 졸저를 발간하는데 많은 도움을 주신 지방자치단체의 공무원분들, 지방세실무에 종사하시면서 도움을 주신 세무사 및 공인회계사 동료분들에게 감사드립니다. 그리고 이 실무서를 출간해 주신 매경출판 관계자 여러분께 진심으로 감사드립니다.

2015년
공인회계사 최용원

Part 02 | 과세대상자산

Part 03 ｜ 납세의무자

Part 04 | 과세표준과 납세의무의 성립시기

Part 05 | 비과세

Chapter 01. 비과세의 개요와 대상

Part 06 | 취득세의 세율

Chapter 01. 취득세 세율구조

Part 07 | 부과·징수

Part 08 | 취득세의 감면

PART

01

총론

Chapter

01 | 지방세

I. 지방세의 의의

조세는 국가 또는 지방자치단체가 재정수입을 조달할 목적으로 법률에 규정된 과세요건을 충족한 모든 자에게 직접적인 반대급부 없이 부과·징수하는 금전급부이다. 국세는 국가가 과세주체가 되어 부과·징수하는 조세이며, 이와 반대로 지방자치단체가 과세주체가 되어 부과·징수하는 조세는 지방세라 한다. 현행 국세는 14개의 세목으로, 지방세는 11개의 세목으로 이루어져 있다. 지방세는 다시 과세권의 주체에 따라 도세(서울특

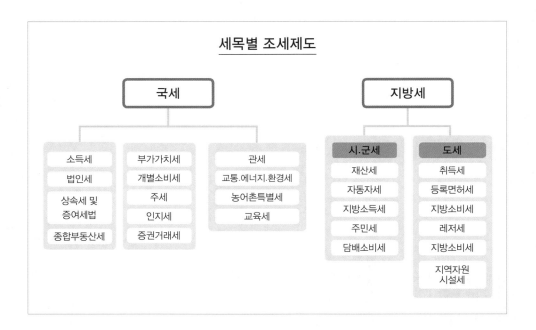

별시세, 광역시세 포함)와 시·군세(구세 포함)로 구분된다.

「지방세법」 제2조 제1항에서는 "지방세란 특별시세, 광역시세, 도세 또는 시·군세, 구세(지방자치단체인 구의 구세를 말함)를 말한다"고 규정하고 있다.

Ⅱ. 지방세의 세목

1. 지방세의 세목

특정한 사용목적에 충당하기 위하여 부과하는 조세를 목적세(目的稅)라 하며, 이러한 목적 없이 일반적인 경비에 충당하기 위하여 부과하는 조세를 일반세(一般稅) 또는 보통세(普通稅)라고 한다. 지방세는 9개의 보통세와 2개의 목적세로서 총 11개의 세목으로 구성되어 있다.

보통세	목적세
1. 취득세 2. 등록면허세 3. 레저세 4. 담배소비세 5. 지방소비세 6. 주민세 7. 지방소득세 8. 재산세 9. 자동차세	1. 지역자원시설세 2. 지방교육세

2. 지방자치단체의 세목

지방세는 과세주체가 하나인 국세와는 달리 각 지방자치단체가 독립된 별개의 과세권을 갖고 관할 구역 내에 과세객체(과세대상)를 소유한 자 또는 주소지를 둔 주민에게 부과하는 조세이다. 그리고 각 세목별 과세주체인 지방자치단체가 각각 규정되어 있다. 특별시세와 광역시세(광역시의 군 지역에서는 도세를 광역시세로 함), 도세, 구세 및 시·군세(광역시의 군세를 포함)는 다음의 표와 같다.

구분	특별시, 광역시	도
특별시, 광역시, 도	취득세 레저세 담배소비세 지방소비세 주민세 지방소득세 자동차세 지역자원시설세 지방교육세	취득세 등록면허세 레저세 지방소비세 지역자원시설세 지방교육세
구, 시, 군	등록면허세 재산세	담배소비세 주민세 지방소득세 재산세 자동차세

〈사례〉 조세의 귀속주체

　「지방세법(1995.12.06 법률 제4995호로 개정된 것)」 제4조, 제6조 제2항 제1호 (가)목, 제53조, 구 「지방세법 시행령(1997.10.01 대통령령 제15489호로 개정되기 전의 것)」 제41조 제1항을 종합하여 볼 때, 시가 도세인 취득세를 신고납부 받아 도에 납입하는 것은 도 사무의 처리에 불과하여 시가 취득세를 신고·납부 받거나 부과·징수한다고 하더라도 이로 인한 취득세의 귀속주체는 도라 할 것이고(대법원 1997.11.11 선고, 97다8427 판결; 2000.09.08 선고, 99두2765 판결 등 참조), 시가 국세인 농어촌특별세와 교육세를 지방세인 취득세와 종합토지세에 부과하여 신고·납부 받거나 부과·징수하여 국고에 납입하는 것은 국가 사무의 처리에 불과하여 시가 농어촌특별세나 교육세를 신고납부 받거나 부과·징수한다고 하더라도 이로 인한 농어촌특별세나 교육세의 귀속주체는 국가라 할 것이다(대법원 1995.02.28 선고, 94다31419 판결; 2000.09.08 선고, 99두2765 판결 등 참조)(대법원 2001.02.23 선고, 2000다58088 판결).

Ⅲ. 지방세법

1. 지방세법의 체계

　지방세법은 「지방세기본법」, 「지방세법」, 「지방세특례제한법」으로 구성되어 있다. 2011년부터 종전의 「지방세법」이 위와 같이 나누어지면서 「지방세기본법」은 지방세 부과·징수에 관한 통칙적 사항, 체납처분, 지방세범칙사건, 지방세구제에 관한 사항을 규정하고, 11개 지방세 세목별 과세요건에 관한 사항은 「지방세법」에서, 지방세 감면에 관한 사항은 「지방세특례제한법」에 규정하고 있다. 당초 종전 「지방세법」이 단일법 체계로 되어 있던 것을 「지방세기본법」, 「지방세법」, 「지방세특례제한법」으로 분법한 것은 종전 「지방세법」이 안고 있던 문제점 즉, 복잡한 법제도에 따른 체계상 혼란, 세정운영 전문화 차원의 한계, 환경변화에 대한 대응능력 저하, 지방세의 특성을 반영한 법령 미비 등의 문제를 해소하기 위한 것이었다. 이러한 문제점을 개선하기 위해, 납세자 권익보호를 위한 제도개선(지방세기본법), 지방세목체계의 간소화(지방세법), 감면관리체계의 효율화(지방세특례제한법)를 그 주요 내용으로 하여 2010년 「지방세기본법」, 「지방세법」, 「지방세특례제한법」의 3가지 법으로 분법되었다.

2. 지방세기본법

　지방세에 관한 기본적 사항과 부과·징수에 필요한 사항 및 위법 또는 부당한 처분에 대한 불복절차, 지방세 범칙행위에 대한 처벌에 관한 사항 등을 규정함으로써 지방세에 관한 법률관계를 분명하게 하고, 과세의 공정을 도모하는 한편, 지방자치단체 주민이 납세의무를 원활하게 이행할 수 있도록 하기 위하여 국세분야의 국세기본법과 같이 지방세에 있어 「지방세기본법」을 제정하였다. 이러한 「지방세기본법」에서는 그동안 지방세 법령에서 사용되고 있음에도 별도의 정의를 하고 있지 아니하여 그 뜻을 분명히 할 수 없는 용어들을 새롭게 정의하여 이 법과 지방세관계법에 대한 이해를 돕고 용어를 명확히 함으로써 해석의 논란을 방지하도록 하였다.

3. 지방세법

지방세의 세목분야를 총괄하는 법으로서 「지방세법」은 세목별 과세요건 및 부과·징수, 그 밖에 과세에 필요한 사항을 체계적으로 규정하였다. 특히 취득세는 「지방세법」 제2장 제6조에서 제22조의 2에서 규정하고 있다. 「지방세법」에서는 취득세와 관련한 과세대상, 납세의무자, 과세표준 및 세율 등 과세요건 등을 명확히 규정하고 「지방세법」 제9조에서는 지방세관계법상 세목에서 납세의무 자체를 부인하는 제도로서 취득세의 비과세 규정을 두고 있다.

4. 지방세특례제한법

「지방세특례제한법」은 지방세 감면 및 특례에 관한 사항과 이의 제한에 관한 사항을 규정하고 있다. 과세면제 및 경감에 관한 규정, 각 세목별로 감면적 성격이 강한 비과세 규정 및 지방자치단체의 감면에 관한 조례 중에서 전국 공통으로 적용되는 감면사항을 「지방세특례제한법」에 일괄 규정하였다. 「지방세특례제한법」은 지방세특례와 관련한 일반적 사항과 각 지방세의 감면내용에 관한 사항 및 지방소득세특례를 규정하는 사항 등으로 구성되어 있다.

5. 지방자치단체의 조례

지방자치단체는 지방세의 세목(稅目), 과세대상, 과세표준, 세율, 그 밖에 부과·징수에 필요한 사항을 「지방세기본법」 또는 지방세관계법에서 정하는 범위에서 조례로 정할 수 있다(지방세기본법 제5조). 또한 조례의 시행에 따르는 절차와 그 밖에 그 시행에 필요한 사항을 규칙으로 정할 수 있다.

취득세의 경우 조례로 정하는 바에 따라 취득세의 세율을 표준세율(지방세법 제11조와 제12조)의 100분의 50의 범위에서 가감할 수 있다(지방세법 제14조 조례에 따른 세율조정). 취득세는 도세로서 서울특별시, 5개의 광역시, 세종자치시, 8개의 도, 제주특별자치도 등 총 16개의 시·도세 조례에 의하여 그 세율을 정하고 있다.

서울특별시의 경우 서울특별시세조례 제4조(세율)에서 "부동산 및 부동산 외 취득에 대한 취득세율은 「지방세법」 제11조 및 제12조에 따른 표준세율을 적용세율로 한다"라고 규정하고 있어 「지방세법」에서 정하는 세율에 의하도록 하고 특별히 가감조정하지 않고 있다.

지방자치단체가 서민생활 지원, 농어촌 생활환경 개선, 대중교통 확충 지원 등 공익을 위하여 지방세의 감면이 필요하다고 인정될 때 또는 특정지역의 개발, 특정산업·특정시설의 지원을 위하여 지방세의 감면이 필요하다고 인정될 때에는 3년의 기간 이내에서 지방세의 세율경감, 세액감면 및 세액공제를 할 수 있다(지방세특례제한법 제4조).

지방자치단체는 지방세 감면을 하려면 「지방세기본법」 제141조에 따른 지방세심의위원회의 심의를 거쳐 조례로 정하여야 한다. 이러한 지방세의 감면관련 조례를 지방세 감면조례라 한다. 취득세는 도세로서 서울특별시, 5개의 광역시, 세종자치시, 8개의 도, 제주특별자치도 등 총 16개의 시·도에서 시·도세 감면조례를 두고 있다.

Ⅳ. 지방세체계 단순화와 지방세구조

과거 지방세는 같은 세원에 대한 중복과세, 유사세목 등으로 세목체계가 복잡하고, 재원조달 기능이 미흡한 영세세목이 포함되어 있어 조세행정의 효율적 운영에 어려움이 있었다. 2011년 지방세목의 전반적인 재조정이 이루어지면서 세원이 같은 세목 및 유사세목을 통·폐합하고, 농·축산업의 경쟁력 강화를 위해 농업소득세와 도축세를 폐지하는 등 세목을 대폭 간소화하였다. 지방세 세목체계의 단순성·투명성을 높임으로써 납세자의 세부담 인식을 명확하게 하고 납세협력비용 및 징세비용을 감소시켜 조세행정의 효율성을 증가시킬 것으로 기대된다.

특히 취득세(지방세법 제6조부터 제22조까지)분야에서는 과거 등록세 중 취득과 관련된 과세대상을 취득세로 통합하고, 신고납부기한을 현행 취득일로부터 30일에서 60일로 대폭 연장하여 납세편의를 제고하였다.

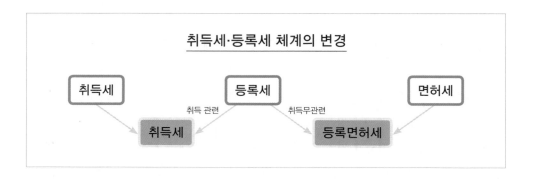

Chapter 02 | 취득세의 의의

Ⅰ. 취득세의 의의

취득세는 지방자치단체가 과세주체가 되어 부과·징수하는 지방세이다. 취득세는 「지방세법」상 도세(특별시세, 광역시세)로 분류되며, 취득세는 계약관계나 사실행위 등의 원인에 의해 이루어지는 재산취득을 대상으로 하여 과세하는 조세로서 그 성격에서 보면 경제적인 측면에서는 유통세, 법률적인 측면에서는 행위세로 분류된다.

유통세는 동산·부동산 기타 재산의 재산권이나 재산가치의 이전 및 가치변동이 발생할 경우 그 사실에 대하여 과세하는 조세이다. 유통세는 유통거래에서 발생하는 이익에 대하여 과세하는 것도 아니고, 또한 국가나 지방정부의 유통보장의 반대급부에 대한 보상도 아니다. 요컨대 유통세는 재산을 취득하는 경우 그와 같은 행위를 소득의 소비로 보아 과세하는 조세에 해당한다. 이와 같이 유통세가 재산을 이전시키는 행위에 대하여 과세하기 때문에 유통세를 행위세라 부르기도 한다. 대법원 판례에서는 취득세를 행위세로 보기도 하고 유통세로 보기도 한다.

Ⅱ. 취득세의 성격

1. 형식설과 실질설

취득세의 성격을 어떻게 파악하느냐에 따라 취득세의 과세대상과 취득세의 성질 자체가 달라지기 때문에 그 성격의 규명은 매우 중요하다. 취득세의 성격을 어떻게 볼 것인지에 대하여는 형식설의 입장과 실질설의 입장이 대립한다.

　형식설에 따르면 취득세는 부동산 등의 소유권이 이동하는 유통과정을 통하여 일어나는 취득이라는 행위에 대하여 과세하는 조세로서 행위적인 성격을 지니고 있으며, 경제적인 측면에서는 유통세에 속한다는 견해이다. 즉, 소유권의 취득이라는 행위가 존재하면 실질적인 취득여부와는 상관없이 취득세를 과세하여야 한다는 것이다. 형식설에 따르면 취득세는 부동산 등의 이전사실 자체에 착안하여 과세하는 것이고, 부동산 등의 취득자가 그 부동산 등을 사용·수익·처분하여 얻는 이익에 착안하여 과세하는 것이 아니기 때문에 유통세에 해당한다고 본다.

　실질설의 입장에서는 취득세를 부동산 등의 재산권을 주요 과세대상으로 하고 있다는 점에서 재산과세의 영역에 속하는 것으로서, 재산권의 이전과정에서 재산의 취득사실을 포착하여 담세력을 추정한다는 점에서 이전적 재산과세라 본다. 이는 실질적 가치취득설이라고도 한다. 즉 소유권의 취득이 있다하더라도 사실상 취득하지 아니한 경우에는 취득세를 과세할 수 없다는 입장이다. 실질설의 입장에서 부동산 등의 취득이란 거래에 있어서 단지 법률적·형식적 견지에서 보아서는 안 되고, 경제적·실질적 관점에서 완전한 소유권의 취득이어야 한다고 본다.

2. 우리나라의 취득세

　헌법재판소는 "취득세는 재산의 이전이라는 사실자체를 포착하여 거기에 담세력을 인정하고 세금을 부과하는 유통세로서 재산의 이전이라는 사실 자체가 발생하는 횟수에 따라 반복적으로 발생 가능한 것"이라 판시하고 있으며, 대법원 판례는 "취득세는 본래 재화의 이전이라는 사실자체를 포착하여 거기에 담세력을 인정하고 부과하는 유통세의 일종으로 취득자가 재화를 사용·수익·처분함으로써 얻을 수 있는 이익을 포착하여 부과하는 것이 아니어서 취득자가 실질적으로 완전한 내용의 소유권을 취득하는가의 여부에 관계없이 사실상의 취득행위 자체를 과세객체로 한다"고 판시하여 형식설의 입장에 있다고 할 수 있다.

　하지만 과점주주의 간주취득세의 경우는 법인소유 물건의 소유권이 법률적으로 과점주주에게 이전되지 않았음에도 그 소유권의 실질이 과점주주에 있다고 간주하여 취득세를 과세함으로써 형식설로는 설명하기 어려운 부분이 있다. 이에 대하여 판례에서 과점주주의 간주취득세 규정은 실질과세원칙을 구현하기 위한 규정이라고 판시하고 있다.

Ⅲ. 취득세의 연혁

우리나라의 취득세는 1909년 4월에 반포되어 동년 10월에 한성시에서만 시행된 토지·가옥소유권취득세와 저당권취득세가 최초이다. 그 후 1926년 도세의 특별세로 부동산 취득세를 설치하였으며, 1936년부터 시행하게 된 지방세에서는 부와 읍·면에 도세부가세로서 부동산 취득세를 부과하였다. 1952년 말 전비조달을 위하여 과세대상에 금고와 소형선박 등을 추가하면서 세목의 명칭을 취득세로 개칭하였으며, 1961년 지방세제 개혁을 통하여 지방세의 체계를 도세와 시·군세로 하고, 도 독립세인 취득세에 시군세로서 취득세 부가세를 과세하였다. 1963년에 기계장비, 선박 등의 종류변경을 과세대상에 추가하였으며, 1967년에는 과점주주 간주취득세 제도를 신설하였다. 1969년에는 토지의 지목변경으로 인한 가액증가분을 취득세의 과세대상에 추가하였다. 또한 1984년에는 항공기가, 1990년에는 골프회원권과 콘도미니엄회원권이, 1994년에는 종합체육시설이용권을, 2005년에는 승마회원권을 취득세의 과세대상에 포함하였다. 한편, 2011년에는 지방세목의 전반적인 재조정이 이루어짐에 따라 지방세가 16개 세목에서 11개 세목으로 단순화되면서 기존의 취득세와 등록세가 통합되어 취득세로 일원화되었다.

Ⅳ. 취득세 관계법

취득세는 현행 지방세의 11개 세목중 하나로서 「지방세기본법」, 「지방세법」, 「지방세특례제한법」, 「조세특례제한법」 및 지방자치단체조례 및 감면조례에서 규정하고 있다. 「지방세기본법」은 지방세에 관한 기본적 사항과 부과·징수에 필요한 사항 및 위법 또는 부당한 처분에 대한 불복절차, 지방세 범칙행위에 대한 처벌에 관한 사항 등을 규정하고 있다. 「지방세법」은 세목별 과세요건 및 부과·징수, 그 밖에 과세에 필요한 사항을 체계적으로 규정하였으며 취득세는 「지방세법」 제2장 제6조에서 제22조의 2에 정하고 있다. 한편, 취득세의 과세면제·경감에 관한 사항은 「지방세특례제한법」 및 지방자치단체의 감면조례에서 규정하고 있다.

V. 취득세의 세입규모와 연도별 추이

취득세는 아래의 지방세 및 취득세의 세수추이에서 볼 수 있는 바와 같이 2012년 총 지방세 세수의 약 30%에 해당하며 그 금액은 약 14조 원 규모이다.

연도별 지방세 및 취득세의 세수

(단위: 억 원)

구분	2000년	2001년	2002년	2003년	2004년	2005년	2006년	2007년	2008년	2009년	2010년	2011년	2012년
지방세	206,006	266,649	315,257	331,329	342,017	359,774	412,937	435,243	454,797	451,678	491,598	523,001	539,381
취득세	31,438	37,825	52,782	55,029	53,661	66,490	76,675	72,615	69,160	66,439	68,249	138,765	138,024
등록세	45,276	55,867	75,045	75,500	67,158	67,837	79,495	72,536	71,429	71,314	73,701	0	0
취·등록세	76,758	93,692	127,827	130,528	120,819	134,236	156,170	145,151	140,589	137,752	141,950	138,765	138,024
비율	37%	35%	41%	39%	35%	37%	38%	33%	31%	30%	29%	27%	26%

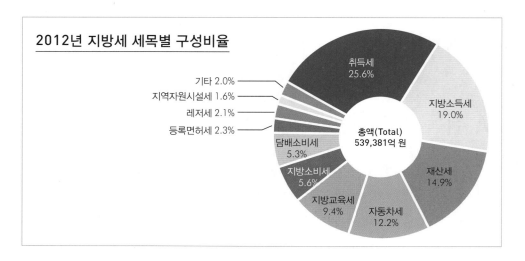

2012년 지방세 세목별 구성비율

취득세 25.6%
지방소득세 19.0%
기타 2.0%
지역자원시설세 1.6%
레저세 2.1%
등록면허세 2.3%
담배소비세 5.3%
지방소비세 5.6%
지방교육세 9.4%
자동차세 12.2%
재산세 14.9%
총액(Total) 539,381억 원

VI. 취득세의 요약

취득세의 과세대상자산, 납세의무자, 세율 등 주요한 사항을 요약하면 다음과 같다.

구분		내용	
과세 대상 자산	부동산	토지, 건축물, 특정시설물	
	동산	차량, 기계장비, 항공기, 선박	
	산업재산권	광업권, 어업권	
	회원권	골프회원권, 승마회원권, 콘도미니엄회원권, 종합체육시설이용회원권, 요트회원권	
	기타	입목	
납세 의무자 (취득한 자)	승계취득	매매, 교환, 현물출자	
	무상취득	상속, 증여, 기부	
	원시취득	건축, 공유수면의 매립, 간척에 의한 토지의 조성, 광업권·어업권의 출원	
	간주취득	개수, 지목변경, 종류변경, 과점주주의 취득	
세율	부동산	일반적인 취득	4%(농지 3%)
		무상취득	상속: 2.8%(농지 2.3%) 증여, 기부: 3.5% (비영리공익사업자 2.8%)
		원시취득	2.8%
		공유물, 합유물, 총유물분할	2.3%
		주택 유상거래	6억 원 이하: 1% 6억 원 초과 9억 원이하: 2% 9억 원 초과: 3%
	선박	일반적인 취득	3%
		무상취득	상속: 2.5% 기부, 증여: 3%
		원시취득, 수입, 주문건조	2.02%
	차량	비영업용승용자동차	7%
		그 밖의 자동차	2~5%
	기계장비	건설기계관리법에 따른 등록대상 기계장비	3%
		건설기계관리법에 따른 등록대상이 아닌 기계장비	2%
	항공기	항공법 제3조 단서에 따른 항공기	2%
		그 밖의 항공기(최대이륙중량이 5,700㎏ 이상인 항공기)	2.02%(2.01%)
	기타	입목, 광업권 또는 어업권, 골프회원권, 승마회원권, 콘도미니엄 회원권, 종합체육시설 이용회원권 또는 요트회원권	2%
	중과세율	① 대도시내 본점, 주사무소용	표준세율 + 중과기준세율(2%) × 2
		② 대도시내 법인설립 등	표준세율 × 3 - 중과기준세율(2%) × 2
		①, ②동시적용	표준세율 × 3
		③ 사치성재산	표준세율 + 중과기준세율(2%) × 4
		①또는 ②와 ③이 동시적용	표준세율 × 3 + 중과기준세율(2%) × 2

과세표준	원칙	취득당시의 가액
	예외	시가표준액
취득일	기부, 증여	계약일, 등기·등록일중 빠른 날
	상속, 유증	상속개시일 또는 유증개시일과 등기·등록일 중 빠른 날
	건축, 개수	사용승인일, 임시사용승인일, 사실상 사용일 중 빠른 날
	연부취득	사실상의 연부금 지급일, 등기·등록일 중 빠른 날
신고 납부 기한	일반취득	그 취득한 날로부터 60일
	상속	상속개시일이 속하는 달의 말일부터 6개월
	실종	실종선고일이 속하는 달의 말일부터 6개월
	외국주소	그 취득한 날부터 9개월
납세지	부동산	부동산의 소재지
	차량	자동차관리법에 따른 등록지. 다만, 등록지가 사용본거지와 다른 경우에는 사용본거지
	기계장비	건설기계관리법에 따른 등록지
	항공기	항공기의 정치장(定置場) 소재지
	선박	선적항 소재지
	입목	입목 소재지
	광업권	광구 소재지
	어업권	어장소재지
	회원권	골프장 등의 소재지, 요트보관소의 소재지

용어의 정의

Ⅰ. 지방자치단체 등

1. 지방세관계규정의 적용

「지방세기본법」과 지방세관계법에 별도의 규정이 있는 경우를 제외하고는 도(道)에 관한 규정은 특별시와 광역시에, 시·군에 관한 규정은 구에 각각 준용한다. 이 경우 '도', '도세', '도지사' 또는 '도공무원'은 각각 '특별시와 광역시', '특별시세와 광역시세', '특별시장과 광역시장' 또는 '특별시공무원과 광역시공무원'으로, '시·군', '시·군세', '시장·군수' 또는 '시·군공무원'은 각각 '구', '구세', '구청장' 또는 '구공무원'으로 본다.

2. 지방자치단체

지방자치단체란 특별시·광역시·도·시·군·구(자치구)를 말한다. 지방자치단체는 일정한 지역을 기초로 하는 자치적 공공단체로서 지역사회를 기반으로 하여 그 주민이 공통적 이해관계 사항을 스스로 처리하도록 법인격이 부여된 공법인을 의미한다. 지방자치단체에는 서울특별시·광역시·도·시·군·자치구(특별시 또는 광역시의 구)가 있다. 시의 요건은 인구 5만 이상이며 인구 50만 이상의 시에 둘 수 있는 일반구는 자치구에 포함되지 않는다. 지방자치단체 및 지방자치단체의 장 중 '구' 및 '구청장'은 자치구만을 말하며, 일반시(성남시, 부천시, 안양시 등)의 행정구는 자치구에 포함되지 않는다.

3. 지방자치단체의 장

지방자치단체의 장이란 특별시장·광역시장·도지사·시장·군수·구청장(자치구의 구청장)을 말한다. 그러므로 성남시나 부천시와 같이 자치구가 아닌 구의 구청장이나 행정자치부장관은 지방자치단체의 장에 해당하지 않는다.

4. 세무공무원

세무공무원이란 지방자치단체의 장 또는 지방세의 부과·징수 등에 관한 사무에 대하여 그 위임을 받은 공무원을 말한다. 이 위임에는 권한위임과 내부위임 모두를 포함한다. 따라서 행정자치부장관은 「지방세법」상의 세무공무원에 해당하지 아니한다. 권한위임이란 사무에 대한 권리·의무를 완전히 수임자의 책임 하에 수행하는 것으로서 특별시세와 광역시세를 구청장이 위임 징수하는 것이나, 도세를 시장·군수가 위임 징수하는 것이 여기에 포함된다. 내부위임은 기관의 내부적으로만 사무를 위임하여 처리하고, 대외적으로는 당초 위임자인 기관장 명의로 이루어지는 것을 말한다.

5. 지방자치단체조합

지방자치단체조합이란 「지방자치법」 제159조 제1항에 따른 지방자치단체조합을 말한다. 「지방자치법」 제159조 제1항에 따르면 2개 이상의 지방자치단체가 하나 또는 둘 이상의 사무를 공동으로 처리할 필요가 있을 때에는 규약을 정하여 그 지방의회의 의결을 거쳐 시·도는 행정자치부장관의, 시·군 및 자치구는 시·도지사의 승인을 받아 지방자치단체조합을 설립할 수 있다. 다만, 지방자치단체조합의 구성원인 시·군 및 자치구가 2개 이상의 시·도에 걸치는 지방자치단체조합은 행정자치부장관의 승인을 받아야 한다. 지방자치단체조합은 법인으로 한다.

Ⅱ. 과세표준과 세율

1. 과세표준

과세표준이란 「지방세법」에 따라 직접적으로 세액산출의 기초가 되는 과세물건의 수량·면적 또는 가액(價額) 등을 말한다. 과세물건을 금액으로 계량화 하면 종가세, 수량·면적·건수 등으로 계량화 하면 종량세라 한다.

2. 세율

세율이란 조세부과를 위해 적용하는 비율을 말하는 바 일정률 또는 일정액으로 규정되며 반드시 법률로서 규정되어야 한다. 세율의 종류로는 비례세율(일정세율), 누진세율, 표준세율, 제한세율, 임의세율 등이 있다. 종가세의 경우에는 세율이 백분비 또는 천분비 등으로 표시되며, 종량세의 경우에는 세율이 금액으로 표시된다.

표준세율이란 지방자치단체가 지방세를 부과할 경우에 통상 적용하여야 할 세율로서 재정상의 사유 또는 그 밖의 특별한 사유가 있는 경우에는 이에 따르지 아니할 수 있는 세율을 말한다. 보통 「지방세법」에서는 표준세율로 규정해 놓고 지방자치단체의 조례로 50%의 범위 내에서 가감조정 할 수 있도록 하고 있다. 따라서 실제 적용세율은 지방자치단체의 조례를 따라야 한다. 「지방세기본법」은 '재정상 기타 특별한 사유가 있다고 인정되는 경우'에 조례로 가감조정 할 수 있도록 하고 있어 그 범위를 포괄적으로 규정하고 있다. 현재 표준세율로 되어 있는 지방세는 취득세, 균등분주민세(개인균등분은 제외), 소득분 지방소득세, 소유분 자동차세, 지역자원시설세, 재산세가 있다.

Ⅲ. 과세표준신고서와 납세고지서

1. 과세표준신고서

과세표준신고서에는 과세표준신고서와 과세표준수정신고서가 있다. 과세표준신고서란 지방세의 과세표준·세율·납부세액 등 지방세의 납부 또는 환급을 위하여 필요한 사항을 기재한 신고서를 말한다. 과세표준수정신고서란 처음 제출한 과세표준신고서의 기재사항을 수정하는 신고서를 말한다.

2. 납세고지서

납세고지서란 납세자가 납부할 지방세에 대하여 그 부과의 근거가 되는 법률 및 해당 지방자치단체의 조례의 규정, 납세자의 주소, 성명, 과세표준, 세율, 세액, 납부기한, 납부 장소, 납부기한까지 납부하지 아니한 경우에 취하여지는 조치 및 부과의 위법 또는 착오가 있는 경우의 구제방법 등을 기재한 문서로서 세무공무원이 작성한 것을 말한다.

납세고지서에 관한 규정은 헌법이 규정하는 조세법률주의의 대원칙에 따라 과세관청으로 하여금 자의를 배제하고 신중하고도 합리적인 처분을 행하게 함으로써 조세행정의 공정성을 기함과 동시에 납세의무자에게 부과처분의 내용을 상세하게 알려서 불복 여부의 결정 및 그 불복신청에 편의를 주려는데 그 입법취지가 있다. 그러므로 납세고지서에는 납세의무자가 부과처분의 내용을 상세하게 알 수 있도록 과세대상재산을 특정하고 그에 대한 과세표준액, 적용할 세율 등의 세액의 산출근거를 구체적으로 기재하여야 하고 이 규정은 강행규정으로서 이 법령이 요구하는 사항 중 일부를 누락시킨 하자가 있는 경우 그 부과처분은 위법하다(대법94누12708, 1996.04.26). 따라서 이러한 법정 기재사항이 누락되면 고지의 효력이 없게 되어 해당 과세처분은 무효가 된다.

Ⅳ. 납세의무자 등

1. 납세의무자

납세의무의 주체, 즉 법률상 조세채무를 부담하는 자를 납세의무자라 한다. 넓은 의미의 납세의무자는 본래 자기의 세금을 납부하여야 할 의무가 있는 자뿐 아니라, 다른 사람과 연대하여 납세의무가 있는 연대납세의무자 및 다른 사람의 세금을 자기가 2차적으로 납부할 의무가 있는 제2차 납세의무자 등이 포함된다. 따라서 세금을 궁극적으로 부담하는 담세자와는 구분되는 개념이다. 「지방세법」상 납세의무자란 「지방세법」에 따라 지방세를 납부할 의무(지방세를 특별징수하여 납부할 의무는 제외)가 있는 자를 말한다.

2. 납세자

납세자란 납세의무자(연대납세의무자와 제2차납세의무자 및 보증인을 포함)와 「지방세법」에 따라 지방세를 특별징수하여 납부할 의무를 지는 자를 말한다.

(1) 제2차 납세의무자

제2차 납세의무자란 납세자가 납세의무를 이행할 수 없는 경우에 납세자를 갈음하여 납세의무가 있는 자를 말한다. 납세자에 갈음하여 납세의무를 지므로 본래의 납세의무자는 물론 연대납세의무자, 제2차 납세의무자, 납세보증인, 특별징수의무자의 제2차 납세의무도 부담할 수 있다.

(2) 보증인

보증인이란 납세자의 지방세·가산금 또는 체납처분비의 납부를 보증한 자를 말한다. 보증인은 본래의 납세의무자는 물론 연대납세의무자, 제2차 납세의무자, 납세보증인, 특별징수의무자의 납세의무도 보증할 수 있다.

(3) 특별징수의무자

특별징수의무자란 특별징수에 의하여 지방세를 징수하고 이를 납부할 의무가 있는 자를 말한다. 「지방세법」상 특별징수의무는 소득분 지방소득세, 담배소비세, 주행분 자동차세, 등록분 등록면허세, 지방소비세 등이 있다. 소득세를 원천징수할 때 지방소득세도 함께 특별징수 하여야 하기 때문에 이 경우 소득세의 원천징수의무자가 지방소득세의 특별징수의무자가 된다.

V. 신고납부 등

1. 신고납부

신고납부란 납세의무자가 그 납부할 지방세 또는 특별징수의무자가 그 징수한 지방세의 과세표준과 세액을 신고하고 그 신고한 세금을 납부하는 것을 말한다.

2. 부과

부과란 지방자치단체의 장이 「지방세기본법」 또는 지방세관계법에 따라 납세의무자에게 지방세를 부담하게 하는 것을 말한다.

3. 징수

징수란 지방자치단체의 장이 「지방세기본법」 또는 지방세관계법에 따라 납세자로부터 지방자치단체의 징수금을 거두어들이는 것을 말한다. 징수에는 보통징수와 특별징수가 있다.

보통징수란 세무공무원이 납세고지서를 해당 납세자에게 발급하여 지방세를 징수하는 것을 말한다. 특별징수란 지방세를 징수할 때 편의상 징수할 여건이 좋은 자로 하여금 징수하게 하고 그 징수한 세금을 납부하게 하는 것을 말한다. 편의상 징수할 여건이 좋은 자에 대하여 지방세관계법은 구체적으로 규정하고 있지는 않으나, 징수의 편의 있는 자라 함은 지방세의 납세의무자와 소득의 지급, 거래 등과 같은 특별한 관계를 형성한 자로서 지방세관계법 규정에 의해 지방세의 징수를 위임받은 자라 할 수 있다. 징수의 편의 있는 자는 지방세관계법 규정에 의해 징수한 지방세를 법에서 정한 기간 내에 납부하여야 한다. 「지방세법」에는 등록면허세, 소득분 지방소득세, 주행분 자동차세, 담배소비세에 특별징수를 도입하고 있다.

Ⅵ. 징수금, 가산세, 가산금, 체납처분비, 공과금

1. 지방자치단체의 징수금

지방자치단체의 징수금이란 지방세와 가산금 및 체납처분비를 말한다. 가산세는 해당 지방세에 가산하여 부과되기 때문에 이미 지방세에 포함된다. 지방자치단체가 납세의무자의 의무불이행을 들어 체납처분을 하는 근본채권은 지방세와 가산금이다. 그러나 지방자치단체가 납세의무자의 소유재산을 압류하는 경우에는 이 지방자치단체의 징수금 채권에 체납처분비가 가산된다. 납세의무자가 체납처분으로 부동산이 압류된 후 그 압류처분을 해제받기 위해서는 지방세와 가산금 이외에 체납처분비까지 납부하여야 한다.

2. 가산세

가산세란 「지방세기본법」 또는 지방세관계법에서 규정하는 의무의 성실한 이행을 확보하기 위하여 의무를 이행하지 아니할 경우에 「지방세기본법」 또는 지방세관계법에 따라 산출한 세액에 가산하여 징수하는 금액을 말한다. 다만, 가산금은 이에 포함하지 아니한다. 가산세는 과세권의 행사 및 조세채권의 실현을 용이하게 하기 위한 제도로서 납세의무자가 의무이행을 해태하였을 때 가해지는 일종의 행정벌의 성격을 지니고 있다.

지방세에서는 취득세나 등록면허세와 같이 신고와 납부를 일정한 기한 내에 하지 않을 경우와 특별징수의무자가 특별징수한 지방세를 기한 내에 납입하지 않을 경우 등 주로 지방세를 일정한 기간 내에 신고 또는 납부하지 않을 경우에 가산세가 부과된다.

3. 가산금과 중가산금

(1) 가산금

지방세를 납부기한까지 완납하지 아니할 때에는 그 납부기한이 지난날부터 체납된 지방세의 100분의 3에 상당하는 가산금을 징수한다. 다만, 국가와 지방자치단체(지방자치단체조합을 포함)에 대하여는 가산금을 징수하지 아니한다.

가산금이란 지방세를 납부기한까지 납부하지 아니한 때에 고지세액에 가산하여 징수하는 금액을 말한다. 가산금은 납기가 경과하면 자동적으로 가산되는 연체이자적 성격의 금액으로서 독촉의 절차와는 관계없이 자동적으로 부가된다. 그러므로 가산금의 부과에는 특별한 규제사항은 없으나, 과세권자가 고지서의 송달을 적법하게 하지 못하여 납세의무자 또는 특별징수의무자가 고지서를 수령 못함으로써 납기가 경과하여 가산금이 부가되었다면 이는 취소되어야 한다.

취득세를 자진신고납부하지 않아 가산세를 포함하여 부과하였으나 납기 내에 납부하지 않을 경우는 가산금이 부과되며, 이를 다시 납부하지 않을 경우에는 1개월이 경과할 때마다 중가산금이 추가된다. 또한 자진신고납부의무가 없는 지방세 체납 시는 가산세는 부과되지 않으나 가산금은 부과된다.

(2) 중가산금

납부기한이 지난 후 일정기한까지 납부하지 아니할 때에 그 금액에 다시 가산하여 징수하는 금액을 말한다. 체납된 지방세를 납부하지 아니한 때에는 납부기한이 지난날부터 1개월이 지날 때마다 체납된 지방세의 1,000분의 12에 상당하는 가산금(중가산금)을 가산금에 더하여 징수한다. 중가산금을 가산하여 징수하는 기간은 60개월을 초과하지 못하며 체납된 납세고지서별 세액이 30만 원 미만일 때에는 적용하지 아니한다. 이 경우 같은 납세고지서에 둘 이상의 세목이 함께 적혀 있는 경우에는 세목별로 판단한다. 외국의 권한 있는 당국과 상호합의절차가 진행 중이라는 이유로 체납액의 징수를 유예한 경우에는 중가산금을 적용하지 아니하고 「국제조세조정에 관한 법률」 제24조 제5항에 따른 가산금에 대한 특례를 적용한다.

4. 체납처분비

체납처분비란 체납처분에 관한 규정에 따른 재산의 압류·보관·운반과 매각에 드는 비용(매각을 대행시키는 경우 그 수수료를 포함)을 말한다.

5. 공과금

공과금이란 「지방세기본법」 또는 「국세징수법」에서 규정하는 체납처분의 예에 따라 징수할 수 있는 채권 중 국세·관세·임시수입부가세 및 지방세와 이에 관계되는 가산금 및 체납처분비 외의 것을 말한다.

6. 지방세의 징수절차

지방세의 징수절차에는 임의적 징수절차와 강제적 징수절차가 있다. 임의적 징수절차는 납세의 고지 및 독촉에 의한 징수절차를 말하며, 강제적 징수절차는 독촉에 의한 납부기한까지 지방세 등을 완납하지 않은 경우에 압류·매각·청산의 과정을 통해 납세자의 재산에 대해 강제집행을 하는 것을 말한다. 이러한 강제적 징수절차를 체납처분이라고 한다.

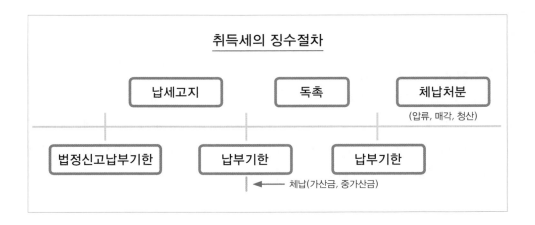

Ⅶ. 기간과 기한

1. 기간

(1) 기간의 계산

기간이란 한 시점에서 다른 시점까지 계속되는 시간을 말한다. 예를 들면, 소득세의 과세기간은 매년 1월 1일부터 12월 31일까지로 규정되어 있다. 「지방세기본법」 또는 지방세관계법과 지방세에 관한 조례에서 규정하는 기간의 계산은 「지방세기본법」 또는 지방세관계법과 해당 조례에 특별한 규정이 있는 것을 제외하고는 「민법」을 따른다. 따라서 기간의 계산에 관하여 「지방세기본법」은 「민법」에 대해 특별법적 지위를 가진다고 볼 수 있다. 「민법」의 기간계산규정은 다음과 같다.

(2) 초일불산입, 말일산입

기간을 일·주·월 또는 연으로 정한 때에는 기간의 초일은 산입하지 않는다. 그러나 예외적으로 다음과 같은 경우에는 초일을 산입한다. 한편, 기간을 일·주·월 또는 연으로 정한 때에는 기간말일의 종료로 기간이 만료한다.

① 그 기간이 오전 0시로부터 시작하는 때(법령의 시행일 등).
② 연령계산시.
③ 세법에 특별한 규정이 있는 경우.

(3) 역에 의한 기간계산

역에 의하여 기간을 계산하므로 연의 평윤, 월의 대소를 따지지 않고 한결같이 1년 또는 1월로 계산한다. 주·월·연의 처음으로부터 기간을 기산하지 아니한 때에는 최후의 주·월·연에서 그 기산일에 해당하는 날의 전일로 기간은 만료하며, 최후의 월에 해당하는 일이 없는 때에는 그 월의 말일로 기간은 만료한다.

2. 기한

(1) 기한의 개념

기한이란 법률행위의 효력의 발생·소멸 또는 채무의 이행을 위하여 정해진 일정한 시점을 말한다. 기한은 시기와 종기 두가지로 구분할 수 있다.

시기(始期)란 법률행위의 효력의 발생 또는 채무의 이행시기를 장래의 확정적 사실의 발생에 의존하게 하여 언제부터로 표시한 기한을 말한다. 종기(終期)란 법률행위의 효력의 소멸을 장래의 확정적 사실의 발생에 의존하게 하여 언제까지로 표시한 기한을 말한다.

(2) 기한의 특례

1) 신고 등의 기한이 공휴일에 해당하는 경우

「지방세기본법」 또는 지방세관계법에서 규정하는 신고·신청·청구, 그 밖의 서류의 제출·통지·납부 또는 징수에 관한 기한이 공휴일·토요일이거나, 「근로자의 날 제정에 관한 법률」에 따른 근로자의 날일 때에는 그 다음 날을 기한으로 한다.

2) 지방세정보통신망이 장애로 가동이 정지된 경우

「지방세기본법」 또는 지방세관계법에서 규정하는 신고일 또는 납부기한일에 지방세정보통신망이 정전, 통신상의 장애, 프로그램의 오류, 그 밖의 부득이한 사유로 인한 장애로 가동이 정지되어 전자신고 또는 전자납부를 할 수 없는 경우에는 그 장애가 복구되어 신고 또는 납부할 수 있게 된 날의 다음 날을 기한으로 한다.

(3) 법정신고기한

기한이란 법률행위의 효력발생·소멸이나 채무이행을 위하여 정해진 일정한 시점으로서, 법정신고기한이란 「지방세기본법」 또는 지방세관계법에 따라 과세표준 신고서를 제출할 기한을 말한다.

3. 우편신고 및 전자신고의 효력발생시기

(1) 우편신고

우편으로 과세표준신고서, 과세표준수정신고서, 경정청구에 필요한 사항을 기재한 경정청구서 또는 이와 관련된 서류를 제출한 경우 우편법령에 따른 통신날짜도장이 찍힌 날에 신고된 것으로 본다(발신주의). 다만, 통신날짜도장이 찍히지 아니하였거나 분명하지 아니할 때에는 통상 걸리는 우편 송달 일수를 기준으로 발송한 날에 해당한다고 인정되는 날에 신고한 것으로 본다. 「민법」에서는 의사표시의 효력발생시기에 관한 일반원칙으로서 도달주의를 채택하고 있으며, 세법에서도 과세관청 또는 납세자의 의사표시의 효력발생시기와 관련하여 도달주의를 원칙으로 한다. 다만, 납세자가 우편으로 서류 등을 제출하는 경우에는 우편물의 배달지연으로 인하여 권리의 침해를 당할 우려가 있으므로 예외적으로 발신주의를 인정하고 있는 것이다.

(2) 전자신고

과세표준신고서, 과세표준수정신고서, 경정청구에 필요한 사항을 기재한 경정청구서 또는 이와 관련된 서류를 지방세정보통신망으로 제출하는 경우에는 지방세정보통신망에 입력된 때에 신고된 것으로 본다.

4. 기한의 연장

(1) 기한연장

천재지변 등의 사유로 「지방세기본법」 또는 지방세관계법에서 규정하는 신고·신청·청구 또는 그 밖의 서류의 제출·통지나 납부를 정하여진 기한까지 할 수 없다고 지방자치단체의 장이 인정하는 경우와 납세자가 기한연장을 신청한 경우에는 지방자치단체의 장은 그 기한을 연장할 수 있다.

(2) 기한연장사유

기한의 연장사유는 다음과 같다.

① 천재지변, 사변(事變), 화재(火災).

② 납세자가 재해 등을 입거나 도난당한 경우.

③ 납세자 또는 그 동거가족이 질병으로 인하여 위독하거나 사망하여 상중(喪中)인 경우.

④ 권한 있는 기관에 장부·서류가 압수되거나 영치된 경우.

⑤ 정전, 프로그램의 오류, 그 밖의 부득이한 사유로 지방자치단체의 금고가 운영하는 정보처리장치 또는 지방세 수납대행기관 또는 세입금통합 수납처리시스템의 정보처리장치나 시스템을 정상적으로 가동시킬 수 없는 경우.

⑥ 납세자가 그 사업에 심각한 손해를 입거나 그 사업이 중대한 위기에 처한 경우(납부의 경우에 한정).

⑦ 기타 천재지변 등에 준하는 사유가 있는 경우.

(3) 기한연장에 따른 담보제공의 요구

납부기한을 연장하는 경우 지방자치단체의 장은 납부할 금액에 상당하는 담보의 제공을 요구할 수 있다. 다만, 위의 기한연장사유 중 ②, ③, ⑤, ⑥의 사유로 담보 제공을 요구하기 곤란하다고 인정될 때에는 그러하지 아니하다.

(4) 기한연장의 신청과 승인

1) 기한연장의 신청

기한연장을 신청하려는 납세자는 기한 만료일 3일 전까지 다음 각각의 사항을 적은 신청서를 해당 지방자치단체의 장에게 제출하여야 한다. 이 경우 지방자치단체의 장은 기한연장을 신청하는 자가 기한 만료일 3일 전까지 신청할 수 없다고 인정되는 경우에는 기한의 만료일까지 신청하게 할 수 있다.

① 기한의 연장을 받으려는 자의 주소, 거소, 영업소 또는 사무소(전자송달인 경우에

는 행정자치부장관이 고시하는 정보통신망에 가입된 명의인의 전자우편주소 또는 지방세정보통신망의 전자사서함)와 성명.

② 연장을 받으려는 기한.

③ 연장을 받으려는 사유.

④ 그 밖에 필요한 사항.

2) 승인여부통지

① 개별통지: 지방자치단체의 장이 기한의 연장을 결정하였을 때에는 문서로 지체 없이 납세자에게 통지하여야 하며, 기한연장을 신청하는 자가 기한 만료일 3일 전까지 신청할 수 없다고 인정되는 경우에는 기한 만료일까지 그 승인 여부를 통지하여야 한다.

② 관보 등에 의한 통지: 다음의 어느 하나에 해당하는 경우에는 지방세정보통신망 또는 해당 지방자치단체의 게시판에 게시하거나 관보·공보 또는 일간신문에 게재하는 방법으로 통지를 갈음할 수 있다. 이 경우 지방세정보통신망에 게시하는 방법으로 통지를 갈음할 때에는 해당 지방자치단체의 게시판에 게시하거나 관보·공보 또는 일간신문에 게재하는 방법 중 하나의 방법과 함께 하여야 한다.

ⓐ 정전, 프로그램의 오류, 그 밖의 부득이한 사유로 전국적으로 한꺼번에 정보처리장치나 시스템을 정상적으로 가동시킬 수 없는 경우.

ⓑ 기한연장의 통지대상자가 불특정 다수인인 경우.

ⓒ 기한연장의 사실을 그 대상자에게 개별적으로 통지할 시간적 여유가 없는 경우.

3) 승인의제

「지방세기본법」또는 지방세관계법에서 정한 납부기한 만료일 10일 전에 납세자의 납부기한연장신청에 대하여 지방자치단체의 장이 신청일부터 10일 이내에 승인 여부를 통지하지 아니하면 그 10일이 되는 날에 납부기한의 연장을 승인한 것으로 본다.

(5) 기한연장과 분납기한 등

기한연장의 기간은 그 기한연장을 결정한 날의 다음 날부터 6개월 이내로 하고, 그 기간 중의 분납기한 및 분납금액은 지방자치단체의 장이 정한다. 이 경우 지방자치단체의 장은 가능한 한 매회 같은 금액을 분납할 수 있도록 정하여야 한다. 지방자치단체의 장은 기한을 연장한 후에도 6개월을 넘지 아니하는 범위에서 한 차례에 한정하여 그 기한을 연장할 수 있다.

(6) 납부기한 연장의 취소

지방자치단체의 장은 납부기한을 연장한 경우에 그 납세자가 다음의 어느 하나에 해당되면 그 담보의 제공 등 지방자치단체의 장의 요구에 따르지 아니할 때 기한의 연장을 취소하고, 그 연장되었던 지방세를 즉시 징수할 수 있다. 지방자치단체의 장은 납부기한의 연장을 취소하였을 때에는 납세자에게 그 사실을 통지하여야 한다.

① 담보의 제공 등 지방자치단체의 장의 요구에 따르지 아니할 때.
② 납기 전 징수사유가 발생하여 그 연장한 기한까지 연장된 해당 지방세 전액을 징수할 수 없다고 인정될 때.
③ 재산상황의 변동 등의 사유로 인하여 연장할 필요가 없다고 인정될 때.

Ⅷ. 서류의 송달

1. 서류의 송달

(1) 서류의 송달장소

「지방세기본법」 또는 지방세관계법에서 규정하는 서류는 그 명의인(그 서류에 수신인으로 지정되어 있는 자를 말한다)의 주소, 거소, 영업소 또는 사무소에 송달한다. 전자송달인 경우에는 행정자치부장관이 고시하는 정보통신망에 가입된 명의인의 전자우편주소 또는 지방세정보통신망의 전자사서함(전자서명법 제2조에 따른 공인인증서를 이용하여 접근할 수 있는 곳을 말한다)에 송달한다.

서류의 송달과 관련된 규정들은 조세법률주의가 규정하는 바에 따라 납세자인 국민으로 하여금 부과처분의 내용을 상세하게 알려 의무의 이행을 확실하게 하는 한편 당해 처분에 관해 이의가 있을 경우에 그 불복절차에 편의를 주기 위한 것으로서 강행규정이다.

(2) 연대납세의무자

연대납세의무자에게 서류를 송달하려면 그 대표자를 명의인으로 하며 대표자가 없을 때에는 연대납세의무자 중 지방세를 징수하기 유리한 자를 명의인으로 한다. 다만, 납세의 고지와 독촉에 관한 서류는 연대납세의무자 모두에게 각각 송달하여야 한다.

(3) 상속인 또는 납세관리인

상속이 개시된 경우에 상속재산관리인이 있을 때에는 그 상속재산관리인의 주소 또는 영업소에 송달한다. 또한 납세관리인이 있을 때에는 납세의 고지와 독촉에 관한 서류는 그 납세관리인의 주소 또는 영업소에 송달한다.

2. 송달받을 장소의 신고

서류를 송달받을 자가 주소 또는 영업소 중에서 송달받을 장소를 지방자치단체에 신고하였을 때에는 그 신고된 장소에 송달하여야 한다. 이를 변경하였을 때에도 또한 같다. 서류를 송달받을 장소를 신고(변경신고를 포함)하려는 자는 다음과 같은 사항을 적은 문서를 해당 지방자치단체의 장에게 제출하여야 한다.

① 납세자의 성명.
② 납세자의 주소 또는 영업소.
③ 서류를 송달받을 장소.
④ 서류를 송달받을 장소를 정하는 이유.
⑤ 그 밖에 필요한 사항.

3. 서류의 송달방법

서류의 송달은 교부·우편 또는 전자송달로 하되, 해당 지방자치단체의 조례로 정하는 방법에 따른다. 교부로 서류를 송달하는 경우에는 송달할 장소에서 그 송달을 받아야 할 자에게 서류를 건네줌으로써 이루어진다. 다만, 송달을 받아야 할 자가 송달받기를 거부하지 아니하면 다른 장소에서 교부할 수 있다. 교부로 서류를 송달하는 경우에 송달할 장소에서 서류의 송달을 받아야 할 자를 만나지 못하였을 때에는 그 사용인이나 그 밖의 종업원 또는 동거인으로서 사리를 판별할 수 있는 사람에게 서류를 송달할 수 있으며, 서류의 송달을 받아야 할 자 또는 그 사용인, 그 밖의 종업원 또는 동거인으로서 사리를 판별할 수 있는 사람이 정당한 사유 없이 서류의 수령을 거부하면 송달할 장소에 서류를 둘 수 있다.

서류를 교부하였을 때에는 송달서에 수령인이 서명 또는 날인하게 하여야 한다. 이 경우 수령인이 서명 또는 날인을 거부하면 그 사실을 송달서에 덧붙여 적어야 한다.

서류를 송달하는 경우에 그 송달을 받아야 할 자가 주소 또는 영업소를 이전하였을 때에는 주민등록표 등으로 확인하고 그 이전한 장소에 송달하여야 한다.

4. 송달지연으로 인한 납부기한의 연장

납세고지서, 납부통지서, 독촉장 또는 납부최고서를 송달한 때에는 다음의 어느 하나에 해당하는 경우 지방자치단체의 징수금의 납부기한은 해당 서류가 도달한 날부터 14일이 지난 날로 한다. 다만, 납기 전 징수에 따른 고지의 경우 고지서가 도달한 날에 이미 납부기한이 지났으면 도달한 날을 납부기한으로 하고, 납부기한이 고지서가 도달한 후이면 원래 납부기한대로 한다.

① 해당 서류가 납부기한이 지난 후에 도달한 경우.
② 해당 서류가 도달한 날부터 7일 이내에 납부기한이 도래되는 경우.

5. 송달의 효력

송달하는 서류는 그 송달을 받아야 할 자에게 도달한 때부터 효력이 발생한다. 다만, 전자송달의 경우에는 송달받을 자가 지정한 전자우편주소에 입력된 때 또는 지방세정보통신망의 전자사서함에 저장하는 경우에는 저장된 때에 그 송달을 받아야 할 자에게 도달된 것으로 본다.

6. 공시송달

서류의 송달을 받아야 할 자가 다음의 어느 하나에 해당하는 경우에는 서류의 요지를 공고한 날부터 14일이 지나면 서류의 송달이 된 것으로 본다.

① 주소 또는 영업소가 국외에 있고 그 송달이 곤란한 경우.
② 주소 또는 영업소가 분명하지 아니한 경우.
③ 지방자치단체의 조례로 정하는 방법으로 송달하였으나 받을 사람(「지방세기본법」 제30조 제3항에 규정된 자를 포함)이 없는 것으로 확인되어 반송되는 경우 등 대통령령으로 정하는 경우.

IX. 기타 용어의 정의

1. 지방세정보통신망

지방세정보통신망이란 「전자정부법」 제2조 제10호에 따른 정보통신망으로서 행정자치부령으로 정하는 기준에 따라 행정자치부장관이 고시하는 지방세에 관한 정보통신망을 말한다.
정보통신망이란 「전기통신기본법」 제2조 제2호에 따른 전기통신설비를 활용하거나 전기통신설비와 컴퓨터 및 컴퓨터 이용기술을 활용하여 정보를 수집·가공·저장·검색·송신 또는 수신하는 정보통신체제를 말한다.

2. 전자신고

전자신고란 과세표준신고서 등 「지방세기본법」 또는 지방세관계법에 따른 신고 관련 서류를 지방세정보통신망을 통하여 신고하는 것을 말한다. 현재 지방세의 각종 신고 및 조회를 위해 지방세정보화 위택스 사이트(www.wetax.go.kr)를 운영하고 있다.

3. 전자납부

전자납부란 지방자치단체의 징수금을 지방세정보통신망 또는 지방세정보통신망과 지방세수납대행기관 정보통신망의 연계 방식을 통하여 인터넷, 전화통신장치, 자동입출금기 등의 전자매체를 이용하여 납부하는 것을 말한다.

4. 전자송달

전자송달이란 「지방세기본법」 또는 지방세관계법에 따라 지방세정보통신망을 이용하여 송달을 하는 것을 말한다.

5. 체납자 및 체납액

체납자란 납세자로서 지방세를 납부기한까지 납부하지 아니한 자를 말한다. 체납액이란 체납된 지방자치단체의 징수금을 말한다.

〈사례〉 납부고지서의 기재사항 일부누락

㉮ 재산세와 같은 부과방식의 조세에 있어서는 과세관청이 조사 확인한 과세표준과

세액을 부과결정(경정결정을 포함)한 때에 그 납세의무가 구체적으로 확정되지만 그 확정의 효력은 납세의무자에게 그 결정이 고지된 때에 발생하고, 그 결정의 고지가 납세고지서에 의하여 행하여지는 경우에는 납세고지서에 기재된 대로 그 효력을 발생한다.

㈏ 과세관청이 그 일정기간 동안의 과·부족징수세액을 상계한 나머지를 부과할 의사로 당해 연도 수시분으로 재산세 및 방위세를 부과고지하면서 그 납세고지서에 귀속연도별 과세표준, 세액 및 산출근거를 전혀 기재하지 아니하고 다만 그 일정기간의 과·부족세액을 상계한 나머지 금액만을 기재하였다면, 과세관청이 일정기간 동안의 재산세 및 방위세에 대한 증액 또는 감액처분을 할 의사로 납세고지를 하였다 하더라도 과세관청의 이러한 의사를 알 수 있는 아무런 기재가 없는 납세고지서에 의하여서는 과세관청의 의사대로 그 기간 동안의 재산세 및 방위세 부과처분에 대한 증액 또는 감액처분으로서의 효력이 발생한다고 볼 수 없고, 오히려 그 표시된 대로 수시분 재산세 및 방위세 부과처분으로서의 효력만이 발생한다고 보아야 한다.

㈐ 「지방세법」 제1조 제1항, 제5항, 제25조 제1항, 제190조, 같은 법 시행령 제8조의 규정을 종합하여 보면 지방세의 납세고지는 납부할 지방세의 귀속연도와 세액, 부과근거규정, 과세표준액, 세율, 세액산출근거 등을 기재한 납세고지서에 의하도록 되어 있고, 위 법령의 규정들은 강행규정이어서 납세고지서에 위 법령이 요구하는 사항 중 일부의 기재를 누락시킨 하자가 있는 경우에는 그 부과처분은 위법하다(대법94누5052, 1995.02.28).

〈사례〉 주소지가 잘못 기재된 고지서

「지방세법」 제25조, 동법 시행령 제8조에 의하면 지방세를 징수하고자 할 때에는 반드시 문서로서 납세의 고지를 하여야 하고 납세고지서에는 납부할 지방세의 연도와 세목, 납입기한과 금액, 납부 장소 등을 기재하여 통지하도록 되어 있으며, 동법 제51조 제1항 제51조의2 제1항 「국세기본법」 제12조 제1항의 각 규정에 의하면 납세고지, 독촉체납처분 등에 관한 서류는 그 명의인의 주소, 거소, 영업소 또는 사무소에서 교부 또는 등기우편 등의 방법에 의하되 송달을 받아야 할 자에게 도달한 때에 효력이 발생한다고 규정하고 있는바, 이러한 규정들은 조세법률주의의 규정하는 바에 따라 납세자인 국민으로 하여금 부과처분의 내용을 상세하게 알려 의무의 이행을 확실하게 하는 한편 당해 처분에 대한 불복여부의 결정과 그 불복신청에 편의를 주려는 취지에서 나온 것으로 엄격히 해석되어야 할 강행규정이라고 할 것인 바, 기록에 의하면 본 건 부동산에 대하여는 1978년 8월 17일자로 소외 김모씨로부터 원고명의로 소유권이전등기가 되어 있다가 위 김모씨가 원고를 상대로 서울민사지방법원 79가합978호로 소유권이전등기 말소등기의 소를 제기하여 인낙에 의하여 원고명의의 소유권이전등기가 말소되었고, 피고가 본건 납세고지서를 송달한 장소는 바로 위 김모씨의 주소지임을 알아 볼 수 있어서 본건 납세고지서의 송달이 부적법함은 원심의 판단과 같고, 송달의 효력이 발생하지 않는 이상 본건 과세처분도 아직 적법하게 원고에게 고지된 바 없어서 그 효력이 발생할 수 없다(대법 81누319, 1982.05.11).

〈사례〉 연대납세의무자에 대한 고지

연대납세의무자의 상호연대관계는 이미 확정된 조세채무의 이행에 관한 것이지 조세채무의 성립과 확정에 관한 것은 아니므로 연대납세의무자라 할지라도 각자의 구체적인 납세의무는 개별적으로 성립·확정됨을 요하는 것이어서 구체적인 납세의무확정의 효력발생요건인 과세처분은 별도로 되어야 하는 것이고, 따라서 연대납세의무자 중 1인에게 납세고지서를 송달하였다고 하여 다른 의무자에게도 적법한 납세고지서로서의 효력이 발생할 수는 없다(대법94누2077, 1994.05.10).

〈사례〉 전 대표이사의 주소지로 우편발송

납부고지서가 적법하게 송달되었는지 여부를 살펴보면, 처분청이 2001년 7월 25일 납부고지서를 법인 주소지가 아닌 전 대표이사의 개인 주소지인 울산광역시 ○군 ○리 XXX-X번지로 등기로 발송하였고, 2001년 8월 3일 청구 외 A모씨가 이를 수령한 것으로 우편물배달증명서에 기재되어 있으며, 청구 외 A모씨는 2001년 03월 16일에 대표이사 및 이사에서 해임된 사실이 법인등기부등본에서 입증되고 있으므로, 처분청이 이미 해임되어 청구인을 대표할 수 있는 권한이 없는 자에게 납부고지서를 송달한 것으로서 이 사건 부과처분에 대한 납부고지서가 적법하게 송달되었다고 볼 수 없다 하겠으므로 청구인의 다른 청구이유는 살펴볼 필요가 없이 이 사건 부과처분은 잘못이라 할 것이다 (지방세심사2002-212, 2002.05.27).

〈사례〉 공시송달사유

납세고지서 등 지방세 관련 서류는 송달을 받아야 할 자에게 도달한 때부터 효력이 발생하고(구 지방세법 제51조의 3), 서류 등의 송달방법은 교부·우편 또는 전자송달을 원칙으로 하고 있다. 공시송달을 할 수 있는 경우는 '주소·거소·영업소 또는 사무소(이하 '주소 등')'에서 서류수령을 거부하거나, 주소 등이 불분명한 경우 등 법 제52조 제1항에서 정한 경우로 제한하고 있다.

법 해석 운용 매뉴얼 52-2에서 주소 등이 불분명할 때라 함은 납세자의 주소 등으로 서류를 송달하였으나, 송달되지 아니한 경우 송달받아야 할 자의 주소 등을 다시 조사(시·읍·면·동의 주민등록사항, 인근자, 거래처 및 관계자탐문, 등기부 등의 조사)하여도 그 주소 등을 알 수 없는 경우를 말한다고 정하고 있고, 공시송달이 적법한지 여부에 관한 입증책임은 과세관청에 있으므로, 단순히 납세고지서가 반송되었음을 이유로 공시송달을 할 수 있는 것은 아니며, 과세관청은 공시송달의 적법성 확보를 위하여 납세자의 주소 등을 파악하기 위하여 적절한 노력을 하여야 할 것으로 판단된다(지방세운영-2528, 2009.06.23).

※ 이때, 납세자의 주소 등을 파악하기 위한 조사기간이 필요하고, 법 제42조의 2에서 정한 요건이 충족된 경우라면, 과세관청은 '송달불능으로 인한 징수유예'를 할 수 있을 것이다.

지방세부과 등의 원칙

Ⅰ. 개요

조세의 부과란 과세당국이 납세자에 대한 조세채권을 확정하는 행정처분을 말한다. 따라서 조세부과의 원칙이란 과세당국이 조세채권을 확정시키는 과정에서 지켜야 할 기본원칙을 말한다. 조세부과의 원칙을 규정한 목적은 조세에 관한 납세자와 과세관청 간의 조세법률관계를 확실하게 하고 국민의 재산권을 보호하기 위함이다. 이러한 원칙들은 모두 명문규정이전에 조세법에 본래부터 당연히 내재하는 조리이므로 그 규정은 창설적인 것이 아니라 선언적인 것이라고 할 수 있다. 「지방세기본법」은 이를 재삼 확인하고 강조함으로써 납세자의 재산권에 중대한 영향을 미치는 확정절차의 적정성을 확보하기 위하여 다음과 같은 지방세부과 등의 원칙을 규정하고 있다.

① 실질과세의 원칙.
② 신의성실의 원칙.
③ 근거과세의 원칙.
④ 해석기준 등(조세공평주의원칙).

Ⅱ. 실질과세의 원칙

1. 의의

실질과세의 원칙이란 법적 형식과 경제적 실질이 불일치할 경우 경제적 실질에 따라 과세하여야 한다는 원칙이다. 만약 경제적 실질을 무시하고 법적 형식에 따라 과세한다면 이를 이용하여 조세부담을 회피하고자 하는 행위가 유발될 수 있으며, 담세력에 따른 공정한 과세가 이루어 질 수 없게 된다. 따라서 「지방세기본법」에서는 조세평등주의와 납세자의 실질적인 담세능력에 따른 과세를 실현하고자 실질과세의 원칙을 기본원칙 중 하나로 규정하고 있다.

실질과세의 원칙은 경제적 환경을 규율하는 조세법의 성질상 실질적 귀속에 따른 경제적 부담능력을 고려한 귀결로서 세법의 명문규정이 없더라도 조세법에 내재하는 당연한 기본적 해석원리라 할 수 있다. 이러한 관점에서 실질과세의 원칙을 선언한 「지방세기본법」의 규정은 창설적 규정이 아니고 선언적·확인적 규정에 불과한 것이다. 실질과세의 원칙이 요구되는 이유는 조세법이 과거나 현재의 상황을 바탕으로 미래의 상태를 예측하여 이에 대한 과세요건을 규정함에 있어서 미래의 상태를 정확하게 망라하여 반영하지 못함으로써 세법의 형식적인 적용이 경제적 실질과 동떨어져서 불공정한 과세 또는 조세회피행위가 유발될 수 있다는 우려에서이다.

그러나 실질과세의 원칙은 형식에 의하여 경제행위를 수행한 사람에게 예측 불가능한 조세부담을 주는 등의 부작용을 가져올 수도 있다. 즉, 실질과세의 원칙을 확대해석하여 적용할 경우에는 납세자의 법적안정성과 예측가능성을 침해할 우려가 있다. 따라서 실질과세의 원칙은 조세법률주의의 범위 내에서 제한적으로 적용되어야 할 것이다.

2. 소득귀속에 대한 실질과세

과세의 대상이 되는 소득·수익·재산·행위 또는 거래의 귀속이 명의(名義)일 뿐이고 사실상 귀속되는 자가 따로 있을 때에는 사실상 귀속되는 자를 납세의무자로 하여 「지방세기본법」 또는 지방세관계법을 적용한다.

여기서 과세대상이라 함은 조세법에서 말하는 과세물건으로 보아야 한다. 실질과세의 원칙에서는 이러한 과세물건이 실질적으로 귀속된 자를 납세의무자로 한다는 것인데, 소득사실이 아닌 행위사실을 과세물건으로 하는 경우에는 취득행위나 소비행위를 한 자를 기준으로 귀속여부를 판단해야 하고, 취득행위나 소비행위 이후에 얻어진 그 대상 물건의 소유여부를 기준으로 귀속을 판단하는 것은 잘못된 것이라 할 것이다. 따라서 지방세는 대부분 행위사실이나 재산의 보유사실 등을 과세물건으로 하고 있기 때문에 그러한 행위로 인한 결과물의 귀속이 아닌 행위 자체를 누가 했는가에 따라 과세되는 것이다. 결국 취득세, 등록면허세 등에 있어서는 잔금지급사실, 등기·등록행위, 계약사실, 면허행위 등이 과세물건이 되고 이러한 행위를 한 자가 납세의무자인 것이다.

그리고 취득세에서 규정하고 있는 신탁·합병·공유물 분할·재산분할청구 등에 대한 취득세율의 특례는 실질과세원칙에 의해서 비과세 등을 하는 것이 아니라 과세물건인 취득행위가 그 행위를 한 자에게 귀속되어 납세의무가 성립되기 때문에 이를 정책적으로 특례를 규정하는 것에 지나지 아니한다. 즉, 취득세의 과세물건은 취득행위 그 자체이며, 그 취득행위로 발생한 결과물의 귀속에 대한 과세가 아니기 때문이다.

3. 거래내용에 대한 실질과세

「지방세기본법」 또는 지방세관계법 중 과세표준 또는 세액의 계산에 관한 규정은 소득·수익·재산·행위 또는 거래의 명칭이나 형식에 관계없이 그 실질내용에 따라 적용한다. 취득세는 유통세로서 유통행위에 대한 세금이며, 그 유통행위를 과세물건으로 하는 것이다. 따라서 거래당사자가 소유권 취득이라는 목적 이외의 다른 목적을 가지고 유통행위를 하였다 하더라도 그 유통행위의 결과가 취득세부과에 있어서의 현황이 될 수 없다. 이러한 유통행위에 있어서 형식을 부인하고 그 실체를 좇아 과세하려면 구체적인 행위 부인규정이 있어야 할 것이다.

「지방세기본법」 제17조 제2항 거래내용에 대한 실질과세 규정은 과세대상 물건의 파악에 있어서 주택인가, 사무실인가 등을 사실상의 현황에 의하여 파악하고, 건축물이 있는가 대지인가 등도 사실상의 현황에 의하여 판단함에 있어서는 당연히 적용되지만 유통행위나 보유사실 자체를 놓고 그 사실 자체가 없는 것으로 본다거나 숨어있는 사실에 따라 과세할 수 없는 것이다. 「지방세법」 시행령 제13조(취득 당시의 현황에 따른 부과)에서는 "부동산, 차량, 기계장비 또는 항공기는 이 영에서 특별한 규정이 있는 경우를 제외하고는 해당 물건을 취득하였을 때의 사실상의 현황에 따라 부과한다. 다만, 취득하였을 때의 사실상 현황이 분명하지 아니한 경우에는 공부(公簿)상의 등재 현황에 따라 부과한다"라고 규정하고 있다.

Ⅲ. 신의성실의 원칙

1. 의의

　　신의성실의 원칙이란 공동사회의 일원으로서 모든 사람은 상대방의 신뢰를 배반하지 않도록 신의와 성실을 가지고 행동하여야 한다는 원칙으로서 일종의 윤리적 규범이다. 「민법」 제2조에서는 "권리의 행사와 의무의 이행은 신의에 좇아 성실히 하여야 한다"고 규정하고 있는데, 이를 신의성실의 원칙 또는 신의칙이라고 한다. 이는 윤리적 규범을 법률관계에 도입하여 선언적으로 규정한 것으로 볼 수 있다.

　　「지방세기본법」 제18조에서는 "납세자와 세무공무원은 신의에 따라 성실하게 그 의무를 이행하거나 직무를 수행하여야 한다"고 규정하고 있다. 이와 같이 「지방세기본법」에서도 신의성실의 원칙을 지방세와 관련된 과세관청과 국민간의 채권·채무관계에 도입함으로써 기본원칙의 하나로 인정하고 있다. 특히 과세관청의 언동에 대하여 납세자가 그 정당성 또는 존속성을 신뢰한 경우 그 신뢰를 보호(신뢰이익의 보호)하기 위한 원칙으로서 중요한 의미를 가지며, 이러한 측면에서 신의성실의 원칙에는 신뢰이익 보호의 원칙이 포함된다고 볼 수 있다.

2. 적용대상자

　　신의성실의 원칙은 과세관청과 납세자 쌍방에 그 준수가 요구된다. 그러나 납세자가 신뢰를 배반한 경우에는 각종 혜택의 취소, 가산세의 부과, 조세범처벌 등 여러 가지 제재수단이 마련되어 있으므로 관세관청은 굳이 신의칙에 호소할 필요가 없다. 반면 과세관청이 납세자의 신뢰를 배반할 경우에는 납세자가 이를 제재하기가 어렵기 때문에 신의칙에 호소하게 되는 것이다. 따라서 신의칙의 원칙은 과세관청에 적용되는 경우가 거의 대부분이며, 또한 과세관청에 보다 더 절실히 그 준수가 요구되고 있다고 할 수 있다.

3. 적용요건

「지방세기본법」은 신의칙의 적용요건에 관한 아무런 규정도 두고 있지 않고 있으나 학설과 판례에 의해 확립된 요건은 다음과 같다. 이러한 요건은 납세자의 신뢰이익을 보호한다는 측면을 강조한 것이다.

(1) 과세관청의 공적 견해표시

납세자의 신뢰의 대상이 되는 과세관청의 공적 견해표시를 하였어야 한다. 과세관청의 공적인 견해표시에는 예규, 통첩, 기본통칙과 같은 일반적인 견해표시 뿐만 아니라 특정 납세자에 대한 질의회신 등 개별적 견해표시도 포함된다. 공적인 견해표시가 반드시 문서에 의해 이루어질 필요는 없으므로 구두에 의한 견해표시도 포함될 수 있다. 공적인 견해표시에는 적극적인 견해표시와 소극적인 견해표시가 모두 포함된다. 소극적인 견해표시란 특정한 과세대상에 대하여 과세관청이 장기간 과세하지 않음으로써 비과세관행이 성립된 경우를 말한다.

과세관청의 공적인 견해표명은 원칙적으로 일정한 책임 있는 지위에 있는 세무공무원에 의하여 이루어짐을 요한다고 할 수 있다. 그러나 신의성실의 원칙 내지 금반언의 원칙은 납세자의 신뢰보호라는 점에 그 법리의 핵심적 요소가 있는 것이므로, 과세관청의 공적인 견해표명이 있었는지의 여부를 판단하는 데 있어 반드시 행정조직상의 형식적인 권한분장에 구애될 것은 아니고 담당자의 조직상의 지위와 임무, 당해 언동을 하게 된 구체적인 경위 및 그에 대한 납세자의 신뢰가능성에 비추어 실질에 의하여 판단하여야 하는 것이다(대법원 1996.01.23 선고, 95누13746 판결).

그리고 신의칙 내지 비과세관행이 성립되었다고 하려면 장기간에 걸쳐 어떤 사항에 대하여 과세하지 아니하였다는 객관적 사실이 존재할 뿐만 아니라 과세관청 자신이 그 사항에 대하여 과세할 수 있음을 알면서도 어떤 특별한 사정에 의하여 과세하지 않는다는 의사가 있고 이와 같은 의사가 대외적으로 명시적 또는 묵시적으로 표시될 것임을 요한다고 해석되며, 특히 그 의사표시가 납세자의 추상적인 질의에 대한 일반론적인 견해표명에 불과한 경우에는 위 원칙의 적용을 부정하여야 한다(대법원 1993.07.27 선고, 90누10384 판결).

(2) 견해표시의 신뢰

납세자가 과세관청의 견해표시를 신뢰하고, 그 신뢰에 납세자의 귀책사유가 없어야 한다. 납세자가 과세관청의 공적인 견해표시가 잘못되도록 유도하거나 납세자의 사실 은폐 또는 허위사실의 고지 등에 인하여 과세관청이 잘못된 견해표시를 하였을 경우에는 납세자의 신뢰이익을 보호할 가치가 없다.

(3) 납세자의 신뢰에 기초한 행위의 존재

납세자가 과세관청의 견해표시에 대한 신뢰를 기초로 하여 어떤 행위를 하여야 한다. 여기서 어떤 행위란 경제적 거래행위나 세무처리 등을 모두 가리킨다. 과세관청의 공적인 견해표시에 근거를 둔 납세자의 세무상 처리가 실제로 없는 경우에는 과세관청이 견해표시를 변경하더라도 신뢰이익을 침해한다고 볼 수 없는 것이다. 따라서 납세자의 신뢰와 구체적인 세무상 처리 사이에는 상당한 인과관계가 반드시 존재하여야 한다.

(4) 과세관청의 견해표시에 반하는 행정처분

과세관청이 당초의 견해표시에 반하는 적법한 행정처분을 하여야 한다. 즉, 과세관청이 당초의 견해표시를 번복하여 그에 반하는 처분을 함으로써 납세자의 신뢰를 배반하는 경우에 있어서 비로소 신의칙이 적용될 수 있는 것이다. 그런데 그 처분은 반드시 적법한 것이어야 한다. 처분이 위법한 경우에는 신의칙의 적용을 거론하기 이전에 이미 무효이거나 취소될 수 있는 것이기 때문이다. 또한 과세관청의 공적인 견해표명이나 관행 등에 반하는 처분이 아니고 사실관계를 오인함으로써 관계규정을 잘못 적용하여 위법·부당하게 된 행정행위를 바로 잡은 경우에는 신의성실의 원칙에 반항하는 처분이라 할 수 없다.

(5) 납세자 이익의 침해

과세관청의 당초의 견해표시에 반하는 처분으로 인하여 납세자의 이익이 침해되는 결과를 초래하였어야 한다. 과세관청의 처분이 납세자에게 오히려 이익이 되거나 이익을 전혀 침해받지 않은 경우에는 신의성실의 원칙이 적용될 여지가 없다.

4. 신의성실의 원칙과 조세법률주의

신의성실의 원칙은 조세법률주의를 희생하여 납세자의 신뢰이익을 보호하는 것이 목적이므로 이를 적용함에 있어 조세법률주의(합법성의 원칙)와 상충되는 결과를 초래하게 된다. 신의성실의 원칙의 적용여부는 합법성을 따를 것인가 아니면 납세자의 신뢰이익을 보호하여 법적안정성을 추구할 것인가에 대한 가치판단의 문제로 볼 수 있다. 근본적으로 합법성의 원칙이 신의성실의 원칙에 대하여 우월한 지위를 가지고 있으므로 개별적인 사안별로 판단하여 합법성을 위배하면서까지 신뢰이익을 보호할 가치가 있다고 충분히 인정되는 경우에만 신의성실의 원칙을 제한적으로 적용하여야 할 것이다.

〈사례〉 지방세공무원이 발행한 납부고지서

일반적으로 조세법률관계에서 과세관청의 행위에 대하여 신뢰보호의 원칙이 적용되기 위해서는 과세관청이 납세자에게 신뢰의 대상이 되는 공적인 견해표명을 하는 것이 전제되어야 한다(대법원 2001.11.27 선고, 99두10131 판결; 대법원 2005.08.19 선고, 2004두7634 판결 등 참조). 원심판결 이유에 의하면, 원심은 원고 주장대로 원고가 이 사건 소유권이전등기에 관하여 일반 세율에 의한 등록세를 신고하자 피고의 직원이 이를 접수하여 그에 따른 등록세 납부고지서를 원고에게 발행하여 주었다고 하더라도 그러한 사유만으로는 피고가 원고에게 이 사건 소유권이전등기에 관하여 등록세를 중과하지 않겠다는 공적인 견해를 표명하였다고 할 수 없으므로 이 사건 처분은 신뢰보호의 원칙에 위배되지 않는다고 판단하였다(대법2008두15091, 2011.04.28).

〈사례〉 행정자치부의 질의회신

「지방세법 시행령」 제75조의2 제6호가 2001년 2월 24일 대통령령 제17137호로 개정됨에 따라 송전철탑이 취득세 부과대상에 포함되었으나 송전철탑의 취득가격 범위에 관한 구체적인 선례가 없었던 사실, 원고가 2003년 7월 9일 행정자치부에 "장부가액으로 취득세과세표준을 산정할 경우 송전선로 전체 취득금액 중 어느 부분까지를 취득세 과세대상가액으로 정할 수 있는지"에 관하여 질의하였고, 행정자치부장관은 2003년 7월 18일 "송전철탑의 과세표준에는 철탑(애자 포함)과 철탑의 기초공사비를 포함하되 철탑에 해당하지 않는 전력선과 지상권·임차권 등의 권리확보비용, 민원해소를 위한 지역협력지원비, 진입로공사비 등은 철탑의 취득세과세표준에서 제외하는 것"이라는 취지로 회신한 사실, 원고는 2006년 4월 12일 위 회신의 내용대로 진입도로개설 및 복구관련제비용을 과세표준에서 제외한 채 과세표준 및 세액을 신고하고 2006년 5월 8일 이를 납부한 사실, 그런데 피고가 2006년 12월 11일 진입도로개설 및 복구관련제비용을 과세표준에 포함시켜 취득세를 산정한 후 이 사건 처분을 한 사실을 인정할 수 있다.

위 인정사실 및 관계법령인 행정자치부와 그 소속 기관직제(2005.12.09 대통령령 제19167호로 개정되기 전의 것) 제14조 제3항 제36호, 제37호 등에 비추어 보면, 지방세에 관한 질의 회신 등의 업무와 지방세 과세표준의 적정운영을 위한 제도의 개발·개선 및 표준지침을 시달하는 업무를 관장하는 행정자치부장관이 2003년 7월 18일 원고에게 진입도로 공사비가 취득가격에 포함되지 않는다고 회신한 것은 과세관청의 공적인 견해표명으로 봄이 상당하고, 위와 같은 회신을 믿은 데 원고에게 어떠한 귀책사유가 있다고 볼 수 없으므로, 원고의 신뢰에 반하여 진입도로개설 및 복구관련제비용을 취득세 과세표준에 포함시켜 부과한 이 사건 처분은 신뢰보호의 원칙에 위배된다고 할 것이다.

삭도장, 헬기장 설치운영 및 복구관련제비용, 훼손지복구비용, 대체산림조성비 등에 대하여 보면, 원고가 행정자치부에 진입도로 공사비가 송전철탑의 취득가격에 포함되는지에 관하여 질의하여 행정자치부장관으로부터 이에 대한 회신을 받은 사실은 앞서 본 바와 같으나, 원고가 행정자치부에 삭도장, 헬기장 설치운영 및 복구관련제비용, 훼손지복구비용, 대체산림조성비 등이 송전철탑의 취득가격에 포함되는지에 관하여 질의하여 행정자치부로부터 이에 대한 회신을 받았거나 행정자치부가 위비용이 송전철탑의 과세표준에 포함되지 않는다는 취지의 공적인 견해를 표명한 사실을 인정할 증거가 없다. 따라서 행정자치부의 공적인 견해표명이 있었거나 새로운 해석 또는 관행에 의하여 소급과세 되었음을 전제로 한 원고의 이 부분 주장은 나아가 살펴볼 필요 없다(춘천지법 2007구합550, 2008.09.04).

Ⅳ. 근거과세의 원칙

1. 의의

근거과세의 원칙이란 장부 등 직접적인 자료에 입각하여 납세의무를 확정하여야 한다는 원칙이다. 그 취지는 근거가 불충분한 과세를 방지하여 납세자의 재산권이 부당히 침해되지 않도록 하기 위한 데 있다. 이 원칙은 납세자의 재산권 보호측면을 강조한 원칙이라고 볼 수 있다. 「지방세기본법」에서 근거과세의 원칙으로서 다음과 같은 규정을 두고 있다.

① 실지조사결정의 원칙.
② 결정근거의 결정서 부기.
③ 결정서의 열람 및 등초.

2. 실지조사결정의 원칙

납세의무자가 지방세관계법에 따라 장부를 갖추어 기록하고 있을 때에는 해당 지방세의 과세표준 조사 및 결정은 그 기록한 장부와 이에 관계되는 증거자료에 따라야 한다. 이것은 실질조사결정이 원칙적인 결정방법임을 가리키는 것이다. 근거과세의 원칙은 과세관청이 당해 조세의 과세표준과 세액을 조사·결정함에 있어서 적용되는 원칙이다. 이 원칙에 근거하여 과세표준과 세액을 조사·결정함에 있어서 반드시 실지조사결정을 원칙으로 하고 예외적으로 추계조사 결정하도록 규정하고 있다.

3. 결정근거의 결정서 부기

지방세를 조사·결정할 때 기록 내용이 사실과 다르거나 누락된 것이 있는 때에는 그 부분에 대하여만 지방자치단체가 조사한 사실에 따라 결정할 수 있다. 이 경우 지방자치단체는 기록 내용과 다른 사실이나 누락된 것을 조사하여 결정하였으면 지방자치단체가 조사한 사실과 결정의 근거를 결정서에 덧붙여 적어야 한다.

4. 결정서의 열람 및 등초

지방자치단체의 장은 해당 납세의무자 또는 그 대리인의 요구가 있는 때에는 그 결정서를 열람하게 하거나 등본(謄本) 또는 초본(抄本)을 발급하거나 그 등본 또는 초본이 원본(原本)과 다름이 없음을 확인하여야 한다. 이때 열람 또는 등초의 요구는 구술로 한다. 다만, 해당 지방자치단체의 장이 필요하다고 인정하면 열람하거나 등본 또는 초본을 발급받은 사람의 서명을 요구할 수 있다.

V. 세법적용의 원칙

1. 의의

세법의 적용이란 세법규정을 명확하게 해석하고 이를 과세대상이 되는 요건사실에 구체적으로 결부시킴으로써 조세채무를 발생시키는 절차를 말한다. 세법적용의 원칙이란 과세관청이 세법을 해석하고 적용하는 과정에서 준수하여야 할 원칙을 말한다. 세법적용의 원칙은 과세권을 가지고 있는 과세관청이 세법을 해석하고 적용함에 있어서 지나치게 과세관청에 유리한 방향으로 해석·적용함으로써 상대적으로 열세에 있는 납세자의 재산권이 부당하게 침해되는 것을 막기 위한 기본원칙으로 해석할 수 있다. 세법적용의 원칙에는 조세공평주의 원칙, 소급과세금지의 원칙, 세무공무원의 재량한계의 원

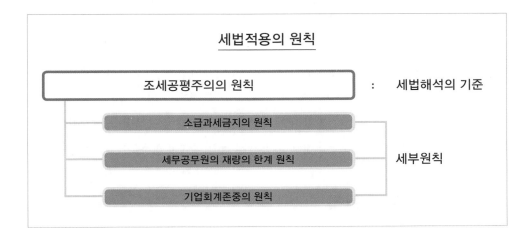

세법적용의 원칙

| 조세공평주의의 원칙 | : 세법해석의 기준 |

- 소급과세금지의 원칙
- 세무공무원의 재량의 한계 원칙
- 기업회계존중의 원칙

세부원칙

칙 및 기업회계존중의 원칙이 있다. 지방세기본법에서는 세법해석의 기준으로서 조세공평주의 원칙을 선언하고 있다. 세법적용의 원칙 중 나머지 3가지(소급과세금지의 원칙, 세무공무원의 재량의 한계, 기업회계존중의 원칙)는 모두 조세공평주의 원칙을 구체화하는 원칙들이다.

2. 조세공평주의 원칙(세법해석의 기준)

「지방세기본법」 또는 지방세관계법을 해석·적용할 때에는 과세의 형평과 해당 조항의 합목적성에 비추어 납세자의 재산권이 부당하게 침해되지 아니하도록 하여야 한다. 근본적으로 조세는 국민의 재산권에 대한 침해적 성격을 가지고 있는데, 이러한 조세의 부과·징수를 오직 법률에 의해서만 가능케 함으로써 국민의 재산권을 보호하고자 하는 데 조세법의 근본적 존재의의가 있다고 할 수 있다. 따라서 세법해석·적용의 가장 기본적 이상을 납세자의 재산권에 대한 부당한 침해를 방지하는 데 두어야 함은 당연하다 하겠다. 이러한 이상을 실현하기 위해 이 원칙은 과세의 형평과 합목적성을 따를 것을 요구함으로써, 세법적용에 있어서 조세평등주의와 조세법률주의를 지침으로 삼아야 함을 천명하고 있는 것이다. 여기서 과세의 형평이 구체적으로 무엇인가에는 논란이 있을 수 있다. 그러나 일반적으로 과세에 있어서 자의성이 배제되고 합리성이 확보되며 납세자의 담세력이 고려된 것을 의미한다고 볼 수 있다. 또한, 해당 조항의 합목적성을 따라야 한다는 것은 세법은 우선 당해 세법의 목적을 고려하고 다시 개별조항의 특성에 따른 개별적인 목적을 고려하여 해석되어야 한다는 것이다. 재산권의 부당한 침해금지는 과세의 형평과 합목적성과 관련이 있다. 즉, 세법의 해석기준으로서 형평의 원칙이 납세자의 재산권을 부당히 침해하지 않는 범위 내에서 적용되어야 하며, 합목적성을 고려한 해석도 또한 납세자의 재산권을 부당히 침해하지 않는 범위 내에서 허용된다는 의미이다.

3. 소급과세금지의 원칙

(1) 의의
소급적용금지란 행정법규의 효력발생 전에 이미 완결된 사실에 대하여 새로 제정된 법률 또는 법률에 대한 새로운 해석이나 관행을 적용하지 않는다는 것을 말한다. 소급과세금지의 원칙은 조세법률주의를 구성하는 중요한 내용 중의 하나로서 납세자의 기득권 존중, 법적 안정성 및 예측가능성의 보장, 납세자의 신뢰이익의 보호를 목적으로 한다. 따라서 소급과세금지의 원칙은 납세자의 신뢰이익을 보호하고자 하는 목적을 가지므로 신의성실의 원칙을 보다 구체화한 것이라 볼 수 있다.

(2) 지방세기본법상의 소급과세금지
소급과세금지는 입법상의 소급과세금지와 새로운 해석 또는 관행에 의한 소급과세금지로 구분할 수 있다.

1) 입법상의 소급과세금지
지방세를 납부할 의무(지방세기본법 또는 지방세관계법에 징수의무자가 따로 규정되어 있는 지방세의 경우에는 이를 징수하여 납부할 의무를 말함)가 성립된 소득·수익·재산·행위 또는 거래에 대하여는 그 성립 후의 새로운 법에 따라 소급하여 과세하지 아니한다.

2) 행정상의 소급과세금지

「지방세기본법」및 지방세관계법의 해석 또는 지방세 행정의 관행이 일반적으로 납세자에게 받아들여진 후에는 그 해석 또는 관행에 따른 행위 또는 계산은 정당한 것으로 보며 새로운 해석 또는 관행에 따라 소급하여 과세되지 아니한다.

(3) 소급과세의 기준시점

「지방세기본법」은 소급과세인지의 여부를 납세의무의 성립일을 기준으로 판정하도록 하고 있다. 따라서 새로운 법률의 시행일 또는 새로운 해석이 있는 날 이후에 납세의무가 성립하는 지방세에 한하여 새로운 법률이나 새로운 해석을 적용할 수 있는 것이다.

이미 납세의무가 성립한 조세에 대하여 소급과세 하는 것은 진정 소급과세에 해당하므로 허용되지 않는다. 그러나 일정한 기간을 단위로 하여 과세하는 조세는 과세기간이 종료하는 시점에 납세의무가 성립하므로 과세기간 중에 새로운 법률이 시행되거나 새로운 해석이 있는 경우에는 이미 경과된 과세기간에 대하여 이를 소급적으로 적용하는 것은 부진정 소급과세에 해당되어 허용된다고 해석하는 것이 통설이며, 대법원 판례도 이와 같다. 이것은 물론 납세자의 예측가능성을 침해하는 것이지만, 통설은 그 침해의 정도가 심각하지 않은 것으로 보아 이를 지지하고 있다.

(4) 유리한 소급과세의 인정여부

납세의무자에게 유리한 개정세법의 소급적용은 인정된다는 것이 통설이다. 왜냐하면 소급과세를 금지하는 취지는 납세자의 법적 안정성 보장과 신뢰이익의 보호에 있기 때문이다. 따라서 납세자에게 유리한 소급과세는 조세공평성을 침해하지 않는 범위 내에서 허용된다고 볼 수 있다.

4. 세무공무원의 재량의 한계

「지방세기본법」제21조에서는 "세무공무원은 지방세기본법 또는 지방세관계법의 목적에 따른 한계를 준수하여야 한다"고 하여 세무공무원의 재량의 한계를 규정하고 있다.

조세법률주의의 철저한 구현이라는 관점에서 본다면 조세에 관한 모든 사항을 법률로써 완벽하게 규정하여 과세관청에 전혀 재량의 여지를 주지 않는 것이 이상적이라 할 것이다. 그러나 급속하게 변화하는 경제상황을 완벽하게 법률에 규정한다는 것이 불가능하므로 세법에서는 세무공무원에 대하여 재량행위를 허용하지 않을 수 없다. 이러한 세무공무원에 대한 재량행위가 제한 없이 인정된다면 과세관청의 조세권이 우선되어 국민의 재산권이 부당하게 침해될 우려가 있다. 따라서 이러한 세무공무원의 재량행위는 당연히 일정한 범위 내에서 제한적으로 인정되어야 할 것이다. 이러한 의미에서 「지방세기본법」은 세무공무원의 재량행위에 대한 한계를 명문화하고 있다.

5. 기업회계의 존중

지방세의 과세표준과 세액을 조사·결정할 때에는 해당 납세의무자가 계속하여 적용하고 있는 기업회계의 기준 또는 관행으로서 일반적으로 공정·타당하다고 인정되는 것은 존중하여야 한다. 다만, 지방세관계법에 특별한 규정이 있는 경우에는 그러하지 아니하다.

과세표준의 조사·결정은 원칙적으로 세법에 입각하여야 하지만, 세법이 이에 관하여 필요한 모든 내용을 완전하게 규정한다는 것은 현실적으로 불가능하고 또한 불필요하다. 따라서 세법에 규정이 없는 사항에 대하여 납세의무자가 계속하여 적용하고 있는 공정·타당한 기업회계기준(일반적으로 인정되는 기업회계원칙)이나 관행을 보충적 기준으로 삼도록 한 것이다.

이 원칙은 과세표준을 조사·결정함에 있어서 세법에 특별한 규정이 없는 경우에 한하여 보충적으로 적용되는 것이며, 기업회계를 무조건 존중하겠다는 의미는 아니다. 기업회계존중의 원칙은 다음과 같은 네 가지 요건이 충족되는 경우에 기업회계기준이나 관행을 존중하여야 한다.

① 과세표준을 조사·결정할 때 적용되는 원칙이다.
② 당해 납세의무자가 계속하여 적용하고 있는 기업회계의 기준과 관행이다.

③ 적용하고 있는 기업회계의 기준 또는 관행으로서 공정·타당하다고 인정되는 것이어야 한다.
④ 세법에 특별한 규정이 없어야 한다.

Chapter 05 | 지방세 구제제도

Ⅰ. 지방세 구제제도의 개요

1. 의의

조세는 국가 또는 지방자치단체가 재정수요를 충족시키기 위해 반대급부 없이 부과·징수하는 것으로서 그 성격상 국민의 재산권에 대한 침해적 성격을 가지고 있으며, 재정수입의 확보를 위하여 과세권자에게 강력한 조세징수권한을 부여하고 있다. 그러나 오늘날 조세행정은 고도의 전문성과 기술성이 필요로 하는 분야로서 과세관청의 조세징수권이 잘못 행사되거나 남용에 의하여 국민의 재산권이 부당하게 침해될 소지가 있다. 따라서 「조세법」에서는 조세의 부과·징수가 위법하거나 부당하게 행사되어 납세자의 권익이 침해되는 경우 그 피해를 회복하기 위한 구제절차를 두고 있다.

「지방세기본법」에서는 지방세 과세처분 이전의 사전적 구제제도로서 과세전적부심사청구제도를 두고 있으며, 사후적 구제제도로서 이의신청, 심사청구, 심판청구제도를 두고 있다. 이러한 지방세에 관한 조세행정심판제도의 하나로서 감사원법에 의한 감사원 심사청구가 있다. 또한 행정소송을 제기하여 그 권리를 구제받을 수 있다.

2. 지방세기본법상의 불복청구와 감사원 심사청구

감사원 심사청구를 한 처분에 대하여는 지방세기본법상의 심사청구나 심판청구를 할 수 없으므로 납세의무자는 지방세기본법상의 불복청구나 감사원 심사청구 중 하나를 선택하여야 한다.

3. 행정심판전치주의

(1) 관련 법령 및 요건

「헌법」제107조 제3항은 "재판의 전심절차로서 행정심판을 할 수 있다. 행정심판의 절차는 법률로 정하되, 사법절차가 준용되어야 한다"라고 규정하고 있다. 이 헌법조항은 행정심판절차의 구체적 형성을 입법자에게 맡기고 있지만, 행정심판은 어디까지나 재판의 전심절차로서만 기능하여야 한다는 점과 행정심판절차에 사법절차가 준용되어야 한다는 점은「헌법」이 직접 요구하고 있으므로 여기에 입법적 형성의 한계가 있다. 따라서 입법자가 행정심판을 전심절차가 아니라 종심절차로 규정함으로써 정식재판의 기회를 배제하거나, 어떤 행정심판을 필요적 전심절차로 규정하면서도 그 절차에 사법절차가 준용되지 않는다면 이는「헌법」제107조 제3항, 나아가 재판청구권을 보장하고 있는「헌법」제27조에도 위반된다 할 것이다. 반면 어떤 행정심판절차에 사법절차가 준용되지 않는다 하더라도 임의적 전치제도로 규정함에 그치고 있다면 위 헌법조항에 위반된다 할 수 없다. 그러한 행정심판을 거치지 아니하고 곧바로 행정소송을 제기할 수 있는 선택권이 보장되어 있기 때문이다(헌재 2000.06.01, 98헌바8, 판례집 12-1, 590, 598).

한편,「헌법」제107조 제3항은 사법절차가 '준용'될 것만을 요구하고 있으나 판단기관의 독립성과 공정성, 대심적 심리구조, 당사자의 절차적 권리보장 등의 면에서 사법절차의 본질적 요소를 현저히 결여하고 있다면 '준용'의 요청에 위반된다고 하지 않을 수 없다(헌재 2000. 06.01, 98헌바8, 판례집 12-1, 590, 601-602).

(2) 국세기본법

「국세기본법」제56조 제1항에서는 국세와 관련된 처분에 대해서는「행정심판법」의 규정을 적용하지 아니하고「국세기본법」상의 불복절차에 의하도록 하고 있다. 그리고 동조 제2항에서 행정소송은「행정소송법」에도 불구하고「국세기본법」에 의한 심사청구 또는 심판청구와 그에 대한 결정을 거치지 아니하면 제기할 수 없다고 하여「국세기본법」에 의한 행정심판 전치주의를 규정하고 있다.

(3) 지방세기본법

「지방세법」에서는 행정소송 이전에 이의신청, 심사청구를 반드시 거치도록 하여 행정심판전치주의를 규정하고 있었다. 그러나 헌재의 판결(2000헌바30, 2001.06.28)에 의하여 필요적 행정심판 전치제도가 위헌결정 됨으로써 「지방세법」의 개정으로 임의적 전치주의를 따르도록 하였다. 이 판결에서는 「지방세법」상의 이의신청·심사청구제도가 그 판단기관의 독립성·중립성도 충분하지 않을 뿐 아니라, 무엇보다도 그 심리절차에 있어서 사법절차적 요소가 매우 미흡하고 특히 당사자의 절차적 참여권이라는 본질적 요소가 현저히 흠결되어 있어 사법절차 '준용'의 요청을 외면하고 있다고 판결하였다. 이와 같이 이의신청·심사청구라는 2중의 행정심판을 필요적으로 거치도록 하면서도 사법절차를 준용하고 있지 않으므로 이 법률조항은 「헌법」 제107조 제3항에 위반될 뿐만 아니라, 사법적 권리구제를 부당히 방해하여 재판청구권을 보장하고 있는 「헌법」 제27조 제3항에도 위반된다고 판시하였다.

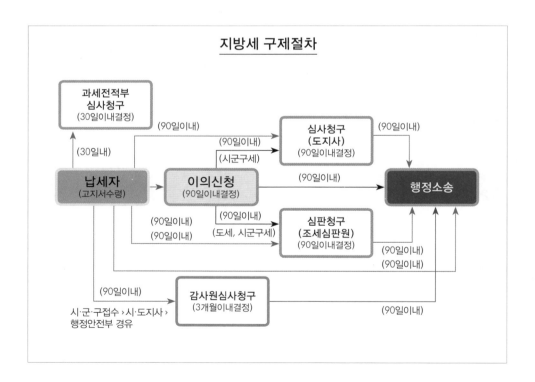

그리고 심사청구 또는 심판청구를 행정소송의 필요적 전치주의로 규정하고 있는 국세와 달리 지방세는 필요적 전치주의에 대한 위헌결정이후 임의적 전치주의로 운영되어 왔으나, 2010년 3월 31일「지방세기본법」제정 당시 이의신청 등에 관하여「국세기본법」제7장(제55조~제81조)을 준용하도록 하여 운영상 혼선을 초래하였다. 이에 2013년 1월 1일 법 개정 시 지방세의 이의신청 및 심사청구와 심판청구에 관하여「국세기본법」제7장 중 필요적 전치주의 규정인 국세기본법 제56조의 적용을 제외하도록 개정하였다. 따라서 현행「지방세기본법」은 임의적 전치주의를 채택하고 있는 것이다.

Ⅱ. 과세전적부심사청구

1. 개요

과세전적부심사청구 제도는 과세권을 행사하는 과세권자가 과세처분을 하기에 앞서 납세자에게 과세할 내용을 통지함으로써 위법·부당한 과세처분을 사전에 방지하고 공정한 과세를 통하여 국민에게 신뢰를 주는 세무행정을 구현하는 데에 그 목적이 있다. 이러한 사전권리구제 제도는 위법·부당한 과세처분이 이루어진 후에 이루어지는 심사청구나 심판청구 제도와 그 목적이 다르다.「지방세기본법」에서는 과세 전 사전구제제도로서 이러한 과세전적부심사청구를 두고 있다. 과세전적부심사청구제도는 과세처분을 예고한 사항에 대하여 이의가 있을 때 그 적부여부를 청구대상으로 한다는 점에서 과세처분에 대하여 불복이 있는 경우 구제를 요청하는 사후구제제도인 이의신청 등과 차이가 있다.

2. 청구대상

다음의 어느 하나에 해당하는 통지를 받은 자는 그 통지를 받은 날부터 30일 이내에 지방자치단체의 장에게 통지내용의 적법성에 관하여 과세전적부심사를 청구할 수 있다.

① 세무조사결과에 대한 서면통지.

② 과세예고통지.

③ 비과세 또는 감면의 신청을 반려하는 통지.

과세전적부심사청구의 대상에 관하여 이와 같이 열거주의에 의하여 열거하고 있기 때문에 열거되지 아니한 통지에 대하여는 과세전적부심사를 청구할 수 없다.

납세의무자에게 과세처분이 이루어진 후 그 납세의무가 체납되어 체납처분을 하여도 지방세징수금을 충당하기에 부족한 경우 보충적으로 납세의무를 부담하는 제2차 납세의무자는 과세전적부심사를 청구할 수 없다. 그러나 연대납세의무자의 경우는 직접 당사자로서 과세전적부심사를 청구할 수 있으며, 납세의무가 승계되는 합병이나 상속의 경우에 소멸법인이나 피상속인에 대한 세무조사나 과세예고 등에 대하여 존속법인이나 상속인이 과세전적부심사를 청구할 수 있다.

3. 청구대상에서 제외되는 경우

다음의 어느 하나에 해당하는 경우에는 과세전적부심사청구의 대상이 되지 않는다.

① 납기 전 징수의 사유가 있거나 지방세관계법에서 규정하는 수시부과의 사유가 있는 경우.

② 범칙사건을 조사하는 경우.

③ 세무조사결과통지 및 과세예고통지를 하는 날부터 지방세 부과제척기간의 만료일까지의 기간이 3개월 이하인 경우.

④ 「지방세기본법」 또는 지방세관계법과 관련하여 유권해석을 변경하여야 하거나 새로운 해석이 필요한 경우와 「국제조세조정에 관한 법률」에 따라 조세조약을 체결한 상대국이 상호합의절차의 개시를 요청한 경우.

4. 청구절차

(1) 과세전적부심사청구서

과세전적부심사를 청구하려는 자는 다음 각각의 사항을 적은 과세전적부심사청구서에 증거서류나 증거물을 첨부(증거서류나 증거물이 있는 경우에 한정)하여 시장·군수 또는 도지사에게 제출하여야 한다.

① 청구인의 성명과 주소 또는 영업소.
② 통지를 받은 날짜.
③ 청구세액.
④ 청구 내용 및 이유.

(2) 보정요구

과세전적부심사청구가 있는 경우에 그 청구의 서식 또는 절차에 결함이 있는 경우와 청구사유를 증명할 자료의 미비로 심의할 수 없다고 인정될 경우에는 20일 간의 보정기간을 정하여 문서로써 그 결함의 보정을 요구할 수 있다. 다만, 보정할 사항이 경미한 경우에는 직권으로 보정할 수 있다. 보정요구를 받은 청구인은 문서로써 이를 보정하거나, 도·시·군에 출석하여 보정할 사항을 구술하고 그 구술의 내용을 도·시·군 소속 공무원이 기록한 서면에 서명 또는 날인함으로써 보정할 수 있다. 보정기간은 결정기간에 포함하지 아니한다.

(3) 과세전적부심사청구의 효력

납세자가 「지방세기본법」상의 규정에 의한 과세예고통지를 받고 과세전적부심사를 청구한 경우 과세전적부심사위원회의 결정이 있을 때까지 과세표준 및 세액의 결정·경정을 유보하여야 한다. 그러나 수시부과 등의 사유가 있는 경우와 같이 기한의 이익을 보장해 줄 수 없는 경우에는 과세전적부심사가 청구된 경우라 하더라도 과세권을 행사하여야 할 것이다.

5. 조기결정·경정의 요청

과세전적부심사청구의 대상이 되는 통지를 받은 자는 과세전적부심사를 청구하지 아니하고 그 통지를 한 지방자치단체의 장에게 통지받은 내용대로 과세표준 및 세액을 조기에 결정 또는 경정결정을 하여 줄 것을 신청할 수 있다. 이 경우 해당 지방자치단체의 장은 신청 받은 내용대로 즉시 결정 또는 경정결정을 하여야 한다.

6. 결정

과세전적부심사청구를 받은 시장·군수 또는 도지사는 지방세심의위원회의 심사를 거쳐 결정을 하고 그 결과를 청구 받은 날부터 30일 이내에 청구인에게 알려야 한다. 다만, 다음과 같은 사유가 발생한 경우에는 30일의 범위 내에서 1회에 한정하여 심사기간을 연장할 수 있다.

① 다른 기관에 법령해석을 요청하는 경우.
② 풍수해, 화재, 천재지변 등으로 지방세심의위원회를 소집할 수 없는 경우.

과세전적부심사청구에 대한 결정의 종류에는 다음과 같은 것이 있다.

① 청구가 이유 없다고 인정되는 경우: 채택하지 아니한다는 결정
② 청구가 이유 있다고 인정되는 경우: 채택한다는 결정. 다만, 청구가 일부 이유 있다고 인정되는 경우에는 일부 채택한다는 결정을 한다.
③ 청구기간이 지났거나 보정기간 내에 보정을 하지 아니하는 경우: 심사하지 아니한다는 결정.

심사청구나 심판청구의 결정은 당해 처분청을 기속하도록 규정하고 있으므로 그 결정에 따라 처리하여야 한다. 그러나 과세적부심사청구에 대한 결정은 「지방세기본법」 제

123조의 규정에 의한 결정에 해당하지 아니하여 행정처분의 불가변력이 발생하는 것은 아니다. 그러므로 과세전적부심사의 경우 그에 대한 결정이 이루어진 후에도 새로운 사실관계에 대한 법령에 따라 당해 과세표준과 세액을 경정할 수 있다. 또한 불이익변경금지원칙은 과세처분에 대한 불복절차에 대하여 적용되는 것이고, 과세 이전단계인 과세전적부심사절차는 그 대상이 되지 않는다. 그러므로 처분청은 과세예고통지에 대하여 재조사 결정 등을 한 후에도 과세표준과 세액의 내용에 오류 또는 탈루가 있음이 발견된 때에는 이를 바로잡아 부과처분 등을 할 수 있으며, 재조사 결과 과세예고통지한 과세표준을 초과하여 과세하는 것도 가능하다.

7. 과세예고통지 없는 처분의 효력

처분청이 결정전 통지 없이 납세고지를 하였다 하더라도 납세고지의 효력에는 영향이 없는 것이다. 또한 처분청이 지방세기본법에서 규정하고 있는 세무조사에 있어서의 결과통지를 납세자에게 하지 아니 하였을 뿐 아니라 과세전적부심사의 기회를 부여하지 아니하고 한 결정은 당연 무효가 되는 것은 아니며, 단지 이의신청 등을 통하여 권리를 구제받을 수 있는 것(국세청장 예규 징세 46101-1523, 1999.06.29 및 징세 46101-1460, 1999.06.18도 같은 뜻)이다.

〈사례〉 과세전적부심사청구 결정의 불가변력여부

과세적부심사청구에 대한 결정은 「국세기본법」 제80조의 규정에 의한 결정에 해당하지 아니하여 행정처분의 불가변력이 발생하였다고 볼 수 없다(경정)(국심2003서2282, 2004.03.15). 청구인은 과세전적부심사결정은 불가변력이 있으므로 이에 반하여 한 이건 처분이 부당하다고 주장하나, 과세전적부심사제도는 과세표준 및 세액 등의 결정전에 납세자에게 통지하여 부당한 과세처분을 사전에 방지하고 과세의 공정을 도모하며 국민에게 신뢰를 주는 세무행정을 구현하는 것을 목적으로 하여 운영되고 있는 제도로서 과세전적부심사결정은 「국세기본법」상 불복대상인 처분으로 볼 수 없으므로 위 청구주장 역시 이유 없다 할 것이다(국심99중211, 1999.04.01 같은 뜻).

〈사례〉 과세자료의 수집에 절차상 위법이 있는 경우의 과세처분의 효력

과세자료의 수집에 절차상 위법이 있는 경우의 과세처분의 효력은 그 절차위배의 내용, 정도, 대상 등에 따라 달라질 것이지만, 과세처분은 과세표준의 근거를 그 존재로 하는 것이기 때문에 그 적부는 원칙적으로 객관적인 과세요건의 존부에 의하여 결정되어야 하는 것이어서, 세무조사절차에 위법이 있었다고 하더라도 그것이 실질적으로 전혀 조사가 없었던 경우와 같거나 선량한 풍속 기타 사회질서에 위반되는 방법으로 과세처분의 기준이 되는 자료를 수집하는 등 중대한 것이 아닌 한 그러한 사정만으로는 과세처분의 취소사유로는 되지 않는다(수원지법2010구합9861, 2011.05.12).

〈사례〉 과세전적부심사청구의 기속력

과세전적부심사청구는 사전권리구제 제도로서 심사·심판청구 제도와는 그 목적 등이 다른 점 등을 종합할 때, 청구주장을 받아들이기 어렵다(기각)(조심2013중442, 2013.04.01).

과세전적부심사청구 제도는 과세권을 행사하는 세무서장 또는 지방국세청장이 과세처분을 하기에 앞서 납세자에게 과세할 내용을 통지함으로써 위법·부당한 과세처분을 사전에 방지하고 공정한 과세를 통하여 국민에게 신뢰를 주는 세무행정을 구현하는 데에 있지만 이러한 사전권리구제 제도는 위법·부당한 과세처분이 이루어진 후에 이루어지는 심사청구나 심판청구 제도와 그 목적이 다르다고 할 수 있고, 과세전적부심사의 경우 그에 대한 결정이 이루어진 후에도 새로운 사실관계에 대한 법령에 따라 당해 과세표준과 세액을 경정할 수 있는 것이므로, 과세전적부심사결정이 이루어진 후에는 어떠한 경우에도 당해 과세표준과 세액을 취소하거나 변경할 수 없다는 청구인의 주장은 받아들이기 어렵다고 판단된다(국심2007서2998, 2004.03.12 같은 뜻).

〈사례〉 과세전적부심사 결정서 송달일 이전에 한 과세처분

처분청은 이미 과세전적부심사청구를 기각결정 통보하였고 부과제척기간 이내로 처분청은 같은 내용의 과세처분을 다시 할 수 있는 점에 비추어 과세전적부심사 결정서가 송달된 날에 절차적 하자가 치유되었고 그 하자가 치유된 날을 기산일로 하여 90일 이내에 청구된 심판청구는 적법하다(기각)(조심2012중2669, 2013.01.23).

국내등기우편물조회서 등에 의하면, 청구인은 이 건 과세예고통지서를 2012년 1월 4일 송달받았고, 송달일부터 30일 이내인 2012년 2월 2일 과세전적부심사청구서를 처분청에 제출하였으나, 이 건 납부고지서는 과세전적부심사 결정서 송달일(2012.03.05) 이전인 2012년 2월 21일 청구인에게 송달되었던바, 처분청이 과세전적부심사결정서를 통지하기 전에 과세처분을 한 것은 납세고지전 권리구제제도를 규정한 위「국세기본법」을 위반한 처분에 해당한다(조심2008중2922, 2009.10.15 같은 뜻).

그러나 이 건 처분을 부적법한 처분으로 보아 취소하는 경우 처분청은 이미 이 건 과세전적부심사청구를 기각결정 통보하였고, 이 건은 부과제척기간 이내로서 처분청은 같은 내용의 과세처분을 다시 할 수 있는 점에 비추어 볼 때, 이 건 처분은 과세전적부심사 결정서가 송달된 2012년 3월 5일 위와 같은 절차적 하자가 치유된 것으로 봄이 합리적이라고 판단된다. 이 경우 과세처분의 효과는 하자가 치유된 날부터 발생하고, 이에 대한 불복청구는 과세전적부심사결정서 통지일을 기산일로 하여 제기하여야 할 것인바, 이 건 심판청구는 과세전적부심사결정서 송달일(2012.03.05)부터 90일 이내인 2012년 6월 1일 청구되어 적법한 심판청구로 판단된다.

〈사례〉 과세전적부심사결정에 대하여는 불이익변경금지원칙을 적용여부

과세처분 이전 단계인 과세전적부심사결정에 대하여는 불이익변경금지원칙을 적용하기 어렵다 (기각)(조심2012중460, 2012.07.30).

청구인은 처분청이 과세예고통지당시 건축비 증빙자료 가운데 일부가 불분명하다고 하여서 양도소득세 XX원을 과세하겠다는 취지의 예고통지를 하였다가 과세전적부심사청구에 대한 결정(재조사)에 따라 조사한 후 청구인이 제시하는 증빙자료가 불분명(XX원만을 건축비로 인정)하므로 환산취득가액(XX원)을 적용하여 2008년 귀속 양도소득세 XX원(과세표준 XX원)을 과세하였으나, 이는 동일한 과세자료에 대하여 달리 판단하는 것으로 과세전적부심사청구 결과 부인된 내역에 대하여만 재조사를 하여야 함에도 조사당시에 인정한 증빙서류까지도 부인하여 증액으로 경정한 처분은 「국세기본법」 제79조에서 규정한 불이익변경금지원칙과 신의성실원칙에 반하는 것이라고 주장한다.

처분청은 불이익변경금지원칙은 불복절차에 적용되는 것으로 과세처분 이전단계인 과세전적부심사청구절차도 대상인 것으로 보기는 어려우며, 재조사에 따라서 실지 조사한 결과 경정한 과세표준이 과세예고통지금액보다 많다 하더라도 이는 불이익변경금지원칙에 반하는 것이 아니므로 이 건 과세처분은 정당하다는 의견이다.

살피건대, 청구인은 과세전적부심사결정에 따른 재조사 결과 과세예고통지한 과세표준을 초과하여 과세하는 것은 부당하다고 주장하나, 불이익변경금지원칙은 과세처분에 대한 불복절차에 대하여 적용되는 것이어서 이전 단계인 과세전적부심사절차도 대상이 된다 하기는 어려울 뿐만 아니라 처분청은 과세예고통지에 대하여 재조사 결정 등을 한 후에도 과세표준과 세액의 내용에 오류 또는 탈루가 있음이 발견된 때에는 이를 바로잡아 부과처분 등을 할 수 있어서 이와 다른 취지의 청구인 주장은 받아들이기 곤란한 것으로 판단된다.

〈사례〉 조세범칙조사

국세청장 A모씨는 쟁점사업장에 대해 2010년 7월 15일부터 개인사업자 부분조사를 실시하다가 범칙행위가 발견되어 조세범칙조사로 전환하면서 당초 2010년 8월 3일까지인 조사기간을 2010년 8월 31일까지로 28일간 연장하였고, 조세범칙조사 실시 후 2010년 9월 13일 1억 4,209만 6,120원을 통고처분한 사실이 나타난다. 「국세기본법」 제81조의 12에 의하면, 세무공무원은 범칙사건의 조사, 법인세의 결정 또는 경정을 위한 조사 등 대통령령이 정하는 부과처분을 위한 실지조사를 마친 때에는 그 조사 결과를 서면으로 납세자에게 통지하여야 하며, 「국세기본법」 제81조의 15 제2항 제2호에서 "조세범칙사건을 조사하는 경우 과세전적부심사청구 대상이 아닌 것" 으로 규정하고 있는 바, A모 국세청장이 실시한 2차 조사는 조세범칙조사로 전환된 사실이 확인되므로 과세전적부심사청구 대상에 해당하지 아니하여, 과세전적부심사 절차를 거치지 않았다는 사실만으로 이 건 처분을 위법한 처분으로 보기는 어렵다고 판단된다(조심2011구110, 2011.05.09).

〈사례〉 과세전적부심사 결정에 대한 감사관실의 지적사항

과세전적부심사위원회에서 결정된 내용이 명백히 위법·부당한 경우가 아니라면 설령, 그 판단근거가 부분적으로 잘못이 있다 하더라도 그 결정내용은 존중되어야 하고, 심사청구 결정의 기속력에 준하는 사실상의 구속력을 인정하여야 하며, 대법원도 과세전적부심사결정의 사실상의 구속력에 대하여 인정하고 있다(대법2010두2555, 2010.05.13 같은 뜻). 이러한 사실상의 구속력을 가지는 과세전적부심사결정에도 불구하고 과세관청이 그 결정에 반하는 처분을 하려면 그 결정된 내용이 명백히 위법·부당하고(서면인터넷방문상담1팀-1352, 2005.11.08 같은 뜻), 그 위법·부당한 결정내용의 형성에 납세자가 기여해야 하는바, 지방국세청 감사관은 '과세전적부심사 심리절차 및 의결결과에 대한 처리 부적정' 의견의 근거로 국세심사위원회 심의시 사건조사서를 작성하지 않았다는 것을 들고 있으나 과세전적부심사사무처리규정 제29조 제1항에 의하면 사건조사서를 작성하지 아니하고 결정서(안)를 만들 수 있다고 규정되어 있는 점, 쟁점부동산을 '골프장에 위치한 쟁점 고급주택'이라고 보면서 업무무관자산이라고 하였으나 이 건 의견서에는 주택은 아니라고 보고 있는 점 등을 종합하여 볼 때 과세전적부심사결정 내용을 번복할 만큼 쟁점과세전적부심사청구의 결정내용이 명백히 위법·부당한 경우라고 보기 어렵고, 납세자가 위법·부당한 결정내용의 형성에 관여하였다고 볼만한 자료도 없어 보인다.

과세전적부심사는 심사청구와 동일한 담당자, 조직, 권한 등을 가진 국세심사위원회에서 심의를 하는바, 심사결정과 과세전적부심사결정의 효력을 다르게 부여하는 것은 사실상 불합리하고, 과세전적부심사의 재결청을 국세청장, 지방청장, 세무서장으로 구별하는 주요기준은 금액이므로 재결청에 따라 과세전적부심사결정의 효력에 차이가 있다고 볼 수 없으며, 납세자는 과세적적부심사의 채택결정이 과세관청을 사실상 구속하는 것으로 믿고, 과세전적부심사청구서 제출 및 수행에 있어 많은 시간과 비용을 들이는데 그 결정이 과세관청 스스로에 의하여 쉽게 무시될 수 있다면 과세전적부심사제도가 납세자의 권익을 보장하기 위한 제도라고 믿은 납세자에게 불의의 타격을 주게 되며, 이는 납세자의 신의에 정면으로 반하게 된다고 할 수 있어 명백히 위법·부당하지 않은 과세전적부심사에서 결정 한 사실판단 사안을 감사관의 감사지적에 의하여 재경정·고지한 이 건 처분청의 처분은 정당하다 할 수 없다(심사부가2012-137, 2012.12.03).

Ⅲ. 이의신청 및 심사청구와 심판청구

1. 개요

「헌법」제107조 제3항에서는 재판의 전심절차로서 행정심판을 규정하고 있다. 행정상의 법률관계의 분쟁의 경우에도 사법부의 행정소송에 의하여야 하나 행정소송의 제기이전에 전심절차로서 행정심판에 의해 행정청 자신의 재결을 거칠 수 있도록 행정심판제도를 두고 있으며, 이를 규정하는 법률이 「행정심판법」이다. 행정심판은 부당한 처분에 대한 구제 등 행정소송과는 다른 권리구제의 영역도 가지고 있으며, 행정소송이전에 행정심판을 둠으로서 행정의 자율적 통제와 사법기능의 보충적 기능을 도모하고 있다.

조세법상의 불복제도는 이러한 행정심판법상의 행정심판제도에 대하여 특별히 규정된 특별행정심판제도로서 지방세기본법에서도 행정소송이전의 선택적 단계로서 이의신청, 심사청구 및 심판청구의 규정을 두고 있다. 즉, 「지방세기본법」또는 지방세관계법에 의한 처분으로서 위법 또는 부당한 처분을 받거나 필요한 처분을 받지 못함으로써 권리 또는 이익의 침해를 당한 자는 이의신청·심사청구 또는 심판청구를 하여 그 처분의 취소 또는 변경을 청구하거나 필요한 처분을 청구할 수 있다.

「지방세기본법」상의 불복은 심사청구나 심판청구 중 하나를 선택할 수 있으며, 동일한 처분에 대하여는 심사청구와 심판청구를 중복하여 제기할 수 없으므로 원칙적으로 1심급이다. 그러나 이의신청을 거쳐 심사청구나 심판청구를 할 수 있으므로 지방세기본법상의 불복은 선택적 2급 심사에 해당한다 할 수 있다.

2. 불복청구대상

(1) 청구대상

「지방세기본법」또는 지방세관계법에 따른 처분으로서 위법 또는 부당한 처분을 받았거나 필요한 처분을 받지 못함으로써 권리 또는 이익을 침해당한 자는 이의신청, 심사청구 또는 심판청구를 할 수 있다. 처분이라 함은 지방자치단체가 지방세법령에서 규정한 일정한 요건을 갖춘 경우에 이에 대하여 부과권이나 징수권에 기하여 일정한 공정력을 가진 행정행위로서 과세처분 등을 하거나 필요한 행정행위를 하지 아니하는 것을 의미한다.

① 위법한 처분: 위법한 처분이란 「지방세기본법」 또는 지방세관계법의 규정에 위반된 처분을 말한다.
② 부당한 처분: 부당한 처분이란 과세의 형평에 어긋나거나 합목적성에 위배되어 공익 또는 행정목적에 반하거나 재량권을 그르친 처분을 말한다.
③ 필요한 처분을 받지 못한 경우: 필요한 처분을 받지 못한 경우란 처분청이 공제·감면신청에 대한 결정, 지방세의 환급, 경정청구에 대한 결정 또는 경정, 기타 이에 준하는 처분을 명시적 또는 묵시적으로 거부하는 것을 말한다.

(2) 청구대상에서 제외되는 처분

다음과 같은 처분은 불복청구의 대상이 되는 처분에 포함되지 않는다.

① 이의신청, 심사청구 또는 심판청구에 대한 처분. 다만, 이의신청에 대한 처분에 대하여 심사청구 또는 심판청구를 하는 경우는 제외한다.
② 통고처분: 지방자치단체의 장은 범칙사건을 조사하여 범칙의 심증(心證)을 갖게 되었을 때에는 그 이유를 명시하여 벌금에 해당하는 금액 또는 몰수에 해당하는 물품, 추징금에 해당하는 금액, 서류의 송달비용 및 압수물건의 운반·보관비용을 지정한 장소에 납부할 것을 통고하여야 한다. 이러한 통고처분은 불복청구의 대상이 되지 않는다.
③ 「감사원법」에 따라 심사청구를 한 처분이나 그 심사청구에 대한 처분.
④ 과세전적부심사의 청구에 대한 처분.

처분청이 한 과세예고통지는 납세자의 권리 또는 이익을 침해한 행위로 볼 수 없으므로 과세예고통지를 불복대상으로 불복청구를 제기할 수는 없는 것으로, 이에 대하여는 과세전적부심사를 청구할 수 있을 뿐이다. 또한 과세전적부심사의 청구에 대한 결정 또한 불복청구대상 처분에 포함되지 아니한다.

과세처분이 이루어지기 전에 과세예고통지 및 과세전적부심사 결정에 대하여는 불복의 대상이 되지 아니한다. 그러므로 처분청의 과세처분이 있은 후에 이를 대상으로 불복청구를 하여야 한다.

(3) 신고납부가 처분에 해당하는지의 여부

구 「지방세법(2010.03.31 법률 제10221호로 전부개정되기 전의 것)」 제72조에서는 신고납부를 한 때에 처분이 있었던 것으로 간주하는 규정이 있었으나, 「지방세법」 개정 및 「지방세기본법」 제정(2010.03.31)에 따라, 신고납부를 한 때에 처분이 있었던 것으로 간주하는 규정이 삭제되었는바, 동 간주규정이 삭제된 이상 취득세 신고납부에 대하여 이를 수납하는 행위는 단순한 사무적 행위에 불과할 뿐 행정처분이라고 볼 수 없으므로 (대법원 1990.03.27 선고, 88누4591 판결 참조), 2011년 1월 1일 이후 납세의무가 성립하는 취득세의 경우, 그 신고납부에 대하여 이를 수납하는 행위는 불복청구 대상에 해당하지 아니한다.

다만, 2011년 1월 1일 이후부터 납세의무가 성립하는 지방세를 법정기간 내에 신고한 경우에는 법정기한이 지난 후 3년 이내에 경정청구를 할 수 있도록 개정되었으므로, 2011년 1월 1일 이후부터 납세의무가 성립하는 지방세에 대하여 납세자가 그 신고한 과

관련법령

(구) 지방세법 제72조

① 이 법에 의한 처분(신고납부 또는 수정신고납부를 한 경우에는 그 신고납부를 한 때에 처분이 있었던 것으로 본다. 이하 이 절에서 같다)으로서 위법 또는 부당한 처분을 받았거나 필요한 처분을 받지 못함으로써 권리 또는 이익의 침해를 당한 자는 이 절의 규정에 의한 이의신청, 심사청구 및 심판청구를 할 수 있다.

세표준과 세액을 경정하고자 하는 경우에는 지방자치단체의 장에게 경정청구를 제기하여야 하고, 경정청구에 대한 결정통지에 대하여는 불복청구가 가능하다.

(4) 무납부의 고지

「지방세법」이 개정(2010.03.30 법률 제10221호)되어 시행(2011.01.01)되기 전까지는 납세의무가 성립된 지방세의 경우 경정청구제도가 없었던 지방세만의 특수성을 인정하여 법정기한 내에 신고하였으나 무납부한 경우에 있어 이러한 무납부고지를 불복청구의 대상으로 인정하여 왔으나(조심2008지229, 2008.11.06 같은 뜻), 2011년 1월 1일 이후부터 납세의무가 성립하는 지방세를 법정기한 내에 신고한 경우에는 「지방세기본법」 제51조 제1항 본문 및 제1호에 따라 법정기한이 지난 후 3년 이내에 경정청구를 할 수 있도록 법령이 개정되어 지방세 납세자에 대한 권리구제 절차와 방법이 보완되었으므로 2011년 1월 1일 이후부터 납세의무가 성립한 지방세에 대한 무납부고지는 납세자가 신고하였으나 납부하지 아니한 세액을 징수하기 위한 절차로서 불복청구의 대상인 처분으로 보기는 어렵다(조심2013지542, 2013.08.23 외 다수, 같은 뜻).

(5) 불복청구 후 처분이 있는 경우

심판청구를 제기하기 위해서는 「지방세기본법」 제117조 제1항에 의한 처분이 있어야 한다. 그러므로 처분이 있을 것을 예정하여 불복하는 경우에는 청구대상의 흠결로써 각하되어야 한다. 그러나 불복청구 후에 처분이 있는 경우에는 그 하자가 치유된 것으로 보아야 하므로 불복청구가 가능하다(조심2008부1579, 2008.12.11 참조).

3. 청구의 효력

이의신청, 심사청구 또는 심판청구는 그 처분의 집행에 효력이 미치지 아니한다. 다만, 압류한 재산에 대하여는 그 공매처분을 보류할 수 있다.

4. 이의신청

(1) 신청기한

이의신청은 그 처분이 있은 것을 안 날부터 90일 이내에, 처분의 통지를 받았을 때에는 그 통지를 받은 날로부터 90일 이내에 하여야 한다. 이의신청기한 내에 우편으로 제출(우편법령에 따른 통신날짜도장이 찍힌 날을 기준)한 이의신청서, 심사청구서 또는 심판청구서가 신청기간 또는 청구기간이 지나서 도달한 경우에는 그 기간만료일에 적법한 신청 또는 청구를 한 것으로 본다.

(2) 신청기관

도세의 경우에는 도지사에게, 시·군세의 경우에는 시장·군수에게 이의신청을 하여야 한다. 다만, 도세 중 특정부동산에 대한 지역자원시설세 및 시·군세에 부가하여 징수하는 지방교육세와 특별시세·광역시세 중 특별시분 재산세, 특정부동산에 대한 지역자원시설세 및 구세(군세 및 특별시분 재산세를 포함)에 부가하여 징수하는 지방교육세는 시장·군수에게 이의신청을 한다. 처분청이 이의신청기관을 잘못 통지하여 이의신청서가 다른 기관에 접수된 경우 또는 이의신청을 하려는 자가 이의신청서를 처분청에 제출하여 접수된 경우에는 정당한 기관에 해당 이의신청서가 접수된 것으로 본다. 정당한 기관이 아닌 다른 기관이 이의신청서를 접수하였을 때에는 이를 정당한 기관에 지체 없이 이송하고 그 뜻을 신청인에게 통지하여야 한다. 이 경우 처분청이 이의신청서를 접수하였을 때에는 그 중 1부만을 이송한다.

(3) 이의신청절차

이의신청을 하려는 자는 다음과 같은 사항 등을 적은 이의신청서 2부에 증명서류를 각각 첨부하여 도세와 시·군세 구분에 따라 도지사 또는 시장·군수에게 제출하여야 한다.

① 신청인의 성명과 주소 또는 영업소.
② 통지를 받은 연월일 또는 처분이 있은 것을 안 연월일.

③ 통지된 사항 또는 처분의 내용.

④ 불복의 사유.

도지사는 이의신청서를 제출받았을 때에는 지체 없이 그 중 1부를 처분청에 송부하고, 처분청은 그 이의신청서를 송부받은 날부터 10일 이내에 의견서를 도지사에게 제출하여야 한다. 이러한 의견서에는 「지방세기본법」 제116조 제3항에 따른 과세전적부심사에 대한 결정서(결정이 있는 경우만 해당), 처분의 근거·이유 및 그 사실을 증명할 서류, 청구인이 제출한 증거서류 및 증거물, 그 밖의 심리자료 모두를 첨부하여야 한다.

5. 심사청구 및 심판청구

(1) 청구기한

이의신청을 거친 후에 심사청구 또는 심판청구를 할 때에는 이의신청에 대한 결정 통지를 받은 날부터 90일 이내에 청구한다. 다만, 이의신청의 결정기간 내에 이의신청에 대한 결정 통지를 받지 못한 경우에는 결정 통지를 받기 전이라도 그 결정기간이 지난날부터 심사청구 또는 심판청구를 할 수 있다.

이의신청을 거치지 아니하고 바로 심사청구 또는 심판청구를 할 때에는 그 처분이 있은 것을 안 날(처분의 통지를 받았을 때에는 그 통지를 받은 날)부터 90일 이내에 심사청구 또는 심판청구를 하여야 한다. 청구기한 내에 우편으로 제출(우편법령에 따른 통신날짜도장이 찍힌 날을 기준으로 한다)한 심사청구서 또는 청구기간이 지나서 도달한 경우에는 그 기간만료일에 적법한 청구를 한 것으로 본다.

(2) 청구기관

1) 이의신청을 거친 경우

이의신청을 거친 후에 심사청구 또는 심판청구를 할 때에는 도지사의 결정에 대하여는 조세심판원장에게 심판청구를, 시장·군수의 결정에 대하여는 도지사에게 심사청구를 하거나 조세심판원장에게 심판청구를 한다.

2) 이의신청을 거치지 아니한 경우

이의신청을 거치지 아니하고 바로 심사청구 또는 심판청구를 할 때에는 도세의 경우에는 조세심판원장에게 심판청구를, 시·군세의 경우에는 도지사에게 심사청구를 하거나 조세심판원장에게 심판청구를 할 수 있다. 도세 중 특정부동산에 대한 지역자원시설세 및 시·군세에 부가하여 징수하는 지방교육세와 특별시세·광역시세 중 특별시분 재산세, 특정부동산에 대한 지역자원시설세 및 구세(군세 및 특별시분 재산세를 포함)에 부가하여 징수하는 지방교육세의 경우에는 도지사에게 심사청구를 하거나 조세심판원장에게 심판청구를 할 수 있다.

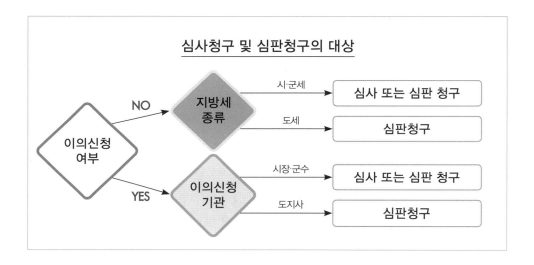

그러므로 도세의 경우 이의신청을 함에 있어서는 도지사에게 하여야 하므로 이의신청 후에는 심사청구는 불가능하고 심판청구만이 가능하다. 또한 이의신청을 거치지 아니한 경우에도 도세에 해당하는 것은 심판청구만이 가능하다. 그러므로 취득세의 경우에는 이의신청 후 심판청구 또는 이의신청 없이 심판청구만 할 수 있고, 심사청구는 대상이 되지 않는다.

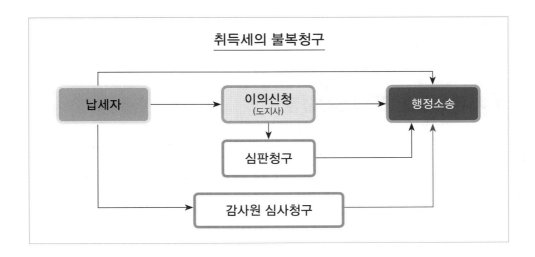

취득세의 불복청구

납세자 → 이의신청 (도지사) → 행정소송
이의신청 → 심판청구 → 행정소송
납세자 → 감사원 심사청구 → 행정소송

6. 청구기한의 연장

이의신청인, 심사청구인 또는 심판청구인이 천재지변 등으로 인한 기한의 연장사유(신고·신청·청구 및 그 밖의 서류의 제출·통지에 관한 기한연장사유만 해당)로 인하여 이의신청, 심사청구 또는 심판청구기간 내에 이의신청, 심사청구 또는 심판청구를 할 수 없을 때에는 그 사유가 소멸한 날부터 14일 이내에 이의신청, 심사청구 또는 심판청구를 할 수 있다. 이 경우 신청인 또는 청구인은 그 기간 내에 이의신청, 심사청구 또는 심판청구를 할 수 없었던 사유, 그 사유가 발생한 날 및 소멸한 날, 그 밖에 필요한 사항을 기재한 문서를 함께 제출하여야 한다.

7. 보정요구

이의신청 또는 심사청구가 있는 경우에 그 신청 또는 청구의 서식 또는 절차에 결함이 있는 경우와 불복사유를 증명할 자료의 미비로 심의할 수 없다고 인정될 경우에는 20일간의 보정기간을 정하여 문서로써 그 결함의 보정을 요구할 수 있다. 다만, 보정할 사항이 경미한 경우에는 직권으로 보정할 수 있다. 보정요구를 받은 이의신청인 또는 심사청구인은 문서로써 이를 보정하거나, 도·시·군에 출석하여 보정할 사항을 구술하고 그 구술의 내용을 도·시·군 소속 공무원이 기록한 서면에 서명 또는 날인함으로써 보정할 수 있다. 보정기간은 결정기간에 포함하지 아니한다.

8. 서류의 열람 및 의견진술권

이의신청인, 심사청구인 또는 심판청구인은 그 신청 또는 청구에 관계되는 서류를 열람할 수 있으며, 대통령령으로 정하는 바에 따라 지방자치단체의 장 또는 조세심판원장에게 의견을 진술할 수 있다.

9. 결정

(1) 이의신청 또는 심사청구

이의신청 또는 심사청구를 받은 지방자치단체의 장은 그 신청·청구를 받은 날부터 90일 이내에 지방세심의위원회의 의결에 따라 다음 중 어느 하나에 해당하는 결정을 하고 신청인 또는 청구인에게 이유를 함께 기재한 결정서를 송달하여야 한다.

① 각하: 신청·청구기간이 지났거나 보정기간 내에 필요한 보정을 하지 아니할 때에는 그 신청·청구를 각하하는 결정을 한다.
② 기각: 이의신청 또는 심사청구가 이유 없다고 인정될 때에는 그 신청·청구를 기각하는 결정을 한다.
③ 인용: 이의신청 또는 심사청구가 이유 있다고 인정될 때에는 신청·청구의 대상이 된 처분의 취소, 경정 또는 필요한 처분의 결정을 한다.

(2) 심판청구

조세심판원장이 심판청구를 받았을 때에는 조세심판관회의의 심리를 거쳐 결정한다. 다만, 심판청구의 대상이 대통령령으로 정하는 금액에 미치지 못하는 소액이거나 경미한 것인 경우나 청구기간이 지난 후에 심판청구를 받은 경우에는 조세심판관회의의 심리를 거치지 아니하고 주심조세심판관이 심리하여 결정할 수 있다. 조세심판관회의에서 종전에 조세심판원에서 한 세법의 해석·적용을 변경하는 의결을 하거나 그 밖에 대통령령으로 정하는 사유에 해당할 때에는 조세심판관합동회의의 심리를 거쳐 결정한다.

심판청구의 결정에 있어서도 각하, 기각, 인용의 3가지의 결정을 하게 되며, 그 심판결정은 문서로 하여야 하고, 그 결정서에는 주문(主文)과 이유를 적고 심리에 참석한 조세심판관의 성명을 밝혀 해당 심판청구인에게 송달하여야 한다.

(3) 결정의 기속력

이의신청, 심사청구 또는 심판청구의 결정은 해당 처분청을 기속(羈束)한다. 또한 결정을 하였을 때에는 해당 처분청은 결정의 취지에 따라 즉시 필요한 처분을 하여야 한다.

이의신청 등에 의한 결정은 그 자체가 일반 행정행위와는 달리 쟁송절차에 의하여 행해진 판단 행위이므로 당해 재결청자신도 이에 기속되고 특별한 사유 없이 스스로 결정을 철회하거나 변경하는 것이 허용되지 않는다. 그러므로 당초 적법한 절차에 의하여 이의신청 등의 심사결정 내용을 처분청에서 임의 변경하여 다시 과세할 수는 없다(대법원 1986.05.27 선고, 86누127 판결 등). 또한 조세소송에서의 소송물의 범위와 재결의 기속력이 미치는 범위가 반드시 일치하는 것은 아니다. 재결의 기속력은 과세표준 및 세액의 존부 판단의 전제가 되는 구체적인 요건사실의 인정과 판단에도 미친다. 그러므로 조세소송의 소송물이 과세표준 및 세액의 존부에 한정됨으로써 조세소송절차에서 구체적인 과세요건사실이 소송물이 아닌 공격방어방법으로 다루어진다고 하더라도, 과세관청이 소송절차에 이르러 재결에서 이미 인정·판단된 과세요건사실에 반하는 주장을 한다면 이는 재결의 기속력에 반하는 것으로 위법하다 할 수 있다.

〈사례〉 심판청구 후 기한 후 신고에 대한 결정

이 건 심판청구 당시(2013.12.09)에는 처분이 없었다 하더라도 심판청구 후에 청구법인이 처분청으로부터 기한 후 신고에 따른 취득세 무신고가산세 결정통지(2014.01.23)를 받았으므로, 이는 심판청구의 흠결이 치유된 것으로 보아 본안심리대상에 해당된다고 보는 것이 타당하다고 판단된다(조심2012지518, 2012.11.28 같은 뜻)(조심2014지

275, 2014.06.24).

〈사례〉 불복청구 기간의 기산일

감액경정 처분된 경우 불복청구대상은 감액경정처분에 의해 취소되지 않고 남아있는 부분이므로 불복청구기간은 당초 처분일을 기준으로 판단함(각하)(국심2001서2486, 2001.11.29).

〈사례〉 과세예고통지는 처분이 아님

처분청이 2013년 9월 6일 청구법인에게 한 과세예고통지는 청구법인의 권리 또는 이익을 침해한 행위로 볼 수 없으므로 과세예고통지를 불복대상으로 심판청구를 제기할 수는 없는 것으로 이에 대하여는 과세전적부심사를 청구할 수 있을 뿐이고, 과세전적부심사의 청구에 대한 처분 또한 「지방세기본법」 제2항 제4호에 따라 불복청구대상 처분에 포함되지 아니하므로 청구법인이 이 건 취득세 등에 대하여 불복을 하려면 처분청의 취득세 과세처분이 있은 후에 이를 대상으로 불복을 하여야 함에도, 청구법인은 취득세 등의 과세처분이 이루어지기 전에 과세예고통지 및 과세전적부심사 결정에 대하여 심판청구를 제기하였으므로 이 건 심판청구는 불복대상이 부적법한 심판청구로서 본안심리 대상에 해당되지 아니한다고 판단된다(조심2014지564, 2014.09.04).

〈사례〉 개별공시지가에 대한 불복청구

「지방세기본법」 제117조에서 「지방세기본법」 또는 지방세관계법에 따른 처분으로서 위법 또는 부당한 처분을 받았거나 필요한 처분을 받지 못함으로써 권리 또는 이익을 침해당한 자는 심판청구를 할 수 있다고 규정하고 있고, 「지방세기본법」 제2조 제4호에서 지방세관계법이란 「지방세법」, 「지방세특례제한법」, 「조세특례제한법」 및 「제주특별자치도 설치 및 국제자유도시 조성을 위한 특별법」을 말한다고 규정하고 있는바, 개별공시지가 결정·공시는 「부동산가격공시 및 감정평가에 관한 법률」 제11조에 따른 처분이므로 「지방세기본법」에 따른 심판청구 대상에 해당되지 아니하여 이 건 심판청구는 부적법한 청구에 해당한다고 판단된다(조심2014지771, 2014.08.13).

〈사례〉 공시송달

처분청이 이 건 취득세 납세고지서를 청구인의 주민등록상 주소지로 발송하였으나 수취인 부재로 반송되자 이를 공시 송달한 사실이 확인되므로, 이 건 취득세의 공시송달 공고일부터 14일이 경과한 날부터 90일이 경과하여 제기된 이 건 심판청구는 부적법하다(각하)(조심2013지637, 2013.09.16).

〈사례〉 이의신청의 접수거부 후 심판청구

청구인은, 취득세 등을 신고한 날인 2010년 10월 18일부터 90일 이내에 이의신청서를 작성하여 처분청에 제출하려 하였으나 처분청이 이를 받아주지 아니하여 이의신청이 접수되지 못하였다는 주장인 바, A모씨의 '확인서' 및 본원의 문의에 대한 처분청의 답변 등에 의하면 이와 같은 청구인의 주장이 일단 신빙성이 있다고 보인다.

사정이 이러하다면, 비록 청구인의 이의신청서가 처분청에 접수되지 아니하여 형식적으로는 이의신청이 이루어지지 아니한 것이라 하더라도 실질적으로는 청구인이 불복기간 내에 처분청에 이의신청을 제기한 것으로 봄이 타당하다고 판단되는 바, 만일 이와 같은 경우를 부적법한 심판청구로 보아 본안판단을 배제한다면 처분청의 책임을 납세의무자인 청구인에게 돌리는 불합리한 결과를 낳는다고 할 것이고, 이는 납세자 권익보호라는 조세심판청구제도의 취지에 반하는 것이라 하겠다. 따라서 이 건 심판청구는 적법한 이의신청절차를 거쳐 제기된 적법한 심판청구로서 본안심리대상이라고 함이 타당하다고 판단된다(조심2011지713, 2012.09.12).

〈사례〉 신고납부 후 심판청구

취득세 등을 신고납부한 경우 신고납부행위를 불복대상이 되는 처분으로 볼 수 없기 때문에 이에 대해 불복하려는 자는 「지방세기본법」 제51조가 규정하고 있는 경정청구를 한 후, 경정청구에 대한 과세관청의 결정통지에 대하여 불복청구를 하여야 할 것(조심2014지391, 2014.03.21 외 다수, 같은 뜻)인 바, 청구법인은 2011년 5월 18일 및 2011년 8월 22일 쟁점부동산의 취득에 대한 취득세 등을 신고하고, 2011년 5월 20일 및 2011년 8월 23일 이를 납부한 후, 이에 대해 심판청구를 제기하였으나, 이러한 신고납부

행위는 「지방세기본법」 제117조 제1항이 규정하고 있는 불복대상인 처분으로 볼 수 없으므로, 이에 대한 심판청구는 부적법한 청구에 해당한다고 판단된다(조심2014지215, 2014.08.13).

〈사례〉 무납부고지

처분청이 2014년 6월 5일 청구법인에게 한 통지는 무납부고지에 해당하고, 무납부고지는 이미 확정된 세액을 징수하기 위한 절차에 불과할 뿐 불복청구의 대상이 되는 부과처분으로 볼 수 없으므로 이 건 심판청구는 부적법한 청구에 해당한다(각하)(조심2014지1223, 2014.09.04).

청구법인과 처분청이 제출한 심리자료에 의하면, 청구법인은 2014년 3월 17일 이건 부동산을 취득한 후, 2014년 4월 18일 처분청에 취득세 등을 신고하였으나, 청구법인이 이를 납부하지 아니하자 처분청은 2014년 6월 5일 XX원을 무납부 고지하였고, 청구법인은 처분청의 무납부 고지를 불복대상으로 하여 2014년 7월 7일 이 건 심판청구를 제기하였다. 살피건대, 납세의무자가 과세표준과 세액의 신고만 하고 세액을 납부하지 아니하여 과세관청이 신고한 사항에 대하여 신고내용과 동일한 세액을 납부하도록 고지한 것은 확정된 조세의 징수를 위한 징수처분일 뿐 취소소송의 대상이 되는 과세처분으로 볼 수는 없다(대법원 2006.09.22 선고, 2006두8815 판결, 같은 뜻).

〈사례〉 헌법재판소의 법률 위헌결정

행정청이 법률에 근거하여 행정처분을 한 후에 헌법재판소가 그 법률을 위헌으로 결정하였다면 그 행정처분은 결과적으로 법률의 근거가 없이 행하여진 것과 마찬가지가 되어 하자가 있다고 할 것이나, 하자 있는 행정처분이 당연 무효가 되기 위해서는 그 하자가 중대할 뿐만 아니라 명백한 것이어야 하는데, 일반적으로 법률이 헌법에 위반된다는 사정은 헌법재판소의 위헌결정이 있기 전에는 객관적으로 명백한 것이라고 할 수 없으므로 특별한 사정이 없는 한 이러한 하자는 위 행정처분의 취소사유에 해당할 뿐 당연 무효 사유는 아니라고 봄이 상당하다(대법원 1996.06.11 선고, 96누1689 판결; 2001.03.23 선고, 98두5583 판결 등 참조)(대법2000두1911, 2001.10.23).

<사례> 송달여부의 판단

취소소송은 처분 등이 있음을 안 날부터 90일 이내에 제기하여야 하고, 행정심판청구를 한 경우에는 그 재결서의 정본을 송달받은 날부터 제소기간을 기산한다(행정소송법 제56조 제2항, 제3항). 그리고 송달을 받을 자에는 납세의무자 및 납세의무자의 세력범위 내 또는 생활지배권 범위 내에 있는 동거하는 가족, 직장 동료, 피고용인 등뿐만 아니라 그로부터 수령권한을 명시적 또는 묵시적으로 위임받은 자도 포함되고, 적법한 송달이 있게 되면 특별한 사정이 있어 당시에 알지 못하였다고 하는 사정은 원고가 이를 입증하여야 한다(1999.12.28 선고, 99두9742호 판결 등 참조)(청주지법2010구합2116, 2011.02.10).

<사례> 이의신청결정에 반하는 감사원지적사항

「지방세법」제25조의 2에서 지방자치단체의 장은 부과·징수가 위법 또는 부당한 것임을 확인한 때에는 즉시 그 처분을 취소하거나 변경하여야 한다고 규정하고 있는 바, 청구법인의 경우 이 건 제1토지에 대한 취득세 이의신청을 1994년 5월 30일 이의신청결정기관인 부산광역시장이 취소·결정함에 따라 1994년 5월 19일 제출된 '등록세 등 이의신청'에 대하여 처분청에서 취득세 이의신청결정에 터잡아 직권을 취하였다가 감사원 감사 시 지적되어 직권취소했던 등록세 등을 재부과 처분하였다 하더라도 위 직권취소는 국가·지방자치단체의 회계검사 총괄기관인 감사원의 시정지시에 의한 것이므로 직권취소했던 등록세 등을 재부과고지한 처분은 위법하다고 볼 수 없다(내심95-272, 1995.07.26).

<사례> 심사청구결정에 대한 감사원지적사항

원고가 1979년 12월 31일 판시 토지를 양도한 사실에 관한 피고의 양도소득세 및 방위세 부과처분이 국세청장에 대한 불복심사청구에 의하여 그 불복사유가 이유 있다고 인정되어 취소되었음에도 피고가 동일한 사실에 관하여 이 사건 부과처분을 되풀이 한 것이라면, 설령 그 부과처분이 감사원의 시정요구에 의한 것이라 하더라도 위법하다 할 것이고(당원 1972.02.29 선고, 71누110 판결; 1976.01.27 선고, 75누171 판결 참조), 국

세청장의 심사결정 내용이 적정하지 못하다는 이유로 된 감사원의 시정요구(양도토지가 농지 아닌 것을 농지로 잘못 판단하였다는 내용, 을 제3호증 참조)는 과세관청인 피고가 재결기관의 취소결정을 번복하고 종전과 같은 부과처분을 되풀이하여야 될 특별한 사유가 있는 때에 해당한다고 볼 수 없다(대법86누127, 1986.05.27).

Ⅳ. 감사원 심사청구

1. 개요

감사원의 감사를 받는 자의 직무에 관한 처분이나 그 밖의 행위에 관하여 이해관계가 있는 자는 감사원에 그 심사의 청구를 할 수 있다. 심사청구는 감사원규칙으로 정하는 바에 따라 청구의 취지와 이유를 적은 심사청구서로 하되 청구의 원인이 되는 처분이나 그 밖의 행위를 한 기관('관계기관'이라 함)의 장을 거쳐 이를 제출하여야 한다. 청구서를 접수한 관계기관의 장이 이를 1개월 이내에 감사원에 송부하지 아니한 경우에는 그 관계기관을 거치지 아니하고 감사원에 직접 심사를 청구할 수 있다(감사원법 제43조).

2. 청구기간

이해관계인은 심사청구의 원인이 되는 행위가 있음을 안 날부터 90일 이내에, 그 행위가 있은 날부터 180일 이내에 심사의 청구를 하여야 한다. 이 청구기간은 불변기간(不變期間)으로 한다. 심사청구기간을 계산함에 있어서는 관계기관에 심사청구서가 접수된 때에 심사청구가 제기된 것으로 본다.

3. 심사청구대상

감사원의 감사를 받는 자의 직무에 관한 처분이나 그 밖의 행위에 관하여 이해관계가 있는 자는 감사원에 그 심사의 청구를 할 수 있다. 지방자치단체의 사무에 대하여는 감사원의 감사를 받는 대상이므로 지방자치단체의 장이 납세자에게 한 지방세와 관련한 처분은 감사원의 심사청구의 대상이 된다. 다만, 「지방세기본법」에 의한 이의신청, 심사청구 또는 심판청구에 의한 재결이 있는 경우에는 감사원심사청구를 할 수 없으며, 「감사원법」에 따라 감사원에 심사청구를 한 처분에 대하여는 「지방세기본법」에 의한 불복청구를 할 수 없다. 또한 감사원심사결정이 있은 사항에 대하여는 일사부재리의 원칙에 의하여 다시 감사원심사를 청구할 수 없다. 다만, 각하한 사항에 대하여는 다시 청구할 수 있다.

4. 청구의 심리 및 결정

심사청구의 심리는 심사청구서와 그 밖에 관계기관이 제출한 문서에 의하여 한다. 다만, 감사원은 필요하다고 인정하면 심사청구자나 관계자에 대하여 자료의 제출 또는 의견의 진술을 요구하거나 필요한 조사를 할 수 있다.

감사원심사청구의 결정은 특별한 사유가 없으면 그 청구를 접수한 날부터 3개월 이내에 하여야 한다. 감사원심사청구 및 결정을 거친 행정기관의 장의 처분에 대하여는 해당 처분청을 당사자로 하여 해당 결정의 통지를 받은 날부터 90일 이내에 행정소송을 제기할 수 있다. 관계기관의 장은 감사원 심사청구결정에 따른 시정이나 그 밖에 필요한 조치를 요구하는 결정의 통지를 받으면 그 결정에 따른 조치를 하여야 한다. 심사청구의 결정의 종류는 다음과 같다.

① 각하: 감사원은 심사의 청구가 「감사원법」 제43조 및 제44조와 감사원규칙으로 정하는 요건과 절차를 갖추지 못한 경우에는 이를 각하한다. 이해관계인이 아닌 자가 제출한 경우에도 또한 같다.

② 인용 또는 기각: 감사원은 심리 결과 심사청구의 이유가 있다고 인정하는 경우에는 관계기관의 장에게 시정이나 그 밖에 필요한 조치를 요구하고, 심사청구의 이유가 없다고 인정한 경우에는 이를 기각한다. 인용 또는 기각의 결정을 하였을 때에는 7일 이

내에 심사청구자와 관계기관의 장에게 심사결정서 등본을 첨부하여 통지해야 한다.

5. 불이익변경금지

감사원은 청구인이 주장하는 사항에 대해서 심리한다. 다만, 필요하다고 인정할 때에는 청구인이 주장하지 아니한 사실에 대하여도 심리할 수 있다. 그러나 감사원은 심사청구의 대상인 처분 기타 행위 외의 사항에 대하여는 결정할 수 없으며 그 처분 기타 행위보다 청구인에게 불이익한 결정은 하지 못한다.

V. 행정소송

1. 행정소송의 의의

행정소송은 공법관계를 대상으로 하는 소송으로서 사법관계를 대상으로 하는 민사소송과 구별되는 것으로서, 행정소송은 행정소송절차를 통하여 행정청의 위법한 처분 그 밖에 공권력의 행사·불행사 등으로 인한 국민의 권리 또는 이익의 침해를 구제하고, 공법상의 권리관계 또는 법적용에 관한 다툼을 적정하게 해결함을 목적으로 하는 소송을 말한다.

2. 행정소송의 종류

행정소송은 다음의 네 가지로 구분된다.

(1) 항고소송

행정청의 처분 등이나 부작위에 대하여 제기하는 소송을 말한다. 항고소송은 다시 다음과 같이 구분한다.

① 취소소송: 행정청의 위법한 처분 등을 취소 또는 변경하는 소송
② 무효등확인소송: 행정청의 처분 등의 효력 유무 또는 존재여부를 확인하는 소송
③ 부작위위법확인소송: 행정청의 부작위가 위법하다는 것을 확인하는 소송

그러므로 「지방세기본법」상의 행정청의 처분에 대하여 제기하는 행정소송은 항고소송에 해당한다. 그리고 항고소송에는 위와 같이 3가지의 소송만이 대상이 되므로 행정청의 처분 등이 위법하다는 것을 확인하는, 소위 처분위법확인소송은 행정소송법상 허용되지 않는다 할 수 있다.

(2) 당사자소송

행정청의 처분 등을 원인으로 하는 법률관계에 관한 소송 그 밖에 공법상의 법률관계에 관한 소송으로서 그 법률관계의 한쪽 당사자를 피고로 하는 소송을 말한다.

(3) 민중소송

국가 또는 공공단체의 기관이 법률에 위반되는 행위를 한 때에 직접 자기의 법률상 이익과 관계없이 그 시정을 구하기 위하여 제기하는 소송을 말한다.

(4) 기관소송

국가 또는 공공단체의 기관 상호간에 있어서의 권한의 존부 또는 그 행사에 관한 다툼이 있을 때에 이에 대하여 제기하는 소송을 말한다. 다만, 「헌법재판소법」 제2조의 규정에 의하여 헌법재판소의 관장사항으로 되는 소송은 제외한다.

3. 항고소송의 대상

항고소송의 대상이 되는 처분이라 함은 행정청이 행하는 구체적 사실에 관한 법집행으로서의 공권력의 행사 또는 그 거부와 그 밖에 이에 준하는 행정작용 및 행정심판에 대한 재결을 말한다(행정소송법 제2조). 여기서 행정처분은 행정청의 공법상의 행위로서 특정

사항에 대하여 법규에 의한 권리의 설정 또는 의무의 부담을 명하거나 기타 법률상 효과를 발생하게 하는 등 국민의 권리의무에 직접 관계가 있는 행위를 가리키는 것이다. 그러나 행정권 내부에서의 행위나 알선, 권유, 사실상의 통지 등과 같이 상대방 또는 기타 관계자들의 법률상 지위에 직접적인 법률적 변동을 일으키지 아니하는 행위 등은 항고소송의 대상이 되는 행정처분이 아니다(1996.03.22 선고, 96누433 판결 등 참조).

행정청의 어떤 행위를 행정처분으로 볼 것이냐의 문제는 추상적, 일반적으로 결정할 수 없고, 관련 법령의 내용 및 취지와 그 행위가 주체·내용·형식·절차 등에 있어서 어느 정도로 행정처분으로서의 성립 내지 효력요건을 충족하고 있는지 여부, 그 행위와 상대방 등 이해관계인이 입는 불이익과의 실질적 견련성, 그리고 법치행정의 원리와 당해 행위에 관련한 행정청 및 이해관계인의 태도 등을 참작하여 개별적으로 결정하여야 한다.

4. 제소기간

취소소송은 처분 등이 있음을 안 날부터 90일 이내에 제기하여야 한다. 다만, 다른 법률에 당해 처분에 대한 행정심판의 재결을 거치지 아니하면 취소소송을 제기할 수 없다는 규정이 있는 경우 또는 행정청이 행정심판청구를 할 수 있다고 잘못 알린 경우에 행정심판청구가 있은 때의 기간은 재결서의 정본을 송달받은 날부터 기산한다. 취소소송은 처분 등이 있은 날부터 1년(재결이 있은 날부터 1년)을 경과하면 이를 제기하지 못한다. 다만, 정당한 사유가 있는 때에는 그러하지 아니하다. 제소기간은 불변기간으로 한다.

5. 항고소송의 원고 및 피고

취소소송은 처분 등의 취소를 구할 법률상 이익이 있는 자가 제기할 수 있다. 처분 등의 효과가 기간의 경과, 처분 등의 집행 그 밖의 사유로 인하여 소멸된 뒤에도 그 처분 등의 취소로 인하여 회복되는 법률상 이익이 있는 자의 경우에는 또한 같다. 무효 등 확인소송은 처분 등의 효력 유무 또는 존재 여부의 확인을 구할 법률상 이익이 있는 자가 제기할 수 있다. 부작위위법확인소송은 처분의 신청을 한 자로서 부작위의 위법의 확인을 구할 법률상의 이익이 있는 자만이 제기할 수 있다. 그리고 이를 통하여 구하는 행정청의 응답행위는 「행정소송법」 제2조 제1항 제1호 소정의 처분에 관한 것이라야 하므로, 당사자가 행정청에 대하여 어떠한 행정행위를 하여 줄 것을 신청하지 아니하거나 그러한 신청을 하였더라도 당사자가 행정청에 대하여 그러한 행정행위를 하여 줄 것을 요구할 수 있는 법규상 또는 조리상의 권리를 갖고 있지 아니하든지 또는 행정청이 당사자의 신청에 대하여 거부처분을 한 경우에는 원고적격이 없거나 항고소송의 대상인 위법한 부작위가 있다고 볼 수 없어 그 부작위위법확인의 소는 부적법하다(대법원 1995.09.15 선고, 95누7345 판결).

취소소송은 다른 법률에 특별한 규정이 없는 한 그 처분 등을 행한 행정청을 피고로 한다. 다만, 처분 등이 있은 뒤에 그 처분 등에 관계되는 권한이 다른 행정청에 승계된 때에는 이를 승계한 행정청을 피고로 한다. 처분을 한 행정청이 피고가 되며 지방세의 경우 시장, 군수, 구청장, 특별시장, 광역시장, 도지사가 처분청이 된다. 또한 행정청이 없게 된 때에는 그 처분 등에 관한 사무가 귀속되는 국가 또는 공공단체를 피고로 한다.

VI. 민사소송

지방세에 관한 처분에 대하여 민사법원에 지방자치단체를 피고로 하여 민사소송을 제기하여 그 권리를 구제받을 수 있다. 지방세의 과세처분은 행정행위의 공정력 또는 집행력에 의하여 그것이 적법하게 취소되기 전까지는 유효하므로 민사소송절차에서 그 과세처분의 효력을 부인할 수 없다. 그러므로 민사소송에 의해서는 무효판결만 할 수 있고 그 취소판결은 할 수 없다. 과세처분이 당연 무효라고 볼 수 없는 한 과세처분에 취소할 수 있는 위법사유가 있다 하더라도 그 행정처분은 행정행위의 공정력 또는 집행력에 의하여 그것이 적법하게 취소되기 전까지는 유효하다 할 수 있다. 그러므로 민사소송절차에서 이러한 행정처분의 효력을 부인할 수 없고(대법원 1999.08.20 선고, 99다20179 판결 등 참조), 행정처분을 당연 무효라고 하기 위해서는 그 처분이 위법함은 물론이고 그 하자가 중요하고 명백하여야 한다. 여기서 명백한 하자라 함은 행정처분 자체에 하자 있음이 객관적으로(외형상으로) 명백히 드러나는 것을 말한다(대법원 1991.10.22 선고, 91다26690 판결 참조).

〈사례〉 취소소송은 민사소송의 대상이 아닌 행정소송의 대상임

원고 주장과 같이 이모씨가 자신의 명의만 대여한 것이고 구모씨가 위 ○○을 직접 운영하였다 하더라도, 피고의 부과처분은 위법하지만 그 하자가 중대·명백하다고 할 수 없어 무효라고는 볼 수 없고 단지 취소할 수 있음에 불과하다 할 것이고, 위 부과처분이 위와 같이 단지 취소할 수 있음에 불과한 경우에는 민사소송절차에서 그 처분의 효력을 부인하여 위 부가가치세 등에 관한 피고의 채권이 존재하지 아니하는 것으로 인정할 수는 없으며, 달리 그 하자가 중대·명백하다고 볼 아무런 증거도 없다. 따라서 이모씨에 대한 부과처분의 취소를 구하는 행정소송에서 그 처분이 적법하게 취소확정되거나 처분청의 철회 등으로 그 효력을 잃지 않는 이상 민사소송절차에서 그 처분의 효력을 부인하여 이모씨에 대한 피고의 채권이 존재하지 아니하는 것으로 인정할 수는 없다 할 것이므로, 원고의 피고에 대한 위 주장은 더 나아가 살필 필요없이 이유 없다(창원지법2013가단3166, 2013.06.05).

〈사례〉 법원판결과 상이한 처분청의 결정

처분청이 서울고법 94구15037의 판결내용과 상이하게 경정결정한 이 건에 대하여 살펴보면, 전시「민사소송법」제197조 제1항에서 "판결에 위산, 오기, 기타 이에 유사한 오류가 있는 것이 명백한 때에는 법원은 직권 또는 당사자의 신청에 의하여 경정결정할 수 있다"고 규정되어 있는 바, 처분청이 이 건 판결오류사항을 전시 법규정에 의하여 법원에 경정결정을 신청하여 법원의 경정결정내용에 따라 결정하여야 함은 별론으로 하고, 처분청 직권으로 법원판결내용과 다르게 결정한 처분은 잘못된 처분이라 판단된다(심사중부96-969, 1996.12.06).

〈사례〉 감액경청처분에 대한 불복대상은 당초의 처분 중 감액되지 않고 남은 부분임

원고 안모씨에 대한 각 감액경정처분의 경우, 감액경정처분은 당초의 신고 또는 부과처분과 별개인 독립의 과세처분이 아니라 그 실질은 당초의 신고 또는 부과처분의 변경이고 그에 의하여 세액의 일부 취소라는 납세자에게 유리한 효과를 주는 처분이므로, 그 경정결정으로도 아직 취소되지 않고 남아 있는 부분이 위법하다 하여 다투는 경우에 항고소송의 대상은 당초 신고나 부과처분 중 경정결정에 의하여 취소되지 않고 남은 부분이며, 감액경정결정이 항고소송의 대상이 되지는 아니한다 할 것이므로(대법원 1996.11.15 선고, 95누8904 판결 등 참조), 원고 안모씨가 각 감액경정처분의 취소를 구하는 것이라면, 위 각 감액경정처분은 항고소송의 대상이 되지 아니하여 부적법하다고 할 것이다(수원지법2013구합16044, 2014.08.28).

〈사례〉 공무원의 불법행위의 판단

어떠한 행정처분이후에 항고소송에서 위법한 것으로서 취소되었다고 하더라도 그로써 곧 당해 행정처분이 공무원의 고의 또는 과실에 의한 불법행위를 구성한다고 단정할 수는 없지만, 그 행정처분의 담당공무원이 보통 일반의 공무원을 표준으로 하여 볼 때 객관적 주의의무를 결하여 그 행정처분이 객관적 정당성을 상실하였다고 인정될 정도에 이른 경우에는 국가배상법 제2조 소정의 국가배상책임의 요건을 충족하였다고 봄이 상당하다. 이때 객관적 정당성을 상실하였는지 여부는 침해행위가 되는 행정처분의 태양과 그 목적, 피해자의 관여 여부 및 관여의 정도, 침해된 이익의 종류와 손해의 정도 등 여러 사정을 종합하여 결정하되 손해의 전보책임을 국가 또는 지방자치단체에게 부담시킬 만한 실질적인 이유가 있는지도 살펴서 판단하여야 한다(대법원 2000.05.12 선고, 99다70600 판결 등 참조).

위 법리에 비추어 이 사건의 경우를 보건대, A모씨의 조사결과에 따라 2009년 7월 31일 양도소득세 부과처분이 전부 취소되지 않고 양도소득세 일부만 감액되는 내용의 경정처분이 있었다는 점과 관련하여, 갑1호증의 1, 2의 각 기재만으로 A모씨의 담당공무원이 보통 일반의 공무원을 표준으로 하여 볼 때 객관적 주의의무를 결하여 그 행정처분이 객관적 정당성을 상실하였다고 인정하기에 부족하고, 달리 이를 인정할 증거가 없으므로, 원고의 위 주장은 이유 없다(부산지법2014가단216795, 2014.08.14).

〈사례〉원고의 법률상 지위에 직접적인 변동을 일으키지 아니하는 처분의 항고소송의
　　　대상여부

　상속세액은 상속세 과세가액에 각종 공제금액 등을 차감하여 산출한 과세표준에 구간
별 세율을 적용하여 산출하는데 이 사건 결정은 과세표준을 산출하기 위한 사전단계로
상속세 과세가액을 평가하면서 원고가 신고한 과세가액을 감액한 것에 불과하므로 최
종적인 과세처분으로 보기 어렵다. 더욱이 원고가 신고한 과세가액과 피고가 감액한 과
세가액은 모두 상속공제금액한도 10억 원에 미달하므로, 어느 경우나 과세표준은 0원
으로 동일하고 상속세액 역시 발생하지 아니한다. 따라서 이 사건 결정에 의하여 원고의
권리의무에 특별한 변동이 생긴다고 보기 어렵다. 원고는 상속세 과세가액을 감액할 경
우 향후 이 사건 토지를 처분할 때 과도한 양도소득세가 발생할 위험이 있다고 주장하
나, 이는 장래에 발생할 수 있는 불확실한 위험에 불과하고 원고의 현재 법률상 지위에
대한 직접적인 침해로는 볼 수 없다. 나아가 원고가 이 사건 토지를 처분하여 실제로 그
러한 위험이 구체화되어 과도한 양도소득세가 부과된다면 원고는 그에 대해 조세심판
을 신청하고 행정소송을 청구하는 등 불복절차를 얼마든지 거칠 수 있으므로 굳이 현 단
계에서 이 사건 결정의 처분성을 인정하여 다투도록 할 필요성도 없다. 결국 이 사건 결
정은 상대방인 원고의 법률상 지위에 직접적인 변동을 일으키지 아니하는 행위에 불과
하여 항고소송의 대상이 되는 처분으로 볼 수 없고, 그 취소를 구하는 이 사건 소는 부적
법하다(서울행법2014구합9233, 2014.08.13).

〈사례〉신고의 당연 무효

　과세처분이 당연 무효라고 하기 위해서는 그 처분에 위법사유가 있다는 것만으로
는 부족하고, 그 하자가 중요한 법규에 위반한 것이고, 객관적으로 명백한 것이어야 하
며, 하자가 중대하고도 명백한 것인가의 여부를 판별하는 데에는 그 과세처분의 근거
가 되는 법규의 목적, 의미, 기능 등을 목적론적으로 고찰함과 동시에 구체적 사안자체
의 특수성에 관하여도 합리적으로 고찰할 필요가 있다(대법원 2009.04.23 선고, 2006다
81257 판결 등 참조).

　살피건대, 원고들이 소외 조합에 이 사건 건물을 양도한 것은 재화의 공급에 해당하지

않아 부가가치세 과세대상이 아니다. 이 사건 신고는 과세대상이 아닌 것을 대상으로 하여 중대한 하자가 있다. 또한 과세대상인지에 관하여 이 사건 시행령 규정에서 명확하게 규정하고 있는 점, 이 사건 시행령 규정은 기존 판례를 명문화 한 것으로 해석에 큰 이의가 없고, 조건과 관련하여 불분명한 부분까지도 변경된 점 등을 고려하면, 명백한 하자라고 봄이 상당하다.

이 사건 신고가 당연무효인 이상 피고는 원고들에게 환급세액 각 1,550만 4,740원 및 이에 대하여 납부일 다음날인 2012년 12월 26일부터 원고들이 구하는 바에 따라 이 사건 판결선고일인 2014년 7월 17일까지는 「민법」에서 정한 연 5%의, 그 다음날부터 다 갚는 날까지는 소송촉진 등에 관한 특례법에서 정한 연 20%의 비율로 계산한 지연손해금을 지급할 의무가 있다(서울행법2013구합31004, 2014.07.17).

〈사례〉 항고소송의 대상여부

이 사건 통지는 피고가 원고의 체납액을 징수하기 위해 한국자산관리공사에 체납액 징수업무를 위탁할 예정이라는 객관적 사정을 원고에게 알려주는 것으로서 원고의 권리의무에 아무런 영향을 미치지 아니하는 사실의 통지 또는 관념의 통지에 불과하여 항고소송의 대상이 되는 행정처분에 해당하지 않는다(각하).

〈사례〉 회계법인에 한 통지

회계법인은 조세심판에 관한 대리권한이 있을 뿐 취소소송에 대하여는 대리권한이나 자격이 없어 제소기간의 계산은 원고 본인이 조세심판원의 결정을 통지받은 날부터 기산하여야 한다는 주장은 이유가 없다(국승)(서울행법2014구합6470, 2014.07.11).

「국세기본법」 제59조 제1항, 제4항에 의하면 심판청구인은 변호사, 세무사 또는 등록한 공인회계사를 대리인으로 선임할 수 있고, 대리인은 본인을 위하여 신청 또는 청구에 관한 모든 행위를 할 수 있다(다만, 신청 또는 청구의 취하는 특별한위임을 받은 경우에만 할 수 있음). 또한, 심판청구를 접수한 조세심판원은 「국세기본법」 제81조, 제65조에 따라 기각, 각하, 처분취소 등의 결정을 한 다음 그 이유를 기재한 결정서를 심판청구인에게 통지하여야 한다.

위와 같은 관계 법령의 내용과 문언 및 조세부과처분에 대한 불복절차의 체계 등에 비추어 볼 때 이 사건 회계법인에게 소송대리의 자격이 없다 하더라도 원고가 제기한 심판청구에 관해서는 당연히 조세심판원의 결정서를 수령할 권한이 있다고 할 것이고, 원고가 이에 불복하여 항고소송을 제기할 경우 제소기간은 이 사건 회계법인에 결정서가 송달된 날 또는 원고 본인에게 결정서가 송달된 날 중 앞선 날로부터 기산함이 타당하다. 나아가 이 사건 회계법인에 대한 심판결정서의 송달이 적법한 이상 원고가 그로부터 수일 후에 결정내용을 통지받았다고 하더라도 이는 심판대리인과 본인 사이에 발생한 주관적인 사정에 불과할 뿐 불변기간에 해당하는 제소기간의 도과를 정당화 할 수 있는 사유가 될 수 없다. 이에 반하는 원고의 위 주장은 어느 모로 보나 이유 없다.

〈사례〉 행정처분의 당연 무효

민사소송절차에서 행정처분의 효력을 부인할 수 없고, 행정처분을 당연 무효라고 하기 위해서는 그 처분이 위법함은 물론이고 그 하자가 중요하고 명백하여야 한다(국승)(수원지법2011가단14120, 2012.01.11).

원고는 2003년 6월 18일 안모씨로부터 군포시 ○동 ○블록 ○롯트 ○프라자 ○호, XXX호를 2억 1,832만 5,000원에 매수하되 잔금을 2003년 6월 27일까지 지급하는 것을 내용으로 하는 매매계약서를 작성하였고 위 잔금지급기일인 2003년 6월 27일 관할관청에 취득신고 겸 자진납부 세액계산서도 접수된 점, 피고 군포시는 유상승계취득의 경우 계약상의 잔금지급일에 재산을 취득한 것으로 보는 구「지방세법 시행령」제73조 제1항 제2호에 따라 원고가 잔금지급기일인 2003년 6월 27일 위 부동산을 취득한 것으로 보고 원고에게 취득세를 부과하였으나, 원고는 2010년경까지 별다른 이의제기도 하지 아니하였던 점, 원고는 위 매매계약을 합의 해지하였다고 주장하나, 같은 시행령 제73조는 취득 후 30일 이내에「민법」제543조 내 지 저11546조의 규정에 의한 원인으로 계약이 해제된 사실이 화해조서, 인낙조서, 공정 증서 등에 의하여 입증되는 경우에야 취득한 것으로 보지 않는다고 규정하고 있는데, 원고가 위 요건을 갖추지는 못하였다고 보이는 점 등에 비추어 보면, 원고가 제출한 증거들만으로는 위 과세처분에 중대한 하자가 있고 그 하자가 객관적으로(외형적으로) 명백하다고 인정하기에 부족하고, 달리 이를 인정할 만한 증거가 없으므로, 원고의 위 주장은 이유 없다.

〈사례〉 당사자소송을 민사소송으로 제기한 경우

납세의무부존재확인의소는 「행정소송법」에 규정된 당사자소송의 절차에 따라야 하고 당사자소송을 포함한 행정사건은 행정법원의 전속관할에 속한다고 보아야 하므로 행정사건에 관할권이 없는 지방법원에 제기된 청구는 전속관할을 위반한 위법이 있어 관할법원으로 이송되어야 한다(각하)(서울중앙지법2012나32552, 2013.06.20).

납세의무부존재 확인의 소는 공법상의 법률관계 그 자체를 다투는 소송으로서 당사자소송이라 할 것이므로 민사소송이 아니라 「행정소송법」 제3조 제2호에 규정된 당사자소송의 절차에 따라야한다. 「행정소송법」 제9조 제1항 전단은 "취소소송의 제1심 관할법원은 피고의 소재지를 관할하는 행정법원으로 한다"고 규정하고 있고, 같은 법 제40조는 이를 당사자소송에 준용하면서, "다만 국가 또는 공공단체가 피고인 경우에는 관계행정청의 소재지를 피고의 소재지로 본다"라고 규정하고 있으므로, 당사자소송을 포함한 행정사건은 행정법원의 전속관할에 속한다고 보아야 한다. 따라서 행정법원의 전속관할에 속하는 사건을 행정 법원이 아닌 일반 지방법원이 심리·판단하는 것은 전속관할 위반이 된다. 그런데 이 사건 소송은 행정사건에 관할권이 없는 서울중앙지방법원에 제기되어 심리되었으므로 원고 A모씨, B모씨의 피고 대한민국에 대한 청구 부분은 전속관할을 위반한 위법이 있고, 그 과정에서 원고에게 고의나 중대한 과실이 있다거나 이송하더라도 부적법하게 되어 각하될 것이 명백한 경우에 해당한다고 보기 어려우므로, 이 부분은 관할법원으로 이송되어야 한다(대법원 1997.05.30 선고, 95다28960 판결 참조).

〈사례〉 분식회계에 따른 과세의 취소를 구하는 소

분식회계에 의한 장부로 법인세 신고 납부를 한 이후 분식회계를 이유로 과세처분 취소를 구하는 행위는 명백히 과거의 언동에 반하는 행위이기는 하나 신의성실원칙에 위반된다고 할 정도의 심한 배신행위에 기인하였다고 보기는 어렵다(국패)(대법2008두3135, 2008.06.12).

실질과세의 원칙에 비추어 법인세의 과세소득을 계산함에 있어서 구체적인 세법적용의 기준이 되는 과세사실의 판단은 당해 법인의 기장내용, 계정과목, 거래명의에 불구하고 그 거래의 실질내용을 기준을 하여야 할 것인바(대법원 1993.07.27 선고, 90누10384 판결 등), 위 인정사실에 의하면 이 사건 법인세 부과처분 중 1996년 사업연도 및 1997년 사업연도에 관한 부분은 원고의 법인장부상 과다계상 된 공사수입금액을 기초로 이를 익금에 가산하여 산출한 것이므로 결국 위법을 면치 못한다고 할 것이다.

이에 대하여 피고는, 원고가 D건설의 분식회계에 따른 과세에 대하여 취소를 구하는 것은 신의성실의 원칙상 허용될 수 없다고 주장하므로 살피건대, 조세소송에서의 신의성실의 원칙의 적용은 조세소송 절차법과 관련한 적용 및 실체법과 관련한 적용으로 나누어 볼 수 있고, 조세소송의 절차법과 관련한 적용은 민사소송에서의 그것과 특별히 구분된다 할 수 없을 것이지만, 조세법률주의에 의하여 합법성의 원칙이 강하게 작용하는 조세 실체법과 관련한 적용은 사적자치의 원칙이 지배하는 사법에서보다는 제약을 받으며 합법성을 희생하여서라도 구체적 신뢰보호의 필요성이 인정되는 경우에 한하여 비로소 적용된다고 할 것이다. 더구나 납세의무자가 과세관청에 대하여 자기의 과거의 언동에 반하는 행위를 하였을 경우에는 세법상 조세감면 등 혜택의 박탈, 신고불성실·기장불성실·자료불제출가산세 등 가산세에 의한 제재, 각종 세법상의 벌칙 등 불이익처분을 받게 될 것이며, 과세관청은 실지조사권을 가지고 있는 등 세법상 우월한 지위에서 조세과징권을 행사하고 있고, 과세처분의 적법성에 대한 입증책임은 원칙적으로 과세관청에 있는 점 등을 고려한다면, 납세의무자에 대한 신의 성실의 원칙의 적용은 극히 제한적으로 인정하여야 하고 이를 확대해석하여서는 안 된다고 할 것이다(대법원 1997.03.20 선고, 95누18383 전원합의체 판결 등).

앞서 본 사실관계 등에 의하면, D건설이 공사수입금액을 가공계상하는 분식회계의 방법으로 회계장부를 조작하고, 그 조작된 장부를 가지고 산정한 당해 과세연도의 법인세를 과세관청에게 신고, 납부한 후 스스로 장부가 조작되었음을 주장하며 조작된 부분을 익금불산입하여 과세표준과 세액을 다시 계산하여야 한다면서 원고의 이 사건 소를 통하여 해당 과세부분의 취소를 구하고 있음을 알 수 있고, 이는 명백히 자기의 과거의 언동에 반하는 행위라고 할 수 있으나, 반면 분식회계 등 회계장부 조작행위에 대하여는 별도로 외감법 등에서 이를 처벌하는 규정을 두고 있는 점, 분식회계 된 장부를 기초로 법인세를 신고, 납부한 경우 신고불성실이나 기장불성실에 따른 가산세의 제재 등 세법상 불이익 처분이 따르게 되는 점, 광범위한 실지조사권을 가지고 조세과징권을 행사하는 과세관청인 피고는 납세의무자인 D건설에 비하여 세법상 우월한 지위에 있다고 볼 수 있는 점 및 여기에 법인세법이 2003년 12월 30일 개정되면서(법률 제7005호) 제66조 제2항에 분식회계 처리된 장부를 기초로 과세표준과 세액을 과다 계상하여 법인세를 신고, 납부한 법인이 일정한 요건 하에「국세기본법」관련 규정에 따라 경정청구를 하면 과세관청은 해당 과세연도의 과세표준과 세액을 경정하도록 하는 규정을 신설하였는데, 위와 같은 경정규정이 진작 마련되어 있었다면 원고로서는 위와 같은 경정청구의 방법에 의하여 분식회계에 기초한 과세표준과 세액을 바로잡을 가능성이 있었던 점 등을 종합하면, 과거의 연도에 반하는 원고의 이 사건 청구가「국세기본법」제15조에서 정한 신의성실의 원칙에 위반된다고 할 정도로 심한 배신행위에 기인하였다고 보기는 어렵다.

PART
02

과세대상자산

Chapter 01 | 과세대상자산의 종류

취득세는 부동산, 차량, 기계장비, 항공기, 선박, 입목, 광업권, 어업권, 골프회원권, 승마회원권, 콘도미니엄 회원권, 종합체육시설 이용회원권 또는 요트회원권(부동산 등)을 취득한 자에게 부과한다.

과세대상이란 세법에 의하여 조세부담을 지우는 대상을 말하며, 과세물건 또는 과세객체라고 표현하기도 한다. 세법에서는 소득·수익·재산·행위 또는 거래 등을 과세대상으로 규정하고 있다. 취득세의 경우 재산권이나 재산가치의 이전 또는 가치변동이 발생할 경우 그 사실에 대하여 과세하는 유통세이므로 유통행위인 취득행위가 과세대상이 되고, 그 취득행위의 대상이 되는 재산가치가 과세대상자산인 것이다.

취득세의 과세대상자산은 과세요건 명확주의 원칙에 따라 「지방세법」에 열거하고 이를 정의하고 있다. 열거주의에 의하고 있으므로 열거되지 아니한 자산의 취득은 취득세의 과세대상에 해당하지 아니한다.

기본적으로 과세대상을 여부를 판단할 때에는 각각의 과세대상물건별로 규정된 정의규정에 따라 판단하여야 한다. 그리고 과세대상인 물건의 명칭보다는 구조, 형태, 용도, 기능 등을 전체적으로 고려하여 판단하여야 한다. 또한 과세시가표준액에서 정한 시설 등의 정의는 예시적 규정에 지나지 아니하므로 이에 열거되지 아니하였거나 명시되지 아니하였다 하더라도 과세대상여부의 판단에 영향을 미치지 아니한다.

조세는 법률에 의하여 부과근거를 정하고 그에 따라 국민이 부담하는 것으로 그 과세객체 및 세율 등의 과세요건은 국민 조세부담능력 및 과세객체간의 형평성 등 경제·사회적인 제반 여건을 감안하여 정치적으로 판단하여 개별법에 규정하는 것이므로 「지방세법」상 과세대상자산의 정의는 과세를 하기 위하여 제반 요소를 고려하여 특별히 규정한 것이다.

따라서 과세대상자산여부를 판단함에 있어 「지방세법」상 구체적인 정의규정이 없다고 해서 「지방세법」에 그에 대한 보완규정을 타법에 준용한다는 규정이 없는 한 타법의 규정을 차용하는 것이 아니라 「지방세법」상의 규정에 따라 해석하여야 한다.

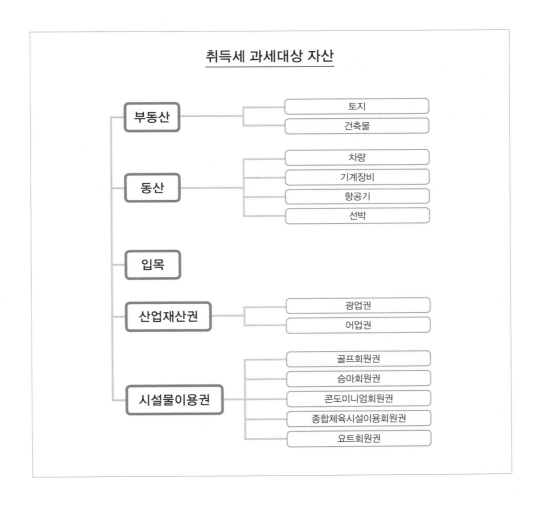

취득세 과세대상 자산

부동산
- 토지
- 건축물

동산
- 차량
- 기계장비
- 항공기
- 선박

입목

산업재산권
- 광업권
- 어업권

시설물이용권
- 골프회원권
- 승마회원권
- 콘도미니엄회원권
- 종합체육시설이용회원권
- 요트회원권

부동산

Ⅰ. 과세대상 부동산

부동산이란 토지 및 건축물을 말한다. 1994년 12월 31일 이전에는 토지와 건축물 이외에 광업권 및 어업권을 부동산에 포함하였었다. 그러나 지방세법의 개정에 의하여 1995년부터는 토지와 건축물만을 부동산으로 규정하고 있다.

취득세는 부동산의 소유권 취득에 대하여 과세하는 것이므로 전세권·공유수면점유권·농지의 경작권 등은 취득세과세대상이 되지 아니한다.

Ⅱ 토지

1. 과세대상토지

토지란 '공간정보의 구축 및 관리 등에 관한 법률'에 따라 지적공부(地籍公簿)의 등록대상이 되는 토지와 그 밖에 사용되고 있는 사실상의 토지를 말한다. 2014년 1월 1일 「지방세법」 개정 전에는 토지란 「측량·수로조사 및 지적에 관한 법률」에 따른 토지를 말한다'고 하여 지적이 부여된 지적 공부상의 등록된 토지로 한정하였으나, 2014년 1월 1일 개정시 '그 밖의 사실상의 토지'를 추가하여 공부상의 토지 이외에 사실상의 토지도 취득세 과세대상에 추가하였다.

그러므로 매립이나 간척으로 새롭게 토지가 조성된 경우 종전에는 곧바로 취득세 과세대상이 될 수 없고 「측량·수로조사 및 지적에 관한 법률」의 규정에 의거 지목을 정하여 국토해양부장관으로부터 준공인가 또는 사용승낙이나 허가를 받아야 납세의무가 성립하였으나, 「지방세법」의 개정으로 사실상의 토지에 해당하면 준공인가 등이 있기 전이라도 취득세의 과세대상이 된다. 「공유수면 관리 및 매립에 관한 법률」 제2조 제4호 및 같은 법 제18조 제1항에서 '공유수면매립'이란 공유수면에 흙, 모래, 돌, 그 밖의 물건을 인위적으로 채워 넣어 토지를 조성하는 것(간척을 포함)을 말하고 점용·사용실시계획의 승인을 받은 자는 해당 공사를 완료하면 지체 없이 대통령령으로 정하는 바에 따라 공유수면관리청에 준공검사를 신청하도록 규정하고 있다.

2. 토지의 표시

「측량·수로조사 및 지적에 관한 법률」에서 "지목은 전·답·과수원·목장용지·임야·광천지·염전·대(垈)·공장용지·학교용지·주차장·주유소용지·창고용지·도로·철도용지·제방(堤防)·하천·구거(溝渠)·유지(溜池)·양어장·수도용지·공원·체육용지·유원지·종교용지·사적지·묘지·잡종지로 구분하여 정한다"고 하여 총 28개의 지목을 규정하고 있다.

또한, 「측량·수로조사 및 지적에 관한 법률」 제2조 제20호에서 '토지의 표시'란 지적공부에 토지의 소재·지번(地番)·지목(地目)·면적·경계 또는 좌표를 등록한 것을 말한다고 규정하고 있다.

관련법령

측량·수로조사 및 지적에 관한 법률

제64조(토지의 조사·등록 등)

① 국토교통부장관은 모든 토지에 대하여 필지별로 소재·지번·지목·면적·경계 또는 좌표 등을 조사·측량하여 지적공부에 등록하여야 한다.

② 지적공부에 등록하는 지번·지목·면적·경계 또는 좌표는 토지의 이동이 있을

때 토지소유자(법인이 아닌 사단이나 재단의 경우에는 그 대표자나 관리인을 말한다. 이하 같다)의 신청을 받아 지적소관청이 결정한다. 다만, 신청이 없으면 지적소관청이 직권으로 조사·측량하여 결정할 수 있다.

③ 제2항 단서에 따른 조사·측량의 절차 등에 필요한 사항은 국토교통부령으로 정한다.

제67조(지목의 종류)

① 지목은 전·답·과수원·목장용지·임야·광천지·염전·대(垈)·공장용지·학교용지·주차장·주유소용지·창고용지·도로·철도용지·제방(堤防)·하천·구거(溝渠)·유지(溜池)·양어장·수도용지·공원·체육용지·유원지·종교용지·사적지·묘지·잡종지로 구분하여 정한다.

② 제1항에 따른 지목의 구분 및 설정방법 등에 필요한 사항은 대통령령으로 정한다.

측량·수로조사 및 지적에 관한 법률 시행령

제58조(지목의 구분)

법 제67조제1항에 따른 지목의 구분은 다음 각 호의 기준에 따른다.

1. 전

물을 상시적으로 이용하지 않고 곡물·원예작물(과수류는 제외)·약초·뽕나무·닥나무·묘목·관상수 등의 식물을 주로 재배하는 토지와 식용(食用)으로 죽순을 재배하는 토지

2. 답

물을 상시적으로 직접 이용하여 벼·연(蓮)·미나리·왕골 등의 식물을 주로 재배하는 토지

3. 과수원

사과·배·밤·호두·귤나무 등 과수류를 집단적으로 재배하는 토지와 이에 접속된 저장고 등 부속시설물의 부지. 다만, 주거용 건축물의 부지는 "대"로 한다.

4. 목장용지

다음 각 목의 토지. 다만, 주거용 건축물의 부지는 "대"로 한다.

가. 축산업 및 낙농업을 하기 위하여 초지를 조성한 토지

나. 「축산법」 제2조제1호에 따른 가축을 사육하는 축사 등의 부지

다. 가목 및 나목의 토지와 접속된 부속시설물의 부지

5. 임야

산림 및 원야(原野)를 이루고 있는 수림지(樹林地)·죽림지·암석지·자갈땅·모래 땅·습지·황무지 등의 토지

6. 광천지

지하에서 온수·약수·석유류 등이 용출되는 용출구(湧出口)와 그 유지(維持)에 사용되는 부지. 다만, 온수·약수·석유류 등을 일정한 장소로 운송하는 송수관·송유관 및 저장시설의 부지는 제외한다.

7. 염전

바닷물을 끌어들여 소금을 채취하기 위하여 조성된 토지와 이에 접속된 제염장 (製鹽場) 등 부속시설물의 부지. 다만, 천일제염 방식으로 하지 아니하고 동력으로 바닷물을 끌어들여 소금을 제조하는 공장시설물의 부지는 제외한다.

8. 대

가. 영구적 건축물 중 주거·사무실·점포와 박물관·극장·미술관 등 문화시설과 이에 접속된 정원 및 부속시설물의 부지

나. 「국토의 계획 및 이용에 관한 법률」 등 관계 법령에 따른 택지조성공사가 준공된 토지

9. 공장용지

가. 제조업을 하고 있는 공장시설물의 부지

나. 「산업집적활성화 및 공장설립에 관한 법률」 등 관계 법령에 따른 공장부지 조성공사가 준공된 토지

다. 가목 및 나목의 토지와 같은 구역에 있는 의료시설 등 부속시설물의 부지

10. 학교용지

학교의 교사(校舍)와 이에 접속된 체육장 등 부속시설물의 부지

11. 주차장

자동차 등의 주차에 필요한 독립적인 시설을 갖춘 부지와 주차전용 건축물 및 이에 접속된 부속시설물의 부지. 다만, 다음 각 목의 어느 하나에 해당하는 시설의 부지는 제외한다.

가. 「주차장법」 제2조제1호가목 및 다목에 따른 노상주차장 및 부설주차장(주차장법 제19조제4항에 따라 시설물의 부지 인근에 설치된 부설주차장은 제외)

나. 자동차 등의 판매 목적으로 설치된 물류장 및 야외전시장

12. 주유소용지

다음 각 목의 토지. 다만, 자동차·선박·기차 등의 제작 또는 정비공장 안에 설치된 급유·송유시설 등의 부지는 제외한다.

가. 석유·석유제품 또는 액화석유가스 등의 판매를 위하여 일정한 설비를 갖춘 시설물의 부지

나. 저유소(貯油所) 및 원유저장소의 부지와 이에 접속된 부속시설물의 부지

13. 창고용지

물건 등을 보관하거나 저장하기 위하여 독립적으로 설치된 보관시설물의 부지와 이에 접속된 부속시설물의 부지

14. 도로

다음 각 목의 토지. 다만, 아파트·공장 등 단일 용도의 일정한 단지 안에 설치된 통로 등은 제외한다.

가. 일반 공중(公衆)의 교통 운수를 위하여 보행이나 차량운행에 필요한 일정한

설비 또는 형태를 갖추어 이용되는 토지

나. 「도로법」 등 관계 법령에 따라 도로로 개설된 토지

다. 고속도로의 휴게소 부지

라. 2필지 이상에 진입하는 통로로 이용되는 토지

15. 철도용지

교통 운수를 위하여 일정한 궤도 등의 설비와 형태를 갖추어 이용되는 토지와 이에 접속된 역사(驛舍)·차고·발전시설 및 공작창(工作廠) 등 부속시설물의 부지

16. 제방

조수·자연유수(自然流水)·모래·바람 등을 막기 위하여 설치된 방조제·방수제·방사제·방파제 등의 부지

17. 하천

자연의 유수(流水)가 있거나 있을 것으로 예상되는 토지

18. 구거

용수(用水) 또는 배수(排水)를 위하여 일정한 형태를 갖춘 인공적인 수로·둑 및 그 부속시설물의 부지와 자연의 유수(流水)가 있거나 있을 것으로 예상되는 소규모 수로부지

19. 유지(溜池)

물이 고이거나 상시적으로 물을 저장하고 있는 댐·저수지·소류지(沼溜地)·호수·연못 등의 토지와 연·왕골 등이 자생하는 배수가 잘 되지 아니하는 토지

20. 양어장

육상에 인공으로 조성된 수산생물의 번식 또는 양식을 위한 시설을 갖춘 부지와 이에 접속된 부속시설물의 부지

21. 수도용지

물을 정수하여 공급하기 위한 취수·저수·도수(導水)·정수·송수 및 배수 시설의 부지 및 이에 접속된 부속시설물의 부지

22. 공원

일반 공중의 보건·휴양 및 정서생활에 이용하기 위한 시설을 갖춘 토지로서 「국토의 계획 및 이용에 관한 법률」에 따라 공원 또는 녹지로 결정·고시된 토지

23. 체육용지

국민의 건강증진 등을 위한 체육활동에 적합한 시설과 형태를 갖춘 종합운동장·실내체육관·야구장·골프장·스키장·승마장·경륜장 등 체육시설의 토지와 이에 접속된 부속시설물의 부지. 다만, 체육시설로서의 영속성과 독립성이 미흡한 정구장·골프연습장·실내수영장 및 체육도장, 유수(流水)를 이용한 요트장 및 카누장, 산림 안의 야영장 등의 토지는 제외한다.

24. 유원지

일반 공중의 위락·휴양 등에 적합한 시설물을 종합적으로 갖춘 수영장·유선장(遊船場)·낚시터·어린이놀이터·동물원·식물원·민속촌·경마장 등의 토지와 이에 접속된 부속시설물의 부지. 다만, 이들 시설과의 거리 등으로 보아 독립적인 것으로 인정되는 숙식시설 및 유기장(遊技場)의 부지와 하천·구거 또는 유지(공유(公有)인 것으로 한정)로 분류되는 것은 제외한다.

25. 종교용지

일반 공중의 종교의식을 위하여 예배·법요·설교·제사 등을 하기 위한 교회·사찰·향교 등 건축물의 부지와 이에 접속된 부속시설물의 부지

26. 사적지

문화재로 지정된 역사적인 유적·고적·기념물 등을 보존하기 위하여 구획된 토지. 다만, 학교용지·공원·종교용지 등 다른 지목으로 된 토지에 있는 유적·고적·기념물 등을 보호하기 위하여 구획된 토지는 제외한다.

27. 묘지

사람의 시체나 유골이 매장된 토지, 「도시공원 및 녹지 등에 관한 법률」에 따른 묘지공원으로 결정·고시된 토지 및 「장사 등에 관한 법률」 제2조제9호에 따른 봉

안시설과 이에 접속된 부속시설물의 부지. 다만, 묘지의 관리를 위한 건축물의 부지는 "대"로 한다.

28. 잡종지

다음 각 목의 토지. 다만, 원상회복을 조건으로 돌을 캐내는 곳 또는 흙을 파내는 곳으로 허가된 토지는 제외한다.

가. 갈대밭, 실외에 물건을 쌓아두는 곳, 돌을 캐내는 곳, 흙을 파내는 곳, 야외시장, 비행장, 공동우물

나. 영구적 건축물 중 변전소, 송신소, 수신소, 송유시설, 도축장, 자동차운전학원, 쓰레기 및 오물처리장 등의 부지

다. 다른 지목에 속하지 않는 토지

3. 토지의 범위

토지는 인위적으로 구분된 일정범위의 지면과 정당한 이익이 있는 범위 내에서의 지상과 지하를 포함한다(민법 제212조). 또한 토지의 암석·토사·지하수·둑·교량·포장 등은 토지의 일부분에 해당되며, 수목의 경우에도 명인방법이나 「입목에 관한 법률」에 의하여 등기되지 아니한 것은 토지의 일부가 된다.

다만, 「민법」과 달리 입목에 대하여 「지방세법」 제6조 제11호에서 입목을 '지상의 과수, 임목, 죽목'으로 규정하고 있고, 지방세법 기본통칙에서 '집단적으로 생육되고 있는 과수, 임목, 죽목'으로 규정하고 있기 때문에 이에 해당하는 경우에는 별도로 명인방법이나 입목등기를 하지 아니하더라도 토지와 별개의 과세대상으로 보아야 한다. 즉, 집단적으로 생육하고 있는 과수·임목·죽목은 입목에 해당되어 별도의 과세대상으로 보아야 한다. 그 이외의 수목이나 암석 등은 토지의 일부분으로 보아야 하며, 이들의 가액을 별도로 분리하여 계산하였다 하더라도 토지가액에 포함하여 취득세를 계산하여야 한다.

〈사례〉 공장 부수시설의 구분

법인이 기존 건축물과 그 부속 토지를 승계취득하는 경우 당해 건축물과 부속토지의 사실상의 취득가액을 과세표준으로 하여 취득세를 신고 납부하는 것인 바, 기존 공장을 승계취득하는 경우에는 당해 공장의 울타리와 당해 공장의 부수시설인 정화조는 공장용 건축물에 부수되는 시설물로, 구내(포장) 도로는 당해 공장용 건축물의 부속토지의 일부에 해당되는 것으로 보아 공장의 취득에 따른 취득세 과세표준에 포함된다(세정-306, 2003.07.01).

〈사례〉 공유수면매립 토지 내의 안벽 등

안벽 등은 쟁점공유수면매립토지 내에 시설된 것으로서 매립토지와 일체를 이루어 화물하역부두용 토지로 이용되고 있으므로 그 소요비용을 공유수면매립토지의 취득가액에 포함하여 취득세를 신고납부하여야 한다(조심2012지792, 2013.01.24).

「지방세법」 제6조 제3호에서 "토지란 「측량·수로조사 및 지적에 관한 법률」에 따른 토지의 규정에 따른 토지를 말한다"고 규정하면서, 「측량·수로조사 및 지적에 관한 법률」 제2조 제20호에서 '토지의 표시'란 지적공부에 토지의 소재·지번(地番)·지목(地目)·면적·경계 또는 좌표를 등록한 것을 말한다고 규정하고 있고, 「측량·수로조사 및 지적에 관한 법률 시행령」 제55조 제1항 제5호에서 공유수면매립지의 토지 중 제방 등을 토지에 편입하여 등록하는 경우에는 바깥쪽 어깨부분을 지상경계의 결정기준으로 규정하고 있으며, 청구법인의 경우 쟁점공유수면매립토지 조성과 관련하여 이 사건 안벽 등을 토지에 편입하여 등록하면서 바깥쪽 어깨부분을 지상경계로 결정하였고, 공유수면매립토지 중 제방 등을 토지에 편입하여 등록하는 경우 「지방세법」에서 규정하는 취득세 과세대상인 토지란 바깥쪽 어깨부분까지를 의미하는 것인바, 이 사건 안벽 등은 바깥쪽 어깨부분을 기준으로 볼 때 그 안쪽에 있고, 또한 처분청 관계공무원의 현지확인에서 이 사건 안벽 등은 콘크리트포장 및 크레인레일과 일체를 이루고 있어 따로 분리해서는 토지로 등기한 화물하역부두의 역할을 할 수 없을 뿐만 아니라, 안벽설치를 위한 바닷물막이공사인 ○○(부두 등 영구시설물의 건설이 계획되어 있는 배면을 매립하기 위하여 호안 역할을 하도록 축조한 임시구조물) 설치비용도 부두 즉, 토지 취득을 위한 일련의 과정상의 설치비용이라 하겠으므로 취득세 과세표준에 포함된다고 봄이 타당하다 하겠다.

〈사례〉 토지대장과 부동산등기부등본상 필지가 불일치

청구인은 토지대장과 부동산등기부등본상 필지가 불일치(상속토지가 토지대장상 지번분할되었으나 등기부상 분할등기가 이루어지지 아니한 경우)하므로 부동산등기부등본상 존재하지 아니하는 지번과 관련된 토지는 취득세 과세대상이 아니라고 주장하나, 부동산등기부등본과 토지대장이 서로 불일치한다고 하여 당해 토지의 위치와 지번, 면적 등 과세대상을 전혀 특정할 수 없는 상태가 아니므로 단순한 공부의 불일치를 이유로 취득세 과세대상에 해당되지 아니한다는 청구주장은 받아들일 수 없다(기각)(조심2013지968, 2014.03.27).

취득세 과세대상이 되는 토지라 함은 사회통념상 토지로서 그 위치와 면적을 특정하여 지적공부에 등록하여 이를 체계적으로 관리할 수 있는 모든 토지는 공부상 등재여부에 관계없이 모두 취득세 과세대상에 해당된다고 보아야 할 것이고, 청구인은 토지대장과 부동산등기부등본상 필지가 불일치하므로 부동산등기부등본상 존재하지 아니하는 지번과 관련된 토지는 취득세 과세대상이 아니하고 주장하나, 부동산등기부등본과 토지대장이 서로 불일치한다고 하여 당해 토지의 위치와 지번, 면적 등 과세대상을 전혀 특정할 수 없는 상태가 아니므로 단순한 공부의 불일치를 이유로 취득세 과세대상에 해당되지 아니한다는 청구주장은 받아들일 수 없다 하겠다.

Ⅲ. 건축물

1. 과세대상 건축물

취득세 과세대상이 되는 건축물은 다음과 같다.

① 건축물: 「건축법」 제2조 제1항 제2호에 따른 건축물(이와 유사한 형태의 건축물을

포함)을 말한다.

② 특정시설물: 토지에 정착하거나 지하 또는 다른 구조물에 설치하는 레저시설, 저장시설, 도크(dock)시설, 접안시설, 도관시설, 급수·배수시설, 에너지 공급시설 및 그 밖에 이와 유사한 시설을 말한다(지방세법 제6조 제4호).

2. 건축법상의 건축물

「건축법」 제2조 제1항 제2호에서는 건축물을 다음과 같이 구분하여 정의하고 있다.

① 토지에 정착(定着)하는 공작물 중 지붕과 기둥 또는 벽이 있는 것과 이에 딸린 시설물.

② 지하나 고가(高架)의 공작물에 설치하는 사무소·공연장·점포·차고·창고, 그 밖에 대통령령으로 정하는 것.

여기서 '이에 딸린 시설물'에 대한 명확한 정의나 시행령에 위임된 내용은 없으나 건축물에 부속 또는 부착된 물건으로서 그 건축물 자체의 효용을 증가시키는데 필수적인 시설을 의미한다고 할 수 있다.

수상구조물이 건축물에 해당하는지 또는 선박에 해당하는지를 살펴보면, 취득세 과세대상이 되는 선박은 수상 또는 수중에서 항행용으로 사용하거나 사용할 수 있는 모든 배를 말하고, 여기에는 자력항행능력(自力航行能力)이 없어 다른 선박에 의하여 끌리거나 밀려서 항행되는 부선도 이에 포함되나, 부선 중 항구적으로 고정되어 항행용으로 사용할 수 없는 것은 선박으로 볼 수 없고 건축물로 보아야 한다(조심2012지423, 2012.10.16 참조).

3. 특정시설물

토지에 정착하거나 지하 또는 다른 구조물에 설치하는 레저시설, 저장시설, 도크

(dock)시설, 접안시설, 도관시설, 급수·배수시설, 에너지 공급시설 및 그 밖에 이와 유사한 시설을 말한다. 여기서 특정시설로서 취득세 과세대상인지의 판단은 구조, 형태, 용도, 기능 등을 전체적으로 고려하여 판단하여야 한다.

(1) 레저시설

수영장, 스케이트장, 골프연습장, 전망대, 옥외스탠드, 유원지의 옥외오락시설(유원지의 옥외오락시설과 비슷한 오락시설로서 건물 안 또는 옥상에 설치하여 사용하는 것을 포함)을 말한다.

① 수영장: 수영장은 수영 및 레저를 위해 인공적으로 축조된 것으로 옥외풀장을 말한다. 수영장에는 수영장, 풀장, 다이빙 풀장, 미끄럼틀 풀장, 기타풀장이 있다. 다만, 유원지 내의 물놀이용 풀장은 오락시설로 분류된다.

② 스케이트장: 스케이트장이라 함은 인공적으로 축조된 것을 말하는 것이므로 자연상태의 스케이트장, 즉 겨울동안에 논 또는 연못에 설치한 스케이트장은 시설물로 볼 수 없다. 스케이트장의 종류에는 옥내 스케이트장, 롤러 스케이트장 및 기타 스케이트장이 있다.

③ 골프연습장: 골프연습장용 시설물이라 함은 「체육시설의 설치·이용에 관한 법률」에 의하여 골프연습장 업으로 신고된 20타석 이상의 골프연습장으로 한다. 골프연습장의 운동시설이란 볼을 치기 위한 타석과 볼을 공급하기 위하여 설치된 집구·이송·공급 등 일련의 시설을 말한다.

④ 전망대: 전망대란 주요 시설물의 도난 및 재해 등의 조기 발견을 위하여 설치된 감시탑 또는 경관을 관망하기 위하여 설치한 시설물을 말한다. 전망대는 설치 자재에 따라 목재, 철재, 기타 전망대로 구분된다.

⑤ 옥외스탠드: 옥외스탠드란 운동경기 및 레저·영화 등의 관람을 목적으로 야외경기장, 노천극장 등에 설치한 시설물을 말한다. 옥외스탠드는 구조, 사무실·기타시설 설치여부, 지붕 설치여부 등에 의해 구분한다.

⑥ 유원지의 옥외 오락시설: 옥외오락시설이라 함은 공원·유원지 또는 기타 공중이 운

집하는 장소에 일반인의 유흥 또는 오락용으로 설치된 「지방세법 시행령」 제5조 제1항의 레저시설(옥내 또는 옥상에 설치하여 사용하는 것을 포함)로서 「관광진흥법」에 따른 각종 유원시설과 삭도 및 이와 유사한 오락시설을 말하며 유료 또는 무료를 불문한다.

〈사례〉 건물 내에 설치한 교통교육장

제1건물에 대하여 5층에 설치된 교통교육장의 비품비용은 취득세의 과세표준액에서 제외되어야 한다는 청구인의 주장에 대하여 보면, 처분청은 교통교육장에 설치된 비품은 컴퓨터게임기, 자전거게임기, 시뮬레이터, 작동모형 등 어린이들을 위한 옥내전자오락시설이므로 취득세의 과세대상인 구축물에 해당된다고 보아 취득세를 부과하였으나, 「지방세법 시행령」 제75조의 2 제2호에서는 유원지의 옥외오락시설과 유사한 오락시설로서 옥내에 설치하여 사용하는 오락시설에 대하여 취득세를 부과한다고 규정하고 있고, 제출된 증빙자료를 보면, 이 건 교통교육장에 설치된 시설은 유원지의 옥외오락시설과는 다른 시뮬레이터형식의 전자오락시설로 어린이들에게 교통시설에 대한 인식을 고취시키기 위한 교육시설일 뿐 아니라 무료로 이용되고 있음을 확인할 수 있으므로 취득세의 과세대상인 구축물에 해당된다고 볼 수 없다 하겠고, 따라서 위 교통교육장의 비품비용은 이 건 취득세의 과세표준액에서 제외됨이 타당하다 할 것이다(지방세심사2001-8, 2001.01.30).

(2) 저장시설

저장시설은 수조, 저유조, 저장창고, 저장조 등의 옥외저장시설(다른 시설과 유기적으로 관련되어 있고 일시적으로 저장기능을 하는 시설을 포함한다)을 말한다.

① 수조: 건물과 관계없이 독립적으로 물을 저장하기 위하여 축조된 시설물을 말하며, 다른 시설과 유기적인 관련을 가지고 일시적으로 저장기능을 하는 시설을 포함한다. 수조에는 물을 저장하여 사용하기 위한 수조와 내수면 양만·양식을 위한 수조로 분류된다.

② 저유조: 유류(휘발유, 경유 등), LPG, LNG 등을 저장하였다가 공급할 수 있는 시
설물(석유화학제품 포함)을 말하며, 다른 시설과 유기적인 관련을 가지고 일시적
으로 저장기능을 하는 시설을 포함한다. 저유조는 크기, 설비자재, 제작방식에 따
라 소형저유조(원형, 각형 철판탱크, 철근콘크리트조, 기타)와 대형저유조(원형 철
판탱크, LNG특수저장조, 지하암거, 기타)로 구분된다.

③ 저장창고: 가축의 조사료(粗飼料)인 청조(엔시레지) 저장을 위하여 만든 탱크식 창
고를 말하며, 다른 시설과 유기적인 관련을 가지고 일시적으로 저장기능을 하는 시
설을 포함한다.

④ 저장조: 곡물, 어류, 과일, 시멘트, 화학제품 등의 물품을 저장 보관하기 위하여 축
조된 시설물을 말하며, 다른 시설과 유기적인 관련을 가지고 일시적으로 저장기능
을 하는 시설을 포함한다.

(3) 도크(dock)시설 및 접안시설

도크시설 및 접안시설은 도크와 조선대(造船臺)를 말한다.

① 도크시설: 도크시설이란 배를 건조 또는 수리하기 위하여 설치한 시설물 또는 이와
유사한 시설물을 말한다. 도크의 종류에는 건도크(dry dock, 수면과 접한 육상부
를 절토하여 철근콘크리트조로 호를 만들고 수문을 설치한 것)와 부도크(floating
dock, 도크자체가 잠수 또는 부상하여 선박을 건조할 수 있도록 철재 등에 의하여
건조된 것)가 있다.

② 조선대: 조선대라고 함은 선박공사를 하기 위한 설비를 말한다. 조선대에는 상가선
대와 신조선대가 있다. 상가선대란 중소규모 선박의 신조나 수리를 위해 육상부에
서 바다 밑으로 레일을 깔아 선박을 육지로 끌어 올리거나 바다로 내릴 수 있도록
설치한 것을 말하며, 신조선대란 육상부에 철근콘크리트 구축물을 설치하고 그 위
에 레일을 바다 밑까지 연장시켜 신조선을 바다로 하강시킬 수 있도록 설치한 것을
말한다.

(4) 도관시설

도관시설은 송유관, 가스관, 열수송관을 말한다.

① 송유관: 송유관은 주로 원유 등을 운반하기 위하여 지하나 지상 또는 고가에 설치된 관을 말하며, 그 연결시설을 포함한다. 송유관에는 주철관, 강철관, 화학제품관(PVC, FRP) 등이 있다.

② 가스관: 가스관은 가스(LPG, LNG 등)를 운반하기 위하여 지하나 지상 또는 고가 및 다리에 설치된 도시가스사업법에 의한 본관과 공급관을 말하며, 그 연결시설을 포함한다(사용자 공급관은 제외한다). 가스관에는 폴리에틸렌피복강관(PLP), 초저온 스테인레스관, 화학제품(PE)관, 주철관, 아연관, 강철관 등이 있다.

　※ LPG : 액화석유가스(Liquefied Petroleum Gas)

　※ LNG : 액화천연가스(Liquefied Natural Gas)

③ 열수송관: 열수송관은 열을 수송하기 위하여 지하 또는 지상에 설치된 관을 말하며, 그 연결시설을 포함한다.

(5) 급수·배수시설

송수관(연결시설 포함), 급수·배수시설, 복개설비. 여기서 급·배수시설이라 함은 구조, 형태, 용도, 기능 등을 전체적으로 고려하여 급수와 배수기능을 발휘하는 시설이면 족하다(대법원 1990.07.13 선고, 89누5638 판결).

① 송수관: 송수관은 주로 물을 운반하기 위하여 지하나 지상 또는 고가에 설치된 관을 말하며, 그 연결시설을 포함한다.

② 급수·배수시설: 급수·배수시설은 옥외 하수도시설(옥외에서 공용하수도까지 하수를 배수하는 시설), 지하수 시설 및 기타시설(물을 사용하기 위하여 지하 또는 지상에 설치한 시설)을 말한다.

③ 복개시설: 하천, 구거 등을 철근콘크리트조 등으로 복개하여 그 상부를 저장 등의 목적으로 토지와 같이 사용할 수 있게 한 시설(야적장 포함)을 말한다.

(6) 에너지 공급시설

주유시설, 가스충전시설, 송전철탑(전압 20만 볼트 미만을 송전하는 것과 주민들의 요구로 전기사업법 제72조에 따라 이전·설치하는 것은 제외).

① 주유시설 및 가스충전시설: 주유시설이라 함은 주유기, 저장조 등 기름을 주입시키기 위한 일체의 설비를 말한다. 또한 가스충전시설이라 함은 프로판가스, 부탄가스, 천연가스 등을 저장하여 차량이나 타용기에 공급하기 위한 일체의 설비를 말한다. 주유시설 및 가스충전시설에는 다음과 같은 것이 포함된다.

    ⓐ 저장조: 방화 및 안전을 고려하여 지하에 콘크리트 구조물을 설치하고 그 안에 철제탱크를 설치한 후 복개하고 유류를 저장하여 차량 등에 유류를 공급하는 시설이며, 철제탱크의 유류저장 용량에 따라 각 규모별로 구분함.

    ⓑ 주유기: 단식, 복식, 혼합식, 천장식.

    ⓒ LPG 저장조: 프로판가스와 부탄가스를 저장하여 차량이나 타용기에 공급할 수 있도록 구조물에 철판탱크를 설치후 복개한 저장조.

    ⓓ CNG 저장조: 압축된 천연가스를 저장할 수 있는 압력용기설비.

    ⓔ 가스주입기: 단식, 복식 및 복복식.

    ⓕ CNG 압축기: 천연가스를 고압으로 압축하여 저장조에 저장하기 위한 일체의 설비.

② 송전탑: 전력공급을 위한 전력선을 지탱하기 위하여 지상에 설치된 철탑을 말한다 (전압 20만 볼트 미만을 송전하는 것과 주민들의 요구로 전기사업법 제72조의 규정에 의하여 이전·설치하는 것을 제외). 여기서 철탑이란 철근, 철골이나 철주를 소재로 세운 탑이나 철기둥을 말한다.

(7) 그 밖에 이와 유사한 시설

그 밖에 이와 유사한 시설로서 '대통령령으로 정하는 것'이란 각각 잔교(棧橋)(이와 유사한 구조물을 포함), 기계식 또는 철골조립식 주차장, 차량 또는 기계장비 등을 자동으로 세차 또는 세척하는 시설, 방송중계탑 및 무선통신기지국용 철탑을 말한다.

① 잔교: 해안선이 접한 육지나 선창 또는 부두에서 선박에 접근하기 용이하도록 설치한 구조물 또는 절벽과 절벽사이의 계곡을 가로질러 높이 걸쳐놓은 구조물을 말한다. 잔교에는 다음과 같은 종류가 있다.

ⓐ 일반잔교: 승객용, 일반화물용, 기타

ⓑ 특수잔교: 송유관(가스관), 광물운반, 차량통행 시설물

② 기계식 또는 철골조립식 주차장: 철골조립식(자주식)주차시설은 운전자가 자동차를 운전하여 주차구획에 주차할 수 있도록 옥외에 설치한 철골 구조물을 말한다. 옥외 기계식 주차시설은 노외주차장 및 부설주차장에 설치한 주차설비로서 기계장치를 이용하여 자동차를 주차하거나 주차할 장소로 운반 또는 이동 주차할 수 있도록 옥외에 설치한 시설을 말한다.

③ 차량 또는 기계장비 등을 자동으로 세차 또는 세척하는 시설.

④ 방송중계탑: 방송중계탑이라 함은 방송법 제9조에 의하여 허가를 받은 방송사업자가 유·무선방송전파를 송신 또는 수신하기 위하여 지상에 설치한 철탑을 말한다(방송법 제54조 제1항 제5호의 규정에 의하여 국가가 필요로 하는 대외방송과 사회 교육방송 및 전파법 제25조 제1항 단서의 규정에 의하여 준공검사가 배제되는 것을 제외).

⑤ 무선통신기지국용 철탑: 무선통신기지국용 철탑이라 함은 무선이동통신 및 무선호출에 이용되는 전파를 무선으로 송신 또는 수신하기 위하여 설치한 철탑을 말한다.

〈사례〉 오피스텔 빌트인제품

건축물에 부수되는 시설도 건축물에 포함시키도록 되어 있고, 여기서 말하는 부수시설은 건축물에 부속 또는 부착된 물건으로서 그 건축물 자체의 효용을 증가시키는데 필수적인 시설을 의미한다. 붙박이 가구, 홈오토메이션 및 세탁기 등 오피스텔에 붙박이 내지 맞춤형으로 부착되어 있어 오피스텔에서 이를 분리하는 것이 거의 불가능하거나 상당히 어렵고, 이를 분리하는 경우 주거용인 오피스텔의 효용을 크게 손상시킬 것으로 보이는 경우 이러한 빌트인 제품은 오피스텔에 부합되어 오피스텔이 주거용으로서의 기능을 다 하게 하는데 필수적인 시설이라고 할 것이므로, 그 각 제품가격 및 그 설치 소

요 비용은 건물에 대한 취득세의 과세표준에 포함된다.

디지털도어록, 전자비데, PVC고급발코니전용창 등이 아파트에 맞춤형으로 설계되고 설치·부착되어 아파트의 일부로서 아파트와 일체가 되어 아파트의 효용가치를 증대시키고 있는 한 당초 분양계약서상에 옵션제품이 약정되지 않았다고 하더라도 아파트 과세표준에 포함된다.

반면, 냉장고나 에어콘 같이 빌트인으로 오피스텔 내에 설치되었다 하더라도, 그 설치형태가 탈부착이 가능하거나 이동이 가능하여 오피스텔의 부수시설이라 할 수 없는 품목은 건물에 대한 취득세의 과세표준에 산입하지 아니한다.

〈사례〉 발전소 터널

이 사건 지하발전소는 지붕과 벽을 갖춘 발전시설의 일종으로서 「건축법」상의 건축물 또는 이와 유사한 형태의 건축물에 해당하는데, 이 사건 각 터널은 이 사건 지하발전소에 이르는 각종 교통로 내지는 거기에서 생산된 전력을 운반하는 송전선로로서 물리적 구조, 용도와 기능면에서 볼 때 지하발전소 자체와 분리할 수 없을 정도로 부착·합체되어 일체로서 효용가치를 이루고 있고, 지하발전소와 독립하여서는 별개의 거래상 객체가 되거나 경제적 효용을 가질 수 없으므로, 이 사건 각 터널은 이 사건 지하발전소에 부합되었거나 그에 부수되는 시설물에 해당한다고 봄이 타당하다[국패(일부)](대구고법 2013누1318, 2014.01.17).

〈사례〉 골프장내 오수관로

골프장내 오수관로는 급배수시설로서 취득세 과세대상에 해당된다.

〈사례〉 오수정화시설

오수정화시설은 지방세법상 열거되어 있는 시설물에 해당하지 아니할 뿐만 아니라 수조로도 볼 수 없으므로 취득세 과세대상에 해당하지 않는다.

〈사례〉 골프장내 분수시설

골프장 내 분수시설은 골프장의 효용을 증진시키는 시설에 해당된다 하더라도 당해 시설은 지방세법 제6조의 규정에 의한 급·배수시설에 해당되지 않아 과세대상에서 제외된다(행정자치부 심사결정 제2000-195호, 2000.03.29).

〈사례〉 클린룸설비

클린룸설비는 생산라인과 직접적으로 연계된 공정체계의 일부인 기계장치로서, 건축물과 일체가 되어 건축물의 효용가치를 증대시키는 시설이라기보다는 제품생산을 위하여 건축물 내부에 설치된 기계장치라 보아야 할 것이어서 건축물에 종속되어 건축물 자체의 효용가치를 구성하고 있는 부대설비에 해당하지 아니한다. 따라서 클린룸 설비가 회계처리상 계정과목이 시설장치로 분류되어 있고, 설비자체도 분리 및 재설치가 가능하여 제품생산에 필수불가결한 구성요소가 되는 일종의 기계장치에 해당되므로 취득세 과세대상이 아니다(조심2008지483, 2008.12.09).

〈사례〉 자동화창고 설비

자동화창고 설비가 건물에 부착되어 있지 않는 보관시설(rack)에 전자제어에 의하여 크레인을 조작하여 입출고를 자동으로 수행하는 것이라면 취득세 과세대상이 되는 건축물에 해당하지 아니한다(세정-1941, 2005.07.27). 제조업체가 건물내부에 설치한 보관시설, 크레인, 컨베이어 등으로 구성된 자동화창고 설비가 건물에 부착되어 있지 않은 보관시설(rack)에 전자 제어에 의하여 크레인을 조작하여 입출고를 자동으로 수행하는 것이라면 취득세 과세대상이 되는 건축물로 보기 어렵다.

〈사례〉 피로티 부분의 미술장식품

건축물을 신축하면서 사용승인일 전에 문화예술진흥법에 따라 건축물의 피로티 부분 중 일부에 미술장식품을 의무적으로 설치하는 경우 동 미술장식물이 기능 및 구조적으로 당해 건축물과 분리된 조형물이라면 「건축법」 제2조 제1항 제2호에서 규정하는 건축물에 해당되지 아니하는 것(건설교통부 건축과-4296, 2004.12.10 유권해석 참조)이므로 취득세 과세대상에 포함되지 아니한다(세정-4687, 2004.12.22).

〈사례〉양수발전설비의 급·배수시설

양수발전설비의 일부인 기계장치로 역할을 가지고 있더라도 구조, 형태, 용도, 기능 등을 전체적으로 고려할 때 그 주된 기능은 급수와 배수기능을 발휘하는 경우 취득세 등이 과세된다(지방세심사2006-454, 2006.10.30).

「지방세법」제6조 제4호 및 「지방세법 시행령」제5조 제1항 제5호에서는 급·배수시설의 정의를 토지에 정착하거나 지하 또는 다른 구조물에 설치하는 시설로서, '송수관(연결시설을 포함), 급·배수시설, 복개설비'로 규정하고 있고, 여기서 급·배수시설이라 함은 구조, 형태, 용도, 기능 등을 전체적으로 고려하여 급수와 배수기능을 발휘하는 시설이면 족하다(대법원 1990.07.13 선고, 89누5638 판결)고 할 것인 바, 이 사건 시설물의 구성을 보면, 취수구·수압터널(1,980m)·수압철관(247m)·지하발전소·흡출터널(165m)·방수터널(3,089m)·하부조압수조(하부조압수조)·방수구 등으로 구성된 사실을 알 수 있고, 취수구·수압터널·수압철관·흡출터널·방수터널·하부조압수조·방수구 등 이 사건 시설물은 지하 발전소가 발전을 하는 동안에는 상부댐에 저장되어 있는 물을 지하발전소에 공급하고 발전에 사용한 물을 하부저수지로 배수하는 기능을 하고, 발전을 하지 않는 시간에는 외부의 전기를 이용하여 하부댐의 물을 지하발전소에 공급하고 상부댐으로 양수하는 기능으로서 급·배수의 용도로 사용기능을 가지고 있고, 그 구조 및 형태는 콘크리트터널 또는 철관형태로서 청구인이 주장하는 바와 같이 이 사건 시설물이 발전설비의 일부인 기계장치로 역할을 가지고 있다하더라도 구조, 형태, 용도, 기능 등을 전체적으로 고려할 때 그 주된 기능은 급수와 배수기능을 발휘하는 급·배수시설로서의 기능을 가지고 있는 이상 「지방세법」상 과세대상인 급·배수시설로 보는 것이 타당하다.

〈사례〉이동식 탑승교

여객터미널과 항공기를 연결하여 승객 또는 화물을 운반하도록 설치한 탑승교는 이동식기계장치의 일종으로서 취득세 과세대상인 '잔교'에 해당하지 않는다(지방세심사 2002-8, 2002.01.28).

잔교라 함은 2013년도 기타 물건시가표준액조정기준에서 '해안선이 접한 육지나 선창 또는 부두에서 선박을 접근하기 용이하도록 설치한 구조물 또는 절벽과 절벽 사이의 계곡을 가로질러 걸쳐 놓은 구조물'이라고 정의하고 있으므로, 이 사건 탑승교는 화물이나 승객이 오르내리기 편리하도록 설치한 구조물이긴 하나 그 장치자체가 자동으로 이동되어 비행기 출입문에 접합되어 활용되는 기계장치의 일종으로 단순한 잔교로 볼 수 없다 하겠고, 조세법률주의원칙상 과세요건이거나 비과세요건 또는 조세감면요건을 막론하고 조세법규의 해석은 특별한 사정이 없는 한 법문대로 해석하여야 할 것이고, 합리적 이유 없이 확장해석하거나 유추해석하는 것은 허용되지 않는 것(같은 취지의 대법원 판결 92누8603, 1994.02.22)이라 하겠으므로, 「지방세법」 제6조 제4호 및 같은 법시행령 제5조에서 건축물과 토지에 정착하거나 지하 또는 다른 구조물에 설치하는 레저시설, 저장시설, 도크시설 및 접안시설 등을 취득세과세대상으로 열거하고 그 열거한 시설물의 범위에서 이 사건과 다툼이 있는 'Passenger Boarding Bridge'를 한국기계연구원과 한국항공진흥협회에서 탑승교로 용어정의를 하고 있다 하더라도 지방세법령에서 취득세과세대상으로 규정하고 있는 시설물의 범위 중 잔교 이외에는 유사한 종류가 열거되어 있지 않은 이상, 이 사건 탑승교는 별도의 규정을 신설하지 않는 한 취득세과세대상으로 볼 수 없다 할 것이다.

〈사례〉 잔교식 의장안벽

잔교는 선창이나 부두에서 선박을 접근시켜 화물이나 승객이 오르내리기 편리하도록 물위에 설치한 구조물 또는 절벽과 절벽사이의 계곡을 가로질러 높이 걸쳐놓은 구조물을 말한다.

처분청은 이 건 구조물이 육지에서 바다방향으로 직각으로 돌출되어 있으며, 바다 위에 강관으로 기둥을 박고 그 상부표면을 콘크리트로 포장한 교량모양의 접안시설물로서 「지방세법」상 취득세 과세대상인 '잔교'로 봄이 타당하다는 의견이지만, ○○이 발급한 '공유수면 점·사용허가증상'의 허가목적과 허가조건에서 이 건 구조물이 진수선박의 의장(艤裝)작업에 사용되는 '돌핀의장안벽'인 것으로 나타나며, 이 건 구조물은 돌핀안벽과 변전실, LLC RAIL, 배전설비, 컴퓨터 및 에어컨 등으로 구성되어 있고, 이 건 구조물에 대한 사진과 청구법인의 선박후행의장작업 실적 및 처분청 의견에서 이 건 구조물은 선박제조공정상 선박의장용 접안시설로 나타나는 점 등에 미루어 볼 때, 이 건 구조물은 화물이나 승객이 오르내리는 접안시설이 아닌 잔교식 의장(艤裝)안벽으로서 청구법인이 생산하는 대형선박 등을 이 건 구조물에 접안·고정한 후 선박 제조에 필요한 마무리공사를 위하여 선박기자재를 선적하고 도장작업 등 마무리 공사에 사용되는 선박 생산시설로 보는 것이 타당하다고 하겠는바, 처분청이 이 건 구조물을 「지방세법」상 취득세 과세대상으로 보아 이 건 취득세 등을 부과한 처분은 잘못이라고 판단된다(조심2011지427, 2012.07.25 및 조심2011지426, 2012.04.05 외 같은 뜻)(조심2013지571, 2014.02.12).

〈사례〉기계장치 설치를 위한 바닥보강공사

기계장치가 설치되는 공장의 바닥부분에 기계장치의 하중을 고려하여 콘크리트보강공사를 한 부분은 '구축물'이 아닌 '기계장치의 부대비용'으로 본다(지방세심사2000-327, 2000.04.26). 청구인은 1996년 4월 경 부산광역시 ○구 ○동 XXX-X번지 상 공장 건축물을 증축하면서 노후된 압연재 생산설비를 철거하고 신규설비를 설치하였는데 압연재 생산설비는 수십 톤의 압연재료의 무게를 견딜 수 있어야 하므로 동 기계장치의 바닥부분에 콘크리트 보강공사를 하였고, 이에 소요된 비용을 별도의 구축물계정으로 회계처리 하였다. 그런데 취득세 과세대상이 되는 구축물은 법인장부상 구축물로 회계처리 되는 구축물을 의미하는 것이 아니라 「지방세법 시행령」에서 과세대상으로 규정하고 있는 구축물을 말하는 것인데 이 건의 경우와 같이 기계장치가 설치되는 바닥부분에 기계장치의 하중을 고려하여 콘크리트로 공사를 한 경우에는 과세대상인 구축물에 해당 되지 아니하며, 또한 그 소요비용은 건물의 증·개축비용이 아닌 기계장치의 부대비용으로 보아야 할 것이므로 동 콘크리트 바닥 설치비용은 취득세 과세대상에서 제외되어야 함이 타당하다 하겠다.

〈사례〉부유식 수상 구조물

이 건 구조물은 부유식 수상 구조물로서 한강둔치 및 하부와 쇠사슬, 콘크리트구조물로 연결·고정되어 있고, 항행성이 없으며, 그 구조 내부를 사무실 이용하고 있는 점 등으로 미루어 볼 때 '선박'이라기보다는 '건축물'에 해당된다고 보는 것이 타당하다(조심

2011지357, 2012.12.17).

구「지방세법」제104조 제5항의 규정에 의하면 선박은 기선·범선·전마선 등 기타 명칭 여하를 불문하고 모든 배를 말한다고 규정하고 있고,「선박법」제1조의2 제1항의 규정에 의하면 이 법에서 '선박'이란 수상 또는 수중에서 항행용으로 사용하거나 사용할 수 있는 배 종류를 말하며 그 구분은 다음 각 호와 같다고 규정하면서 그 제3호에서 부선은 자력항행능력(自力航行能力)이 없어 다른 선박에 의하여 끌리거나 밀려서 항행되는 선박을 말하는 것으로 규정하고 있으며,「선박안전법」제2조 제1호의 규정에 의하면 '선박'이라 함은 수상(水上) 또는 수중(水中)에서 항해용으로 사용하거나 사용될 수 있는 것(선외기를 장착한 것을 포함)과 이동식 시추선·수상호텔 등 국토해양부령이 정하는 부유식 해상구조물을 말한다고 규정하고 있고, '선박안전법 시행규칙' 제3조의 규정에 의하면「선박안전법」제2조 제1호에서 '국토해양부령이 정하는 부유식 해상구조물'이란 다음 각 호와 같다고 규정하면서 그 제2호에서 수상호텔, 수상식당 및 수상공연장 등으로서 소속 직원 외에 13명 이상을 수용할 수 있는 해상구조물(항구적으로 해상에 고정된 것은 제외)을 규정하고 있다.

위의 규정을 종합하여 볼 때 취득세 과세대상이 되는 선박은 수상 또는 수중에서 항행용으로 사용하거나 사용할 수 있는 모든 배를 말하고, 여기에는 자력항행능력이 없어 다른 선박에 의하여 끌리거나 밀려서 항행되는 부선도 이에 포함되나, 부선 중 항구적으로 고정되어 항행용으로 사용할 수 없는 것은 선박으로 볼 수 없다고 보는 것이 타당하다(조심2012지423, 2012.10.16 참조).

위 사실관계 및 관련 법령 등을 종합하여 쟁점사항에 대하여 살펴보면 하나, 이 건 건축물 하부는 부유식 수상구조물로 되어 있고, 상부는 LED스크린과 관리동사무실로 구성되어 있으며 둘, 이 건 건축물은 한강둔치와 두 개의 다리로, 강물 속 콘크리트구조물과는 쇠사슬로 연결·고정되어 있어 이 건 건축물은 항행성이 없고, 그 상부에 관리동 사무실 등 건축물이 있는 사실 등에 비추어 선박이라기보다는 건축물에 해당된다고 보는 것이 타당하다.

〈사례〉 수상에 설치한 돌핀 및 운반장치

물위에 설치한 구조물로서 선박을 접근시켜 선적과 하역에 이용되는 '돌핀'은 '잔교'로서, 구축물인 싸이로에 부착되어 시멘트의 저장과 배분에 이용되는 '부켓엘리리베이터'는 '기타 승강시설'로서, 과세대상인 구축물에 해당한다(지방세심사98-341, 1998.07.29).

살피건대 「지방세법」과 「지방세법 시행령」의 규정에서, 취득세 과세대상이 되는 건축물은 건물과 구축물 및 건물과 구축물의 특수한 부대설비를 말하고, 구축물에는 싸이로 등 옥외 저장시설과 잔교가 포함된다고 규정하고 있는바, 취득세 과세대상이 되는 잔교에 해당하는지 여부는 지방세법상에서 구체적으로 규정하고 있지 아니하나, 인천광역시의 1997년 '기타 물건시가표준액조정자료'에서 잔교는 선창이나 부두에서 선박을 접근시켜 화물이나 승객이 오르내리기 편하도록 물위에 설치한 구조물과 절벽과 절벽사이의 계곡을 가로질러 높이 걸쳐놓은 구조물이라고 정의하고 있으며, 이러한 잔교의 종류로써 특수 잔교로 시멘트운반용 시설구조물을 포함하고 있는 점을 고려할 때 비록 「항만법」 등에서는 잔교를 계류시설의 일종으로 분류하고 이러한 잔교와 화물운반시설을 구분하고 있으나, 취득세 과세대상이 되는 잔교는 「지방세법」상 고유한 개념으로서 물위에 설치한 구조물로서 선박을 접근시켜 화물 등의 선적과 하역에 편의성을 도모하기 위하여 설치한 일체의 구조물이 포함된다고 보아야 할 것으로, 이 건 돌핀의 경우에도 해상에 설치되어 선박을 해상에 고정시켜 유동을 방지하고 시멘트의 하역을 위한 기계장치를 갖추고 있으며, 이 건 돌핀과 싸이로를 연결하여 시멘트를 운송하는 시설로써 설치된 이 건 운반 장치 중 벨트콘베이어 시설도 경제적 이용에서 이 건 돌핀과 일체를 이루는 시설로서 시멘트 하역의 편의성을 도모하기 위한 시설이므로 「지방세법」상 취득세 과세대상이 되는 잔교에 해당한다고 보는 것이 타당하다 하겠으며, 다음으로 이 건 운반장치중 이 건 돌핀과 일체를 이루는 벨트콘베이어 시설을 제외한 나머지 설비가 싸이로와 일체를 이루는 설비로서 그 취득가액이 취득세 과세표준에 포함되어야 하는지 여부에 대하여 살펴보면, 이 건 운반장치의 기능은 선박에서 하역한 시멘트를 싸이로에 운송하기 위한 시설로서 벨트콘베이어, 입하장치, 제어·조절장치, 에어슬라이드, 부켓엘리베이터 등으로 구성되어 있고, 벨트콘베이어시설에 의하여 선박에서 하역한 시멘트를 싸이로의 밑부분까지 운송하고 이를 부켓엘리베이터 등에 의하여 싸이로에 배분 저장하는 것으로 부켓엘리베이터 등은 4기의 싸이로 중앙에 설치하여 철재로 싸이로에 고정되어 있는 사실을 알 수 있으며, 이 건 운반장치중 구축물인 싸이로에 부착된 부켓엘리베이터의 경우 싸이로와 서로 유기적인 관련을 가지고 시멘트의 저장과 배분에 이용되고 있는 시설로서 「지방세법 시행령」 제76조 제1항에서 취득세 과세대상이 되는 구축물의 특수한 부대설비중 기타 승강시설에 해당한다 하겠으므로 처분청이 이 건 돌핀과 이 건 운반장치를 각각 「지방세법」상 취득세 과세대상이 되는 잔교와 구축물의 특수한 부대설비에 해당한다고 보아 취득세 등을 부과 고지한 처분은 적법하다 하겠다.

〈사례〉 플로팅도크

이 사건 플로팅 도크는 평소 물 위에 떠 있는 것으로서 부양성을 갖추고 있고, 신조된 선박을 적재하여 수심이 깊은 바다로 나가 진수하므로 적재성을 갖추고 있으며, 부두에 계선줄로 고정되어 있기는 하나 진수 등 필요시에는 계선줄을 풀고 예인선에 이끌리거나 밀려서 수심이 깊은 바다로 항행할 수 있고, 엔진이 설치되어 있기도 한 점을 보면 이 사건 플로팅 도크를 선박으로 보는 데에는 무리가 없다(국승)(창원지법2012구합2892, 2013.04.09).

이 사건 플로팅 도크가 구 「지방세법」 제104조 제5호에서 정한 '선박'에 해당한다고 보아 취득세 등을 부과한 이 사건 처분은 적법하고, 이 사건 플로팅 도크가 산업단지 내 건축물로서 취득세 면제대상에 해당한다는 원고 주장에 관하여는 더 살펴볼 필요 없다.

구 「지방세법」 제104조 제5호에서는 취득세 과세대상인 선박을 기선, 범선, 부선 및 그 밖에 명칭에 관계없이 모든 배를 말한다고 규정하고 있고, 「선박법」 제1조의2 제1항에서는 선박이란 수상 또는 수중에서 항행용으로 사용하거나 사용할 수 있는 배 종류를 말한다고 규정하면서 자력항행능력이 없어 다른 선박에 의하여 끌리거나 밀려서 항행되는 선박인 부선까지 선박의 개념에 포함시키고 있는바, 위 규정을 종합하여 볼 때 취득세 과세대상인 선박 개념을 정의함에 있어 자력으로 항행할 것까지는 요하지 않는 것으로 판단된다.

원고는 「선박안전법」과 「해사안전법」 등에서 선박 개념에 "항해용으로 사용하거나 사용될 수 있는 것" 또는 "물에서 항행수단으로 사용하거나 사용할 수 있는"이라고 규정하고 있는 점을 들어 취득세 과세대상인 선박은 스스로 항행하는 기능을 수행하여야 한다고 주장하나, 위 각 법에서도 명시적으로 독자적인 항행능력을 요한다고 보이지는 않을 뿐만 아니라, 위 각 법은 선박의 안전운항 또는 선박의 원활한 교통을 목적으로 하는 것으로서 지방세의 과세요건과 부과, 징수를 규정하는 지방세법의 해석에 있어 이들 법의 정의규정을 그대로 채택할 필요는 없다고 보인다.

일반적으로 해운의 관점에서 선박 개념으로 요구되는 적재성과 부양성, 이동성의 요건에 관하여 보더라도, 이 사건 플로팅 도크는 평소 물 위에 떠 있는 것으로서 부양성을 갖추고 있고, 신조된 선박을 적재하여 수심이 깊은 바다로 나가 진수하므로 적재성을 갖추고 있으며, 부두에 계선줄로 고정되어 있기는 하나 진수 등 필요시에는 계선줄을 풀고 예인선에 이끌리거나 밀려서 수심이 깊은 바다로 항행할 수 있고, 엔진이 설치되어 있기도 한 점을 보면 이 사건 플로팅 도크를 선박으로 보는 데에는 무리가 없다.

이 사건 플로팅 도크가 「지방세법」 제104조 제4호에서 규정한 '건축물'에 해당하려면 토지에 정착하거나 지하 또는 다른 구조물에 설치되어야 하나, 이 사건 플로팅 도크는 바다에 떠 있는 상태로서 부두와 계선줄로 연결되어 있을 뿐 토지 또는 다른 구조물에 정착한 것으로 볼 수 없고, 대법원 등기선례(200607-8, 2006.07.31)도 이 사건 플로팅 도크와 같이 물 위에 떠 있는 건조용 도크는 정착성이라는 요건을 결여하여 해안가의 해저지면에 있는 암반에 앵커로 고정하여도 건물 소유권보존등기의 대상이 될 수 없다고 보고 있다.

〈사례〉 옥외광고판

취득자가 매도자에게 지급한 비용이라 하더라도 취득의 대상이 아닌 물건이나 권리에 관한 것으로서 당해 물건 자체의 가격이라고 볼 수 없는 것은 당해 취득세 과세 대상 물건의 취득가격에서 제외하여야 할 것이고, 「지방세법」 제104조 제4호 및 같은 법 시행령 제75조의 2에서는 취득세의 과세대상이 되는 건축물을 「건축법」 제2조 제1항 제2호의 규정에 의한 건축물과 레저시설, 저장시설, 도크시설, 접안시설, 도관시설, 급·배수시설, 에너지 공급시설, 잔교 등 기타시설과 규정하고 있으며, 「지방세법」 제104조 제10호 및 같은 법 시행령 제76조에서는 건축물에 부수되는 시설물을 열거하고 있는 바, 건축물에 부수되는 시설물이란 취득세 과세대상인 건축물에 부속 또는 부착된 이른바 부합물이나 종물 등으로서 그 건축물 자체의 경제적 효용을 증가시키는 설비 등을 의미한다고 할 것이다.

처분청은 이 건 전광판이 「지방세법」 제104조 제4호 및 같은 법 시행령 제76조에서 열거한 종류가 아닌 시설물이라 하더라도 과세대상 건축물을 일괄 취득하는 경우에는 주물인 건축물의 부합물 내지 종물로서 매매계약에 의하여 건축물을 취득하면서 함께 취득한 것이므로 이 건 부동산의 부합물 내지 종물로서 취득세 과세대상에 해당하고 그 취득가액도 취득세 과세표준에 해당한다는 입장이나, 이 건 전광판은 이 건 부동산의 옥상에 나사와 볼트를 이용하여 설치된 것으로서 해체와 이설이 가능할 뿐 만 아니라 이 건 전광판을 해체하여 다른 곳에 재 설치한다고 하더라도 시각적인 광고를 방영하는 전광판 고유의 기능은 크게 저하되지 않는다고 보이는 점과 이 건 전광판은 상업광고와 공익광고 등을 방영하기 위하여 설치된 시설물로서 백화점과는 별도의 매출을 발생하고 있어 그 자체로 하나의 부가가치를 창출하는 옥외방송시설인 점, 이 건 전광판이 설치된 이 건 부동산은 백화점으로서 이 건 전광판이 없어도 제품의 입·출고 및 판매 등에는 별다른 영향이 없는 점, 청구법인은 이 건 전광판을 이 건 부동산과는 별도의 설비로 취득하였고 이 건 부동산과 구분하여 구축물로 회계처리 하고 있으며 매년 감가상각을 통한 잔존가치 산정도 이 건 부동산과 달리 하고 있는 점 등을 종합하여 볼 때, 이 건 전광판이 이 건 부동산의 부대설비로서 이 건 부동산의 효용을 증대시키는 건물과 일체를 이루는 부합물이나 종물이라거나 이 건 부동산과 일괄하여 취득된 취득세나 등록세의 과세대상이 되는 건축물이나 시설물로 보기도 어렵다(조심2011지758, 2012.06.13).

〈사례〉 선박건조용으로 사용중인 부잔교(浮棧橋)

잔교는 바다 하저에 말뚝을 박고, 그 위에 콘크리트나 철판 등으로 상부시설을 설치한 교량모양의 접안시설을 말한다. 이 건 잔교는 하저에 말뚝을 박아 설치한 것이 아니라 바다에 떠있는 구조물을 해저에 싱커(sinker)를 설치하고 싱커와 이 건 구조물을 쇠사슬로 연결하여 고정하고 있는 구조로 되어 있는 점, 이 건 구조물이 한쪽은 육지 쪽과 연결되어 있으나 나머지 한쪽은 바다에 떠 있는 구조로 되어 있다는 것에 대하여 처분청과 청구법인 모두 인정하고 있고, 선박을 건조하기 위한 의장안벽을 대체하는 시설로 사용하고 있는 점, 「항만법」 제2조의 규정에 의하면 항만의 기본시설로 안벽, 물양장, 잔교, 부잔교, 돌핀, 선착장 등 계류시설을 규정하고 있으나, 구 「지방세법 시행령」 제75조의2 규정에서는 이들 시설 중 잔교에 대해서만 취득세 과세대상으로 규정하고 있는 점과 조세법규의 해석은 특별한 사정이 없는 한 법문대로 해석해야 할 것이고 합리적인 이유 없이 확장해석하거나 유추해석하는 것은 허용되지 아니하는 점 등을 종합하여 볼 때, 이 건 잔교는 구조상 부잔교(浮棧橋)에 해당하여 취득세 과세대상으로 볼 수 없고, 나아가 이 건 잔교는 토지에 정착하거나 지하 또는 다른 구조물에 설치된 것도 아니므로 「지방세법」상 취득세 과세대상이 되는 건축물의 일종으로 볼 수 없다고 판단된다(조심2011지158, 2012.03.13).

〈사례〉 선박을 정박시키기 위한 폰툰(PONTOON)

건축물은 '토지에 정착하거나 지하 또는 다른 구조물에 설치하는 시설로서 대통령령이 정하는 것'으로 규정하고 있으므로 수면아래 토지에 정착되지 아니한 채 물위에 떠 있는 것은 잔교라 할 수 없다 하겠는 바, 댐 내 쓰레기 등 부유물의 수거나 수질오염 방지활동에 사용되는 선박을 정박시키기 위한 폰툰(PONTOON)이 선창이나 부두가 아닌 댐 내의 수면 아래에 지지파일을 설치하지 아니한 채 자체부력으로 물위에 떠 있으면서 단순히 선박을 정박시키는 기능을 하고 있다면 「지방세법 시행령」 제75조의 2 제7호에서 규정한 잔교에 해당되지 아니하는 것이다(세정-4733, 2004.12.24).

차량, 기계장비, 항공기, 선박 및 입목

Ⅰ. 차량

차량이란 원동기를 장치한 모든 차량과 피견인차 및 궤도로 승객 또는 화물을 운반하는 모든 기구를 말한다. 여기서 원동기를 장치한 모든 차량이란 원동기로 육상을 이동할 목적으로 제작된 모든 용구(총 배기량 50㏄ 미만의 이륜자동차는 제외)를 말한다.

궤도란 「궤도운송법」 제2조 제1호에 따른 궤도를 말한다. 「궤도운송법」 제2조 제1호에서 '궤도'란 사람이나 화물을 운송하는 데에 필요한 궤도시설과 궤도차량 및 이와 관련된 운영·지원 체계가 유기적으로 구성된 운송 체계를 말하며, 삭도(索道)를 포함한다. 궤도에는 삭도가 포함되기 때문에 케이블카도 과세된다. 또한 궤도나 삭도가 승객이나 화물 운송에 이용되는 것이 아니라 유원지 등에서 오락을 위한 시설로 설치되어 있는 경우에는 특정시설물 중 '유원지의 옥외오락시설'로서 해당 시설과 함께 취득세가 과세된다.

「지방세법」 기본통칙에서는 "삭도는 공중에 설치한 밧줄 등에 운반기를 달아 여객 또는 화물을 운송하는 것이며, 궤도는 지상에 설치한 선로에 의하여 여객 또는 화물을 운송하는 것을 말함(통칙6-2)"이라고 규정하고 있다. 차량에는 태양열, 배터리 등 기타 전원을 이용하는 기구와 디젤기관차, 광차 및 축전차 등이 포함된다(통칙6-1).

취득세 과세대상인 차량은 자동차세과세대상인 「지방세법」 제124조의 규정에 의한 자동차보다는 넓은 개념이며, 반드시 「자동차관리법」에 의한 등록 또는 신고된 차량일 필요는 없으므로 「자동차관리법」에 의해 등록되거나 신고 되지 않은 경우라도 취득세 과세대상이 된다.

〈사례〉 승용식 전동청소차

승용식 전동청소차의 경우 청소차량 자체에 원동기를 구비하고 사람이 탑승하여 원동기에 의하여 육상을 이동할 수 있는 기능을 수행하도록 제작된 용구라면 외부도로를 주행하지 않고 공장 내부에서만 사용된다 하더라도 「지방세법」상 취득세 과세대상이 되는 차량에 해당된다(지방세운영-1921, 2009.05.13).

〈사례〉 선박건조용 고소작업차

선박건조용 고소작업차는 원동기를 장착하고 있더라도 육상을 이동할 목적이 아니며, 승객 또는 화물을 운반하는 기구로도 볼 수 없으므로 취득세 과세대상이 아니다(행안부5, 2006.05.26).

〈사례〉 광산의 갱 내 운반 장치

광산의 갱 내 운반 장치가 광산에서 사용하기 적합하도록 제작된 차량으로서 자체 원동기와 바퀴를 갖추고 이동이 가능한 형태로 제작되어 있다면 취득세 과세대상이 되는 차량에 해당된다고 보아야 할 것이며, 비록 일반적인 차량과 같이 고속으로 도로를 주행하기는 어렵고, 광산의 갱 내에서 사용하기 위하여 특수제작한 장비라 하여 이를 달리 볼 수는 없는 것이다(지방세심사2000-612, 2000.08.29).

〈사례〉 원동기를 장착하지 않은 소형트레일러

차량이라 함은 원동기를 장치한 모든 차량과 피견인차 및 궤도나 삭도에 의하여 승객 또는 화물을 반송하는 모든 기구를 말하는 것이므로 원동기를 장치하지 아니한 소형트레일러는 피견인 차량으로써 취득세과세대상이 된다(세정13407-83, 1999.11.01).

〈사례〉 특수자동차

도로노면조사 등을 위한 각종 조사시스템 장비가 차량에 부착되어 차량과 일체를 이루고 있는 상태에서 차량을 취득하였다면 취득세 과세대상이며, 자동차관리법의 규정에 의한 특수자동차는 지방세법상 기계장비가 아닌 차량에 해당한다(세정13430-366, 1999.03.25).

〈사례〉 골프장 갱모어

골프장 훼어웨이의 잔디를 깎는데 사용되는 갱모어(gang more)는 차량에 해당되는 것이므로 취득세 과세대상이다(세정01254-5724, 1987.05.11).

〈사례〉 생산설비인 궤도이용시설

생산공정의 설비인 궤도이용시설은 차량이 아니고 기계장치에 해당되어 취득세과세대상에 포함되지 아니한다(세정1268-12268, 1983.09.29).

〈사례〉 전동파레트 트럭

공장 내에서 운반용으로 사용하는 전동 파레트트럭(밧데리 충전용)은 제조공장 내에서만 일반약품 및 파지운반용으로 사용하고 있다 하더라도 취득세 과세대상인 차량에 해당한다(세정13407-69, 1997.02.18).

〈사례〉 생산공정의 설비인 궤도이용시설

철강제조업을 영위하는 법인으로서 철강생산의 주원료인 코크스를 생산하는 설비로서 사용 중인 소화차(quenching machine) 및 전동운반구(locomotive)가 궤도를 이용하고 있다 하더라도 생산공정의 설비로 인정된다면 생산 공정의 설비인 궤도이용시설은 취득세 과세대상인 차량에 해당하지 아니한다(세정1268-12268, 1983.09.29).

Ⅱ. 기계장비

기계장비란 건설공사용, 화물하역용 및 광업용으로 사용되는 기계장비로서 「건설기계관리법」에서 규정한 건설기계 및 이와 유사한 기계장비 중 행정자치부령으로 정하는 것을 말한다. 즉, 「건설기계관리법 시행령」 [별표1]에 규정된 것과 「지방세법 시행규칙」 [별표1]에 규정된 것으로서 그 용도 면에서 건설공사용·화물하역용 및 광업용으로 사용되는 경우 취득세 과세대상인 기계장비에 해당된다.

과세대상 기계장비의 범위: 지방세법 시행규칙 [별표1]

건설기계명	범위
1. 불도저	무한궤도 또는 타이어식인 것
2. 굴삭기	무한궤도 또는 타이어식으로 굴삭장치를 가진 것
3. 로더	무한궤도 또는 타이어식으로 적재장치를 가진 것
4. 지게차	들어올림장치를 가진 모든 것
5. 스크레이퍼	흙·모래의 굴삭 및 운반장치를 가진 자주식인 것
6. 덤프트럭	적재용량 12톤 이상인 것. 다만, 적재용량 12톤 이상 20톤 미만의 것으로 화물운송에 사용하기 위하여 「자동차관리법」에 따라 자동차로 등록된 것은 제외
7. 기중기	강재의 지주 및 상하좌우로 이동하거나 선회하는 장치를 가진 모든 것
8. 모터그레이더	정지장치를 가진 자주식인 것
9. 롤러	① 전압장치를 가진 자주식인 것 ② 피견인 진동식인 것
10. 노상안정기	노상안정장치를 가진 자주식인 것
11. 콘크리트뱃칭플랜트	골재저장통·계량장치 및 혼합장치를 가진 모든 것으로서 이동식인 것
12. 콘크리트 피니셔	정리 및 사상장치를 가진 것
13. 콘크리트 살포기	정리장치를 가진 것으로 원동기를 가진 것
14. 콘크리트 믹서트럭	혼합장치를 가진 자주식인 것(재료의 투입·배출을 위한 보조장치가 부착된 것을 포함)
15. 콘크리트 펌프	콘크리트 배송능력이 시간당 5세제곱미터 이상으로 원동기를 가진 이동식과 트럭 적재식인 것
16. 아스팔트 믹싱프랜트	골재공급장치·건조가열장치·혼합장치·아스팔트 공급장치를 가진 것으로 원동기를 가진 이동식인 것
17. 아스팔트 피니셔	정리 및 사상장치를 가진 것으로 원동기를 가진 것
18. 아스팔트 살포기	아스팔트 살포장치를 가진 자주식인 것
19. 골재 살포기	골재 살포장치를 가진 자주식인 것
20. 쇄석기	20킬로와트 이상의 원동기를 가진 것
21. 공기압축기	공기토출량이 분당 2.84세제곱미터(제곱센티미터당 7kg 기준) 이상인 것
22. 천공기	크로라식 또는 굴진식으로서 천공장치를 가진 것
23. 항타 및 항발기	원동기를 가진 것으로서 해머 또는 뽑는 장치의 중량이 0.5톤 이상인 것
24. 사리채취기	사리채취장치를 가진 것으로 원동기를 가진 것
25. 준설선	펌프식·바켓식·딧퍼식 또는 그래브식으로 비자항식인 것
26. 노면측정장비	노면측정장치를 가진 자주식인 것
27. 도로보수트럭	도로보수장치를 가진 자주식인 것
28. 노면파쇄기	파쇄장치를 가진 자주식인 것
29. 선별기	골재 선별장치를 가진 것으로 원동기가 장치된 모든 것
30. 타워크레인	수직타워의 상부에 위치한 지브를 선회시켜 중량물을 상하, 전후 또는 좌우로 이동시킬 수 있는 정격하중 3톤 이상의 것으로서 원동기 또는 전동기를 가진 것
31. 그 밖의 건설기계	제1호부터 제30호까지의 기계장비와 유사한 구조 및 기능을 가진 기계류로서 행정자치부장관 또는 국토교통부장관이 따로 정하는 것

그런데 「지방세법 시행규칙」 [별표1]에 열거하고 있는 기계장비를 보면 그 종류는 「건설기계관리법 시행령」 [별표1]에 열거된 건설기계의 종류에다 4가지 항목을 추가하고, 각 기계장비의 개념은 「건설기계관리법시행령」 [별표1]의 것보다 넓다. 따라서 「지방세법 시행규칙」 [별표1]에 열거된 것이 취득세과세대상인 기계장비라 할 수 있다. 한편, 기계장비에는 단순히 생산설비에 고정·부착되어 제조공정 중에 사용되는 공기압축기, 천정크레인, 호이스트, 컨베이어 등은 제외한다(통칙6-3).

기계장비의 본체와 부속장비의 기능이 상호보완관계를 형성하여 하나의 작업 목적을 달성할 수 있는 기능을 갖고 있는 경우, 본체와 부속장비는 서로 다른 기계로 분리하여 볼 수 없는 주물과 종물의 성질을 갖는 것으로 보아야 하므로 부속장비는 본체와 함께 취득세의 과세대상에 해당한다.

〈사례〉 전동 지게차

전동지게차는 경유 등으로 사용되는 일반 지게차와는 달리 전기모터의 작동에 의하여 작동된다 하더라도 「지방세법」의 규정에 의한 과세요건(들어올림장치를 가진 기계장비)을 충족하고 있는 이상 이를 취득세 과세대상으로 본다(조심2012지175, 2012.04.27).

취득세 과세대상 건설기계는 「건설기계관리법」에 의한 건설기계와 「지방세법 시행규칙」에서 열거한 기계장비를 말한다. 「건설기계관리법」 제2조 및 같은 법 시행령 제2조 [별표1]에서 전동식으로 솔리드타이어를 부착한 것 지게차는 건설기계에서 제외하고 있으나, 「지방세법」 제6조 제1항 8호 및 같은 법 시행규칙 제3조[별표1]에서는 들어올림장치를 가진 모든 지게차를 취득세 과세 대상인 기계장비로 규정하고 있으므로 이 건 지게차도 취득세 과세대상에 포함된다.

〈사례〉 특정용도의 크레인

터빈의 수리·정비 과정에서 터빈을 수리 장소로 이동시켰다 다시 원래의 장소에 설치하기 위한 것에 불과하여 단순히 이러한 기능이 있다는 이유만으로 크레인이 화물하역용으로 사용되는 기계장비라고 볼 수 없다(대법2010두7680, 2010.08.26).

「지방세법」제6조 제8호에서는 취득세의 과세대상이 되는 기계장비에 대하여 "건설공사용·화물하역용 및 광업용으로 사용되는 기계장비"로 규정하고 있어, 이 사건 크레인이 화물하역용으로 사용되는 기계장비(기중기)에 해당하는지 여부에 관하여 보건대, 이 사건 크레인은 화력발전소에 내에 설치된 전기생산시설의 발전설비인 터빈의 신속한 수리 및 정비를 위하여 터빈실 마다 천정에 고정시켜 설치된 사실, 이 사건 크레인을 이용한 터빈의 정비 및 수리 과정은 이 사건 크레인을 이용하여 터빈을 덮고 있는 뚜껑(casing, 터빈)을 들어 올린 다음, 위 뚜껑에 이물질을 제거하기 위한 도색작업을 한 후 다시 이 크레인을 이용하여 터빈을 들어 올려 내부에 설치된 수리 장소로 터빈을 옮겨 수리를 마치고 다시 터빈을 제자리에 옮겨 놓는 과정으로 이루어지는 사실을 인정할 수 있는바, 위 인정사실에 의하면 이 사건 크레인은 원고의 전기생산시설의 발전설비인 터빈의 수리 및 정비를 위하여 설치된 기계장비로서, 그 용도 및 기능에 비추어 볼 때 화물하역용으로 사용되는 기계장비라고 보기는 어렵다.

〈사례〉 고정식 원동기

'원동기'라 함은 에너지를 이용할 수 있는 동력으로 바꾸는 기계로서 일반적으로 통용되는 엔진에만 국한하지 아니하고 연료 연소의 열을 이용하는 열기관, 수력을 이용하는 수력기관, 전력을 이용하는 전동기 등을 모두 의미하는 것이므로, 쇄석기 자체에 원동기를 가지고 있지 아니하고 20㎾ 이상의 전기모터에 의하여 연결되어 가동이 되는 경우라 하더라도 취득세 과세대상에 해당된다.

또한 「건설기계관리법」상 쇄석기는 이동식 쇄석기만을 규정하고 있으나 「지방세법 시행규칙」 [별표1]에서 쇄석기를 이동식과 고정식을 구분하고 있지 아니하므로 20㎾ 이상 전기모터에 의해 가동되고 있는 고정식 쇄석기는 「건설기계관리법」상 등록대상이 아닌 경우에도 취득세 과세대상에 해당한다(지방세운영-2480, 2008.12.11).

〈사례〉 제조업체의 골재생산용 쇄석기

「지방세법」제6조 제8호에서 기계장비를 건설공사용·화물하역용 및 광업용으로 사용되는 기계장비로 규정하고 있으므로 쇄석기가 순환골재를 생산하는 제조업체의 생산설비의 일부에 해당된다면 취득세 과세대상인 기계장비에 해당한다고 볼 수 없다(세정-1129, 2005.06.10).

〈사례〉 사용목적에 따른 과세대상여부의 판단

생산라인에 고정부착된 것이 아니라 부두의 화물하역용 컨테이너크레인은 기계장비로서 취득세 과세대상에 해당한다(세정13430-242, 1998.09.30). 마찬가지로 공장의 생산라인에 고정 부착되어 선박·자동차 등의 제조과정에 활용되는 '기중기'는 과세대상이 아니나, 공장의 생산라인에 고정·부착되지 않아 생산 공정용이 아닌 것은 취득세 과세대상에 해당한다(세정13407-555, 2000.04.25).

공기압축기와 천정크레인이 건설공사등에 사용되는 것이 아니라 공장의 제조, 생산과정의 설비로 사용되면 취득세 과세대상이 아니다(세정13407-730, 1996.07.02).

〈사례〉 콘크리트벳칭플랜트에서 '이동식'의 의미

「지방세법 시행규칙」 제40조의 2(별표5) 제11호에 규정된 콘크리트 뱃칭플랜트는 골재저장통, 계량장치 및 혼합장치를 가진 모든 것으로서 이동식인 것이 취득세 과세대상이며, 이동식은 스스로 구동하거나 다른 견인장치에 의해 견인되어 이동할 수 있게 제작된 것을 의미하는 것으로 고정 여부와는 무관하다(도세13421-878, 1993.10.05).

Ⅲ. 항공기

항공기란 사람이 탑승·조종하여 항공에 사용하는 비행기, 비행선, 활공기(滑空機), 회전익(回轉翼) 항공기 및 그 밖에 이와 유사한 비행기구로서 대통령령으로 정하는 것을 말한다. 현재 항공기에 관한 시행령의 규정은 없다. '항공기'는 사람이 탑승·조정하여야 하므로 사람이 탑승·조정하지 않는 원격조정장치에 의한 항공기(농약살포 항공기 등)는 제외된다(통칙6-6).

「지방세법」상 비행기, 비행선, 활공기(滑空機), 회전익(回轉翼) 항공기에 대한 구체적인 정의규정은 없다. 그러나 「지방세법」에 그에 대한 보완규정을 타법에 준용한다는 규정이 없는 한 항공법의 규정을 차용하는 것은 아니다. 비행기, 비행선, 활공기(滑空機), 회전익(回轉翼) 항공기에 「지방세법」상의 정의규정은 없으므로 사전적 의미로 해석할 수밖에 없고 이들에 대한 사전적 정의는 다음과 같다.

① 비행기: '비행기(飛行機, airplane)'는 추진 장치를 갖추고 고정날개에 생기는 양력(揚力)을 이용해 비행하는 항공기를 말한다.
② 비행선: '비행선(飛行船, airship)'은 비행기처럼 날개에 양력을 발생하게 하는 구조에 의하지 않고, 헬륨이나 수소 등 공기보다 비중이 작은 기체를 주머니에 담아 부양(浮揚)시킨다. 기구(氣球)와는 달리 추진 장치와 조종 장치를 갖추고 있는 경항공기의 일종이다.
③ 활공기: '활공기(滑空機, glider)'는 엔진이나 프로펠러 같은 추진 장치를 갖지 않고 바람의 힘 또는 자신의 무게를 동력으로 해서 비행하는 항공기의 일종이다.
④ 회전익 항공기: '회전익 항공기(回轉翼航空機, rotor craft)'란 회전하는 날개에 의하여 비행에 필요한 양력의 전부 또는 일부를 발생케 하는 항공기를 말한다. 통상 헬리콥터를 지칭한다.

〈사례〉 항공법상 항공기가 아닌 초경량비행장치(헬리콥터)

「항공법」상 항공기가 아닌 초경량비행장치(헬리콥터)는 취득세가 과세되는 항공기에 해당한다(지방세심사2006-448, 2006.10.30).

「지방세법」 제104조 제2항 제4호에서 취득세과세대상으로써 '항공기'를 정의하면서 사람이 탑승 조종하여 항공에 사용하는 비행기, 비행선, 활공기, 회전익항공기 그 밖에 이와 유사한 비행기구로서 대통령령이 정하는 것이라고 규정하고 있으나, 「지방세법 시행령」에는 그 구체적인 규정을 두고 있지 아니하고 있고, 「항공법」 제2조 등 관련 조항에서는 항공기와 초경량비행장치를 다르게 정의하고 있는데 후자는 자체중량, 연료용량 등이 건설교통부령이 정하는 범위를 초과하지 아니한 동력비행장치라고 하면서 관련 운영세칙에서 동력비행장치 및 회전익 비행장치 및 패러 플레인 및 기구류를 적용한다고 하고 있다.

그러나 조세는 법률에 의하여 부과근거를 정하고 그에 따라 국민이 부담하는 것으로 그 과세객체 및 세율 등의 과세요건은 국민 조세부담능력 및 과세객체간의 형평성 등 제반 경제·사회적인 제반 여건을 감안하여 정치적으로 판단하여 개별법에 규정하는 것이므로 「지방세법」상 항공기의 정의는 과세를 하기 위하여 제반 요소를 고려하여 특별히 규정한 것이지만 「항공법」상 항공기의 정의는 항공기 항행의 안전 및 항공운송사업의 질서 확립 등을 위하여 규정된 것이어서 양자는 존립근거가 상위하다 할 것이다. 따라서 「지방세법」상 구체적인 정의규정이 없다고 해서 「지방세법」에 그에 대한 보완규정을 타 법에 준용한다는 규정이 없는 한 「항공법」의 규정을 차용하는 것이 아니므로, 자동차에 대하여 「자동차관리법」상의 정의보다 그 범위를 확대하여 별도로 정하고 있는 입법례와 마찬가지로 「지방세법」에서 항공기로 열거하고 있는 비행기, 비행선, 활공기, 회전익항 공기, 기타 이와 유사한 비행기구 대하여는 대통령령에 규정하도록 하였으나 마련하지 않은 것은 별론으로 하면서 나머지 종류에 대하여 각각 그 정의를 해석해야 할 것이다.

이 사건 헬리콥터와 관련하여 「지방세법」에서 과세객체로 규정하고 있는 회전익항공 기에 대한 정의를 해석하여 보면, 먼저 사람이 탑승·조정하는 것으로서 동력장치에 의하여 회전익에서 양력을 얻어 비행하는 것이라고 봄이 상당할 것이므로 비록 「항공법」상 소정의 공허중량(224.5kgs) 및 연료용량(38ℓ)에 미달하는 헬리콥터가 초경량비행장 치로 구분되어 있다고 하더라도 「지방세법」에서는 중량 및 연료용량기준에 관계없이 위 해석요건에 근접하면 당연히 독립한 과세객체로서의 항공기라고 보아야 할 것이다. 이 사건 헬리콥터의 경우, 'Light's American Sportscopter inc.'가 한국 실정에 맞게 공허중 량 및 연료용량이 항공기 기준요건에 미달되게끔 특수 제작한 것으로서 2004년 9월 「항 공법」 제23조 제4항 및 안정성인증검사업무운영세칙 제60조 규정에 의하여 초경량비행 장치 안전성인증을 받은 다음 2004년 11월 초경량 비행장치로 증명된 것으로 확인되고 있으나 동력장치를 갖추어 회전익으로 양력을 얻어 사람이 탑승·조정하여 비행하는 회 전익항공기가 분명한 이상 이를 항공기가 아니라고 하기는 합목적적인 측면에서 무리 가 있다고 할 것이므로 청구인의 주장을 받아들일 수 없다.

Ⅳ. 선박

선박은 물위에 뜨는 부양성과 여객이나 화물을 실을 수 있는 적재성 그리고 적재된 것을 원하는 위치로 운반할 수 있는 이동성의 세 가지 성질을 가지고 있다.

「지방세법」상 선박이란 기선, 범선, 부선(艀船) 및 그 밖에 명칭에 관계없이 모든 배를 말한다. 선박에는 해저관광 또는 학술연구를 위한 잠수캡슐의 모선으로 이용하는 부선과 석유시추선도 포함된다(통칙6-7). 「지방세법」 제6조 제10호에서 "선박이란 기선, 범선, 부선(艀船) 및 그 밖에 명칭에 관계없이 모든 배"로 규정하고 있기 때문에 모든 배가 과세대상이 되며 앞의 열거는 예시적 열거에 불과한 것이다.

취득세 과세대상으로서의 선박의 개념에 대하여는 특별한 정의규정을 두고 있지 아니하므로, 「선박등기법」이나 「선박법」상의 선박은 모두 포함되며, 기선, 범선, 부선은 물론 요트, 보트, 잠수유람선, 수상스쿠터, 수상오토바이, 카누, 카약은 물론 수상호텔, 수상식당, 수상공연장 등 부유식 수상구조물도 선박에 해당된다.

〈사례〉 수상경기용 카누

수상경기용 카누는 취득세 과세대상인 '선박'에 해당하여 판매업자가 선박을 수입에 의하여 취득하는 경우에도 승계취득에 해당한다(세정-794, 2003.08.11).

지방세법에서는 '선박'의 범위를 기선, 범선 등 기타 명칭 여하를 불문한 모든 배로 규정하고 있다. 「지방세법」에서 취득세는 선박 등의 취득자에게 부과하되 「선박법」 등 관계법령에 의한 등기·등록을 이행하지 아니한 경우라도 사실상으로 취득한 때에는 취득한 것으로 보아 당해 취득물건의 소유자에게 취득세의 납세의무가 있는 것으로 규정하고 있으며, 「지방세법」상 수입에 의한 취득은 당해 물건을 우리나라에 인취하는 날(보세구역을 경유하는 것은 수입신고필증교부일)을 승계취득일로 보되 수입에 의한 차량 또는 기계장비의 취득은 실수요자가 인도받는 날 또는 계약상의 잔금지급일 중 빠른 날을 최초의 승계취득일로 보도록 규정하고 있다. 이에 수상경기용 카누(카약)는 「지방세법」상 취득세 과세대상인 '선박'에 해당하며 판매업자가 선박을 수입에 의하여 취득하는 경우에도 승계취득으로 보아 취득세 납세의무가 있다.

〈사례〉 부선

「지방세법」 제6조 제10호의 규정에 의한 '선박'이란 기선, 범선, 부선(艀船) 및 그 밖에 명칭에 관계없이 모든 배를 말하므로 자체항진능력이 없는 부선도 취득세 과세대상인 선박에 해당된다고 할 수 있다(세정1268-5063, 1984.04.30).

〈사례〉 플로팅 독(Floating Dock)

하나, 취득세의 과세대상인 선박에 해당하기 위하여 자력으로 항행할 것까지 요구되지는 않는 것으로 보이는 점.

둘, 이 사건 플로팅 독(Floating Dock)은 바다에서 선박을 만들 수 있도록 고안된 반잠수식 선박건조 야외작업장으로서, 선박을 건조할 때에는 물 위에 떠 있다가 선박이 건조되면 이를 적재하여 예인선에 끌리거나 밀려 수심이 깊은 바다로 나아간 다음 잠수함의 원리를 이용하여 가라앉는 방법으로 선박을 진수하므로 부양성, 적재성 및 이동성을 갖추고 있는 점.

셋, 이 사건 플로팅 독에 대한 건조계약서에도 '근해구역 항해능력을 갖춘 선박'을 건조하는 내용 등이 담겨 있고, 이 사건 플로팅 독에 관하여 선박의 종류를 '부선'으로 하는 선박건조증명서와 선박총톤수 측정증명서가 작성된 후 선박등록 및 소유권보존등기까지 마쳐진 점.

넷, 이 사건 플로팅 독은 바다에 떠 있는 상태에서 계선줄에 의하여 부두와 연결되어 있을 뿐 토지에 정착하거나 지하 또는 다른 구조물에 설치되어 있지 아니한 점 등을 종합하면, 이 사건 플로팅 독을 구 「지방세법」 제104조 제5호의 '선박'에 해당한다고 보아 취득세 등을 부과한 이 사건 처분이 적법하다고 판단하였다(대법2014두3945, 2014.06.26).

〈사례〉 해상크레인 취득 시 과세대상범위

선박건조 시 대형블록 조립을 위한 생산설비로서 하부의 BARGE PART와 상부의 CRANE PART의 일체화된 결합으로 이루어진 해상크레인이 자력항행능력을 갖추지 못할 경우에 취득세 과세여부는 다음과 같다.

150

「지방세법」제104조 제5호의 규정에서는 선박은 "기선, 범선 등 기타 명칭 여하를 불문하고 모든 배를 말한다"라고 규정하고 있고, 「선박법」제1조의 2 제1항 제3호에 의하면 부선은 "자력항행능력이 없어 다른 선박에 의하여 끌리거나 밀려서 항행되는 선박"이라고 규정하고 있다. 따라서, 이건 질의내용과 같이 비록 자력항행능력이 없이 해상에서 부양된 상태에서 작업할 수 있도록 보조하는 역할을 수행할 경우에도 해상크레인(하부의 BARGE PART와 상부의 CRANE PART)은 일체화된 결합으로 이루어져 선박에 해당되어 취득세 과세대상에 해당된다고 사료되나, 이에 해당하는지 여부 등은 과세권자가 현지 확인을 통하여 이에 해당여부를 결정하여야 할 것이다(경남세정-14586, 2010.12.13).

V. 입목

취득세 과세대상인 '입목'이란 집단적으로 생육되고 있는 지상의 과수, 임목, 죽목을 말한다. 다만 묘목 등 이식을 전제로 잠정적으로 생립하고 있는 것은 제외한다(지방세기본통칙6-4). 지상의 과수라 함은 지상에 생립하고있는 과수목을, 임목이라 함은 일정한 장소에 집단적으로 생립하고 있는 수목의 집단을, 죽목이라 함은 지상에 생립(生立)하고 있는 죽목을 말한다.

「지방세법」에서는 입목의 종류만 나열하고 있을 뿐 그 개별적인 정의에 대해서는 구체적으로 규정하고 있지 않으므로 이에 대해서는 입목에 관한 일반법인 「입목에 관한 법률」상의 개념을 인용하는 것이 합리적일 것인 바, 이에 따르면 '입목'이란 1필의 토지 또는 그 일부분에 생립하고 있는 모든 수종의 수목 집단으로서 소유권보존등기를 받은 것을 말하며 사회통념상 과수는 과실나무를, 임목이란 수목의 집단을, 죽목은 대나무를 의미한다. 또한 「민법」제99조에 따르면 부동산이란 토지와 그 정착물을 의미하는 것인바, 토지와 구분되는 독립적인 과세대상으로서의 입목에 해당되기 위해서는 「입목에 관한 법률」등에 따른 등기 또는 명인에 의하여 독립적인 개체 등으로 구분되어야 하고(대법76마275, 1976.11.24), 이와 같은 방법으로 공시(公示)되지 않았다고 하더라도 부동산과 구분하여 취득한 경우라면 취득세 과세대상이 된다.

이와 같은 사실들을 종합적으로 감안할 때 취득세 과세대상으로서의 입목이란 수종에 관계없이 집단으로 생육하면서 토지와 구분되어 별개의 거래대상 등이 될 수 있는 수목을 의미한다고 볼 수 있으며, 집단성 여부는 동일한 주체의 관리범위에 속하는 특정영역 등을 기준으로 판단하는 것이 합리적이다.

「지방세법」이 1966년 8월 3일 법률 제1803호로 개정된 이후부터 입목이 취득세 과세대상에 포함되게 되었고, 「입목에 관한 법률」은 1973년 2월 6일 법률 제2484호로 최초 제정된 점을 감안해 볼 때 「입목에 관한 법률」에 따른 등기를 「지방세법」상 취득세 과세대상으로 삼기 위한 필수적인 요건으로 보기는 어렵다. 그러므로 입목이 식재된 토지와 분리하여 거래의 대상이 되고, 거래당사자간 체결된 계약서 등에 거래대상 입목이 특정되어 인식 가능한 경우에는 취득세 과세대상으로 봄이 타당하다.

취득세 과세대상인 입목은 토지와 분리되는 것을 전제로 하여야 할 것이므로 지상의 수목이 토지와 구분되지 아니하는 경우에는 취득세 과세대상으로서의 입목이 아니라 토지의 구성부분으로서 토지의 종물이 되는 것이다.

"묘목 등 이식을 전제로 잠정적으로 생립하고 있는 것은 제외한다"라는 의미는 묘목 등과 같이 이식을 전제로 잠정적으로 생립하고 있는 수목을 취득하는 경우에 입목에 해당하지 않는다는 것이지 집단으로 생육하면서 토지와 구분되어 별개의 거래대상 등이 될 수 있는 수목의 취득목적이 이식을 전제로 한다하여 취득세 과세대상에서 제외되는 것은 아니다. 즉, 입목 매수인의 주관적인 취득목적에 따라 취득세 과세대상 여부를 판단하는 것은 아니다.

그러므로 관상수를 판매하는 식물원등에 이식되어 있는 수목을 취득하는 것은 입목의 취득으로 볼 수 없는 것이다(세정1268-10209, 1982.08.06). 환경관리 및 조경용으로 매입하는 수목을 수림이 형성되어 성육하고 있는 일정지역내의 것을 매입하여 이식한 것이라면 「지방세법」상 입목에 해당되어 취득세 과세대상이 되는 것이나, 관상수를 판매하는 식물원 등에 이식되어 있는 수목을 취득한 것은 입목의 취득으로 볼 수 없다.

〈사례〉 과수원의 과수목

농지(과수원)를 취득하면서 따로 등기가 되어 있거나 별도로 계산하여 취득하는 명인방법을 갖추고 있는 과수목을 취득하는 경우라면 이는 「지방세법」상 입목에 해당되어 취득세 납세의무가 성립된다 하겠고, 다만 농지(과수원)를 취득하면서 그 지상에 있는 과수목을 구분하지 아니하고 일괄 취득하는 경우라면 과수목에 대한 취득세 납세의무가 별도로 발생되지 아니한다(세정-3600, 2007.09.04).

〈사례〉 조경용 입목

입목(지상의 과수·임목과 죽목)의 취득에 있어서는 「민법」 등 관계법령의 규정에 의한 등기·등록 등을 이행하지 아니한 경우라도 사실상으로 취득한 때에는 각각 취득한 것으로 보고 당해 취득물건의 소유자 또는 양수인을 각각 취득자로 한다고 규정하고 있다. 취득세의 과세대상이 되는 입목 중 '지상의 임목'이라 함은 일정한 장소에 집단적으로 생립하고 있는 수목의 집단을 말하는 것으로서, 조경용에 사용하기 위하여 취득하는 수목이라 하더라도 일정한 장소에 집단적으로 생립하고 있는 경우는 이식을 전제로 일시적으로 가식중인 묘목과는 달리 취득세의 과세대상이 되는 지상의 임목에 해당한다 할 것이므로 계획적인 조림에 의하여 재목으로 사용이 가능한 산림목만이 취득세 과세대상이 되는 것이 아님은 물론, 산발적으로 자생하고 있는 수목이라 하여 임목이 아니라 할 수는 없다(지방세심사2000-11, 2000.01.26).

그러나 취득세 과세대상인 '입목'이란 지상에 집단적으로 생립하고 있는 것을 말하는 바, 판매목적으로 성목 및 묘목을 이식하여 잠정적으로 관리하고 있는 경우는 제외된다(세정13407-610, 2000.05.12).

〈사례〉 가로수와 조경수

리조트 진입에 이용되는 사도(私道)의 중앙부분에 일렬로 식재되어 있어 사실상 가로수역할을 하는 경우라면 집단성이 있다고 보기는 어려우므로 취득세 과세대상인 입목에 해당되지 않는다고 판단되며, 특정지역에 산발적으로 식재되어 있더라도 집단성이 인정될 수 있는 바(행정자치부 심사결정 제2005-262, 2005.08.29 참조), 리조트 내 건물과 도로 주변에 산발적으로 식재되어 있는 경우에는 특정영역 내에서 집단생육하고 있는 것으로 볼 수 있으므로 취득세 과세대상인 입목에 해당된다(감심2011-177, 2011.10.20 참조)(지방세운영-1623, 2012.05.24).

〈사례〉 지상 입목 매수 후 벌채 판매

지상의 입목을 매수한 후에 매도자인 산주명의로 벌채허가를 받아 벌채한 경우, 동 입목의 매매시점의 매수자는 취득세가 과세된다(세정1268-6062, 1984.05.09). 지상의 입목소유자가 직접 벌채허가를 받아 원목을 생산하였다면 「지방세법」 제6조 제11호의 규정에 의한 입목취득에 해당하지 아니하며 취득세 납세의무가 없다. 다만, 지상의 입목을 매수한 후에 편의상 매도자인 산주명의로 벌채허가를 받아 벌채를 하였다면 동 입목의 매매시점의 매수자는 취득세 납세의무가 있다.

〈사례〉 조경공사업 법인이 조경공사에 사용목적으로 입목 취득

일정한 장소에 집단적으로 생립하고 있는 수목의 집단을 조경공사업 법인이 조경공사에 사용목적으로 취득한 바, 취득세 과세대상인 '지상의 임목'에 해당한다(지방세심사 2000-10, 2000.01.26).

청구인은 토목건축공사업 및 조경공사업 등을 목적사업으로 하는 법인으로서 이 건 토지지상에 집단적으로 생립하고 있는 수목을 현물출자방식에 의거 청구인의 대표이사 개인으로부터 취득한 후 같은 날 감정평가사무소의 감정평가를 거쳐 토지와 수목을 구분하여 향나무 외 42종의 수목이 이 건 토지상에 식재되었음을 공증하였다. 청구인은 조경공사용에 수시로 사용되는 이 건 임목의 가액이 법인장부에 등재되어 있다는 이유만으로 취득세 과세대상으로 보아 취득세를 부과 고지한 처분은 부당하다고 주장하나, 취득세의 과세대상이 되는 입목 중 '지상의 임목'이라 함은 일정한 장소에 집단적으로 생립하고 있는 수목의 집단을 말하는 것으로서, 조경용에 사용하기 위하여 취득하는 수목이라 하더라도 일정한 장소에 집단적으로 생립하고 있는 경우는 이식을 전제로 일시적으로 가식중인 묘목과는 달리 취득세의 과세대상이 되는 지상의 임목에 해당한다 할 것이므로 계획적인 조림에 의하여 재목으로 사용이 가능한 산림목만이 취득세 과세대상이 되는 것이 아님은 물론, 산발적으로 자생하고 있는 수목이라 하여 임목이 아니라 할 수는 없으므로 취득세 과세대상에 해당한다고 보아야 할 것이다.

〈사례〉 조경공사업상 이식을 전제로 취득

조경공사업상 이식을 전제로 취득했어도 나무들이 밀집된 하나의 숲으로서 산림녹화사업의 연차적 조림계획에 의해 조림되었으므로 묘목이 아닌 임목으로서 취득세 과세된다(내심96-129, 1996.04.25). 청구법인은 주택건설업 및 조경공사업 등을 목적사업으로 하는 법인으로서 조경공사업에 사용하기 위해 이 건 토지와 이 건 토지상에 식재된 관상수 묘목을 매입한 바, 관상수 묘목은 조경공사업을 영위하기 위한 원재료로서 완제품의 중간재와 같은 개념이고, 비록 지상에 집단적으로 생립하고 있다 하더라도 이식을 전제로 한 묘목이므로 「지방세법」 제6조에서 규정하고 있는 입목에 해당되지 아니하여 취득세 과세대상이 아닌데도 이 건 취득세 등을 부과고지한 처분은 부당하다고 주장하면서 그 처분의 취소를 구하였다.

청구법인의 경우 처분청의 조림내역 통보 공문(산림13400-23, 1996.01.05) 및 조림대장에 의하면 청구법인이 1995년 6월 20일 이 건 토지를 취득하기 훨씬 전인 1986년도부터 1992년도까지 이 건 토지상에 산림녹화사업의 일환으로 연차적 조림계획에 의거 잣나무 18,000주, 느티나무 2,700주를 조림하였음이 확인되므로 이 건 토지상의 입목이 묘목이 아니라는 사실을 알 수 있으며, 1995년 12월 11일 처분청 세무담당공무원의 현지출장복명서에 의하면 이건 토지의 대부분이 조림지역으로서 잣나무, 느티나무, 선향나무, 독일가문비나무 등이 집단적으로 생육하고 있으나, 70내지 80%가 잣나무로 이루어져 있음이 확인되는 바, 매수한 나무들이 동일 지상에 식재되어 있던 전체 나무의 70내지 80%에 해당되어 그 자체가 밀집된 하나의 숲을 이루고 있다면 이는 「지방세법」 제6조 제11호 소정의 입목에 해당된다(대법82누515, 1983.10.11)고 할 것이다.

〈사례〉 관상수

소규모 주택건설 사업을 영위하는 자가 공동주택(아파트)를 신축하면서 조경공사를 위하여 관상수(소나무, 은행나무 등)를 구입한 경우 취득세 과세대상인지의 여부를 보면, 지상에 식재되어 그 자체가 밀접된 숲을 이루는 지상의 임목을 취득하는 경우에는 취득세 과세대상이 되나, 관상수 등을 소량으로 취득하는 경우 지상의 임목을 취득한 것으로 볼 수 없다(도세22670-1006, 1992.12.31). 다만, 건물신축과 관련하여 그 조경공사비가 건물 신축비에 소요되는 제비용으로서 건물가격에 포함되는 경우라면 취득세 과세표준에 포함된다.

〈사례〉 이식을 전제로 취득하는 경우

청구인이 거래로 토지소유주로부터 취득한 입목의 경우 수목매매계약서상 특정 부지 내의 수목(소나무)에 한정하여 토지와 분리하여 매매하는 것으로 되어 있으므로 처분청이 청구인에 동 수목의 취득을 취득세 과세대상으로 보아 취득세 등을 부과고지한 처분에 잘못이 없는 것으로 판단된다.

취득세 과세대상이 되는 입목 중 '지상의 입목'이라 함은 일정한 장소에 집단적으로 생립하고 있는 수목의 집단을 말하는 것으로서, 이식을 전제로 일시적으로 가식 중인 묘목은 취득세 과세대상으로 볼 수 없다 할 것이다. 그런데, 청구인이 취득한 수목(소나무)은 이식을 전제로 일시적으로 가식 중인 묘목에 해당하지 아니하고, 이식, 벌개, 제근 등 입목 매수인의 주관적인 취득목적에 따라 취득세 과세대상 여부를 판단할 수는 없는 것이어서, 청구인의 주장은 받아들이기 어렵다(조심2013지540, 2013.12.17).

〈사례〉 입목취득(명인방법)

청구법인은 쟁점입목에 대한 소유권 등기나 명인방법에 의해 공시되지 아니하여 쟁점 입목에 대한 실질적 소유권이 있는 재산이 아니고 목재칩 생산을 위한 수간(줄기)부분 만을 매입한 것이므로 취득세 과세대상으로 볼 수 없다고 주장하고 있는 바, 「지방세법」 제6조 제11호에서 입목이란 지상의 과수, 임목과 죽목(竹木)을 말한다고 하면서 제7조 제2항에서 입목의 취득은 「입목에 관한 법률」에 따른 등기를 하지 아니한 경우라도 사실상 취득하면 각각 취득한 것으로 보고 해당 취득물건의 소유자 또는 양수인을 각각 취득자로 한다고 규정하고 있고, 같은 법 시행령 제20조 규정은 유상승계취득의 경우 잔금지급일을 취득시기로 보도록 규정하고 있으며, 「지방세법」에서는 입목의 종류만 나열하고 있을 뿐 그 개별적인 정의에 대해서는 구체적으로 규정하고 있지 않으므로 이에 대해서는 일반법인 「민법」상의 개념에 따라야 할 것인데, 이에 의하면 토지와 독립하여 입목으로서 별개의 소유권이 성립하기 위해서는 「입목에 관한 법률」등에 따른 등기 또는 명인방법이라는 공시방법을 갖출 것을 요구하고 있다(대법원 1976.11.24 선고, 76마275판결; 대법원 1999.09.03 선고, 97누2245 판결; 대법원 2007.09.04 선고, 2002두10650 판결; 조심2009지693, 2010.07.13; 조심2013지67, 2013.04.24 참조).

이 건의 경우, 2012년 11월 14일 청구법인과 A모 관리소장 사이에 체결된 국유임산물 매각계약서 제9조에 '골라 베기 및 솎아베기작업에 있어서는 가슴높이부분에 적색페인트를 표시한 입목을 매각임산물로 한다'라고 명시되어 있어서 이를 명인방법에 의한 공시로 볼 수 있고, 쟁점입목에 대하여 「입목에 관한 법률」에 따른 등기 등 소유권 취득의 형식을 갖추지는 못하였으나 대금지급과 같은 소유권 취득의 실질적 요건을 갖춘 사실상의 취득행위가 있었다 할 것이므로 청구법인은 쟁점입목 대금지급일(2011.11.29)에 쟁점입목을 취득한 것으로 보이는 점, 쟁점입목 대금지급일 현재 쟁점입목은 토지에 부착되어 집단적으로 생육하면서 토지와 구분되어 별개의 거래대상이 되는 수목으로서 청구법인이 국유림관리소장으로부터 지상에 식재된 쟁점입목을 매매 취득하여 이를 벌채한 점, 청구법인이 쟁점입목을 취득한 목적이나 용도는 취득세 과세대상 여부와는 무관하다 할 것인 점 등을 종합하여 볼 때, 쟁점입목은 「지방세법」 제7조 제2항 규정에 따른 취득세 과세대상으로서의 '입목'에 해당된다 할 것이다(조심2013지1040, 2014.02.17).

Ⅰ. 산업재산권

1. 광업권

취득세 과세대상 광업권이란 「광업법」에 따른 광업권을 말한다. 「광업법」상의 광업권이란 탐사권과 채굴권을 말한다. 탐사권이란 등록한 일정한 토지의 구역(광구)에서 등록을 한 광물과 이와 같은 광상(鑛床)에 묻혀 있는 다른 광물을 탐사할 수 있는 권리를 말한다. 채굴권이란 광구에서 등록을 한 광물과 이와 같은 광상에 묻혀 있는 다른 광물을 채굴하고 취득할 수 있는 권리를 말한다. 한편, 「광업법」 제3조 제4호의 규정에 의한 조광권은 「광업법」상 광업권과 별도로 규정하고 있으므로 광업권에 해당하지 아니한다. '조광권(租鑛權)'이란 설정행위에 의하여 타인의 광구에서 채굴권의 목적이 되어 있는 광물을 채굴하고 취득하는 권리를 말한다.

〈사례〉 영업권으로 계상한 광업권 취득비용

「지방세법」상 취득세 과세표준이 되는 취득가격은 과세대상물건의 취득시기를 기준으로 그 이전에 당해 물건을 취득하기 위하여 거래상대방 또는 제3자에게 지급하였거나 지급하여야 할 일체의 비용을 의미한다. 석회석광산의 전소유자 및 광산개발의 어려운 점 등을 알고 있는 자들에게 기득권(영업권) 포기 및 기타 문제합의 등의 명목으로 합의하여 지출한 합의금 등이 「광업법」에 따른 광업권을 취득하기 위하여 지출한 비용에 해당되는 경우에는 영업권으로 계상하였다 하더라도 취득세의 과세표준에 해당한다(행자부 2000.05.03 회신, 세정13407-587).

2. 어업권

취득세 과세대상 어업권이란 「수산업법」 또는 「내수면어업법」에 따른 어업권을 말한다. 「수산업법」상 어업권이란 면허를 받아 어업을 경영할 수 있는 권리를 말한다.

(1) 수산업법상 어업권

「수산업법」 제2조 제9호에서는 "어업권이란 제8조에 따라 면허를 받아 어업을 경영할 수 있는 권리를 말한다"라고 규정하고, 제8조에서 "다음 중 어느 하나에 해당하는 어업을 하려는 자는 시장·군수·구청장의 면허를 받아야 한다. 다만, 외해양식어업을 하려는 자는 농림수산식품부장관의 면허를 받아야 한다"고 규정하고 있다.

① 정치망어업(定置網漁業): 일정한 수면을 구획하여 대통령령으로 정하는 어구(漁具)를 일정한 장소에 설치하여 수산 동물을 포획하는 어업.

② 해조류양식어업(海藻類養殖漁業): 일정한 수면을 구획하여 그 수면의 바닥을 이용하거나 수중에 필요한 시설을 설치하여 해조류를 양식하는 어업.

③ 패류양식어업(貝類養殖漁業): 일정한 수면을 구획하여 그 수면의 바닥을 이용하거나 수중에 필요한 시설을 설치하여 패류를 양식하는 어업.

④ 어류등양식어업(魚類等養殖漁業): 일정한 수면을 구획하여 그 수면의 바닥을 이용하거나 수중에 필요한 시설을 설치하거나 그 밖의 방법으로 패류 외의 수산 동물을 양식하는 어업.

⑤ 복합양식어업(複合養殖漁業): 서로 다른 양식어업 대상품종을 2종 이상 복합적으로 양식하는 어업.

⑥ 마을어업: 일정한 지역에 거주하는 어업인이 해안에 연접한 일정한 수심(水深) 이내의 수면을 구획하여 패류·해조류 또는 정착성(定着性) 수산 동물을 관리·조성하여 포획·채취하는 어업.

⑦ 협동양식어업(協同養殖漁業): 마을어업의 어장 수심의 한계를 초과한 일정한 수심 범위의 수면을 구획하여 일정한 지역에 거주하는 어업인이 협동하여 양식하는 어업.

⑧ 외해양식어업: 외해의 일정한 수면을 구획하여 수중 또는 표층에 필요한 시설을 설치하거나 그 밖의 방법으로 수산동식물을 양식하는 어업.

(2) 내수면어업법상의 어업권

「내수면어업법」 제7조 제1항에서는 "제6조에 따라 어업의 면허를 받은 자는 「수산업법」 제17조 제1항에 따른 어업권원부(漁業權原簿)에 등록함으로써 어업권을 취득한다"고 규정하고, 동법 제6조 제1항에서 "내수면에서 다음 각 호의 어느 하나에 해당하는 어업을 하려는 자는 대통령령으로 정하는 바에 따라 특별자치도지사·시장·군수·구청장의 면허를 받아야 한다"고 하고 있다. 여기서 '내수면'이란 하천, 댐, 호수, 늪, 저수지와 그 밖에 인공적으로 조성된 담수(淡水)나 기수(바닷물과 민물이 섞인 물)의 물흐름 또는 수면을 말하고, '내수면어업'이란 내수면에서 수산동식물을 포획·채취하거나 양식하는 사업을 말한다.

① 양식어업(養殖漁業): 일정한 수면을 구획하여 그 어업에 필요한 시설을 설치하거나 그 밖의 방법으로 수산동식물을 양식하는 어업.
② 정치망어업(定置網漁業): 일정한 수면을 구획하여 어구(漁具)를 한 곳에 쳐놓고 수산 동물을 포획하는 어업.
③ 공동어업: 지역주민의 공동이익을 증진하기 위하여 일정한 수면을 전용(專用)하여 수산자원을 조성·관리하여 수산동식물을 포획·채취하는 어업.

Ⅱ. 시설이용회원권

시설이용회원권은 특정 시설물을 배타적으로 이용하거나 일반이용자보다 유리한 조건으로 이용할 수 있는 권리로 대부분 일정 기간이 지나면 회원의 요구 등에 의하여 입회금 등을 반환하도록 되어 있다. 회원권의 이러한 성질에도 불구하고 이를 「지방세법」에서 취득세 과세대상자산으로 규정한 것은 취득의 개념을 완전한 소유권의 취득에 관계없이 소유권이전형식에 의한 형태를 취하면 모두 취득에 해당하는 것(대법95누7970 판결)으로 보아 민법상 소유권 중 처분권을 유보한 채 사용·수익권의 이전형태에 포착하여 특별히 과세한다는 취지이다.

취득세의 과세대상 시설이용권은 골프회원권, 승마회원권, 콘도미니엄 회원권, 종합체육시설 이용회원권 또는 요트회원권을 말한다.

1. 골프회원권

(1) 과세대상 골프회원권
취득세 과세대상 골프회원권이란 「체육시설의 설치·이용에 관한 법률」에 따른 회원제 골프장의 회원으로서 골프장을 이용할 수 있는 권리를 말한다. 「체육시설의 설치·이용에 관한 법률」 제4조 제4호에서 '회원'이란 체육시설업의 시설을 일반이용자보다 우선적으로 이용하거나 유리한 조건으로 이용하기로 체육시설업자(제12조에 따른 사업계획 승인을 받은 자를 포함)와 약정한 자를 말한다.

(2) 개보수공사비 분담
「체육시설의 설치·이용에 관한 법률 시행령」에서 골프장의 회원으로 가입하는 자가 회원자격을 부여받는 대가로 회원을 모집하는 자에게 지불하는 일체의 금액을 입회금액으로 정의하고 있다. 골프장의 회원으로 가입하는 자가 회원자격을 부여받는 대가로 입회금액 등을 지불하는 것은 골프회원권의 취득에 해당하므로 취득세의 과세대상이 되지만, 골프회원권을 취득한 자가 골프장의 개보수공사에 소요되는 비용 등을 추가로 분담하는 것은 그로 인하여 골프장 이용료 등이 일부 조정되었다 하더라도 새로운 골프회원권을 취득하였다고 볼 만한 특별한 사정이 없는 이상 취득세의 과세대상이 될 수 없다.

(3) 계약기간 연장
골프회원권(회원제)을 사용하다가 그 계약기간의 만료로 인하여 계약기간을 다시 연장하는 경우에는 회원권을 새로 취득하는 것과 다를 바 없으므로 취득세 납세의무가 발생한다. 그 계약기간을 다시 연장하면서 입회금을 추가로 지급하는 경우 그 추가입회금액을 포함한 전체 회원권금액이 취득세의 과세표준이 된다.

(4) 주주회원권

주주회원제 형태로 운영되는 골프장에서 그 주식을 양수하여야 골프장의 주주회원이 될 수 있고, 주주회원제 골프장의 운영을 위하여 주주인 회원들이 주주분담금을 납부하여야 주주회원제 회원권을 취득할 수 있도록 하는 경우 주주출자금과 주주분담금은 골프장시설을 배타적으로 사용할 수 있는 권리를 취득하기 위하여 지출되는 비용이므로 골프회원권 취득에 따른 취득가격에 포함된다.

(5) 연회원제

연회원제 골프회원권이라 하더라도 특정시설물을 배타적으로 이용하거나 유리하게 이용할 수 있는 시설물이용권이므로, 이에 지급한 입회보증금은 골프회원권 취득가액에 포함되어 취득세 과세대상이 된다(세정-4405, 2004.12.04). 또한 주중에만 이용할 수 있는 주중 연회원권도 취득세 과세대상에 포함된다.

〈사례〉 주식출자금과 주주분담금

취득세의 과세표준이 되는 취득가격은 과세대상 물건의 취득시기를 기준으로 그 이전에 당해물건을 취득하기 위하여 거래상대방 또는 제3자에게 지급하였거나 지급하여야 할 일체의 비용[소개수수료, 설계비, 연체료, 할부이자 및 건설자금에 충당한 금액의 이자 등 취득에 소요된 직접·간접비용(부가가치세를 제외)을 포함하되, 법인이 아닌 자가 취득하는 경우에는 연체료 및 할부이자를 제외]을 말한다고 규정하고 있다.

주주회원제 형태로 운영되는 골프장에서 그 주식을 양수하여야 골프장의 주주회원이 될 수 있고, 주주회원제 골프장의 운영을 위하여 주주인 회원들이 주주분담금을 납부하여야 주주회원제 회원권을 취득할 수 있다. 그렇다면 주주출자금과 주주분담금은 골프장시설을 배타적으로 사용할 수 있는 권리를 취득하기 위하여 지출되는 비용이므로 골프회원권 취득에 따른 취득가격에 포함되는 것이 타당하다(지방세운영-2586,

2008.12.18).

〈사례〉 입회기간만료와 갱신

골프회원권의 존속기한을 정한 회원이 회원자격의 존속기한이 만료된 후 회원권 회사와 회원권이용자는 새로이 정한 약정에 따라 종전의 회원의 자격, 회원의 조건, 회원에 대한 대우 등에 대하여 일체의 변경 없이 입회금을 변경하기로 약정을 하고 회원권이용자는 최초 입회금을 반환받지 않고 재계약에 따른 입회금으로 대체하고 그 차액만 반환받거나 차액을 지급하더라도 기존의 골프회원권은 입회기간의 만료로 권리가 소멸하고 재계약 및 기간 갱신 등으로 시설물을 배타적으로 사용할 수 있는 권리를 새로이 얻게 되는 것이므로 골프회원권의 새로운 취득에 해당된다.

〈사례〉 골프회원권 취득 후의 분담금

취득세의 과세표준이 되는 취득가격은 과세대상 물건의 취득시기를 기준으로 그 이전에 당해 물건을 취득하기 위하여 거래상대방 또는 제3자에게 지급하였거나 지급하여야 할 일체의 비용을 말한다. 골프회원권을 취득한 자가 골프장의 개보수공사에 소요되는 비용 등을 추가로 분담하는 것은 그로 인하여 골프장 이용료 등이 일부 조정되었다 하더라도 새로운 골프회원권을 취득하였다고 볼 만한 특별한 사정이 없는 이상 취득세의 과세대상이 될 수 없다(대법2007두20195, 2010.02.25).

〈사례〉 명의개서

골프회원권을 취득하고 잔금을 지급한 상태에서 명의개서를 득하지 못한 회원권도 골프회원권에 해당된다(지방세운영-2457, 2008.12.10).

취득세 과세대상이 되는 골프회원권은 「체육시설의 설치·이용에 관한 법률」의 규정에 따라 등록한 골프장에 관하여 당해 체육시설업자와의 약정에 의하여 가지게 되는 회원으로서의 지위를 취득하는 것을 의미하는 것이므로(대법2008두12207, 2008.09.01) 「체육시설의 설치·이용에 관한 법률」의 규정에 의한 회원제 골프장의 회원으로서 골프장을 이용할 수 있는 권리를 취득하고 그 대금지급을 완료하였다면 「지방세법」상 취득세 과세대상이 되는 골프회원권을 취득한 것이다. 따라서 명의개서를 득하지 못하여 회원명부에 등재되지 못하였다 하더라도 취득세 납세의무가 성립된다.

〈사례〉 입회기간만료에 의한 갱신

기존 골프회원권의 입회기간이 만료되어 다시 그 기간을 갱신할 때 납부하는 입회금은 취득세 과세대상이다(지방세심사2006-1048, 2006.11.27).

「체육시설의 설치·이용에 관한 법률」에서는 회원을 모집할 때 관할관청에게 회원모집계획서의 승인을 얻도록 하고 있다. 그 사업계획의 승인을 얻은 자는 회원자격 및 입회금액 등에 있어서 회원의 권익보호를 위하여 준수사항을 규정하고 있는데, 위 규정에서 입회계약기간이 종료되어 그 입회기간을 연장하는 경우는 입회기간 중에 골프장 이용 특혜조건으로 시설투자예치금·주주전환 등 제반 명목으로 추가입회금을 제공하는 경우와 달리 이는 통상적으로 당초 입회금을 반환한 후 새로이 정한 약관내용을 수용한 다음 그 약관상의 입회금을 납부함으로서 그 기간을 연장하는 절차를 가지고 있다. 특히, 행정자치부 유권해석에서 골프회원권(회원제)을 사용하다가 그 계약기간의 만료로 인하여 계약기간을 다시 연장하는 경우에는 회원권을 새로이 취득하는 것과 다를 바 없으므로 취득세 납세의무가 발생하는 것이고, 그 계약기간을 다시 연장하면서 입회금을 추가로 지급하는 경우 취득세의 과세표준은 그 추가입회금액을 포함한 전체 회원권금액이 되는 것(세정13407-16, 2003.01.07; 세정13407-1074, 2002.11.09 등)이므로, 이 경우는 「체육시설의 설치·이용에 관한 법률」 등에 비추어 그 기간연장에 따른 재계약절차 및 신규회원권 발급여부 등과 관련 없이 실질적으로 새로운 회원권을 취득하는 것으로 봄이 타당하다.

〈사례〉 기존회원의 골프장인수

골프장이 경매절차가 개시되자 기존회원들이 공동으로 주식출자금과 대여금을 출자하여 회사를 설립한 후 골프장을 경락받은 경우 이는 골프회원권의 취득가액에 해당한다(지방세심사2006-1049, 2006.11.27).

〈사례〉 시설개보수를 위한 장기차입금납부

기존 골프회원권을 소유한 자가 시설개보수를 위하여 장기차입금을 납부하고 우대회원으로 전환되는 경우 취득세 과세대상이며 당해 차입금을 상환 받을 때 취득세를 환부하는 것은 아니다(지방세심사2006-196, 2006.05.29).

기존골프장의 시설개선 및 증설을 위한 투자비용을 '시설투자예치금'의 형식으로 기존회원에게 부담하도록 하면서 동 예치금을 납부한 회원에 대해서는 기존회원(정회원)과 구별하여 우대회원으로 대우하는 경우, 그 대우가 기존골프회원권의 배타적 이용 및 수익권을 계속 유지하면서 골프장 이용시 예약우선 등 편의를 추가로 증진하였다면 동 '시설투자예치금'을 추가입회금으로 보아 그 추가납부금액에 대하여 취득세를 과세한다(행정자치부 유권해석 세정과-2311, 2004.08.03). 이것에 비추어 차입금을 골프장법인이 법인장부상 장기차입금계정에 계상되었고, 이자와 함께 원금이 상환되는 차입증서라는 점에서 기존 회원권과 별개로 독립된 특정의 대여금이라고 하는 것은 무리가 있기에 차입금을 통하여 우대회원으로 전환된 이상 취득세 과세대상에 포함된다.

〈사례〉 선불카드

문화체육관광부장관은 회원제골프장에서 발행한 선불카드가 회원권에 해당하는지에 대한 행정자치부장관의 질의에 대하여 해당 선불카드에 일반이용자보다 '우선적으로 이용'할 수 있거나 '유리한 조건'으로 이용할 수 있도록 혜택을 부여하고 있는지를 종합적으로 고려하여 판단하여야 한다고 표명했다. 이 건의 골프장에서 발행한 선불카드는 종류에 따라 XX원을 선불로 납부하도록 하면서 주요혜택으로 '주중 2회에서 주말 월 2회'까지의 부킹을 보장하고 있다. 이러한 주중·주말 부킹을 보장하는 것이 해당 시설을 이용하는 일반이용자보다 '우선적으로 이용' 또는 '유리한 조건'으로 이용할 수 있는 혜택에 해당한다면 비록 명목상 선불카드 하더라도 그 내용에 있어서는 회원권과 유사하다고 볼 수 있으며, 이렇게 유사·편법으로 회원을 모집한 경우에는 「체육시설의 설치·이용에 관한 법률」 제30조에 따라 시정명령의 대상이 될 수 있다고 회신하였다(2012.07.24).

쟁점물건의 소유자는 비회원과 비교해 그린피의 3분의 1이상 저렴하게 이 골프장을 이용할 수 있고, 부킹횟수 등이 보장되며, 지정 숙박시설 이용료가 할인되는 사실이 나타나므로, 쟁점물건의 소유자는 이 건 골프장을 일반이용자보다 우선적으로 이용하거나 유리한 조건으로 이용할 수 있는 것으로 보인다. 또한 취득 후 1년 이후 양도가 가능하여 재산권의 성격을 가지고 있는 점에 비추어 볼 때, 쟁점물건은 취득세 과세대상인 골프회원권으로 보는 것이 타당하다. 이에 청구법인에게 이 건 취득세 등을 부과고지한 처분은 잘못이 없다고 판단된다(조심2014지412, 2014.06.30).

〈사례〉 차입증서

기존 골프회원권을 보유한 자가 차입금상환 등을 위하여 발행한 수익증권(차입증서)을 취득하고 특별회원으로 전환된 경우 그 수익증권은 추가 입회금으로 보아 취득세 등이 부과된다(지방세심사2006-101, 2006.03.27).

〈사례〉 시설투자예치금

기존 골프장의 시설개선 및 증설을 위한 투자비용을 '시설투자예치금' 형식으로 기존 회원에게 부담하도록 하면서 동 예치금을 납부한 회원에 대해서는 기존 회원(정회원)과 구별하여 우대회원으로 대우하는 경우 동 시설투자예치금을 추가 입회금으로 보아 취득세 과세한다(세정-2311, 2004.08.03).

〈사례〉 연회원권

골프회원권중 연회원권도 취득세 과세대상이며, 계약기간 만료로 인해 계약기간을 다시 연장하면서 입회금을 추가하는 경우, 새로운 취득으로 보아 입회금을 포함한 전체 금액이 취득세 과세표준이 된다(세정13407-1074, 2002.11.09).

〈사례〉 회원권 분양회사의 소각목적의 회원권 매입

주주제 골프회원권 발행법인이 주식 및 회원권 소각방법에 따라 자본감소절차의 일환으로 상법의 자본감소규정에 따른 적법한 절차를 밟아 일정량의 주식 및 골프회원권을 취득하여 그 회원권을 유상 소각하였다면, 이는 골프회원권을 이용하기 위한 취득이라고 볼 수 없어 취득세 과세대상이라 할 수 없다(세정-2132, 2004.07.19).

〈사례〉 동종의 골프회원권 2구좌를 1구좌로 변경

　동종의 회원권 2구좌를 1구좌로 변경시킴으로써 변경된 1구좌가 당초 2구좌의 계약기간과 회원권에 대한 금액 및 권리에 변동이 있는 경우라면 새로운 회원권의 취득으로 봄이 타당하다(행자부 2001.10.24 회신, 세정13407-463).

2. 승마회원권

　취득세 과세대상 승마회원권이란 「체육시설의 설치·이용에 관한 법률」에 따른 회원제 승마장의 회원으로서 승마장을 이용할 수 있는 권리를 말한다. 따라서 회원제 승마장의 권리가 아닌 경우는 취득세 과세대상이 되지 않는다.

3. 콘도미니엄회원권

　취득세 과세대상 콘도미니엄회원권이란 「관광진흥법」에 따른 콘도미니엄과 이와 유사한 휴양시설로서 대통령령으로 정하는 시설을 이용할 수 있는 권리를 말한다. '대통령령으로 정하는 시설'이란 「관광진흥법 시행령」 제23조 제1항에 따라 휴양·피서·위락·관광 등의 용도로 사용되는 것으로서 회원제로 운영하는 시설을 말한다. 「관광진흥법 시행령」 제23조 제1항에서는 다음과 같은 사업을 규정하고 있다.

　① 휴양 콘도미니엄업 및 호텔업.
　② 관광객 이용시설업 중 제2종 종합휴양업.

〈사례〉 리콜제 콘도미니엄회원권

　콘도미니엄을 이용할 수 있는 권리를 취득함에 있어 입회계약서상 계약금, 중도금, 잔금 순으로 2년 이상에 걸쳐 입회금이 지급되도록 연부취득형식의 계약을 하고 계약금만 납부한 상태에서 그 계약자가 당해 콘도미니엄을 입회계약서상의 시설의 관리 및 이용, 회원권의 양도 등을 아무런 제한 없이 10년 간 사용하다 계약금을 되돌려 받거나 잔금을 지급하는 리콜제 콘도미니엄회원권을 취득한 경우라면, 비록 중도금이나 잔금을 지급하지 않아도 회원권의 본질인 특정시설물의 배타적 이용·수익권을 취득하지 않았다 볼 수 없으므로 당해 콘도미니엄회원 계약시를 연부취득으로 보아 그 계약금을 과세표준으로 하여 취득세를 부과하여야 한다(행자부 2001.09.15 회신, 세정13430-337).

〈사례〉 콘도미니엄회사의 회원권 재취득

콘도미니엄 운영회사가 콘도미니엄 건축물을 콘도미니엄 이외의 목적으로 사용하고자 콘도미니엄회원권의 만기일 전에 소각목적으로 회원권 계약을 파기하고 회수하는 경우라면 이는 재취득으로 볼 수 없다(행자부 1996.04.24 회신, 세정13407-462).

〈사례〉 스포츠레저시설과 숙박시설의 동시 이용권

스포츠레저시설과 숙박시설을 동시에 이용할 수 있는 할인권을 취득한 경우에는 스포츠레저시설부분과 일반호텔부분은 취득세 과세대상이 아니나, 콘도미니엄과 유사한 숙박시설은 취득세 과세대상이 된다. 그러므로 할인권가액 중 콘도미니엄과 유사한 숙박시설이 차지하는 가액만을 과세표준으로 하여 취득세를 과세한다(내무부 도세 22670-4853, 1991.12.07).

〈사례〉 콘도미니엄의 별장해당여부

회원권 또는 지분권 소유형태의 콘도미니엄으로서 해당 회원권 또는 지분권자에게 허용된 연중 사용일수 이외에는 일반인의 숙박시설로 사용되는 경우에는 콘도미니엄 회원권으로서 별장으로 볼 수 없으나, 특정 콘도미니엄에 대한 소유권을 전용으로 소유하고 있으면서 「관광진흥법」상의 제규정을 위반하여 타인은 일체 사용할 수 없고 소유권자만이 독자적·배타적으로 이용하면서 상시 주거용이 아닌 휴양·피서·위락 등의 용도로만 사용되는 경우에는 「관광진흥법」상 관광숙박시설로 볼 수 없으므로 별장으로 보아야 한다(내무부 도세 22670-5128, 1991.12.27).

<사례> 콘도미니엄 회원 재계약

콘도미니엄회원권을 사용하다가 계약기간 만료로 인하여 재계약을 하는 경우에는 회원권의 새로운 취득으로서 취득세 납세의무가 있다. 이때의 취득세 과세표준은 재계약 금액이 되며, 취득 시기는 재계약일이 된다(내무부 도세 22670-674, 1992.09.13).

4. 종합체육시설이용회원권

취득세 과세대상 종합체육시설이용회원권이란 「체육시설의 설치·이용에 관한 법률」에 따른 회원제 종합 체육시설업에서 그 시설을 이용할 수 있는 회원의 권리를 말한다. 「체육시설의 설치·이용에 관한 법률 시행령」 제7조에서 체육시설업의 종류 중 종합체육시설업은 법 제10조 제1항 제2호의 규정에 의한 신고체육시설업의 시설 중 실내수영장을 포함한 2종 이상의 체육시설을 동일인이 한 장소에 설치하여 하나의 단위체육시설로 경영하는 업이라고 규정하고 있다.

종합체육시설이용회원권은 그 양도·양수 가능여부와는 관계없이 취득시의 보증금, 입회비, 첫 회 연회비에 대해 취득세가 부과된다. 또한 취득 후 사용할 수 없게 되고 보증금을 반환 받지 못하게 되었어도 취득당시를 기준으로 과세된다(지방세심사98-397, 1998.08.31).

<사례> 시설물 사용료

연회비가 회원의 자격과 지위를 취득하는데 소요된 비용이 아닌 시설물을 단순히 사용하는데 따라 지급하는 비용이라면 취득세 과세표준에서 제외된다(세정-3185, 2005.10.12). 회원권의 취득은 당해 시설물을 배타적으로 이용하거나 일반이용자에 비하여 유리한 조건으로 이용하는 권리를 취득하는 것인 바, 취득세의 과세표준은 당해 특정시설물을 배타적으로 사용할 수 있는 권리의 대가인 회원권의 가격이며, 연회비가 회원의 자격과 지위를 취득하는 데 소요된 비용이 아닌 시설물을 단순히 사용하는데 따른 상대방에게 지급하는 비용이라면 과세표준에서 제외되는 것이 타당하다.

<사례> 가입보증금

  가입보증금과 연회비를 납부하고 온천탕, 수영장, 실내골프연습장 등을 할인받아 이용할 수 있는 회원들로부터 지급받는 보증금은 취득세 과세대상에 해당된다(세정-2537, 2005.09.07).취득세 과세대상이 되는 회원권은 「체육시설의 설치·이용에 관한 법률」 규정에 의한 회원제 종합체육시설업에 있어 그 시설을 이용할 수 있는 회원으로 일반적 이용자에 비하여 유리한 조건으로 이용할 수 있도록 약정된 일원에게 부여되는 것이므로 보증금을 납부하고 위와 같이 해당시설을 이용한다면 취득세를 과세하는 것이 타당하다고 판단된다.

<사례> 회원권의 대체

  개인회원권을 소멸시키고 추가비용을 납부하여 부부회원권으로 대체한 경우 취득세 과세표준은 부부회원권 취득가격이며, 부부회원권을 개인회원권으로 대체하여 차액을 환불받았다 하더라도 새로운 종합체육시설이용권을 취득한 것이므로 개인회원권에 대하여 취득세 납세의무가 있다(행자부 1998.12.17 회신, 세정13407-아1154).

<사례> 호텔회원권에 포함된 종합체육시설이용권

  분양하는 호텔회원권에 호텔부대시설을 이용할 수 있는 회원제 종합체육시설이용권이 포함되어 있다면 호텔회원권과 함께 취득세를 과세하는 것이 타당하다(지방세운영-941, 2010.03.09).

  호텔업을 영위하는 A법인 B호텔의 회원을 모집하고 있고, 호텔의 회원으로서 이용할 수 있는 시설물은 호텔객실, 호텔부대시설(휘트니스, 골프연습장, 야외수영장, 테니스장, 사우나 등)이며 호텔부대시설은 체육시설의 설치 및 이용에 관한 법률에 의한 회원제 '종합체육시설업'으로 등록되어 있다. 「관광진흥법」상 호텔업을 영위하는 A법인이 호텔회원권 분양 시 시설물(종합체육시설) 이용에 대한 권리를 부여하는 조건으로 회원을 모집하고 있는 바, 호텔 회원권 취득자의 경우다.

  「지방세법」 제104조 제7의 3호에서 취득세 과세대상인 콘도미니엄회원권은 「관광진흥법」의 규정에 의한 콘도미니엄회원권과 이와 유사한 휴양시설로서 대통령령이 정하는 시설을 이용할 수 있는 권리다. 동법시행령 제75조의 3에서 콘도미니엄과 유사한 휴양시설의 범위를 「관광진흥법 시행령」 제23조 제1항에 따라 휴양·피서·위락·관광 등의 용도로 사용되는 것으로서 회원제로 운영하는 시설이라고 규정하고 있다. 동법 제104조의 7의 4에서 「체육시설의 설치·이용에 관한 법률」에 의한 회원제 종합체육시설업에 있어서 그 시설을 이용할 수 있는 회원의 권리임을 규정하고 있으므로, 귀문 회원권의 경우 「관광진흥법」에 따른 호텔업과 「체육시설의 설치·이용에 관한 법률」에 따른 종합체육시설업으로 운영되는 시설물을 이용할 수 있는 회원권을 취득하는 것이므로, A법인이 분양하는 호텔회원권에 호텔부대시설을 이용할 수 있는 회원제 종합체육시설이용권이 포함되어 있다면 호텔회원권과 함께 취득세를 과세하는 것이 타당하다고 판단된다.

5. 요트회원권

요트회원권이란 「체육시설의 설치·이용에 관한 법률」에 따른 회원제 요트장의 회원으로서 요트장을 이용할 수 있는 권리를 말한다. 요트회원권은 2014년 1월 1일 「지방세법」 개정 시 추가 되었다.

납세의무자

취득세의 납세의무자

Ⅰ. 개요

취득세는 부동산, 차량, 기계장비, 항공기, 선박, 입목, 광업권, 어업권, 골프회원권, 승마회원권, 콘도미니엄 회원권, 종합체육시설 이용회원권, 요트회원(이하 '부동산 등')을 취득한 자에게 부과한다.

취득세의 납세의무는 취득세 과세물건을 취득하는 때에 성립하고, 그 취득하는 자가 취득세의 납세의무자이다. 취득세에 있어 취득행위의 대상이 되는 물건은 「지방세법」에서 열거주의에 의하여 구체적으로 열거하고 있으므로 열거되지 아니한 것은 취득세의 과세대상물건이 되지 아니한다. 취득세의 과세대상자산은 제2장에서 살펴본 바와 같다.

> **관련법령**
>
> 지방세법 제7조(납세의무자 등)
>
> ① 취득세는 부동산, 차량, 기계장비, 항공기, 선박, 입목, 광업권, 어업권, 골프회원권, 승마회원권, 콘도미니엄 회원권, 종합체육시설 이용회원권 또는 요트회원권(이하 이 장에서 "부동산 등"이라 한다)을 취득한 자에게 부과한다.
>
> ② 부동산 등의 취득은 「민법」, 「자동차관리법」, 「건설기계관리법」, 「항공법」, 「선박법」, 「입목에 관한 법률」, 「광업법」 또는 「수산업법」 등 관계 법령에 따른 등기·등록 등을 하지 아니한 경우라도 사실상 취득하면 각각 취득한 것으로 보고 해당 취득물건의 소유자 또는 양수인을 각각 취득자로 한다. 다만, 차량, 기계장비, 항

공기 및 주문을 받아 건조하는 선박은 승계취득인 경우에만 해당한다.

③ 건축물 중 조작(造作) 설비, 그 밖의 부대설비에 속하는 부분으로서 그 주체구조부(主體構造部)와 하나가 되어 건축물로서의 효용가치를 이루고 있는 것에 대하여는 주체구조부 취득자 외의 자가 가설(加設)한 경우에도 주체구조부의 취득자가 함께 취득한 것으로 본다.

④ 선박, 차량과 기계장비의 종류를 변경하거나 토지의 지목을 사실상 변경함으로써 그 가액이 증가한 경우에는 취득으로 본다.

⑤ 법인의 주식 또는 지분을 취득함으로써 「지방세기본법」 제47조 제2호에 따른 과점주주(이하 "과점주주"라 한다)가 되었을 때에는 그 과점주주가 해당 법인의 부동산 등을 취득(법인설립 시에 발행하는 주식 또는 지분을 취득함으로써 과점주주가 된 경우에는 취득으로 보지 아니한다)한 것으로 본다. 이 경우 과점주주의 연대납세의무에 관하여는 「지방세기본법」 제44조를 준용한다.

⑥ 외국인 소유의 취득세 과세대상 물건(차량, 기계장비, 항공기 및 선박만 해당한다)을 직접 사용하거나 국내의 대여시설 이용자에게 대여하기 위하여 임차하여 수입하는 경우에는 수입하는 자가 취득한 것으로 본다.

⑦ 상속(피상속인이 상속인에게 한 유증 및 포괄유증과 신탁재산의 상속을 포함한다. 이하 이 장과 제3장에서 같다)으로 인하여 취득하는 경우에는 상속인 각자가 상속받는 취득물건(지분을 취득하는 경우에는 그 지분에 해당하는 취득물건을 말한다)을 취득한 것으로 본다. 이 경우 상속인의 납부의무에 관하여는 「지방세기본법」 제44조 제1항 및 제5항을 준용한다.

⑧ 「주택법」 제32조에 따른 주택조합과 「도시 및 주거환경정비법」 제16조 제2항에 따른 주택재건축조합(이하 이 장에서 "주택조합등"이라 한다)이 해당 조합원용으로 취득하는 조합주택용 부동산(공동주택과 부대시설·복리시설 및 그 부속토지를 말한다)은 그 조합원이 취득한 것으로 본다. 다만, 조합원에게 귀속되지 아니하는 부동산(이하 이 장에서 "비조합원용 부동산"이라 한다)은 제외한다.

⑨ 「여신전문금융업법」에 따른 시설대여업자가 건설기계나 차량의 시설대여를 하는 경우로서 같은 법 제33조 제1항에 따라 대여시설이용자의 명의로 등록하는 경우라도 그 건설기계나 차량은 시설대여업자가 취득한 것으로 본다.

⑩ 기계장비나 차량을 기계장비대여업체 또는 운수업체의 명의로 등록하는 경우라도 해당 기계장비나 차량의 구매계약서, 세금계산서, 차주대장(車主臺帳) 등에 비추어 기계장비나 차량의 취득대금을 지급한 자가 따로 있음이 입증되는 경우 그 기계장비나 차량은 취득대금을 지급한 자가 취득한 것으로 본다.

⑪ 배우자 또는 직계존비속의 부동산 등을 취득하는 경우에는 증여로 취득한 것으로 본다. 다만, 다음 각 호의 어느 하나에 해당하는 경우에는 유상으로 취득한 것으로 본다.

1. 공매(경매를 포함한다. 이하 같다)를 통하여 부동산 등을 취득한 경우

2. 파산선고로 인하여 처분되는 부동산 등을 취득한 경우

3. 권리의 이전이나 행사에 등기 또는 등록이 필요한 부동산 등을 서로 교환한 경우

4. 해당 부동산 등의 취득을 위하여 그 대가를 지급한 사실을 증명한 경우

⑫ 증여자의 채무를 인수하는 부담부(負擔附) 증여의 경우에는 그 채무액에 상당하는 부분은 부동산 등을 유상으로 취득하는 것으로 본다.

⑬ 상속개시 후 상속재산에 대하여 등기·등록·명의개서(名義改書) 등(이하 "등기 등"이라 한다)에 의하여 각 상속인의 상속분이 확정되어 등기등이 된 후, 그 상속재산에 대하여 공동상속인이 협의하여 재분할한 결과 특정 상속인이 당초 상속분을 초과하여 취득하게 되는 재산가액은 그 재분할에 의하여 상속분이 감소한 상속인으로부터 증여받아 취득한 것으로 본다. 다만, 다음 각 호의 어느 하나에 해당하는 경우에는 그러하지 아니하다.

1. 제20조에 따른 신고납부기한 내에 재분할에 의하여 취득한 경우

2. 상속회복청구의 소에 의한 법원의 확정판결에 의하여 상속인 및 상속재산에 변동이 있는 경우

3. 「민법」 제404조에 따른 채권자대위권의 행사에 의하여 공동상속인들의 법정 상속분대로 등기등이 된 상속재산을 상속인사이의 협의분할에 의하여 재분할하는 경우

Ⅱ. 취득의 종류

「지방세법」 제6조 제1호에서는 "취득이란 매매, 교환, 상속, 증여, 기부, 법인에 대한 현물출자, 건축, 개수(改修), 공유수면의 매립, 간척에 의한 토지의 조성 등과 그 밖에 이와 유사한 취득으로서 원시취득, 승계취득 또는 유상·무상의 모든 취득을 말한다"고 규정하고 있다.

취득은 과세대상물건의 전소유자가 있느냐의 여부에 따라 원시취득과 승계취득으로 구분할 수 있다. 또한 승계취득은 그 대가성의 여부에 따라 유상승계취득과 무상승계취득으로 구분할 수 있다. 「지방세법」에서는 이러한 원시취득과 유·무상승계취득은 물론 사회통념상으로는 취득은 아니지만 취득으로 의제하는 간주취득을 취득세 과세대상인 취득으로 규정하고 있다. 지방세법상의 취득의 유형을 분류하면 다음과 같다.

① 소유권이전(이미 존재하고 있는 물건의 소유권을 변동): 매매, 교환, 증여, 기부, 현물출자, 상속 등.
② 소유권의 창설(새로운 물건을 창조하여 소유): 건축, 공유수면매립, 간척, 제조, 출원. 다만, 차량, 기계장비, 항공기 및 주문을 받아 건조하는 선박은 원시취득에 대해서는 과세하지 아니하고 승계취득인 경우에만 취득에 해당한다.
③ 간주취득: 토지의 지목변경, 건축물의 개수, 차량·중기 등의 종류변경, 과점주주의 주식취득.

취득의 유형

구분	종류	내역
승계취득(소유권의 이전)	유상승계취득	매매, 교환, 현물출자
	무상승계취득	상속, 증여, 기부
원시취득(소유권의 창설)	토지	공유수면의 매립, 간척
	건축물	건축
	광업권, 어업권	출원
간주취득	토지	지목변경
	건축물	개수
	차량, 중기 등	종류변경
	과점주주	주식취득

Ⅲ. 취득의 성격

취득세는 취득세 과세물건을 취득하는 때에 그 납세의무가 성립하는 바, 과세물건의 취득이란 취득자가 실질적으로 완전한 내용의 소유권을 취득하는가의 여부에 관계없이 소유권이전의 형식에 의한 취득의 모든 경우를 포함한다(대법원 1988.04.25 선고, 88누 919 판결 참조).

취득세는 본래 재화의 이전이라는 사실자체를 포착하여 거기에 담세력을 인정하고 부과하는 유통세의 일종으로 취득자가 실질적으로 완전한 내용의 소유권을 취득하는가의 여부에 관계없이 사실상의 취득행위가 이루어진 물건을 과세객체로 한다.

취득세는 그 과세대상자산이 다양한 것에 더하여 과세객체로서의 취득행위의 유형 또한 다양하다. 「지방세법」에서는 취득세의 과세대상과 취득의 유형을 열거하고 있는데 과세대상자산에 관하여는 열거주의에 의하여 열거되지 아니한 자산은 취득세의 과세대상에 해당하지 아니한다. 반면, 취득의 유형에 관한 규정은 예시규정에 불과하므로 여기에 열거되지 아니한 기타 유형의 취득도 취득으로 보는 것이다. 또한 등기·등록과 관계없이 사실상 취득한 때에는 취득으로 본다.

Ⅳ. 사실상의 취득

부동산 등의 취득은 「민법」, 「자동차관리법」, 「건설기계관리법」, 「항공법」, 「선박법」, 「입목에 관한 법률」, 「광업법」 또는 「수산업법」 등 관계 법령에 따른 등기·등록 등을 하지 아니한 경우라도 사실상 취득하면 각각 취득한 것으로 보고 해당 취득물건의 소유자 또는 양수인을 각각 취득자로 한다. 다만, 차량, 기계장비, 항공기 및 주문을 받아 건조하는 선박은 승계취득인 경우에만 해당한다.

「지방세법」 제7조 제2항은 부동산의 취득에 관하여 「민법」 등 관계법령에 따른 등기 등을 이행하지 아니한 경우라도 사실상으로 취득한 때에는 취득한 것으로 본다고 규정하고 있으며, 여기에서 사실상의 취득이라 함은 일반적으로 등기와 같은 소유권 취득의 형식적 요건을 갖추지 못하였으나 대금의 지급과 같은 소유권 취득의 실질적 요건을 갖춘 경우를 말한다(대법원 2001.02.09 선고, 99두5955 판결).

매매의 경우에 있어서는 사회통념상 대금의 거의 전부가 지급되었다고 볼 만한 정도의 대금지급이 이행되었음을 뜻한다고 보아야 하고, 이와 같이 대금의 거의 전부가 지급되었다고 볼 수 있는지 여부는 개별적·구체적 사안에 따라 미지급 잔금의 액수와 그것이 전체 대금에서 차지하는 비율, 미지급 잔금이 남게 된 경위 등 제반 사정을 종합적으로 고려하여 판단하여야 한다(대법원 2010.10.14 선고, 2008두8147 판결 등 참조).

〈사례〉 법원조정결정이 사실상의 취득에 해당하는 지의 여부

'A씨 명의로 소유권이전등기가 되어 있는 토지에 관하여 B씨 명의로 소유권이전등기를 이행한다'는 조정을 갈음하는 결정이 확정되었으나 소유권이전등기를 이행하지 아니한 상태에서 해당 토지에 대한 지목변경 취득시점이 도래한 경우 토지의 지목변경 취득세 납세의무자가 누구인지 여부에 관한 문제다(지방세운영-2648, 2014.08.12).

B가 A를 상대로 소유권이전등기절차 이행청구 등 소송을 법원에 제기하여 'A명의로 소유권이전등기가 되어 있는 토지에 관하여 B명의로 소유권이전등기를 이행 한다'는 조정에 갈음하는 결정이 지목변경 시점 이전에 확정된 경우 B을 해당 토지에 대한 사실상 취득자(=소유자)로 볼 수 있는지에 대하여 살펴보자. 법원의 조정은 분쟁해결을 위하

여 법원이 개입하여 당사자 쌍방의 합의를 이끌어냄으로써 화해시키는 것으로 「민사조정법」 제29조에서도 조정은 재판상의 화해와 동일한 효력이 있다고 규정하고 있다. 그러나 화해조서에 확정판결과 같은 효력이 부여되어 있을지라도 재판상 화해는 사적자치 범위 안의 사인의 행위가 근간이 되고 있다는 점에서 국가기관인 법원이 법률에 의거하여 실체적 진실을 찾아내는 판결과는 현저한 차이가 있고, 판결에서와 같은 정도의 사실의 정확한 인정과 법규의 적용을 바라기 힘들다(헌법재판소 2003.04.24 선고, 결정 2002헌바71 결정 참조). 하여 법원의 조정결정을 받았다 하더라도 그로 인한 소유권이 전등기를 마치지 아니한 경우에는 해당 토지를 사실상 취득했다고 볼 수는 없다. 이 건 법원의 조정에 갈음하는 결정은 소송당사자(A와 B) 간의 관광단지 조성사업에 관한 권리의무 이행사항을 확정한 것에 불과하므로 그 결정 자체만으로는 B가 해당 토지를 사실상 취득한 것으로 볼 수 없고, 법원의 결정에 따른 권리의무가 이행되었을 때 비로소 해당 토지를 사실상 취득하였다고 보아야 할 것이다.

〈사례〉 잔금지급

「지방세법」 제7조 제2항에서 부동산 등의 취득은 「민법」 등 관계 법령에 따른 등기·등록 등을 하지 아니한 경우라도 사실상 취득하면 각각 취득한 것으로 본다고 규정되어 있다. 「지방세법」 제10조 제5항에서 판결문·법인장부 중 대통령령으로 정하는 것에 따라 취득가격이 증명되는 취득 등에 대하여는 사실상의 취득가격 또는 연부금액을 과세표준으로 한다고 규정되어 있으며, 「지방세법 시행령」 제20조 제2항 제1호에는 판결문·법인장부 중 대통령령으로 정하는 것에 따라 취득가격이 증명되는 취득 등에 해당하는 유상승계취득의 경우에는 그 사실상의 잔금지급일에 취득한 것으로 본다고 규정되어 있다.

청구법인은 2013년 10월 22일 쟁점부동산을 쟁점계약서상 잔금지급일인 2013년 10월 22일 XX원에 취득하였다고 처분청에 신고하였다. 같은 날 쟁점부동산의 취득에 대해 취득세 등을 신고납부하였으며, 청구법인의 거래처원장(토지매입금)에 따르면 청구법인은 2013년 10월 22일 A모씨에게 쟁점부동산 매입대금으로 XX원을 지급했고, 이러한 거래처원장은 「지방세법」 제10조 제5항 및 같은 법 시행령 제2항 제1호에 따른 법인장부에 해당한다. 이에 청구법인이 2013년 10월 22일 쟁점부동산을 취득한 것으로 보아 계약해지를 원인으로 하는 경정청구를 거부한 처분은 잘못이 없다고 판단된다(조심2014지551, 2014.07.10).

〈사례〉 입목의 취득

청구인은 쟁점입목이 식재된 상태에서 임야의 소유자에게 금원을 지급한 후 벌채를 한 바, 이는 소유권 취득의 실질적 요건을 갖춘 사실상의 취득행위가 있었으므로, 청구인이 취득세 과세대상인 입목을 취득한 것으로 보아 이 건 취득세 등을 과세한 처분은 타당(기각)하다(조심2013지761, 2014.05.01).

「입목에 관한 법률」에 따른 등기를 「지방세법」상 취득세 과세대상으로 삼기 위한 필수적인 요건으로 보기는 어렵다. 다만 입목이 식재된 토지와 분리하여 거래의 대상이 되고, 거래당사자간 체결된 계약서 등에 거래대상 입목이 특정되어 인식 가능한 경우에는 취득세 과세대상으로 봄이 타당하다는 점(조심2013지540, 2013.12.17), 쟁점입목의 취득계약서가 제출되지 않았고 소유권 취득의 형식을 갖추지는 못하였으나 쟁점입목이 식재된 상태에서 청구인이 임야의 소유자에게 금원을 지급한 후 벌채를 한 사실에 청구인과 처분청 사이에 다툼이 없으므로 소유권취득의 실질적 요건을 갖춘 사실상의 취득행위가 있었던 것으로 보이는 점, 입목의 취득의 목적이나 용도는 과세대상 여부와는 무관한 점(조심2013지1040, 2014.02.17) 등을 고려하면 벌채하여 판매할 목적으로 취득한 입목에 대하여 취득세를 부과하는 것은 부당하다는 청구주장을 받아들이기 어렵다고 판단된다.

〈사례〉 미등기전매

A모 세무서장이 처분청에 통보한 자료에 의하면, 청구인이 쟁점토지를 2004년 2월 18일 사실상 취득하고 이를 등기하지 않은 상태에서 전매한 사실이 나타나고 있으므로, 청구인은 쟁점토지에 대한 사실상 취득자로서 취득세 납세의무가 있다(기각)(조심2013지241, 2014.02.24).

〈사례〉 토지거래 허가구역

토지거래계약 허가구역 내에 있는 토지를 매수하고 잔금을 지급한 후, 토지거래계약 허가를 받거나 토지거래계약 허가구역에서 해제된 경우 사실상 토지를 취득한 시점은 토지거래허가를 받거나 토지거래허가구역에서 해제된 때라고 봐야 한다. 따라서 원고가 토지거래허가를 받지 아니한 채 2006년 7월 12일부터 2006년 12월 28일까지 사이에 각 조합에게 이 사건 현장인수계약에 따른 현장인수대금 378억 원 중 370억 2,303만 236원을 지급한 것만으로 2006년 12월 28일 각 토지를 취득하였다고 판단하여 이루어진 부과처분은 위법하므로, 원고의 나머지 주장에 관하여 더 살필 필요 없이 이 사건의 부과처분은 취소되어야 한다. 그 이유는 아래와 같다.

　　「국토의 계획 및 이용에 관한 법률」상 토지거래허가구역 안에 있는 토지에 관한 매매계약 등 거래계약은 관할 관청의 허가를 받아야만 효력이 발생하고 허가를 받기 전에는 물권적 효력은 물론 채권적 효력도 발생하지 아니하여 무효이다. 매수인이 대금을 전액 지급하였다 하더라도 토지거래허가를 받지 아니한 상태에서는 소유권이전청구도 하지 못하므로 토지를 취득한 것이 아니다. 소유권이전청구를 할 수 있는데도 형식상 요건인 소유권이전청구를 하지 않는 것과는 다르다.

　　매매계약이 토지거래허가를 받지 않아 무효인 상태에 있다면 그 대금 전액이 먼저 지급되었다 하더라도 아직은 취득세의 과세대상인 취득이 존재하지 않으므로 매수인에게 취득세의 신고납부의무가 발생하였다고 할 수 없다. 토지거래허가를 받거나 토지거래허가구역에서 해제된 이후에야 취득세의 과세대상인 취득이 인정되어 취득세 부과가 가능하므로, 이 경우 구 「지방세법(2010.03.31 법률 제10221호로 전부 개정되기 전의 것)」 제120조 제1항에서 취득세 신고납부의무의 발생일로 정한 '취득한 날'은 그 계약이 확정적으로 유효하게 된 토지거래허가일 또는 토지거래허가구역 해제일로 보는 것이 타당하다.

　　구 「지방세법」 제120조 제1항은 취득세 과세물건을 취득한 자는 그 취득한 날부터 30일 이내에 그 과세표준액에 제112조의 규정에 의한 세율을 적용하여 산출한 세액을 대통령령이 정하는 바에 의하여 신고하고 납부하여야 한다고 규정하고 있다. 그런데 잔금을 지급한 날을 취득시기로 보는 경우, 매수인은 토지거래허가를 받을 수 있는지가 확실하지 않은 상태에서 취득세를 신고납부하여야 하는 결론에 이르게 되어 부당하다. 또한 사실상 과세관청은 토지거래허가를 받게 된 이후 취득시기를 잔금지급일로 보아 소급하여 과세하게 될 것인데, 잔금을 지급한 날과 토지거래허가를 받게 된 날이 5년 이상 차이가 나는 경우에는 제척기간 도과로 취득세 부과처분을 할 수 없게 된다는 점에서도 부당하다(대법원 2003.07.08 선고, 2001두9776 판결 등 참조).

「소득세법」 제105조 제1항 제1호에서는 토지거래허가구역에 있는 토지를 양도할 때 토지거래허가를 받기 전에 대금을 청산한 경우에는 그 허가일이 속하는 달의 말일부터 2개월 이내에 양도소득세과세표준 예정신고를 하도록 규정하고 있다. 취득세의 경우에도 토지거래허가를 받은 날을 기준으로 취득세를 신고하도록 하는 것이 위 소득세법 규정의 취지와 맞다(수원지법2012구합7197, 2012.11.14).

나아가 원심은, A회사가 이 사건 각 조합으로부터 각 토지뿐만 아니라 그 지상에서 시행할 이 사건 사업에 대한 사업권까지 인수한 것이고, 원고도 약정에 따라 A회사로부터 위 각 토지와 함께 위 사업권까지 양수한 것으로 인정되는 사정 등에 비추어 원고의 위와 같은 금원 지급이 이 사건 사업에 대한 사업권 양수와 무관하게 오로지 각 토지의 취득만을 목적으로 지급된 것이라고 단정하기 어렵고, 원고가 지급한 위 370억 2,303만 236원을 이 사건 각 토지의 취득대금으로만 볼 수 있다고 하더라도 위 금액과 현장인수대금 378억 원과의 차액에 해당하는 약 8억 원은 사회 통념상 위 378억 원이 모두 지급된 것으로 볼 수 있을 정도로 적은 금액이라고 할 수 없어, 원고가 이 사건 각 토지를 2006년 12월 28일 사실상 취득한 것으로 볼 수 없다는 이유로 이 사건의 처분은 위법하다고 판단하였다(대법2013두18018, 2014.01.23).

〈사례〉 명의신탁

'사실상의 취득'이라 함은 일반적으로 등기와 같은 소유권 취득의 형식적 요건을 갖추지는 못하였으나 대금의 지급과 같은 소유권 취득의 실질적 요건을 갖춘 경우를 말하는 것이다. 때문에 대금 지급 또는 등기 중 어느 하나라도 충족하면 이에 해당된다고 보아야 하고, 그 사실상의 취득자가 등기명의신탁 약정에 의하여 수탁자 명의로 소유권이전등기를 경료하고 자신의 명의로는 소유권이전등기를 경료하지 않았다고 하여 달리 볼 것은 아니다(조심2013지547, 2013.08.12).

<사례> 판매 후 리스

구 「지방세법」 제105조 제2항은 "부동산·차량·기계장비·항공기·선박 등의 취득에 있어서는 민법·선박법·건설기계관리법·자동차관리법 또는 항공법 등 관계 법령의 규정에 의한 등기·등록 등을 이행하지 아니한 경우라도 사실상으로 취득한 때에는 각각 취득한 것으로 보고 당해 취득물건의 소유자 또는 양수인을 각각 취득자로 한다. 다만 차량, 기계장비·항공기 및 주문에 의하여 건조하는 선박은 승계취득의 경우에 한한다"고 규정하고 있다. 구 「지방세법 시행령(2008.12.31 대통령령 제21217호로 개정되기 전의 것)」 제73조는 제6항에서 "차량·기계장비·항공기 및 선박에 있어서는 그 제조·조립·건조 등이 완성되어 실수요자가 인도받거나 계약상의 잔금을 지급하는 날을 최초의 승계취득일로 본다"고 규정하고, 이어 제9항에서 "수입에 의한 취득은 당해 물건을 우리나라에 인취하는 날(보세구역을 경유하는 것은 수입신고필증 교부일)을 승계취득일로 본다. 다만, 차량·기계장비·항공기 및 선박의 실수요자가 따로 있는 경우에는 실수요자가 인도받는 날 또는 계약상의 잔금을 지급하는 날 중 먼저 도래하는 날을 최초의 승계취득일로 본다"고 규정하고 있다.

위 각 규정의 문언 내용, 구 「지방세법」 제105조 제2항 단서 및 구 「지방세법 시행령」 제73조 제6항, 제9항의 입법 취지가 판매회사나 실수요자에게 공급하기 위하여 차량·기계장비·항공기 및 선박(이하 '차량 등')을 제조·조립·건조 등의 방법으로 취득하는 경우 또는 실수요자에게 공급하기 위하여 제조자 등으로부터 차량 등을 취득하는 경우를 취득세의 과세대상에서 제외하려는 데 있는 것에 비추어 보면, 구 「지방세법 시행령」 제73조 제6항, 제9항에서 말하는 '실수요자'란 차량 등의 제조자 등이나 판매회사에 대응하는 소비자 또는 수요자를 의미하므로, 실수요자에게 공급하기 위하여 차량 등을 그 제조자 등으로부터 취득한 자는 특별한 사정이 없는 한 여기에 해당하지 않는다(대법원 2005.06.09 선고, 2004두6426 판결; 대법원 2012.03.29 선고, 2011두22198 판결 등 참조).

한편 구 「지방세법 시행령」 제74조 제2항은 "여신전문금융업법에 의한 시설대여업자가 차량 등을 시설대여 하는 경우에는 그 등기 또는 등록 명의에 불구하고 시설대여업자를 납세의무자로 본다"고 규정하고 있으므로, 「여신전문금융업법」에 의하여 차량 등을 시설대여 하는 경우 특별한 사정이 없는 한 구 「지방세법 시행령」 제73조 제6항, 제9항에서 말하는 '실수요자'는 대여시설이용자가 아닌 시설대여업자를 의미한다고 봄이 타당하다.

따라서 「여신전문금융업법」에 의한 시설대여업자로부터 차량 등을 시설대여 받은 대여시설이용자가 차량 등의 소유권을 종국적으로 취득한 것이 아니라면, 비록 시설대여를 받기 위한 목적으로 당해 차량 등을 제조자로부터 취득하여 시설대여업자에게 판매한 바가 있다 하더라도, 그 대여시설이용자를 당해 차량 등에 관하여 취득세 등의 납세의무가 있는 '실수요자'에 해당한다고 볼 수 없다(대법2012두5763, 2013.04.11).

〈사례〉 명의신탁의 해지

부동산에 관한 매매계약을 체결하고 소유권이전등기에 앞서 매매대금을 모두 지급한 매수인은 계약상 또는 사실상의 잔금지급일에 「지방세법」 제105조 제2항에서 규정한 '사실상 취득'에 따른 취득세 납세의무가 성립하는 것이다. 그 후 사실상의 취득자가 그 부동산에 관하여 매매를 원인으로 한 소유권이전등기를 마치더라도 이는 잔금지급일에 '사실상 취득'을 한 부동산에 관하여 소유권 취득의 형식적 요건을 추가로 갖춘 것에 불과하므로, 잔금지급일에 성립한 취득세 납세의무와 별도로 그 등기일에 「지방세법」 제105조 제1항에서 규정한 '취득'을 원인으로 한 새로운 취득세 납세의무가 성립하는 것은 아니다. 그리고 이러한 법리는 「부동산 실권리자명의 등기에 관한 법률(1995.03.30 법률 제4944호로 제정된 것, 이하 '부동산실명법')」의 시행 전에 매매대금을 모두 지급하여 부동산을 사실상 취득한 자가 3자간 등기명의신탁 약정에 따라 명의수탁자 명의로 소유권이전등기를 마쳤다가 그 후 부동산실명법 제11조에서 정한 유예기간의 경과에 따라 무효가 된 명의수탁자 명의의 소유권이전등기를 말소한 다음 그 부동산에 관하여 당초 매매를 원인으로 하여 그 명의로 소유권이전등기를 마친 경우에도 마찬가지로 적용된다고 할 수 있다.

같은 취지에서 원심이, 원고가 1981년 5월 8일 매도인인 소외 갑으로부터 이 사건 각 부동산을 매수한 후 늦어도 3자 간 등기명의신탁 약정에 따라 명의수탁자인 소외 을 명의로 소유권이전등기를 마친 1981년 6월 23일에는 그 매매대금을 모두 지급하여 이를 사실상 취득함으로써 취득세 납세의무가 성립하였다. 원고가 2007년 1월 2일 부동산실명법에서 정한 유예기간의 경과에 따라 무효가 된 소외 을 명의의 등기를 말소한 다음, 위 매매를 원인으로 하여 원고 명의로 소유권이전등기를 마쳤다고 해서 취득세 납세의무가 새롭게 성립하였다고 볼 수 없다고 판단한 것은 정당하고, 거기에 상고이유에서 주장하는 바와 같은 취득세의 납세의무 성립에 관한 법리오해 등의 위법이 없다(대법2010두28151, 2013.03.14).

V. 유상승계취득

취득세 과세대상인 승계취득은 대가성의 여부에 따라 유상승계취득과 무상승계취득이 있다. 유상승계취득에는 매매, 교환, 현물출자가 있고 무상승계취득에는 상속, 증여, 기부가 있다. 여기서 교환이라 함은 당사자 쌍방이 금전 이외의 재산권을 서로 이전할 것을 약정함으로써 성립하는 계약으로 이에 기초해서 두 개의 양도행위가 행하여지며 양자는 서로 상환성·대가성을 갖는다.

〈사례〉 회원권 계약기간의 연장

회원권 존속기간이 정해진 골프회원권을 취득한 후 존속기간 만료시점에서 다시 연장계약을 체결하는 경우 새로운 골프회원권의 취득으로 보아 취득세를 과세한다(조심2008지783, 2009.05.12). 골프장 회원권은 회원제 골프장을 우선적으로 이용할 수 있는 권리에 대한 것으로서 골프장의 회원자격을 가진 자중 존속기간이 정해진 경우 그 계약기간 만료로 인하여 회원의 자격을 상실하고 입회금 반환청구권만 갖게 된다. 계약기간 만료시점에서 회원권의 계약기간을 연장하는 것은 새로이 회원의 입회청약을 하고 회원제 골프장업자가 이를 승낙하는 계약이 체결된 것이겠고, 비록 회원권을 취득하면서 입회금 채무를 종전에 납부한 입회금의 반환청구권과 상계하는 방식으로 연장계약이 이루어졌다 하더라도 이는 회원권 취득에 대한 대가의 지급방법의 차이일 뿐 회원권의 취득 여부와 관련이 없다. 즉 신규로 회원권을 취득하는 자와 종전의 회원권을 연장하는 형태로 계약을 체결하여 동일한 회원권을 소유하는 자는 아무런 차이가 없다. 따라서 회원권의 연장은 새로운 골프장 회원권의 취득이 이루어졌다고 보아야 하고, 양도·양수를 할 수 없다는 등의 사유는 취득세 납세의무 성립에 별다른 영향을 미칠 수 없다.

〈사례〉 수출목적의 차량구매

해외법인에 대한 수출 목적으로 국내의 차량 제조회사로부터 차량을 최초로 매입하여 해외 실수요자에게 판매하는 경우에는 취득세 납세의무가 없다(도세-693, 2008.04.30). 차량·기계장비·항공기 및 주문에 의하여 건조하는 선박은 승계취득의 경우에 한하여 취득세 과세대상으로 한다고 규정하고 있으며, 차량·기계장비 및 선박에 있어서는 그 제조·조립·건조 등이 완성되어 실수요자가 인도받거나 계약상의 잔금을 지급하는 날을 최초의 승계취득일로 본다고 규정하고 있다. A법인이 해외법인에 수출할 목적으로 국내의 차량 제조회사로부터 차량을 최초로 매입하여 해외의 실수요자에게 판매하는 것이라면 A법인은 실수요자로서 차량을 인도받거나 계약상의 잔금을 지급한 경우가 아니라 실수요자에게 판매할 목적으로 취득한 것이므로 취득세 납세의무가 성립되지 않는 것이다.

〈사례〉 판매목적의 차량수입

판매를 목적으로 차량을 수입하는 경우 수입 판매업자는 당해 차량의 실수요자가 아니므로 차량에 대한 취득세의 납세의무가 없다(세정-3438, 2006.08.02).

〈사례〉 판촉용자동차

판촉을 위한 경품자동차 취득에 대하여도 취득세 납세의무가 있다(세정13407-아851, 1998.11.06).

〈사례〉 이사물품반입 자동차

외국에서 취득하여 사용하다가 이사물품으로 국내에 반입되는 자동차는 취득세의 과세 대상이 되지 않는다(세정-1163, 2006.03.22). 「지방세법 시행령」 제20조 제4항의 규정은 수입을 원인으로 소유권이 변동되어 취득세의 부과 대상이 되는 과세물건을 취득하는 때에 해당하는 경우에 비로소 적용되는 취득시기에 관한 규정이고, 소유권의 변동이 없는 자기 재산의 국내 반입은 수입에 의한 신규취득에 해당되지 않는다는 서울행정법원의 판결(2005구합7673, 2005.06.23)이 확정됨에 따라 외국에서 취득하여 사용하다가 이사물품으로 국내에 반입되는 자동차는 상기 규정에 의한 취득세의 과세 대상이 되지 않는다.

〈사례〉 선박의 경락

법원경매에 의해 선박을 경락 취득한 경우, '선박등록'여부와 관계없이 '사실상 취득한 때'에 취득세 납세의무 있는 것이다(세정13407-111, 2001.07.23).

〈사례〉 중고선박, 중고차량

무역회사가 중고선박을 매입하여 수출하는 경우에도 등록여부에 관계없이 취득세 과세대상이 되며, 중고 차량의 경우에도 동일하다(세정22670-12865, 1988.11.29).

VI. 증여·기부

1. 증여·기부의 납세의무

「민법」 제554조에서 증여는 당사자 일방이 무상으로 재산을 상대방에게 수여하는 의사를 표시하고 상대방이 이를 승낙함으로써 성립하는 계약을 말한다. 부동산 등에 관한 증여계약이 성립하면 동 계약이 무효이거나 취소되지 않는 이상 그 자체로 사실상의 취득행위가 존재하게 되어 취득세의 과세객체가 되고 그에 대한 조세채권이 발생한다.

증여에 의한 취득의 경우에는 그 계약일에 부동산 등을 취득한 것으로 본다. 다만, 소유권이전등기를 하지 아니하고 60일 이내에 계약이 해제된 사실이 화해조서·인낙조서·공정증서 등에 의하여 입증되는 경우에는 취득한 것으로 보지 않는다.

2. 재산분할과 위자료

(1) 재산분할

부부간 이혼으로 재산을 분할한 후 분할된 부동산의 소유권이전등기를 하는 경우에는 소유권환원이나 공유물분할에도 해당되지 않아 무상승계취득으로서 취득세 과세대상에 포함된다(세정-1199, 2005.03.19). 한편, 재산분할을 원인으로 취득세 과세대상 물건을 무상승계취득하는 경우에는 사실상 취득가액이 없으므로 그 시가표준액을 과세표준으로 한다(지방세심사2005-254, 2005.08.29).

「민법」 제834조 및 제839조의 2에는 부부는 협의에 의해 이혼할 수 있으며 이 경우에 일방은 다른 일방에 대하여 재산분할을 청구할 수 있도록 규정하고 있다. 이혼에 따른 재산분할은 부부가 혼인 중에 쌍방의 협력으로 이룩한 실질상의 공동재산을 청산·분배함과 동시에 이혼 후의 생활을 유지하는데 그 목적이 있다(대법원 2001.05.08 선고, 2000다58804 판결).

그러므로 「지방세법」에서는 재산분할로 인한 취득을 형식적인 취득으로 보아 취득세에 대해 세율특례(종전 취득세 비과세)를 적용하고 있다. 즉, 재산분할로 인하여 취득세 과세대상자산을 취득하는 경우에는 표준세율에서 중과세기준세율(2%)을 차감한 세율을 적용하도록 하고 있다.

(2) 위자료

이혼위자료로 증여계약을 체결하여 취득세 과세대상물건을 취득하는 경우에는 이혼위자료를 금전으로 지불하는 대신 부동산 등을 대물변제한 것이므로 이는 유상양도에 해당(대법원 1993.09.14 선고, 92누18191 판결 참조)하는 것으로 보아 취득세를 과세한다.

한편, 이혼위자료로 증여계약을 체결하여 소유권이전등기를 하였다가 합의해제로 소유권이전등기를 말소한 경우에 이미 법률상 취득이 이루어진 이상 취득세 납세의무에는 영향을 미치지 아니한다(지방세심사2004-181, 2004.07.26).

3. 증여의제

배우자 또는 직계존비속의 부동산 등을 취득하는 경우에는 증여로 취득한 것으로 본다. 다만, 다음 중 어느 하나에 해당하는 경우에는 유상으로 취득한 것으로 본다. 배우자 등으로부터의 유상취득도 증여에 의한 취득으로 보기 때문에 과세표준은 실지거래가액을 적용하지 아니하고 시가표준액을 적용하고 세율 또한 유상취득이 아닌 증여 취득시의 세율을 적용한다.

① 공매(경매를 포함, 이하 같음)를 통하여 부동산 등을 취득한 경우.
② 파산선고로 인하여 처분되는 부동산 등을 취득한 경우.
③ 권리의 이전이나 행사에 등기 또는 등록이 필요한 부동산 등을 서로 교환한 경우.
④ 해당 부동산 등의 취득을 위하여 그 대가를 지급한 사실을 증명한 경우.

배우자 또는 직계존비속간에 소유권이 이전되는 경우 정상적인 대가가 지급되는 유상양도보다는 증여일 개연성이 높을 뿐만 아니라 거래의 실질을 객관적으로 파악하기 곤란하기 때문에 객관적으로 대가를 지급한 사실이 명백히 인정되는 경우를 제외하고는 증여로 과세하려는 것이 본 조항의 취지이다.

증여의제란 법에 규정된 요건을 충족하면 당연히 증여로 보는 것이며, 증여추정은 반대의 증거가 입증되지 않는 한 증여로 보겠다는 것이므로 증여가 아니라는 증거가 입증된다면 과세규정의 적용을 면할 수 있는 것이다. 「지방세법」 제7조 제11항의 규정은 증여로 의제하는 의제규정으로서 배우자 등으로부터 유상취득 시 증여로 의제하되 그 취득을 위하여 대가를 지급한 사실을 증명한 경우 등 증여로 볼 수 없는 명백한 경우를 한정하여 증여로 의제하지 않도록 하였다. 따라서 증여의제 예외조항을 폭넓게 인정할 경우 사실상 증여추정 규정과 같은 성격을 갖는다고 할 수 있다.

4. 부담부증여

증여자의 채무를 인수하는 부담부(負擔附)증여의 경우에는 그 채무액에 상당하는 부분은 부동산 등을 유상으로 취득하는 것으로 본다. 2014년 1월 1일 「지방세법」 개정 시 부담부증여로 인한 취득의 경우 채무액 상당액은 유상취득으로 간주하는 규정을 신설하였으며, 동 개정규정은 2014년 1월 1일 이후 취득하는 경우부터 적용하도록 하였다.

수증자의 부담 있는 부담부증여의 경우에는 민법상 쌍무계약에 관한 규정을 적용하도록 하고 있다(민법 제561조). 즉, 부담부증여는 증여의 형식을 취하고 있다고는 하나 수증자에게 일정한 급부의무(채무)를 부담시키는 쌍무계약으로서 일반적인 증여와는 다르다고 할 수 있다. 부담부증여는 수증자가 채무를 대신 부담하기로 약정하고 취득한 것이므로 증여가액 중 그 채무액에 상당하는 부분은 취득과 관련하여 반대급부를 지급한 것으로서 이러한 취득의 대가적 관계가 성립하므로 이를 유상취득으로 보는 것이다.

〈사례〉 재개발조합원의 토지를 증여받아 조합원 자격을 승계

재개발조합원의 토지를 증여받아 조합원 자격을 승계하고 재개발아파트를 분양 취득하는 경우, 토지 및 아파트에 대해 모두 취득세 등 납세의무 있다(기각)(지방세심사98-469, 1998.09.30).

청구인의 경우 청구인의 남편이 재개발사업구역내의 이 건 토지를 소유하고 있어 재개발조합의 조합원으로 참여하여 재개발조합과 이 건 아파트의 분양계약을 체결(1992.12.24)한 사실이 있고, 청구인이 남편으로부터 이 건 아파트를 증여받기 위하여 1998년 4월 15일 토지의 증여계약서를 작성하고, 같은 날 처분청으로부터 검인을 받아 취득신고를 한 사실이 있다. 청구인이 이 건 토지를 취득함으로 인하여 조합원의 자격을 승계하고 이를 근거로 1998년 4월 21일 아파트 분양계약서의 매수인을 청구인의 남편에서 청구인 명의로 변경하여 권리의무를 모두 승계 받은 사실 등이 제출된 증여계약서 및 아파트 분양계약서 등에서 입증되고 있음을 볼 때, 청구인은 아파트의 관리처분이 있기 전에 분양에 관한 권리의무를 승계받기 위하여 토지를 취득(증여)한 것이므로 이 건 토지 및 이 건 아파트 모두에 대하여 취득세 등의 납세의무가 있다. 따라서 청구인이 신고납부한 취득세 등을 처분청이 모두 수납하여 징수하기로 결정한 것은 적법하다.

〈사례〉 자동차를 증여받아 양도증명서에 검인받아 취득신고한 후 이전등록 안한 경우

부동산, 차량의 취득에 있어서는 「민법」, 「자동차관리법」 등 관계법령의 규정에 의한 등기·등록 등을 이행하지 아니한 경우라도 사실상으로 취득한 때에는 각각 취득한 것으로 보며, 무상승계취득의 경우에는 그 계약일에 취득한 것으로 본다고 규정하고 있다. 취득세는 부동산 등의 취득행위를 과세객체로 하여 부과하는 행위세이므로, 그에 대한 조세 채권은 그 취득행위라는 과세요건 사실이 존재함으로써 당연히 발생하고, 일단 적법하게 취득한 다음에는 그 후 합의에 의하여 계약을 해제하고 그 재산을 반환하는 경우에도 이미 성립한 조세채권의 행사에 영향을 줄 수는 없다고(같은 취지의 대법원판결 95누12750, 1996.02.09) 볼 수 있다. 청구인의 경우 1998년 1월 16일 청구 외 최모씨(청구인의 남편)으로부터 이 건 자동차를 증여받아 취득한 후 같은 날「자동차관리법」제15조 제1항의 규정에 의거 자동차양도증명서에 검인을 받고 처분청에 취득신고를 한 사실이 제출된 관계 증빙자료(자동차양도증명서, 취득신고 겸 신고납부세액계산서 등)에 의해 확인되고 있는 이상, 청구인은 1998년 1월 16일 이 건 자동차를 적법하게 취득했다 하겠고, 또한 청구인이 이 건 자동차를 증여 취득 하였다가 등록세가 너무 많아 양도를 포기하고 자동차 이전등록을 하지 아니하였다고 하더라도 이미 성립한 조세채권의 행사에는 별다른 영향을 미치지 아니할 뿐만 아니라, 청구인의 경우 이 건 자동차 취득일로부터 30일 이내에 처분청에 자동차 양도 해제 사실을 신고하지도 아니한 이상, 처분청이 청구인에게 이 건 취득세 등을 부과고지한 처분은 적법하다(지방세심사98-333, 1998.07.29).

〈사례〉 증여계약의 해제

처분청은 청구인이 이건 토지를 증여 취득하기로 하고 1997년 1월 27일 청구 외 김모씨(청구인의 모)와 증여계약을 체결하여 취득신고(증여계약서에 검인필)를 한 후 30일 이내에 취득세 등을 신고납부하지 아니하였으므로 이건 취득세 등을 부과고지한 사실은 제출된 관계 증빙자료에서 알 수 있다.

그런데 청구인은 1997년 1월 27일 이건 토지에 대한 증여계약을 체결한 후 처분청에 취득신고를 하였으나 개인적인 사정으로 인하여 다음 날인 1997년 1월 28일 합의해제하였고, 소유권이전등기도 하지 않았으므로 사실상 취득한 것이 아닌데도 취득한 것으로 보아 이건 취득세 등을 부과고지한 처분은 부당하다고 주장하고 있다.

살피건대,「지방세법」제105조 제1항에서 취득세는 부동산 등의 취득에 대하여 그 취득자에게 부과한다고 규정하고, 같은 조 제2항에서 부동산의 취득에 있어서는 등기를 하지 아니한 경우라도 사실상으로 취득한 때에는 취득한 것으로 본다고 규정하고 있는 바, 청구인의 경우 청구 외 김모씨과 1997년 1월 27일 증여계약을 체결하여 이건 토지를 취득하기로 하고 같은 날 처분청에 취득신고를 하였으나, 다음날인 1997년 1월 28일 개인적인 사정으로 청구 외 김모씨와의 당초 증여계약을 해제하기로 합의하고 증여계약서를 작성한 법무사 장모씨에게 통보하여 서류일체를 돌려받은 사실이 제출된 증여계약서, 해약사유서, 해약확인서 등에서 확인되고 이건 토지의 등기부상 소유자가 이건 취득세 등 부과고지일(1997.05.10) 현재 청구 외 김모씨 명의로 되어 있음이 등기부 등본에서 확인되고 있으므로 이건 토지를 청구인이 사실상으로 취득하였다고 볼 수 없다 (같은 취지의 내무부 심사결정 1997.04.30, 제97-144호; 1997.08.27, 제97-357호). 때문에 처분청에서 청구인이 이 건 토지를 취득하였다고 보고 취득세 등을 부과고지한 처분은 잘못되었다고 판단된다(내심97-407, 1997.09.30).

〈사례〉 분양대금을 완납한 후 사용승인일전 증여

이 건 주택의 지분(2분의 1)을 증여로 취득한 것은 무상취득에 해당하여 취득가액이 없는 경우에 해당하므로 이 건 주택의 분양금액의 2분의 1이 아닌 시가표준액을 과세표준으로 하여 취득세를 경정하는 것이 타당하다(기각)(조심2012지624, 2012.11.16).

청구인은 2009년 12월 11일 이 건 주택 시행자인 ○○과 분양대금을 XX원으로 하고, 6회 중도금 납부일을 2011년 10월 10일, 잔금지급일을 입주지정일로 하는 내용의 이 건 주택 분양계약을 체결한 후, 2011년 9월 30일 주택 분양대금 XX원(조기납부로 XX원 할인 받음)을 완납하였다.

이후, 청구인은 2011년 11월 17일 청구인의 배우자에게 주택의 2분 1을 증여(같은 날 처분청으로부터 검인받음)하였고, 2011년 12월 주택의 분양계약서 계약자 명의를 청구인에서 청구인 및 청구인의 배우자로 변경하였으며 2012년 2월 17일 주택의 사용승인이 있었다.

한편, 이 건 주택 시행자인 ○○은 2012년 4월 17일 주택의 소유권보존등기를 경료하였고, 청구인은 2012년 6월 8일 청구인 명의로 주택 전체의 소유권이전(등기원인:

2009.12.11 매매) 등기를 경료하였으며, 같은 날 청구인의 배우자 지분에 대한 소유권 일부이전등기(등기원인: 2011.11.17 증여)를 경료하였다.

청구인은 이 건 주택 사용승인일 이전에 분양대금을 완납한 상태에서 주택의 분양권 2분의 1을 청구인의 배우자에게 증여하여 사용 승인일에는 이 건 주택의 2분의 1만을 취득하였으므로 동 부분에 대하여만 취득세 납세의무가 있다고 주장하지만, 건축물의 사용승인 전에 분양대금을 모두 지급한 후 소유권을 이전하는 경우에는 실질적인 소유자의 지위에서 소유권을 이전한 것이고, 이 경우 잔금완납 시점에는 과세대상이 없으므로 당해 건축물을 원시취득 하는 시점인 사용승인서 교부일에 사실상 취득한 것으로 보아야 할 것이다. 청구인이 이 건 주택에 대한 분양대금을 완납한 후, 주택 일부지분의 소유권을 청구인의 배우자에게 이전하였다하더라도 이 건 주택의 사용승인일에는 청구인에게 이 건 주택의 전체에 대한 취득세 납세의무가 성립하였다고 보아야 할 것이므로 청구인의 주장을 받아들이기는 어렵다.

〈사례〉 증여에 대한 소유권이전등기를 하지 못한 경우

증여계약을 체결하고 취득신고 후 증여자의 사정으로 소유권이전등기를 하지 못한 경우 취득세 납세의무가 있다(기각)(조심2008지317, 2008.11.21).

〈사례〉 부담부증여의 경우 사실상 취득가액의 인정

부담부증여를 원인으로 취득한 부동산에 대하여 취득신고를 하면서 시가표준액이 아닌 채무 합계액을 취득가액으로 신고하였고 채무 합계액이 시가표준액에 미달하지 아니하므로 적법한 과세표준이다(기각)(조심2009지720, 2010.05.19).

〈사례〉 증여를 원인으로 소유권이전등기를 한 후 부담부증여로 계약변경

청구인은 이 사건 아파트를 무상으로 승계취득하는 것으로 작성된 증여계약서를 처분청에 제출하여 검인을 받고 소유권이전등기를 하였으나, 그 후 부친의 채무를 청구인이 인수하는 것으로 작성된 부담부증여계약서를 다시 처분청에 제출하면서 주택거래신고를 하는 등 아파트를 증여받으면서 금융기관 채무를 함께 인수하였으므로 청구인이 인수한 채무 금액은 개인 간 유상거래부분에 해당된다고 주장하므로 이에 대하여 살펴본다.

「지방세법」 제111조 제7항과 같은 법 시행령 제73조 제2항의 규정에 따르면 무상승계취득의 경우에는 그 계약일(상속으로 인한 취득의 경우에는 상속개시일)에 취득한 것으로 보되, 다만, 권리의 이전이나 그 행사에 등기·등록을 요하는 재산의 경우에는 등기·등록을 하지 아니하고 30일 이내에 계약이 해제된 사실이 화해조서·인낙조서·공정증서 등에 의하여 입증되는 경우에는 취득한 것으로 보지 않는 것으로 되어 있다.

따라서 부동산에 관한 증여계약이 성립하고 증여를 원인으로 하는 소유권 이전 등기를 하는 등 일단 부동산을 적법하게 취득한 경우에는 취득세 등의 과세대상이 되는 무상승계취득행위가 존재하게 되어 그에 따른 취득세 및 등록세 등의 납세의무가 당연히 발생하고, 그 후 합의에 의하여 증여계약을 해제하거나 변경하는 경우에도 이미 성립한 납세의무에 영향을 줄 수 없다.

이 사건의 경우 청구인은 2007년 4월 6일 부친으로부터 아파트를 무상으로 승계취득하는 증여계약을 체결하고, 같은 해 4월 9일 처분청으로부터 증여계약서에 검인을 받는 한편 증여를 원인으로 하는 소유권이전등기를 한 이상 청구인은 위 증여계약일에 이 사건 아파트의 무상승계취득에 따른 취득세 등의 납세의무 또한 그때 성립한 것으로 보아야 할 것이고, 그 후에 부친의 채무를 청구인이 인수하면서 아파트를 증여받는 새로운 부담부증여계약을 체결하고 그 부담부증여계약서를 다시 처분청에 제출하였다 하더라도 먼저 성립한 무상승계취득에 따른 취득세 등의 납세의무에 영향을 줄 수 없다 할 것이다.

그렇다면 이 사건 아파트를 유상으로 취득한 것으로 보아 취득세 및 등록세가 경감대상이 된다고 하는 청구인의 주장은 타당한 이유가 없다(감심2008-33, 2008.02.21).

〈사례〉 임차보증금을 반환하는 조건의 부담부증여가액을 시가로 보아 취득세 과세

청구인은 「지방세법」 제111조 제2항의 규정에 취득세의 과세표준이 되는 취득당시의 가액은 취득자가 신고한 가액에 의하되 신고가액의 표시가 없을 때에는 시가표준액에 의한다고 규정하고 있는데도 이 사건 부동산의 임차보증금을 과세표준으로 한 것은 조세법률주의와 엄격해석의 원칙 등에 어긋난다고 주장하므로 이에 대하여 살펴본다.

과세표준이 되는 취득당시의 가액은 원칙적으로 과세물건을 취득하는데 소요된 사실상의 취득가액을 의미한다고 할 것이다. 또한 「지방세법 시행규칙」 제48조 제1항의 '취득신고 및 자진납부세액 계산서' 작성요령에 따르면 취득가액은 취득에 소요된 비용 등을 입증할 수 있는 서류에 의하여 확인된 것과 일치하게 작성하여야 한다고 되어 있고, 청구인은 증여자가 변제하여야 할 채무(임대보증금) 4억 5,000만 원을 인수하는 조건의 부담부증여로 이 사건 부동산을 취득한 것이 2004년 3월 30일 처분청에서 검인한 증여계약서에 의해 확인되므로 위 4억 5,000만 원은 이 사건 부동산을 취득하기 위한 비용으로 볼 수 있다.

따라서 위 청구인이 변제할 책임이 있는 임대보증금 4억 5,000만 원을 과세표준(취득가액)으로 본 것은 정당하므로 이 사건 처분이 조세법률주의에 어긋난다는 청구인의 주장은 받아들일 수 없다고 할 수 있다.

또한 청구인은 증여자의 채무를 부담한 수증자가 채무를 부담하지 아니한 수증자보다 취득세 등을 더 납부하게 되는 것은 조세형평주의에 어긋난다고 주장하므로 이에 대하여 살펴본다.

취득세는 유상취득 또는 무상취득과는 관계없이 취득행위에 대하여 과세하는 유통세로서 증여를 원인으로 부동산을 취득하는 경우 취득세 등의 납세의무는 수증자가 받는 이익과는 관계가 없다. 다만 증여세를 부담함에 있어서는 증여자의 채무를 부담한 자가 채무를 부담하지 아니한 자보다 증여세를 적게 부담하게 되므로 이 사건 처분이 조세형평에 어긋난다는 청구인의 주장 등도 받아들일 수 없다 할 것이다(감심2004-19, 2005.02.03).

〈사례〉 은행차입금 등 상당액 부분만 부담부증여로서 유상취득의 등록세율 적용함

부동산 증여에 있어서 증여자의 채무를 수증자가 인수하는 경우에는 증여가액 중 그 채무액에 상당하는 부분은 그 자산이 사실상 유상으로 이전되는 것이므로 이는 「지방세법」 제131조 제1항 제3호 "(2) 목의 유상으로 인한 소유권의 취득 등기"로 보아 유상취득에 해당하는 등록세율(1,000분의 30)을 적용하여야 하나, 증여가액 중 그 채무상당액을 차감한 나머지 부분은 그 자산이 사실상 무상으로 이전되는 것이므로 이는 위 같은 법 제

131조 제1항 제2호의 무상으로 인한 소유권의 취득등기로 보아 무상취득에 해당하는 등록세율(1,000분의 15)을 적용하여 등록세 등을 부과·징수함이 타당하다 할 것이다.

그런데 위 인정사실에 의하면 청구인은 청구 외 A모씨로부터 이 사건 부동산을 증여받으면서 부동산에 설정되어 있는 은행차입금 등의 채무를 청구인이 대신 부담하기로 약정하고 이 사건 부동산을 취득한 것이므로, 증여가액 중 그 채무액에 상당하는 부분은 청구인이 이 사건 부동산 취득과 관련하여 반대급부를 지급한 취득의 대가적 관계에 있다 할 것이나, 증여가액 중 그 채무상당액을 차감한 나머지 부분은 이 사건 부동산 취득과 관련하여 반대급부를 지급한 대가적 관계에 있다고 볼 수 없고 이에 대하여는 관할 세무서에 증여세까지 별도 신고납부 하였으므로 이는 무상으로 인한 소유권의 취득등기로 보아 무상취득에 해당하는 등록세율(1,000분의 15)을 적용하여 등록세 등을 부과·징수함이 타당하다 할 것이다(감심2001-119, 2001.10.16).

Ⅶ. 상속

1. 상속인의 납세의무

상속(피상속인이 상속인에게 한 유증 및 포괄유증과 신탁재산의 상속을 포함)으로 인하여 취득하는 경우에는 상속인 각자가 상속받는 취득물건(지분을 취득하는 경우에는 그 지분에 해당하는 취득물건을 말함)을 취득한 것으로 본다. 상속인은 상속과 관련한 취득세를 연대하여 납부할 의무를 진다.

2. 상속인 및 상속의 범위

(1) 민법상 상속인
상속인은 피상속인의 직계비속, 배우자, 직계존속, 형제자매, 4촌 이내의 방계혈족 등이며 이들은 민법에 정하는 순위에 따라 최선순위자가 상속인이 된다. 상속인은 한 사람에 국한되지 않고 동순위자가 다수인 경우가 오히려 보통이므로 이 경우에는 수인의 상속인이 공동상속인이 된다.

「민법」 제1000조에 따라 상속의 경우 다음 순위로 상속인이 된다. 이 경우에 동순위의 상속인이 수인인 때에는 최근친을 선순위로 하고 동친 등의 상속인이 수인인 때에는 공동상속인이 된다. 한편, 배우자는 피상속인의 직계비속과 직계존속의 상속인이 있는 경우에는 그 상속인과 동순위로 공동상속인이 되고 그 상속인이 없는 경우에는 단독상속인이 된다(민법 제1003조). 그리고 태아는 상속순위에 관하여는 이미 출생한 것으로 본다.

① 피상속인의 직계비속.
② 피상속인의 직계존속.
③ 피상속인의 형제자매.
④ 피상속인의 4촌 이내의 방계혈족.

(2) 유증의 종류

유증에는 포괄유증(包括遺贈)과 특정유증(特定遺贈)이 있다. 포괄유증이란 유증의 목적 범위를 유증자가 자기의 재산 전체에 대한 비율로써 표시하는 유증을 말하며, 포괄유증을 받은 포괄적 수증자는 상속인과 동일한 권리의무가 있다. 한편 특정유증이란 유증의 목적이 특정되어 있는 경우를 말한다.

(3) 상속의 범위

「지방세법」 제7조 제7항에서 규정하는 상속의 종류는 다음과 같다.

① 피상속인이 상속인에게 한 유증.
② 포괄유증.
③ 신탁재산의 상속.

여기서 피상속인으로부터 상속인에게 한 유증은 특정유증과 포괄유증 등을 모두 포함하고 있는 개념이므로 피상속인으로부터 상속인에게 한 유증은 특정유증이든 포괄유증이든 관계없이 모두 상속으로 보는 것이다.

그리고 「지방세법」 제7조 제7항 후단에서 별도로 명시한 포괄유증은 피상속인으로부터 상속인에게 한 포괄유증을 말하는 것이 아니라 피상속인이 상속인이 아닌 자에게 한 포괄유증을 말한다고 보는 것이 타당하다. 민법상 포괄적 유증을 받은 자는 상속인과 동일한 권리의무가 있으며 재산뿐만 아니라 채무도 승계된다. 그러므로 피상속인이 상속인이 아닌 자에게 한 포괄유증은 상속에 의한 납세의무자로 해석하여야 할 것이다.

3. 상속재산의 분할

(1) 상속재산의 협의분할

상속인이 수인인 때에는 상속재산은 분할을 통하여 각 상속인의 단독소유로 분리될 때까지는 공동상속인의 공유로 한다. 이러한 공유관계를 해소하고 상속지분에 따라 공유재산을 분리하여 단독소유로 만드는 절차를 '상속재산의 분할'이라 한다. 「민법」상 피상속인은 유언으로 상속재산의 분할방법을 정하거나 이를 정할 것을 제3자에게 위탁할 수 있고 상속개시의 날로부터 5년을 초과하지 아니하는 기간 내에 그 분할을 금지할 수 있다. 한편, 유언에 의한 분할방법의 지정, 분할금지의 경우를 제외하고는 공동상속인은 언제든지 그 협의에 의하여 상속재산을 분할할 수 있다. 이를 협의분할이라 한다. 「민법」상에서는 상속재산의 분할은 상속개시된 때에 소급하여 그 효력이 있다. 그러므로 「민법」상은 상속지분이 변동되거나 수차의 협의분할에도 증여나 취득의 문제가 발생할 여지가 없다.

「지방세법」상 상속으로 인하여 취득하는 경우에는 상속인은 피상속인의 사망일에 각자가 상속받는 취득물건을 취득한 것으로 보며, 지분을 취득하는 경우에는 그 지분에 해당하는 취득물건을 취득한 것으로 본다. 따라서 추후 상속지분의 범위 내에서 분할하는 경우에는 이미 사망시점에서 취득사실이 있는 것으로 규정했으므로 취득사실이 다시 발생하지 아니한다.

그러므로 상속개시 후 상속인이 법정지분에 의해 상속등기를 한 후 협의분할에 의해 재산을 상속 경정등기를 하는 경우 법정지분을 초과하여 취득하는 경우가 발생한다. 이러한 초과취득에 대하여 당초 법정상속인으로부터 지분을 증여 취득한 것으로 보지 않고 「민법」에 의한 상속의 소급효를 인정하여 증여에 의한 취득으로 보지 아니한다(지방세정-1107, 2003.09.09).

(2) 상속재산의 재분할

상속지분을 초과해서 분할하거나 상속개시 후 상속재산협의분할로 인하여 상속등기가 이루어진 후 재협의분할을 통하여 다른 상속인으로 등기할 경우에는 경정등기가 아닌 무상취득으로 인한 소유권이전등기에 해당되어 취득세 납세의무가 발생한다(세정-1933, 2005.09.29).

즉, 상속개시 후 상속재산에 대하여 등기, 등록, 명의개서(名義改書) 등에 의하여 각 상속인의 상속분이 확정되어 등기 등이 된 후, 그 상속재산에 대하여 공동상속인이 협의하여 재분할한 결과 특정 상속인이 당초 상속분을 초과하여 취득하게 되는 재산가액은 그 재분할에 의하여 상속분이 감소한 상속인으로부터 증여받아 취득한 것으로 본다. 다만, 다음의 어느 하나에 해당하는 경우에는 그러하지 아니하다.

① 지방세법 취득세의 신고납부기한 내에 재분할에 의하여 취득한 경우.
② 상속회복청구의 소에 의한 법원의 확정판결에 의하여 상속인 및 상속재산에 변동이 있는 경우.
③ 「민법」 제404조에 따른 채권자대위권의 행사에 의하여 공동상속인들의 법정상속분대로 등기등이 된 상속재산을 상속인 사이의 협의분할에 의하여 재분할하는 경우.

4. 상속포기와 대위등기

상속에 있어서 피상속인의 사망일에 상속이 개시되나 상속인이 가정법원에 상속포기신고를 하여 법원으로부터 상속포기신고가 수리된 때에는 「민법」 제1042조에 의거 그 상속개시일로 소급하여 상속포기의 효력이 발생하게 된다. 적법한 절차에 의하여 가정법원에 상속포기의 신고를 하여 동 법원이 이를 수리하여 상속의 포기가 확정되었다면 상속재산을 처음부터 취득하지 아니하였다 할 것이므로 취득세의 납세의무는 발생하지 않는다(서울지방세심사2002-269, 2002.12.23).

「민법」 제1019조 제1항에서 규정하고 있는 '상속개시 있음을 안 날'로부터 3개월 이내에 가정법원에 상속포기 신고를 하여 법원으로부터 상속 포기 결정을 받은 경우에는 상속인은 「민법」 제1042조 규정에 의거 상속 개시된 때에 소급하여 처음부터 상속인의 지위는 소멸된다.

그러므로 상속포기 후에는 피상속인의 채권자에 의해 상속인 명의로 피상속인 재산의 대위등기가 이루어진다 하더라도 상속을 포기한 상속인은 취득세의 납세의무를 부담하지 아니한다. 또한 상속인이 상속포기를 하지 않은 상태에서 피상속인의 채권자에 의해 상속인 명의로 피상속인 재산의 대위 등기가 이루어진 후에 상속인이 상속포기를 가정법원에 신청하여 인정된 경우에는 당해 상속재산에 대한 상속 포기의 효력이 상속 개시된 때로 소급하여 발생하므로 취득하지 아니한 것으로 본다.

한편, 「지방세법」에 있어서 부동산 취득이란 취득자가 실질적으로 완전한 내용의 소유권을 취득하는가의 여부에는 관계없이 소유권 이전의 형식에 의한 부동산 취득의 모든 경우를 포함하는바, 상속재산이 채권자 대위등기 후 경매로 매각되어 상속재산에 대하여 재산권을 행사 할 수 없다 하더라도 「민법」에서 규정하고 있는 기간 이내에 상속을 포기하지 않았다면 등기여부에 관계없이 상속으로 인하여 성립한 취득세 납세의무에는 영향을 줄 수 없다(지방세운영-467, 2011.01.27).

5. 한정승인된 상속재산

상속인은 상속으로 인하여 취득할 재산의 한도에서 피상속인의 채무와 유증을 변제할 것을 조건으로 상속을 승인할 수 있다(민법 제1028조). 또한 상속인이 수인인 때에는 각 상속인은 그 상속분에 응하여 취득할 재산의 한도에서 그 상속분에 의한 피상속인의 채무와 유증을 변제할 것을 조건으로 상속을 승인할 수 있다. 이를 한정승인이라 한다.

상속인은 상속개시 있음을 안 날로부터 3개월 내에 단순 승인이나 한정승인 또는 상속포기를 할 수 있다. 그러나 그 기간은 이해관계인 또는 검사의 청구에 의하여 가정법원이 이를 연장할 수 있다. 이 경우 상속인은 승인 또는 포기를 하기 전에 상속재산을 조사할 수 있다. 한편, 상속인은 상속채무가 상속재산을 초과하는 사실을 중대한 과실 없이 상속개시 있음을 안 날로부터 3개월 내에 알지 못하고 단순승인을 한 경우에는 그 사실을 안 날부터 3개월 내에 한정승인을 할 수 있다(민법 제1019조).

상속인이 「민법」 제1019조에 따른 한정승인에 의하여 상속재산을 취득하는 경우 한정승인자도 상속재산에 대한 실질적 소유권을 취득하고, 다만 상속채무에 대한 책임이 상속재산을 한도로 한정될 뿐이므로, 상속포기를 하여 상속의 효과를 부인한 것이 아닌 이상 한정승인자의 상속재산도 「지방세법」에서 규정하는 취득세 과세대상이 되는 물건에 해당되어 상속개시일에 취득세 납세의무가 성립된다. 또한, 상속인이 법원으로부터 한정상속승인을 받았으나 채무 등 변제 후 잔여 재산이 없는 경우에도 취득세 등의 납세의무는 발생한다.

6. 세대를 건너뛴 상속과 대습상속

「민법」상 상속인이 될 직계비속 또는 형제자매가 상속개시 전에 사망하거나 결격자가 된 경우에 그 직계비속이 있는 때에는 그 직계비속이 사망하거나 결격된 자의 순위에 갈음하여 상속인이 된다. 이러한 대습상속인의 상속분은 사망 또는 결격된 자의 상속분에 의한다. 사망 또는 결격된 자의 직계비속이 수인인 때에는 그 상속분은 사망 또는 결격된 자의 상속분의 한도에서 법정상속지분에 의한다.

직계비속이 이미 사망하여 손자에게 상속하는 경우에는 대습상속으로서 손자는 상속인에 해당하여 그 유증은 「지방세법」 제7조 제7항에 의한 상속에 해당한다. 반면, 손자가 조부로부터 유증에 의해 상속재산을 취득한 경우로써 부가 생존한 경우 세대를 건너뛴 상속으로서 손자는 상속인에 해당하지 아니한다. 이 경우 손자는 상속인에 해당되지 아니하기 때문에 그 유증이 포괄유증인 경우에는 「지방세법」 제7조 제7항에 의한 상속에 해당하고, 특정유증에 해당하는 경우에는 상속에 해당하지 않는다. 이러한 상속에 해당여부의 구분의 실익은 취득세의 세율과 취득세의 신고납부기한에 차이가 있기 때문이다.

7. 유류분반환청구권의 행사

「민법」 제112조 각호에서 피상속인의 직계비속과 배우자는 법정상속분의 2분의 1, 직계존속과 형제자매는 법정상속분의 3분의 1을 유류분으로 받을 수 있도록 규정하고, 같은 법 제115조 제1항에서 유류분 권리자가 상속개시 전 1년 전에 행한 증여와 유증으로 인하여 그 유류분에 부족분이 생긴 때에는 부족한 한도 내에서 그 재산의 반환을 청구할 수 있도록 규정하고 있다. 같은 법 제117조에서 반환의 청구권은 유류분 권리자가 상속의 개시와 반환하여야 할 증여 또는 유증을 한 사실을 안 때로부터 1년 내에 하지 않으면 시효소멸(상속이 개시된 때로부터 10년이 경과한 때와 동일)한다고 규정하고 있다.

법정 상속인들이 상속재산 유류분 반환청구 소를 제기하여 유류분을 반환받아 소유권 이전등기를 이행하는 경우 상속을 원인으로 상속재산을 반환받아 재산상의 지위를 회복하는 것이므로, 반환하는 상속인이 기납부한 취득세는 환부대상에 해당되며 새로이 취득하는 상속인은 취득세의 납세의무를 부담한다.

〈사례〉 상속인이 아닌 자가 유증을 원인으로 부동산을 취득한 경우

상속인이 아닌 자가 유증을 원인으로 부동산을 취득한 경우에는 「지방세법」 제7조 7항의 상속에 포함되지 않으므로 취득일로부터 60일 이내에 취득세를 신고납부하여야 한다(지방세심사2006-376, 2006.08.28).

「지방세법」 제7조 제7항은 피상속인으로부터 상속인이 유증으로 재산을 취득한 경우에만 상속에 포함한다고 규정하고 있고 동 규정에서 이하 이절에서 '같다'라고 규정하고 있으므로 취득세 신고납부를 규정하고 있는 「지방세법」 제20조 제1항에서의 상속으로 인한 신고납부기한도 피상속인으로부터 상속인이 유증으로 재산을 취득하는 경우에 사망일로부터 6월 이내에 신고납부 하도록 규정한 것으로 보아야 함으로, 상속인이 아닌 자가 비록 유증의 방식에 따라 부동산을 취득하였다고 하더라도 「지방세법」 제7조 제7항 및 같은 법 제20조 제1항에서 규정하고 있는 상속에 해당된다고 볼 수 없으므로 취득한 날로부터 60일 이내에 취득세를 신고납부하여야 한다.

〈사례〉 협의분할

상속으로 공동상속인이 부동산 등을 취득하는 때에는 협의에 의한 분할 전에 공동상속인 중 누구나 신고납부할 수 있는 것이며, 취득신고를 한 후 협의에 의한 분할을 하였다면 상속재산의 분할은 상속개시일로 소급하여 효력이 있다(세정-4529, 2004.12.10).

상속으로 공동상속인이 부동산 등을 취득하는 때에는 각자가 법정상속 지분만큼의 부동산 등을 취득하는 것으로 보지만 공동상속인 각자가 연대납세의무가 있으므로 「민법」 제1013조에서 규정한 협의에 의한 분할 전에 공동상속인중 누구나 부동산 등의 소재지 지방자치단체에 상속개시일부터 6개월 이내에 신고납부할 수 있는 것이며, 취득신고를 한 후 협의에 의한 분할을 하였다면 민법 제1015조의 규정에 의거 상속재산의 분할은 상속개시일로 소급하여 효력이 있으므로 협의분할에 따른 별도의 취득신고는 하지 아니하는 것이다.

〈사례〉 한정승인

「민법」 제1019조 제1항에서 상속인은 상속개시 있음을 안 날로부터 3개월 내에 단순승인이나 한정승인 또는 포기를 할 수 있다. 여기서 상속의 한정승인은 같은 법 제1028조에서 상속인은 취득할 재산의 한도에서 피상속인의 채무와 유증을 변제할 것을 조건으로 하여 그 효력이 발생한다. 이는 피상속인의 채무 등의 변제행위가 있기 전에 상속인은 단순승인과 마찬가지로 피상속인의 재산을 취득한 행위가 내재된 것으로서 이러한 재산의 취득행위, 부동산 취득에 따른 취득세는 부동산의 취득행위를 과세객체로 하여 부과되는 것이고, 그에 대한 조세채권은 그 취득행위라는 과세요건 사실이 존재함으로써 당연히 발생하는 것(대법원 1995.09.15 선고, 95누7970 판결)에 비추어, 취득세 납세의무가 있는 상속에 의한 취득행위가 발생되었다 봄이 상당하다 할 것이다.

따라서 부동산을 경락되기 전 피상속인의 사망 시 상속으로 취득한 것이 분명한 이상 지방세법에서 규정한 취득의 요건에 해당되고 사후적으로 부채에 모두 충당된다 하더라도 이미 성립한 조세채권에는 아무런 영향을 줄 수 없다(행정자치부 심사결정 제2004-376호, 2004.12.29) 할 것이어서, 이러한 한정상속승인재산에 대하여 단순상속과 같이 지방세가 부과되는 사실을 인지하지 못하였다는 것이나 한정상속은 채무범위 내에서 상속받는 것이어서 채무 변제 후 잔여 재산이 없는 경우는 취득세 납세의무가 없다는 주장은 근거가 없는 것이다(지방세심사2006-1107, 2006.12.27).

〈사례〉 한정승인에 따른 상속재산취득

청구인이 상속 한정승인에 따라 상속재산인 쟁점토지를 취득하였으므로 처분청이 이건 취득세 등을 과세한 처분은 적법하다(기각)(조심2014지878, 2014.09.15).

상속인이 「민법」에 따른 한정승인에 의하여 상속재산을 취득하는 경우 한정승인자도 상속재산에 대한 실질적 소유권을 취득하고 다만 상속채무에 대한 책임이 상속재산을 한도로 한정될 뿐이다. 그러므로 상속포기를 하여 상속의 효과를 부인한 것이 아닌 이상 한정승인자의 상속재산도 「지방세법」이 규정하는 취득세 과세대상이 되는 물건에 해당되어 상속개시일에 취득세 납세의무가 성립된다. 상속인이 피상속인 사망에 따른 쟁점토지를 포함한 청구인의 상속재산에 대한 한정승인신고가 ○○법원으로부터 수리되었으나, 이는 청구인의 상속분에 응하여 취득할 재산의 한도에서 그 상속분에 의한 피상속인의 채무와 유증을 변제할 것을 조건으로 상속을 승인한 것으로서, 청구인에게 상속이 개시되어 새로이 납세의무가 성립된 쟁점토지에 대한 취득세 등은 피상속인의 상속채무에 해당되지 아니하므로, 쟁점토지에 대한 한정승인신고의 수리사실이 이 건 취득세 등의 부과처분에 영향을 미칠 수는 없다고 할 것(조심2010지600, 2011.07.07, 같은 뜻임)이다.

〈사례〉 세대를 건너뛴 상속

손자가·조부로부터 유증에 의해 토지를 취득한 경우로써 부가 생존한 경우는 상속개시일부터 60일 이내에 취득세 신고납부해야 한다(세정13407-134, 1999.11.10).

상속인이 취득세 과세대상 물건을 피상속인으로부터 유증으로 취득한 경우에는 그 신고납부기한이 6개월이 되는 것이나, 손자가 조부로부터 유증에 의하여 취득한 경우로써 부가 생존하여 있다면 위 규정의 '피상속인으로부터 상속인에게 한 유증'에 해당되지 않으므로 상속개시일부터 60일 이내에 취득세를 신고납부 하여야 한다. 그러나 자(子)가 이미 사망하여 손자에게 상속하는 대습상속의 경우에는 상속에 해당한다.

<사례> 유류분반환청구

　유류분반환청구권을 행사하여 법원의 판결에 따라 유류분을 반환한 경우 당초에 유류분 지분만큼 납부한 취득세는 환부대상에 해당된다(지방세운영-846, 2009.02.25).

　「민법」 제1115조 제1항에서는 유류분권리자가 피상속인의 제1114조에 규정된 증여 및 유증으로 인하여 그 유류분에 부족이 생겼을 때에는 부족한 한도에서 그 재산의 반환을 청구할 수 있다고 규정하고 있다. 피상속인의 유증에 의하여 을과 병이 취득한 상속부동산에 대하여 피상속인의 법정상속인인 정과 무가 「민법」 1115조의 규정에 따른 유류분반환청구권을 행사하여 법원의 판결에 따라 유류분을 반환한 경우 을과 병이 당초에 유류분 지분만큼 납부한 취득세는 환부대상에 해당된다.

<사례> 상속재산이 가등기에 기한 본등기로 이전되는 경우

　상속인이 피상속인으로부터 받은 상속재산에 대하여 법원의 화해권고 결정에 의하여 가등기에 기한 본등기 이행절차로 가등기권자에게 소유권이전 된 경우 취득세 환부대상에 해당된다(지방세운영-33, 2009.01.05).

　상속인이 상속개시일에 피상속인으로부터 대물반환예약 가등기된 상속재산을 취득하고 취득세를 신고납부한 후 법원의 화해권고결정에서 피상속인의 지분에 대하여 소유권이전담보 가등기에 기하여 대물반환예약 완결을 원인으로 한 소유권이전등기절차를 이행하라는 결정에 따라 가등기권자에게 소유권이전 되었다면 상속인에 있어서는 상속으로 취득한 부동산에 대하여 이미 납부한 취득세는 환부대상에 해당된다.

Ⅷ. 취득에서 제외되는 계약의 해제

1. 계약의 해지와 취득세

　「민법」 제543조 제1항에서는 계약 또는 법률의 규정에 의하여 당사자의 일방이나 쌍방이 해지 또는 해제의 권리가 있는 때에는 그 해지 또는 해제는 상대방에 대한 의사표시로 한다고 하고 있으며, 같은 법 제544조에서 당사자일방이 그 채무를 이행하지 아니하는 때에는 상대방은 상당한 기간을 정하여 그 이행을 최고하고 그 기간 내에 이행하지 아니한 때에는 계약을 해제할 수 있다고 하고 있다.

같은 법 제545조에서 계약의 성질 또는 당사자의 의사표시에 의하여 일정한 시일 또는 일정한 기간 내에 이행하지 아니하면, 계약의 목적을 달성할 수 없을 경우에 당사자일방이 그 시기에 이행하지 않은 때에는 상대방은 전조의 최고를 하지 않고 계약을 해제할 수 있다고 하고 있으며, 같은 법 제546조에서 채무자의 책임 있는 사유로 이행이 불능하게 된 때에는 채권자는 계약을 해제할 수 있다고 규정하고 있다.

「지방세법 시행령」 제20조 제1항 단서 및 제20조 제2항 제2호 단서에서는 "해당 취득물건을 등기·등록하지 아니하고 다음의 어느 하나에 해당하는 서류에 의하여 취득일부터 60일 이내에 계약이 해제된 사실이 입증되는 경우에는 취득한 것으로 보지 아니한다"고 규정하고 있다.

① 화해조서: 화해란 분쟁 당사자 쌍방이 분쟁을 끝내기로 합의함으로써 성립된다. 화해는 당사자가 소송과 관계없이 직접 하거나 소송이 진행되는 중에 할 수도 있는데, 후자의 방식을 재판상의 화해라 한다. 재판상의 화해를 할 때는 법원에서 문서를 작성해야 하는데 이것을 화해조서라 한다. 화해조서는 소송상의 화해 또는 제소 전에 합의된 화해의 내용으로 구성된다. 제소 전 화해는 소송을 제기하지 않고 법원에 화해를 신청함으로써 진행되며, 화해가 성립되어 화해조서가 작성되면 확정판결과 동일한 효력을 가진다.

② 인낙조서: 인낙조서는 청구의 인낙을 기재한 조서로 「민사소송법」 제220조에 의하여 확정판결과 동일한 효력이 있다. 청구의 인낙은 피고가 원고의 청구가 이유 있다고 인정하는 것이다.

③ 취득일부터 60일 이내에 작성된 공정증서 또는 「부동산 거래신고에 관한 법률」 제3조에 따라 시장·군수·구청장이 교부한 거래계약 해제를 확인할 수 있는 서류: 공정증서란 일반적으로는 공증인이 법률행위 기타 사권(私權)에 관한 사실에 대하여 작성하는 증서를 가리킨다(공증인법 2조). 공정증서는 그 효력에 있어서 첫째, 공

문서로서 강력한 증거력을 가지고 있으며(3조, 민사소송법 356조), 둘째 강제집행에 있어서는 집행권원으로서 집행력을 가진다(민사집행법 56조).

여기서 열거하고 있는 입증서류는 한정적인 열거가 아니라 예시적인 열거로서 이 입증서류 이외에도 그에 준하는 증명력을 가진 서류에 의해 계약의 해제사실이 입증되는 경우도 포함된다. 그러므로 공증인가 법무법인에서 발급받은 사서증서는 공정증서와 마찬가지로 법률행위에 관하여 작성된 증서로서 계약 해약합의서가 작성명의인의 의사에 의하여 작성되었음을 공증인이 확인하고 이를 증명하는 서류이므로 그 작성방식에 비추어 공정증서에 준하는 증명력이 인정된다 할 수 있다. 따라서 동 사서증서는 「지방세법 시행령」 제20조 제1항 및 제2항 제2호의 단서 소정의 입증서류에 해당한다고 볼 수 있다.

원칙적으로 취득세는 부동산 등의 취득행위를 과세객체로 하여 부과하는 행위세이므로 그에 대한 조세채권은 그 취득행위라는 과세요건사실이 존재함으로써 당연히 발생하고 일단 그 취득자가 적법하게 취득한 이상 합의에 의하여 계약을 해제하더라도 이미 성립한 조세채권에는 영향을 주지 않는다.

다만, 「지방세법 시행령」 제20조 제1항 및 제2항 제2호 단서에서는 무상승계취득 및 유상승계취득한 과세물건에 대하여 등기도 경료하지 아니한 상태에서 계약이 해제되어 사실상 취득하였다고 보기 어려운 경우까지 취득세를 과세하게 되는 불합리한 점을 보완하기 위하여, 취득일로부터 60일 이내에 계약이 해제된 사실이 입증된 경우에는 과세물건을 취득한 것으로 보지 않는 것으로 규정하여 취득행위 이후의 사정변경을 인정하고 있다.

그러므로 등기·등록이 완료된 상태라든지, 유상승계취득의 경우 사실상 잔금지급이 이루어진 경우에는 그 이후 계약해지사실이 입증되는 경우에도 취득으로 본다.

2. 입증기간

취득일부터 60일 이내에 매매계약을 해제한 사실이 화해조서, 인낙조서, 공정증서(검인계약 취하신고서 포함) 등에 의해 입증되는 경우에는 계약해제신고를 취득일부터 60일이 경과한 후 하더라도 취득한 것으로 보지 않는다(세정-6419, 2006.12.21). 즉, 계약일 또는 계약서상 잔금지급일로부터 60일 이내에 계약이 해제된 사실만 확인되면 되는 것이지, 계약해제에 관한 공정증서 등을 60일 이내에 신고해야하는 것은 아니다.

3. 계약해제가 불가능한 취득

유상승계취득 중 다음과 같은 사실상의 취득가격이 인정되는 거래와 해당 취득물건을 등기·등록한 경우에는 그 적용이 배제된다.

① 국가, 지방자치단체 또는 지방자치단체조합으로부터의 취득.
② 외국으로부터의 수입에 의한 취득.
③ 판결문·법인장부 중 대통령령으로 정하는 것에 따라 취득가격이 증명되는 취득.
④ 공매방법에 의한 취득.

그러나 대법원에서는 「지방세법 시행령」 제20조 제1항 단서 및 제2항 제2호 단서는 그 규정 취지가 계약상 잔금지급일(계약상 잔금지급일이 명시되지 아니한 경우에는 계약일로부터 60일이 경과한 날)에 실제로 잔금이 지급되지 않은 상태에서 계약이 해제되어 사실상 취득하였다고 보기 어려운 경우까지 계약상 잔금지급일에 취득한 것으로 보아 취득세를 과세하게 되는 불합리한 점을 보완하기 위한 것에 비추어, 사실상의 잔금지급이 이루어짐으로써 취득이 이루어진 경우에는 적용되지 아니하는 것으로 보고 있다(대법원 2006.02.09 선고, 2005두4212 판결).

〈사례〉 합의해제

부동산에 관한 증여계약이 성립하면 동 계약이 무효이거나 취소되지 아니한 이상 그 자체로 취득세의 과세객체가 되는 사실상의 취득행위가 존재하게 되어 그에 대한 조세채권이 당연히 발생하며, 증여계약으로 인하여 수증자가 일단 부동산을 적법하게 취득한 다음에는 그 후 합의에 의하여 계약을 해제하고 그 부동산을 반환하는 경우에도 이미 성립한 조세채권에는 영향을 줄 수 없다. 예를 들어 남편 명의의 부동산을 증여받아 취득신고 및 소유권이전등기를 필하였으나 취득 신고일로부터 60일 이내에 증여계약을 합의해제한 후 소유권을 원상회복한 경우 취득세 납세의무가 있다(조심2008지106, 2009.05.14).

〈사례〉 합의해제 후 재증여

1차 부동산 증여계약에 의하여 갑과 을에게 소유권이전등기가 되었다가 합의해제 후 2차 증여계약에 의거 갑과 병에게 부동산의 소유권이전등기가 된 경우 1차와 2차 모두 취득세 납세의무가 있다(행안부4, 2006.04.28). 즉, 당초의 부동산 증여계약을 합의해제하고 소유권이전등기를 말소한 후 동일 부동산에 대한 증여계약을 다시 체결한 경우 각각 취득세 납세의무가 있는 것이다(세정-609, 2006.02.09).

〈사례〉 증여계약

취득세의 납세의무는 취득세 과세물건을 취득하는 때에 성립하게 되며,「지방세법」에서는 증여를 취득의 유형으로 열거하고 있고, 취득세는「민법」등 관계법령의 규정에 의한 등기 등을 이행하지 아니하는 경우라고 하더라도 당해 부동산이 사실상 특정인에게 귀속되었다고 볼 만한 행위 또는 사실이 있는 경우에 과세되는 것으로 규정한다.「지방세법」제20조에는 무상승계취득의 경우에는 그 계약일(상속 또는 유증으로 인한 취득의 경우에는 상속 또는 유증개시일을 말함)에 취득한 것으로 본다. 다만 해당 취득물건을 등기·등록하지 아니하고 취득일부터 60일 이내에 계약이 해제된 사실이 화해조서, 인낙조서, 공정증서 등으로 입증되는 경우에는 취득한 것으로 보지 아니한다.

따라서 부부 사이에 부동산 증여계약 체결 후 취득신고를 하였고 취득 신고일부터 60일 이내에 계약이 해제된 사실이 공정증서 등에 의하여 입증되지 않는 경우에는 증여계약서 작성일에 취득세 납세의무가 성립한다(조심2010지576, 2010.10.07).

부동산에 관한 증여계약이 성립하면 증여계약이 무효이거나 취소되지 아니한 이상 그 자체로 취득세의 과세객체가 되는 사실상의 취득행위가 존재하게 되어 그에 대한 조세채권이 당연히 발생하고, 증여계약으로 인하여 수증자가 일단 부동산을 적법하게 취득한 다음에는 그 후 합의에 의하여 계약을 해제하고 그 부동산을 반환하는 경우에도 이미 성립한 조세채권의 행사에 영향을 줄 수 없다.

〈사례〉 화해권고결정에 따른 취득세 환부여부

화해권고결정은 법원이 소송 중인 사건에 대하여 직권으로 화해내용을 정하여 그대로 화해할 것을 권고하는 결정을 하는 것으로서 이에 대해 소정의 기간 내에 이의신청이 없으면 확정판결과 동일한 효력이 있으나(민사소송법 제220조 및 제231조), 이는 사법상의 권리관계에 관하여 다툼이 있는 당사자가 법원에서 서로 그 주장을 양보하여 분쟁을 종료시키는 행위, 즉 당사자 간의 양보에 의한 분쟁해결이라는 성격을 갖고 있으므로 국가기관인 법원이 법률에 의해 실체적 진실을 찾아내는 판결과는 현저한 차이가 있는 점 등을 볼 때 화해권고결정 내용 자체가 진정한 사실관계에 부합된다고 인정할 수는 없다.

따라서 매수자 명의로 소유권이전등기를 경료한 후 당초 매도자와 매수자가 '소유권이전등기의 말소등기 절차를 이행하라'는 화해권고결정을 받았다 하더라도 이를 근거로 매수자가 납부했던 취득세를 환급할 수는 없다(지방세운영-5283, 2011.11.16).

〈사례〉 잔금지급 전 매매계약의 해지

부동산 매매계약 체결 후 매매잔금을 미지급한 상태에서 매매계약이 해제된 경우 부동산 취득에 관한 납세의무는 성립하지 않는다. 또한 이렇게 신고의무가 성립하지 않은 경우의 취득세 신고행위는 중대한 하자가 있으므로 납세의무는 성립하지 않는다(제주지법2010구합621, 2010.12.15). 유상승계취득의 경우 대금의 지급과 같이 소유권 취득의 실질적 요건 또는 소유권 이전의 형식이 갖추어진 것이 아니라면 「지방세법 시행령」상 60일의 기일이 경과할 때까지 공정증서 등으로 계약해제사실 등을 입증하지 아니하였다고 하여 취득세 납세의무의 성립이 인정되는 것은 아니라고 할 것이다(대법원 2003.10.23 선고, 2002두5115 판결 등 참조).

〈사례〉 법인의 장부상 사실상 취득가액이 입증되는 경우

법인의 장부상 사실상 취득가액이 입증되는 경우에는 공증된 매매계약해제증서를 불문하고 당초 취득에 대하여 취득세가 과세된다(지방세심사2006-95, 2006.03.27).

청구인은 청구인 회사의 이사 A모씨의 개인명의로 취득하여 소유권이전등기를 해야하는데 착오로 청구인을 취득자로 취득신고한 것을 계약해제와 함께 A모씨로 취득신고하고 소유권이전등기를 경료하였으므로 청구인에게 이 사건 취득세 등을 부과한 처분은 잘못이라고 주장한다.

「지방세법」에서 취득세는 부동산의 취득에 대하여 관계법령의 규정에 의한 등기·등록 등을 이행하지 아니한 경우라도 사실상으로 취득한 때에는 그 취득자에게 부과한다고 규정하고 있는데, 위에서 말하는 부동산의 취득이란 취득세가 본래 재화의 이전이라는 사실자체를 포착하여 거기에 담세력을 인정하고 부과하는 유통세의 일종으로 취득자가 실질적으로 완전한 내용의 소유권을 취득하는가의 여부에 관계없이 사실상의 취득행위 자체를 과세객체로 하는 것이다(대법원 1995.01.14 선고, 94누10627 판결). 일단 취득 행위라는 과세요건사실이 존재함으로써 적법한 조세채권이 발생한 다음에는 그 후 합의에 의하여 계약을 해제하고 그 재산을 반환하는 경우에도 이미 성립한 조세채권의 행사에 영향을 줄 수 없다(대법원 1995.09.15 선고, 95누7970 판결).

또한, 같은 법 시행령 제20조 제1항 제2호 단서에서 판결문, 법인장부 등 취득가격이 사실상 입증되는 경우가 아닌 유상승계취득에서 취득 후 60일 이내에 「민법」 제543조 내지 제546조의 규정에 의한 원인으로 계약이 해제된 사실이 화해조서, 인낙조서, 공정 증서 등에 의하여 입증되는 경우에는 취득한 것으로 보지 아니한다고 하고 있는데, 여기 서 해당 법인은 위 동조 동항 제1호의 사실상 취득가격이 입증되는 경우가 되므로, 비록 법령으로 인정된 계약해제입증자료가 있다하더라도 법령 엄격해석의 원칙상 위 조항단 서규정을 적용할 수 없다. 청구인의 경우, 이 사건 부동산에 대하여 2005년 11월 24일 청구인이 매도인 사이에 체결한 매매계약서를 검인받으면서 취득신고를 이행한 사실, 위 계약을 해제한 다음 2005년 11월 30일 이사 A모씨가 취득신고하면서 부동산소유권 이전등기를 본인명의로 경료한 사실, 사인 간에 작성한 매매계약해제증서 및 청구인 법 인장부상에서 청구인명의로 계약금과 잔금을 지급한 사실과 그 후 매매대금을 장부에 서 감소시킨 사실들을 종합하여 보면, 청구인은 이 사건 부동산을 관련 법령상의 등기절차를 거치지 않았더라도 위 대법원 판례의 취지에 비추어 잔금을 이미 지급한 것이 확인된 이상 일단 취득행위가 있었다고 보아야 할 것이고, 또한 매매계약이 해제되었다는 것도 그 해제원인이 「민법」 제543조 내지 제546조의 규정에 의한 원인이라고는 볼 수 없을 뿐만 아니라 청구인은 법인으로서 사실상 취득가격이 입증되는 경우에 해당되므로 공증된 매매계약해제증서를 불문하고 같은 법 시행령 제20조 제1항 제2호 단서의 규정을 적용받을 여지가 없는 것(행정자치부 심사결정 제2004-76호, 2004.03.29; 제2005-439호, 2005.09.26)이어서 처분청에서 이 사건 취득세를 부과한 처분은 잘못이 없다고 볼 수 있다.

〈사례〉 소유권이전등기의 말소

「지방세법 시행령」 제20조 제2항 제2호 단서는 그 규정취지가 계약상 잔금지급일(계약상 잔금지급일이 명시되지 아니한 경우에는 계약일로부터 60일이 경과되는 날)에 실제로 잔금이 지급되지 아니한 상태에서 계약이 해제되어 사실상 취득하였다고 보기 어려운 경우까지 계약상 잔금지급일에 취득한 것으로 보아 취득세를 과세하게 되는 불합리한 점을 보완하기 위한 점에 비추어, 제20조 제2항 제1호에 의한 사실상의 잔금지급이 이루어지거나 같은 조 제11항에 의한 등기를 마침으로써 취득이 이루어진 경우에는 이를 적용할 여지가 없다고 할 것이다(대법원 2006.02.09 선고, 2005두4212 판결, 같은 뜻).

매매계약을 체결한 후 처분청에 취득세 과세표준과 세액을 신고납부함과 동시에 소유권이전등기를 마침으로써 「지방세법 시행령」 제20조 제11항의 규정에 의하여 소유권이전 등기일에 과세대상물건을 적법하게 취득한 것으로 보아야하기 때문에 이에 대한 취득세 납세의무는 소유권이전 등기일에 당연히 성립되었다고 봐야 할 것이고, 비록 소유권이전등기일 이후에 매매계약을 합의해제하고 소유권이전등기를 말소하였다 하더라도 이미 성립한 조세채권의 행사에 영향을 줄 수는 없다(조심2009지98, 2009.08.17).

Ⅸ. 원상회복

1. 증여계약해제 원상회복

당초 소유자가 증여를 원인으로 타인에게 소유권을 이전하였으나 그 증여계약을 소급적으로 실효시키고 합의해제약정에 기초하여 소유권이전등기를 말소하고 원상회복조치의 결과로 그 소유권을 취득하는 경우에는 취득세 과세대상이 되는 취득으로 보지 않는다.

2. 유상승계취득의 원상회복

양도계약을 체결하고 소유권을 이전하였으나 소유권이전등기의 원인이 되었던 당초의 매매계약을 소급적으로 실효시키는 합의해제의 계약을 하고, 이러한 계약에 기초하여 소유권이전등기를 말소하는 원상회복조치의 결과로 원 소유자가 그 소유권을 취득한 경우에는 취득에 해당하지 않는다.

매매계약의 합의해제는 「민법」에 규정된 법정해제에 있어서와 마찬가지로 매매계약이 처음부터 없었던 것과 동일한 법률효과를 발생시킨다. 그러므로 합의해제로 인하여 매수인에게 이전되었던 소유권은 당연히 매도인에게 원상태로 복귀되는 것이다. 매매계약 당사자 사이에서 소유권이전등기의 원인이 되었던 당초의 매매계약을 소급적으로 실효시키는 합의해제의 계약을 함에 따라 그 계약에 기초하여 매수인 앞으로 경료된 부동산에 관한 소유권이전등기를 말소하는 원상회복조치의 결과로 매도인이 그 소유권을 취득한 것은 「지방세법」상 취득세 과세대상이 되는 취득에 해당되지 않는다.

3. 판결에 의한 원상회복

사기 등 범죄행위를 근거로 소유권을 원상회복하라는 판결에 의해 소유권을 회복하는 경우에는 취득세 납세의무가 없다. 또한 사해행위취소를 원인으로 판결을 통해 소유권이 원상회복되는 경우에도 원상회복자에게 취득세의 납세의무는 발생하지 않는다.

4. 경락에 의한 재취득

가압류된 부동산을 취득한 후 가압류권자의 강제경매신청으로 인해 당초 소유자가 경매절차에 참가해 또 다시 경락 취득한 경우, 소유권환원으로서 새로운 취득이 아니므로 취득세 과세대상에 해당하지 않는다(지방세심사2000-884, 2000.12.26).

〈사례〉 증여의 원상회복

소유권이전등기말소하는 원상회복조치로 취득하는 경우 취득세 과세대상이 아니다. 원고가 그 처인 소외 최모씨로부터 간통죄로 고소되고 이혼소송도 제기당하여 그 위자료조로 원고 소유인 이 사건 부동산을 소외인에게 양도하기로 약정함으로써 1990년 10월 8일 그 약정에 따라 소외인 앞으로 소유권이전등기를 경료하여 주었다. 이후 원고가 소외인을 상대로 이 사건 부동산에 관한 위 소유권이전등기의 말소소송을 제기하여 그 소송이 제1심에 계속 중인 한편 소외인이 원고를 상대로 제기한 이혼소송이 항소심에 계속 중인 1991년 11월 27일, 원고와 소외인은 상호 화해하기로 하였다. 원고는 위 민사소송인 소유권이전등기말소의 소 및 위 이혼소송의 항소를 취하하기로 하되 소외인은 그 앞으로 경료된 이 사건 부동산을 원고에게 넘겨주기로 합의 약정한 사실이 있었다. 그리하여 같은 해 12월 4일 위 합의 약정에 따라 이 사건 부동산에 관하여 경료된 소외인 앞으로의 소유권이전등기가 말소된 사실을 확정한 다음, 원고와 소외인 사이에서 위 소유권이전등기의 원인이 되었던 당초의 양도계약을 소급적으로 실효시키는 합의해제의 약정을 함에 따라 그 약정에 기초하여 소외인 앞으로 경료된 이 사건 부동산에 관한 위 소유권이전등기를 말소하는 원상회복 조치의 결과로 원고가 그 소유권을 취득한 이상, 이는 「지방세법」 제104조 제8호 소정의 취득세 과세대상이 되는 부동산취득에 해당되지 아니한다(대법93누11319, 1993.09.14).

〈사례〉 사해행위의 취소

아파트가 증여에 의해 부로부터 자에게 소유권이전등기됐다가 사해행위로서 말소등기하라는 판결에 의해 소유권이 원상회복된 경우, 취득세는 납세의무 없으나 기납부한 등록세와는 무관하다(세정13407-309, 1999.03.11). 「지방세법 시행령」 제73조 제2항의 규정에 의거 무상승계취득의 경우에는 그 계약일에 취득한 것으로 보는 것이나 귀문의 경우 증여계약에 의하여 소유권이 부로부터 자에게 이전되었다가 동 증여계약이 사해행위로서 소유권이전등기의 말소등기절차를 이행하라는 판결에 의하여 소유권이 원상회복된 경우라면 취득세 납세의무가 없다. 「지방세법」 제124조의 규정에 의하여 등록세는 재산권 기타 권리의 취득·이전·변경 또는 소멸에 관한 사항을 공부에 등기 또는 등록을 하는 경우에 그 등기 또는 등록을 받는 자에게 부과하는 것이므로 귀문의 경우 소유권이전등기말소를 한다 하더라도 기납부한 등록세 납세의무에는 영향이 없다.

〈사례〉 원상회복

부동산매매계약 합의해제가 계약의 소급적 소멸을 목적으로 했다면 그 합의해제로 인하여 매수인 앞으로 이전되었던 부동산소유권은 당연 매도인에게 복귀되는 것이므로 매도인이 원상회복방법으로 소유권이전등기 했더라도 부동산취득에 해당하지 않는다(대법85누1008, 1986.03.25).

원고는 이 사건 부동산을 소외 방모씨에게 대금 13억 원에 팔기로 하는 매매계약을 체결하고 1984년 1월 31일에 그 소유권이전등기를 선이행하였다가 위 방모씨가 매수인으로서 의무를 이행하지 않아 그 매매계약을 합의해제하고 원상회복하기로 하였다. 다만 위 방모씨 앞으로 소유권이전등기가 된 다음에 소외 강모씨 앞으로의 가등기, 소외 A상호신용금고 앞으로의 근저당권설정등기가 되어 있어 합의해제에 따른 원상회복을 하면서 선이행된 소유권이전등기를 말소하지 않고, 1983년 8월 23일에 원고가 이 사건 부동산을 위 방모씨로부터 매수한 것처럼 관계문서를 만들어 1984년 9월 1일에 소유권이전등기를 마친 사실을 인정할 수 있을 뿐 원고가 이 사건 부동산을 소외 방모씨로부터 다시 취득한 것이 아니므로 「지방세법」 제105조에서 말하는 부동산의 취득에 해당하지 않는다는 취지로 판단하였다.

위 원심 인정사실에 비추어 보면 원고와 소외 방모씨 간의 합의해제는 「민법」에 규정된 법정해제에 있어서와 마찬가지로 매매계약이 처음부터 없었던 것과 동일한 법률효과의 발생을 목적으로 한 취지였다고 보여지는 바, 이와 같이 그 합의해제가 계약의 소급적 소멸을 목적으로 한 이상 위 합의해제로 인하여 원고와 소외 방모씨 사이에 있어서 위 방모씨 앞으로 이전되었던 위 사건 부동산에 대한 소유권은 당연히 원고에게 원상태로 복귀되는 것이라 할 것이므로(당원 1977.05.24 선고, 75다1394판결 참조) 원고가 비록 그 원상회복의 방법으로 소유권이전등기의 방식을 취하였다 하더라도 이는 「지방세법」 제105조에서 말하는 부동산의 취득에 해당하지 않는다고 봄이 상당하다.

X. 명의신탁과 취득세 납세의무

1. 명의신탁약정(名義信託約定)의 의의

「부동산 실권리자명의 등기에 관한 법률」에서 명의신탁에 관하여 규정하고 있다. 동법 제2조에서는 '명의신탁약정'이란 부동산에 관한 소유권이나 그 밖의 물권(부동산에 관한 물권)을 보유한 자 또는 사실상 취득하거나 취득하려고 하는 자(실권리자)가 타인과의 사이에서 대내적으로는 실권리자가 부동산에 관한 물권을 보유하거나 보유하기로 하고 그에 관한 등기(가등기를 포함)는 그 타인의 명의로 하기로 하는 약정(위임·위탁매매의 형식에 의하거나 추인에 의한 경우를 포함)을 말한다. 다만, 다음과 같은 경우는 제외한다.

① 채무의 변제를 담보하기 위하여 채권자가 부동산에 관한 물권을 이전(移轉)받거나 가등기하는 경우.
② 부동산의 위치와 면적을 특정하여 2인 이상이 구분소유하기로 하는 약정을 하고 그 구분소유자의 공유로 등기하는 경우.
③ 「신탁법」 또는 「자본시장과 금융투자업에 관한 법률」에 따른 신탁재산인 사실을 등기한 경우.

부동산 실권리자명의 등기에 관한 법률에서는 명의신탁에 의한 등기를 금하고 있으며, 명의신탁약정은 무효이며, 명의신탁약정에 따른 등기로 이루어진 부동산에 관한 물권변동은 무효로 한다. 다만, 다음의 어느 하나에 해당하는 경우로서 조세 포탈, 강제집행의 면탈(免脫) 또는 법령상 제한의 회피를 목적으로 하지 아니하는 경우에는 명의신탁의 효력을 인정하고 있다.

① 종중(宗中)이 보유한 부동산에 관한 물권을 종중(종중과 그 대표자를 같이 표시하여 등기한 경우를 포함) 외의 자의 명의로 등기한 경우.
② 배우자 명의로 부동산에 관한 물권을 등기한 경우.
③ 종교단체의 명의로 그 산하 조직이 보유한 부동산에 관한 물권을 등기한 경우.

2. 명의신탁의 취득세 납세의무

사실상의 취득이란 일반적으로 등기와 같은 소유권 취득의 형식적 요건을 갖추지는 못하였으나 대금의 지급과 같은 소유권 취득의 실질적 요건을 갖춘 경우를 말한다. 그러므로 그 사실상의 취득자가 3자간 명의신탁약정에 의하여 수탁자 명의로 소유권이전등기를 경료하고 자신의 명의로는 소유권이전등기를 경료하지 않은 경우에는 사실상의 취득에 해당하여 취득세 납세의무자가 된다(대법원 2007.05.11 선고, 2005두13360 판결).

그리고 명의신탁약정에 따라 명의수탁자 명의로 소유권이전등기가 마쳐진 경우, 명의수탁자에게는 등기명의라는 소유권이전의 형식에 의한 취득행위가 있는 것이므로 그의 취득세 납세의무가 성립한다.

즉, 명의신탁자에게는 자신 명의로 소유권이전등기를 마치지 아니하였으나 대금지급과 같은 소유권 취득의 실질적 요건을 갖춘 취득행위가 있는 것이어서 취득세 납세의무가 성립하고, 명의수탁자에게는 형식적 취득에 대한 취득세의 납세의무가 발생한다.

그 후 명의신탁해지에 따라 명의신탁자 명의로 소유권이전등기가 마쳐진 경우에는, 소유권의 귀속 주체와 목적물이 동일하면서 소유권 취득의 실질적 요건에 형식적 요건이 추가될 뿐이므로 명의신탁자가 또다시 취득세 납세의무를 부담하는 것은 아니다.

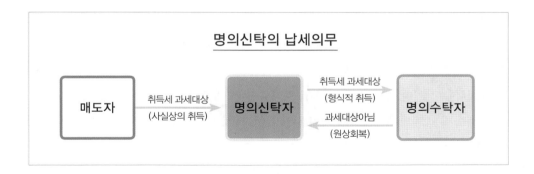

명의신탁의 납세의무

매도자 → (취득세 과세대상 / 사실상의 취득) → 명의신탁자 → (취득세 과세대상 / 형식적 취득) → 명의수탁자

명의수탁자 → (과세대상아님 / 원상회복) → 명의신탁자

〈사례〉 법인명의 취득불능 농지를 대표이사명의로 등기

　법인명의의 농지취득이 불가능하여 대표이사 개인명의로 농지를 취득하면서 그 매매대금은 법인의 자금으로 지급하고 대표이사 개인명의로 명의신탁에 따른 소유권이전등기를 경료 한 경우라면 법인명의로 소유권이전등기가 이루어지지 않았다 하더라도 당해법인이 부동산에 대한 매매잔대금 지급일에 부동산을 사실상으로 취득하였다고 보아야 할 것이며, 법인의 취득행위는 매매계약의 체결 및 이에 따른 매매대금을 지급함으로써 발생한 것이고 명의수탁자들의 취득행위는 명의신탁약정이라는 별개의 법률원인에 기하여 소유권이전등기를 경료함으로써 발생한 것으로 두 개의 취득행위가 동시에 존재한다(행정자치부 지방세정팀-1890, 2008.10.21).

〈사례〉 명의신탁자의 취득시기

　부동산에 관하여 신탁자가 수탁자와 명의신탁약정을 맺고, 신탁자가 매매계약의 당사자가 되어 매도인과 매매계약 체결 및 매매대금을 지급하고 등기를 매도인으로부터 수탁자 명의로 이전한 경우 신탁자는 수탁자의 취득행위와는 별개로 매도인에게 실질적으로 매매대금을 지급한 때 부동산을 사실상으로 취득한 것이므로 취득세 납세의무가 성립되는 것(같은 취지의 대법원판결 2005두13360, 2007.05.11 참조)이라 하겠고, 취득의 시기는 매매계약서상의 잔금지급일(또는 소유권이전등기일)로 보는 것이 타당하다(행정자치부, 2009.09).

〈사례〉 명의신탁

취득세는 그 취득자가 실질적으로 완전한 내용의 소유권을 취득하는가의 여부에 관계없이 소유권이전의 형식에 의한 부동산의 취득의 모든 경우를 포함하여 매 거래단계마다 과세하는 것인바, 청구법인이 이 건 토지를 당초 매도인으로부터 사실상 취득하여 성립한 취득세 납세의무와 명의수탁자로부터 이 건 토지를 취득하여 성립한 취득세 납세의무는 각각 별개의 납세의무에 해당한다(조심2013지6, 2013.02.25).

청구법인은 2006년 12월 28일 A주식회사와 자산양수도계약을 체결하고 이 건 토지에 대한 대금정산을 하였으나 청구법인 명의로 등기하지 아니하고 2007년 12월 27일 청구법인 직원인 김모씨 명의로 이 건 토지를 등기한 후, 2012년 4월 13일 김모씨와 이 건 토지에 대한 매매계약을 체결하고 2012년 5월 10일 이 건 토지를 청구법인 명의로 등기하였다. 청구법인은 A주식회사와 자산양수도계약을 체결하고 이 건 토지에 대한 대금을 정산하여 이 건 토지를 사실상 취득하였으므로 이 건 토지에 대한 취득세 납세의무가 성립되었다. 이 건 토지가 청구법인 직원인 김모씨 명의로 등기명의신탁되어 이전된 후 청구법인은 김모씨로부터 이 건 토지를 취득하여 등기하였음이 확인되고 취득세는 이전 단계마다 새로운 납세의무가 성립되는 거래과세이므로 청구법인은 다시 이 건 토지에 대한 취득세 납세의무가 성립되었다고 보는 것이 타당하다. 위의 취득세 납세의무는 각각 별개로 성립된 취득세 납세의무이므로 청구법인이 이 건 토지에 대한 취득세 등을 이중으로 납부했다는 주장은 앞서 본 취득의 법리에 비추어 타당하지 않은 것으로 판단된다.

〈사례〉 명의신탁의 해지

원고가 이 사건 토지를 사실상 취득하였다는 이유로 원고에게 부과된 취득세를 납부한 이상 이 사건 토지에 관한 등기명의를 취득하였다는 이유로 다시 취득세 납세의무가 발생한다고 할 수 없다(국패)(서울고법2012누12091, 2012.11.09).

인정사실과 증거들에 의하면, 2006년 4월 11일 원고와 김모씨 사이의 명의신탁약정에 따라 이 사건 토지에 관하여 김모씨 명의로 소유권이전등기가 마쳐지면서 이 사건 토지에 관한 취득세가 김모씨 명의로 납부되었고, 명의수탁자인 김모씨나 이 사건 토지의 매도인이 원고에 대하여 이 사건 토지의 소유권을 주장하지 않아, 원고가 이 사건 토지에 관하여 사실상 소유권을 보유하면서 그 경제적 이익이 원고에게 귀속되는 상태가 유지되다가, 피고가 위와 같은 명의신탁을 이유로 원고에게 부동산실명법 소정의 과징금을 부과하는 한편 원고가 위와 같은 명의신탁에 의하여 이 사건 토지를 사실상 취득하였음을 이유로 2010년 5월 13일 원고에게 이 사건 토지에 관한 취득세와 농어촌특별세를 부과하여 그 취득세와 농어촌특별세가 원고 명의로 납부되었는데, 그 후 2010년 12월 16일 원고와 김모씨 사이의 명의신탁해지에 따라 이 사건 토지에 관하여 김모씨로부터 원고 명의로 소유권이전등기가 마쳐지자, 피고가 2011년 2월 11일 원고의 위와 같은 소유권이전등기를 이유로 원고에게 이 사건 토지에 관한 취득세와 농어촌특별세를 또다시 부과하는 이 사건 처분을 한 것이다.

그렇다면, 명의신탁자인 원고에게 대금지급과 같은 소유권 취득의 실질적 요건을 갖춘 취득행위가 있었던 단계에서의 담세력이 포착되어 그 취득세 납세의무가 이행된 것이므로, 그 후 명의신탁자인 원고에게 등기명의라는 소유권이전의 형식에 의한 취득행위가 있었던 단계에서의 담세력이 별개로 포착되어 원고가 이 사건 토지에 관한 취득세 납세의무를 또다시 부담한다고 할 수 없다고 할 것이다. 따라서 원고가 명의신탁약정에 따라 이 사건 토지를 사실상 취득하였음을 이유로 원고에게 이 사건 토지에 관한 취득세와 농어촌특별세가 부과되고 그 납세의무가 이행된 후 원고 명의의 소유권이전등기를 이유로 원고에게 이 사건 토지에 관한 취득세와 농어촌특별세를 또다시 부과한 이 사건 처분은 위법하다고 할 것이다.

XI. 건축물의 주체구조와 일체가 되는 부대설비

건축물 중 조작(造作) 설비, 그 밖의 부대설비에 속하는 부분으로서 그 주체구조부(主體構造部)와 하나가 되어 건축물로서의 효용가치를 이루고 있는 것에 대하여는 주체구조부 취득자 외의 자가 가설(加設)한 경우에도 주체구조부의 취득자가 함께 취득한 것으로 본다. 그러나 건물과 일체가 되지 아니하고 독자적으로 가치를 지니는 부대설비를 임차인이 설치한 경우에는 임차인이 납세의무자가 된다.

〈사례〉 공동주택의 원시취득 전 베란다 등의 확장

청구법인은 이 건 공동주택의 취득세 과세표준에서 누락된 비용 중 XX원(이하 '쟁점비용'이라 함)은 청구법인으로부터 이 건 공동주택을 분양받은 182세대 주택(이하 '쟁점공동주택'이라 함)의 수분양자들이 베란다 등의 확장을 위하여 청구법인과 아무런 관계가 없는 A법인(이하 '쟁점법인'이라 함)에게 지급한 비용으로, 쟁점공동주택의 분양계약 및 도급공사비에 포함된 것이 아니고 수분양자가 쟁점공동주택의 시공사나 청구법인에게 지급한 비용이 아니며, 베란다 등의 확장공사는 쟁점법인이 시공한 것으로 이 건 공동주택의 시공사가 시공한 것도 아니다. 따라서 처분청이 수분양자들이 쟁점비용을 누구에게 지급하였는지에 대한 조사 없이 쟁점비용을 청구법인의 쟁점공동주택 취득가격에 포함시켜 취득세를 부과한 것은 실질과세의 원칙 및 근거과세의 원칙에 위배되므로 부당하다고 하였다.

그러나 청구법인은 2010년 4월 30일부터 2010년 7월 23일까지의 기간 중에 이 건 공동주택의 임시사용승인을 받아 쟁점공동주택을 신축취득 하였고, 쟁점비용이 쟁점공동주택의 수분양자들이 쟁점법인이 시공한 발코니 확장공사 등의 대가로 쟁점법인에게 지급한 것이라 하더라도, 동 비용은 청구법인이 쟁점공동주택을 취득하기 이전에 발생된 비용이고, 쟁점공동주택의 발코니 확장공사 등이 쟁점공동주택의 주체구조부와 일체가 되어 건축물로서의 효용가치를 이루고 있으므로 쟁점공동주택의 주체구조부의 취득자인 청구법인이 함께 취득한 것으로 간주하여 쟁점공동주택의 취득세 과세표준에 포함한 것은 잘못이 없다고 판단된다. 따라서 청구법인의 주장은 받아들이기 어렵다 할 것이다(조심2012지697, 2012.11.28).

〈사례〉 공동주택 승강기교체공사

입주자대표회의가 승강기 교체에 대한 취득세 등의 납세의무자에 해당하는지 여부에 대하여 보면, 「지방세법」 제105조 제4항에서 건축물을 건축한 것에 있어서 당해 건축물 중 조작 기타 부대설비에 속하는 부분으로서 그 주체구조부와 일체가 되어 건축물로서의 효용가치를 이루고 있는 것에 대하여는 주체구조부 취득자 이외의 자가 가설한 경우에도 주체구조부의 취득자가 함께 취득한 것으로 간주한다고 규정하고 있다. 입주자대표회의가 법인격 없는 사단으로서 당사자 능력을 갖고 있고 입주자대표회의 명의로 승강기 교체·설치계약을 하였다 하더라도 「주택법」 제43조의 규정에 따라 성립된 입주자대표회의는 공동주택의 관리에 관한 사항을 결정하여 시행하는 등의 관리권한을 가진 관리주체일 뿐 공동주택 건축물의 주체구조부 취득자는 아닌바, 처분청이 공동주택의 승강기 교체에 따른 취득세 등의 납세의무자를 당해 공동주택 건축물의 주체구조부 소유자로 하지 아니하고 입주자대표회의로 하여 취득세 등을 부과고지한 처분은 잘못이라고 할 것이다(조심2009지850, 2010.04.08). 이 건 취득세 등은 아파트 소유자 각각을 납세의무자로 봄이 타당하므로 승강기의 취득세 과세표준액을 세대수별로 나눌 경우 세대당 과세표준액이 취득세 면세점에 해당하므로 이 건 취득세 등은 취소되어야 한다.

〈사례〉 주유기의 무상대여

당사에서는 정유회사로부터 주유기를 2년 거치 후 3년 분할 상환하는 조건으로 매입하여(전체 금액으로 세금계산서를 계약일에 발행) 고정자산으로 등재한 후 현재 영업 중인 주유소에 5년간 무상대여(당사 지정 정유회사 유류로 공급·판매조건)하기로 계약을 체결한 바 별첨과 같이 질의하였다.

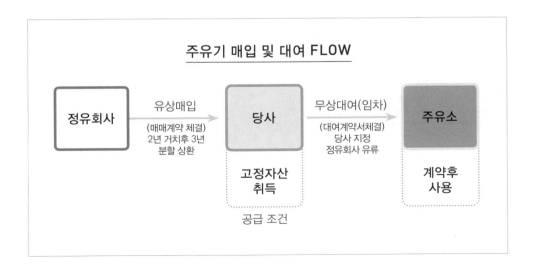

「지방세법 시행령」 제76조 규정에 의하여 건물과 구축물에 부속 또는 부착설치된 주유시설은 취득세 과세대상이나 귀문과 같이 주유시설을 매입하여 주유소 영위자에게 무상대여 설치하는 경우, 단순히 주유시설을 매입한 귀사에게는 취득세 납세의무가 없으나 동 주유시설을 주유소 영위자 소유의 건축물에 무상으로 대여 설치한 경우에는 주유시설이 귀사 소유라 하더라도 「지방세법」 제105조 제4항 규정에 의하여 건축물소유자인 주유소 영위자에게 주유시설에 대한 취득세 납세의무가 있다(세정13407-1403, 1996.12.04).

〈사례〉 인입배관공사

인입배관은 ○○본관으로부터 사용자 소유의 토지 경계까지의 ○○배관으로 ○○공급자가 부담한 인입배관공사비가 청구법인의 장부에 계상되고 있고, 인입배관은 ○○사용자 토지 밖에 설치되며, 인입배관은 청구법인의 소유인 ○○본관과 연결되어 경제적 일체를 이루고 있고, ○○사용자들은 청구법인의 청구에 의하여 인입배관 부담금을 납부할 뿐 인입배관 공사는 청구법인이 행하는 점 등에 비추어 볼 때, 비록 인입배관의 공사비의 50%를 ○○사용자가 부담하였다 하더라도 인입배관은 ○○회사들인 청구법인이 취득한 것으로 보는 것이 타당하고, 인입배관의 취득세 등의 과세표준은 인입배관의 설치를 위하여 소요된 직·간접 비용의 일체가 되는 것이며, 청구법인은 인입배관을 설치하기 위하여 ○○사용자로부터 징수된 인입배관공사비의 50%와 청구법인이 부담한 공사비 50%를 합한 금액으로 인입배관을 취득하였음이 확인되므로 ○○사용자가 부담한 인입배관공사비는 인입배관의 취득을 위하여 사용된 금액에 포함되어 인입배관의 취득세 과세표준에 포함된다고 보는 것이 타당하다(조심2013지0269, 2013.12.23 같은 뜻임)(조심2014지49, 2014.05.12).

〈사례〉 여객청사건물의 대수선

건축물 중 조작 기타 부대설비에 속하는 부분으로서 그 주체구조부와 일체가 되어 건축물로서의 효용가치를 이루고 있는 것에 대하여는 주체구조부 취득자 이외의 자가 가설한 경우에도 주체구조부의 취득자가 함께 취득한 것으로 간주하도록 규정하고 있으므로, 국제공항여객청사 건물 내에 일부를 대수선, 개수 등을 통하여 호텔로 이용하는 경우라면 개수에 따른 취득세 납세의무자는 여객청사 건축물 소유자가 된다(행자부 2002.11.08 회신, 세정13407-1071).

〈사례〉 롤러스케이트장

임차한 토지에 롤러스케이트장을 설치하는 경우 취득세 납세의무는 임차인이 부담한다(세정1268-9945, 1981.07.01).

〈사례〉 물류창고의 자동화 시설

쟁점시설물(이 건 건축물 외부에 설치된 랙은 제외)은 동력을 이용해서 물품을 자동으로 분류하고 이송시키는 기계장치 등으로서 그 자체로 물품의 분류 및 이송이라는 고유한 기능을 가지고 있다. 또한 건축물의 바닥 또는 벽면에 나사와 볼트를 이용하여 연결된 것으로 철거하여 이설가능 하도록 설계부착 되어 있는 것으로 보인다. 그리고 청구법인이 쟁점시설물을 이 건 건축물과 별개의 설비 및 기계장치로 보아 회계처리(감가상각) 하는 점 등을 고려할 때, 쟁점시설물이 이 건 건축물 사용승인 전에 설치되었고 이건 건축물의 내에 설치되었다 하더라도 이 건 건축물(주체구조부)과 일체가 되어 건축물 고유의 기능과 효용을 증대시키는 부대설비에 해당된다고 보기는 어렵다(조심2013 지41, 2013.05.14).

XII. 합병

합병이란 당사자인 회사의 전부 또는 일부가 해산하고 그 재산이 청산절차에 의하지 않고 포괄적으로 존속회사 또는 신설회사에 이전함과 동시에 그 사원이 존속회사 또는 신설회사의 사원이 되는 효과를 가져오는 것으로 기업의 동일성이 그대로 유지된다. 법인합병은 2개 이상의 법인이 1개의 법인으로 되는 것으로 흡수합병 또는 신설합병으로 구분된다.

합병의 성격에 관하여는 인격승계설과 현물출자설(자산양도설)이 있다. 인격승계설의 관점에서는 소멸법인의 인격이 존속법인으로 그 일체성을 유지하면서 승계된다는 견해이므로, 소멸법인의 자산을 존속법인이 새롭게 취득한 것이 아니라 그 자산의 명의를 소멸법인에서 존속법인으로 이전한 것에 불과하므로 취득개념이 발생하지 아니한다.

반면, 현물출자설의 관점에서는 법인합병을 소멸법인의 자산을 존속법인에 양도하고 그 대가로 소멸법인의 주주가 존속법인의 주식을 교부받는 자산양도로 보는 견해이므로, 합병에 의한 자산의 이전을 새로운 취득으로 보는 입장이다.

취득세법에서는 합병에 관하여 현물출자설의 입장을 따르고 있다. 법인합병의 경우 「지방세법」 제15조 제1항 제3호에서 형식적인 취득으로 보아 세율의 특례규정을 두고 있는 것이나 「지방세특례제한법」 제57조의 2에서 취득세를 면제하고 있는 것은 합병에 의한 취득을 자산취득으로 보나 이러한 경우 세율의 특례나 과세를 면제한다는 의미이다. 대법원판례에서도 합병에 의한 부동산 등의 취득을 무상으로 취득하는 자산양도로 보는 견해이다(대법98두19193, 2000.10.13). 합병으로 인하여 존속하는 법인이 피합병법인의 부동산 등을 취득하는 경우에는 유상승계취득이 아닌 무상승계취득으로 보아 법인의 장부가액이 아닌 시가표준액을 과세표준으로 하여 취득세가 과세된다.

XIII. 회사분할

「상법」 제530조의 2 및 제530조의 3의 규정에 의하여 회사는 분할에 의하여 1개 또는 수개의 회사를 설립할 수 있을 뿐만 아니라, 1개 또는 수개의 존립 중의 회사와 합병(분할합병)할 수 있고, 1개 또는 수개의 회사를 설립함과 동시에 분할합병(신설분할합병)할 수 있으며, 해산 후의 회사는 존립 중의 회사를 존속하는 회사로 하거나 새로 회사를 설립하는 경우에 한하여 분할 또는 분할합병할 수 있다.

분할이란 회사가 회사의 재산, 사원 등 일부분을 분리하여 다른 회사에 출자하거나 새로 회사를 설립함으로써 한 회사를 복수의 회사로 만드는 것을 말한다. 분할에는 인적분할과 물적분할이 있다. 인적분할이란 분할대가를 분할법인(또는 소멸한 분할합병의 상대방법인)의 주주가 교부받는 경우의 분할을 말하며, 물적분할이란 분할대가를 분할법인이 전부 교부받는 분할을 말한다.

법인분할은 1개의 법인격이 있는 법인이 1개 이상으로 분리되어 새로운 법인격이 있는 법인이 설립되는 것이다. 이 경우 새로이 신설되는 법인은 분할 전의 법인으로부터 부동산, 주식 등 자산을 취득하게 되는 바, 이러한 취득에 대하여는 인격승계설과 자산양도설의 견해가 있다. 인격승계설의 입장은 법인격이 분리되기 때문에 종전 존속법인이 소유하고 있는 것을 단순한 명의 변경으로 보아 취득행위가 없는 것으로 보는 견해이다. 반면, 자산양도설은 기업분할로 새로운 법인격이 설립되고 그에 따라 종전 존속법인의 자산이 양도되는 것으로 보아 취득행위가 있는 것으로 보는 견해이다.

「지방세법」에서는 기업분할의 경우에도 자산양도설의 입장에 따르고 있다. 즉, 분할에 의한 자산의 이전을 취득세 과세대상으로 보고 있다. 다만, 「지방세특례제한법」 제57조의 2 제3항의 요건을 갖춘 분할의 경우에는 취득세를 면제한다. 그러므로 동 규정에 부합되지 아니한 기업분할의 경우에는 취득세의 과세대상에 해당한다. 그리고 물적분할의 경우에는 유상승계취득으로 보고, 인적분할의 경우에는 무상승계취득으로 본다.

〈사례〉 인적분할과 물적분할

「상법」 제530조의 2 제1항과 제530조의4 제2항의 규정에 의한 회사분할의 경우 새로이 설립된 회사가 그 분할로 인하여 분할 전 회사소유의 부동산을 이전받을 경우는 무상취득으로 보아 「지방세법」 제131조 제1항 제2호에 의한 부동산가액의 1,000분의 15의 등록세율이 적용되며, 「상법」 제530조의 12 규정에 의한 물적분할인 경우로서 새로이 설립된 회사가 그 분할로 인하여 분할 전 회사소유의 부동산을 이전받을 경우는 유상취득으로 보아 「지방세법」 제131조 제1항 제3호 2목에 의한 부동산가액의 1,000분의 20의 등록세율이 적용된다(세정13407-969, 1999.07.31).

리스취득 등

Ⅰ. 임차하여 수입

외국인 소유의 취득세 과세대상 물건(차량, 기계장비, 항공기 및 선박만 해당)을 직접 사용하거나 국내의 대여시설 이용자에게 대여하기 위하여 임차하여 수입하는 경우에는 수입하는 자가 취득한 것으로 본다(지방세법 제7조 제6항).

구 「지방세법」 제105조 제8항 본문 중 "시설대여물건을 국내의 대여시설이용자에게 대여하기 위하여 수입하는"을 "취득세 과세대상물건(차량, 기계장비, 항공기 및 선박만 해당)을 직접사용하거나 국내의 대여시설이용자에게 대여하기 위하여 임차하여 수입하는"으로 2007년 7월 20일 법률 제8540호로 개정하였다. 개정이유로 "취득세 납세의무자의 범위에 외국인 소유의 취득세 과세대상 물건을 국내에서 직접 사용하기 위하여 임차하여 수입하는 자를 포함하도록 하기 위함"이라고 밝히고 있다.

개정법률안의 개정 전에는 외국인 소유의 시설대여물건을 국내에서 직접 사용하기 위하여 임차하여 수입하는 경우도 '국내의 대여시설이용자에게 대여하기 위하여 수입하는 시설대여물건'으로 보아 취득세 납세의무가 성립하는 것으로 보아 왔으나, 직접 사용하기 위하여 임차하여 수입하는 경우에는 '국내의 대여시설이용자에게 대여하기 위하여 수입하는 시설대여물건'에 해당하지 아니한다는 대법원 판결(대법2006두8860, 2006.07.28)이 선고됨에 따라 실질과세의 원칙 및 공평과세원칙에 부합하도록 관련 규정을 정비하였다.

국내에서 직접사용 또는 대여하기 위하여 금융리스 방식으로 임차하여 수입하는 경우에는 취득세의 납세의무가 있다. 「지방세법」 제7조 제2항 본문에서 관계법령의 규정에 의한 등기·등록 등을 이행하지 아니한 경우라도 사실상으로 취득한 때에는 취득한 것으로 보고 당해 취득물건의 소유자 또는 양수인을 취득자로 한다고 규정하고 있다. 「지방세법」 제7조 제2항에서 사실상의 취득이라 함은 일반적으로 등기와 같은 소유권 취득의 형식적 요건을 갖추지는 못하였으나 대금의 지급과 같은 소유권 취득의 실질적 요건을 갖춘 경우를 말한다.

금융리스의 경우 국내의 리스이용자가 외국의 리스회사와 리스계약을 체결하고 일정한 리스기간 동안 리스자산을 사용하고 리스기간 만료 시 일반적으로 무상 또는 명목상 금액으로 그 소유권을 취득하고 있다. 또한 리스이용자가 지급하여야 하는 리스료는 리스회사가 리스자산을 구입하기 위하여 지급한 비용과 그 비용을 원금으로 보고 일정이자율로 계산한 이자로 구성됨으로써 그 성격상 리스회사가 리스이용자에게 리스자산에 대한 취득자금을 대여한 것과 그 성격이 같다. 이러한 이유로 기업회계기준서 또는 법인세법령에서 금융리스의 자산은 리스이용자의 감가상각자산으로 하도록 정하고 있는 점 등을 종합하여 볼 때 사실상의 취득으로 볼 수 있어 취득세의 납세의무가 있는 것이다.

그러나 국내에서 직접사용 또는 대여하기 위하여 운용리스방식으로 임차하여 수입하는 경우 취득세의 납세의무가 있는지에 대해서 살펴보면, 「지방세법」 제7조 제6항의 규정이 취득행위가 이루어졌다고 볼 수 없는 운용리스 형태로 수입하는 취득세 과세대상물건까지 무조건 수입하는 자에게 취득세 납세의무를 부과하겠다는 취지로는 보이지 아니하며, 이러한 규정을 운용리스의 경우까지 적용하는 경우 초단기간에 사용할 목적으로 외국의 리스물건을 수입하는 경우에도 모두 취득세를 과세하여야 한다는 불합리한 점을 초래하게 되므로, 운용리스방식에 의하여 임차하여 수입하는 과세물건은 납세의무가 없는 것으로 보아야 한다.

외국으로부터 임차하여 수입하는 경우 납세의무

수입형태	타인에 대여	직접사용
금융리스	수입하는 자	수입하는 자
운용리스	납세의무 없음	납세의무 없음

〈사례〉 외국으로부터 금융리스에 의한 수입

외국법인으로부터 항공기를 금융리스한 경우 수입하는 시점에서 리스이용자가 리스자산을 사실상 취득하였다고 봄이 타당하다(세정-2715, 2007.07.13).

〈사례〉 운용리스방식으로 항공기 수입

취득행위가 이루어졌다고 볼 수 없는 운용리스방식으로 수입하는 취득세 과세대상 물건까지 무조건 그 수입하는 자에게 취득세 납세의무를 부과하는 등 이러한 규정을 운용리스의 경우까지 극단적으로 적용하게 되면 초단기간에 사용할 목적으로 수입하는 경우에도 모두 취득세를 과세하여야 하는 불합리함이 있으므로, 운용리스방식으로 항공기를 수입하여 사용하는 경우에는 취득세의 납세의무가 없다(조심2008지262, 2008.11.06).

〈사례〉 국적취득조건부나용선 계약

국내 시설대여업자가 외국국적의 선박을 국적취득조건부나용선 계약에 의해 취득하고 몇 년에 걸쳐 대금상환을 하는 경우 매 용선료를 지급 하는 때 연부취득에 따른 취득세 납세의무가 성립한다(세정-5041, 2007.11.26).

〈사례〉 리스물건 소유자변경

「지방세법」 제105조 제8항의 규정에 의하여 외국인소유의 시설대여 물건을 국내의 대여시설이용자에게 대여하기 위하여 수입하는 경우에는 수입하는 자가 이를 취득한 것으로 보는 것이므로 귀문의 경우 시설대여물건(항공기)을 소유하고 있는 외국법인B가 동 물건을 외국법인C에게 양도하였더라도 국내의 대여시설이용자인 국내항공사A가 동 물건을 계속 운용리스로 사용하는 경우라면 외국법인에게는 항공기에 대한 취득세 납세의무가 없다(세정13407-355, 1999.03.24).

Ⅱ. 대여시설이용자의 명의로 등록하는 건설기계나 차량

「여신전문금융업법」에 따른 시설대여업자가 건설기계나 차량의 시설대여를 하는 경우로서 같은 법 제33조 제1항에 따라 대여시설이용자의 명의로 등록하는 경우라도 그 건설기계나 차량은 시설대여업자가 취득한 것으로 본다(지방세법 제7조 제9항).

동 규정은 2010년 3월 31일 「지방세법」이 분법되기 이전부터 시행령에 규정되어 있었으며, 분법이후에도 시행령에 규정된 것을 2010년 12월 27일 시행령에서 「지방세법」으로 이관한 것이다. 「지방세법」에서 신설하면서 과거에는 선박, 항공기가 포함되어 있었으나, 이를 제외한 건설기계와 차량에 대해서만 규정하고 있다.

「여신전문금융업법」 제2조에 의한 '시설대여업'이란 시설대여를 업으로 하는 것을 말하며, '시설대여'란 대통령령으로 정하는 물건을 새로 취득하거나 대여 받아 거래상대방에게 대통령령으로 정하는 일정 기간 이상 사용하게 하고, 그 사용 기간 동안 일정한 대가를 정기적으로 나누어 지급받으며, 그 사용 기간이 끝난 후의 물건의 처분에 관하여는 당사자 간의 약정(約定)으로 정하는 방식의 금융을 말한다. '대통령령으로 정하는 일정 기간'이란 「법인세법 시행령」 제28조, 제29조 및 제29조의 2에 따른 내용연수의 100분의 20에 해당하는 기간을 말한다.

「여신전문금융업법」 제33조 '등기·등록상의 특례'의 규정에 의하면, 시설대여업자가 건설기계나 차량(車輛)의 시설대여 등을 하는 경우에는 「건설기계관리법」 또는 「자동차관리법」에도 불구하고 대여시설이용자(연불판매의 경우 특정물건의 소유권을 취득한 자는 제외)의 명의로 등록할 수 있도록 하고 있는데, 이 경우 시설대여업자를 취득세 납세의무자로 보는 것이다.

리스의 취득세 납세의무

구분	금융리스	운용리스
취득세 납세의무자	리스회사	리스회사

「지방세법」 제7조 제9항의 규정에 의하여 「여신전문금융업법」에 의한 시설대여업자가 운용리스방식은 물론 금융리스방식으로 차량 등을 시설대여 하여 대여시설이용자 명의로 등록을 하더라도 당해 차량 등의 시설대여업자가 취득세 납세의무자가 된다 (세정-174, 2006.01.16).

즉, 「지방세법」 제7조 제2항에서 부동산, 차량 등의 취득에 있어서는 「민법」, 「자동차 관리법」 등 관계법령의 규정에 의한 등기·등록을 이행하지 아니한 경우라도 사실상으로 취득한 때에는 각각 취득한 것으로 보고 당해 취득물건의 소유자 또는 양수인을 각각 취득자로 한다고 규정하고 있고, 「지방세법」 제7조 제9항에서 「여신전문금융업법」에 의한 시설대여업자가 건설기계나 차량의 시설대여를 하는 경우에는 그 등기 또는 등록명의에 불구하고 시설대여업자를 취득세 납세의무자로 보도록 규정하고 있다.

따라서 「지방세법」 제7조 제9항 규정의 취지는 「여신전문금융업법」에 의한 시설대여로서 시설대여자산을 시설이용자가 선정하여 직접 구입하고 이를 시설이용자 명의로 등록을 하는 금융리스의 경우라도 시설대여회사가 과세대상 물건을 사실상으로 취득한 것으로 보아 취득세 납세의무가 있다는 대법원 판례(대법원 판결 92누16094, 1993.09.28 및 96누17486, 1997.07.11 참조)를 명확히 한 규정이라고 하겠다. 그러므로 「여신전문금융업법」에 의한 시설대여업자가 금융리스방식으로 차량 등을 시설대여하여 대여시설이용자 명의로 등록을 하더라도 당해 차량 등의 취득세 납세의무자는 시설대여업자가 되는 것이다.

그러므로 최초 리스물건의 취득 시에는 시설대여회사가 취득세의 납세의무를 부담하고, 대여시설이용자가 시설대여기간 종료 후 염가구매선택권 등에 의하여 일정액을 지급하고 양도받은 경우에는 비로소 대여시설이용자가 리스물건을 취득하게 됨으로써 이 때 대여시설이용자의 취득세 납세의무가 성립한다.

〈사례〉 리스이용자가 변경된 경우

시설대여업자(리스회사)의 명의로 등록한 선박의 리스이용자가 변경되는 경우에도 취득세와 등록세 납부의무가 없다(행안부11, 2006.07.19). 「여신전문금융업법」에 의한 시설대여업자(리스회사)인 B사가 자기의 명의로 등록된 선박을 리스이용자인 A사에 시설대여 중 A사의 사정으로 리스계약을 해지하고 다른 리스이용자인 C사와 리스이용 계약을 체결한 경우라도 관계법령에 의하여 선박 소유자 명의가 변경 등록되지 아니한 경우에는 사실상 소유자가 변경된 것이 아니므로 취득세의 납세의무가 없다.

〈사례〉 금융리스자산이 있는 법인의 과점주주

'금융리스자산'인 선박이 법인장부에 계상된 상태에서 리스이용자인 당해 법인의 과점주주가 된 경우, 금융리스자산(선박)은 과점주주의 취득세 납세의무가 없다(세정 13407-497, 2001.10.30). "여신전문금융업법에 의한 시설대여업자가 차량·기계장비·선박 또는 항공기를 시설대여하는 경우에는 그 등기 또는 등록명의에 불구하고 시설대여업자를 납세의무자로 본다"고 규정되어 있으므로, 금융리스자산인 선박이 법인장부에 계상된 상태에서 리스이용자인 당해 법인의 과점주주가 된다 할지라도 금융리스자산은 과점주주의 취득세 납세의무가 없다고 봄이 타당하다.

〈사례〉 판매 후 리스 1

'시설대여업자'가 '판매 후 리스(Sales & Lease Back)'형식으로 중고자동차를 취득한 후 기존 소유자에게 리스를 하는 경우, 그 등록 명의에 불구하고 시설대여업자에게 취득세 납세의무가 있다(세정13407-480, 2001.05.02). 「지방세법」 제7조 제9항의 규정에 의거 「여신전문금융업법」에 의한 시설대여업자가 차량·기계장비·선박 또는 항공기를 시설대여하는 경우에는 그 등기 또는 등록 명의에 불구하고 시설대여업자를 납세의무자로 보는 것이므로 시설대여업자가 중고자동차를 판매 후 리스 형식으로 취득 후 기존 자동차 소유자에게 리스를 하더라도 취득세 납세의무가 있으며, 그 자동차의 등기를 리스이용자의 명의로 하더라도 시설대여업자가 취득세의 납세의무를 진다.

〈사례〉 판매 후 리스 2

㈎ 먼저, A회사가 자금을 차입하기 위하여 청구법인에게 쟁점항공기의 소유권을 이전한 것이 취득세 과세대상인 '취득'에 해당되는지 여부에 대하여 본다.

채무자가 채권자에게 부동산을 양도담보로 제공하여 채권자 명의로 매매를 원인으로 한 소유권이전등기의 말소등기를 경료 받은 것은 구 「지방세법」 제105조에 규정된 취득세 과세대상이 되는 부동산 취득에 해당되는 것이다.

이 건의 경우 청구법인은 판매자를 A회사로 하고, 구매자를 청구법인으로 하여 쟁점항공기에 대한 매매계약을 체결한 후 매매계약을 원인으로 하여 2009년 6월 24일 청구법인 명의로 쟁점항공기에 대한 소유권이전등록을 한 사실이 매매계약서, 구매동의서 및 항공기등록원부 등에 의하여 확인되고 있다. 따라서 A회사가 자금을 차입하기 위하여 항공기 소유권을 청구법인에게 2009년 6월 24일 소유권이전등록을 함으로써 청구법인이 쟁점항공기에 대한 소유권을 취득한 것은 취득세 납세의무가 성립되는 '취득'에 해당되고 '저당권부차입계약(판매 후 리스거래)'이라든가 「법인세법」에서 '판매 후 금융리스 거래'에 대하여는 매매로 인식하지 않는다 하여 이를 달리 볼 것은 아니다.

㈏ 다음으로, 청구법인이 쟁점항공기를 취득한 것이 형식적 취득에 해당되어 취득세 비과세 대상이 되는지 살펴본다.

「지방세법」 제110조 제1호 및 제2호에는 신탁이나 환매권의 행사 등으로 인한 소유권의 취득의 경우에는 취득세 납세의무가 성립됨에도 불구하고 납세의무를 배제시키기 위하여 형식적 소유권 취득 등에 대한 비과세 규정을 구체적으로 열거하여 규정하고 있다.

이 건의 경우 청구법인은 쟁점항공기를 양도담보로 인하여 형식적으로 소유권을 취득한 경우에 해당되어 취득세 비과세를 받기 위해서는 당해 취득에 대하여 비과세한다는 법률적인 근거가 「지방세법」에 구체적으로 규정되어 있어야 함에도 비과세 근거규정이 없어 취득세 비과세 대상에 해당되지 아니한다고 해석하는 것이 조세법률주의원칙에 부합된다.

㈐ 마지막으로, 청구법인의 쟁점항공기 취득이 「지방세법」 제105조 제8항의 적용 대상인지 여부에 대하여 본다.

「지방세법」 제105조 제8항의 규정은 외국인 소유의 취득세 과세대상 물건(차량, 기계장비, 항공기 및 선박에 한함)을 직접 사용하거나 국내의 대여시설이용자에게 대여하기 위하여 임차하여 수입하는 경우에 한하여 수입하는 자를 취득세 납세의무자로 보는 규정인 반면, 청구법인은 쟁점항공기를 외국소유자로부터 임차하여 수입하는 것이 아니라 A회사가 소유권을 취득하여 보유하는 상태에서 2009년 6월 24일 양도담보로 소유권을 청구법인에게 이전하여 소유권을 청구법인이 취득하는 경우이므로 「지방세법」 제105조 제8항의 취득과는 전혀 다른 취득에 해당되어 「지방세법」 제105조 제8항의 적용을 받지 않는다. 「지방세법」 제105조 제1항에서 항공기 취득에 대한 취득세는 당해 취득물건 소재지의 도에서 취득자에게 부과하도록 규정하고 있으므로 「지방세법」의 효력이 미치는 지역적 범위는 「지방자치법」이 미치는 관할 자치단체 내이며 그 관할 자치단체 내에서 내국인이나 외국인을 불문하고 취득세 과세대상 물건을 취득하는 자는 취득세 납세의무가 성립한다.

따라서, 청구법인이 A회사로부터 쟁점항공기에 대한 소유권을 양도담보로 이전받아 취득한 경우 취득세 비과세 대상에 해당되지 않고 취득세 면제대상으로 보아 면제분 취득세를 과세표준으로 하여 농어촌특별세를 부과고지한 이 건 처분은 달리 잘못이 없는 것으로 판단된다(조심2011지328, 2012.06.21).

〈사례〉 리스물건의 취득

리스하여 임대사용하는 골프장 내 구축물은 그 소유자인 리스회사에게 납세의무가 있고 리스기간이 종료하여 예치보증금을 취득가액으로 대체하는 경우 취득자에게 납세의무 성립한다(세정13407-650, 1997.06.25). 골프장 내 구축물을 리스하여 임대하여 사용하고 있다면 구축물의 소유자(리스회사)에게 납세의무가 있고 리스기간이 종료되어 기예치한 보증금을 취득가액으로 대체한 경우 리스이용자가 취득자가 되어 취득세 납세의무가 성립한다. 그리고 그 취득가액은 사실상 취득가액(예치금)이 된다.

〈사례〉 리스이용자 부도로 리스물건의 경락

시설대여회사가 이용자 명의로 선박을 등기하고 대여 중에 이용자 부도로 선박이 경매되자 시설대여회사가 경락으로 취득 시 취득세가 과세된다(내심96-4, 1996.01.30).

시설대여업자가 선박의 사실상 소유자로서 리스관행상 리스이용자의 명의로 등기한 것이므로 명의신탁으로 보아야 하고, 리스계약 만료 후 청구법인에게 반환되어야 할 선박이 리스이용자의 부도로 인해 경매됨에 따라 부득이 채권회수를 위하여 청구법인이 경락받은 것이므로 이는 사실상의 소유자가 경매절차를 통하여 원소유자인 청구법인

명의로 형식적인 이전등기를 한 것에 불과하여 새로운 취득으로 볼 수 없다고 주장하고 있는 상황이었다. 이를 살펴보면, 「지방세법」에서 취득세에 있어서의 취득은 매매 등 일체의 취득을 말하고 「민사소송법」 제646조의 2에서 "경락인은 경락대금을 완납한 때에 경매의 목적인 권리를 취득한다"라고 규정하고 있고, 경매에는 경매인의 자격이 있는 자이면 누구나 참여할 수 있는 바, 청구법인의 경우 대여시설이용자와 리스계약한 이 건 선박에 대하여 사실상 소유권을 가지고 있다 하더라도 대여시설이용자의 명의로 소유권등기가 된 이 건 선박을 청구법인이 경매절차를 통해 취득하였다면 이는 새로운 취득에 해당되어 이 건 선박취득에 따른 납세의무가 발생된다고 하겠다.

〈사례〉 대여시설 이용자의 리스기간 종료 후 취득

대여시설이용자는 시설대여기간 종료 후 시설대여 받은 물건의 재리스 원금 상당액을 지급하고 소유권을 이전했을 때 취득세 납세의무가 발생한다(감심95-157, 1995.10.04). 시설대여계약에 의하여 선박을 취득하는 경우 공급자와 그 선박에 대하여 매매계약을 체결하고 대금을 지급하는 자는 시설대여회사다. 그러므로 시설대여회사가 자기명의로 그 소유권에 관한 등기를 하지 않은 경우라도 그 소유권을 취득하고 취득에 따른 취득세를 납부할 의무를 부담한다고 할 것이며, 이 건 시설대여계약에서도 이 건 선박의 소유권에 관한 등기를 편의상 대여시설이용자 명의로 한다고 하더라도 소유권은 시설대여회사가 갖도록 약정되어 있으므로 최초 리스물건의 취득 시에는 시설대여회사가 취득세의 납세의무를 부담한다. 한편, 대여시설이용자가 시설대여기간 종료 후 취득원가의 10% 상당의 선박대금을 지급하고 양도받은 경우에는 비로소 대여시설이용자가 선박을 취득하는 것이라고 봄이 상당하다하여 이때 취득세의 납세의무가 성립한다.

〈사례〉 재리스의 경우 리스이용자의 취득세 납세의무 여부

리스기간 종료 후 리스한 물건을 취득하지 않고 재리스하기로 하고 리스계약을 체결한 경우 리스이용자는 취득세 납세의무는 없으나, 리스이용자가 자기소유건물에 위 리스물건을 설치한 경우 지방세법 제7조 제3항의 규정에 의하여 취득세 납세의무를 부담한다(세정22670-0667, 1988.01.22).

〈사례〉 옥외오락시설을 제작하여 임대한 경우 취득세 납세의무

이 건 심사청구는 옥외오락시설을 제작하여 임대한 경우 취득세 납세의무가 있는지 여부에 관한 다툼이다. 먼저 관계법령의 규정을 보면 「지방세법」 제104조 제1호, 제105조 제1항·제2항에서 취득세는 부동산(토지, 건축물) 등의 취득에 대하여 취득물건 소재지의 도에서 그 취득자에게 부과하고, 「민법」 등 관련 법령의 규정에 의한 등기·등록 등을 이행하지 아니한 경우라도 사실상 취득한 때에 취득한 것으로 본다고 규정하고 있다. 또한 같은 법 제104조 제4호 및 구 같은 법 시행령(1998.07.16 대통령령 제15835호로 개정되기 전의 것) 제75조의 2 제2호에서는 건축물은 건물·구축물 및 건물과 구축물의 특수한 부대설비를 말하고, 구축물은 유원지의 옥외오락시설(유원지의 옥외오락시설과 유사한 오락시설로서 옥내에 설치하여 사용하는 것을 포함한다) 등으로 규정하고 있다.

다음으로 청구인의 경우를 보면, 이 건과 같은 오락시설에 대한 취득세 납세의무는 오락기기가 토지나 건물에 정착되어 사업용으로 제공됨으로 유원지의 옥외오락시설로서의 과세요건이 충족될 때에 성립하는 것이므로, 여기에서의 과세객체는 A놀이동산에 설치되기 전에 청구인이 임대한 어린이모형차 외 3종의 오락기기 그 자체가 아니라, 이를 임차한 사업주가 이를 A놀이동산이라는 일정한 장소에 설치하여 사업을 개시함으로서 비로소 취득세 과세객체가 된다고 보아야 할 것이다. 이 건 오락시설에 대한 취득세 납세의무는 오락기기 자체의 소유자에게 있다고 볼 것이 아니라, 오락기기 자체의 소유권은 누구에게 있던지 간에 이와 같은 오락기기를 일정한 장소에 설치하고 사업을 개시하므로서 취득세 과세대상이 되게 한 사업주에게 있다고 보는 것이 타당하다(지방세심사99-641, 1999.11.24).

〈사례〉 리스회사가 제조사로부터 취득 후 리스사에 판매 후 재리스

구 「지방세법(2010.03.31 법률 제10221호로 전부 개정되기 전의 것)」 제105조 제2항은 "부동산·차량·기계장비·항공기·선박 등의 취득에 있어서는 민법·선박법·건설기계관리법·자동차관리법 또는 항공법 등 관계 법령의 규정에 의한 등기·등록 등을 이행하지 아니한 경우라도 사실상으로 취득한 때에는 각각 취득한 것으로 보고 당해 취득물건의 소유자 또는 양수인을 각각 취득자로 한다. 다만 차량, 기계장비·항공기 및 주문에 의하여

건조하는 선박은 승계취득의 경우에 한한다"고 규정하고 있으며, 구「지방세법 시행령
(2008.12.31 대통령령 제21217호로 개정되기 전의 것)」제73조는 제6항에서 "차량·기계
장비·항공기 및 선박에 있어서는 그 제조·조립·건조 등이 완성되어 실수요자가 인도받거
나 계약상의 잔금을 지급하는 날을 최초의 승계취득일로 본다"고 규정하고, 이어 제9항
에서 "수입에 의한 취득은 당해 물건을 우리나라에 인취하는 날(보세구역을 경유하는 것
은 수입신고필증 교부일)을 승계취득일로 본다. 다만, 차량·기계장비·항공기 및 선박의
실수요자가 따로 있는 경우에는 실수요자가 인도받는 날 또는 계약상의 잔금을 지급하
는 날 중 먼저 도래하는 날을 최초의 승계취득일로 본다"고 규정하고 있다. 위 각 규정의
문언 내용, 구「지방세법」제105조 제2항 단서 및 구「지방세법 시행령」제73조 제6항, 제
9항의 입법 취지가 판매회사나 실수요자에게 공급하기 위하여 차량·기계장비·항공기 및
선박(이하 '차량 등')을 제조·조립·건조 등의 방법으로 취득하는 경우 또는 실수요자에게
공급하기 위하여 제조자 등으로부터 차량 등을 취득하는 경우를 취득세의 과세대상에서
제외하려는 데 있는 점 등에 비추어 보면, 구「지방세법 시행령」제73조 제6항, 제9항에
서 말하는 '실수요자'란 차량 등의 제조자 등이나 판매회사에 대응하는 소비자 또는 수요
자를 의미하므로, 실수요자에게 공급하기 위하여 차량 등을 그 제조자 등으로부터 취득
한 자는 특별한 사정이 없는 한 여기에 해당하지 않는다(대법원 2005.06.09 선고, 2004두
6426 판결; 대법원 2012.03.29 선고, 2011두22198 판결 등 참조).

한편 구「지방세법 시행령」제74조 제2항은 "여신전문금융업법에 의한 시설대여업자
가 차량 등을 시설대여하는 경우에는 그 등기 또는 등록 명의에 불구하고 시설대여업자
를 납세의무자로 본다"고 규정하고 있으므로, 「여신전문금융업법」에 의하여 차량 등을
시설대여하는 경우 특별한 사정이 없는 한 구「지방세법 시행령」제73조 제6항, 제9항에
서 말하는 '실수요자'는 대여시설이용자가 아닌 시설대여업자를 의미한다고 봄이 타당
하다.

따라서 「여신전문금융업법」에 의한 시설대여업자로부터 차량 등을 시설대여받은 대
여시설이용자가 차량 등의 소유권을 종국적으로 취득한 것이 아니라면, 비록 시설대여
를 받기 위한 목적으로 당해 차량 등을 제조자로부터 취득하여 시설대여업자에게 판매
한 바 있다고 하더라도, 그 대여시설이용자를 당해 차량 등에 관하여 취득세 등의 납세

의무가 있는 '실수요자'에 해당한다고 볼 수 없다.

원심판결 이유와 원심이 채택한 증거들에 의하면 다음과 같은 사실을 알 수 있다.

원고가 이 사건 선박을 중국 소재 선박제조회사를 통하여 건조·수입한 것은, 원고가 직접 선박제조회사에 의뢰하여 선박이 건조되면, 시설대여업자인 A카드가 이를 매수하여 원고에게 대여해 주기로 하는 A카드와의 약정에 따른 것이다.

원고는 위 약정에 따라 이 사건 선박을 수입한 즉시 A카드에 매도하였고, 그에 따라 이 사건 선박에 관하여 A카드 명의로 소유권보존등기가 마쳐졌다.

원고는 A카드와 체결한 시설대여계약에 따라 대여시설이용자로서 이 사건 선박을 사용하였을 뿐 A카드로부터 이 사건 선박의 소유권을 취득한 적은 없다.

한편 원고가 이 사건 선박을 수입할 당시 수입신고필증의 관세사 기재란에 '원고가 A카드로부터 리스대여 운영할 선박임'이라고 기재되어 있었고, 원고와 A카드 사이의 이 사건 선박에 대한 매매계약서에도 '이 사건 선박은 원고가 중국에서 판매용으로 건조한 선박이므로, 원고는 국적취득 등과 관련된 업무에 최선을 다하여야 한다'고 기재되어 있었다.

이러한 사실관계를 앞에서 본 법리와 관련 규정 등에 비추어 살펴보면, 원고는 시설대여를 받기 위한 목적으로 이 사건 선박을 제조자로부터 취득하여 시설대여업자인 A카드에 판매하였을 뿐이므로, 구 「지방세법 시행령」 제73조 제6항, 제9항에서 말하는 '실수요자'에 해당한다고 볼 수 없다. 따라서 원고에게 이 사건 선박의 취득과 관련하여 취득세 등의 납세의무가 있다고 할 수 없다(대법2012두5763, 2013.04.11).

Ⅲ. 지입차량 등

기계장비나 차량을 기계장비대여업체 또는 운수업체의 명의로 등록하는 경우라도 해당 기계장비나 차량의 구매계약서, 세금계산서, 차주대장(車主臺帳) 등에 비추어 기계장비나 차량의 취득대금을 지급한 자가 따로 있음이 입증되는 경우 그 기계장비나 차량은 취득대금을 지급한 자가 취득한 것으로 본다.

운수업체는 보통 차량의 실제 소유자가 따로 있는 경우가 많다. 이 경우 등록은 운수업체명의로 하지만 실제소유자는 차주들이므로 취득세의 납세의무자는 차주가 되는 것이다. 이들은 어떤 회사와 계약을 맺고 사업을 하다가 이를 해약하고 다른 회사와 지입계약을 맺는 경우가 있다. 그러나 이 경우에도 차량등록 명의는 변경되지만 차량 소유주가 변경된 것이 아니기 때문에 취득세의 납세의무는 없다. 반대로 운수회사로 등록된 사항이 변경되지 않더라도 차주가 변동된 경우에는 새로운 차주는 취득세 납세의무를 지게 된다.

동 규정은 2010년 3월 31일 「지방세법」이 분법되기 이전부터 시행령에 규정되어 있었으며, 분법이후에도 시행령에 규정된 것을 2010년 12월 27일 시행령에서 「지방세법」으로 이관한 것이다.

〈사례〉 지입차량의 사실상 소유자인 운송사업자로 전환

지입차량을 운수업체로 등록되었으나 사실상 소유자가 있어 취·등록세를 납부한 경우 운수회사에서 사실상 소유자인 운송사업자로 전환하더라도 취득세 납세의무는 없다(세정-275, 2005.04.18). 즉, 차량이 운수업체인 A회사에 등록되었지만 사실상 소유자가 따로 있어 취득세를 납부한 경우라면 운수회사에서 사실상 소유자인 운송사업자로 전환하더라도 취득세 납세의무는 없는 것이다.

〈사례〉 지입회사의 변경

자동차의 실제 소유자가 따로 있는 지입차량에 대해 지입회사만을 변경하는 경우에는 사실상의 소유자가 변동 없어 취득세 납세의무는 없다(세정13407-443, 2002.05.11). 실제 소유자가 따로 있음이 입증되는 지입차량의 지입회사의 변경등기는 실제 소유권의 변동은 없고 형식상의 소유권 변동만 있는 것이므로 취득세 납세의무는 없는 것이다.

〈사례〉 지입회사의 이전

지입화물차량의 사실상 소유자가 지입회사를 이전하는 경우, 자동차등록원부상 소유자가 변경되지 않으면 취득세 납세의무는 없다(세정13407-310, 2002.03.27). 운수업체

명의로 등록된 차량의 사실상의 소유자가 따로 있음이 당해 업체의 납세실적, 차주대장 등에 의하여 명백히 입증되는 경우에는 등록명의에 불구하고 사실상 취득한 자를 취득세 납세의무자로 규정하고 있으므로, 차량을 사실상 취득하여 취득세를 납부한 후 A운수업체로 등록하여 사용하다가 B운수업체 명의로 이전등록을 하더라도 자동차등록원부상 소유자가 변경되지 않은 경우라면 취득세의 납세의무는 없다.

〈사례〉 운수업체의 과점주주

비상장법인(운수업체) 명의로 등록된 차량 중 사실상의 소유자가 따로 있음이 당해 업체의 납세실적, 차주대장, 위·수탁계약서 등에 의하여 명백히 입증되는 차량에 대하여는 과점주주에 대한 취득세 납세의무가 없다(세정13407-500, 1999.04.27).

주택조합 등의 납세의무자

Ⅰ. 개요

「주택법」제32조에 따른 주택조합과 「도시 및 주거환경정비법」제16조 제2항에 따른 주택재건축조합(이하 '주택조합 등')이 해당 조합원용으로 취득하는 조합주택용 부동산(공동주택과 부대시설·복리시설 및 그 부속토지를 말함)은 그 조합원이 취득한 것으로 본다. 다만, 조합원에게 귀속되지 아니하는 부동산(비조합원용 부동산)은 제외한다.

주택조합은 그 법률적 성질이 비법인사단으로 조합원과 별개로 권리의무의 주체로서 활동하나 이는 대외적인 면이고 내부적으로는 그 성질이 「민법」상 조합과 매우 유사한 특수성을 지니고 있다.

따라서 '당해 조합원용으로 취득하는 조합주택용 부동산은 그 조합원이 취득한 것으로 본다'의 의미는 '주택조합이 조합주택용 부동산을 취득할 때 그 취득 목적이 특정 조합원용 또는 전체 조합원용이면 그 조합원 또는 전체 조합원이 취득한 것으로 본다'라는 의미로 해석하는 것이 조세법률주의의 엄격해석원칙에 부합한다.

이와 같이 해석할 경우 주택조합이 각 조합원들로부터 신탁을 원인으로 취득하는 재건축조합의 경우에는 특별한 사정이 없는 한 당해 각 조합원용으로 취득하게 되는 것인

주택조합 등의 납세의무

구분	조합원용	비조합원용
납세의무자	조합원	주택조합 등

만큼 주택조합과 조합원 누구에게도 취득세 납세의무가 성립하지 않는다. 다만 조합원이 아닌 제3자로부터 취득하는 직장 또는 지역주택조합의 경우에는 주택조합이 전체 조합원용으로 취득하는 경우에 있어서는 조합원이 취득한 것으로 보기 때문에 그 취득 시점에 전체 조합원에게 취득세 납세의무가 성립한다.

Ⅱ. 주택조합 등

「주택법」 제32조에 따른 주택조합이란 많은 수의 구성원이 주택을 마련하거나 리모델링하기 위하여 결성하는 다음 각각의 조합을 말한다(주택법 제2조).

① 지역주택조합: 지역주택조합이란 같은 특별시·광역시·특별자치도·시 또는 군(광역시의 관할 구역에 있는 군은 제외)에 거주하는 주민이 주택을 마련하기 위하여 설립한 조합을 말한다.
② 직장주택조합: 직장주택조합이란 같은 직장의 근로자가 주택을 마련하기 위하여 설립한 조합을 말한다.
③ 리모델링주택조합: 리모델링주택조합이란 공동주택의 소유자가 그 주택을 리모델링하기 위하여 설립한 조합을 말한다.

주택재건축조합이란 주택재건축사업을 위하여 설립된 조합을 말하며, 주택재건축사업은 정비기반시설은 양호하나 노후·불량건축물이 밀집한 지역에서 주거환경을 개선하기 위하여 시행하는 사업이다(도시 및 주거환경정비법 제2조).

Ⅲ. 주택조합 등의 토지취득

1. 조합원으로부터 취득

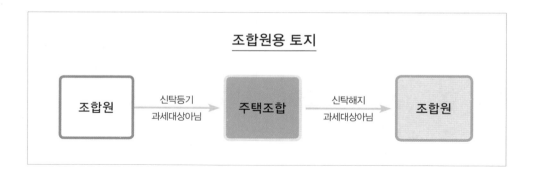

조합원용 토지

조합원 → 신탁등기 과세대상아님 → 주택조합 → 신탁해지 과세대상아님 → 조합원

(1) 조합원으로부터 조합원용 토지취득

주택재건축의 경우와 같이 주택소유자(조합원)들이 토지 소유권을 주택조합에 신탁등기와 함께 이전하는 경우의 주택조합 등의 토지 취득에 있어서, 조합원용의 취득은 조합원이 취득한 것으로 보기 때문에 취득세 과세대상인 취득에 해당하지 않아 취득세를 과세하지 아니한다.

재건축 등의 경우 토지는 주택조합에 신탁한다. 신탁된 토지의 대지권은 사업이 종료되면 조합원용은 신탁해지를 원인으로 조합원에 다시 이전되며, 이 경우 주택조합에서 조합원에 신탁해지를 원인으로 한 이전은 조합원이 취득한 토지를 조합원에 반환되는 것으로 보기 때문에 취득세의 과세대상인 취득에 해당하지 아니한다.

(2) 조합원으로부터 비조합원용 토지취득

주택조합 등이 조합원으로부터 취득하는 토지 중 일반분양분 토지에 대하여는 주택조합 등이 취득하게 된다. 재건축 등의 경우 토지는 주택조합에 신탁한다. 신탁된 토지의 대지권은 사업이 종료되면 일반분양분 주택이나 상가에 해당하는 대지권은 주택조합이 취득한 후 비조합원에 이전된다. 이 경우 비조합원용 토지의 경우 조합에 이전되는 시점에서 과세되고 비조합원으로 이전등기되는 시점에서 승계취득으로 과세된다.

재건축토지는 재건축주택사업에 대한 제반 행정절차를 원활히 하기 위하여 신탁형태를 취한 것일 뿐 실제는 조합원 각자가 사업을 추진하는 것에 불과한 것이며, 이미 신탁재산에 대하여 조합원이 취득세를 납부하였으므로 또다시 조합에게 부과하는 것은 이중과세이며, 실질과세의 원칙상 잘못이라 할 수 있다.

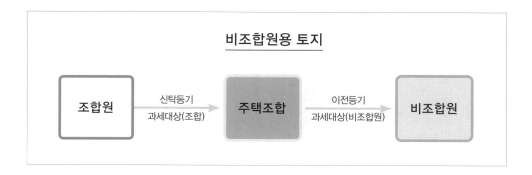

비조합원용 토지

조합원 → 주택조합 → 비조합원
신탁등기 과세대상(조합)
이전등기 과세대상(비조합원)

그러나 재건축주택조합이 재건축사업을 완료한 후 조합원에게 귀속시키는 아파트의 부속 토지는 조합을 취득자로 보아 취득세를 과세할 수 없지만, 건축 후 조합이 주체가 되어 일반분양하는 아파트 등의 부속토지는 조합이 조합원으로부터 소유권을 사실상 취득하였다가 제3자에게 매각하는 것이라 하겠고, 따라서 재건축조합에게 취득세 납세의무가 성립되는 것(행정자치부 심사결정 제2004-128호, 2004.06.28)이다.

즉, 토지는 재건축주택사업이 준공 후 신탁이 종료되면서 조합원용 토지가 조합원에게 반환되고 나머지 일반분양용 토지에 대한 조합 명의의 대지권 등기를 함으로써 이루어진 별도의 새로운 취득(헌재2003헌가19, 2005.06.30)에 해당되며, 조합이 사업시행자가 되어 주택사업을 진행한 후 사업비 충당 등을 위하여 비조합원에게 이를 분양하는 일종의 수익사업에 해당하므로(서울행법2005구합27253, 2005.12.29) 일반분양분 토지의 취득에 과세하는 것이 이중과세에 해당한다거나 실질과세의 원칙에 위반한다고 할 수는 없다.

2. 주택조합의 제3자로부터 취득

주택법에 의한 주택조합이 조합원들로부터 금전신탁을 받아 제3자로부터 토지를 취득하는 경우 또는 주택조합 등이 토지를 추가로 취득하는 경우에도 조합원용의 경우에는 조합원이 취득한 것이며, 비조합원용에 대하여는 조합이 취득한 것으로 본다. 따라서 조합원용에 대하여는 조합원에게 비조합원용에 대하여는 조합에게 취득세의 납세의무가 발생한다.

조합원용 토지

제3자 → 금전신탁 취득 / 과세대상(조합원) → 주택조합 → 신탁해지 / 과세대상아님 → 조합원

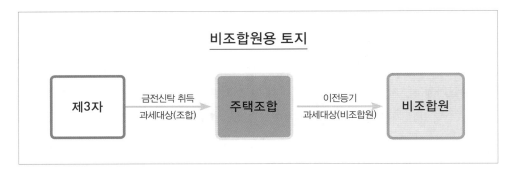

비조합원용 토지

제3자 → 금전신탁 취득 / 과세대상(조합) → 주택조합 → 이전등기 / 과세대상(비조합원) → 비조합원

Ⅳ. 주택조합 등의 건축

주택조합 등의 건축에 대한 원시취득의 경우에도 조합원용에 대하여는 통상 주택조합 등을 거치지 않고 조합원이 곧바로 보존등기를 하며, 조합원이 원시취득에 대한 취득세 납세의무가 있다. 주택조합 등의 일반분양용 주택이나 상가의 경우에는 준공 후 주택조

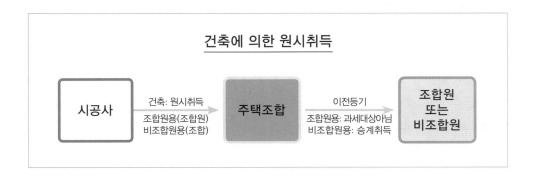

건축에 의한 원시취득

시공사 → 건축: 원시취득 / 조합원용(조합원) / 비조합원용(조합) → 주택조합 → 이전등기 / 조합원용: 과세대상아님 / 비조합원용: 승계취득 → 조합원 또는 비조합원

합 등이 보존등기한 후 일반인에 소유권이 이전등기되므로 주택조합 등이 취득세의 납세의무를 진다. 그러므로 일반분양용 주택이나 상가를 분양 받는 비조합원은 조합으로부터의 승계취득에 대한 납세의무를 진다.

V. 주택재개발사업과 주택재건축사업

주택재개발사업과 주택재건축사업은 「도시 및 주거환경정비법」의 제정으로 인하여 그 공법적 통제란 관점에서 상당히 접근하고 있는 것은 분명하나 그 성격적 차이로 인하여 취득세법상 규정을 달리하고 있다.

주택재개발사업은 정비기반시설이 열악하고 노후·불량건축물이 밀집하여 사적 자치에 의한 시장 기능만으로는 그 회복이 불가능한 지역의 정비를 목적으로 하고 있으며, 이들 지역의 경우 거주자의 경제적 상황이 어려워 원칙적으로 국가 또는 지방자치단체가 시행하는 것을 전제로 하고 있으면서 주민의 반발 등을 고려하여 토지 등 소유자로 구성된 조합이 행정관청을 대신하여 사업을 시행하는 방법을 선택할 수 있도록 하고 있다.

이러한 주택재개발사업의 특성을 고려하여 「지방세법특례제한법」 제74조에서는 주택재개발사업 등의 경우 주택재개발사업의 시행으로 해당 사업의 대상이 되는 부동산의 소유자(상속인을 포함)가 환지계획 및 토지상환채권에 따라 취득하는 토지, 관리처분계획에 따라 취득하는 토지 및 건축물('환지계획 등에 따른 취득부동산'이라 함)과 사업시행자가 취득하는 체비지 또는 보류지에 대하여는 취득세를 면제하고 있다.

이에 반하여 주택재건축사업은 정비기반시설은 양호하나 노후·불량건축물이 밀집한 지역에서 주거환경을 개선하기 위하여 시행하는 사업으로서 실제로는 노후·불량한 주택의 정비보다는 일반적으로 사적인 자산가치증식을 목적으로 시행되어 왔다 할 수 있다. 「도시 및 주거환경정비법」으로 주택재건축사업의 내용 및 절차를 강화하는 등의 개정이 있었지만 매도청구소송과 토지수용, 안전진단, 사업시행관련 동의의 방식 등의 관련 조항에 비추어 아직도 이는 기본적으로 토지소유자에 의한 재산증식측면이 강하다.

이러한 측면에서 공익성의 정도가 주택재개발사업에 미치지 못하고 있는 점 등이 주택재개발사업과 그 성격상 차이가 있다. 이와 같이 법적 성격상의 차이로 인하여 주택재개발사업 등과 달리 주택재건축사업에서는 주택재건축조합의 일반분양분 토지의 취득에 대하여 과세하고 있는 것이다.

〈사례〉 조합원자격을 재건축조합이 조합원으로부터 취득하는 경우

건축물 사용승인서 교부일 이후에 조합원 자격을 재건축조합이 승계하여 일반분양 할 경우에는 원시취득자인 조합원으로부터 재건축조합이 승계취득하는 것이므로 그에 따른 취득세를 재건축조합이 다시 납부하여야 한다(세정-905, 2007.10.01).

〈사례〉 주택조합이 신축한 건물

주택조합이 신축한 건물은 조합원들이 원시취득한 것으로 본다(대법96다3807, 1996.04.12).

〈사례〉 공사대금을 일반분양분 아파트로 지급한 경우

재건축공사를 하면서 시공사가 공사대금을 일반인 분양분 건물로 받기로 하였다면 일반 분양분 건물의 취득세 납세의무자는 시공사이며, 토지소유주가 받은 부분은 토지소유주가 원시취득자이다(서울행법2008구합37688, 2009.08.19).

일반적으로 자기의 노력과 재료를 들여 건물을 건축한 사람은 그 건물의 소유권을 원시취득하는 것이고, 다만 도급계약에 있어서는 수급인이 자기의 노력과 재료를 들여 건물을 완성하더라도 도급인과 수급인 사이에 도급인 명의로 건축허가를 받아 소유권보존등기를 하기로 하는 등 완성된 건물의 소유권을 도급인에게 귀속시키기로 합의한 것으로 보일 경우에는 그 건물의 소유권은 도급인에게 원시적으로 귀속된다.

그러나 단지 채무의 담보를 위하여 채무자가 자기 비용과 노력으로 신축하는 건물의 건축허가명의를 채권자 명의로 하였다면 이는 완성될 건물을 담보로 제공하기로 하는 합의로서 법률행위에 의한 담보물권의 설정에 다름 아니므로, 완성된 건물의 소유권은 일단 이를 건축한 채무자가 원시적으로 취득한 후 채권자 명의로 소유권보존등기를 마침으로써 담보목적의 범위 내에서 채권자에게 그 소유권이 이전된다고 보아야 한다(대법원 1990.04.24 선고, 89다카18884 판결; 1992.03.27 선고, 91다34790 판결 등 참조).

계약체결 당시 시공회사가 조합원들로부터 토지를 제공받는 대신 건축물의 완공 시 조합원들에게 건축물 중 아파트 1세대씩을 토지의 매매대금 명목으로 대물변제하기로 하면서 이를 제외한 일반분양분을 분양하여 공사비 및 사업경비로 충당하여 시공하고 이에 대한 제세공과금 및 세금도 일체 부담하기로 약정하고 시공회사는 건축물 중 일반 분양분에 관하여 단독으로 분양계약을 체결하고 그 분양대금도 시공회사 명의의 계좌 로 입금 받는 등 독자적으로 관리하였다면, 건축물 중 일반분양분에 대하여는 수급인인 시공회사가 전적으로 소유하기로 하되 다만 토지에 대한 매매대금을 담보하기 위하여 건축허가 명의만을 조합원들로 한 것에 불과하므로, 건축물 중 일반분양분은 이를 건축 한 시공회사가 원시취득한 것으로 보아야 한다.

〈사례〉 일반분양분 토지에 대한 취득세

재건축정비사업조합에서 비조합원에게 일반분양하는 토지분에 대하여는 취득세가 과세된다(지방세운영-512, 2009.02.04). 마찬가지로, 주택재건축조합이 조합원으로부 터 신탁취득한 일반분양용 건축물의 부속토지에 대하여는 취득세 등의 납세의무가 있 다(지방세심사2006-154, 2006.04.24).

「지방세법」에서 「주택법」 제32조에 따른 주택조합과 「도시 및 주거환경정비법」 제16 조 제2항에 따른 주택재건축조합이 당해 조합원용으로 취득하는 조합주택용 부동산은 제외한다고 규정하고 있으며, 동법 제9조 제3항에서 신탁으로 인한 신탁재산의 취득으 로서 다음 각목의 1에 해당하는 취득은 비과세하고, 그 단서에서 신탁재산의 취득 중 주 택조합 등과 조합원 간의 부동산 취득 및 주택조합 등의 비조합원용 부동산 취득은 비과 세 제외하도록 규정하고 있고, 「지방세법 시행령」 제20조 제6항 단서에서 「도시개발법」 에 따른 도시개발사업이나 「도시 및 주거환경정비법」에 따른 정비사업(주택재개발사업 및 도시환경정비사업만 해당)으로 건축한 주택을 「도시개발법」 제40조에 따른 환지처 분 또는 「도시 및 주거환경정비법」 제54조에 따른 소유권 이전으로 취득하는 경우에는 환지처분 공고일의 다음 날 또는 소유권 이전 고시일의 다음 날과 사실상의 사용일 중 빠른 날을 취득일로 본다고 규정하고 있다.

주택재건축조합이 주택재건축사업으로 취득하는 부동산 중 조합원에게 귀속되는 부동산은 조합원이 취득한 것으로 보는 것이나 조합원에게 귀속되지 아니하는 일반분양분 토지의 경우에는 주택재건축조합이 주체가 되어 수행한 주택재건축사업의 결과에 따라 설정된 대지권에 터 잡아 이를 비조합원에게 분양하면서 소유권이전등기를 하는 것이어서 주택재건축조합의 명의로 대지권등기 된 부분은 새로운 취득으로 보아야 할 것이므로 그 소유권이전고시일의 다음날로부터 60일 이내에 취득세를 신고납부 하여야 한다.

〈사례〉 토지신탁과 금전신탁에 의해 취득한 토지가 혼재된 경우

조합원이 신탁한 토지와 조합이 금전신탁 받아 취득한 토지가 혼재되어 있는 경우 비조합원용 토지에 대한 취득세는 비조합원분 토지에서 토지신탁분과 금전신탁분을 안분하여 과세한다(지방세운영-1659, 2010.04.23).

주택조합 등이 금전신탁으로 토지를 취득하여 조합아파트를 신축하는 경우에는 토지를 신탁 받은 경우와 달리 조합에 당초 토지 취득 시 비조합원용 토지에 해당하는 취득세가 함께 과세되고, 소유권이전고시 시점에는 조합원용과 비조합원용 토지가 확정될 뿐 대지권 변동이 없으므로 취득세 납세의무가 별도로 성립되지 않는다. 재건축조합아파트 사업부지 중 조합원이 신탁한 토지와 조합이 금전신탁 받아 취득한 토지가 혼재되어 있다면 동 조합이 소유권이전고시 익일에 취득하는 비조합원용에 대한 취득세는 비

토지가 혼재된 경우 과세

토지신탁	10,000㎡
금전신탁에 의한 취득	5,000㎡
조합원용 토지	9,000㎡
일반분양용 토지	6,000㎡
취득세 과세대상토지	금전신탁에 의한 취득토지(취득시): 5,000㎡ 일반분양분 토지 중 토지신탁분: 6,000㎡ 10,000㎡/(1,000㎡ +5,000㎡) = 4,000㎡

조합원분 전체토지를 토지신탁분과 금전신탁분 토지면적 비율에 따라 안분한 면적으로 과세하는 것이 타당하다.

〈사례〉 재건축조합이 시공사와 공동으로 공동주택 신축 및 분양사업을 진행

재건축조합이 시공사와 공동으로 공동주택 신축 및 분양사업을 진행한다고 하더라도 재건축조합 명의로 소유권보존등기를 한 경우 일반분양용 토지의 취득세는 재건축조합으로 보는 것이 타당하다(세정-6043, 2006.12.05) 재건축조합이 조합원으로부터 주택조합용 토지를 신탁 받아 공동주택을 신축한 후 일부는 조합원에게 이전하고 나머지는 일반분양하는 경우 일반분양용 토지의 취득세 납세의무는 재건축조합에 있다고 할 것이므로(행정자치부 세정과-4134, 2004.11.17 참조) 재건축조합이 시공사와 공동으로 공동주택 신축 및 분양사업을 진행한다고 하더라도 재건축조합과 시공사는 도급공사계약에 따라 공동주택을 신축한 후 재건축조합 명의로 당해 공동주택의 사용승인 및 소유권보존등기(일반분양분에 한함)가 이루어지는 경우라면, 일반분양용 토지의 취득세의 납세의무는 재건축조합에 있는 것으로 보아야 한다.

Chapter 04 | 건축과 개수

Ⅰ. 건축

1. 건축의 의의

건축은 취득의 종류 중 원시취득에 해당한다. 「지방세법」 제6조 제5호에서는 "건축이란 「건축법」 제2조 제1항 제8호에 따른 건축을 말한다"로 규정하고 있어 「건축법」상의 건축의 개념을 원용하고 있다. 「건축법」상 건축이란 건축물을 신축·증축·개축·재축(再築)하거나 건축물을 이전하는 것을 말한다. 여기서 취득세 과세대상인 건축물이란 「건축법」상의 건축물과 특정시설[토지에 정착하거나 지하 또는 다른 구조물에 설치하는 레저시설, 저장시설, 도크(dock)시설, 접안시설, 도관시설, 급수·배수시설, 에너지 공급시설 및 그 밖에 이와 유사한 시설]이 이에 해당한다.

① 신축: '신축'이란 건축물이 없는 대지(기존 건축물이 철거되거나 멸실된 대지를 포함)에 새로 건축물을 축조(築造)하는 것을 말한다. 부속건축물만 있는 대지에 새로 주된 건축물을 축조하는 것을 포함하되, 개축(改築) 또는 재축(再築)하는 것은 제외한다.

② 증축: '증축'이란 기존 건축물이 있는 대지에서 건축물의 건축면적, 연면적, 층수 또는 높이를 늘리는 것을 말한다.

③ 개축: '개축'이란 기존 건축물의 전부 또는 일부[내력벽·기둥·보·지붕틀(한옥의 경우에는 지붕틀의 범위에서 서까래는 제외) 중 셋 이상이 포함되는 경우를 말함]를 철거하고 그 대지에 종전과 같은 규모의 범위에서 건축물을 다시 축조하는 것을 말

한다.

④ 재축: '재축'이란 건축물이 천재지변이나 그 밖의 재해(災害)로 멸실된 경우 그 대지에 종전과 같은 규모의 범위에서 다시 축조하는 것을 말한다.

⑤ 이전: '이전'이란 건축물의 주요 구조부를 해체하지 않고 같은 대지의 다른 위치로 옮기는 것을 말한다.

2. 건축물 부대시설공사

취득세의 과세표준이 되는 취득가격은 과세대상 물건의 취득의 시기를 기준으로 그 이전에 당해 물건을 취득하기 위하여 거래상대방 또는 제3자에게 지급하였거나 지급하여야 할 일체의 비용을 말한다.

「건축법」상의 건축물과 특정시설의 건축은 원시취득으로서 취득세 과세대상이 되므로 특정시설의 경우에는 「건축법」상의 취득시기와 관계없이 해당 특정시설을 취득하는 경우에는 개별적으로 취득에 해당되어 취득세가 과세된다. 그러나 건축물을 건축하는 경우에 있어서 특정시설에 해당하지 아니하는 부대설비의 경우 그 부대설비의 취득세 과세대상여부를 판단하여야 한다.

당해 건축물 중 조작 기타 부대설비에 속하는 부분으로서 주체구조부와 일체를 이루는 부대설비의 경우에는 주체구조부의 취득에 포함되어 취득세가 과세된다. 그러나 그 기능 및 구조적으로 주체구조부와 일체를 이루는 공사가 아니라, 그 자체로서 효용가치를 가지는 등 건축물과 분리되는 것으로서 분리되는 경우 별도의 취득세 과세대상에 포함되지 않는 것에 대하여는 주체구조부의 취득 시 함께 취득한 경우라 하더라도 관련한 공사비는 취득세가 과세되지 않는다.

또한 조작 기타 부대설비에 속하는 부분으로서 주체구조부와 일체를 이루는 부대설비라 하더라도 그것이 건축물에 해당하는 특정시설에 해당하지 아니하고 또한 개수에도 해당하지 않는 경우에 있어서 주체구조부의 취득시기 이후에 이를 취득하는 경우에는 취득세의 과세대상에 해당하지 않는다. 즉, 대수선 등 개수에 해당되지 않는 건축물의 주체구조부와 일체를 이루는 공사가 건물사용검사일 이전에 이루어진 것은 취득세 과

부대시설공사의 취득세 과세대상판단

주체구조부와 일체여부

NO → 개수에 해당여부
 NO → 취득아님
 YES → 취득해당

YES → 주체구조부 취득시기기준
 이전 → 취득해당
 이후 → 개수에 해당여부
  NO → 취득아님
  YES → 취득해당

세대상이고, 건축물사용검사일 후 이루어진 공사비는 취득세 과세대상이 아니다.

　건축물을 건축한 경우 당해 건축물 중 조작 기타 부대설비에 속하는 부분으로서 그 주체구조부와 일체가 되어 건축물로서의 효용가치를 이루고 있는 것에 대하여는 주체구조부의 취득자가 취득한 것으로 본다(지방세법 제7조 제3항). 즉, 건축물을 신축하면서 육교, 계단시설, 하수도시설 등 부대시설을 설치한 경우 당해 건축물과 직접적으로 연계된 부대시설의 설치비용은 당해 건축물의 과세표준에 포함된다(세정-622, 2004.03.29). 「지방세법」 제7조 제3항의 규정은 그 부대설비가 과세되는 경우에 있어서 납세의무자를 규정한 것이다. 그러므로 주체구조부의 취득시기 이후에 이루어진 부대설비의 공사 등이 특정시설의 취득에도 해당되지 아니하고 개수에도 해당되지 않는 경우에는 건축물의 소유자나 임차인 모두에게 취득세의 납세의무가 발생하지 않는 것이다.

　신규아파트를 취득하면서 아파트 준공검사 이전에 발코니 확장공사를 한 경우 취득세 과세표준에 포함된다(지방세운영-1876, 2008.10.21). 신규아파트를 취득하면서 아파트 취득시기(준공일) 이전에 발코니 확장공사를 완료하고 그에 대한 비용을 지급하였다면 발코니를 확장한 부분도 아파트에 연결되거나 부착하는 방법으로 설치되어 아파트와 일체로 유상 취득하는 경우이므로 당해아파트 취득가격에 포함되는 것이다. 취득시기 이전에 발코니 확장공사를 아파트 분양회사가 아닌 다른 사업자와 별도계약방식에 의하여 설치하였다 하더라도 주체구조부와 일체가 되어 건축물로서 효용가치를 이루고 있는 경우에는 당해 아파트의 취득자가 취득한 것으로 간주하는 것이므로 취득세 과세표준에 포함된다. 그러므로 그 아파트의 시행사로서 아파트의 원시취득에 대한 납세의무를 지는 경우에 발코니공사비용이 과세표준에 포함되며, 분양받은 자 또한 당해비용이 승계취득으로서 과세표준에 포함된다.

반면, 취득시기 이후에 아파트의 구성부분인 발코니의 사용용도를 다양화하기 위하여 바닥 난방, 이중창 설치 등 그 형태를 일부 변경하였다 하더라도 이는 취득세 과세대상이 되는 건축물의 면적을 증가시키는 것이 아니라 아파트 내부구성부분의 용도를 변경하는 것이다. 따라서 아파트 발코니의 형태변경공사가 이루어졌다고 하더라도 이를 독립적인 취득세 과세대상이 되는 건축물의 건축으로는 볼 수 없어 과세대상에 포함되지 않는다.

보조 주방가구 등이 주방가구에 내장되거나 건축물 벽 또는 바닥 등에 고정 부착되어 있어서 건축물의 효용가치를 이루고 있다면 건축물의 취득가액에 포함된다(감심 2009-44, 2009.04.02). 주거환경 개선과 아파트 품질의 고급화 추세에 맞추기 위하여 보조 주방가구 등이 아파트 설계 시 맞춤형으로 반영되고 공급되고 있다. 주방가구(싱크대)에 내장되거나 건축물 벽 또는 바닥 등에 고정 부착되어 있어서 붙박이 품목을 건축물로부터 분리하는 것이 물리적으로 불가능하지는 않지만 분리할 경우 붙박이 품목이나 건축물이 훼손되어 그 효용이 감소되거나 분리에 과다한 비용이 소요되고 선택품이 아파트의 처분에 따라 거래되는 경우 붙박이 품목은 주체구조부인 건축물과 일체가 되어 건축물로서의 효용가치를 이루고 있는 기타 부대설비에 속한다 할 수 있다. 또한 분양아파트의 취득시점에 아파트에 연결되거나 부착하는 방법으로 설치되어 아파트와 일체로 유상취득하는 빌트인 가전제품의 경우 취득세 과세표준에 포함된다(세정-2718, 2007.07.13).

건축물을 신축하면서 사용승인일 전에 문화예술진흥법에 따라 건축물의 피로티 부분 중 일부에 미술장식품을 의무적으로 설치하는 경우 동 미술장식물이 기능 및 구조적으로 당해 건축물과 분리된 조형물이라면 「건축법」 제2조 제1항 제2호에서 규정하는 건축물에 해당되지 아니하는 것(건설교통부 건축과-4296, 2004.12.10 유권해석 참조)이므로 취득세 과세대상에 포함되지 않는다(세정-4687, 2004.12.22).

〈사례〉 주체구조부의 취득시기 이후의 부대설비

하나, 취득세 과세대상이 되는 「건축법」상 건축물은 "토지에 정착하는 공작물 중 지붕과 기둥 또는 벽이 있는 것과 이에 딸린 시설물"로 정의하고 있고, 주체구조부와 일체를 이루는 부대설비도 위 정의규정에 대부분 포섭된다고 해석되므로, 「지방세법」 제105조 제4항은 건축주가 아닌 제3자가 설치하였음에도 예외적으로 건축주에게 취득세를 부과하는 경우를 상정한 것으로 해석되는 점.

둘, 위 예외규정은 "건축물을 건축한 것에 있어서… 함께 취득한 것으로 간주한다"고 규정하고 있으므로, 건축물을 건축(신축·증축·개축·재축·이전)하는 과정에 건축물과 일체가 되는 부대설비가 설치되는 경우에만 한정적으로 적용되는 것으로 해석되는 점.

셋, 건축허가를 받아 건축하는 건축물의 취득시기는 '사용승인서 교부일(임시사용승인일)' 등이고, 취득가액의 범위도 과세대상물건의 취득시기를 기준으로 '그 이전에 지출한 비용'으로 한정되므로, 건축물에 설치되는 부대설비도 당해 건축물의 취득시기를 기준으로 취득세 과세대상 여부를 판단하여야 하는 점 등을 고려할 때, 사용승인일(임시사용승인일) 이전에 부대시설 설치를 완료한 경우에 한하여 「지방세법」 제105조 제4항이 적용되고, 사용승인일(임시사용승인일) 이후에 부대설비 설치를 완료한 경우에는 「지방세법」 제105조 제4항이 적용되지 않는다고 봄이 타당하다.

원고는 이 사건 건물을 신축하여 2007년 6월 28일 서울특별시장으로부터 임시사용승인을 받았고, ○○은 임시사용승인일 이후인 2007년 11월경에서야 이 사건 건물 중 지하 2층의 내부마감공사를 완료하였으므로, ○○이 가설한 부대시설은 「지방세법」 제105조 제4항이 적용되지 않는다. 그러므로 2007년 6월 28일 이전에 설치 완료되었음을 전제로 한 이 사건 처분은 위법하다(서울행법2012구합355, 2012.07.13).

〈사례〉 기부채납조건의 민간투자시공방식의 계약

기부채납조건의 민간투자시공방식으로 계약하여 공사비를 부담하고 준공과 동시에 건축주에게 기부채납한 경우에는 이를 원시취득으로 보지 않고 단지 용역만을 제공한 것으로 본다(지방세심사2004-67, 2004.03.29).

계약이나 방침에 따라 건축주이며 발주자인 도로공사는 공사명의의 건축허가신청, 설계승인, 시공감독, 관련세금의 납부, 소유권보전등기, 그리고 투자비 보전가액을 과대공사비 계상을 방지하기 위해 감정기관의 평가가액으로 한 점 등 소유자로서의 제반절차와 사후조치를 수행하였으나, 청구인은 기부채납 후 감정평가액을 월 임대료에서 상계하는 투자비 보전방법을 가지고 이 사건 건축물의 공사비 전액을 부담하는 것만 이행한 것을 보면, 비록 그와 같은 약정에 기부채납이라는 표현이 있다 하더라도 그것은 임차운영자가 그 투자금에 상응하는 소유권을 주장하지 않겠다는 취지를 주의적으로 확인하는 의미일 뿐, 그 소유권에 일단 귀속되었다가 별도의 기부행위를 통하여 도로공사에 귀속되는 것으로는 볼 수 없다 할 것이므로, 이는 청구인이 휴게소 건축공사에 대하여 위수탁 계약을 체결하여 단순히 용역을 제공한 것으로 보아야 할 것이다.

〈사례〉 건설공사와 함께 제공하는 기계장비 구매

항만건설공사를 도급계약을 체결하면서 수급인이 항만에서 사용하는 기계장비를 구매하여 항만부두에 설치하도록 하는 건설공사 용역이 포함되어 있는 경우 기계장비는 도급자가 취득한 것으로서 도급자에게 취득세 납세의무가 있다(도세-840, 2008.05.13).

「지방세법」에서 차량·기계장비 등의 취득에 있어서는 「건설기계관리법」, 「자동차관리법」 등 관계법령의 규정에 의한 등기·등록 등을 이행하지 아니한 경우라도 사실상으로 취득한 때에는 각각 취득한 것으로 보고 당해 취득물건의 소유자 또는 양수인을 각각 취득자로 하되, 차량·기계장비·항공기 및 주문에 의하여 건조하는 선박은 승계취득의 경우에 한하여 취득세 과세대상으로 한다고 규정하고 있으며, 차량·기계장비 및 선박에 있어서는 그 제조·조립·건조 등이 완성되어 실수요자가 인도받거나 계약상의 잔금을 지급하는 날을 최초의 승계취득일로 본다고 규정하고 있다.

A법인(도급인)과 B법인(수급인)이 항만건설공사를 위한 도급계약을 체결하면서 B법인이 항만에서 사용하는 기계장비를 구매하여 항만부두에 설치하도록 하는 건설공사 용역이 포함되어 있는 경우 B법인은 도급받은 공사를 이행하기 위하여 「지방세법」상 과

세대상인 기계장비를 구매하여 설치한 후 A법인에게 인도하는 것이라면 B법인은 실수요자로 취득한 것이 아니므로 취득세 납세의무가 없고, A법인이 기계장비를 인도받거나 계약상의 잔금을 지급하는 날에 최초의 승계취득한 것으로 보아 취득세 납세의무가 있는 것이다.

〈사례〉 카지노 영업장면 녹화용 CCTV와 시스템 S/W

건축물은 「건축법」 제2조 제1항 제2호의 규정에 의한 건축물과 토지에 정착하거나 지하 또는 다른 구조물에 설치하는 레저시설, 저장시설, 도크시설, 접안시설, 도관시설, 급·배수시설, 에너지공급시설 그 밖에 이와 유사한 시설로서 대통령령이 정하는 것을 말한다고 규정하고 있고, 취득세 과세대상이 되는 개수를 규정하면서 대상 시설물을 승강기, 20kW 이상의 발전시설, 난방용 보일러, 7,560kcal급 이상의 에어컨, 부착된 금고, 교환시설, 건물의 냉·난방, 급·배수, 방화, 방범 등의 자동관리를 위하여 설치하는 인텔리전트 빌딩시스템 시설, 구내의 변전·배전시설로 규정하고 있으므로 카지노장에 설치한 영업장면 녹화용 CCTV와 시스템 운용 S/W가 비록 건축물을 신축하면서 설치하였다 하더라도 이는 건축물과 별개의 설비에 해당된다고 보아야 하고, 위에서 열거한 취득세 과세대상에도 해당되지 않으므로 취득세 납세의무가 없다고 판단된다.

〈사례〉 주택보증회사의 소유권보존등기

건설회사의 부도로 주택보증회사가 신축아파트에 관해 분양보증계약에 따라 소유권 보존등기경료시, 실질적인 소유권 취득 여부와 관계없이 취득세 과세대상에 해당한다 (대법2000두7896, 2002.06.28).

「지방세법」에 있어서 부동산 취득세는 재화의 이전이라는 사실자체를 포착하여 거기에 담세력을 인정하고 부과하는 유통세의 일종으로서 부동산의 취득자가 그 부동산을 사용, 수익, 처분함으로써 얻어질 이익을 포착하여 부과하는 것이 아니므로 '부동산의 취득'이란 부동산의 취득자가 실질적으로 완전한 내용의 소유권을 취득하는가의 여부에 관계없이 소유권이전의 형식에 의한 부동산 취득의 모든 경우를 포함한다.

〈사례〉 건설 중인 아파트취득

건설회사가 아파트를 신축하다가 82% 공정에서 회사의 부도로 공사가 중단된 경우, 당해 아파트에 대해 사용승인 등을 하지 않은 경우에는 취득세 과세대상 아니다(세정 13407-434, 2002.05.10). 「지방세법」 제105조 제1항에서 취득세는 부동산 등을 취득하는 자에게 부과한다고 규정하고 있고 동법시행령 제73조 제1항 제4호에서는 건축허가를 받아 건축하는 건축물에 있어서는 사용승인서교부일(사용승인서교부일 이전에 사실상 사용하거나 임시사용승인을 받은 경우에는 그 사실상의 사용일 또는 임시사용승인일)을 취득일로 보도록 규정하고 있는 바, 아파트 건설회사가 아파트를 신축하거나 82%의 공정에서 회사의 부도로 공사가 중단된 당해 아파트에 대해 사용승인이나 임시사용승인을 받지 아니하였거나 사실상 사용을 하지 아니한 경우는 취득세 과세대상 건축물로 볼 수 없어 취득세 납세의무가 없다.

〈사례〉 급·배수시설 및 옹벽설치비용

급·배수시설에 해당하는 구내배수시설과 지목변경을 수반하지 않지만 건축물의 신축 등과 관련한 옹벽설치는 취득세의 과세대상이다(지방세심사2004-247, 2004.08.30).

청구인의 경우를 보면 청구인은 A변전소(2001.06.15 준공), B변전소(2002.01.15 준공) 및 C변전소(2002.06.23 준공)의 옥외변전시설을 옥내화하기 위하여 건축물을 신축하면서 옹벽 및 구내 배수시설을 설치하였고, 변전소 취득에 따른 취득세 등을 신고납부하면서 그 설치비용을 누락했다. 이 사실은 제출된 관계증빙자료에 의하여 알 수 있다.

이에 대하여 청구인은 옹벽 및 구내 배수시설은 기존의 옥외변전소 부지 위에 지목변경없이 시공한 것으로 지목변경을 수반하지 아니하였으므로 이 사건 취득세 등을 추징한 처분은 부당하다고 주장했다.

이에 관하여 보면, 「지방세법 시행령」 제75조의 2 각호의 1에 해당하는 시설물을 취득하는 경우에는 취득세 납세의무가 있고, 물을 공급하거나 배수하기 위한 일체의 설비로서 그 구조, 형태, 용도, 기능 등을 전체적으로 고려하여 급수와 배수기능을 하는 시설이 급·배수시설(같은 취지의 대법원판결 89누5638, 1990.07.13; 2001두10592, 2002.06.28)이라 할 것으로서, 이 사건 배수시설은 변전소 구내에서 공용하수도까지

오·폐수 및 우수를 배수하는 시설로서 「지방세법 시행령」 제75조의 2 제5호에서 규정하고 있는 급·배수시설에 해당된다 하겠다. 또한, 「지방세법 시행령」 제82조의 2 제1항의 규정에 의한 취득가격에는 과세대상물건의 취득시기 이전에 거래상대방 또는 제3자에게 지급원인이 발생 또는 확정된 것으로서 당해 물건 자체의 가격은 물론 그에 준하는 취득절차비용도 간접비용으로서 이에 포함된다 할 것이고, 옹벽설치가 지목변경을 수반하지 아니하였다 하더라도 건축물의 신축 등과 관련한 옹벽설치는 취득세 과세대상에 해당된다 하겠으므로, 청구인은 옥외변전시설의 옥내화를 위한 변전소 신축과 관련하여 이 사건 옹벽을 설치한 이상 처분청이 이 사건 취득세 등을 부과한 처분은 잘못이 없다.

〈사례〉 건물 연결통로

철도역사의 연결경사로가 2층을 동서로 연결하는 후면진입로로 일반대중에 개방된 공용도로로 사용된다면 이는 역사시설물이 아닌 국유지인 철도용지에 건설된 도로의 일부이므로 취득세 납세의무자는 비과세대상인 국가가 된다(지방세심사2004-316, 2004.10.27).

청구인의 경우를 보면, 청구인은 경부고속철도 ○○역사를 연결하는 교각, 도로 및 도로시설물을 건설하고, 취득세 8,072만 8,000원, 농어촌특별세 807만 2,800원, 8,880만 800원을 2004년 2월 26일 신고납부하였음이 제출된 관계 증빙자료에 의하여 알 수 있다.

이에 대하여 청구인은 이 사건 경사로가 ○○역사 후면진입도로 실시설계 승인에 따라 교각, 도로 및 도로시설물로 설계된 일체의 도로로 건설된 것이므로 도로에 해당하고, 「지방세법」 제104조 제4호에서 규정하고 있는 취득세의 과세대상인 건축물의 범위에도 해당하지 않으므로 취득세의 과세대상이 아니라고 주장하였다. 이에 대해 살펴보면 「지방세법」 제104조 제4호에서 취득세에서 사용하는 용어 중 건축물은 「건축법」 제2조 제1항 제2호에 의한 건축물이 해당하고, 「건축법」 제2조 제1항 제2호에서 건축물이라 함은 토지에 정착하는 공작물 중 지붕과 기둥 또는 벽이 있는 것과 이와 부수되는 시설물을 말하고 있으므로, 이 사건 경사로는 ○○역사의 2층을 동서로 연결하는 후면진입도로로서 일반대중에게 개방되어 공용도로로 사용되고 있음이 분명하고, 교각 등도

○○역사에 부수되는 시설물이기 보다는 도로의 일부라고 보는 것이 타당하다. 도로건설에 대해서는 사실상 토지의 지목이 철도용지에서 도로로 변경되어 비용의 증가가 발생되었다고 하더라도 이 사건 경사로는 국유지인 철도용지에 건설되어 있어 취득세의 납세의무자는 국가가 되는 것으로서 「지방세법」 제106조에 규정에 의거 비과세되어야 하는 것이다. 따라서 처분청에서 이 사건 경사로를 취득세 과세대상으로 보아 취득세 등을 부과한 처분은 잘못이다.

〈사례〉 건축물 증·개축 시 설치한 냉난방시설 등과 그 이후에 설치한 급·배수시설

건축물 증·개축 시 설치한 냉난방시설, 공조시설, 자동제어설비와 건축물 취득 이후에 설치한 급·배수시설은 취득세 등 과세대상에 해당한다(지방세심사2005-219, 2005.07.25).

청구인의 경우를 보면, 청구인은 충청남도 ○군 ○읍 ○리 XX번지 외 4필지에서 인쇄 및 필기용지 제조업 등을 영위하는 법인으로서 2000년 11월 30일 기존건축물 중에서 1층 공장 327.6㎡, 2층 공장 902.4㎡에 대하여 일부를 증축하고 일부는 창고에서 공장으로 용도변경한 후 취득세와 등록세를 신고납부하였다. 증·개축건물의 취득일 이후에 건물 및 구축물의 온수배관설비교체, 상수관급수관로 보수공사, 용수처리기 보수공사, 옥외소화배관 수선, 배수로 덮개 교체공사 등을 하였으나 취득세 등 신고납부를 하지 아니하자, 처분청은 증·개축건물의 취득세 과세표준액에 포함되지 않은 냉난방·공조·자동제어설비 공사비와 취득일 이후 설치한 급·배수시설 공사비 등을 과세표준액으로 하여 취득세 등을 부과고지하였음을 제출된 관계증빙서류에 의해 알 수 있다.

공장 증·개축 시 설치한 냉난방, 공조, 자동제어설비는 공장 내부의 온도 및 습도를 일정하게 유지하기 위한 공장건물의 종속물에 해당되어 취득세 과세대상에 포함되는 것(행정자치부 심사결정 제2003-233호, 2003.11.24)이므로, 난방, 공조, 자동제어설비는 건물의 일부로써 취득세 과세대상에 포함되는 것이다. 취득일 이후 설치한 온수배관, 상수관, 급수관로, 용수처리기, 옥외소화배관, 배수로 덮개 설치공사 등은 구 「지방세법 시행령」 제75조의 2 제2호에 규정된 취득세 과세대상 구축물 중 급·배수시설에 해당되므로 취득세 과세대상에 포함된다.

청구인이 시행한 공장증축 및 개축공사는 창고용 건축물을 생산 공장으로 전환하기 위하여 기존건축물에 연결하여 건물 일부를 증축하고 기존건축물을 생산시설 용도에 맞게 변경하는 것으로써 증축 및 개축이 동시에 이루어졌으며, 기존건축물 및 증축부분을 합하여 하나의 생산용 건물을 이루기 위한 공사로써 개축공사는 증축공사의 일부를 이루는 공사이므로 전체공사금액이 취득세 과세표준액에 해당한다.

〈사례〉 건축물 인테리어 공사

대수선 등에 해당되지 않는 실내인테리어공사는 건축물의 주체구조부와 일체를 이루는 공사가 건물사용검사일 이전에 이루어진 것은 취득세 과세대상이고, 건축물의 주체구조부와 분리되는 공사비와 건물사용검사일 후 이루어진 공사비는 취득세 과세대상이 아니다(내심98-64, 1998.02.24).

「지방세법」 제111조 제5항 제3호 및 구 「지방세법 시행령」 제82조의 2 제2항, 제82조의 3 제1항에서 취득세의 취득가격은 과세대상 물건의 취득시기를 기준으로 그 이전에 당해 물건을 취득하기 위하여 거래상대방 또는 제3자에게 지급하였거나 지급하여야 할 일체의 비용으로서 법인의 경우 법인이 작성한 원장, 보조장, 출납전표, 결산서에서 입증되는 법인 장부가액으로 한다고 규정하고 있고, 「지방세법」 제112조 제3항, 제138조 제1항 및 같은 법 시행령 제102조 제2항에서는 법인이 대도시 내에서 본점 사업용 부동산을 취득한 경우는 취득세를 중과세하고, 대도시 내에서 법인 설립 후 5년 이내 취득한 일체의 부동산 등기에 대하여는 등록세를 중과세하도록 규정하고 있다.

청구인은 1995년 9월 4일 대도시 내에 설립된 법인으로서 중국음식점 경영을 하고자 이 건 건축물(지하 1층, 지상 2층의 1,418.3㎡)을 신축하여 1995년 12월 12일 사용검사를 받았다. 또한 이 건 건축물 신축공사와는 별도로 중국음식점을 경영하는데 적합한 실내인테리어 공사를 1995년 11월 9일 청구 외 A디자인 회사와 계약(제1차 공사비 7억 1,000만 원, 공사기간 1995.11.09~1996.01.15)하여 공사하던 중 추가 요인이 발생됨에 따라 1995년 12월 9일 제2차 공사계약(공사비 4,990만 원, 공사기간 1995.12.09~1996.01.15)을 하여 1996년 1월 15일 공사를 완료한 사실을 실내인테리어 공사계약서 및 법인장부 등에서 알 수 있다.

공사내역을 살펴볼 때 이 건 건축물의 주체 구조부와 일체를 이루는 것이 있고 분리되는 것이 있으므로, 건축물의 취득시점(사용검사일)을 기준으로 취득일 전에 공사가 이루어진 것 중 건축물의 주체 구조부와 일체를 이루는 공사비는 이 건 건축물의 취득가액에 포함하여야한다. 허나 청구인의 법인장부상 공사비 지급과 관련하여 그 내역이 세부적으로 계정 처리되어 있지 않았고, 실내 인테리어 공사를 도급한 청구 외 A디자인 회사가 부도로 소멸된 관계로 공사추진 과정을 명확히 알 수 없으므로 실내인테리어 공사계약서를 근거로 분리산정해야 할 것인 바, 이 건 건축물의 사용검사일 전에 대부분 공사가 이루어진 제1차 인테리어 공사(공사비 7억 1,000만 원) 내역 중 이 건 건축물 주체 구조부와 일체를 이루는 공사비 4억 2,763만 596원[화장실 공사, 도배용 실크벽지, 천정공사비, 벽면공사비, 목공인건비, 칸막이와 문설치, 기둥마감, 도장공사, 전기공사, 조명공사, 자동문 및 강화도어, 기타 잡비 및 이윤 등을 안분(60.23%)한 가액]은 이 건 건축물의 취득가액에 포함시켜야 할 것이고, 건축물의 주체 구조부와 분리되는 공사비 2억 8,236만 9,404원[가구구입비, 카펫, 이동식 다리 기둥 및 장식비, 슬라이딩 칸막이 및 조립식 무대, 외부 홍보용 대리석 설치비, 커튼 및 간판설치비, 기타 잡비 및 이윤 등을 안분(39.77%)한 가액]과 1995년 12월 9일 계약하여 이 건 건축물 사용검사일 후에 공사가 이루어진 제2차 인테리어 공사비 4,990만 원(도장공사, 바닥타일공사, 조명공사 등 개축이나 대수선에 해당되지 않음)은 이 건 건축물의 취득가액에 포함시킬 수 없다.

〈사례〉 조경공사비등

조경시설 및 테니스장과 포장시설은 구축물이나 부대설비에 해당한지 않으므로 단순히 건물주변의 조경·마당포장공사비 및 테니스장공사비는 건물의 증·개축비용에 포함되지 않는다(지방세심사2000-25, 2000.01.26).

이 건을 살펴보면 첫째, 발전기, 이동식 에어컨 및 소화기가 취득세 과세대상이 되는지 여부로 20㎾ 이상의 발전기로서 재화나 용역의 생산에 전용되거나 주로 사용되는 경우에는 생산설비로서 건물의 특수한 부대설비에 해당되지 않으나, 이 건 건물에 부속 또는 부착된 발전설비는 주로 생산용에 사용되지 아니하고 건물의 냉·난방, 일반조명 및 통신동력 등에 공동으로 사용하기 위하여 설치된 사실이 확인된다. 따라서 발전기는 이

건 건물의 부합물 내지 종물로서 건물 자체의 효용을 증가시키는 부대시설이라 할 수 있으며 취득세 과세대상에 해당되지만 이동식 에어컨 및 소화기는 건물에 부속 또는 부착된 설비가 아니므로 취득세 과세대상에서 제외하여야 할 것이다.

둘째, 조경(정원 및 파고라 포함) 및 테니스장공사비와 포장공사비 그리고 부가가치세를 건물의 증·개축비용에 포함시켜 취득세를 부과고지한 처분이 적법한지 여부를 보면, 조경시설 및 테니스장과 포장시설은 구축물이나 부대설비에 해당되지 않으므로, 조경공사나 잔디식재공사가 이루어져야 비로소 지목이 변경되는 경우를 제외한 단순히 건물주변의 조경이나 마당포장공사로 인한 조경공사비(A전화국 365만 2,965원, B전화국 1억 5,075만 1,882원) 및 테니스장공사비와 포장공사비를 건물의 증·개축비용에 포함하여 취득세와 등록세를 부과고지한 처분은 잘못이 있다. 또한 「지방세법 시행령」 제82조의 3 제1항에서 부가가치세도 취득세 과세표준이 되는 취득가격에서 제외하도록 규정하고 있으므로 이 부분에 대한 취득세와 등록세의 부과 처분도 잘못이라 할 것이다.

Ⅱ. 개수(改修)

1. 개수의 의의

「지방세법」 제6조 제6호에서 개수를 정의하고 있다. 동 규정에 의하면 개수란 다음의 어느 하나에 해당하는 것을 말한다.

　① 「건축법」 제2조 제1항 제9호에 따른 대수선.
　② 건축물 중 특정시설물의 수선.
　③ 건축물에 딸린 시설물의 설치 또는 수선.

기존 건축물의 노후화에 따른 기능향상을 위하여 건축물 리모델링 공사 등을 한 경우 당해 공사가 대수선에 해당되거나 개수에 열거된 시설물을 설치 또는 수선한 경우라면 개수에 따른 취득세가 과세된다. 그러나 이에 해당하지 않는 단순한 보수공사만 한 것이라면 법인장부상에 자산계정으로 계상하였다 하더라도 개수에 따른 취득으로 볼 수 없다(지방세운영-2232, 2008.11.20).

그리고 취득세 과세표준이 되는 취득가격은 과세대상물건의 취득시기를 기준으로 그 이전에 당해 물건을 취득하기 위하여 거래상대방 또는 제3자에게 지급하였거나 지급하여야 할 일체의 비용이다. 그러므로 개수에 해당하는 대수선공사 등에 있어서 당해 공사비용에 대수선 등이 아닌 단순한 수선공사비용이 포함되어 있는 경우라 하더라도 그 공사가 대수선 공사 등과 그 기능과 공정에 있어서 불가분하게 일체하여 이루어져 대수선 공사 등이라고 볼 수 있다면 취득세 과세표준에 포함한다.

2. 대수선

대수선이란 건축물의 기둥, 보, 내력벽, 주계단 등의 구조나 외부 형태를 수선·변경하거나 증설하는 것으로서 다음의 어느 하나에 해당하는 것을 말한다. 다만 증축·개축 또는 재축에 해당하지 아니하는 것을 말한다(건축법 제2조 제1항 제8호).

① 내력벽을 증설 또는 해체하거나 그 벽면적을 30㎡ 이상 수선 또는 변경하는 것.
② 기둥을 증설 또는 해체하거나 세 개 이상 수선 또는 변경하는 것.
③ 보를 증설 또는 해체하거나 세 개 이상 수선 또는 변경하는 것.
④ 지붕틀(한옥의 경우에는 지붕틀의 범위에서 서까래는 제외)을 증설 또는 해체하거나 세 개 이상 수선 또는 변경하는 것.
⑤ 방화벽 또는 방화구획을 위한 바닥 또는 벽을 증설 또는 해체하거나 수선 또는 변경하는 것.
⑥ 주계단·피난계단 또는 특별피난계단을 증설 또는 해체하거나 수선 또는 변경하는 것.
⑦ 미관지구에서 건축물의 외부형태(담장을 포함)를 변경하는 것.
⑧ 다가구주택의 가구 간 경계벽 또는 다세대주택의 세대 간 경계벽을 증설 또는 해체하거나 수선 또는 변경하는 것.

3. 건축물 중 특정시설물의 수선

건축물 중 레저시설, 저장시설, 도크(dock)시설, 접안시설, 도관시설, 급수·배수시설, 에너지공급시설 및 그 밖에 이와 유사한 시설(이에 딸린 시설을 포함)로서 대통령령으로 정하는 것을 수선하는 것을 말한다.

'대통령령으로 정하는 것'이란 각각 잔교(棧橋, 이와 유사한 구조물을 포함), 기계식 또는 철골조립식 주차장, 차량 또는 기계장비 등을 자동으로 세차 또는 세척하는 시설, 방송중계탑(「방송법」 제54조 제1항 제5호에 따라 국가가 필요로 하는 대외방송 및 사회교육방송 중계탑은 제외) 및 무선통신기지국용 철탑을 말한다.

4. 건축물에 딸린 시설물의 설치 또는 수선

건축물에 딸린 시설물 중 대통령령으로 정하는 시설물을 한 종류 이상 설치하거나 수선하는 것을 말한다. 대통령령이 정하는 시설물은 다음과 같다.

① 승강기(엘리베이터, 에스컬레이터, 그 밖의 승강시설).

② 시간당 20㎾ 이상의 발전시설.

③ 난방용·욕탕용 온수 및 열공급시설.

④ 시간당 7,560㎉급 이상의 에어컨(중앙조절식만 해당).

⑤ 부착된 금고.

⑥ 교환시설.

⑦ 건물의 냉난방, 급수·배수, 방화, 방범 등의 자동관리를 위하여 설치하는 인텔리전트 빌딩시스템 시설.

⑧ 구내의 변전·배전시설.

〈사례〉 개수의 판단

이 건 방화공사가 「지방세법」상 개수에 해당되는지를 보면, 이 건의 경우 단지 노후된 비상문만을 교체한 것이 아니라 기존 방화셔터를 철거한 후 재설치(신규 교체)하고, 갑종 방화문의 설치를 포함하고 있다. 방화셔터는 공항, 체육관 등 넓은 공간에 부득이하게 내화구조로 된 벽을 설치하지 못하는 경우에 사용하는 방화구조로서 방화벽의 기능을 수행하는 것이고, 갑종 방화문은 방화벽에 위치한 방화구조의 문으로서 화재 발생 시 자동으로 닫힘으로써 화재확대 및 연소방지 기능을 수행하는 것이므로, 방화셔터의 일부 교체 및 방화셔터의 위치와 방향 변경, 갑종 방화문 설치는 「건축법 시행령」 제3조의 2 제5호에서 규정하고 있는 대수선의 하나인 방화벽 또는 방화구획을 위한 바닥 또는 벽을 증설·해체하거나 수선·변경한 것이다. 따라서 위 「지방세법」상 개수에 해당된다고 봄이 타당하다 하겠고, 쟁점건축물에 대한 내부환경 개선공사는 앞서 살펴본 바와 같이 「지방세법」상 취득세 과세대상인 개수에 해당하는 대수선과 기존 건축물에 인테리어 공사가 병행된 것이어서 그 전부를 단순 인테리어 공사로 볼 수는 없으므로 개수(대수선: 방화공사)에 해당하는 부분에 대한 비용은 개수에 따른 일체의 비용으로 보아 취득세 과세표준에 포함하는 게 타당하다.

이 건 시설물 설치공사는 개별 전기 냉난방기(EHP) 설치 및 냉매배관 설치공사, 노후 배관 수정공사, 내부 LAN 및 전화케이블 교체, 노후 CCTV 교체 및 CCTV 재배치, 노후 전등 교체 등이다. 이는 쟁점건축물의 용도와 기능 유지를 위한 단순한 보수공사로 보이고, 이러한 시설물이 위 지방세법령에서 취득세 과세대상으로 정하고 있는 시설물에 해당된다고 볼 수 없어 이에 소요된 비용을 쟁점건축물 취득(개수)에 소요된 비용으로 인정하기는 어렵다.

그렇다면 이 건 취득세 등의 부과처분 중 쟁점건축물에 대한 내부환경 개선공사에 소요된 비용 중 개수(대수선: 방화공사)에 해당하는 부분에 대한 비용과 개수 부분에 소요된 인테리어 공사비용은 쟁점건축물 취득(개수)에 소요된 비용으로 보아 취득세 과세표준에 포함하여야 하나, 이를 제외한 기존 건축물에 대한 단순 인테리어 공사비용과 시설공사비용은 취득비용에서 제외하여야 할 것이다. 이러한 구분이 명확하지 아니한 경우에는 쟁점건축물 전체 면적에서 개수 부분이 차지하는 면적비율로 그 비용을 안분함이 타당하다 하겠다(조심2011지824, 2012.08.30).

〈사례〉 냉방시설의 수선

냉방시설은 냉동기, 냉동펌프, 냉각탑 등이 유기적으로 연결되어야만 그 기능을 발휘하므로 냉각탑, 펌프는 냉방시설의 부속시설이 아닌 주요시설로 보아야 하며, 이를 전면 교체·수선한 것은 '개수'에 해당되어 취득세 납세의무 있다[인용(일부)](감심2010-112, 2010.11.04).

〈사례〉 내부수리공사

이 사건 내부수리비용 10억 3,835만 4,546원은 이 사건 건축물의 인테리어 등에 사용된 비용으로서 '대수선'이라 할 수 있는 내력벽·기둥·보·지붕틀·계단 등의 증설·해체·수선 등과는 사실상 관련이 없을 뿐만 아니라 관할관청인 연기군수의 '대수선' 허가도 받지 아니하였음을 볼 때, 이 사건 내부수리공사는 취득세 부과 대상이 되는 '대수선'이 아니라 이 사건 건축물의 용도와 기능 유지를 위한 단순한 보수공사로 보는 것이 타당하다. 처분청이 이러한 사실 등을 전체적으로 고려하지 아니하고 청구 외 A장례식장㈜ 에서 이 사건 내부공사비용을 자본적 지출로 회계처리 하였다는 사실만으로 이 사건 내부수리 공사를 취득세 과세대상으로 판단하여 취득세 등을 부과고지한 것은 잘못이라 하겠다(지방세심사2007-305, 2007.05.28).

〈사례〉 모델하우스 대수선

1년을 초과하여 존치하는 모델하우스(견본주택)에 개보수 등 공사를 한 경우 당해 공사가 대수선에 해당된다면 개수에 따른 취득세 납세의무가 있다. 또한 당해 건축물 공사비용에 대수선이 아닌 단순한 수선공사비용이 포함되어 있는 경우라 하더라도 그 공사가 대수선 공사와 그 기능과 공정에 있어서 불가분하게 일체로써 이루어진다면 대수선 공사라고 볼 수 있기에 취득비용에 포함하여야 한다(감심 2007-87, 2007.08.16 참조).

〈사례〉 개수의 과세표준

건축물에 부수되는 시설물에 대한 개수 부분이 과세대상이 된다하여 대수선이 아닌 건축공사전체를 과세대상으로 보는 것은 아니고, 부분적으로 개수에 해당하는 부분만

과세된다(지방세심사2004-23, 2004.01.29).

〈사례〉 공동주택승강기 교체

공동주택의 승강기가 노후화되어 이를 교체하는 경우, 개수에 해당되어 승강기 설치비용을 과세표준으로 하여 취득세를 납부하여야 한다(세정-211, 2007.01.12).

〈사례〉 스키장 무빙워크

건축물에 부수하여 설치한 것이 아니라 이용객의 편의를 위하여 스키장의 이동로에 무빙워크를 설치한 경우라면 취득세 과세대상인 개수에는 해당되지 않는다(세정-6505, 2006.12.28).

〈사례〉 냉난방기

임차인의 공사로 인하여 설치된 냉난방기는 중앙조절식의 경우 과세표준에 포함되나 중앙조절식이 아닌 경우 건축물에 부합된 시설물이라고 보기 어려우므로 건축물의 취득세 과세표준에서 제외해야 한다(조심2009지760, 2010.06.07).

〈사례〉 개수의 납세의무자

주체구조부와 일체가 되어 건축물로서의 효용가치를 이루고 있는 것에 대하여 주체구조부 취득자 이외의 자가 가설(개수)한 경우에도 주체구조물의 취득자가 취득세 납세의무자가 된다(세정-4752, 2004.12.28).

〈사례〉 증축 또는 대수선 공사와 그 기능과 공정에 있어서 불가분의 공사

취득세 과세대상이 되는 취득이란 증축, 대수선 등 유무상을 불문한 일체의 취득인데, 이 사건에서는 증축과 대수선이 2층과 지하 1층 전반에 걸쳐 동시에 일괄적으로 이루어지면서 물리적 관점에서는 단순 수선이라고 볼 수 있는 공사부분이 증축과 대수선 공사와 그 기능과 공정에 있어서 불가분 불가결하게 일체로써 이루어졌다. 그러므로 경제적, 법률적으로 각 층별로 일련의 증축 또는 대수선 공사라고 봄이 타당하다.

위 같은 맥락에서 청구인이 과세대상이 아니라고 주장하는 위 형광등 공사 등도 단순히 노후화된 부분을 수리(수익적 지출, 당해 연도 비용)하는 것이 아니고 대수선에 포함되는 공사의 일부로 봄이 타당하다 할 것이다(감심2007-87, 2007.08.16).

〈사례〉 개수로 인한 연면적의 감소

청구인이 신고한 대수선 신고서에 의하면 이 건 건축물은 '출입구 전면 기둥 5개소를 해체 한 것'으로 기재되어 있어, 이는 「건축법 시행령」 제3조의 2에 규정하는 대수선에 해당되고, 이러한 대수선은 「지방세법」 제104조 제10호의 취득세 과세대상인 '개수'에 포함된다. 설령 이 건 건축물의 대수선 결과 면적이 감소되었다 하더라도 부동산에 대한 취득행위가 이미 성립되어 과세요건사실이 충족된 이상, 건축물 신축 당시의 취득세 납세의무 이외에 개수에 따른 취득세 납세의무는 당연히 존재하는 것이고, 이 건 건축물 대수선에 따른 취득세 과세표준은 「지방세법」 제111조 제3항에 따라 개수로 인하여 증가한 가액이 되는 것이다.

05 | 종류변경과 지목변경

Ⅰ. 종류변경

선박, 차량과 기계장비의 종류를 변경함으로써 그 가액이 증가한 경우에는 취득으로 보며 증가한 가액을 과세표준으로 한다. 이 경우 신고 또는 신고가액의 표시가 없거나 신고가액이 시가표준액보다 적을 때에는 그 시가표준액으로 한다.

선박·차량 및 기계장비의 종류 변경은 선박의 선질(船質)·용도·기관·정원 또는 최대적재량의 변경이나 차량 및 기계장비의 원동기·승차정원·최대적재량 또는 차체의 변경으로 한다(지방세법 시행령 제15조).

〈사례〉 차량의 연료장치의 변경

차량의 연료를 휘발유에서 LPG로 변경하는 것은 '연료장치의 변경'으로서 취득세 과세대상인 '차량의 종류변경'에 해당하지 않는다(세정13430-244, 2002.03.13).

〈사례〉 차량의 종류변경 시 중고사용

크레인이 장착된 차량을 교체하면서 헌차에 장착된 크레인을 새로 구입한 차량에 부착한 경우, '차량의 종류변경'에는 해당하나 크레인 설치에 대한 취득세 납세의무는 없다(세정13407-714, 2001.06.26). 「지방세법」상 취득세가 부과되는 차량의 종류변경이라 함은 원동기·승차정원·최대적재량 또는 차체가 변경된 것을 뜻한다. 따라서 차량의 종류변경을 함으로써 그 가액이 증가된 경우에는 이를 취득으로 보아 그 증가한 가액을 과세표준으로 하여 취득세를 납부하여야 하나, 크레인이 장착된 차량을 교체하면서 헌차에 장착된 크레인을 새로 구입한 차량에 부착한 경우 새로 구입한 차량은 차체변경에 의한 차량의 종류변경에는 해당되더라도 취득세 부과에 있어서는 이미 과세한 헌차에 장착된 자기소유의 크레인을 새로 구입한 차량에 이동 장착한 것에 불과할 뿐이므로 당해 크레인 설치에 대한 취득세 납세의무는 없다.

〈사례〉 트레일러에 위험물이동탱크저장시설을 설치

트레일러를 취득한 후 관할관청의 구조변경허가를 받아 위험물이동탱크저장시설을 설치한 경우 차량의 종류변경에 해당된다 하겠으므로 취득세 납세의무가 성립된다(세정-2471, 2007.06.28).「자동차관리법」제34조에서 자동차의 구조·장치 중 건설교통부령이 정하는 것을 변경하고자 하는 때에는 당해 자동차의 소유자가 시장·군수 또는 구청장의 승인을 얻어야 한다고 규정하고 있다. 트레일러를 취득한 후 관할관청의 구조변경허가를 받아 위험물이동탱크저장시설을 설치한 경우라면 이는 차량의 종류변경에 해당된다 하겠으므로 취득세 납세의무가 성립된다고 봄이 타당하다.

〈사례〉 차량구입 후 사양추가

"선박 또는 차량과 중기의 종류변경이라 함은(중략)… 차량과 중기에 있어서는 원동기·정원·적재정량 또는 차체가 각각 변경된 것을 말한다"라고 규정하고 있어 차량에 대한 취득세는 취득당시에 과세하거나 그렇지 않으면 원동기·정원·적재정량 또는 차체의 변경으로 인해서 차량가액이 증가할 경우에 한하여 과세할 수 있는 것임을 알 수 있다.

그러므로 원칙적으로 차량에 부착된 에어컨은 취득세 과세대상으로 규정되어 있지 않으나 만약 동 에어컨이 차량제작회사에서 차량제작 시에 함께 부착하여 제작한 것이라면 차량전체를 구성하고 있는 각 부속품을 별도로 구분하여 취득세 과세대상 여부를 판단할 수가 없으므로 모든 부속품을 포함한 차량전체를 과세대상으로 함이 마땅하기 때문에 과세대상에 포함할 수 있겠으나, 청구인의 경우와 같이 A자동차㈜에서 생산한 차량을 취득한 이후에 B에어컨㈜에서 별도로 에어컨을 부착한 경우에는 과세대상이 되지 않는다(심사81-88, 1981.04.30).

Ⅱ. 지목변경

「지방세법」에서는 간주취득의 하나로 토지의 지목변경을 취득으로 보고 있다. 즉, 토지의 지목을 사실상 변경함으로써 그 가액이 증가한 경우에는 취득으로 본다.

토지의 지목이 사실상 변경된 것을 취득세의 과세대상인 간주취득으로 보기 위해서는 우선 그 토지의 주된 사용목적 또는 용도에 따라 구분되는 지목이 사실상 변경되었을 뿐만 아니라 그로 인하여 가액이 증가되어야 한다.

그러므로 이미 그 지목이 사실상 변경된 후에 토지를 취득한 것이라면 비록 취득 후 변경된 사실상의 지목에 맞게 공부상의 지목을 변경하였다고 할지라도 이는 간주취득에 해당하지 않는다. 즉, 토지를 취득한 후 그 현상을 전혀 변경시키지 아니한 채 그대로 보유하고 있다가 그 공부상의 지목을 실질에 맞게 변경하였다고 할지라도 공부상의 지목이 변경되었다는 사유만으로 당해 토지 소유자가 그 변경 시점에서 취득세 과세물건을 새로이 취득한 것으로 취급할 수는 없다(대법원 1997.12.12 선고, 97누15807 판결 등 참조)

지목이 변경되었는지 여부는 토지의 형질변경 유무뿐만아니라 상하수도공사, 도시가스공사, 전기통신공사 유무를 비롯하여 여러 사정을 종합하여 객관적으로 판단하여야 한다(대법2005두12756, 2006.07.13). 또한 지목변경에 따른 취득세 과세요건은 지목변경으로 인한 토지 가격의 상승에 있는 것이지 토지형상의 변경을 반드시 필요로 하는 것은 아니다. 따라서 공부상 지목이 변경되어 토지의 가격이 상승한 경우에는 토지형상의 변경이 없는 경우라 하더라도 취득세의 과세대상에 포함된다.

토지의 지목을 사실상 변경한 경우에는 그로 인하여 증가한 가액을 각각 과세표준으로 한다. 이 경우 신고 또는 신고가액의 표시가 없거나 신고가액이 대통령령으로 정하는 시가표준액보다 적을 때에는 그 시가표준액으로 한다.

〈사례〉 지목변경 시 도로포장시설

도로포장시설은 기업회계처리상 토지와는 구분되는 독립한 구축물로서 감가상각 대상자산으로 처리하고 있고 「지방세법」에서도 이와 같은 기업회계학상의 개념을 빌려 취득세 과세대상으로 토지의 취득과 구축물의 취득을 구분하고 있으나, 이 건 포장시설은 독립한 구축물로서 과세대상이 될 수 있는지 여부는 별론으로 하더라도 토지의 가액증가로는 볼 수 없다는 취지이나,「지방세법」에서 취득세 과세대상으로서의 구축물의 범위에 관하여 별도로 규정하고 있는 것은 그와 같은 구축물의 취득을 토지의 가액증가 여부를 불문하고 토지와 분리하여 과세대상으로 포착하고자 함에 있을 뿐 지목변경 등으로 인하여 토지의 가액증가가 수반되는 경우 취득세 과세대상을 논함에 있어 토지의 구성부분을 이루는 구축물을 토지의 일부로 보아 평가하는 것까지를 부정하는 것은 아니므로 받아들일 수 없다(대법92누18818, 1993.06.08).

〈사례〉 지목변경 전에 지목변경 후의 공시지가와 유사한 금액으로 토지를 취득한 경우

지목변경 전에 지목변경 후의 공시지가와 유사한 금액으로 토지를 취득한 경우에도 지목변경에 따른 취득세 과세대상에 해당한다(조심2009지153, 2009.09.24). 토지의 지목변경으로 인하여 증가한 가액은 토지의 지목이 사실상 변경된 때를 기준으로 하여 지목변경 전의 시가표준액(지목변경공사착공일 현재 결정·공시되어 있는 개별공시지가를 말함)과 지목변경 후의 시가표준액(지목변경 후의 개별공시지가가 결정·고시되지 아니한 때에는 지방자치단체의 장이 인근유사토지의 가액을 기준으로「부동산가격공시 및 평가에 관한 법률」의 규정에 의하여 건설교통부장관이 제공한 토지가격비준표를 사용하여 지방자치단체의 장이 산정한 가액)의 차액으로 규정하고 있다.

〈사례〉 사실상 지목변경 없이 공부상 지목이 변경된 경우

토지를 취득할 당시 토지가 사실상 대지였으나 토지 취득 후 지목이 답에서 대지로 변경된 경우 지목변경으로 인한 간주취득으로 볼 수 없다(대법2009두4838, 2009.05.28).

"토지의 지목을 사실상 변경함으로써 그 가액이 증가한 경우에는 이를 취득으로 본다"고 규정하고 있는바, 위 규정에 의한 새로운 취득이 되기 위해서는 지목을 변경함으로써 그 가액의 증가가 있어야 한다. 따라서 공부상 지목은 공장용지이나 사실상의 지목은 대지인 상태에서 그 토지취득 후 '대지'로 공부상 지목변경된 것은 토지가액 증가분 발생 없으므로 지목변경에 따른 취득에 해당하지 아니한다(대법97누15807,

1997.12.12).

〈사례〉 신탁재산 수탁자의 지목변경

위탁자가 수탁자와 부동산 신탁계약에 의하여 신탁회사로 소유권을 이전한 후 전·답인 토지상에 수탁자가 상가건축물을 신축한 경우 수탁자는 지목변경에 따른 취득세 납세의무 있다(지방세운영-2124, 2008.11.11).

신탁(신탁법에 의한 신탁으로서 신탁등기가 병행되는 것에 한함)으로 인한 재산권 취득으로서 위탁자로부터 수탁자에게 신탁재산을 이전하는 경우의 취득에 대하여는 취득세를 비과세한다고 규정하고 있다. 신탁재산의 납세의무에 대하여 대법원 판례(대법 2001두2720, 2003.06.10)에서 토지의 수탁자가 신탁계약에 따라 그 토지상에 건물을 신축한 다음 자신의 명의로 소유권보존등기를 하면서 신탁등기를 병행한 데 지나지 않는 경우에는 비과세대상에 해당한다고 할 수 없으므로 수탁자가 납세의무자가 된다고 판시하고 있다. 심사결정(구 행정자치부 지방세심사 제2001-114, 2001.03.27 참조)에서도 「신탁법」상의 신탁은 수탁자에게 재산권의 관리·처분의 권한이 부여되어 있고, 그 관리·처분의 권한이 비록 목적의 제한은 받지만 배타적으로 수탁자에게 귀속된다는 점에서 신탁관계로 인하여 수탁자가 재산을 취득한 경우에는 「지방세법」상 취득이 이루어진 것으로 판단하는 게 타당하다고 본다. 다만 「지방세법」에서는 신탁등기가 병행된 신탁재산의 이전에 한하여 수탁자에게 취득세를 부과하지 않는다고 예외적으로 규정하고 있고 신탁등기가 병행되지 않는 경우 수탁자에게 취득세 납세의무가 있는 것이라고 결정하고 있으므로, 위탁자와 수탁자(신탁회사)가 부동산 신탁계약을 체결하고 토지소유권을 수탁자인 신탁회사로 이전한 후 수탁자가 상가를 건축함으로써 토지의 지목이 사실상 전·답에서 대지로 변경된 경우 신축건물 준공시점에 공부상 지목변경을 하지 않았다 하더라도 건축물의 준공에 따라 토지의 지목이 사실상으로 변경된 것이므로 지목변경에 따른 취득세 납세의무는 성립된다. 또한 지목변경으로 인한 취득은 신탁등기가 병행되는 신탁재산의 취득이 아니므로 취득세는 비과세 대상에 해당되지 않아 수탁자에게 지목변경에 따른 취득세 납세의무가 있는 것이다.

〈사례〉 신탁재산의 지목변경

「신탁법」상의 신탁은 위탁자가 수탁자에게 특정의 재산권을 이전하거나 기타의 처분을 하여 수탁자로 하여금 신탁 목적을 위해 그 재산권을 관리·처분하게 하는 것이므로, 부동산 신탁에 있어 수탁자 앞으로 소유권이전등기를 마치게 되면 소유권이 수탁자에게 이전되는 것이지 위탁자와의 내부관계에 있어 소유권이 위탁자에게 유보되는 것은 아니다. 「신탁법(2011.07.25. 법률 제10924호로 전부개정되기 전의 것, 이하 같음)」제19조에서 신탁재산의 관리·처분·멸실·훼손 기타의 사유로 수탁자가 얻은 재산은 신탁재산에 속한다고 규정하고 있다. 위 규정에 의하여 신탁재산에 속하게 되는 부동산 등의 취득에 대한 취득세의 납세의무자도 원칙적으로 수탁자인 점 등에 비추어 보면, 「신탁법」에 의한 신탁으로 수탁자에게 소유권이 이전된 토지에 있어 「지방세법」제7조 제4항이 규정한 지목변경에 대한 취득세 납세의무자는 수탁자로 봄이 타당하다(대법원 2012.06.14 선고, 2010두2395 판결 같은 뜻; 조심2013지600, 2014.08.26).

〈사례〉 건축물 철거비

법인이 건축물의 부속토지를 취득하여 기존 건축물을 철거하고 사실상 주차장 용지로 지목을 변경한 경우에는 지목변경에 따른 법인장부상의 건축물 철거비 및 조경·포장공사 비용을 과세표준으로 취득세를 신고납부하여야 한다(세정-5445, 2006.11.03).

〈사례〉 골프장 지목변경

골프장 조성공사로 투자된 도로포장 및 주차장 보도블록 설치공사비는 취득세 과세표준에 해당된다(심사91-116, 1991.03.25). 「지방세법」에서는 토지의 지목을 사실상 변경함으로써 그 가액이 증가한 경우에는 이를 취득으로 보도록 규정하고 법인장부, 공정증서, 기타증서 등에 의하여 지목변경에 소요된 비용이 입증되는 경우에는 그 비용을 취득세 과세표준으로 하도록 규정하고 있다. 골프장 내의 기본시설은 물론 도로포장과 주차장 설치까지 완료한 후 준공검사를 받고 골프장을 개장하고 있으므로 동 골프장 내의 도로포장공사비와 주차장 설치공사비도 골프장 조성에 투자한 비용에 해당될 뿐만 아니라, 이에 따른 투자액은 골프장 조성 이전의 지목인 전·답·임야 등을 골프장용 토지의 지목인 유원지로 지목변경하기 위하여 소요된 일체의 비용에 해당되므로 취득세 과세대상에 포함된다.

〈사례〉 임차인의 지목변경

토지의 지목변경에 따른 취득세 납세의무자는 토지소유자인 임대인이며 지목변경에 소요된 비용이 입증되는 법인장부상 가액은 취득세 과세표준이 된다(세정13407-608, 1998.07.02).

〈사례〉 골프장 카트이동로 포장공사

카트 이동로의 경우에는 골프장 신설 등과 같이 지목변경을 수반하는 경우에는 과세대상이나 이미 완공되어 사용 중인 골프장에 카트이동로를 신설하는 경우에는 「지방세법」에서 규정한 취득세 과세대상에 해당되지 않는다(부산세정-15074, 2011.07.27).

〈사례〉 공부상 지목변경에 의한 토지가격상승

이 사건 토지는 주택부속 토지(총 면적 6,430㎡)의 일부로서 이 사건 토지(면적 2,030㎡) 위에 사슴 축사 1개(면적 1,001.1㎡)와 닭·오리 축사 1개(면적 251.16㎡)가 있는 것은 사실이나, 주택부지인 대지 위에 축사가 일부 있다 하더라도 이를 목장용지로 보기 어렵다 할 것이다. 또한 지목변경에 따른 취득세 과세요건은 지목변경으로 인한 토지의 가격의 상승에 있는 것이지 토지형상의 변경을 반드시 필요로 하는 것은 아니다. 2005년 1월 25일 이 사건 토지가 목장용지에서 대지로 지목변경 됨에 따라 토지가격 변동을 보면 2005년 1월 1일 기준 개별공시지가 ㎡당 22만 8,000원에서 같은 해 7월 1일 기준 ㎡당 49만 7,000원으로 두 배 이상 올랐다.

따라서 이 사건 토지는 취득세 과세대상이며, 청구인들이 과세 대상이 아니라는 근거로 예시한 판례(대법97누15807, 1997.12.12)는 실제 지목은 공장용지이나 구획정리사업으로 나대지화 된 토지를 대지로 평가하여 취득한 뒤 지목을 토지의 현상에 맞게 대지로 변경한 경우에 그 때를 기준으로 또다시 취득세를 부과할 수 없다는 내용으로 이 사건의 경우와는 다른 것이다.

〈사례〉 종교단체의 지목변경

　종교단체(전통사찰)가 경내지 밖에 농지 등을 취득해 사용하는 경우는 불교의식행사 (불교용 및 수도용)를 위해 직접 사용하는 토지로 볼 수 없어 비과세 배제되며, 지목을 '답'에서 '전'으로 변경한 경우 '지목변경'에 의한 취득으로 과세된다(지방세심사2000-33, 2000.01.26).

〈사례〉 매립지의 단지 내 도로포장공사

　청구인은 공유수면 매립허가를 받아 공유수면을 매립하면서 준공 전 사용허가를 받은 상태에서 이 건 구내도로포장과 함께 일단의 토지상에 발전소용 건축물 공사를 동시에 추진하여 공장을 건설하였다. 이 건 토지의 사실상 지목은 공유수면을 매립하여 준공 전 사용허가를 받을 당시에는 잡종지 상태이었던 것이 도로포장공사 및 공장 건축공사를 시행함으로써 공장용지로 변경되었다. 따라서 공장구내의 도로에 포장공사를 함으로써 공장용지의 가액증가가 수반되는 도로포장공사비는 잡종지에서 공장용지로 지목을 변경하는데 소요된 비용에 해당된다고 봄이 타당하다(지방세심사2000-9, 2000.01.26).

〈사례〉 조경공사비, 농지조성비, 대체조림비, 진입로 포장공사비, 주차장 포장공사비, 교량공사비

　이 건 토목시설 중 오배수관시설의 설치비용(1,955만 9,670원)은 구축물 취득비용으로서 취득세 등 납세의무가 있으나, 나머지 시설에 대한 공사비(조경공사비, 농지조성비, 대체조림비, 토목공사비 중 진입로 포장공사비, 주차장 포장공사비, 교량공사비 등)는 토지가액 증가가 수반되는 공사비로서 토지의 지목변경 비용으로 보아야 할 것이므로 사실상 지목변경이 완료된 시점의 토지 소유자에게 납세의무가 있다. 청구인의 경우 1996년 4월 29일 청구 외 ○○로부터 이 건 토지의 사용승낙을 받아 1997년 7월 7일 대지로 지목변경한 후 그 비용을 건설가계정으로 회계처리하였다고 하더라도 1998년 3월 12일까지 당해 토지의 소유권이 청구 외 ○○에게 있는 이상, 청구인에게는 취득세 등 납세의무가 없다고 할 것인데도 청구인을 취득세 등 납세의무자로 보아 이 건 취득세 등을 부과고지한 처분은 잘못이다(지방세심사98-552, 1998.10.29).

〈사례〉 골프장 조성공사

당초 전·답·임야인 토지가 유원지인 골프장으로 사실상 지목변경됨으로 이를 취득세 과세대상인 간주취득으로 보기 위해서는 단지 절토, 성토 등의 형질변경공사와 골프장 조성공사 등만으로는 부족하고 골프코스간의 작업도로, 골프장 진입도로 및 주차장의 포장공사 등 골프장 개설에 따른 모든 공사가 완공되어 전체적으로 골프장으로서의 기능을 발휘한다는 것이 인정되어야 한다. 따라서 골프장으로서의 기능을 사실상 발휘할 수 있음이 객관적으로 인정될 때를 그 취득시기로 보아 그때까지 소요된 비용을 취득세 과세표준으로 삼아야 할 것이다(당원 1990.07.13 선고, 89누5638 판결; 1992.11.10 선고, 92누5270 판결 각 참조).

원심판결 이유에 의하면 원심은 그 채택한 증거를 종합하여 원고가 1984년 1월경 관계기관으로부터 관광객이용시설업(골프장) 사업계획승인을 받고 같은 해 9월 28일 골프장 건설공사에 착수하여 1986년 7월 31일 주차장 등 포장공사를 끝으로 그 공사를 준공한 다음 같은 해 8월 8일 당초의 지목을 유원지로 변경한 사실을 확정한 다음, 같은 취지에서 이 사건 주차장 등 포장 공사비를 과세표준에 산정한 피고의 과세처분을 정당하다고 판단하였다. 원심의 이러한 인정판단은 정당하고 거기에 논지가 지적하는 바와 같은 법리오해, 채증법칙의 위배, 심리미진의 위법이 있다고 할 수 없다.

논지는 도로포장시설은 기업회계처리상 토지와는 구분되는 독립한 구축물로서 감가상각 대상자산으로 처리하고 있고 「지방세법」에서도 이와 같은 기업회계학상의 개념을 빌려 취득세 과세대상으로 토지의 취득과 구축물의 취득을 구분하고 있으니 위 포장시설은 독립한 구축물로서 과세대상이 될 수 있는지 여부는 별론으로 하더라도 토지의 가액증가로는 볼 수 없다는 취지이나, 「지방세법」에서 취득세 과세대상으로서의 구축물의 범위에 관하여 별도로 규정하고 있는 것은 그와 같은 구축물의 취득을 토지의 가액증가 여부를 불문하고 토지와 분리하여 과세대상으로 포착하고자 함에 있을 뿐 지목변경 등으로 인하여 토지의 가액증가가 수반되는 경우 취득세 과세대상을 논함에 있어 토지의 구성부분을 이루는 구축물을 토지의 일부로 보아 평가하는 것까지를 부정하는 것은 아니라고 할 것이므로, 받아들일 수 없다(대법92누18818, 1993.06.08).

Chapter 06 | 과점주주의 간주취득

Ⅰ. 개요

1. 과점주주의 납세의무

법인의 주식 또는 지분을 취득함으로써 과점주주가 되었을 때에는 그 과점주주는 해당 법인의 부동산 등을 취득한 것으로 본다. 다만, 법인설립 시에 발행하는 주식 또는 지분을 취득함으로써 과점주주가 된 경우에는 취득으로 보지 아니한다.

과점주주의 취득은 주주나 출자자의 개인적인 입장에서 볼 때에는 당해 법인 자산의 사실상, 법률상 취득이 전혀 이루어지지 아니하였으나 주식 또는 지분을 취득하여 과점주주가 된 경우에 당해 법인의 자산을 임의처분하거나 관리·운용할 수 있는 지위를 취득한 것으로 보고 그 자산자체를 취득한 것으로 의제하여 취득세를 부과하는 규정이다.

취득의 의제라는 개념이 통상 취득세에서 사용하는 「지방세법」 제6조 제1호에서 규정한 취득의 개념에 포함되지 않는다고 하더라도 취득의제규정에 따라 과점주주에게 취득세를 부과함에 장애가 될 수는 없다. 또한 그 과점주주가 사실상 당해법인을 지배함을 요건으로 하는 것은 아니고 단 하루만의 과점주주에 불과하였다고 하여 과점주주가 아니라고 볼 수는 없다.

2. 입법취지

과점주주의 취득세 제도는 1968년 최초로 도입된 제도이다. 비공개법인의 재산(부동산 등)을 전부 양도하는 방법의 일환으로 주식 또는 출자지분의 상당부분을 양도하는 경우에 그 과세물건의 거래가 과세물건의 취득행위와 유사하고, 법인의 과점주주가 될 경우 당해 법인의 재산에 대한 관리·처분권을 취득하게 된다.

이렇게 당해 법인이 소유하고 있는 부동산 등을 취득할 목적으로 법인의 주식 또는 지분을 인수하여 과점주주가 되는 경우에는 사실상 그 부동산 등을 취득하는 것과 다름이 없으므로 공평과세 및 실질과세원칙상 비공개법인의 과점주주에 대하여 취득세를 과세하는데 그 입법취지가 있다.

이러한 제도의 도입당시 우리나라의 소규모 법인은 상당수가 실질적으로는 1인 주주의 회사로, 외형상으로는 다수의 주주로 구성되어 있는 현실이었는데 실질적으로 1인 주주의 주식회사를 정상적인 주식회사 체제로 유도하려는 데에 입법의 취지가 있었다고 보인다. 즉, 비공개법인의 주식이나 지분을 특정인이 독점하는 것을 억제하고 다수에 분산시키고 기업공개를 유도하고자 하는 정책적 목적이 있는 조세규정이다.

3. 평등의 원칙과 이중과세여부

과점주주의 간주취득세 제도는 주식 또는 지분의 독과점을 억제하고 이를 분산하도록 세제면에서 규제하는데 그 목적이 있다. 즉, 재정적 목적보다는 정책목적의 조세제도라 할 수 있다.

이러한 과점주주 간주취득에 대하여 이른바 간주취득세는 비상장법인을 대상으로 한다는 점에서 헌법상 평등의 원칙에 위배된다든지, 동일한 과세물건에 대하여 법인이 「취득세」를 납부하였음에도 불구하고 그 법인의 과점주주가 다시 간주취득세를 납부한다면 이중과세에 해당된다는 주장이 일부 학계와 경제단체에서 제기되고 있으나 헌법재판소는 평등의 원칙에 위반되지 않으며 이중과세도 아니라고 결정하였다.

〈사례〉 자회사로 부터의 자산취득

청구법인은 2012년 1월 2일 ㈜A회사의 주식을 100% 취득하여 과점주주 취득세 납세의무가 성립하였고, 2012년 3월 21일 ㈜A회사으로부터 매매를 원인으로 쟁점부동산을 취득하였으므로, 과세근거와 과세기준이 서로 다른 별개의 부과처분에 해당하여 처분청이 과점주주 취득세를 부과한 처분은 타당하다(조심2014지339, 2014.05.13).

〈사례〉 위헌여부의 판단

㈎ 재산권 침해 여부: 이 사건 법률조항은 비상장법인의 과점주주가 된 경우 당해 법인의 자산에 대한 관리·처분권을 취득하게 되므로 실질적으로 당해 법인의 자산을 취득한 것이나 다름없게 되어 공평과세 및 실질과세원칙상 취득세를 과세하는 것으로 입법목적의 정당성이 인정되며, 재산의 이전에 의하여 실질적으로 담세력이 발생한 곳에 과세하는 것으로 공평과세를 기할 수 있으므로 그 방법의 적절성 또한 인정된다.

비상장법인의 과점주주에 대한 간주취득세 부과는 일반적인 취득세와 같은 표준세율을 적용하는 등 일반적인 취득세 부과와 달리 비상장법인의 과점주주의 간주취득세에만 특별히 무거운 세율을 적용하지 않는다. 또한 비상장법인의 모든 과점주주에게 취득세를 부과하는 것이 아니라, 법인 설립시의 과점주주는 취득세 부과 대상에서 제외하고 있고, 사실적 지배력을 가진 과점주주에게만 취득세를 부과토록 하여 취득세 부과 대상이 되는 비상장법인 과점주주의 범위를 필요한 정도 내로 제한하고 있다. 즉 이 사건 법률조항이 공평과세 부과라는 입법목적 달성을 위한 개인의 재산권 제한에 있어 필요 이상의 과잉된 수단이 사용되었다고 볼 수 없으며, 비상장법인의 과점주주에 대한 취득세 부과를 통하여 달성하려는 공익에 비하여 개인의 재산권 제한은 재산의 이전에 의하여 실질적으로 발생한 담세력에 따른 조세부담의 증가로, 이 사건 법률조항이 추구하는 공익과 비교하여 결코 크다고 할 수 없다. 따라서 청구인의 재산권을 침해하지 않는다고 볼 수 있다.

㈏ 평등권 침해 여부: 비상장법인 설립 시의 과점주주에게 취득세를 부과하지 않는 것은 법인설립 시의 과점주주는 법인설립 시 법인 자산에 대한 사실상 지배력을 취득하게 되어 경제적, 사실적으로 법인과 과점주주는 구분되지 않으므로 법인에 의한 1회의 취득세 납부로 족해서다. 만일 법인설립 시의 과점주주에게 취득세를 부과한다면, 법인의 설립주체로서 사실상 지배력의 관점에서 당해 법인과 실질적으로 동일시 할 수 있는 과점주주에게 당해 법인이 자산 취득 시 이미 납부한 취득세를 다시 납부케 하여 합리적 이유

없이 중복 부담을 과하게 될 소지가 있어 입법정책상 의도적으로 취득세 과세대상에서 제외한 것이다. 합리적인 차별의 이유가 있으므로 조세평등주의에 위반되지 않는다.

상장법인은 비상장법인에 비해 엄격한 주식 분산요건을 규정하여 특정인의 주식 독과점을 제도적으로 제한하고 있어 과점주주에 의한 법인 자산에 대한 사실적 지배력에 차이가 있다. 기업경영이나 재무 상태에 영향을 미치는 주요 경영사항이나 최대주주 등과의 거래관계 등을 공시토록 하여 기업 경영의 투명성을 유지하고, 일정 수 이상의 사외이사를 선임토록 하는 등 특정 과점주주에 의한 기업 경영의 부실화를 막는 제도적 장치를 마련하고 있어 과점주주에 의한 기업재산의 자유처분이 비상장법인의 과점주주에 비해 엄격히 제한된다고 볼 수 있다. 상장법인의 과점주주와 비상장법인의 과점주주 사이의 차별에는 합리적인 이유가 있으므로 청구인의 평등권을 침해하지 않는다.

※ 별개의견(A모 재판관)

다수의견은 이 사건 법률조항의 재산권 침해 여부 심사에 있어 일반적인 기본권 침해 여부 심사기준인 「헌법」 제37조 제2항에 의한 비례의 원칙 위반 여부를 심사하였으나, 이는 납세의 의무를 규정한 「헌법」 제38조의 의미를 조화롭게 해석해 내지 못한 것으로 개인의 재산권 보호라는 헌법적 요청과 납세의 의무라는 또 다른 헌법적 가치의 실정법적 충돌 시 입법자가 상충하는 헌법적 가치들의 경계를 구체적인 입법을 통해 확정하였다면 사법적 심사의 범위는 입법자의 입법재량 행사가 그 한계를 일탈하였는지 여부에 국한되고, 그 심사에 있어서는 입법권이 자의적으로 행사되었는지에 대한 입법목적과 방법 사이의 합리성 심사로 족하다(헌재2005헌바45, 2006.06.29).

※ 반대의견(B모 재판관)

이 사건 법률조항은 우리 법률상 엄연히 독립된 권리 의무의 주체로 인정하고 있는 법인과 개인에 대한 구분을 허무는, 세수 증대만을 위한 행정편의주의적 입법으로 그 방법의 적절성이 인정될 수 없다. 비상장법인의 주식을 취득하여 당해법인의 과점주주가 된다고 하여도 엄연히 그 법인 소유로 되어 있는 부동산 등의 자산이 과점주주 개인의 소유로 바뀌는 것이 아니며 법인 자산의 처분이나 관리운용에 따른 이익이 직접적으로 과점주주 개인에게 돌아가는 것도 아니므로 법인 소유의 특정한 자산이 과점주주의 담세력을 보장해 줄 수는 없다. 비록 과점주주가 됨으로써 법인 이사의 선임 등 주주권을 행사하여 법인의 의사결정에 직·간접적인 영향력을 행사할 수 있다 하여도 이러한 영향력의 행사가 엄연히 법인과 분리하여 존재하는 개인의 담세력을 보장해주는 것은 아니며 법인에 대한 과점주주의 실질적 지배력이라는 별도 차원의 문제를 들어 법적으로 각기 다른 권리 의무의 주체를 혼동하는 것은 단지 일정한 외관에 의거하여 가공의 취득에 대해, 또는 취득이 귀속되지 않은 자에 대한 과세로서 조세행정의 편의만을 위주로 제정된 불합리한 법률이다.

4. 적용대상법인

과점주주의 취득세 납세의무는 과점주주가 취득한 주식 등의 발행법인이 유가증권시장에 상장한 법인을 제외한 법인이다. 따라서 코스닥시장은 유가증권시장에 해당되지 않으므로 과점주주의 취득세 납세의무 대상 법인에 포함된다. 그리고 이러한 법인은 영리·비영리를 구분하지 않고 모든 법인을 포함한다.

한국증권거래소에 의하여 매매거래 중지중인 법인은 상장폐지가 되지 않는 한 비상장법인이 아니므로 당해 법인의 주식을 취득하여 과점주주가 된 경우, 과점주주로서의 취득세 납세의무는 없다(세정-589, 2005.02.02).

회사정리절차 중에 있는 회사의 주식을 취득함으로써 과점주주가 된 경우에는 과점주주 취득세 과세대상에 해당하지 않는다(세정-1198, 2004.05.18). 회사정리법에 의한 정리절차개시결정이 있은 때에는 회사사업의 경영과 재산의 관리처분권은 관리인에 전속하고 관리인은 정리회사의 기관이거나 그 대표자는 아니지만 정리회사와 그 채권자 및 주주로 구성되는 이해관계인 단체의 관리자인 일종의 공적 수탁자라는 입장에서 정리회사의 대표, 업무집행 및 재산관리 등의 권한행사를 혼자서 할 수 있게 된다.

따라서 정리절차개시 후에 비로소 과점주주가 된 자는 과점주주로서의 주주권을 행사할 수 없게 되는 것이고, 따라서 정리회사의 운영을 실질적으로 지배할 수 있는 지위에 있지 않은 셈이 되어 그 재산을 취득한 것으로 의제하는 「지방세법」 제7조 제5항 소정의 과점주주의 요건에 해당하지 않는다.

기업개선작업(워크아웃)은 채권금융기관 주도로 기업구조조정을 하기 위한 것으로 채권자와 채무자 당사자 간 자율적 협의를 통하여 이루어지는 것으로 현행 법령에서 별도로 기업개선작업으로 인하여 과점주주가 된 경우에는 지방세 부과 대상이 아니라는 규정이 없는 한 과점주주로서 취득세 납부의무가 성립한다.

과점주주가 될 당시 거래은행과 기업개선약정이 체결되어 있던 상태인 경우, 동 기업개선약정은 「기업구조조정촉진법」에 정해진 절차에 따라 기업구조조정이 원활하게 이루어지도록 하는 절차에 불과할 뿐이다. 이러한 기업개선약정으로 인하여 과점주주로서의 권리를 상실하거나 주주권의 행사에 직접적으로 제한을 받는 것으로 보기는 어려우므로 실질적인 과점주주에 해당되지 않는다고 보기는 어렵다. 그러므로 기업개선작업의 일환으로 기업구조개선약정에 의한 증자 등에 의하여 주식을 취득함으로써 과점주주에 해당하는 경우에는 과점주주의 취득세 납세의무가 발생한다.

Ⅱ. 과점주주

1. 과점주주의 의의

(1) 과점주주 요건

주주 또는 유한책임사원 1명과 그의 특수관계인 중 대통령령으로 정하는 자로서 그들의 소유주식의 합계 또는 출자액의 합계가 해당 법인의 발행주식총수 또는 출자총액의 100분의 50을 초과하면서 그에 관한 권리를 실질적으로 행사하는 자들을 말한다.

'특수관계인 중 대통령령으로 정하는 자'란 해당 주주 또는 유한책임사원과 「지방세법 시행령」 제2조의 2의 어느 하나에 해당하는 관계에 있는 자를 말한다. 지분율을 계산함에 있어 의결권이 없는 주식은 발행주식총수에서 제외된다. 따라서 의결권이 없는 자기주식은 주식발행총수에서 제외하여 그 증가비율에 대해서만 취득세 납세의무를 판단한다.

(2) 실질 지배력

과점주주에게 간주취득세의 납세의무를 부과하는 이유는 과점주주는 당해 법인의 재산을 사실상 처분하거나 관리할 수 있는 지위에 있기 때문이다. 법인의 운영을 실질적으로 지배할 수 있는 지위라 함은 실제 법인의 경영지배를 통하여 법인의 부동산 등의 재산을 사용·수익하거나 처분하는 등의 권한을 행사하였을 것을 요구하는 것은 아니고, 소유하고 있는 주식에 관하여 의결권 행사 등을 통하여 주주권을 실질적으로 행사할 수 있는 지위에 있으면 족하다.

또한, 취득세의 과점주주의 판단은 주식의 소유 집단의 일원여부에 의해 판단할 사항이지 구체적으로 회사경영에 관여한 사실이 없거나 배당 등 경제적 이익을 받지 않았다는 사실로 판단하지 않는다(감심2005-62, 2005.07.15).

(3) 다수의 과점주주

과점주주의 소유주식비율을 판단함에 있어 기준이 되는 주주를 달리함에 따라 소유주식비율이 다른 다수의 과점주주가 성립한다 하더라도 소유주식비율이 가장 높은 과점주주를 당해 법인의 과점주주로 본다(조심2008지198, 2008.09.23).

(4) 과점주주 지분율에 관한 법령 개정에 따른 과점주주

구「지방세법(2007.04.11. 법률 제8343호로 개정되기 전)」제22조 제2호는 당해 법인의 발행주식총수 또는 출자총액의 100분의 51 이상인 자들을 과점주주라 규정하였으나, 그 후 지방세법의 개정으로 과점주주 요건을 50%초과로 변경하였다. 동 지방세법 개정 전 50%를 초과하여 보유하고 있었으나 100분의 51에 미달하여 과점주주가 아니었던 자는 지분율의 변동이 없는 경우에는 계속 과점주주의 취득세 문제가 발생하지 아니한다. 다만, 이 법 시행 후 최초로 주식 또는 지분율을 취득한 날에 해당 과점주주가 소유하고 있던 해당 법인의 주식 또는 지분을 모두 취득한 것으로 보아 과점주주의 간주취득세 규정을 적용한다.

〈사례〉 지분율에 관한 법령개정

2007년 12월 31일 이전에는 A법인은 B법인의 발행주식총수의 50.13%를 보유함으로써 구「지방세법(2007.12.31 법률 제8335호에 의하여 개정되기 전의 법률)」에서 규정하는 과점주주가 아니었다. 이후 B법인은 2008년 4월 자기자본 확충 및 운영자금 조달을 위하여 유상증자를 실시하였고, A법인은 유상증자 시 주식 27만 7,230주를 취득하였고 주주균등 유상증자로 지분율에는 변동이 없다 하더라도, 유상증자라는 '주식의 취득 행위'로 주식을 새로이 취득하였으므로 유상증자 시점에 A법인이 소유하고 있는 B법인 주식 전부에 대하여 과점주주로서 납세의무가 성립된다(지방세운영-191, 2011.01.12).

〈사례〉 특수관계자로부터 50% 증여 취득 후 제3자로부터 50% 추가취득

청구인들에게 쟁점주식을 양도한 ○○은 쟁점주식 양도일(2005.04.28) 기준「구 지방세법(2005.01.05 법률 제7332호로 개정된 것)」제22조 제2호에서 규정한 과점주주(100분의 51 이상)에 해당하지 아니하므로 쟁점주식의 양도·양수는 과점주주인 특수관계자 간의 내부거래에 해당되지 않는다. 과점주주에 대한 취득세 납세의무는 법인의 주식을 다른 주주로부터 취득하거나 증자를 통하여 취득하여 당해 주주의 지분율이 실제적으로 증가하는 경우 성립하는 것이므로「지방세법 시행령」제11조 제1항의 최초로 과점주주가 되었는지 여부도 당해 주주가 주식 등을 취득하여 그 지분율이 실제로 증가하였는지 여부로 판단해야 한다. 청구인들은 2005년 4월 28일 이후부터 2011년 4월 1일 이전까지 이 건 법인의 주식을 취득한 사실이 없으므로 그 기간 동안 이 건 법인의 과점주주가 되었다고 보기 어려운 점 등에 비추어 청구인들은 2011년 4월 1일 ○○으로부터 이 건 법인의 주식 XX주를 취득함에 따라 최초로 이 건 법인의 과점주주가 되었다고 할 것인바, 처분청이 청구인들에게 이 건 취득세 등을 부과한 처분은 적법하다고 판단된다(조심2014지1148, 2014.08.29).

2. 특수관계인의 범위

(1) 특수관계인의 범위 규정
과점주주란 주주 또는 유한책임사원 1명과의 관계가 특수관계인에 해당하는 자들의 소유주식의 합계 또는 출자액의 합계가 해당 법인의 발행주식총수 또는 출자총액의 100분의 50을 초과하면서 그에 관한 권리를 실질적으로 행사하는 자들을 말한다. 이 경우 어느 특정주주와 특수관계인이 성립하면 되는 것이며, 특정주주를 제외한 여타 주주들 사이에 특수관계인에 해당되지 않더라도 그 주주 전원의 지분율을 합하여 50%를 초과하면 과점주주로 본다.

과점주주의 판단에 있어 특수관계인이란 친족관계, 경제적 연관관계 및 경영지배관계에 있는 자들을 말한다.

2013년 1월 1일 「지방세기본법」 개정 시 법에 특수관계인의 정의를 신설하여 특수관계인의 유형을 국세와 같이 친족관계, 경제적 연관관계, 경영지배관계로 체계화하되 친족의 범위를 확대하고 경영지배관계의 출자요건을 조정하는 등 특수관계인의 범위를 경제 현실에 맞게 규정하였으며, 동 개정규정은 2013년 1월 1일부터 시행하도록 하였다.

특수관계인에 해당하는 친족관계의 범위를 6촌 이내의 혈족 및 4촌 이내의 인척으로 통일하고, 경제적 연관관계의 범위를 임원과 그 밖의 사용인, 본인의 금전이나 그 밖의 재산으로 생계를 유지하는 자 및 이들과 생계를 함께하는 친족으로 규정했다. 경영지배관계의 기준은 원칙적으로 영리법인은 해당 법인에 100분의 50 이상 출자하거나 해당 법인을 사실상 지배하는 경우로 통일하는 등 특수관계인의 범위를 경제현실에 맞게 규정했다.

관련법령

지방세기본법 시행령 제2조의 2(특수관계인의 범위)

① 법 제2조 제34호 가목에서 "혈족·인척 등 대통령령으로 정하는 친족관계"란 다음 각 호의 어느 하나에 해당하는 관계(이하 "친족관계"라 한다)를 말한다.

1. 6촌 이내의 혈족

2. 4촌 이내의 인척

3. 배우자(사실상의 혼인관계에 있는 사람을 포함한다)

4. 친생자로서 다른 사람에게 친양자로 입양된 사람 및 그 배우자·직계비속

② 법 제2조 제34호 나목에서 "임원·사용인 등 대통령령으로 정하는 경제적 연관관계"란 다음 각 호의 어느 하나에 해당하는 관계("경제적 연관관계"라 한다)를 말한다.

1. 임원과 그 밖의 사용인

2. 본인의 금전이나 그 밖의 재산으로 생계를 유지하는 사람

3. 제1호 및 제2호의 사람과 생계를 함께하는 친족

③ 법 제2조 제34호 다목에서 "주주·출자자 등 대통령령으로 정하는 경영지배관계"란 다음 각 호의 구분에 따른 관계를 말한다.

1. 본인이 개인인 경우: 본인이 직접 또는 그와 친족관계 또는 경제적 연관관계에 있는 자를 통하여 법인의 경영에 대하여 지배적인 영향력을 행사하고 있는 경우 그 법인

2. 본인이 법인인 경우

가. 개인 또는 법인이 직접 또는 그와 친족관계 또는 경제적 연관관계에 있는 자를 통하여 본인인 법인의 경영에 대하여 지배적인 영향력을 행사하고 있는 경우 그 개인 또는 법인

나. 본인이 직접 또는 그와 경제적 연관관계 또는 가목의 관계에 있는 자를 통하여 어느 법인의 경영에 대하여 지배적인 영향력을 행사하고 있는 경우 그 법인

④ 제3항을 적용할 때 다음 각 호의 구분에 따른 요건에 해당하는 경우 해당 법인의 경영에 대하여 지배적인 영향력을 행사하고 있는 것으로 본다.

1. 영리법인인 경우

가. 법인의 발행주식총수 또는 출자총액의 100분의 50 이상을 출자한 경우

나. 임원의 임면권의 행사, 사업방침의 결정 등 법인의 경영에 대하여 사실상 영향력을 행사하고 있다고 인정되는 경우

2. 비영리법인인 경우

가. 법인의 이사의 과반수를 차지하는 경우

나. 법인의 출연재산(설립을 위한 출연재산만 해당한다)의 100분의 30 이상을
   출연하고 그 중 1인이 설립자인 경우

(2) 친족관계

친족관계란 본인과 다음의 어느 하나에 해당하는 관계에 있는 자를 말한다. 과점주주
인 특수관계인을 판단함에 있어 친족관계에 있는지 여부는 일방을 기준으로 하면 친족
관계가 성립되지 않는다 하더라도 타방을 기준으로 하면 친족관계가 성립하는 경우에
는 이들 모두가 특수관계인에 해당한다고 본다.

① 6촌 이내의 혈족.

② 4촌 이내의 인척.

③ 배우자(사실상의 혼인관계에 있는 사람을 포함).

④ 친생자로서 다른 사람에게 친양자로 입양된 사람 및 그 배우자·직계비속.

「민법」상 배우자, 혈족 및 인척을 친족이라 한다. 혈족(血族, consanguine)은 부모와
자식 간의 관계와 형제자매의 관계를 포함하여 혈연관계를 맺고 있는 사람을 가리킨다.
자기의 직계존속과 직계비속을 직계혈족이라 하고 자기의 형제자매와 형제자매의 직계
비속, 직계존속의 형제자매 및 그 형제자매의 직계비속을 방계혈족이라 한다. 인척(姻
戚, affine)이란 혼인에 의하여 관련된 사람을 말한다. 「민법」상 혈족의 배우자, 배우자의
혈족, 배우자의 혈족의 배우자를 인척이라 한다.

직계혈족은 자기로부터 직계존속에 이르고 자기로부터 직계비속에 이르러 그 세수를
정한다. 방계혈족은 자기로부터 동원의 직계존속에 이르는 세수와 그 동원의 직계존속
으로부터 그 직계비속에 이르는 세수를 통산하여 그 촌수를 정한다. 인척은 배우자의 혈

족에 대하여는 배우자의 그 혈족에 대한 촌수에 따르고, 혈족의 배우자에 대하여는 그 혈족에 대한 촌수에 따른다.

양자와 양부모 및 그 혈족, 인척사이의 친계와 촌수는 입양한 때로부터 혼인 중의 출생자와 동일한 것으로 본다. 또한 양자의 배우자, 직계비속과 그 배우자는 양자의 친계를 기준으로 하여 촌수를 정한다.

인척관계는 혼인의 취소 또는 이혼으로 인하여 종료한다. 부부의 일방이 사망한 경우 생존 배우자가 재혼한 때에도 인척관계는 종료한다. 입양으로 인한 친족관계는 입양의 취소 또는 파양으로 인하여 종료한다. 출양(出養)을 하더라도 그 관계는 변함이 없어 사망에 의하지 않는 한 소멸되지 아니한다.

〈사례〉 본인과 사촌 여동생의 배우자

본인과 사촌 여동생의 배우자 사이에는 「국세기본법」 제2조 제20호에 규정하고 있는 특수관계인에 해당된다(징세-1093, 2012.10.12).

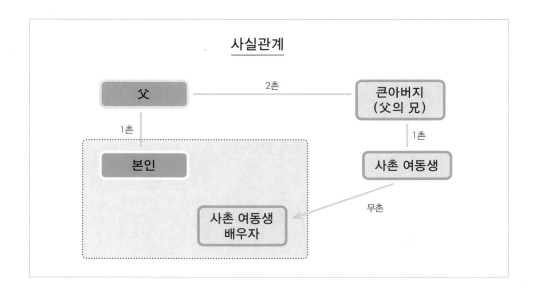

(3) 경제적 연관관계

임원, 사용인 등 경제적 연관관계에 있는 다음의 자는 특수관계인에 포함된다.

① 임원과 그 밖의 사용인.
② 본인의 금전이나 그 밖의 재산으로 생계를 유지하는 사람.
③ 위의 ①, ②의 사람과 생계를 함께하는 친족.

임원과 그 밖의 사용인이란 특정주주 1인과 임원과 그 밖의 사용인 등 고용관계에 있어야 하는 것이지 그 주식의 발행회사의 임원 또는 기타 고용관계에 있어야 하는 것은 아니다. 또한 개인이나 법인사업자로서의 특정주주가 그 주식의 발행회사의 주주인 경우에 있어서 그 특정주주와 고용관계에 있는 자들이 특수관계인에 포함되는 것이지, 고용주인 개인이나 법인이 주주가 아닌 상태에서 그의 임원이나 그 밖의 사용인이 사이에서는 특수관계인이 성립하지 않는다.

다음의 표를 보자. 갑법인이 주식 발행법인인 경우 갑법인의 주주인 을법인과 을법인의 임원 및 사용인은 특수관계인에 포함되는 것이나, 갑의 임원 또는 사용인은 을법인과의 관계에서 특수관계인에 포함되지 아니한다. 또한, 만약 을법인이 갑법인에 출자하지 않은 경우에 있어서는 을의 임원과 을의 사용인이 갑법인의 주주인 경우에도 이들 간에는 특수관계인이 성립하지 않는다.

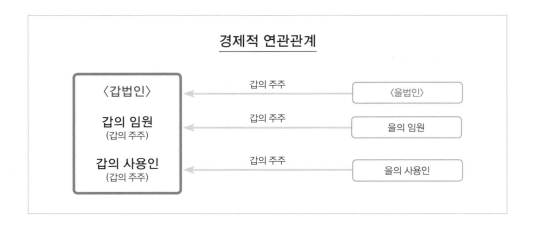

특수관계인의 범위: 본인이 개인인 경우

갑법인

40% → 을법인

30% 20% 10%

A개인
(본인)

B
A의 친족

C
A사용인

A, B, C 합30%

(4) 경영지배관계

1) 본인이 개인인 경우

본인이 직접 또는 그와 친족관계 또는 경제적 연관관계에 있는 자를 통하여 법인의 경영에 대하여 지배적인 영향력을 행사하고 있는 경우 그 법인은 특수관계인에 포함된다.

위의 그림에서와 같이 개인A와 친족관계B 및 경제적 연관관계C에 있는 자들이 갑법인의 지분 50% 이상인 60%를 소유하고 있으므로 갑법인은 경영지배관계의 법인으로서 특수관계인에 해당하며 이들이 을법인의 주식을 50%를 초과하여 보유하는 경우 과점주주로서 과점주주의 간주취득세의 납세의가 발생한다.

물론 A, B, C는 특수관계인으로서 갑법인에 대한 지분이 50%를 초과하므로 갑법인의 과점주주로서 갑법인의 과점주주의 간주취득세의 과세대상에 해당한다.

2) 본인이 법인인 경우

① 법인인 본인에 대하여 지배적 영향력을 행사하고 있는 주주 등: 개인 또는 법인이 직접 또는 그와 친족관계 또는 경제적 연관관계에 있는 자를 통하여 본인인 법인의 경영에 대하여 지배적인 영향력을 행사하고 있는 경우 그 개인 또는 법인은 특수관계인에 포함된다.

앞의 그림(본인이 개인인 경우)에 있어서 본인이 갑법인인 경우에 개인A 또는 법인이 직접 또는 그와 친족관계B 또는 경제적 연관관계C에 있는 자를 통하여 본인인 법인(갑법인)의 경영에 지배적 영향력을 행사(지분율합이 50% 이상인 60%)하고 있으므로, 이들 A, B, C는 갑법인에 있어서의 특수관계인에 해당한다. 따라서 이들이 그림과 같이 을법인에 50%를 초과하여 보유하는 경우에는 과점주주에 해당하는 것이다.

② 법인인 본인이 지배적 영향력을 행사하고 있는 자회사 등: 본인이 직접 또는 그와 경제적 연관관계 또는 위의 '법인인 본인에 대하여 지배적 영향력을 행사하고 있는 주주 등'의 관계에 있는 자를 통하여 어느 법인의 경영에 대하여 지배적인 영향력을 행사하고 있는 경우 그 법인은 특수관계인에 포함된다.

다음의 그림과 같이 본인(갑법인)이 직접 또는 그와 경제적 연관관계(갑의 임원 또는 사용인 등) 또는 ①의 관계(A, B, C)에 있는 자를 통하여 어느 법인(을)의 경영에 대하여 지배적인 영향력을 행사(70%로 50% 이상)하고 있는 경우 그 법인(을)은 특수관계인에 포함된다. 따라서 이들이 50%를 초과하여 특정법인(병법인)을 소유하는 경우 과점주주의 취득세 납세의무를 부담한다.

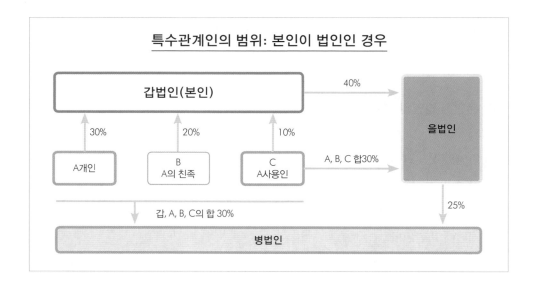

3) 지배적 영향력

다음의 구분에 따른 요건에 해당하는 경우 해당 법인의 경영에 대하여 지배적인 영향력을 행사하고 있는 것으로 본다.

① 영리법인인 경우

ⓐ 법인의 발행주식총수 또는 출자총액의 100분의 50 이상을 출자한 경우.

ⓑ 임원의 임면권의 행사, 사업방침의 결정 등 법인의 경영에 대하여 사실상 영향력을 행사하고 있다고 인정되는 경우.

② 비영리법인인 경우

ⓐ 법인의 이사의 과반수를 차지하는 경우.

ⓑ 법인의 출연재산(설립을 위한 출연재산만 해당)의 100분의 30 이상을 출연하고 그 중 1인이 설립자인 경우.

「국세기본법」상의 영리법인의 경우 출자총액의 100분의 30 이상을 출자한 경우로 하였으나 「지방세기본법」상에서는 100분의 50 이상을 출자한 경우로 그 범위를 축소하고 있다.

〈사례〉 동일인 주주인 경우 법인간의 특수관계 여부

「지방세기본법 시행령」 제24조 제12호에 따라 기타 특수관계란 동일 법인의 주식을 각각 소유하고 있는 주주상호간의 관계를 의미하는 것이므로 동일 법인인 '갑법인'에 대하여 A법인과 B법인은 '갑법인'의 지분을 각각 50%씩을 보유하고 있으나, A법인과 B법인 간에 서로에 대한 출자지분이 없으므로(A법인과 B법인의 주주는 동일인으로 구성되어 있음) A법인과 B법인은 기타 특수관계에 해당되지 않는 것으로 판단된다. 따라서 B법인이 소유한 '갑법인'의 발행주식 5%를 A법인이 매매에 의하여 취득하여 '갑법인' 주식 55%를 소유하게 되는 경우에는 과점주주에 해당되어 취득세의 납부의무가 발생하게 된다. 다만, 이에 해당하는지의 여부 등은 과세권자가 면밀히 검토하여 판단할 사항이다(서울세제-7604, 2012.06.22).

〈사례〉임원 및 사용인

청구인 중 A모씨는 대표이사로 재직 중이고, 청구 외 C모씨는 ㈜갑의 상무이사로 재직 중이며, 청구 외 D모씨는 20년간 청구 외 ㈜갑의 경영에 참여한 자들로서 청구 외 C모씨와 D모씨는 모두 청구인과 특수관계에 있는 자들에 해당된다. 이들이 소유한 주식을 청구인의 주식과 합산하면 당초 주식소유비율이 88%이었고, 유상증자로 인하여 주식소유비율이 96%가 되었으므로 실제 주식증가비율은 8%에 불과하다고 주장한다.

당해 규정의 문언 상 주주 1인과 사용인 기타 고용관계에 있는 자에 해당되어야 특수관계에 있는 자로 볼 수 있는 것으로서, 청구인의 경우 청구 외 C모씨는 청구 외 ㈜갑의 이사로 재직하고 있으므로 청구 외 ㈜갑과는 사용인 기타 고용관계에 있는 자에 해당되지만 그 대표이사인 A모씨와는 사용인 기타 고용관계에 있다고 볼 수는 없다 하겠으며, 청구 외 D모씨의 경우에도 마찬가지라 할 것이다(조심2008지351, 2008.11.25).

그러므로 청구인 중 A모씨는 청구 외 ㈜갑의 대표이사이고, 청구인 중 B모씨는 A모씨의 처남으로서 특수관계에 있는 자에 해당되며, 이러한 청구인들이 청구 외 ㈜갑의 총발행주식 중 4만 주(57.14%)를 소유한 과점주주인 상태에서 2006년 6월 16일 청구인 중 A모씨가 청구 외 ㈜갑의 유상증자에 참여하여 추가로 주식 15만 주를 취득함에 따라 청

갑법인의 지분변동 현황

주주명	관계	기초현황		2006년 6월 14일 유상증자후 현황	
		주식수	비율	주식수	비율
A	본인, 대표이사	28,000	40.0	178,000	80.91
B	처남	12,000	17.14	12,000	5.45
C	상무이사	4,000	5.7	14,000	1.82
D		18,000	25.7	118,000	8.18
E		8,000	11.43	8,000	3.64
합계		70,000	100	220,000	100

구인들의 주식소유비율이 86.36%인 과점주주가 되었다. 이에 따라 처분청이 청구인들이 추가로 주식을 취득한 29.22%에 대하여 취득세를 부과한 것은 정당하다.

〈사례〉 다수의 과점주주

과점주주의 종전 소유주식비율을 판단함에 있어 기준이 되는 주주를 달리함에 따라 소유주식비율이 다른 다수의 과점주주가 성립하더라도 소유주식비율이 가장 높은 과점주주를 당해 법인의 과점주주로 보는 것이 타당하다(조심2008지198, 2008.09.23).

과점주주를 판정함에 있어 어느 주주를 기준으로 하든 그 특정주주의 친족 및 특수관계인의 주식수를 합하여 50% 초과 및 소유주식비율의 증가여부를 판단하여야 할 것으로, 귀문과 같이 A개인을 기준으로 하였을 때 E개인은 A개인과 특수관계가 성립되지 않는다 하더라도 C개인을 기준으로 판단하였을 때 C개인과 E개인이 친족 기타 특수관계가 성립되는 경우에는 C개인을 중심으로 판단하여야 할 것이므로, 갑법인에 있어 C개인과 A개인, B개인, D개인, E개인이 특수관계자가 되는 것이며, 이들 소유합계인 95.4%가 과점주주 주식소유비율이 된다.

이와 같은 경우에서 A개인이 특수관계가 있는 E개인의 주식 16.5%를 양수한다 하더라도 과점주주 구성원간의 내부거래로 당초 과점주주비율보다 증가한 경우가 아니므로 과점주주 취득세 납세의무가 성립되지 않는 것으로 판단된다(도세-751, 2008.05.06).

갑주식회사의 주주 출자비율

주주	주식소유비율(변경전)	변경 후	비고
C개인	5.6%	5.6%	본인
A개인	60.9%	77.4%	C의 매형, 대표이사
B개인	4.8%	4.8%	C의 누나
D개인	7.6%	7.6%	C의 모
E개인	16.5%	0%	C의 처남
F개인	4.6%	4.6%	기타주주

〈사례〉 경영지배관계

A법인의 특정주주가 A법인에 출자하고 있는 법인의 사용인 기타 고용관계에 있거나 A법인에 출자하고 있는 법인에 50% 이상 출자하고 있는 경우 특정주주와 출자하고 있는 법인 간은 특수관계에 해당한다(세정-304, 2008.01.22).

[질의] 법인의 주주 구성현황이 아래와 같은 경우 A법인에 있어서 특수관계인 형성여부 및 과점주주비율에 대하여 질의다.

주주	지분율(%)	甲개인과의 관계
甲개인	4.06%	본인
B법인	18.68%	등기이사
C법인	9.90%	등기이사
D법인	9.26%	등기이사
E법인	7.22%	100%출자
F법인	4.60%	14%출자
G법인	3.14%	기타주주
H법인	2.11%	80%출자
I법인	1.54%	등기이사
J법인	1.23%	99%출자
乙개인	1.73%	B법인의 직원

*B법인은 I법인에 70% 출자, D법인은 F법인에 55% 출자

[회신] A법인에 있어 甲개인이 B법인과 C법인, D법인의 등기이사라면 사용인 기타 고용관계에 있는 자로서 이들 상호간에 특수관계가 형성되고, 또한 甲개인이 E법인, H법인, J법인에 각각 50%이상 출자하고 있으므로 甲개인-E법인-H법인-J법인은 특수관계가 성립되는 것이며, 甲개인과 B법인 및 D법인은 사용인 기타 고용관계에 있는 자이고 D법인이 F법인에 50%이상 출자하고 B법인이 I법인에 50%이상 출자함으로써 甲개인-D법인-F법인-I법인은 특수관계가 성립된다. 乙개인은 B법인과 사용인 기타 고용관

계에 있는 자이고 B법인은 甲개인과 사용인 기타 고용관계에 있으므로 甲개인-B법인-乙개인은 특수 관계가 성립되는 것이다.

따라서 A법인에 있어 특정주주를 甲개인을 기준으로 했을 때 여타 주주들 사이에 특수관계가 없다하더라도 甲개인과 B법인, C법인, D법인, E법인, F법인, H법인, I법인, J법인, 乙개인 모두는 「지방세법 시행령」 제6조의 특수관계인에 해당하는 되므로 이들의 소유주식의 합계인 60.33%가 과점주주 주식소유 비율이 되는 것으로 판단된다.

〈사례〉 경제적 연관관계 및 경영지배관계

갑(개인)과 갑이 대표자로 있는 을법인(갑이 50% 이하의 지분임)이 병법인을 주식을 50% 이상 취득하더라도 갑의 지분이 50%가 넘지 않는다면 갑과 병은 특수관계자에 해당하지 않는다(세정-1430, 2007.04.27).

[질의] A, B, C법인의 주주 출자비율이 아래와 같을 때, 갑(개인)을 기준으로 A법인의 과점주주 여부를 판정함에 있어, 갑과 B법인은 「지방세법 시행령」 제6조 제1항 제12호의 규정에 의한 특수관계인지 여부에 대한 질의다.

가. A법인의 주주 출자비율

주주	출자비율
B법인	12.6%
C법인	6.9%
D법인	35.06%
E법인	0.5%
갑(개인)	1.41%

※갑(개인)은 D법인의 대표이사이면서 A법인과 E법인의 등기임원임.

나. B법인의 주주 출자비율

주주	출자비율
E법인	0.0013%
갑(개인)	48.38%
을(개인)	3.63%

※을(개인)은 E법인의 대표이사이면서 B법인과 사용인 기타 고용관계에 있음.

다. C법인의 주주 출자비율

주주	출자비율
D법인	46.17%
갑(개인)	5.95%

　[회신] 「지방세법 시행령」 제6조 제1항 제12호에 의하면 주주 또는 유한책임사원이 법인인 경우에는 그 법인의 소유주식 등이 발행주식총수 등의 100분의 50 이상인 법인(정부가 주주인 경우에는 정부를 제외)과 소유주식 등이 해당법인의 발행주식총수 등의 100분의 50 이상인 법인(정부가 주주인 경우에는 정부를 제외) 또는 개인인 경우에는 특수관계에 있는 자들이므로 갑(개인)이 D법인의 대표이사이면서 E법인의 등기임원이라면, 갑과 D법인 및 E법인은 사용인 기타 고용관계에 있는 자로서 A법인의 특수관계인이나, 갑의 B법인 및 C법인에 대한 출자비율이 50%이상 출자를 하고 있지 않아, 갑과 B법인 및 C법인은 특수관계인이 아니라고 판단된다.

〈사례〉 모회사와 자회사 및 손자회사는 특수관계인에 해당함

　개인A가 갑법인의 주식 40% 소유, 을법인의 주식 100%를 소유하고 있고 을법인이 병법인의 주식 100%를 소유하고 있으면서 병법인이 갑법인의 주주인 개인B로부터 30%의 주식을 인수했다면 개인A와 병법인은 특수관계가 성립한다(행안부20, 2007.03.23).

　[질의] 갑법인의 주주는 개인주주A 40%, 개인주주B 30%, 개인주주C 30%로 구성되어 있고, 개인 A, B, C 간에는 단순한 친구사이로 세법상 아무런 관계가 없으며, 을법인의 소유구조는 개인주주A 100%이며, 병법인의 주주는 을법인이 100% 소유하고 있을 때 병법인이 개인 B가 소유하고 있는 갑법인의 주식 30%를 인수하는 경우, 개인A(40% 소유) 및 병법인(30% 소유)는 「지방세법 시행령」 제6조에 의하여 특수관계가 성립하며 갑법인에 대한 과점주주가 되는지 여부다.

　[회신] 「지방세법 시행령」 제6조 제1항 제12호에 의하면 주주 또는 유한책임사원이 법

인인 경우에는 그 법인의 소유주식수 등이 발행주식총수 등의 100분의 50 이상인 법인(정부가 주주인 경우에는 정부를 제외)과 소유주식수 등이 해당법인의 발행주식총수 등의 100분의 50 이상인 법인(정부가 주주인 경우에는 정부를 제외) 또는 개인은 같은 법 제22조 제2호에 의한 친족 기타 특수관계에 있는 자들로 규정하고 있고, 「지방세법 시행령」 제78조 제1항에 의하면 법인의 과점주주가 아닌 주주 또는 유한책임사원이 다른 주주 또는 유한책임사원의 주식 또는 지분을 취득함으로써 최초로 과점주주가 된 경우에는 최초로 과점주주가 된 날 현재 당해 과점주주가 소유하고 있는 법인의 주식 또는 지분을 모두 취득한 것으로 보아 법 제105조 제6항의 규정에 의하여 취득세를 부과한다, 라고 규정하고 있다.

귀문 개인A가 갑법인의 주식 40% 소유, 을법인의 주식 100%를 소유하고 있고, 을법인이 병법인의 주식 100%를 소유하고 있으면서 병법인이 갑법인의 주주인 개인B로부터 30%의 주식을 인수했다면 개인A와 병법인은 특수관계가 성립하여 갑법인에 대한 과점주주가 성립한다고 판단된다.

〈사례〉 동일주주

상장법인인 A사와 B사의 대주주인 갑(A사 25%, B사 10%소유)이 A사가 40%를 소유 중인 C사(코스닥상장법인)의 주식 10%를 취득하는 경우 과점주주 취득세 납부 여부다.

갑은 상장법인 A사와 B사의 과점주주가 아니고, A사는 C사의 과점주주가 아니므로 A·B·C 법인이 상호 출자중이더라도 주주 갑과 A사는 특수관계인에 해당되지 않는다.

따라서 갑이 C사의 주식 10%를 취득하여 C사의 주주 구성이 A사 40%, B사 8%, 갑 10%가 된다 하더라도 과점주주의 취득세 납세의무는 발생하지 않는다(행안부12, 2006.08.23).

〈사례〉 경영지배관계의 성립여부

A법인은 특수관계자인 갑과 을이 지분 44%를 보유하고 있고, S법인은 A법인이 42%, 특수관계자인 갑(6.63%)과 병(27.5%)이 34.13%를 각각 보유하고 있는 경우 갑·을과 S법인이 특수관계자에 해당하는지와 S법인에 대하여 갑·병과 A법인이 과점주주

에 해당하는지 여부다.

갑·을은 A법인 주식의 44%만을 보유하고 있으므로 갑·을은 A법인의 과점주주가 아니고, A법인과 갑과 병(특수관계인)이 각각 S법인 주식의 42%와 34.13%를 보유하고 있다하더라도 갑·병과 A법인은 특수관계인이 아니므로 S법인의 과점주주에도 해당하지 않으며, 갑·을과 S법인도 특수관계인에 해당하지 않는다(세정-2923, 2006.07.11).

〈사례〉 경영지배관계

A법인의 주주가 a법인 49%, b법인 49%, c개인 2%로 구성되어 있으면서, 각 주주들이 특수관계자에 해당되지 아니한 상황에서 c개인의 주식을 d법인에게 이전할 경우 a법인, b법인, c법인이 특수관계자에 해당(개인 갑이 주주a·주주b·주주d 법인에 각각 9.6%, 81%, 69% 출자하고 있음)되어 과점주주로 인한 취득세 납세의무가 성립하는지 여부다.

법인의 주주로서 특수관계 여부를 판단하는 경우 주주가 아닌 경우에는 비록 출자를 50% 이상 하고 있더라도(간접출자관계) 특수관계에 해당되지 아니하므로 귀문에서 d법인이 개인c의 주식을 취득하여 A법인의 주주구성이 a법인, b법인, d법인이 되면서 당해 법인의 주주가 아닌 갑이 a·b·d법인에 50% 이상 출자하고 있다하더라도 A법인의 주주들은 특수관계가 형성되지 아니하여 과점주주로 인한 취득세 납세의무가 없는 것이다(행안부130, 2005.10.19).

Ⅲ. 지분율 증감에 따른 간주취득

1. 회사설립 시 과점주주

법인설립 시에 발행하는 주식 또는 지분을 취득함으로써 과점주주가 된 경우에는 취득으로 보지 않는다. 그러므로 법인설립 시 과점주주(90%)가 된 경우에는 취득세의 납세의무가 없으며, 그 후 주식을 추가로 취득(5%)하는 경우에는 「지방세법 시행령」 제11조 제2항에 따라 추가 취득분(5%)에 대하여 과점주주의 취득세 납세의무를 부담한다.

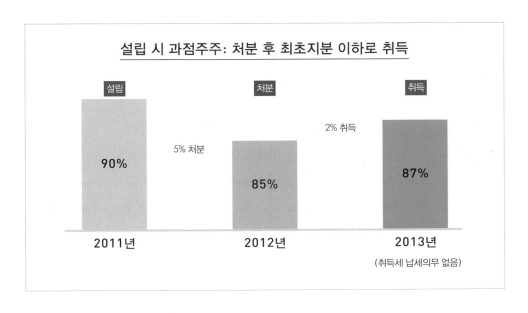

설립 시 과점주주: 처분 후 최초지분 이하로 취득

설립	처분	취득

5% 처분

2% 취득

90%

85%

87%

2011년 2012년 2013년

(취득세 납세의무 없음)

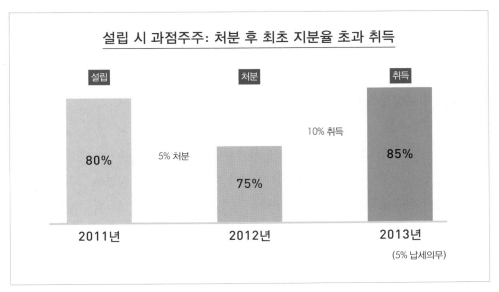

설립 시 과점주주: 처분 후 최초 지분율 초과 취득

설립	처분	취득

5% 처분

10% 취득

80%

75%

85%

2011년 2012년 2013년

(5% 납세의무)

　법인설립 시의 과점주주는 법인설립 시 법인 자산에 대한 사실상 지배력을 취득하게 된다. 그러므로 법인설립 시의 과점주주에게 취득세를 부과하지 않는 것은 경제적으로 법인과 과점주주는 구분되지 아니하여 법인에 의한 1회의 취득세 납부로 족하므로, 과점주주의 취득세 납세의무를 부담시키는 것은 이미 납부한 취득세를 다시 납부케 하여 합리적 이유 없이 중복 부담을 과하게 될 소지가 있어 입법정책상 의도적으로 취득세 과세대상에서 제외하는 것이다.

〈사례〉구「지방세법 시행령」의 적법성 여부

법인의 설립 등으로 인해 최초로 과점주주가 된 자가 추후 주식취득 시 그 취득일에 모두 취득한 것으로 보아 부과한다는 시행령 규정(제78조 제1항, 1997.10.01 개정 전)은 '법'의 위임 없이 과세대상범위를 확장한 것이므로 무효이다(국패)(대법98두11731, 2000.03.16).

구「지방세법(1997.08.30 법률 제5406호로 개정되기 전의 것, 이하 같음)」제105조 제6항 본문은 "법인의 주식을 주주로부터 취득함으로써 제22조 제2호의 규정에 의한 과점주주가 된 때에는 그 과점주주는 당해 법인의 부동산 등을 취득한 것으로 본다"라고 규정함으로써 간주취득이 인정되는 경우를 주주로부터의 주식취득에 의하여 과점주주가 된 때로 한정하고 있음에 반하여, 1993년 12월 31일 대통령령 제14061호로 신설되고, 1997년 10월 1일 대통령령 제15489호로 개정되기 전의「지방세법 시행령」제78조 제1항은 법인의 설립 등으로 인하여 최초로 과점주주가 된 자가 주주로부터 법인의 주식을 취득하는 경우에는 그 취득일에 과점주주가 소유하고 있는 법인의 주식을 모두 취득한 것으로 보아 법 제111조 제4항의 규정에 의하여 취득세를 부과한다고 규정함으로써 법인의 설립 등으로 인한 과점주주로서 그가 이미 소유하고 있던 주식분에 대하여도 사후에 소급하여 취득세를 부과하는 셈이 되어「지방세법」규정보다 취득세 과세대상의 범위를 확장하고 있다.

그러나 이와 같이「지방세법 시행령」에서 과세대상을 확장하는 것은 위「지방세법」규정과 부합하지 아니할 뿐만 아니라 그 확장의 위임규정도「지방세법」에서 찾아볼 수 없고, 다만「지방세법」제66조에서 이 법 시행에 관하여 필요한 사항은 대통령령으로 정한다고 규정하고 있으나, 이는 법률의 시행에 필요한 집행명령을 발할 수 있음을 규정한 것에 지나지 아니하여, 위와 같이 과세대상 물건의 취득으로 간주되는 주식의 취득과 같은 과세요건에 관한 법규의 제정까지도 포괄적으로 대통령령에 위임한 규정이라고는 볼 수 없다. 그렇다면 위 「지방세법 시행령」 제78조 제1항은 무효라 할 것이다.

2. 최초과점주주가 되는 경우

법인의 과점주주가 아닌 주주 또는 유한책임사원이 다른 주주 또는 유한책임사원의 주식 또는 지분('주식 등')을 취득하거나 증자 등으로 최초로 과점주주가 된 경우에는 최초로 과점주주가 된 날 현재 해당 과점주주가 소유하고 있는 법인의 주식 등을 모두 취득한 것으로 보아 취득세를 부과한다.

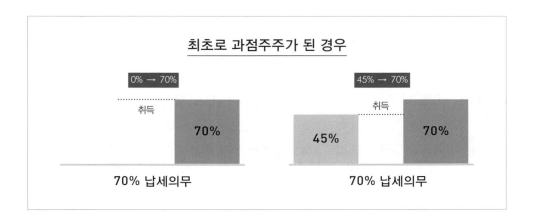

3. 과점주주 지분율의 증가

이미 과점주주가 된 주주 또는 유한책임사원이 해당 법인의 주식 등을 취득하여 해당 법인의 주식 등의 총액에 대한 과점주주가 가진 주식 등의 비율이 증가된 경우에는 그 증가분을 취득으로 보아 취득세를 부과한다. 다만, 증가된 후의 주식 등의 비율이 그 증가된 날을 기준으로 그 이전 5년 이내에 해당 과점주주가 가지고 있던 주식 등의 최고비율보다 증가하지 않은 경우에는 취득세를 부과하지 않는다.

또한 타법인을 흡수·합병함으로써 지분율이 감소한 합병법인의 과점주주가 유상증자에 참여하여 지분율이 다시 증가한 경우 지분이 증가된 날을 기준으로 5년 이내의 최고

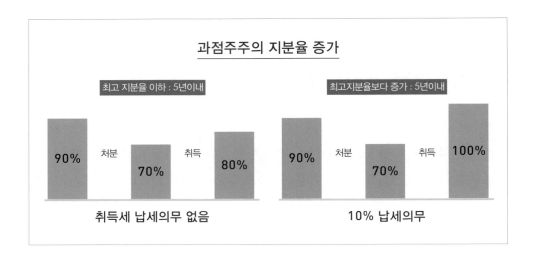

지분비율보다 증가되지 않는 경우에는 취득세 납세의무가 없다(세정-412, 2003.07.09).

4. 과점주주가 일반주주로 된 후 다시 과점주주가 된 경우

　과점주주였으나 주식 등의 양도, 해당 법인의 증자 등으로 과점주주에 해당하지 않게 되었다가 해당 법인의 주식 등을 취득하여 다시 과점주주가 된 경우에는 다시 과점주주가 된 당시의 주식 등의 비율이 그 이전에 과점주주가 된 당시의 주식 등의 비율보다 증가된 경우에만 그 증가분만을 취득으로 보아 취득세를 부과한다.

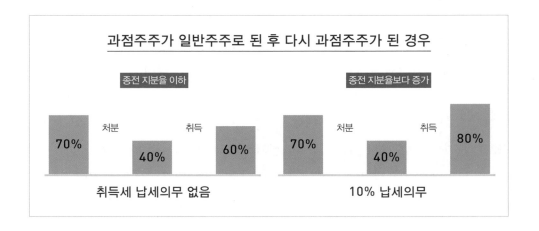

〈사례〉 100%에서 전부 양도 후 다시 100%가 된 경우

100% 보유하고 있는 과점주주가 주식을 전부 양도하여 법인의 주주가 아니었다가 5년 이내에 다시 주식을 100% 취득한 경우에도 종전 지분보다 증가하지 않았으므로 과점주주의 주식취득에 따른 취득세 납세의무는 없다(세정-666, 2008.02.28).

IV. 주식 또는 지분의 취득

1. 주식 또는 지분의 취득 개념

주식 또는 지분을 취득함으로 인하여 과점주주가 된 경우에 취득세 납세의무가 성립하기 때문에 기존 주주로부터 취득하거나 유상증자 등에 참여하여 과점주주가 된 경우에는 취득세 납세의무가 발생한다.

2. 유상증자

1997년 10월 1일 이전에는 주주 또는 사원으로부터 주식 또는 지분을 취득함으로써 과점주주가 되거나 그 지분비율이 증가된 때에만 취득세 납세의무가 발생하였으나, 1997년 10월 1일 이후에는 주식 또는 지분을 취득함으로써 그 지분이 증가하거나 과점주주가 된 때에 납세의무가 발생한다. 유상증자에 의한 취득은 당해 법인이 발행하는 지분을 취득하는 것에 해당되므로 유상증자에 참여하여 과점주주가 되거나 과점주주의 지분이 증가된 경우에는 취득세의 납세의무가 발생한다. 또한, 실권주식의 인수로 인한 취득도 과점주주의 납세의무가 발생한다.

3. 상환주식의 상환

상환주식의 상환으로 인하여 주식을 소각함에 따라 지분비율이 증가되는 경우에는 법

인의 지분을 취득하여 과점주주의 소유비율이 증가한 것이 아니므로 과점주주의 취득세 납세의무는 발생하지 않는다(지방세운영-251, 2008.07.16).

4. 감자 또는 자기주식의 취득

법인의 감자로 인하여 지분율이 증가한 경우에는 취득세의 납세의무가 없다. 과점주주의 취득세 규정에서는 법인의 주식 또는 지분을 취득함으로써 과점주주가 된 때에 납세의무가 발생하는 것으로서 감자와 같이 주식의 취득행위가 없이 지분율이 증가한 경우에는 취득세의 납세의무가 발생하지 않는다.

〈사례〉 자기주식의 취득

원심은 제1심판결을 인용하여, 주식회사 A이앤씨(이하 'A이앤씨')는 비상장법인으로서 2006년 5월 30경 발행주식총수가 46만 주였는데, 그 중 원고 갑의 지분율 38.70%에 해당하는 17만 8,000주를, 원고 최모씨의 두 아들인 원고 을, 병의 각 지분율 5.65%에 해당하는 2만 6,000주씩을, 주식회사 더존○○이 지분율 50.00%에 해당하는 23만 주를 소유하고 있었던 사실, A이앤씨는 2006년 5월 30일 이사회의 결의를 거쳐 주식을 소각할 목적으로 주식회사 더존○○이 소유한 A이앤씨의 주식 23만 주를 취득한 사실을 인정한 다음, 구「지방세법(2007.12.31 법률 제8835호로 개정되기 전의 것, 이하 같다)」 제105조 제6항은, '법인의 주식 또는 지분을 취득함으로써 과점주주가 된 때'에만 그 과점주주가 당해 법인의 재산을 취득한 것으로 보아 취득세의 납세의무를 부담하도록 하고 있고, 법인이 자기주식을 취득함으로써 주주가 과점주주가 되는 경우에는 주주가 주식을 취득하는 어떠한 행위가 있었다고 보기 어려운바, 원고들은 A이앤씨가 자기주식을 취득함으로써 그 지분 비율이 증가하여 과점주주가 된 것일 뿐, 원고들이 A이앤씨의 주식을 취득한 것이라고 볼 수는 없다는 이유로 A이앤씨가 자기주식을 취득함으로써 원고들이 A이앤씨의 과점주주가 된 것이 위 규정의 '법인의 주식을 취득함으로써 과점주주가 된 때'에 해당하지 아니한다는 취지로 판단하였다.

앞서 본 법리 및 관계 법령의 규정에 비추어 기록을 살펴보면, 원심의 위와 같은 인정 및 판단은 정당하고, 거기에 상고이유에서 주장하는 바와 같은 구 「지방세법」상 과점주주의 간주취득에 관한 법리를 오해한 잘못이 없다.

원심판결의 이유에 의하면, 원심은, 원고들이 A이앤씨가 발행한 주식의 50%를 소유하기 때문에 A이앤씨도 「지방세법 시행령」 제6조 제1항 제11호에 의하여 원고들에 대한 관계에서 '특수관계인'의 지위에 있다고 보아야 하고, A이앤씨가 제3자가 소유하고 있던 나머지 50%의 자기주식을 취득한 결과 원고들과 그 특수관계인인 A이앤씨의 보유주식 합계가 100%가 되었으므로 원고들이 과점주주가 된 것으로 보고 「지방세법」 제105조 제6항에 의하여 취득세를 부과한 이 사건 처분은 적법하다는 취지의 피고의 주장에 대하여, 「구 지방세법」 제22조 제2호는 "대통령령이 정하는 친족 기타 특수관계에 있는 자"와 "당해 법인"을 구별하고 있는데, A이앤씨가 그 규정의 '당해 법인'에 해당하는 것은 문언 상 명백하고, 「지방세법 시행령」 제6조 제11호가 규정하는 특수관계인에 포함되는 법인은 '당해 법인'이 아닌 '당해 법인의 주주인 법인'을 의미한다고 해석해야 하는 것도 문언 상 명백하므로, '당해 법인'에 불과한 A이앤씨가 자기주식을 취득함으로써 원고들이 실질적으로 A이앤씨에 대한 100%의 주주지배권을 보유하는 결과가 되었다고 하더라도, 위 법령의 명문규정을 확장해석하여 그때 원고들이 A이앤씨의 과점주주가 되었다고 할 수 없다고 하여 피고의 주장을 배척하였다.

관계 법령의 규정에 비추어 기록을 살펴보면, 이와 같은 원심의 판단은 정당한 것으로 수긍할 수 있고, 거기에 상고이유에서 주장하는 바와 같은 구 「지방세법」의 특수관계인에 관한 법리를 오해한 잘못이 없다.

5. 명의신탁의 해지

명의신탁을 해지하여 주주명부 상의 명의가 회복되어 과점주주가 되었다면 과점주주에 대한 간주취득세 납세의무가 없다(대법2009두7448, 2009.08.20).

「상속세 및 증여세법」 제45조의 2는 "권리의 이전 및 행사에 있어 등기를 요하는 재산을 명의신탁한 경우에는 조세회피의 목적이 없는 경우를 제외하고 이를 증여로 의제하고, 주식의 경우 유예기간 이내에 실제 소유자 명의로 명의개서를 하지 않을 경우 조세회피의 목적이 있는 것으로 추정한다"고 규정하고 있으므로, 주식의 소유권은 실제로 명의신탁 약정이 있었는지 여부에 관계없이 오로지 주식이동상황 명세서 등을 통하여 형식적으로 결정되어야 하므로 명의신탁을 해지하여 주주명부상의 명의가 회복되어 과점주주가 된 경우 취득세를 과세하여야 한다고 생각될 수 있다.

그러나「상속세 및 증여세법」의 증여의제 규정은 명의신탁 제도를 이용한 조세회피를 방지할 목적으로 실질과세의 원칙의 예외를 인정한 것이다. 이와 같은 예외 규정은 최대한 엄격하게 해석해야 할 뿐만 아니라「지방세법」상 이와 같은 예외를 인정한 명문의 규정이 없고,「지방세법」은 특정 주주가 법인의 실질적인 지배권을 새로이 취득하게 된 경우에 법인 소유 재산에 대한 취득세를 과세하는 것이므로, 과점주주에 해당하는지 여부는 실질적으로 판단하는 것이 타당하며,「상속세 및 증여세법」과 취득세에 관하여 규정하고 있는「지방세법」의 입법 목적이 서로 상이한 점 등을 감안하여 판단해야 한다.

타인의 명의를 차용하여 주식을 인수하고 대금을 납부한 경우 실제로 주식을 인수하여 그 대금을 납입한 명의차용인이 주주가 되고 단순히 명의대여자에 불과한 자는 주주로 볼 수 없다.

주식이 명의신탁된 경우 명의신탁된 주식의 실질적인 주주는 신탁자라 할 수 있어서 명의신탁자가 명의신탁된 주식에 관하여 주주명부상의 주주명의를 명의신탁자 앞으로 명의개서한다고 하더라도 이는 실질주주가 주주명부상의 명의를 회복한 것에 불과한 것이다.

그리고 주식의 취득행위는 그 자체가 취득세의 과세대상이 되는 것이 아니어서 취득세의 과세대상이 되는 취득행위와 동일선상에서 그 개념을 파악할 수 없다(대법원 1999.12.28 선고, 98두7619 판결 참조).

따라서 명의신탁을 해지하여 주주명부상의 명의가 회복되어 과점주주가 되었다면 과점주주에 대한 간주취득세 납세의무가 없는 것으로 보아야 한다.

〈사례〉'갑'이 '을'명의로 명의신탁(법인설립 시)하던 주식을 병에게 명의신탁 이전한 경우

이 사건 주식은 A모씨가 B모씨에게 명의신탁 해두었다가, B모씨가 이 사건 회사에서 퇴사하면서 당시 이 사건 회사의 직원이었던 원고가 이 사건 주식을 B모씨로부터 명의신탁 받게 된 것으로, 이 사건 회사에 대하여 실질적으로 지배권을 행사하고 있던 A모씨에게 취득세 등을 부과하여야 하는 것이다(국패)[부산고법(창원)2012누1726, 2013.05.02].

구「상속세 및 증여세법」제45조의 2 제1항의 명의신탁재산의 증여의제규정은 실질과 세원칙에 대한 예외의 하나로서, 명의신탁제도가 조세회피의 수단으로 악용되는 것을 효과적으로 방지하여 조세정의를 실현하고자 하는 한도에서 증여로 의제한 것일 뿐, 이로 인하여 명의신탁재산의 귀속 여부까지 달라지는 것은 아니다.

명의신탁재산의 실질적인 소유자는 위 증여의제규정에도 불구하고 여전히 명의신탁자라고 할 것인 점(대법원 2006.09.22 선고, 2004두11220 판결 참조), 구「지방세법」에 이와 같은 증여의제 규정이 없는 이상 위 조항을 '취득세'와 관련하여서까지 적용하여 그 '재산'을 증여받은 것으로 볼 수는 없는 점, 과점주주에 대한 취득세 과세의 근거규정인 구「지방세법」제105조 제6항은 주식의 명의신탁 해지에 따른 주식의 취득자체에 대한 과세가 아니라 특정회사가 발행한 주식을 취득함으로써 과점주주가 되거나 기존의 과점주주가 가진 주식의 비율이 증가되어 법인의 실질적인 지배권을 취득하게 된 특정주주에 대하여 법인 소유 재산에 대한 취득세를 과세하는 데 그 취지가 있는 점 등을 고려하면, 구「상증법」상의 증여의제규정에도 불구하고 이 사건 주식은 원고가 아니라 A모씨에게 실질적으로 귀속되었다고 볼 수 있으므로, 피고의 주장은 이유 없다.

따라서 원고는 구「지방세법」제105조 제6항 소정의 과점주주가 아니므로, 이 사건 처분은 위법하다.

〈사례〉 명의신탁

당해 주식이나 지분의 귀속 명의자는 이를 지배·관리할 능력이 없고 그 명의자에 대한 지배권 등을 통하여 실질적으로 이를 지배·관리하는 자가 따로 있으며, 그와 같은 명의와 실질의 괴리가 위 규정의 적용을 회피할 목적에서 비롯된 경우에는 당해 주식이나 지분은 실질적으로 이를 지배·관리하는 자에게 귀속된 것으로 보아 그를 납세의무자로 삼아야 한다(국승)(대법2008두13293, 2012.02.09).

6. 명의도용

주주명의를 도용당하였다거나 실지소유주의 명의가 아닌 차명으로 등재된 경우 그 명의만으로 주주에 해당한다고 볼 수는 없다. 다만, 이러한 사정이 있는 경우 그 명의신탁에 대한 증명은 실질주주가 아님을 주장하는 그 명의자 또는 실질주주가 증명해야 한다(대법2006두19501, 2008.10.23).

7. 합의해제

갑이 을로부터 주식매매계약에 의하여 주식을 취득하여 과점주주가 된 후 주식매매계약을 합의해제하고 그 소유권을 종전 소유자인 을에게 반환하였더라도 이미 성립한 조세채권에 영향을 줄 수는 없다. 그러므로 갑은 법인의 주식 취득에 따른 과점주주 취득세의 납세의무를 부담한다(조심2011지546, 2011.09.30).

그러나 주식양도계약을 소급적으로 실효시키는 합의해제의 약정에 따라 갑명의로 개서된 주식을 원 소유자인 을명의로 원상회복하는 경우에는 을에게 과점주주의 취득세 납세의무가 새로이 발생하지는 않는다(도세-114, 2008.03.20).

8. 특수관계자 간의 주식거래

간주취득세 납세의무를 부담하는 과점주주에 해당하는지 여부는 과점주주 중 특정주주 1인의 주식 또는 지분의 증가를 기준으로 판단하는 것이 아니라 일단의 과점주주 전체가 소유한 총주식 또는 지분비율의 증가를 기준으로 판단한다. 그러므로 특수관계인 간의 주식거래가 있는 경우 전체 주식소유비율이 변동이 없는 이상 간주취득세 납세의무를 지는 과점주주에 해당되지 아니한다(조심2008지148, 2008.08.12).

과점주주 사이에 주식 또는 지분이 이전되거나 기존의 과점주주와 친족 기타 특수관계에 있으나 당해 법인의 주주가 아니었던 자가 기존의 과점주주로부터 그 주식 또는 지분의 일부를 이전받아 새로이 과점주주에 포함된 경우 일단의 과점주주 전체가 보유한 총주식 또는 지분의 비율에 변동이 없는 한 간주취득세 과세대상이 될 수 없다(대판 2002두1144, 2004.02.27 참조).

뿐만 아니라 기존의 과점주주와 특수관계자가 아니면서 당해 법인의 주주가 아니었던 자가 기존의 과점주주와 친족 기타 특수관계를 형성하면서 기존의 과점주주로부터 그 주식의 일부 또는 전부를 이전받아 새로이 과점주주가 되는 경우에도 기존의 과점주주와 새로운 과점주주가 소유한 총주식의 비율에 변동이 없다면 간주취득세의 과세대상이 되지 않는다.

〈사례〉 주식교환에 의해 특수관계자가 됨과 동시에 과점주주가 된 경우

원심판결 이유에 의하면 원심은, 주식회사A(이하 'A')가 2008년 4월 7일 비상장법인인 주식회사B(이하 'B')를 설립하고 그 발행주식을 모두 소유하다가 유상증자의 실시로 그 지분비율이 72.5%가 된 사실, 원고와 A는 2009년 12월 1일 A가 소유한 B 발행주식 전부와 원고가 유상증자를 통하여 발행하는 신주를 교환하는 내용의 이 사건 주식교환계약을 체결하였고, 그에 따라 원고는 B 발행주식 중 72.5%를 취득하고 A는 원고 발행주식 중 70%를 취득한 사실 등을 인정한 다음, 원고는 B의 과점주주인 A와 구「지방세법」제22조 제2호 등에 정한 특수관계에 있지 아니하다가 이 사건 주식교환으로 비로소 B의 주식을 소유하게 되었으므로, 원고는 이 사건 주식교환에 의하여 최초로 B에 대한 과점주주가 된 자로서 B의 부동산 등 자산에 대하여 구「지방세법」제105조 제6항에 정한 간주취득세를 납부할 의무가 있다고 판단하였다(2011누533, 2012.05.10).

그러나 원심이 인정한 사실관계를 앞서 본 법리에 비추어 살펴보면, 원고는 B의 주주가 아니었으나 이 사건 주식교환으로 인하여 B의 기존 과점주주인 A와 구「지방세법」제22조 제2호에 정한 특수관계를 형성하면서 A로부터 B의 주식 전부를 이전받아 새로이 과점주주가 되었고, 원고와 A가 전체로서 이 사건 주식교환 전후로 보유한 B의 총주식 비율에는 아무런 변동이 없으므로, 이는 간주취득세의 과세대상이 될 수 없다(대법 2012두12495, 2013.07.25).

〈사례〉 현물출자

원고 A모씨는 자신 소유의 이 사건 부동산을 현물출자함으로써 소외 회사에 대한 총주식보유비율을 증가시켰으나, 이 사건 부동산에 관한 법률상 소유형태(원고 A모씨에서 소외 회사로 소유권이전)만 변경되었을 뿐 '사실상 임의처분하거나 관리·운용할 수 있는 지위'에는 아무런 변동이 없는 점, 원고 A모씨 이외에 나머지 원고들은 이 사건 부동산에 관한 '사실상 임의처분하거나 관리·운용할 수 있는 지위'를 새로 취득하는 것처럼 보이나, 과점주주는 친족, 기타 특수관계에 있는 자들을 일단의 집단으로 취급하므로 나머지 원고들도 원고 A모씨와 마찬가지로 취급하여야 하는 점(원고 A모씨와 나머지 원고들의 이 사건 부동산에 관한 '사실상 임의처분하거나 관리·운용할 수 있는 지위'를 취득하였는지를 비율대로 가분하여 간주취득세를 산정할 수 없음), 만일 소외 회사가 이 사건 부동산 이외 다른 부동산을 소유하고 있을 경우 지분 변동률에 해당하는 부동산에 관한 '사실상 임의처분하거나 관리·운용할 수 있는 지위'를 새로 취득하게 되나 이 사건에서는 이 사건 부동산에 관한 간주취득세만 문제된 것인 점, 원고들이 지적하는 바와 같이 이 사건 부동산을 현물출자 이외 다른 법률형식으로 소외 회사에 이전할 경우 간주취득세가 부과되지 아니하는 점 등을 고려할 때, 현물출자로 이 사건 부동산에 관한 원고들의 '사실상 임의처분하거나 관리·운용할 수 있는 지위'에 변동이 없으므로, 이 사건 부동산 중 총주식보유비율 증가분에 관하여 간주취득세를 부과한 처분은 위법하다.

9. 현물출자

과점주주의 간주취득세는 그 입법취지로 볼 때, 사실상 임의처분하거나 관리·운용할 수 있는 지위를 취득한 경우에 한하여 부과된다고 보아야 한다. 현물출자로 인하여 과점주주가 되거나 과점주주의 지분비율이 증가하는 경우 부동산 등에 관한 법률상 소유형태만 주주에서 법인으로 변경되었을 뿐 '사실상 임의처분하거나 관리·운용할 수 있는 지위'에는 아무런 변동이 없다. 또한 현물출자 이외 다른 법률형식(현금으로 유상증자후 그 현금으로 부동산 취득)으로 회사에 이전할 경우 간주취득세가 부과되지 아니한다. 이러한 점을 고려할 때 현물출자의 경우 '사실상 임의처분하거나 관리·운용할 수 있는 지위'에 변동이 없으므로 간주취득세의 납세의무가 없는 것으로 보아야 한다.

〈사례〉혼인으로 과점주주가 된 경우

혼인으로 인하여 과점주주가 되는 경우 과점주주 취득세 납세의무가 성립되지 않는다 (지방세운영-418, 2008.07.29). 비상장법인의 주주인 갑개인(40%), 을개인(40%), 병개인(10%), 정개인(10%)은 「지방세법」에 의한 특수관계에 있는 자에 해당되지 아니하여 과점주주가 아니었다가 갑개인과 을개인이 혼인을 함으로써 이들 소유주식의 합계가 80%가 되어 과점주주가 되었다고 할 때, 갑개인과 을개인은 법인의 주식 또는 지분을 취득하여 과점주주가 된 것이 아니므로 과점주주 취득세 납세의무가 성립하지 않는다.

〈사례〉상속

기존 과점주주인 갑의 사망으로 특수관계에 있는 상속인인 을이 소유주식 전체를 상속받아 새로운 과점주주가 된 경우 과점주주 간의 내부이동으로 볼 수 없어 취득세 납세의무가 있다(세정-2810, 2007.07.20).

과점주주의 간주취득에 대한 취득세 납세의무에 있어 과점주주와 친족 기타 특수관계인 상호간에 주식이 양도·양수되더라도 과점주주의 주식비율에 변동이 없는 경우에는 취득세 납세의무가 없는 것으로, 갑개인이 A법인의 주식 100%를 보유하고 있는 상태에서 특수관계에 있는 을이 갑의 지분 1%를 증여 취득한 후 다시 99%를 증여 취득하는 경우 또는 갑개인과 그 아들인 을이 각각 A법인의 주식 99%와 1%를 보유하고 있는 상태에서 갑의 사망으로 인하여 을이 이를 상속받아 주식소유비율이 100%가 된 경우라면 이는 특수관계인 간의 거래로 과점주주로 인한 취득세 납세의무가 없는 것이다(세정-3334, 2005.10.19 참조).

반면, 기존 과점주주인 갑의 사망으로 특수관계에 있는 상속인인 을이 그 소유주식 전체를 상속받아 새로운 과점주주가 된 경우라면 과점주주간의 내부이동으로 볼 수 없어 과점주주로 인한 취득세 납세의무가 있다(행정자치부 심사결정 제2005-545호, 2005.12.26; 세정-1737, 2005.07.19 참조).

10. 기업분할

(1) 기업분할로 인한 분할신설법인의 주식취득

A법인이 물적분할에 의하여 B법인을 분할 신설하고 B법인의 주식 100%를 소유하는 경우 B법인의 부동산 등에 대한 A법인의 과점주주 간주취득의 취득세 문제는 발생하지 않는다. 즉, 법인설립 시에 발행하는 주식 또는 지분을 취득함으로써 과점주주가 된 경우에 대하여는 과점주주의 납세의무가 없으므로, 법인을 분할하여 신설한 법인의 설립 시 발행하는 주식을 취득하여 과점주주가 된 경우라면 과점주주 취득세 납세의무가 발생하지 않는다.

(2) 분할신설법인이 분할 전의 회사가 소유하던 주식의 취득

분할로 신설되는 법인이 분할되기 전의 법인이 소유하던 비상장주식을 취득해 과점주주가 된 경우, 과점주주의 취득세 납세의무 있다. 그러나 물적분할의 경우 존속법인과 신설법인은 특수관계를 형성하므로 특수관계자간의 지분이동으로 보아 취득세 납세의무가 발생하지 않는다고 판단된다. 「지방세특례제한법」 제57조의 2의 규정에 의한 기업분할(물적분할 포함)의 요건을 갖춘 경우에 취득하는 재산에 대하여는 취득세를 감면한다. 그러므로 감면대상에 해당되지 않는 경우에는 주식취득에 대한 과점주주의 취득세

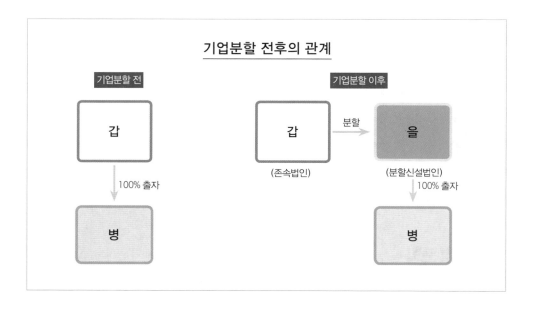

납세의무가 발생한다.

V. 과세대상 해당법인의 부동산 등

　과점주주의 취득세 과세대상 부동산 등이란 부동산, 차량, 기계장비, 항공기, 선박, 입목, 광업권, 어업권, 골프회원권, 승마회원권, 콘도미니엄 회원권, 종합체육시설이용회원권 또는 요트회원권 등 취득세 과세대상자산을 말한다.

　과점주주의 취득세 납세의무는 과점주주성립 당시(즉, 주식취득일) 당해 법인이 소유하고 있던 취득세 과세대상물건이므로 과점주주가 된 이후에 법인이 취득하는 과세대상물건에 대하여는 납세의무가 없다. 또한 세율(일반세율 또는 중과세율)의 적용 여부도 과점주주 성립 당시를 기준으로 판단한다.

〈사례〉 국적취득조건부나용선

　주식발행법인이 국적취득조건부나용선을 연부취득중인 상태에서 연부금에 대한 취득세 등을 면제받고 있는 경우에도 당해 법인의 과점주주의 취득세 납세의무는 성립한다(세정-733, 2003.08.06). 주식발행법인이 국적취득조건부나용선을 연부취득중인 상태에서 당해 법인장부상에 유형자산으로 기장되어 있으며 지방세관계의 규정에 의해 연부금에 대한 취득세 등을 면제받고 있는 경우에도 주식발행법인의 국적취득조건부나용선에 대한 과점주주의 취득세 납세의무가 있다고 판단된다.

〈사례〉 법인의 장부에 기부채납한 부동산이 포함되어 있는 경우

　법인의 주식 또는 지분을 취득함으로써 과점주주가 된 때에는 그 과점주주는 당해 법인의 부동산 등을 취득한 것으로 보도록 규정하고 있고, 비상장법인의 과점주주가 된 경우 당해 법인의 자산에 대한 관리·처분권을 취득하게 되므로 실질적으로 당해 법인의 자산을 취득한 것이나 다름없게 되어 취득세를 과세하는 것이다. 따라서 과점주주에 대한 납세의무 성립 시점에 당해 법인이 취득세 과세대상 물건을 소유하고 있는 것을 전제로 하여 과점주주가 이를 취득한 것으로 간주하는 것으로 보인다. 그런데 국가에 기부채납하여 소유권이 이전된 상태의 부동산을 법인이 이러한 시설 등의 취득가액을 회계처리상 법인장부에 계상하고 있다고 하여 당해 금액을 취득세 등의 과세표준에 포함할 수는 없다.

〈사례〉 회사분할

분할로 신설되는 법인이 분할되기 전의 법인이 소유하던 비상장주식을 취득해 과점주주가 된 경우, 과점주주의 취득세 납세의무 있다(세정13407-342, 2002.04.10).

Ⅵ. 법인이 취득세를 면제받은 경우 과점주주의 취득세 면제여부

과점주주의 간주취득이 「지방세법」 또는 기타 법령의 규정에 의한 비과세 또는 감면요건에 해당하는 경우에는 과점주주의 취득세가 비과세 또는 감면대상이 되나, 당해 법인이 부동산 등을 취득하면서 취득세를 비과세 또는 감면받았다고 하여 바로 과점주주로 된 자의 취득세 납세의무도 비과세 또는 면제되는 것은 아니다.

〈사례〉 창업 중소기업의 사업용 자산취득

창업 중소기업이 사업용 재산을 취득하여 취득세를 면제받은 후 그 법인의 기존주주가 당해 법인의 주식을 추가 취득하여 과점주주가 된 경우, 과점주주에게도 취득세를 면제하는 것은 아니다(지방세심사2003-265, 2003.12.24).

〈사례〉 기업부설연구소용 부동산

법인이 기업부설연구소용에 직접 사용하기 위하여 취득하는 부동산(부속토지는 건축물 바닥면적의 7배 이내의 것에 한함)에 대하여는 취득세를 면제하는 것이나, 과점주주는 위 법인이 사용하고 있는 기업부설연구소인 이 사건 부동산을 간주취득한 것으로서 과점주주가 기업부설연구소용에 직접사용하기 위하여 취득한 것이 아니하므로 취득세 면제요건에 해당되지 아니한다.

〈사례〉 과점주주의 취득시기

과점주주란 주주 또는 유한책임사원 1명과 그의 특수관계인 중 대통령령으로 정하는 자로서 그들의 소유주식의 합계나 출자액의 합계가 해당 법인의 발행주식총수, 또는 출자총액의 100분의 50을 초과하면서 그에 관한 권리를 실질적으로 행사하는 자들을 말한다. 즉, 과점주주는 50% 초과의 형식적 요건을 충족하면서 권리행사의 실질적 요건을 충족하여야 한다.

즉, 법인의 과점주주에 대하여 그 법인의 재산을 취득한 것으로 보아 취득세를 부과하는 것은 과점주주가 되면 당해 법인의 재산을 사실상 임의처분하거나 관리·운용할 수 있는 지위에 서게 되어 실질적으로 그 재산을 직접 소유하는 것과 크게 다를 바 없으므로 바로 이 점에서 담세력이 나타난다고 보는 것이다. 따라서 과점주주로 된 자에 대하여 취득세 과세대상 물건을 취득한 것으로 보아 취득세의 납세의무를 지우기 위해서는 형식적 요건을 갖추어야 할 뿐만 아니라 당해 과점주주가 법인의 운영을 실질적으로 지배할 수 있는 지위에 있음을 요한다(당원 1979.12.26 선고, 78누333 판결 참조).

기명주식의 양도는 특별한 사정이 없는 한 거래당사자 사이에 있어서는 대물변제의 합의만으로서 그 양도의 효력이 발생한다. 그러나 회사와의 관계에 있어서는 취득자의 성명과 주소를 주주명부에 기재하지 아니하면 회사에 대항하지 못하는 것이므로 주주와 회사와의 관계에 있어서는 주주명부에 명의개서하기 이전에는 회사에 대하여 주주임을 주장할 수 없을 뿐만 아니라 주권을 행사할 수 없다. 과점주주의 성립시기에 대하여는 명문규정은 없으나, 이러한 점 등으로 미루어 보아 주권의 취득일은 주권의 대금을 완불하였는지의 여부와 관계없이 주주명부에 명의개서된 날을 과점주주가 된 때로 보아야 한다.

〈사례〉 경영권을 행사할 수 있는 지위에 있으면 족한 것으로 경영권 행사여부와는 무관

주식양수도 계약하고 계약금 지급하면서 명의개서한 경우, 명의개서 시점에 과점주주의 취득세 납세의무가 성립한 것으로, 이후 당해 주식 반환이나 실질적인 경영관여 여부와는 무관하다(지방세심사2002-224, 2002.06.24).

〈사례〉 법인의 부동산취득과 과점주주의 주식취득이 동일에 이루어진 경우

취득세 납세의무 성립 시기는 '시각'기준이 아니라 '날'이 기준임을 알 수 있으므로 당해 법인의 과점주주가 주식을 추가 취득하여 주식소유비율이 증가한 경우의 납세의무 성립시기도 당연히 주식소유비율이 증가한 날이다. 그 날 현재 당해 법인이 부동산을 취득하여 소유하고 있다면 그 시각의 선후와는 관계없이 과점주주가 주식소유비율 증가분만큼 당해 법인의 부동산을 취득한 것으로 보아야 한다(감심2002-68, 2002.05.07).

〈사례〉 주권미발행주식의 취득

'주주'나 '소유'의 개념에 대하여 구 「지방세법」이 별도의 정의 규정을 두고 있지 않은 이상 민사법과 동일하게 해석하는 것이 법적 안정성이나 조세법률주의가 요구하는 엄격해석의 원칙에 부합하는 점, 주식은 취득세의 과세대상물건이 아닐 뿐만 아니라 구 「지방세법」 제22조 제2호는 출자자의 제2차 납세의무에 관하여 규정하면서 그 이하의 조항에서 말하는 과점주주의 개념을 일률적으로 정의하고 있어서 위 규정에서 말하는 '주주'가 되는 시기나 주식의 '소유'여부를 결정할 때도 취득세에서의 취득시기에 관한 규정이 그대로 적용된다고 보기는 어려운 점 등을 종합하면, 이들 규정에서 말하는 '주주'나 '과점주주'가 되는 시기는 특별한 사정이 없는 한 사법상 주식 취득의 효력이 발생한 날을 의미한다고 할 것이다.

그런데 「상법」 제335조 제3항 소정의 주권발행 전에 한 주식의 양도는 회사성립 후 또는 신주의 납입기일 후 6개월이 경과한 때에는 회사에 대하여 효력이 있는 것으로서, 이 경우 주식의 양도는 지명채권의 양도에 관한 일반원칙에 따라 당사자의 의사표시만으로 효력이 발생하는 것이다. 또한 「상법」 제337조 제1항에 규정된 주주명부상의 명의개서는 주식의 양수인이 회사에 대한 관계에서 주주의 권리를 행사하기 위한 대항요건에 지나지 아니하므로, 주권발행 전 주식을 양수한 사람은 특별한 사정이 없는 한 양도인의 협력을 받을 필요 없이 단독으로 자신이 주식을 양수한 사실을 증명함으로써 회사에 대하여 그 명의개서를 청구할 수 있다. 따라서 주권발행 전 주식을 양수한 사람은 주주명부상의 명의개서가 없어도 회사에 대하여 자신이 적법하게 주식을 양수한 자로서 주주권자임을 주장할 수 있다. 그리고 주권발행 전의 주식의 양도행위는 그 원인행위인 매매·증여 등 채권계약과 외형상 하나의 행위로 합체되어 행하여질 수 있고, 당사자가 특히 주식양도의 효과의 발생을 유보한 경우가 아니라면 통상 원인행위와 함께 행하여진다고 봄이 상당하다(대법원 1995.05.23 선고, 94다36421판결; 대법원 2000.03.23 선고, 99다60993판결 등 참조).

이러한 법리에 비추어 보면, 주권발행 전에 이루어진 이 사건 주식의 양도는 당사자의 의사표시만으로 효력이 발생하는 것이므로, 원심으로서는 이 사건 약정 당시 원고와 소외 3이 이 사건 약정의 체결과 동시에 이 사건 주식을 양도하기로 하였는지, 아니면 주식양도의 효력 발생을 주식대금의 완납 시까지 유보하였는지 등을 심리하여 원고가 이 사건 주식을 취득한 때가 언제인지를 판단했어야 했다.

그럼에도 원심은 이 점에 관하여 나아가 심리하지 아니한 채 그 판시와 같은 이유만으로 원고가 주식대금을 모두 지급한 때에 이 사건 주식을 취득하였다고 전제한 다음, 원고가 소외 3에게 주식대금을 모두 지급한 때인 '2006년 11월 30일 14시 18분경'에 이 사건 주식을 취득하여 과점주주가 되었다고 판단하였다. 이러한 원심의 판단에는 과점주주가 되는 시기에 관한 법리를 오해하여 필요한 심리를 다하지 아니함으로써 판결에 영향을 미친 위법이 있다. 이 점을 지적하는 원고의 상고이유 주장은 이유 있다(대법2011두24842, 2013.03.14).

〈사례〉 잔금지급일 이전에 주주명부 명의개서한 날을 취득시기로 본 사례

주식발행법인이 납세지 관할 세무서장에게 제출한 '2012 사업연도 주식등변동상황명세서'에서 청구인과 A모씨가 2012년 12월 31일 주식발행법인의 주식 XX주(51.90%)를 소유하고 있는 것으로 확인되고 있고 '주식 및 출자지분양도명세서'에서 A모씨를 비롯한 종전주주 XX명이 청구인에게 주식발행법인의 주식 XX주를 양도한 것으로 나타나는 점, 청구인이 제출한 주식 양도·양수계약서는 그 계약 내용과 달리 인감증명서가 첨부되지 않았고 청구인과 A모씨가 작성한 계약서의 경우에는 거래하는 주식 수도 사실과 다른 것으로 보아 그대로 신뢰하기 어려운 점, 쟁점주식의 거래대금 지급과 관련하여 청구인은 2013년 1월 25일자 중도금 XX원에 대한 금융증빙은 제시하였으나 나머지 XX원에 대한 금융증빙은 제시하지 않았는바 청구인이 2013년 2월 28일 A모씨에게 잔금 XX원을 실제로 지급하였는지 여부도 불분명한 점 등에 비추어 처분청이 청구인 등이 2012년 12월 31일 최초로 주식발행법인의 과점주주가 되었다고 보아 이 건 취득세 등을 부과한 처분은 잘못이 없다고 판단된다(조심2014지1147, 2014.09.04).

〈사례〉 소유권의 변동판단

「지방세법」상의 과점주주 여부는 명의개서에 의한 소유권의 변동에 따라 판단한다(조심2009지704, 2009.09.25). 주식을 명의신탁으로 취득한 경우 이를 공시하지 않으면 실제 소유자를 알 수 없고 주주명부에 등재되어 있어야 과세관청은 비로소 과세요건을 판단할 수 있는 것이다. 그러므로 소유주식을 타인에게 명의신탁 하였다면 일단 주식의 소유권이 수탁자에게 이전(증여)된 것으로 보아야 할 것이며, 그 후 명의신탁을 해지하여 실제 소유자명의로 주주명부를 개서하고 주권을 양도받은 경우에는 해당 주식에 대한 소유권이 변동되어 이때 실제 소유주가 해당 주식에 대한 배타적 권리를 취득한 것으로 봄이 타당하다. 그러므로 「지방세법」상의 과점주주 해당여부는 명의개서에 의한 소유권의 변동에 따라 판단되어야 한다.

〈사례〉 명의신탁의 입증책임

주식의 소유사실은 과세관청이 주주명부나 주식이동상황명세서 등에 의하여 입증하면 되고, 명의신탁을 주장하는 경우에는 주주가 아님을 주장하는 그 명의자가 사실을 입증하여야 할 것인바(대법2003두1615, 2004.07.09), 이 건 법인이 세무서장에게 제출한 '주식 등 변동상황명세서'를 기준으로 청구인에게 과점주주 간주취득세를 부과한 것은 적법하다(조심2011지933, 2012.05.10).

Ⅶ. 과점주주의 취득에 대한 세율

2010년 취득세와 등록세가 통합되기 전에는 과점주주의 취득에 대하여 취득세는 과세하고 등록세는 과세대상이 되지 않았다. 그 후 취득세와 등록세가 통합되면서 세금부담을 종전과 같이 하기 위해서 과점주주의 취득에 대하여는 중과기준세율인 2%를 적용하도록 세율의 특례규정을 마련하였다(지방세법 제15조 제2항).

한편 일반과세대상물건에 대하여는 중과기준세율이 적용되나, 별장 등 중과세 대상물건이 있는 경우에는 중과세율을 적용한다. 다만, 다음과 같은 경우에는 중과세가 적용되지 않는다.

① 대도시 내 법인의 본점 또는 주시무소의 사업용 부동산: 대도시 내 법인의 본점 또는 주시무소의 사업용 부동산에 대한 중과세 규정도 신설 또는 증설의 경우에 한하여 중과세가 적용되기 때문에 과점주주의 간주취득 시에는 중과세가 적용되지 않는다.

② 골프장의 과점주주: 골프장은 그 시설을 갖추어 체육시설업의 등록 시(또는 증설해 변경등록 시)에 한해 취득세 중과세되므로, 골프장에 대한 과점주주의 취득세는 중과세되지 않는다(세정13407-1165, 2002.12.09).

Ⅷ. 연대납세의무

과점주주에 해당하는 특수관계자는 과점주주의 취득세를 「지방세기본법」 제44조를 준용하여 연대납세의무를 진다. 간주취득세 납세의무를 지는 과점주주에 대하여는 연대납세의무를 부담하도록 규정하고 있는데, 그 취지는 과점주주 집단을 형성하는 친족 기타 특수관계에 있는 자들은 실질적으로 당해 법인의 자산에 관하여 공동사업자 또는 공유자의 지위에서 관리·처분권을 행사할 수 있게 되므로 그 자산에 대한 권리의무도 과점주주에게 실질적·경제적으로 공동으로 귀속된다는 점을 고려하여 그 담세력을 공동으로 파악하려는 데 있다.

IX. 과점주주의 취득세 납세지 및 통보

취득세는 부동산 등의 소재지를 그 납세지로 한다. 과점주주의 경우 법인의 주식 또는 지분을 취득함으로써 과점주주가 되었을 때에는 그 과점주주가 해당 법인의 부동산 등을 취득한 것으로 본다. 그 부동산 등을 취득한 것으로 보므로 그 법인의 본점소재지가 아닌 그 법인이 소유하고 있는 부동산 등의 소재지가 납세지가 된다.

과점주주의 취득세 과세자료를 확인한 시장·군수는 그 과점주주에게 과세할 과세물건이 다른 시·군 또는 구(자치구를 말함)에 있을 경우에는 지체 없이 그 과세물건을 관할하는 시장·군수에게 과점주주의 주식 등의 비율, 과세물건, 가격명세 및 그 밖에 취득세 부과에 필요한 자료를 통보해야 한다.

PART
04

과세표준과
납세의무의
성립시기

취득세의 과세표준

Ⅰ. 개요

1. 과세표준

과세표준이란 「지방세법」에 따라 직접적으로 세액산출의 기초가 되는 과세물건의 수량·면적 또는 가액(價額) 등을 말한다. 과세물건을 금액으로 계량화하면 종가세, 수량·면적·건수 등으로 계량화하면 종량세라 한다.

취득세는 재산의 이전이라는 사실 자체를 포착하여 거기에 담세력을 인정하고 세금을 부과하는 유통세이자 취득행위를 과세객체로 하여 세금을 부과하는 행위세이다. 취득세는 취득행위가 이루어진 경우 취득 당시의 과세물건의 가치를 과세표준으로 하여 세금을 부과하는 조세이다. 따라서 그 과세표준은 취득재산의 객관적인 가치를 기준으로 설정되어야 한다.

이러한 관점에서 취득세의 과세표준은 취득 당시의 가액으로 하며, '취득 당시의 가액'이라 함은 취득 당시의 과세물건의 객관적 가치를 금전적으로 환산한 가액이라 할 수 있다.

취득세의 과세표준은 취득 당시의 가액으로 한다. 이 경우 취득 당시의 가액은 취득자가 신고한 가액으로 한다. 다만, 신고 또는 신고가액의 표시가 없거나 그 신고가액이 시가표준액보다 적을 때에는 그 시가표준액으로 한다. 즉, 취득세의 과세표준은 일차적으로 납세의무자가 스스로 신고한 금액을 기준으로 한다.

「지방세법」 제10조 제1항에서 취득세의 과세표준으로 규정한 취득 당시의 가액은 원칙적으로 과세물건을 취득함에 든 사실상의 취득가액을 의미한다. 동조 제2항에서는 취득자는 동조 제1항의 과세표준 즉 취득 당시의 가액(사실상의 취득가액)을 신고하여야

지방세법 제10조(과세표준)

① 취득세의 과세표준은 취득 당시의 가액으로 한다. 다만, 연부(年賦)로 취득하는 경우에는 연부금액(매회 사실상 지급되는 금액을 말하며, 취득금액에 포함되는 계약보증금을 포함한다. 이하 이 절에서 같다)으로 한다.

② 제1항에 따른 취득 당시의 가액은 취득자가 신고한 가액으로 한다. 다만, 신고 또는 신고가액의 표시가 없거나 그 신고가액이 제4조에서 정하는 시가표준액보다 적을 때에는 그 시가표준액으로 한다.

③ 건축물을 건축(신축과 재축은 제외한다)하거나 개수한 경우와 대통령령으로 정하는 선박, 차량 및 기계장비의 종류를 변경하거나 토지의 지목을 사실상 변경한 경우에는 그로 인하여 증가한 가액을 각각 과세표준으로 한다. 이 경우 제2항의 신고 또는 신고가액의 표시가 없거나 신고가액이 대통령령으로 정하는 시가표준액보다 적을 때에는 그 시가표준액으로 한다.

④ 제7조 제5항 본문에 따라 과점주주가 취득한 것으로 보는 해당 법인의 부동산 등에 대한 과세표준은 그 부동산 등의 총 가액을 그 법인의 주식 또는 출자의 총수로 나눈 가액에 과점주주가 취득한 주식 또는 출자의 수를 곱한 금액으로 한다. 이 경우 과점주주는 조례로 정하는 바에 따라 과세표준 및 그 밖에 필요한 사항을 신고하여야 하되, 신고 또는 신고가액의 표시가 없거나 신고가액이 과세표준보다 적을 때에는 지방자치단체의 장이 해당 법인의 결산서 및 그 밖의 장부 등에 따른 취득세 과세대상 자산총액을 기초로 전단의 계산방법으로 산출한 금액을 과세표준으로 한다.

⑤ 다음 각 호의 취득(증여·기부, 그 밖의 무상취득 및 소득세법 제101조 제1항 또는 「법인세법」 제52조 제1항에 따른 거래로 인한 취득은 제외한다)에 대하여는 제2항 단서 및 제3항 후단에도 불구하고 사실상의 취득가격 또는 연부금액을 과세표준으로 한다.

1. 국가, 지방자치단체 또는 지방자치단체조합으로부터의 취득

2. 외국으로부터의 수입에 의한 취득

3. 판결문·법인장부 중 대통령령으로 정하는 것에 따라 취득가격이 증명되는 취득

4. 공매방법에 의한 취득

5. 「공인중개사의 업무 및 부동산 거래신고에 관한 법률」 제27조에 따른 신고서를 제출하여 같은 법 제28조에 따라 검증이 이루어진 취득

⑥ 법인이 아닌 자가 건축물을 건축하거나 대수선하여 취득하는 경우로서 취득가격 중 100분의 90을 넘는 가격이 법인장부에 따라 입증되는 경우에는 제2항 단서, 제3항 및 제5항에도 불구하고 대통령령으로 정하는 바에 따라 계산한 취득가격을 과세표준으로 한다.

⑦ 제1항부터 제6항까지의 규정에 따른 취득세의 과세표준이 되는 가액, 가격 또는 연부금액의 범위 및 그 적용과 취득시기에 관하여는 대통령령으로 정한다.

하는데 그 신고가 없거나 신고가액이 과세시가표준액에 미달하는 경우에는 그 과세시가표준액에 의한다는 규정이다.

이에 반해 동조 제5항에서 들고 있는 취득은 그 사실상 취득가액이 명백하게 드러나는 경우에 관한 규정으로서 이는 취득자의 신고와 관계없이 사실상의 취득가액을 과세표준으로 한다는 것이다. 그러므로 제5항에 해당하는 취득에 대하여는 과세시가표준액에 미달하게 신고한 경우에도 사실상의 취득가액으로 하는 것이며, 취득자가 부동산 등을 취득한 후 과세표준을 신고하였다 하더라도 그 이후 제5항에서 정한 소정의 문서 등에 의하여 사실상의 취득가액이 입증되면 그 입증된 사실상의 취득가액으로 과세표준이 정하여지는 것이다(대법원 1988.01.12 선고, 87누953 판결 등 참조).

2. 이중 매매계약서

신고가액이 시가표준액보다 큰 경우에는 무조건 신고가액으로 하느냐에 대하여 보면,

「지방세법」의 규정은 정당한 취득가액을 신고하는 것을 전제로 하여 적용하는 것이다. 이처럼 정당한 거래가액을 취득세의 과세표준으로 하는 것이 올바른 거래 관행 확립과 조세형평의 원리상 타당하다고 할 수 있다. 그러므로 정당한 거래가액을 취득가격으로 하여 취득신고를 해야 했음에도 불구하고 허위로 이중 매매계약서를 작성하여 취득신고를 하였다면 당해 취득신고가액은 정당한 과세표준이 될 수 없다. 또한, 이러한 허위로 신고된 거래가격이 취득 당시 과세시가표준액보다 높은 금액이라고 하여 이를 인용하는 것은 조세정의 및 조세형평의 원칙에 비추어 불합리한 것이다.

3. 외화환산

취득가액을 외화로 결제한 경우에는 기준환율을 적용하여 취득가액을 계산한다. 기준환율의 적용 시 취득일이 공휴일인 경우에는 그 전일에 고시된 기준환율을 적용하며, 토요일인 경우에는 그 전일이 아니라 토요일에 고시된 환율을 적용한다.

4. 위임입법의 위헌여부

「지방세법」 제10조 제7항에서 "제1항부터 제6항까지의 규정에 따른 취득세의 과세표준이 되는 가액, 가격 또는 연부금액의 범위 및 그 적용과 취득시기에 관하여는 대통령령으로 정한다"라 하고 「지방세법 시행령」에서 구체적으로 정한 것이 위임입법의 범위를 초과하였느냐의 문제가 발생한다. 동조에서 "제1항 내지 제6항의 규정에 의하여" 과세표준이 되는 가액·가격 등에 한정하고 있다. 이처럼 관련 조항을 통하여 위임입법의 방향과 범위를 제시하고 있어서 대통령령에 규정될 사항의 대강을 예측할 수 있다고 할 수 있다.

위임입법에 있어 위임의 구체성·명확성의 요구 정도는 그 규율대상의 종류와 성격에 따라 달라지는바, 규율대상이 지극히 다양하거나 수시로 변화하는 성질의 것일 때에는 위임의 구체성·명확성의 요건이 완화된다(헌재 1994.06.30, 93헌가15등, 판례집 6-1, 576, 584-586; 1998.02.27, 95헌바59, 판례집 10-1, 111-112).

또한, 사회현상의 복잡다기화와 국회의 전문적·기술적 능력의 한계 및 시간적 적응능력의 한계로 인하여 조세부과에 관련된 모든 법규를 예외 없이 형식적 의미의 법률에 따라 규정한다는 것은 사실상 불가능할 뿐만 아니라 실제에 적합하지도 아니하다. 때문에 경제 현실의 변화나 전문적 기술의 발달에 즉시 대응하여야 할 필요 등 부득이한 사정이 있는 경우에는 법률로 규정하여야 할 사항에 관하여 국회 제정의 형식적 법률보다 더 탄력성이 있는 행정입법에 위임함이 허용된다(헌재 1996.06.26, 93헌바2, 판례집 8-1, 525, 532-533; 1998.07.16, 96헌바52등, 판례집 10-2, 172, 196).

취득세에 있어서 취득물건의 종류와 취득행위 개념이 다기·다양하므로 취득가액을 단일한 기준에 따라 산정하기는 쉽지 않고, 각 취득물건이나 취득행위의 속성에 상응하여 산정기준을 개별화할 필요성이 크다. 그리고 그러한 규율은 그 성질상 전문적·기술적 사항을 다분히 포함하지 않을 수 없다. 그렇다면 그와 같이 다양하고 통일성이 없는 과세대상에 대하여 일일이 그 취득가액의 세부적 산정기준을 국회제정의 형식적 법률로 규정한다는 것은 매우 부적절하다.

따라서 「지방세법」 제10조 제1항 내지 제6항을 통하여 취득세의 과세표준이 취득당시의 가액이고, 그 가액은 신고가액, 과세시가표준액, 증가가액, 사실상의 취득가격 등에 의하여 산정되도록 규정함으로써 가액산정의 원칙과 주요한 경우의 산정방식을 제시한 이상, 그 틀 안에서 더욱 세부적이고 기술적인 산정방식을 탄력적 규율이 가능한 행정입법에 위임하는 것은 헌법적으로 금지되지 않는다고 할 수 있다.

II. 시가표준액의 적용

1. 시가표준액을 적용하는 경우

다음과 같은 경우에는 시가표준액을 적용하여 과세표준을 계산한다.

① 신고하지 아니한 경우.

② 신고는 했으나 신고가액의 표시가 없는 경우.

③ 그 신고가액이 시가표준액보다 적은 경우.

④ 무상취득.

2. 시가표준액

주택의 경우에는 주택과 주택의 부수토지에 대하여 고시된 개별주택가격 또는 공동주택가격에 의하고, 주택 이외의 건물의 경우에는 건물과 부속토지로 분류하여 각각 건물시가표준액과 개별공시지가에 의하여 시가표준액을 계산한다.

주택과 건물 이외의 기타 과세대상에 대하여는 거래가격, 수입가격, 신축·건조·제조가격 등을 고려하여 정한 기준가격에 종류, 구조, 용도, 경과연수 등 과세대상별 특성을 고려하여 산정한다.

건물의 시가표준액

구분	주택	비거주용 건물
부속토지	개별주택가격 공동주택가격	개별공시지가
건물		건물시가표준액

3. 주택의 시가표준액

(1) 공시가격의 적용

주택에 대한 시가표준액은 「부동산가격공시 및 감정평가에 관한 법률」에 따라 공시된 가액(價額)으로 한다. 주택은 단독주택, 다가구주택, 다세대주택, 연립주택, 아파트 등을 포함한다. 2004년까지는 주택도 다른 건축물과 같이 토지와 건축물 부분을 분리하여 계산하였다. 그러나 2005년부터 주택은 토지와 건축물을 합하여 개별주택공시가격으로 하도록 하였다.

주택의 시가표준액은 취득세 납세의무의 성립시기 당시에 「부동산가격공시 및 감정평가에 관한 법률」에 따라 공시된 개별주택가격 또는 공동주택가격으로 한다. 해당연도의 개별주택가격 및 공동주택가격은 매년 4월 30일에 공시된다. 따라서 4월 29일까지의 취득에 대하여는 직전연도의 공시가격을 적용한다.

(2) 주택의 신축

주택의 신축으로 인하여 개별주택가격 또는 공동주택가격이 공시되지 아니한 경우에는 비거주용 건축물의 시가표준액 계산방식에 의하여 건물 부분의 시가표준액을 계산한다. 이때 주택의 부속토지에 대하여는 개별공시지가를 적용한다.

(3) 기존주택의 공시가격이 없는 경우

개별주택가격이 공시되지 아니한 경우에는 시장·군수 또는 구청장이 같은 법에 따라 국토해양부장관이 제공한 주택가격비준표를 사용하여 산정한 가액으로 한다. 공동주택가격이 공시되지 아니한 경우에는 지역별·단지별·면적별·층별 특성 및 거래가격 등을 고려하여 행정자치부장관이 정하는 기준에 따라 시장·군수가 산정한 가액으로 한다.

4. 토지의 시가표준액

토지에 대한 시가표준액은 「부동산가격공시 및 감정평가에 관한 법률」에 따라 공시된 가액(價額)으로 한다. 토지의 시가표준액의 경우 종전에는 토지등급가액에 의하여 계산하였으나 1996년 1월 1일부터 개별공시지가로 변경하였다.

이 경우 토지의 시가표준액은 취득세 납세의무의 성립시기 당시에 「부동산가격공시 및 감정평가에 관한 법률」에 따라 공시된 개별공시지가로 한다. 즉, 개별공시지가는 취득일 현재 공시된 개별공시지가로 하되 취득일 현재 해당연도에 적용할 개별공시지가가 결정·고시되지 아니한 때에는 직전연도에 적용되던 개별공시지가로 한다. 토지의 공시지가는 매년 5월 31일에 고시된다. 따라서 5월 30일 이전의 취득에 대하여는 직전 연도에 고시된 공시지가를, 5월 31일 이후의 취득에 대하여는 당해연도에 고시된 공시지가에 의하여 과세표준을 계산한다. 한편, 개별공시지가가 고시되지 아니한 토지의 경우에는 시장·군수 또는 구청장이 같은 법에 따라 국토해양부장관이 제공한 토지가격비준표를 사용하여 산정한 가액으로 한다.

5. 비거주용 건물의 시가표준액

비거주용 건물의 경우에는 비거주용 건물의 부속 토지는 토지의 개별공시지가에 의하고, 비거주용 건물은 건물시가표준액 계산방식에 의한 건물시가표준액으로 한다.

건축물(새로 건축하여 건축 당시 개별주택가격 또는 공동주택가격이 공시되지 아니한 주택으로서 토지부분을 제외한 건축물을 포함)에 대한 시가표준액은 신축을 고려하여 정한 기준가격에 종류, 구조, 용도, 경과연수 등을 고려하여 대통령령으로 정하는 기준에 따라 지방자치단체의 장이 결정한 가액으로 한다.

건축물의 시가표준액 산출체계는 「소득세법」 제99조 제1항 제1호 나목에 따라 산정·고시하는 건물신축가격기준액에 다음 각각의 사항을 적용하여 계산한다.

① 건물의 구조별·용도별·위치별 지수.
② 건물의 경과연수별 잔존가치율.

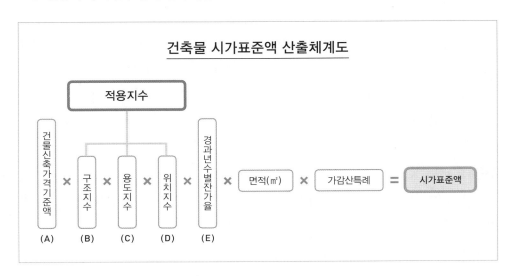

Part 04 과세표준과 납세의무의 성립시기 **333**

③ 건물의 규모·형태·특수한 부대설비 등의 유무 및 그 밖의 여건에 따른 가감산율(加減算率).

6. 기타물건의 시가표준액

선박, 항공기 및 그 밖의 과세대상에 대한 시가표준액은 거래가격, 수입가격, 신축·건조·제조가격 등을 고려하여 정한 기준가격에 종류, 구조, 용도, 경과연수 등 과세대상별 특성을 고려하여 대통령령으로 정하는 기준에 따라 지방자치단체의 장이 결정한 가액으로 한다.

Ⅲ. 교환취득

취득세 등의 과세표준이 되는 취득가액은 취득자가 과세대상 물건을 취득하기 위하여 지급하였거나 지급하여야 할 일체의 비용을 말한다. 교환이라 함은 당사자 쌍방이 금전 이외의 재산권을 서로 이전할 것을 약정함으로써 성립하는 계약으로 이에 기초해서 두 개의 양도행위가 행하여지며 양자는 서로 상환성·대가성을 갖는다.

교환취득은 당초 자기 소유의 재산을 타인에게 인도하는 대신 타인 소유의 재산을 인수받아 취득하는 것이므로 교환에 의하여 새로이 취득하는 재산에 대한 취득세의 과세표준은 신고가액과 새로이 취득하는 재산의 시가표준액을 비교하여 높은 가액을 적용하여야 한다. 즉, 신고가액과 종전소유의 재산의 시가표준액을 비교하여 높은 가액으로 하는 것이 아니다.

〈사례〉 교환취득

갑이 담보가 설정되어 있는 자기소유의 부동산을 을의 부동산과 교환할 경우 갑은 자기소유 부동산의 시가표준액과 신고가액 중 높은 것과 을소유 부동산의 시가표준액을 비교하여 높은 것을, 을 또한 자기소유 부동산의 시가표준액과 신고가액 중 높은 것과 교환으로 취득하는 갑소유 부동산의 시가표준액을 비교하여 높은 것을 취득세 과세표준으로 하여야 한다(조심2009지5, 2009.08.11 참조). 또한 교환은 매매와 같은 유상거래의 일종이므로 당사자 일방의 재산에 담보가 설정되어 있다고 하여 그 채권액을 취득가액에서 차감할 수는 없다(지방세운영-685, 2012.03.02).

〈사례〉 소유토지 기부채납 후 별도토지 무상양수

재건축조합이 소유토지를 지방자치단체에게 무상양도하고, 지방자치단체로부터 사업지구내 용도폐지된 토지를 무상양도받은 경우 교환취득으로 보아 시가표준이 아닌 감정가액을 과세표준으로 하여 취득세 등을 부과한 처분이 타당하다(조심2009지147, 2010.03.22).

「도시 및 주거환경정비법」 제65조 제2항에서 시장·군수 또는 주택공사 등이 아닌 사업시행자가 정비사업의 시행으로 새로이 설치한 정비기반시설은 그 시설을 관리할 국가 또는 지방자치단체에 무상으로 귀속되고, 정비사업의 시행으로 인하여 용도가 폐지되는 국가 또는 지방자치단체 소유의 정비기반시설은 그가 새로이 설치한 정비기반시설의 설치비용에 상당하는 범위 안에서 사업시행자에게 무상으로 양도된다고 규정하고 있는바, 후단 규정은 민간 사업시행자에 의하여 새로 설치된 정비기반시설이 전단 규정에 따라 관리청에 무상귀속됨으로 인해 야기되는 사업시행자의 재산상 손실을 고려하여, 그 사업시행자가 새로 설치한 정비기반시설의 설치비용에 상당하는 범위 안에서 정비사업의 시행으로 용도가 폐지되는 국가 또는 지방자치단체 소유의 정비기반시설을 그 사업시행자에게 무상으로 양도되도록 하여 위와 같은 재산상의 손실을 합리적인 범위 안에서 보전해 주고자 하는 데 입법 취지가 있다 할 것이므로, 무상양도한 부분과 무상양도 받은 부분은 별개의 것이 아니라 교환에 의한 대가관계가 있는 것으로 보아야 하기 때문에 아무런 대가 없이 무상으로 증여 또는 기부 받은 것이 아니라 감정평가가액에 따라 처분청과 교환에 의하여 취득한 것으로 봄이 상당하다 할 것이다.

취득세의 과세표준은 취득 당시의 가액으로 하고, 취득 당시의 가액은 취득자가 신고한 가액에 의하되 신고 또는 신고가액의 표시가 없거나 그 신고가액이 시가표준액에 미달하는 때에는 시가표준액에 의하며, 국가·지방자치단체 등으로부터의 취득, 법인장부 등에 의하여 취득가격이 입증되는 취득 등에 대하여는 사실상의 취득가격으로 한다고 규정되어 있는바 동 규정의 취지는 납세의무자가 사실상 취득가액으로 신고한 금액을 원칙적인 과세표준으로 하고, 신고를 하지 아니한 경우 또는 신고를 하더라도 신고가액이 시가표준액에 미달하는 경우에는 시가표준액을 과세표준으로 하되, 국가·지방자치단체 등으로부터의 취득, 법인장부 등에 의하여 취득가격이 입증되는 취득 등에 대하여만 납세의무자의 신고 유무 및 금액에 관계없이 입증된 사실상의 취득가격으로 과세표준을 정한다는 것이므로 용도가 폐지될 토지와 새로이 정비기반시설이 설치될 토지에 대한 감정평가결과를 바탕으로 계약을 체결하였다면 감정평가가액을 취득가액으로 할 수 있다.

〈사례〉 보유토지를 기부채납하고 받은 토지

법인소유의 토지를 국가 등에 기부채납하고, 무상양여 받은 토지의 취득세 과세표준은 법인이 국가 등에 기부채납한 토지의 법인장부상 가액이 된다(조심2012지386, 2012.10.12).

〈사례〉 교환 시 보충금의 수수

교환거래에 있어서 각각의 부동산 가액을 평가하고 그에 대한 차액을 보충금으로 지급하거나 지급받기로 하는 경우 그 거래는 무상거래가 아니라 자기 소유의 부동산을 상대방에게 유상으로 양도하고 상대방 소유의 부동산을 유상으로 취득하는 두 번의 거래가 동시에 일어나는 것이라고 할 것인바, 상대방 소유 부동산의 취득가액은 취득자가 당해 부동산을 취득하기 위하여 지급하였다고 신고한 가액과 당해 부동산의 시가표준액 중 더 높은 가액이라고 보는 것이 타당하다(조심2012지253, 2012.04.27).

〈사례〉 교환취득

청구인의 경우 조정결정에 의하여 교환으로 쟁점토지를 취득하였고, 「민사조정법」 제29조에서 조정은 재판상의 화해와 동일한 효력이 있다고 규정하고 있으며, 화해 권고결정은 법원이 소송계속 중인 사건에 대하여 직권으로 화해내용을 정하여 그대로 화해할 것을 권고하는 결정을 하는 것으로, 법원의 화해권고결정 내용 자체가 진정한 사실관계에 부합된다고 인정하기는 어려우므로(헌법재판소 2003.04.24 선고, 2002헌바71 결정 참조) 이 건의 경우 판결문에 의하여 사실상의 취득가격이 입증되는 취득으로 보기 어렵고(조심2012지236, 2012.06.04 같은 뜻임), 그렇다면 청구인이 교환거래를 통해 취득한 쟁점토지의 취득가액은 취득자가 당해 부동산을 취득하기 위하여 지급하였다고 신고한 가액과 당해 부동산의 시가표준액 중 더 높은 가액이 적용되어야 할 것인데 신고가액이 없는 이 건의 경우 쟁점토지(새로이 취득하는 토지)에 대한 취득세 등의 과세표준은 쟁점토지의 시가표준액을 적용하는 것이 타당하다 할 것이다(조심2014지113, 2014.08.21).

〈사례〉 교환취득(차액을 지급받은 경우)

청구인은 쟁점부동산을 매도인인 A모씨로부터 양도하는 교환부동산과 취득하는 쟁점부동산을 교환하면서 청구인은 쟁점부동산을 취득하고 양 부동산간 차액 XX원만큼을 현금으로 정산 받은 것으로 확인되고 있는바, 청구인이 매도인인 A모씨로부터 지급받은 차액 XX원은 청구인이 양도하는 교환부동산의 시가표준액과 청구인이 취득하는 쟁점부동산의 시가표준액에 대한 차액분 만큼에 상응하는 가액으로 볼 수 있고, 그 차액을 매도인으로부터 청구인이 지급받은 것이어서 청구인이 쟁점부동산을 취득하기 위하여 매도인에게 지급한 비용에 해당되지 아니하며 취득세 과세대상인 부동산에도 해당되지 않는다.

따라서 처분청에서 청구인이 취득한 쟁점부동산의 시가표준액이 아니라 청구인이 양도하는 교환부동산의 시가표준액을 과세표준으로 적용하여 차액분만큼을 추징한 이 건 처분은 가격이 낮은 부동산을 취득하면서 지급받은 현금(차액분)까지 취득세 과세대상으로 보아 부과고지한 처분이어서 위법한 것으로 판단된다(조심2011지895, 2012.03.07).

Ⅳ. 무상취득

1. 무상취득의 과세표준

증여 등의 무상취득의 경우 과세표준은 시가표준액을 적용한다. 증여 등의 무상취득에 있어서 취득자의 취득신고가액이 시가표준액보다 상회하더라도 시가표준액을 취득세 과세표준으로 한다(도세-273, 2008.04.01).

무상취득은 양도·양수자 간 아무런 대가를 지불하지 아니하고 과세대상 물건을 취득하는 것이다. 무상취득은 취득가액 자체가 존재할 수 없으므로 무상취득에 있어서 설령 취득자가 취득가액을 시가표준액보다 높게 기재하여 신고하였다 하더라도 당해 물건에 대한 시가표준액에 의하여 과세표준을 산정하여야 한다(대법원 2000.10.13 선고, 98두 19193 판결 참조).

또한, 무상취득의 경우에는 사실상의 취득가격이 없는 것이므로 법인의 무상취득의 경우에도 시가표준액을 적용한다.

2. 부담부증여

증여자의 채무를 인수하는 부담부(負擔附)증여의 경우에는 그 채무액에 상당하는 부분은 유상으로 취득하는 것으로 본다. 그러므로 유상취득 시에 적용되는 세율을 적용한다. 그리고 증여로 취득하는 부동산 등의 과세표준에서 채무부담액을 재외한 차액은 증여에 해당하는 부분으로서 증여에 의한 세율을 적용한다. 부담부(負擔附) 증여로 인한 주택 취득 시의 세율 적용요령은 다음과 같다.

부담부 증여로 인한 주택 취득 시 세율적용

주택가격 : 10억 원(채무액 3억 원 포함)
세율 적용 : (7억 원 × 1,000분의 35) + (3억 원 × 1,000분의 30[*1])
*1. 주택유상거래에 대한 세율인하 취지와 공동명의 취득 시의 적용요령 등을 감안, 전체 주택가격을 기준으로 세율 적용

---

3. 이혼 시의 재산분할과 위자료

(1) 재산분할

「소득세법」상에서는 협의이혼 시 「민법」상 재산분할의 방편으로 각자 명의 부동산을 상대방에게 서로 이전해 준 것은 공유물 분할에 해당하며 유상양도에 해당하지 아니한다. 그러나 「지방세법」상 취득이란 실질적인 소유권의 취득 여부에 관계없이 소유권 이전의 형식으로 이루어지는 취득의 모든 경우를 포함한다.

그러므로 「민법」 제834조(협의상 이혼) 및 제839조의 2(재산분할청구권)의 재산분할에 따른 부동산 등의 소유권의 이전은 「지방세법」상 취득에 해당하며, 그 취득의 형식은 무상취득으로 본다. 그러므로 이혼에 의한 재산분할 시의 과세표준은 시가표준액을 적용하며, 표준세율은 무상취득 시의 세율을 적용한다. 또한 「지방세법」 제15조 제1항 제6호에 의한 형식적인 소유권의 취득에 해당하여 세율의 특례적용 대상에 해당한다. 즉, 표준세율에서 중과기준세율을 뺀 세율을 적용한다.

(2) 위자료

부부가 이혼을 함에 따라 위자료를 지급하기 위한 방법으로 자신의 소유인 부동산 등의 소유권을 이전한 것은 위자료채무를 이행하기 위하여 그 부동산을 양도한 대가로 위자료를 지급할 채무가 소멸하는 경제적 이익을 얻은 것과 같다.

그러므로 「지방세법」에서는 그 부동산의 양도를 유상양도로 본다. 따라서 위자료와 이전받은 부동산 등의 시가표준액을 비교하여 높은 금액이 과세표준이 된다. 한편, 판결문에서 위자료 금액이 명시되어 있는 경우에는 해당 위자료가 과세표준이 된다. 또한, 세율의 경우에도 무상취득이 아닌 유상취득 시에 적용되는 세율을 적용한다.

4. 재판상 화해에 의한 재산분할

재판상 화해에 의하여 재산분할을 원인으로 취득세 과세대상물건을 이전받는 경우에는 무상승계취득에 해당되며, 그 시가표준액을 과세표준으로 한다. 민사소송 및 행정소송에 의하여 확정된 판결문에 의하여 취득가격이 입증되는 경우에는 이를 사실상의 취득가격으로 보아 취득세 과세표준으로 적용하지만, 화해·포기·인낙 또는 자백간주에 의한 것은 사실상의 취득가격이 입증되는 경우에서 제외하도록 규정하고 있는바, 재판상 화해에 의하여 재산분할을 원인으로 취득세 과세대상 물건을 무상승계 취득하는 경우에는 사실상 취득가액이 없으므로 그 시가표준액을 과세표준으로 하여야 한다.

〈사례〉 골프장을 운영하는 법인이 미분양된 골프회원권을 취득하는 경우

골프장을 운영하는 법인이 미분양된 골프회원권을 동법인명의로 취득하는 경우 거래가액이 없는 무상승계취득으로 시가표준액을 취득세 과세표준으로 한다(세정-1074, 2005.03.10).

〈사례〉 증여계약서 상의 금액

무상 취득한 토지의 경우, 그 증여계약서 상 금액을 사실상의 취득가액으로 볼 수 없으며, 신고 여부에 관계없이 시가표준액을 과세표준으로 하여야 한다(지방세심사2001-59, 2001.02.27). 증여로 취득하는 경우에는 사실상의 취득가격이 있을 수 없으며, 취득가격이 없는 경우에는 납세자의 신고 여부와 관계없이 시가표준액에 의하여 취득세의 과세표준을 적용하여야 하며(같은 취지의 대법원판결 98두19193, 2000.10.13), 임의로 부동산의 가액을 증여 계약서에 기재하고, 무상승계 취득한 경우 증여계약서 상의 금액을 사실상의 취득가격으로 볼 수 없는 것이다.

〈사례〉 증여계약의 해제

청구인은 1996년 5월 23일 남편으로부터 이 건 부동산을 증여받았다는 내용으로 증여계약을 체결한 후 증여계약서에 각각 날인한 후 1996년 5월 25일 처분청으로부터 검인을 받고, 취득신고를 하였으므로 청구인은 증여계약일(1996.05.23)에 이 건 부동산을 적법하게 취득한 것으로 보아야 할 것이며, 증여계약일(취득일) 이후 남편이 협의이혼을 해주지 아니하였다 하더라도 청구인이 증여를 원인으로 하여 이 건 부동산을 적법하게 취득한 이상, 증여계약이 원인무효라고는 볼 수 없어 협의이혼 여부에 관계없이 취득세 납세의무는 성립한다 할 것이고, "부동산 취득세는 부동산의 취득행위를 과세객체로 하여 부과하는 행위세이므로 그에 대한 조세채권은 그 취득행위라는 과세요건 사실이 존재함으로써 당연히 발생하고, 일단 적법하게 취득한 다음에는 그 후 합의에 의하여 계약을 해제하고 그 재산을 반환하는 경우에도 이미 성립한 조세채권의 행사에 영향을 줄 수는 없다(같은 취지의 대법원판결 95누12750, 1996.02.09; 90누7906, 1991.05.14; 87누377, 1988.10.11; 같은 취지의 내무부 심사결정 제96-372호, 1996.09.24)"할 것이므로 청구인의 주장은 받아들일 수 없다 하겠으며 처분청이 이 건 부동산에 대하여 취득세를 부과한 처분은 적법하다고 판단된다(내심96-479, 1996.12.23).

Ⅴ. 회사분할

(1) 인적분할

「상법」상 인적분할의 경우 신설회사가 분할 전 회사소유의 부동산을 이전받은 경우 무상취득으로서 시가표준액이 과세표준이 된다. 분할에 의하여 설립되는 회사가 분할을 원인으로 분할되는 회사의 부동산을 취득하고 분할회사의 주주에게 새로운 주식을 교부하는 것은 부동산 취득에 따른 대가를 지급하는 것이라기보다는 분할되는 회사의 주주가 분할에 의하여 설립되는 회사의 주주로 지위가 변경되는 절차상의 행위에 불과한 것이다. 따라서 분할에 의하여 설립되는 회사의 입장에서 볼 때에 무상으로 분할되는 회사가 소유했던 부동산을 취득한 경우에 해당하는 것이다.

즉, 분할로 인하여 신설되는 법인이 취득하는 부동산 등은 그 부동산 등을 출자하는 법인에게 대가를 지급하는 것이 없고 그 소속의 주주에게 주식을 교부하는 형태이기 때문에 이와 같은 인적분할의 경우에는 무상승계취득에 해당되는 것이다. 따라서 장부상의 취득가액이 아니라 시가표준액이 취득세의 과세표준이 된다.

(2) 물적분할

물적분할인 경우는 유상취득으로 보아 새로이 설립된 회사가 그 분할로 인하여 분할

물적분할과 인적분할의 비교

구분	인적분할	물적분할
근거규정(상법)	제530조의 2, 제530조의 4	제530조의 12
과세표준	시가표준액(무상승계취득)	사실상 취득가액(유상승계취득)
세율(부동산기준)	1,000분의 35	1,000분의 40

전 회사 소유의 부동산을 이전받은 것으로서 법인장부에 의하여 입증되는 취득가액이 취득세의 과세표준이 된다. 「상법」 제530조의 12의 규정에 의한 물적 분할은 설립되는 회사가 분할되는 회사로부터 부동산 등을 현물출자형태 등으로 취득하는 것으로 본다. 분할되는 회사는 분할로 설립되는 회사가 발행하는 주식의 총수를 취득하게 되므로 현물출자하는 대가로 주식을 취득하는 유상성이 인정되는 것이다. 따라서 취득세의 과세표준은 장부상의 취득가액이 과세표준이 된다.

〈사례〉 인적분할과 물적분할

 「상법」 제530조의 2 제1항과 제530조의 4 제2항의 규정에 의한 회사분할의 경우 새로이 설립된 회사가 그 분할로 인하여 분할 전 회사소유의 부동산을 이전받을 경우는 무상취득으로 보아 「지방세법」 제131조 제1항 제2호에 의한 부동산가액의 1,000분의 15의 등록세율이 적용되며, 「상법」 제530조의 12규정에 의한 물적분할인 경우로서 새로이 설립된 회사가 그 분할로 인하여 분할 전 회사소유의 부동산을 이전받을 경우는 유상취득으로 보아 「지방세법」 제131조 제1항 제3호 2목에 의한 부동산가액의 1,000분의 20의 등록세율이 적용된다(세정13407-969, 1999.07.31).

VI. 합병

 합병으로 피합병법인의 부동산을 취득하는 경우는 유상승계취득이 아닌 무상승계취득에 해당되므로 법인의 장부가액이 아닌 시가표준액을 과세표준으로 하여 취득세가 과세된다. 합병이란 당사자인 회사의 전부 또는 일부가 해산하고 그 재산이 청산절차에 의하지 않고 포괄적으로 존속회사 또는 신설회사에 이전함과 동시에 그 사원이 존속회사 또는 신설회사의 사원이 되는 효과를 가져오는 것으로 기업의 동일성이 그대로 유지된다.

존속법인이 합병을 원인으로 소멸회사의 부동산을 취득하고 소멸회사의 주주에게 새로운 주식을 교부하는 것은 부동산 취득에 따른 대가를 지급하는 것이라기보다는 기존 주주가 신설회사의 주주로 지위가 변경되는 것에 따른 절차상의 행위에 불과하다. 따라서 합병으로 피합병법인의 부동산을 취득하는 경우는 유상승계취득이 아닌 무상승계취득에 해당되므로 법인의 장부가액이 아닌 시가표준액을 과세표준으로 하여 취득세가 과세된다.

Ⅶ. 연부취득

1. 연부취득의 과세표준

연부(年賦)로 취득하는 경우에는 연부금액을 과세표준으로 한다. 연부금액은 매회 사실상 지급되는 금액을 말하며, 취득금액에 포함되는 계약보증금을 포함한다. 연부취득이라 함은 취득세 과세물건이 존재한 상태에서 매매대금을 2년 이상에 걸쳐 매년 일정액씩 분할하여 지급하기로 매매계약을 체결하고 이에 따라 그 매매대금의 지급이 이루어지는 경우를 말한다.

연부계약은 매매계약서에서 연부계약형식을 갖추고 일시에 완납할 수 없는 대금을 2년 이상에 걸쳐 일정액씩 분할하여 지급하는 것으로서 계약 당시 계약목적대상이 구체적으로 존재하여야 한다. 그러므로 계약 당시 계약목적물이 구체적으로 확정되지 아니한 경우에는 선수협약에 해당하여 연부취득으로 볼 수 없다.

또한 매매 대금을 2년 이상 일정액씩 분할하여 지급하기로 계약한 경우 비록 계약서상에 할부금이라는 용어를 사용하였다 하더라도 이는 연부취득에 해당한다. 또한 계약서상 연부계약형식을 갖추고 있으나 계약서상 대금지급기간이 2년 미만인 경우 연부취득에 해당되지 않는다.

연부취득에 해당되는지 여부는 매매계약의 내용에 따라 판단하여야 한다. 그러므로 당초 매매계약 체결 시 연부계약을 체결하지 않은 상태에서 매매계약상의 지급날짜가 지연됨으로써 그 대금지급이 2년 이상에 걸쳐 이루어졌다 하여 소급하여 처음부터 연부 매매계약을 체결한 것으로 볼 수는 없다.

또한, 연부계약에 의하여 2년 이상에 걸쳐 분할하여 연부금을 지급하기로 하고 계약금 및 연부금을 지급한 경우 그 지급한 날에 취득세 등의 납세의무가 성립되는 것으로서 그 이후 2년 이내에 조기에 나머지 연부금을 모두 지급한 것은 연부금을 분할하여 지급할 수 있는 기한의 이익을 포기하고 그 이행시기를 앞당긴 것에 불과하므로 매회 연부금 지급 시의 납세의무는 유효하게 성립하는 것이다.

2. 개인의 연부취득

「지방세법」 제10조 제1항에서 "취득세의 과세표준은 취득 당시의 가액으로 한다. 다만, 연부(年賦)로 취득하는 경우에는 연부금액(매회 사실상 지급되는 금액을 말하며, 취득금액에 포함되는 계약보증금을 포함)으로 한다"라고 규정하고 있다.

이에 반해 「지방세법 시행령」 제18조 제1항에서는 "법 제10조 제5항 제1호부터 제4호까지의 규정에 따른 취득가격 또는 연부금액은 취득시기를 기준으로 그 이전에 해당 물건을 취득하기 위하여 거래 상대방 또는 제3자에게 지급하였거나 지급하여야 할 직접비용과 다음 각 호의 어느 하나에 해당하는 간접비용의 합계액으로 한다. 다만, 취득대금을 일시급 등으로 지급하여 일정액을 할인받은 경우에는 그 할인된 금액으로 한다"고 하고 제2호에서 그 간접비용의 하나로서 "할부 또는 연부(年賦) 계약에 따른 이자 상당액 및 연체료. 다만, 법인이 아닌 자가 취득하는 경우는 취득가격에서 제외한다"라고 규정하고 있다.

개인이 「지방세법」 제10조 제5항(사실상의 취득가액 또는 연부금액 적용)이 적용되는 과세물건을 취득하는 경우 연부이자를 과세표준에 포함시켜야 할지 포함시키지 말아야 할지에 대해서 지방세법과 시행령이 배치되고 있으나, 이러한 경우 「지방세법」의 규정을 적용하여 연부이자가 포함된 매회 사실상 지급되는 금액을 과세표준으로 하여야 할 것이다.

3. 개인의 할부취득

개인이 「지방세법」 제10조 제5항 제1호부터 제4호까지의 규정에 따른 사실상의 취득가액이 적용되는 과세물건을 취득하는 경우에 대금지급기간이 2년 미만인 할부취득 시의 할부이자는 「지방세법 시행령」 제18조 제1항 제2호 단서에 의하여 취득세 과세표준에 포함되지 아니한다.

4. 선수협약

공동주택의 분양취득과 같이 부동산의 목적물이 존재하지 않고 건물과 토지의 위치, 면적 등이 특정되어 있지 않다면 계약일로부터 2년 이상에 걸쳐 대금이 지급되더라도 이는 선수협약으로서 연부취득에 해당하지 않는다(도세-843, 2008.05.13).

5. 연부계약의 해지와 승계

연부취득의 경우 취득의 시기는 계약보증금을 포함하여 매 연부금을 사실상 지급할 때마다 취득한 것으로 본다. 부동산 등의 거래에 있어서의 취득은 사실상의 잔금 지급이 있어야 할 것이므로 연부취득 중인 과세물건을 마지막 연부금지급일 전에 계약을 해제한 때에는 이미 납부한 취득세는 환부대상이 된다.

그리고 부동산 등을 취득하고자 연부금을 지급하던 중 경개계약으로 인하여 그 매수에 대한 권리의무가 제3자에게 모두 인계되었다면 연부금 불입에 대한 취득세 등 납세의무 자체도 처음부터 당연히 함께 인계되는 것으로서 경개계약 전에 매도자에게 지급한 계약보증금 및 연부금에 대한 취득세 납세의무도 소급하여 소멸되는 것이다.

그러므로 최초의 계약자가 납부한 취득세는 환부대상에 해당되며, 경개계약에 의하여 인수한 제3자의 입장에서 그 계약일로부터 2년 이상에 걸쳐 연부형식으로 지급하기로 한 경우에는 연부취득으로 보아 경개계약 시에 전 매수자에게 지급한 금액 및 매회 연부금에 대하여 지급하는 때에 취득세의 납세의무가 발생한다.

그러나 연부취득중인 부동산의 매수인의 지위를 승계한 경우, 당해 권리의무 승계계약일부터 잔금지급일까지의 연부기간이 2년 미만이면 연부취득에 해당하지 않는다(지방세심사2002-394, 2002.12.23).

6. 연부취득 시 감면율의 적용

실제 연부금액을 지급한 날에 그 지급금액에 대한 분만큼 취득한 것으로 보아야 하고, 동시에 납세의무가 성립하는 것이므로 연부금 지급 당시의 취득가액에 따라 감면율을 적용하여야 한다(지방세운영-208, 2012.01.16).

〈사례〉 선수협약

용지매매계약상 계약목적대상인 토지의 지번이 가지번 상태이고 조성사업 후 정산한다는 약정이 있는 경우에는 선수협약(가계약)에 해당되는 것으로 연부취득에 해당하지 않는다(세정-1636, 2005.07.13) 연부계약은 매매계약서상 연부계약형식을 갖추고 일시에 완납할 수 없는 대금을 2년 이상에 걸쳐 일정액씩 분할하여 지급하는 것으로 계약 당시 계약목적대상이 구체적으로 존재하여야 하나, 선수협약은 계약 당시 계약목적물이 존재하되 위치, 면적 등이 불확정되어 추후 반드시 정산하도록 본계약을 체결하게 되는 것이다. 용지매매계약상 계약목적대상인 토지의 지번이 가지번 상태이고, 조성사업 후 정산한다는 약정이 있는 경우에는 선수협약(가계약)에 해당되는 것이므로 선수대금지급방법을 연부형식으로 2년 이상에 걸쳐 납부하였다 하더라도 연부취득에 해당하지 않으며, 다만 본계약을 대체 체결하면서 대금지급기간을 2년 이상으로 하여 연부계약으로 취득한 경우에는 그 본계약일로부터 연부취득에 해당하는 것이다.

〈사례〉 리콜제 회원권

콘도미니엄을 이용할 수 있는 권리를 취득함에 있어 입회계약서상 계약금-중도금-잔금 순으로 2년 이상에 걸쳐 입회금이 지급되도록 연부취득형식의 계약을 하고 계약금만 납부한 상태에서 그 계약자가 당해 콘도미니엄을 입회계약서상의 시설의 관리 및 이용, 회원권의 양도 등을 아무런 제약없이 10년간 사용하다 계약금을 되돌려 받거나 잔금을 지급하는 리콜제 콘도미니엄회원권을 취득한 경우라면, 비록 잔금이나 중도금을 지급하지 아니하였다 하여 회원권의 본질인 특정시설의 배타적 이용·수익권을 취득하지 아니하였다고 볼 수 없다 하겠으므로 당해 콘도미니엄회원권 계약 시를 연부취득으로 보아 그 계약금을 과세표준으로 하여 취득세를 납부하여야 한다(세정13430-337, 2001.09.15).

〈사례〉 리스선박의 취득

선박을 시설대여하여 사용하다가 취득하는 경우 시설대여기간동안 지불한 리스원금과 리스이자는 리스이용료에 해당되는 것으로 선박취득을 위한 비용이 아니므로 과세표준에 포함되지 아니하며, 취득시기에 지급한 금액이 취득세 과세표준이다(세정-401, 2005.04.25).

〈사례〉 부동산매매갱개계약

원심판결 이유에 의하면 원심은, 소외 이모씨 외 6인이 1987년 11월 4일 소외 주식회사 A은행으로부터 이 사건 대지 및 건물을 대금 11억 6,720만 원에 매수하면서 계약금 1억 6,720만 원은 계약당일, 나머지 대금은 1988년 5월 3일부터 1992년 11월 3일까지 10회에 걸쳐 6개월마다 금 1억 504만 8,000원씩 나누어 지급하기로 약정한 뒤 소외 은행에게 위 계약금 및 1991년 5월 3일까지 7회에 걸쳐 분할금을 각 지급한 사실, 원고는 1991년 8월 17일 소외 은행 및 이모씨 외 6인과 사이에 원고가 매수인의 지위를 승계하기로 하는 내용의 부동산매매갱개계약을 체결하면서 이모씨 외 6인에게 그들이 그때까지 소외 은행에 지급한 대금을 지급하고, 소외 은행에게 같은 날 8회분 분할금을, 1992년 2월경 9회분 분할금을 각 지급한 뒤, 1992년 4월 6일 소외 은행 및 소외 주식회사 B

산업과 사이에 다시 부동산매매갱개계약을 체결하고 매수인의 지위에서 탈퇴한 사실, 그 후 피고는 원고가 이 사건 대지를 취득일로부터 1년 이내에 정당한 사유 없이 고유업무에 사용하지 아니하고 매각처분하였으니 이 사건 대지가 법인의 비업무용 토지에 해당한다는 이유로, 연부취득 중인 이 사건 대지 및 건물의 대금으로서 원고가 지급한 계약금 및 연부금의 합계액 중 이 사건 대지 부분에 해당하는 금액을 과세표준으로 하여 취득세를 중과한 사실을 각 인정한 다음, 원고는 단순히 매수인의 지위나 권리만을 승계한 것이 아니라 소유자인 소외 은행으로부터 이 사건 대지 및 건물을 연부로 취득한 것이니 원고의 이 사건 대지의 취득은 취득세의 과세요건에 해당되고 나아가 이 사건 대지가 비업무용 토지에 해당함을 전제로 중과세율에 의한 취득세를 부과한 이 사건 처분도 적법하다고 판시하였다.

「지방세법(1995.12.06. 법률 제4995호로 개정되기 전의 것)」 제111조 제7항의 위임에 의하여 취득시기에 관하여 규정하고 있는 「지방세법 시행령(1995.12.30, 대통령령 제14878호로 개정되기 전의 것, 이하 '시행령')」 제73조 제1항 및 제5항에 의하면, 유상승계취득의 경우 계약상·사실상의 잔금지급일에 취득한 것으로 보되 연부로 취득하는 것에 있어서는 그 사실상의 연부금 지급일을 취득일로 보도록 규정되어 있는 바, 연부취득 중인 부동산에 관하여 매도인·매수인 및 제3자 사이의 갱개계약에 의하여 매수인의 지위가 양도된 경우 위 제삼자가 부동산을 취득하게 되는 것은 위 갱개계약에 의한 것이므로 그때의 부동산 취득이 시행령 제73조 제5항 소정의 연부취득에 해당하는지 여부는 위 계약의 내용에 의하여 판단되어야 할 것이고, 위 제3자가 전자의 권리를 승계하거나 의무를 인수하기로 약정하였다 하여 달리 볼 것은 아니라 할 것이다(대법원 1997.06.13 선고, 95누15070 판결 참조).

그런데 원심판결 이유 및 기록에 의하면, 원고는 1991년 8월 17일 소외 은행 및 이모 씨 외 6인과 사이에 부동산매매갱개계약을 체결하여 매수인의 지위를 양수하면서 잔금지급일을 당초의 1992년 11월 3일에서 1992년 8월 30일로 변경하기로 약정하였고, 계약일인 1991년 8월 17일부터 기산하면 잔금지급일인 1992년 8월 30일까지의 기간이 2년에 미달하는 사실을 알 수 있으므로, 원고는 이 사건 대지 및 건물을 연부로 취득하는 것이라 할 수 없고, 원고가 대금을 완납하기도 전에 매수인의 지위를 양도한 것은 단지 부동산을 취득할 수 있는 권리를 취득하였다가 양도한 것에 불과하다 할 것이다(대법97 누3170, 1998.11.27).

〈사례〉 연부계약 중 2년 이내 대금청산 1

청구인은 연부계약을 체결하였으나 2년 이내에 나머지 대금을 완납하였으므로 연부취득이 아니라고 주장하고 있으므로 이에 대하여 보면, 「지방세법 시행령」 제73조 제5항에서 연부로 취득하는 것으로서 그 취득가액의 총액이 법 제113조의 적용을 받지 아니하는 것에 있어서는 그 사실상의 연부금지급일을 취득일로 보아 그 연부금액(매회 사실상 지급되는 금액을 말하며, 취득금액에 포함되는 계약보증금을 포함)을 과세표준으로 하여 부과한다고 규정하고 있고, 「연부」라 함은 매매계약서상 연부계약형식을 갖추고 일시에 완납할 수 없는 대금을 2년 이상에 걸쳐 일정액씩 분할하여 지급하는 것을 말하는 것으로서, 연부취득은 그 계약의 내용에 따라 연부금액을 지급할 때마다 납세의무가 성립된다 할 것인 바, 청구인의 경우 2000년 1월 6일 청구 외 A공사와 계약금은 계약일에 지급하고 나머지 대금은 2000년 7월 6일부터 2003년 1월 6일까지 6회에 걸쳐 분할지급하기로 연부계약을 체결한 후 계약금(2000.01.06) 및 제1·2회 할부금(2000.04.06 및 2001.03.21) 등을 지급한 다음 2001년 5월 18일 제3회부터 제6회까지의 할부금 및 할부이자 등을 지급한 사실이 확인되고 있음을 볼 때, 계약금 및 제1·2회 할부금 등을 지급한 날에 취득세 등의 납세의무가 성립되었다 하겠으며, 그 이후에 연부계약을 변경함이 없이 나머지 할부금을 모두 지급한 것은 연부금을 분할하여 지급할 수 있는 기한의 이익을 포기하고 그 이행시기를 앞당긴 것에 불과하다 할 것이므로 처분청에서 계약금과 제1·2회 할부금 및 할부이자 등에 취득세 등의 가산세를 부과처분한 것은 적법하다 할 것이다(지방세심사2003-69, 2003.04.28).

〈사례〉 연부계약 중 2년 이내 대금청산 2

연부계약에 의거 이 건 토지를 취득하기로 하였다가 분양대금잔액을 일시에 납부하여 그 기간이 2년을 초과하지 않으므로, 연부취득으로 볼 수 없는데도 가산세를 부과고지한 처분은 부당하다고 주장하나, 연부취득이라 함은 계약서상 취득세과세대상물건에 대하여 매매대금을 2년 이상에 걸쳐 일정액씩 분할하여 지급하는 형식의 취득으로서 매회 연부금을 납부할 때마다 그날로부터 30일 이내에 취득세를 신고납부하여야 가산세가 부과되지 않으나, 청구인의 경우 확정계약이 이루어진 1999년 10월 6일 현재 계약서상 연부취득의 형식을 취하고 있고, 계약금과 3회분의 연부금을 이미 지급한 사실을 볼 때, 비록 청구인이 2000년 6월 12일 분양대금잔액을 일시에 납부하여 잔금지급일까지 매매대금지급기간이 2년을 초과하지 아니하나, 이는 청구인이 매매대금을 할인받기 위하여 양 당사자 간에 합의에 의하여 분양대금잔액을 일시에 납부한 것에 불과하므로, 청구인이 기납부한 계약금과 3회분의 연부금에 대하여 기간 내에 취득세를 신고납부하지 아니한 이상 가산세를 부과고지한 처분은 별다른 잘못이 없다 하겠다(지방세심사2001-22, 2001.01.30).

〈사례〉 연부계약이 아니나 중도금 지급지연으로 2년 이상에 걸쳐 대금지급

당초 연부매매계약이 아니고, 중도금 지급지연으로 인해 실제 대금지급만이 2년 이상에 걸쳐 이루어진 경우, '연부취득'에 해당 안 된다(기각)(지방세심사99-593, 1999.10.27).

청구인은 이 건 토지에 대하여 당초 1991년 1월 8일 매매계약을 체결하면서, 같은 날 계약금을 지급하고 중도금은 4회 분할 지급하며 잔금은 1991년 11월 28일 지급하기로 하였으나, 실제 대금지급상황을 보면 1991년 1월 8일 계약금을 지급한 후 중도금은 1993년 11월 31일까지 8회에 걸쳐 분할 지급하였고, 잔금은 1994년 3월 30일 지급하였는바, 이 건 토지는 연부로 취득한 토지에 해당되며 연부취득의 경우 각 연부금 지급시기가 취득시기가 되는 것으로, 잔금을 제외한 나머지 연부금에 대하여는 그 지급일로부터 5년의 부과제척기간이 경과되었으므로 이 부분에 대한 취득세가산세 부과처분은 부당하다고 주장하고 있다.

연부취득이라 함은 매매대금을 2년 이상에 걸쳐 매년 일정액씩 분할하여 지급하기로 매매계약을 체결하고 이에 따라 그 매매대금의 지급이 이루어지는 경우를 말하는 것이며, 이러한 연부취득에 해당되는지 여부는 매매계약의 내용에 따라 판단하여야 하는 것으로서(같은 취지의 대법원 판결 94다50212, 1995.06.30; 대법원판결 97누3170,

1998.11.27), 청구인의 경우 당초 매매계약 체결 시 연부매매계약을 체결하지 않았으며, 이렇게 연부계약을 체결하지 않은 상태에서 계약금과 1회 중도금은 계약된 날짜에 지급하였으나, 매매계약의 변경 없이 2회 중도금부터 매매계약상의 날짜에 정상적으로 지급하지 않음으로써 그 대금지급이 2년 이상에 걸쳐 이루어졌다 하여, 소급하여 처음부터 청구인이 연부매매계약을 체결한 것으로 볼 수는 없다.

〈사례〉 연부취득의 잔금지급 전 경개계약

부동산 연부취득계약에 의해 연부금을 불입하다 잔금지급 전에 경개계약하여 매수인의 지위를 인계한 경우 기불입된 연부금분에 대한 취득세 납세의무도 인계된다(취소)(지방세심사99-310, 1999.05.26).

청구인의 경우 이 건 부동산을 취득하고자 1993년 8월 21일 ㈜A은행과 매매대금을 총 6회에 걸쳐 불입하기로 하는 연부계약을 체결한 사실과 계약일에 계약보증금(2억 1,000만 원)을 지급하고 1995년 8월 17일까지 연부금을 4회에 걸쳐 낸(12억 2,800만 원) 상태에서 1995년 12월 4일 이 건 부동산의 매수인을 대한○○○장로회 서울○○유지재단으로 변경하는 부동산매매 경개계약을 체결한 사실을 제출된 부동산매매계약서 및 경개계약서 등에서 알 수 있다.

그러나 부동산거래에 있어서의 취득은 사실상의 잔금 지급이 있어야 할 것이므로, 청구인이 이 건 부동산을 취득하고자 연부금을 지급하던 중 경개계약으로 인하여 그 매수에 대한 권리의무가 대한○○○장로회 서울○○유지재단으로 모두 인계되었다면 이 건 부동산의 연부금 불입에 대한 취득세 등 납세의무 자체도 처음부터 당연히 함께 인계된 것(같은 취지의 행정자치부 심사결정 제98-617호, 1998.11.28)이라 하겠으므로, 청구인이 경개계약전에 매도자에게 지급한 계약보증금 및 연부금에 대한 취득세 납세의무도 소급하여 소멸되었다 할 것인데도, 처분청이 이 건 취득세 등을 부과 고지한 처분은 잘못이 있다 하겠다.

〈사례〉 연부취득 경개계약

청구인의 경우 이 건 토지의 당초 분양받은 자인 A모씨가 1992년 6월 30일부터 1997

년 6월 11일까지 총 17회에 걸쳐 한국토지공사에 분양대금 4,306만 20원을 연부금으로 불입한 상태에서 1997년 9월 4일 이 건 토지에 대한 경개계약을 체결하여 청구인이 이 건 토지의 분양권리의무를 양수받은 사실이 제출된 거래사실확인서, 토지대금불입확인서 및 토지매수인 명의변경통보서(한국토지공사경기판 5519-6252, 1997.09.04)에서 입증되고 있는 이상, 1997년 9월 4일 청구인이 이 건 토지중 A모씨가 불입한 금액에 상당하는 비율만큼을 일시에 취득한 것(당초 분양받은 자의 권리의무는 경개계약으로 양수받은 청구인에게 인계되기 때문에 이 건 과세대상에 대한 납세의무 자체도 처음부터 당연히 청구인에게 있는 것임)이 될 뿐만 아니라 나머지 부분에 대한 분양권리의무를 승계받은 것으로서 처분청이 경개계약 체결일(1997.09.04) 이전에 불입된 이 건 토지의 연부금에 대하여 청구인에게 취득세 등의 납세의무가 있다고 보아 이 건 취득세 등을 부과 고지한 처분은 적법하다 하겠으므로 이중과세로서 부당하다는 청구인의 주장은 받아들일 수 없다 하겠다(지방세심사98-617, 1998.11.28).

Ⅷ. 건축

건축이란 건축물을 신축·증축·개축·재축 및 이전하는 것을 말한다. 사실상의 취득가격을 과세표준으로 하는 경우의 취득가격은 취득시기를 기준으로 그 이전에 해당 물건을 취득하기 위하여 거래 상대방 또는 제3자에게 지급하였거나 지급하여야 할 직접비용과 간접비용의 합계액으로 한다.

건축의 경우 다양한 종류의 비용이 소요되며, 이러한 비용들이 과세표준에 포함되어야 하는지에 대하여 실무상 애매모호한 경우가 있다. 이러한 다양한 종류의 건축 관련 비용이 과세표준에 포함되어야 하는지에 대하여 요약하면 다음과 같다.

비용구분	포함 여부
이주비, 지장물보상금 등 취득물건과 별개의 권리	×
기존건축물 철거비, 철거용역비	○

토목공사비	○
환경영향평가 용역비	○
설계비, 감리비	○
교통시설부담금	○
기반시설부담금, 과밀부담금, 하수원인자부담금	○
개발부담금	×
각종 분담금(가스공사, 급수공사, 지역난방공사, 전기공사 분담금 등)	×
아파트 신축시 자금관리 신탁수수료	×(분양관련)
사업성 검토비 등 컨설팅비용(분양 관련이 아닌 신축 여부 검토)	○
광고선전비 등 판매비용(분양광고비, 분양수수료 등)	×
주택분양보증수수료	×
임시건축물(공사현장사무소, 견본주택비 등)	×(별도과세 판단)
건설자금이자	○
공사현장직원의 복리후생비	○
하자보수충당금	×
조경공사비	×(지목변경)
조형물, 미술품, 조각품	×
단지내 포장공사비	×(지목변경)
담장설치공사비	○
상·하수도 공사비	○
조망권침해보상금	×
인접주민피해보상금	×
학교용지부담금	×
임차인 영업권보상금	×
분양보증료, 인허가 보증보험료	○
건축공사관련조세(면허세, 인지세 등)	○
빌트인 제품	○
각종 설비공사비(전기, 가스, 승강기, 수·배전, 소방, 급·배수, 교환, 인텔리전트시스템, 공동구, 지하저수조, 정화조 공사 등)	○
매몰비용(ex, 건축물의 신축에 사용되지 않고 폐기된 설계비)	×

〈사례〉 옥상조경시설

건축물을 신축하면서 건축물 옥상에 조경시설을 설치한 경우 조경공사비는 건축물의 신축비용에 해당된다(조심2008지610, 2009.04.07). 일체의 비용이라 함은 취득세 과세대상 물건 자체의 취득가격뿐만 아니라 취득과 관련된 취득절차비용을 모두 포함하는 의미라고 할 것으로서, 옥상 조경설비의 경우 옥외의 조경설비와는 달리 건축물의 옥상의 이용가치를 증진시키기 위하여 공사를 시행한 것으로 보아야 할 것으로서, 이러한 조경설비는 그 자체로서의 가치보다는 건축물과 일체를 이루어 건축물의 효용을 증대시키는 데 목적이 있는 것이므로 건축물에 부합된 부합물에 해당된다고 보인다.

〈사례〉 조경 및 조형물

호텔주변의 '조경'은 토지의 구성부분이고 '조형물'은 독립된 거래의 객체이므로 조경공사비 및 조형물제작비는 호텔 '건축물'의 취득세 과세표준에 포함하지 않는다(대법 2000두6404, 2002.06.14). 호텔 주변의 조경은 호텔 건축물의 부대설비가 되는 것이 아니라 토지의 구성부분이 되는데 불과하고 조형물 또한 호텔 외부 토지에 설치되어 거래상 독립한 권리의 객체성을 유지하고 있으며 이들 모두 취득세의 과세대상인 건물, 구축물 및 특수한 부대설비에 해당한다고 볼 수 없다.

〈사례〉 판매시설, 백화점, 관광호텔, 영화관 및 전시관 등의 건축공사

급수사용공사비, 법률자문료, 시설물관리 용역비, 시설물관리 도급비, 사업화방안 연구용역비는 이 건 건축물 취득과 관련한 간접비용이므로 취득세 등의 과세표준에 포함하여야 하고, 바닥분수공사비, 벽체손실보상금, 개점행사 비품대가비 등 나머지 비용들은 이 건 건축물 취득과 무관한 비용이므로 취득세 등의 과세표준에서 제외하는 것이 타당하다(경정)(조심2013지760, 2014.07.07).

① 급수사용공사비: 급수사용공사비는 공급시설로부터 당해 건축물까지 인입하는데 소요되는 비용으로서 건축물 구내 토지 밖의 시설물에 대한 공사비를 부담한 경우라면 건축물의 취득가액에서 제외하는 것이 타당하나, 건축물의 구내 토지 내의 급수시설물은 건축물과 연계되어 일체를 이루는 종물에 해당하므로 동 공사비는 당해 건축물의 취득세 등의 과세표준에 포함하는 것이 타당한 것으로 보이는바, 이건 건축물의 구내 토지 내의 급수사용공사비에 해당하는 동 비용은 이 건 건축물의

취득세 과세표준에 포함하는 것이 타당하다고 판단된다.

② 바닥분수공사비: 동 공사비를 소요하여 설치한 바닥분수는 이 건 건축물의 부대설비가 아니라 이 건 건축물 인근 외부 토지의 구성부분으로 보이고, 위 분수가 취득세의 과세대상인 건물, 구축물 및 특수한 부대설비에 해당하는 것으로도 보이지 아니하므로 동 공사비는 이 건 건축물의 취득세 등의 과세표준에서 제외하는 것이 타당하다고 판단된다.

③ 벽체손실보상금: 취득의 대상이 아닌 물건이나 권리에 관한 것이어서 당해 물건 자체의 가격이라고 볼 수 없는 것이라면 과세대상물건을 취득하기 위하여 당해 물건의 취득시기 이전에 그 지급원인이 발생 또는 확정된 것이라도 이를 당해 물건의 취득가격에 포함된다고 보아 취득세 과세표준으로 삼을 수 없다고 할 것으로 동 벽체손실보상금은 이 건 건축물 백화점 부분과 A 소유 건축물 사이에 소재하는 A 소유의 벽체를 A가 광고시설로 사용하지 못함에 따른 손실보전 등을 위하여 지급된 것인바, 이 건 건축물과는 별개의 권리에 대한 보상금으로 보이므로 이 건 건축물의 취득세 등의 과세표준에서 제외하는 것이 타당하다고 판단된다.

④ 다음과 같은 비용들은 이 건 건축물 공사비용이 아닌 비품, 호텔운영 프로그램, 브랜드 개발, 호텔투자자 유치 및 개발용역비, 홈페이지 제작 및 기업홍보 용역 등과 관련하여 지급된 비용으로 보이는 바, 이 건 건축물 취득시기 이전에 동 비용들의 지급원인이 발생 또는 확정되었다 하더라도 이를 이 건 건축물의 취득가격에 포함된다고 보기는 어려우므로 이 건 건축물의 취득세 등의 과세표준에서 제외하는 것이 타당하다고 판단된다.

※ 개점행사 비품대가, 호텔객실용 냉장고, 호텔전산시스템(프론트, 자재, POS)비용, 호텔 FCS(전화과금, 음성이메일)S/W비용, 호텔 Digital Signage 시스템 비용, 주차시스템개발비, 기획설계 및 CI디자인 비용, 브랜드이미지 개발을 위한 용역비, 호텔시설투자자 유치용역비, 호텔개발(PM)용역비, 홈페이지 제작비, 기업홍보(IR)서비스용역비 및 숙박비

⑤ 옥외광고물 검토용역비: 청구법인이 제출한 자료에 의하면, 옥외광고물은 이 건 건축물의 부대설비로서 이 건 부동산의 효용을 증대시키는 건물과 일체를 이루는 부

합물이나 종물이라거나 이 건 부동산과 일괄하여 취득된 취득세 등의 과세대상이되는 건축물이나 시설물로 보기 어려운바, 동 옥외광고물 설치에 따른 간접비용인동 용역비 또한 이 건 건축물의 취득세 과세표준에 포함된다고 보기는 어려우므로이 건 건축물의 취득세 등의 과세표준에서 제외하는 것이 타당하다고 판단된다.

⑥ 시설물관리 용역비 및 시설물관리 도급비: 동 비용은 청구법인이 2009년 9월 4일 이 건 건축물을 신축하여 취득하기 이전인 2009년 2월 1일 주식회사A와 이 건건축물의 시설관리 계약을 체결한 후, 이 건 건축물 완공 이전인 2009년 2월부터2009년 8월까지 지급한 비용이므로 이 건 건축물의 취득 이후에 지급한 비용이라고 볼 수 없고, 이 건 건축물의 취득 이전의 건축 중인 시설물에 대한 관리용역비로보는 것이 타당하므로 이 건 건축물의 취득을 위한 간접비용으로서 이 건 건축물의취득세 등의 과세표준에 포함하는 것이 타당하다고 판단된다.

⑦ 교통TFT 운영 및 모니터링 용역비: 동 용역비는 교통영향평가와는 무관한 교통량조사에 관하여 지급한 인건비로, 청구법인이 이 건 건축물 취득이후에 용역계약을체결하여 지급한 비용으로 보이므로 이 건 건축물의 취득세 등의 과세표준에서 제외하는 것이 타당하다고 판단된다.

⑧ FMS구축 용역비: 동 구축용역비는 이 건 건축물 취득과 무관한 표준화된 시설/임대관리, 에너지관리기법 적용, 무선휴대기기의 활용 및 데이터분석과 관련하여 지급한 비용으로 보이므로 이 건 건축물의 취득세 등의 과세표준에서 제외하는 것이타당하다고 판단된다.

⑨ 사업화방안 연구용역비, 사업조직 연구용역비 및 오피스매각대금 평가용역비: 사업화방안 연구용역비는 회계법인에게 이 건 건축물 취득 이전에 지급된 비용으로,이 건 건축물을 취득하는 과정에서 지급된 금융·법률 자문용역 내지는 사업성 평가와 관련된 비용으로 보여지므로 이 건 건축물의 취득을 위한 간접비용으로서 이 건건축물의 취득세 등의 과세표준에 포함하는 것이 타당하다고 판단된다.

사업조직 연구용역비 및 오피스매각대금 평가용역비는 이 건 건축물 취득과 무관한사업조직의 구성 및 운영 등에 대한 연구용역에 대한 대가와 매각대상자산에 대한가액평가의견서 작성 용역에 대한 대가로 지급한 비용에 해당하는 것으로 보이므로 이 건 건축물의 취득세 등의 과세표준에서 제외하는 것이 타당하다고 판단된다.

⑩ 법률자문료: 동 자문료는 이 건 건축물의 인허가 관련, 공사 관련한 법률적 검토 및 자금조달 약정서 작성 등과 관련하여 청구법인이 법무법인에 지급한 비용으로 이 건 건축물을 취득하기 위하여 지급한 간접비용에 해당하는 것으로 보이므로 이 건 건축물의 취득세 등의 과세표준에 포함하는 것이 타당하다고 판단된다.

⑪ 휘트니스센터 설비 및 인테리어공사 등에 소요된 비용 및 키오스크 통신공사비 등: 동 공사비는 이 건 건축물 취득 후에 공사를 시행하여 그 지급원인이 발생된 비용이므로 동 공사비는 이 건 건축물의 취득가액에 포함되지 아니한다 할 것이고, 동 공사로 인한 시설물의 설치가 「지방세법」 제104조 제10호에서 취득세 과세대상으로 규정하고 있는 개수에 해당하지도 아니하는 것으로 보이므로 이 건 건축물의 취득세 등의 과세표준에서 제외하는 것이 타당하다고 판단된다.

〈사례〉 임차인이 건축물 준공 전후에 걸쳐 실시한 실내공사비용

임차인이 건축물 준공 전후에 걸쳐 실시한 실내공사비용이 건축물 취득세 과세표준에 포함되는지 여부에 관하여, 사용승인일까지 공사대금이 청구되지 아니하였다고 하여 해당 금액 전부가 반드시 사용승인일 이후의 기성금이라고 단정할 수는 없으나, 이 건 건축물의 사용승인일까지 청구되지 아니한 XX원까지 취득세 과세표준에 포함한 처분은 잘못이 있다(조심2013지230, 2014.05.02).

건물 일부의 수분양자 등이 주체구조부와 일체가 되고 건축물의 효용가치를 증대시키는 부대설비 등의 가설공사를 하였으나 당해 건축물의 사용승인일 등 그 취득일까지 가설을 완료하지 못한 경우에는 그때까지의 공사 비율에 따른 공사비 상당만을 취득세의 과세표준에 포함시킬 수 있을 뿐이고, 취득일 이전에 그에 관한 공사도급계약을 체결하였다고 하더라도 그 도급계약금액 전체를 취득세의 과세표준에 포함시킬 수는 없다고 할 것이며, 취득일 이후의 공사로 인한 부분은 독립적으로 취득세의 과세대상이 되는 경우에 한하여 주체구조부 소유자 또는 수분양자 등에게 별도로 취득세를 부과할 수 있다고 할 것이다(대법원 2013.09.12 선고, 2013두7681 판결, 같은 뜻).

먼저 이 건 인테리어공사비 전부가 취득가격에서 제외되어야 한다는 주위적 청구에

대하여 살피건대, ○○은 A건설과 실내공사도급계약을 체결하고 2010년 10월 8일부터 2011년 4월경까지 사용승인일 전후에 걸쳐 이 건 건축물 지하 101호, 지하 201호에 대하여 이 건 인테리어공사를 시행하였고, A건설은 사용승인일 이전까지 총 공사대금 XX 원 중 선급금(계약금) XX원, 1회 기성금 XX원, 합계 XX원의 세금계산서를 ○○에 교부하고 위 금액을 기성금으로 청구하였으며, 위 도급계약상 기성부분금의 지급은 1개월마다 1회 지급하기로 약정하고 있는 바, 적어도 사용승인일까지 청구된 XX원은 사용승인일까지의 기성금에 포함된다고 추론할 수 있고, 따라서, 동 금액은 취득시기를 기준으로 그 이전에 이 건 건축물을 취득하기 위하여 지급하였거나 지급하여야 할 비용에 포함된다고 봄이 타당하다고 할 것이어서 이 건 인테리어공사비 전부가 취득가격에서 제외되어야 한다는 주위적 청구는 받아들이기 어렵다고 판단된다.

이와 관련하여 해당 ○○부분이 주체구조부 취득자 이외의 자가 가설한 부분으로서 그 주체구조부와 일체가 되지 아니하거나 건축물로서의 효용가치를 이루고 있지 아니하여 취득세 과세표준에 포함될 수 없는 부분인지 여부가 문제될 수 있으나, 청구법인이 예비적청구에서 판매진열대 등 이동성 비품 성격의 인테리어공사비라고 하면서 취득세 과세대상에서 제외되어야 한다고 주장하고 있는 금액은 XX원으로서 사용승인일까지의 ○○에 해당하는 금액이라고 할 XX원에는 미치지 못하는 금액이므로, 인테리어공사비 전부가 취득가격에서 제외될 수는 없다는 결론에는 영향을 미치지 아니한다고 하겠다.

다음으로, 인테리어공사비용 XX원 전액을 과세표준에서 제외할 수는 없다고 하더라도 이 건 건축물 사용승인일까지 청구되지 아니한 XX원은 취득세 과세표준에서 제외되어야 한다는 첫 번째 예비적 청구에 대하여 살펴본다.

사용승인일까지 공사대금이 청구되지 아니하였다고 하여 해당 금액 전부가 반드시 사용승인일 이후의 기성금이라고 단정할 수는 없으나, 사용승인일까지의 ○○에 따른 공사대금이 얼마인지에 대하여 처분청과 청구법인 중 어느 당사자도 이를 입증할 자료를 구체적으로 제출하지 못하고 있고, 과세근거가 되는 과세표준에 대한 증명책임은 원칙적으로 과세관청에 있으므로 취득시기까지의 ○○의 금액에 대해서는 처분청이 증명할 책임이 있다고 할 것인 점 등에 비추어 보면 이 건 건축물의 사용승인일까지 청구되지 아니한 XX원까지 취득세 과세표준에 포함한 처분은 잘못이 있는 것으로 판단된다.

마지막으로, 공사비내역 중 판매진열대 등 이동성 비품 성격의 인테리어공사비 XX원은 주체구조부와 일체가 되지 아니하거나 건축물로서의 효용가치를 이루고 있지 아니하여 취득세 과세표준에 포함될 수 없다는 두 번째 예비적 청구에 대하여 살펴본다.

설령, 위 인테리어공사비가 주체구조부와 일체가 되지 아니하는 등으로 취득세 과세표준에 포함될 수 없다고 하더라도, 해당 인테리어공사가 사용승인일 이후 시행된 것이라면 이 건 건축물 사용승인일까지 청구되지 아니한 XX원에 포함된다고 볼 것이어서 이를 별도로 취득세 과세표준에서 제외할 수는 없다고 할 것인바, 청구법인이 판매진열대 등 이동성 비품 성격의 인테리어공사비라고 주장하는 XX원이 사용승인일 이전의 ○○부분에 대한 것인지 아니면 사용승인일 이후의 ○○부분에 대한 것인지에 대하여도 역시 처분청과 청구법인 중 어느 당사자도 구체적인 증빙을 제출하지 못하고 있으나, 통상 이동성 비품 성격의 인테리어공사는 실내공사 마지막 단계에서 시행되는 것이 일반적인 점에 비추어 볼 때 이동성 비품 성격의 인테리어공사비라고 주장하는 XX원은 사용승인일 이후의 ○○부분에 대한 것으로 봄이 사회통념상 합리적이라고 할 것이고, 따라서, 이동성 비품 성격의 인테리어공사비 XX원이 이 건 건축물의 사용승인일까지 청구되지 아니한 XX원과는 별도로 취득세 과세표준에서 제외될 수는 없는 것으로 판단된다.

그렇다면, 처분청이 인테리어공사(실내공사)비용 XX원 중 이 건 건축물 사용승인일까지 청구되지 아니한 XX원까지 취득세 과세표준에 포함하여 취득세 및 등록세를 부과 고지한 처분은 잘못이 있는 것으로 판단된다.

〈사례〉 매몰비용

건축물의 신축에 사용하지 아니하고 폐기한 설계비용은 건축물의 취득가격과는 관련 없는 매몰비용(sunk cost)으로 보는 것이 타당하므로 건축물의 취득가격에 포함되지 아니한다(지방세심사2007-156, 2007.03.26).

〈사례〉 매몰비용(공사중단 원상복구 후 건축)

청구법인의 경우 종전건축물의 신축공사를 진행하다가 이를 포기하고 원상복구를 한 이후에 쟁점건축물을 신축하였던 것으로서, 종전건축물과 쟁점건축물의 건축규모 등을 비교해 보면 상당히 차이가 발생하는 부분이 있음을 알 수 있고, 각각 별개의 건축허가와 설계를 거쳐 건축물을 신축하였던 것으로서, 종전건축물의 신축행위가 쟁점건축물을 신축하기 위하여 선행되어야 하는 건축절차에 해당되거나 일련의 건축과정에 해당된다고 보기는 어려우므로, 청구법인이 종전건축물을 신축하다가 이를 중단하고 원상복구가 이루어진 시점까지 투입된 종전건축물의 공사비용은 쟁점건축물의 신축 여부에 상관없이 발생한 비용이라고 보아야 할 것이다.

다만, 종전건축물의 신축비용 중 쟁점건축물의 신축을 위하여 그 효용이 미치는 한도 내에서 종전건축물의 공사비용 중 일부는 쟁점건축물의 신축비용에 해당된다고 보는 것이 합리적이라 할 것으로서, 종전건축물의 신축을 위하여 지급한 공사비용의 경우에도 기존 건물을 멸실하고 그 지상에 새로운 건축물을 신축하고자 하였던 것으로 기존 건물의 철거비용 등과 같이 쟁점건축물의 신축과 관련이 있을 수 있고, 청구법인 스스로도 종전건축물의 신축과 관련하여 투입된 공사내역이나 자재 등이 쟁점건축물의 신축과정에서 재활용된 부분이 있다고 보아 이에 해당되는 비용을 쟁점건축물의 신축비용에 포함한 부분이 있으므로 이러한 비용은 쟁점건축물의 신축비용에 포함하여야 할 것이지만 구체적으로 종전건축물의 어떠한 공사부분이 쟁점건축물의 신축과정에서 재활용되었는지 여부가 불명확한 부분이 있으므로 처분청이 종전건축물의 신축비용 중 쟁점건축물의 신축과 관련하여 효용이 미치는 비용에 해당되는지 여부를 구체적인 공사내용에 따라 재조사하여 청구법인이 과세표준에서 제외되어야 한다고 주장하는 비용이 적정한지 여부를 재산정할 필요성이 있다고 보인다.

따라서, 처분청이 종전건축물의 신축비용을 모두 쟁점건축물의 신축비용에 해당된다고 본 것은 잘못이라 하겠지만, 그중 일부에 대하여는 쟁점건축물의 신축과 관련한 비용이 있으므로 이 부분은 재조사하여 당해 비용을 제외한 금액을 쟁점건축물의 취득비용으로 보는 것이 타당하다고 판단된다(조심2013지237, 2013.09.13).

〈사례〉 건축물과 지목변경

「지방세법」상 건축물은 토지의 지목변경과는 별개의 과세대상에 해당하므로, 기둥과 벽과 지붕을 갖춘 건축물에 해당하는 하수처리시설의 취득에 대하여 지목변경에 따른 취득세를 부과하는 것은 잘못이다(경정)(조심2012지424, 2012.12.26). 처분청은 이건 오수처리시설 설치비 XX원을 이 건 지목변경 취득세 등의 과세표준에 포함하였으나, 처분청 및 청구법인이 제출한 오수처리시설 공사 도면, 사진 등에 의하면 이 건 오수처리시설은 지하에 가로 9.5m, 세로 7.5m, 높이 3.4m의 오수처리시설용 구조물을 신축하고, 그 내부에 오수처리시설용 기계 등을 설치한 것이 확인되고 있고, 이 건 오수처리시설용 구조물은 기둥과 벽과 지붕이 있는 것으로서 「지방세법」상 건축물에 해당되는 것으로 판단되므로 이 건 오수처리시설의 건축비 등은 추후 처분청이 건축물로서 취득세 등을 과세할 수 있는 것은 별론으로 하더라도 이 건 토지의 지목변경을 위하여 소요된 비용으로는 볼 수 없다고 판단된다.

〈사례〉 기반시설부담금

기반시설부담금은 건축허가를 받은 날을 기준으로 부과되는 것으로서 건축물을 취득하기 이전에 지급원인이 발생 및 확정된 비용이고, 건축물의 취득에 필수적으로 요구되는 법정비용에 해당한다 할 것이므로 이를 건축물의 신축 비용에 포함된다(경정)(조심2011지623, 2012.07.10).

〈사례〉 상·하수도원인자부담금

쟁점부담금은 이 건 건축물 등을 신축하기 위하여 소요된 비용이 아니라 건축물 외부에서 건축물로 진입하는 상·하수도시설(물건)을 취득하기 위한 비용에 해당한다 할 것(감심2009-103, 2009.05.07)이므로 취득세 과세표준에 포함되지 않는다(경정)(조심2011지407, 2012.03.23).

A가 2008년 10월 13일 청구법인에게 보낸 '○○주변 기반시설(상수, 오수) 관련 협의' 문서 등에 의하면 청구법인은 A에게 이 건 건축물 신축과 관련하여 상·하수도원인자부담금(상수, 오수관로 설치 대행공사비) XX원을 납부하였음이 확인되고 있고, 위 금원은 이 건 건축물의 외부에 있는 상·하수도 시설 건설비용이며, 이에 따라 건설된 상·하수도 시설은 수도급수조례 제11조 등의 규정에 의거 처분청 소유로 귀속되도록 되어 있는 점 등을 종합하여 볼 때 청구법인이 납부한 상·하수도 원인자 부담금은 취득의 대상이 아닌

물건인 이 건 건축물 외부의 상·하수도 시설 건설을 위한 비용을 청구법인이 부담한 것이므로 이 건 건축물을 취득하기 위한 비용이 아니라 이 건 건축물과 별개의 취득세 등의 과세대상인 이 건 건축물 외부의 상·하수도 시설을 취득하기 위한 비용으로 보는 것이 타당하다고 판단된다.

〈사례〉 발코니확장공사

아파트의 분양계약한 날에 발코니 새시 설치계약을 체결하고 아파트 취득일 이전에 발코니 새시 설치를 완료하였으며 설치비용을 지급한 점 등으로 보아 발코니 새시의 설치비용에 취득세 등을 부과하는 것이 타당하다(기각)(감심2008-174, 2008.06.05).

발코니 새시는 설치되는 아파트의 구조, 크기, 색깔 등에 맞게 특별하게 제작되고 사실상 분리하기 어렵게 벽체 등에 고정부착되어 주택의 공간을 쾌적하고 효율적으로 이용할 수 있도록 기여하고 있다 할 것이다. 그리고 청구인이 발코니 새시를 아파트의 일체로서 취득하였다는 점, 청구인이 이 사건 아파트의 분양계약한 날에 발코니 새시 설치계약을 체결하고, 이 사건 아파트 취득일 이전에 발코니 새시 설치를 완료하였으며 그 설치비용을 지급한 점 등을 종합적으로 볼 때 이 사건 아파트 발코니 새시의 설치비용을 이 사건 아파트 취득가액에 포함하여 취득세 등을 부과하는 것이 타당하다 할 것이다.

〈사례〉 급수공사설비료·지역난방공사비분담금·전기공사분담금

청구인의 경우와 같이 공급시설로부터 건물까지 인입하는데 소요된 급수공사설비료, 지역난방공사비분담금, 전기공사분담금을 법인장부상에 건물의 취득비용으로 계상하였다 하더라도 이에 대한 시설물을 취득한 것이 아니라 단지 공사비를 부담한 것에 불과한 이상, 취득의 대상이 아닌 물건이나 권리에 관한 것이라면 과세대상물건을 취득하기 위하여 당해 물건의 취득시기 이전에 그 지급원인이 발생 또는 확정된 것이라도 이를 이 사건 건축물의 취득가격에 포함된다고 보아 취득세 과세표준으로 삼을 수는 없다할 것이다(같은 취지의 대법원판결 95누4155, 1996.01.26)(지방세심사2001-252, 2001.05.28).

Ⅸ. 지목변경 등 간주취득

건축물을 건축(신축과 재축은 제외)하거나 개수한 경우와 선박, 차량 및 기계장비의 종류를 변경하거나 토지의 지목을 사실상 변경한 경우에는 그로 인하여 증가한 가액을 각각 과세표준으로 한다. 이 경우 신고 또는 신고가액의 표시가 없거나 신고가액이 시가표준액보다 적을 때에는 그 시가표준액으로 한다(지방세법 제10조 제3항).

시가표준액을 적용하게 하는 본 규정은 사실상의 취득가격이 적용되지 아니하는 취득에 적용되는 것으로서 사실상의 취득가격이 적용되는 취득에 대하여는 법인장부 등에 의하여 입증되는 취득비용을 적용한다.

즉, 사실상의 취득가격이 적용되는 취득의 경우에는 과세대상 물건의 취득시기를 기준으로 그 이전에 당해 물건을 취득하기 위하여 거래상대방 또는 제3자에게 지급하였거나 지급하여야 할 일체의 비용을 과세표준으로 한다.

1. 건축물의 개수 등

건축물을 건축(신축과 재축은 제외)하거나 개수한 경우에는 그로 인하여 증가한 가액을 과세표준으로 한다. 이 경우 신고 또는 신고가액의 표시가 없거나 신고가액이 시가표준액보다 적을 때에는 그 시가표준액으로 한다(지방세법 제10조 제3항).

건축이란 건축물을 신축·증축·개축·재축 및 이전하는 것을 말한다. 그러므로 본 규정은 신축과 재축을 제외한 증축·개축·이전 및 개수의 경우에 적용되는 것으로서, 이때의 과세표준은 증축 등으로 인하여 증가한 가액을 과세표준으로 한다.

〈사례〉 개축 시의 인테리어공사 및 조경공사

인테리어가 건축물과 일체가 되어 건축물로서의 효용가치를 이루고 있는 것으로 되었다 할 것이어서 취득세 등의 과세표준에 포함하는 것이 타당하나 옥외 조경설비에 대한 비용은 건축물을 취득하기 위한 비용으로 보기는 어렵다(경정)(조심2009지831, 2010.06.16).

인테리어 비용의 경우 이 건 건축물에 대한 개축공사는 다가구주택이던 기존 건축물을 제2종 근린생활시설과 공동주택(다세대주택)으로 전환하기 위하여 시행한 것이고, 「건축법」상 개축은 기존 건축물의 전부 또는 일부(내력벽·기둥·보·지붕틀 중 셋 이상이 포함되는 경우를 말함)를 철거하고 그 대지에 종전과 같은 규모의 범위에서 건축물을 다시 축조하는 것을 말하는 것이므로, 이 부분에 대한 인테리어는 건축물과 일체가 되어 건축물로서의 효용가치를 이루고 있는 것으로 되었다 할 것이어서 이에 소요된 비용은 취득세 등의 과세표준에 포함하는 것이 타당하다 할 것이나, 다만 조경공사비의 경우 건축물과 일체를 이루면서 그 효용을 증대시키는 옥내 조경설비와는 달리 그 자체로서 가치를 지니고 있는 옥외 조경설비에 대한 비용은 취득세 과세대상인 이 건 건축물을 취득하기 위한 비용으로 보기는 어렵다.

〈사례〉 개수 시 전기공사비용

건축물 개수와 관련하여 취득세 과세표준액은 거래상대방 또는 제3자에게 지급하였거나 또는 지급하여야 할 일체의 비용이 되므로 필수 불가결한 부대시설인 전기공사에 지급된 비용 등도 취득세 과세표준액에 포함된다(세정-1965, 2004.07.08).

〈사례〉 보일러 교체

취득세 과세대상인 난방용 보일러는 보일러기계 본체와 배관설비 등의 결합체를 말하므로 보일러 본체만을 교체한 경우, 새로운 '취득'이 아닌 '개수'로 보아 그 증가된 가액분만이 과세대상이 된다(감심2001-142, 2001.12.11).

2. 선박, 차량 및 기계장비의 종류 변경

선박, 차량 및 기계장비의 종류를 변경한 경우에는 그로 인하여 증가한 가액을 과세표준으로 한다. 이 경우 신고 또는 신고가액의 표시가 없거나 신고가액이 시가표준액보다 적을 때에는 그 시가표준액으로 한다.

3. 토지의 지목변경

(1) 사실상의 취득가격을 과세표준으로 하는 취득

법인 등 사실상의 취득가격을 과세표준으로 하는 경우에는 법인장부 등에 의하여 지목변경에 소요된 비용을 과세표준으로 한다. 즉, 판결문 또는 법인장부 등에 의하여 토지의 지목변경에 소요된 비용이 입증되는 경우에는 그 비용으로 한다. 즉, 법인 등의 경우 지목변경에 따른 취득세 과세표준은 지목변경 전의 시가표준액과 지목변경 후의 시가표준액의 차액으로 하는 것이 아니라, 법인 장부 등에 의하여 확인된 지목변경에 소요된 일체의 비용으로 한다.

(2) 개인의 경우

개인의 지목변경에 대하여는 「지방세법」 제10조 제3항의 규정을 적용하여 과세표준을 계산한다. 즉, 토지의 지목을 사실상 변경한 경우에는 그로 인하여 증가한 가액을 과세표준으로 한다. 이 경우 신고 또는 신고가액의 표시가 없거나 신고가액이 시가표준액보다 적을 때에는 그 시가표준액으로 한다.

토지의 지목변경에 대한 시가표준액에 의한 과세표준은 토지의 지목이 사실상 변경된 때를 기준으로 다음의 ①의 가액에서 ②의 가액가액을 뺀 가액으로 한다.

① 지목변경 이후의 토지에 대한 시가표준액: 해당 토지에 대한 개별공시지가의 공시일이 지목변경 후인 경우에는 그 공시된 개별공시지가가 지목변경 이후의 시가표준액이 된다. 그러나 해당 토지에 대한 개별공시지가의 공시기준일이 지목변경으로 인한 취득일 전인 경우에는 인근 유사토지의 가액을 기준으로 「부동산 가격공시 및 감정평가에 관한 법률」에 따라 국토교통부장관이 제공한 토지가격비준표를 사용하여 시장·군수가 산정한 가액으로 한다.

② 지목변경 전의 시가표준액: 지목변경 전의 시가표준액은 지목변경 공사착공일 현재 공시된 시가표준액을 말한다.

※ 지목변경의 과세표준 = 지목변경후의 시가표준액 − 지목변경전의 시가표준액

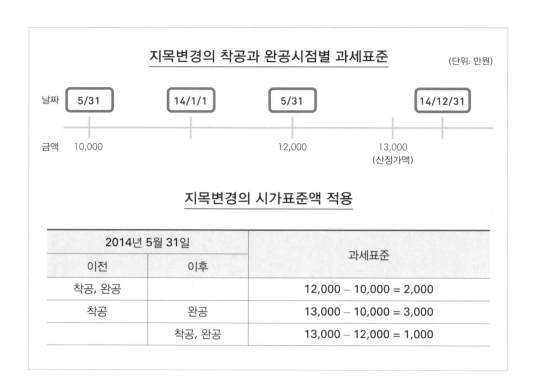

지목변경의 착공과 완공시점별 과세표준 (단위: 만원)

2014년 5월 31일		과세표준
이전	이후	
착공, 완공		12,000 − 10,000 = 2,000
착공	완공	13,000 − 10,000 = 3,000
	착공, 완공	13,000 − 12,000 = 1,000

시가표준액이 제시된 표와 같은 경우에 있어서의 지목변경의 착공과 완공시점별 취득세의 과세표준은 제시된 표와 같이 계산할 수 있다.

(3) 지목변경의 사실상 취득가액의 범위

사실상 취득가격의 범위에는 지목변경에 수반되는 조경공사비, 포장공사비, 교량공사비, 농지전용부담금, 대체농지조성비, 대체산림조림비, 대체초지조성비, 산림전용부담금, 허가관련 면허세 등이 지목변경에 따른 취득세 과세표준에 포함된다.

그러나 취득일 이후에 공사의 완료로 인하여 수익이 전제가 되는 「개발이익환수에 관한 법률」에 의한 개발부담금은 제외된다. 또한 지목변경 시 수목을 이식하는 경우로서 입목에 관한 법률에 의한 입목에 해당하는 경우에는 그 취득비용은 입목으로서 별도로 취득세가 과세되나 입목에 해당하지 않는 경우에는 토지의 정착물로서 토지와 일체가 되므로 지목변경에 소요된 비용에 포함되어 과세된다.

〈사례〉 단지 내 조경공사비

공동주택 신축공사 시 토지의 지목변경을 수반하는 공동주택 단지 내 조경공사비와 포장공사비는 토지의 지목변경에 소요된 비용으로서 취득세 과세표준에 포함된다(세정 13407-1189, 2002.12.17).

〈사례〉 골프연습장 인조잔디 및 휀스

골프연습장에 설치한 인조잔디와 임야에 설치한 휀스(철조망) 설치비용이 지목변경이나 최초로 골프연습장 건축물 건축 시 병행하여 설치한 경우라면 취득세 과세표준액에 포함시키는 것이 타당하다고 생각되나, 단순히 독립적으로 설치된 경우라면 과세대상으로 볼 수 없다(세정13407-284, 2001.09.03).

〈사례〉 사실상 지목변경

사실상의 지목변경으로 취득세 납세의무가 성립하기 위해서는 지목이 사실상 변경될 뿐만 아니라 그로 인해 토지의 가액도 증가되어야 한다(지방세운영-3789, 2011.08.10) 공부상 지목변경 없이 노후된 휴게소를 철거하고 그 부지에 주차장을 조성한 것은 지목을 대지에서 주차장으로 사실상 변경한 것으로서 해당공사에 소요된 비용이 법인장부로 확인될 경우 사실상 지목변경으로 인한 취득세 납세의무가 성립된다(지방세운영-3172, 2011.07.05 참조).

〈사례〉 스키장의 일부를 골프연습장으로 조성

스키장으로 사용하던 체육용지의 일부를 골프연습장으로 조성한 경우 지목이 변경된 것이 아니므로 지목변경에 따른 취득세 납세의무가 없다(지방세운영-1700, 2010.04.26).

지목에 관한 관계법령인 「측량·수로조사 및 지적에 관한 법 시행령」 제58조 제23호에서 체육용지는 국민의 건강증진 등을 위한 체육활동에 적합한 시설과 형태를 갖춘 종합운동장·실내체육관·야구장·골프장·스키장·승마장·경륜장 등 체육시설의 토지와 이에 접속된 부속시설물의 부지이며, 다만, 체육시설로서의 영속성과 독립성이 미흡한 정구장·골프연습장·실내수영장 및 체육도장, 유수(流水)를 이용한 요트장 및 카누장, 산림 안의 야영장 등의 토지는 제외한다고 규정하고 있다.

법인이 스키장으로 사용하던 체육용지의 일부를 골프연습장으로 조성한 경우, 본 스키장의 부대시설인 골프연습장은 지목이 체육용지에 해당되므로(국토해양부 지적기획과-1374, 2010.04.20), 골프연습장을 조성하기 위하여 잔디의 파종 및 식재, 조경공사, 입목이식, 스프링쿨러 공사 등을 하고 그에 따른 공사비용을 투입하였다 하더라도 체육용지의 용도가 스키장에서 골프연습장으로 변경된 것일 뿐, 지목이 변경된 것이 아니므로(체육용지→체육용지) 지목변경에 따른 취득세 납세의무가 성립되지 않는다.

〈사례〉 조경공사비 등

조경공사비·농지조성비·대체조림비·포장 및 교량공사비 등 토지가액증가가 수반되는 공사비는 지목변경비용으로 보아 '토지소유자'에게 취득세 납세의무있으므로 토지사용 승낙받아 건설가계정으로 계상한 자에게 과세되는 것은 아니다(경정)(지방세심사98-552, 1998.10.29).

〈사례〉 골프장 지목변경

골프장용 토지의 지목변경에 의한 간주취득시기는 골프장 조성공사가 준공돼 체육용지로 지목변경되는 때이므로, 토목공사는 물론 잔디 파종 및 식재비용, 임목의 이식비용 등은 취득세 과세표준에 포함되고 중과세율이 적용된다(대법2002두10650, 2003.02.11).

골프장 조성에 따른 토지의 지목변경에 의한 간주취득의 시기는 전·답·임야에 대한 산림훼손(임목의 벌채 등), 형질변경(절토, 성토, 벽공사 등), 농지전용 등의 공사뿐만 아니라 잔디의 파종 및 식재, 수목의 이식, 조경작업 등과 같은 골프장으로서의 효용에 공하는 모든 공사를 완료하여 골프장 조성공사가 준공됨으로써 체육용지로 지목변경이 되는 때이므로, 토목공사는 물론 잔디 파종 및 식재비용, 임목의 이식비용 등 골프장 조성에 들인 비용은 모두 토지의 지목변경으로 인한 가액증가에 소요된 비용으로서 지목변경에 의한 간주취득의 과세표준에 포함되고, 또한 중과세율이 적용된다(대법원 2001.07.27 선고, 99두9919 판결 참조).

〈사례〉 골프장 개업 전 일반관리비

골프장업 법인이 영업개시 전까지 '창업비'로 계상한 임직원 급료 등이 일반관리비 성격이므로 골프장 지목변경과 관련해 발생한 간접비용으로 볼 수 없다(취소)(지방세심사 2001-302, 2001.06.25).

골프장지목변경과 관련하여 지급된 직·간접비용은 모두 취득세과세표준에 포함되어야 할 것이지만, 청구인은 골프장지목변경공사와 관련하여 별도로 도급계약을 체결하여 이행하였고, 청구인이 법인장부상 창업비로 계상한 비용의 세부내역을 보면 임·직원 급여 등 법인의 일반관리비적성격의 비용으로서 이러한 비용은 골프장지목변경공사에 관계없이 발생하는 비용으로서 법인의 일상적인 경상경비에 해당된다고 보아야 할 것으로서, 이러한 비용이 골프장지목변경과 관련하여 발생한 간접비용에 해당된다고 보기는 어렵다 할 것이다.

〈사례〉 조경용 수목

클럽하우스 주변 등에 식재하고 별도의 관리대장으로 관리하는 조경용 입목의 구입 및 그 식재에 든 비용은 수목 등을 그 지반인 토지와 구분하여 독립된 물건으로 하여 그 소유권을 공시하는 이른바 명인방법을 취한 경우를 제외하고는 토지와는 별개로 독립된 물건으로서 소유권이 공시되었다고 볼 수 없으며, 골프장 코스 뿐 아니라 클럽하우스 주변에 조경용으로 식재한 수목 등이라고 하더라도 이는 유원지로서의 골프장의 효용에 공하는 것으로서 그 구입 및 식재비는 토지의 지목변경에 인한 간주취득의 과세표준에 포함된다.

〈사례〉 임목등기한 조경용 수목

신설회원제 골프장내 입목을 식재하여 지목변경일 전에 임목등기를 한 경우라면 당해 임목은 부동산과의 별개의 과세대상이 되므로 토지의 지목변경이 된 경우라도 토지의 과세표준에 포함하여 중과세할 수 없는 것이다(세정13407-1048, 2002.11.06).

〈사례〉 단지 내 조경공사비와 포장공사비

공동주택 신축공사 시 토지의 지목변경을 수반하는 공동주택 단지내 조경공사비와 포장공사비는 토지의 지목변경에 소요된 비용으로서 취득세 과세표준에 포함된다(세정 13407-1189, 2002.12.17). 그러나 토지의 지목변경을 수반하지 않는 화단공사비, 포장공사비, 조경시설비에 대하여는 취득세 납세의무가 없다(세정13407-712, 1999.06.18).

X. 과점주주의 취득

1. 과점주주의 과세표준

과점주주가 취득한 것으로 보는 해당 법인의 부동산 등에 대한 과세표준은 그 부동산 등의 총가액을 그 법인의 주식 또는 출자의 총수로 나눈 가액에 과점주주가 취득한 주식 또는 출자의 수를 곱한 금액으로 한다.

이 경우 과점주주는 조례로 정하는 바에 따라 과세표준 및 그 밖에 필요한 사항을 신고하여야 하되, 신고 또는 신고가액의 표시가 없거나 신고가액이 과세표준보다 적을 때에는 지방자치단체의 장이 해당 법인의 결산서 및 그 밖의 장부 등에 따른 취득세 과세대상 자산총액을 기초로 산출한 금액을 과세표준으로 한다.

2. 부동산 등의 총가액산입시점

과점주주의 납세의무는 과점주주성립시점에 법인이 소유하고 있는 취득세과세물건이 되며, 이때 소유란 「지방세법」상 취득의 시기가 완성된 것을 의미한다. 따라서 미준공상태의 건물 및 계약상태의 취득 등에 대하여는 납세의무가 없다.

3. 부동산 등의 총가액산정

과점주주의 과세표준은 장부상 총가액을 기준으로 하며 장부상 총가액이란 취득세과세물건의 취득가액에 산입되는 모든 지출을 합산한 금액이다. 따라서 취득시기 이전에 발생한 건설자금이자 및 취득 직전연도의 재평가차액 등은 과세표준에 산입하여야 하지만 취득시점에 재평가 착수는 하였으나 재평가액이 결정되지 않은 상태하에서의 재평가차액은 그 소급효과 여부에 불구하고 과세표준에 산입되지 아니한다.

4. 재고자산에 계상된 부동산

당해 법인의 주식을 취득하여 과점주주가 된 경우 과점주주의 취득일 현재 법인장부상 재고자산에 계상된 부동산 등의 가액도 과세표준에 포함된다. 그러므로 주택을 건설하여 분양하는 사업자가 미분양주택을 재고자산에 계상한 경우에 「지방세법」상 과세대상이 되는 부동산에 해당하므로 부동산등의 총가액에 포함된다.

5. 연부취득 중인 자산

비상장법인이 연부로 취득하고 매회 연부금을 지급하고 있는 상태에서 과점주주 지분이 증가된 경우 과점주주 취득세 납세의무 성립시점까지 취득대금으로서 지급한 연부금액은 과점주주가 취득한 자산가액에 포함된다.

6. 감면 등의 적용기준

법인이 과세대상물건 취득 시 취득세 등을 감면받은 경우에도 과점주주의 간주취득 시에는 취득세 등이 감면되는 것은 아니다(조심2008지1036, 2009.08.27). 그러나 국가 등에 기부채납 등을 조건으로 취득하여 취득세가 비과세된 부동산을 보유한 법인의 과 점주주가 됨으로써 그 부동산을 취득한 것으로 간주되는 경우에는 그 과점주주가 기부 채납 등의 효력을 부인할 수 없는 이상 그 간주취득 역시 국가 등에 기부채납 등을 조건 으로 취득한 경우에 해당한다고 보아 비과세하여야 한다.

〈사례〉과점주주의 취득세 납부 후 사업양수도에 의하여 해당 법인의 자산취득

「지방세법」제105조 제6항 본문, 제22조 제2호는 비상장법인의 과점주주에 대하여 당 해 법인이 소유하고 있는 취득세 과세대상물건을 과점주주의 소유주식비율만큼 취득한 것으로 간주하여 그 취득세 납세의무를 부과하고 있는데, 이는 과점주주가 되면 당해 법 인의 재산을 사실상 임의처분하거나 관리·운용할 수 있는 지위에 서게 되어 실질적으로 그 재산을 직접 소유하는 것과 크게 다를 바 없으므로 바로 이 점에서 담세력이 나타난 다고 보고 취득세를 부과하는 것이고(대법원 1994.05.24 선고, 92누11138 판결 참조), 또한 주식 또는 지분의 독과점을 억제하고 이를 분산하도록 세제면에서 규제하는 데 목 적이 있는 것으로서 주주나 출자자의 개인적인 입장에서 볼 때에는 당해 법인 자산의 사 실상·법률상 취득이 전혀 이루어지지 아니하였으나 주식 또는 지분을 취득하여 과점주 주가 된 경우에는 당해 법인의 자산을 임의처분하거나 관리운용할 수 있는 지위를 취득 한 것으로 보고 그 자산 자체를 취득한 것으로 의제하여 취득세를 부과하는 것이다.

위와 같은 「지방세법」제105조 제6항 본문, 제22조 제2호의 규정 취지에 비추어 이 사 건에 관하여 보건대, 앞서 인정한 사실관계에 의하면, 원고가 2001년 7월 30일 납부한 취득세는 원고가 2000년 9월 18일 ○○의 발행 주식 중 56.79% 상당의 주식을 취득하 여 과점주주의 지위를 취득함으로써 실제로는 ○○의 자산을 취득하지 아니하였다고 하더라도 그 자산을 임의처분하거나 관리운용할 수 있는 지위를 취득한 것으로 보고 그 자산 자체를 취득한 것으로 의제하여 부과된 것이므로, 이후 원고가 영업양수도 방식으로 ○○의 자산 전부를 실제 취득하게 되었다면, 이러한 경우 원고는 앞서 간주취득한 부분을 초과하는 자산만을 새로이 취득한 것으로 보고 이에 대한 취득세를 납부함으로써 충분하다고 할 것이고, 따라서 원고가 영업양수도 방식으로 ○○의 자산 전부를 실제 취득한 다음, ○○의 자산 전부를 과세대상물건으로 하여 취득세를 납부하였다면, 일응 (一應) 그중 원고가 2001년 7월 30일 납부한 간주취득세 상당액은 동일한 물건의 취득에 대한 이중과세에 해당한다고 할 것이다.

〈사례〉 국가 등에 기부채납조건에 해당되어 비과세된 부동산을 소유한 법인의 과점주주

국가·지방자치단체·지방자치단체조합(이하 '국가 등')에 귀속 또는 기부채납(이하 '기부채납 등')을 조건으로 부동산을 취득한 법인의 과점주주가 되어 그 부동산을 취득한 것으로 간주되더라도 과점주주로 된 자가 그 기부채납 등의 효력을 부인할 수 없고, 따라서 그 부동산을 여전히 최종적으로 국가 등에 귀속될 것인 점, 과점주주가 당해 법인으로부터 실제로 그 부동산을 취득하는 경우에는 종전 기부채납계약을 승계하거나 새로이 국가 등과 기부채납계약을 체결함으로써「지방세법」제106조 제2항의 적용을 받을 수 있는데, 이와 실질적으로 동일하다고 보아 과세하는 간주취득에 있어서는 기부채납 등의 효과를 그대로 받음에도 취득세가 부과된다면 형평에 반할 뿐만 아니라「지방세법」제106조의 입법취지에도 부합하지 아니하는 점 등을 고려할 때, 국가 등에 기부채납 등을 조건으로 취득하여 취득세가 비과세된 부동산을 보유한 법인의 과점주주가 됨으로써 그 부동산을 취득한 것으로 간주되는 경우에는 그 과점주주가 기부채납 등의 효력을 부인할 수 없는 이상 그 간주취득 역시「지방세법」제106조 제2항 소정의 국가 등에 기부채납 등을 조건으로 취득한 경우에 해당한다고 봄이 상당하다.

같은 취지에서 원심이, A복합물류 주식회사(이하 'A물류'라 한다)는 30년 후에 국가에 기부채납하는 조건으로 ○시와 ○시에 각각 복합물류터미널 건물 및 구축물(이하 '이 사건 각 부동산')을 신축함으로써「지방세법」제106조 제2항에 따라 취득세가 부과되지 아니한 사실, 원고가 2008년 8월 14일 A물류의 총 발행주식 989만 7,352주 중 839만 2,622주(약 84.8%)를 보유하게 되어 A물류의 과점주주가 된 사실, 원고가 2008년 09월 16일 피고들에게 이 사건 각 부동산 중 원고의 지분비율(약 84.8%)에 해당하는 부분에 대한 취득세와 그에 따른 농어촌특별세를 각 신고납부한 사실을 인정한 다음, A물류의 과점주주가 된 원고가 이 사건 각 부동산 기부채납의 효력을 부인할 수 없는 이상 원고의 이 사건 각 부동산에 대한 간주취득도 국가에 귀속 또는 기부채납을 조건으로 취득한 경우에 해당하므로 「지방세법」 제106조 제2항에 따라 취득세가 부과되지 아니한다고 판단한 것은 정당하고, 거기에 「지방세법」 제105조 제6항, 제106조 제2항 등에 관한 법리를 오해하여 판결에 영향을 미친 잘못이 없다(대법2009두20816, 2011.01.27).

〈사례〉 잔금지급전 등기한 자산

구 「지방세법」 제105조 제2항, 같은 법 시행령 제73조 제1항 및 제2항에서 부동산 등의 취득에 있어 관계법령에 의한 등기 등을 이행하지 아니하였다고 하더라도 잔금을 지급하거나 잔금 완납 이전에 등기 등이 이루어진 때에는 취득으로 보도록 규정하고 있고, 「민법」 제186조에서 부동산에 관한 법률행위로 인한 소유권변동은 그 등기 시에 효력이 발생한다고 규정하고 있으므로, 비록 청구인이 과점주주가 된 때에 이 건 법인이 이 건 부동산 취득에 따른 대금 전부를 납부하지 아니한 상태에 있었다 하더라도 이 건 법인은 등기에 의하여 이 건 부동산의 소유권을 취득하였으므로 이 건 법인은 이 건 부동산을 사실상 또는 법률상 소유하고 있는 것으로 보아야 하겠고, 더구나 과점주주는 과점주주가 된 때에 법인의 자산을 취득한 것으로 의제되며, 이에 따른 취득세의 과세표준은 취득 의제 당시 그 법인의 자산총액을 기준으로 산정하여야 하고, 이 경우 과세표준을 당해 법인의 결산서 기타 장부 등에 의한 자산총액을 기초로 산출하는 경우에는 과점주주가 된 당시의 장부가액을 기준으로 과세표준액을 산출하여야 하는 것이고, 취득세 과세표준이 되는 취득가격은 과세대상 물건의 취득시기를 기준으로 그 이전에 이를 취득하기 위하여 거래 상대방 등에게 지급하였거나 지급하여야 할 일체의 비용을 말하는 것이므로, 청구인이 과점주주가 된 당시 이 건 법인은 이 건 부동산에 대한 소유권을 취득한 상태에 있었고, 이 건 부동산의 취득가액을 법인장부에 계상한 이상, 이 건 부동산 취득에 따른 대금 일부를 미지급한 상태에 있다 하더라도 이로 인해 이 건 부동산의 사실상 취득가액이 변동되는 것은 아니라 할 것이어서 이러한 대금 미지급금을 포함한 전체 취득비용(간접비용 포함)에서 그 주식소유비율을 곱하여 산정한 금액이 과점주주 간주 취득세 과세표준이 된다 할 것이다(조심2009지753, 2010.09.08).

XI. 과세표준의 안분

수개의 과세대상물건을 그 대금을 구분하지 아니하고 일괄취득한 경우에는 과세대상 별로 취득가액을 안분하여야 한다. 왜냐하면 취득세는 과세대상과 비과세대상을 구분 하여야 할 필요가 있고, 그 과세대상별로 그 세율이 다르기 때문에 어떤 방법으로 구분 하느냐에 따라 세액이 달라지기 때문이다.

토지와 건축물 등을 한꺼번에 취득하여 토지 또는 건축물 등의 취득가격이 구분되지 아니하는 경우에는 한꺼번에 취득한 가격을 토지와 건축물 등의 시가표준액 비율로 나 눈 금액을 각각의 취득가격으로 한다. 한편, 시가표준액이 없는 과세물건이 포함되어 있 으면 토지와 건축물 등의 감정가액 등을 고려하여 시장·군수가 결정한 비율로 나눈 금액 을 각각의 취득가격으로 한다.

그리고 특정 종류의 과세대상자산이 과세와 비과세로 구분되거나, 그 귀속자를 구분 할 필요가 있을 때에는 건축물의 경우에는 연면적을 기준으로, 토지의 경우에는 그 토지 면적을 기준으로 안분하여 과세표준을 계산한다.

〈사례〉 상가주택 과세표준의 안분

상가주택을 취득한 후 주택부분과 상가 부분을 구분하여 취득가액을 신고한 경우에 는 각각의 시가표준액과 신고가액을 비교한 후 높은 금액을 취득세 과세표준으로 적용 하되, 주택 부분에 대해서는 「공인중개사의 업무 및 부동산거래신고에 관한 법률」에 따 라 검증된 가액이 있다면 그 가액을 취득세 과세표준으로 적용한다(지방세운영-4724, 2011.10.07).

〈사례〉 조합원용과 일반분양용의 안분

주택조합이 일반분양 아파트와 조합원용 아파트를 함께 건축하면서 총공사비를 조합원용과 일반 분양용 아파트 연면적비율에 따라 안분하여 취득세 과세표준을 산정함은 정당하다(감심2004-56, 2004.08.12).

주택조합은 조합원용 및 일반분양용 아파트와 상가 등을 함께 도급계약하여 시공하였기 때문에 조합원용 아파트만의 건축비를 산정하기가 어려울 뿐 아니라 시공회사의 아파트 분양원가 공개를 강제할 수 없으므로 조합원용 아파트의 정확한 건축비를 산정하기는 현실적으로 어렵다 할 것이므로 총 공사비를 일정기준에 따라 배분하는 것 외에 달리 방법이 없다.

「부가가치세법시행령」 제61조 제4항의 규정에 따라 주택조합이 부가가치세 납부대상이 되는 일반분양용 아파트의 매입세액을 안분계산할 때에도 연면적 기준에 따라 배분하고 있다. 위와 같이 주택조합이 총 공사비를 조합원용과 일반분양용 아파트의 연면적에 따라 안분하여 조합원별 취득세 과세표준을 산정한 것은 정당하다 할 것이다.

〈사례〉 조합원의 취득세과세표준 안분

주택재건축조합원이 취득한 주택의 취득세 과세표준 산정시 총 공사금액을 공동주택 총 연면적에서 당해 조합원 소유의 개별 주택 연면적이 차지하는 비율로 안분계산한다(조심2008지1047, 2009.04.08). 주택재건축조합이 당해 조합원용으로 취득하는 조합주택용 부동산은 그 조합원이 취득한 것으로 본다고 규정하고 있으므로, 재건축조합의 공동주택 신축취득으로 인한 취득세의 납세의무자는 조합원들이라 하겠고, 조합원용 공동주택은 조합원이 공동명의로 공동주택을 신축하여 취득한 것이어서 공동주택에 대한 취득세 등의 과세표준은 분양가격에 표시된 건축비가 아니라 실제 건축에 소요된 비용으로 보아야 하므로, 조합원 소유의 개별 공동주택에 대한 취득세 등의 과세표준 산정 또한 공동주택 건립에 따른 총 공사비용을 공동주택 연면적에서 조합원 소유의 개별 주택 연면적이 차지하는 비율로 안분계산하여 산정함이 타당하다.

〈사례〉 철거목적의 건축물취득

법인이 주택건설을 위해 토지와 건물을 함께 취득한 경우 그 건물은 지장물에 불과하다 하여 토지만의 취득가액으로 단정할 수 없고 장부 등에 의해 입증되지도 않으므로 총

취득가액을 취득당시의 과세시가표준액으로 안분계산해 각각 토지와 건물의 취득가액으로 함이 정당하다(대법97누5121, 1998.11.27).

〈사례〉 감정가액기준 안분

이 건 부동산의 취득가격에는 토지와 건축 중인 건축물의 가액 등이 포함되어 있고, 청구법인과 매도자의 법인장부 상 토지와 건축 중인 건축물 등의 가액이 구분되지 아니하므로, 취득일(2009.07.10) 현재 이 건 부동산의 감정가액 등을 고려하여 건축 중인 건축물의 가액을 제외한 금액을 취득가격으로 하여 취득세 등을 산출하여야 함에도 감정가액이 아닌 대한주택보증㈜가 분양대금을 회수하기 위하여 내부규정에 따라 산출한 가액을 감정가액으로 보아 이 건 취득세 등의 과세표준을 산정한 것은 잘못이라 할 것이므로 취득일 현재 이 건 부동산의 감정가액을 재조사하여 과세표준액과 세액을 경정하는 것이 타당하다(조심2011지640, 2012.02.16).

〈사례〉 과세대상과 비과세대상의 일괄취득

과세표준은 취득 당시의 가액으로 하되 그 취득 당시의 가액은 원칙적으로 취득자가 신고한 가액에 의하도록 규정하고 있다. 취득 당시 1필지 토지 중 일부만이 취득세 비과세대상인 경우에는 비과세대상 부분을 제외한 나머지 과세대상 부분에 관하여만 취득세의 과세표준을 산정하여야 한다. 이 경우 취득자가 1필지의 토지를 취득하면서 그 부분별 가치의 우열을 가리지 않고 토지 전체를 일괄하여 대금을 정하여 매수하였다면 이는 토지 전체를 단위면적당 균일한 가격으로 매수한 것으로 볼 수 있으므로, 과세대상 부분에 대한 취득세의 과세표준이 되는 취득 당시의 가액은 해당 토지 전체의 취득가액 중 해당 토지의 전체 면적에서 과세대상 부분의 면적이 차지하는 비율에 따라 안분하여 산정된 가액으로 봄이 타당하다(대법원 1995.02.24 선고, 94누10184 판결; 대법원 2013.06.13. 선고, 2011두18441 판결 등 참조)(대법2012두16404, 2014.09.26).

Chapter 02 | 사실상의 취득가액적용

Ⅰ. 개요

사실상의 취득가액을 적용하여야 하는 취득에 대하여는 시가표준액을 적용하지 아니하고 사실상의 취득가격 또는 연부금액을 과세표준으로 한다. 이때 사실상의 취득가격 또는 연부금액이 시가표준액보다 작더라도 사실상의 취득가격이 과세표준이 된다. 사실상의 취득가액의 적용대상요건이 충족된 경우에는 납세의무자의 신고유무 및 신고금액 등에 관계없이 입증된 사실상의 취득가격으로 과세표준을 결정한다.

Ⅱ. 사실상의 취득가액 적용대상

1. 국가, 지방자치단체 또는 지방자치단체조합으로부터의 취득

국가·지방자치단체 또는 지방자치단체조합으로부터 취득한 경우에는 거래상대방인 국가 등의 회계문서에 의해 취득가격이 입증되므로 취득세 과세표준은 신고가격이나 시가표준액 중 큰 것을 적용하지 아니하고, 그 사실상의 취득가격을 과세표준으로 한다.

2. 외국으로부터의 수입에 의한 취득

납세자가 외국으로부터 수입에 의하여 취득세 과세물건을 취득하는 경우에는 수입가격이 수입면장 등에 의해 확인되므로 사실상의 취득가격을 과세표준으로 한다.

3. 판결문·법인장부 중 취득가격이 증명되는 취득

(1) 판결문

민사소송 및 행정소송에 의하여 확정된 판결문에 의하여 취득가격이 증명되는 취득은 사실상의 취득가격을 적용한다. 그러나 화해·포기·인낙 또는 의제자백에 의한 것은 제외한다.

판결문에서의 판결이란 최소한 그 취득가액 또는 매도가액이 쟁점의 대상이 된 판결이어야 하며 소유권, 매매대금과 관련 없는 소송 중에 참고자료 또는 증거자료로 활용된 취득가액까지 판결문에서 확인된다 하여 과세표준으로 결정할 수는 없다.

또한 사실상 취득가액 적용대상의 하나로 '민사소송 및 행정소송 등에 의하여 확정된 판결문에 따라 취득가격이 증명되는 취득'을 들고 있는바, 법원의 조정조서는 민사소송 및 행정소송에 의하여 확정된 판결문이 아니므로 그 기재금액을 사실상의 취득가격으로 인정할 수 는 없다(조심2012지556, 2012.10.22).

(2) 법인장부

법인장부는 금융회사의 금융거래 내역 또는 「부동산가격공시 및 감정평가에 관한 법률」 제32조에 따른 감정평가서 등 객관적 증거서류에 의하여 법인이 작성한 원장·보조장·출납전표·결산서 등이다.

2014년 1월 1일 시행령 개정시, 취득세 탈루를 방지하기 위하여 금융기관의 금융거래 내역, 감정평가서 등 객관적 증거서류에 의하여 작성된 것으로 판단되는 법인장부에 적힌 취득가격만을 과세표준으로 인정하도록 하였다. 법인장부에 의하여 확인되는 경우는 법인자체가 취득하는 것뿐 아니라 개인 등이 법인으로부터 취득하는 경우까지를 포함한다.

만약, 법인장부가액으로 취득세 등을 신고할 경우 동 장부가액이 시가표준액보다 현저히 낮더라도 조작된 것으로 인정되지 않는 이상, 취득세 등의 과세표준으로 적용한다. 한편, 법인장부에 부동산 등의 매매가액을 허위로 과대 계상한 경우라고 할지라도 부동산 등의 매매가액이 감액된 사실이 당해 사업년도의 결산서·토지원장·현금(예금)계정 등에서 입증되는 경우라고 한다면 입증된 가액이 과세표준이 된다.

4. 공매방법에 의한 취득

공매(公賣)란 국가기관에 의해 이루어지는 공적(公的) 경매를 말한다. 공매에는 담보권의 실행방법으로 행하여지는 임의경매(任意競賣: 민사집행법 제264조 내지 275조)와 강제집행의 수단으로 이루어지는 강제경매(强制競賣)가 있다. 강제경매는 사법상의 권리의 실현을 위하여 「민사집행법」 제80조 내지 162조에 따라 행하여지는 경우와 공법상의 권리의 실현을 위하여 국세징수법(61조)에 따라 행하여지는 경우로 구별할 수 있다. 따라서 공매방법에 의한 취득은 「민사소송법」에 의한 경매를 포함한다.

5. 신고·검증된 취득

「공인중개사의 업무 및 부동산거래신고에 관한 법률」 제27조에 따른 신고서를 제출하여 같은 법 제28조에 따라 검증이 이루어진 취득에 대하여는 실지거래가액에 의한다. 그러나 검증 결과 부적정 판정을 받은 경우에는 검증이 이루어진 취득으로 볼 수는 없으므로 사실상 취득가액 적용대상이라 할 수 없다.

관련법령

공인중개사의 업무 및 부동산 거래신고에 관한 법률

제27조(부동산거래의 신고)

① 거래당사자(매수인 및 매도인을 말한다. 이하 이 조에서 같다)는 다음 각 호의 어느 하나에 해당하는 부동산 또는 부동산을 취득할 수 있는 권리에 관한 매매계약을 체결한 때에는 부동산 등의 실제 거래가격 등 대통령령이 정하는 사

항을 거래계약의 체결일부터 60일 이내에 매매대상부동산(권리에 관한 매매계약의 경우에는 그 권리의 대상인 부동산)소재지의 관할 시장·군수 또는 구청장에게 공동으로 신고하여야 한다. 다만, 거래당사자 중 일방이 신고를 거부하는 경우에는 국토교통부령으로 정하는 바에 따라 상대방이 단독으로 신고할 수 있다.

1. 토지 또는 건축물
2. 「도시 및 주거환경정비법」 제48조의 규정에 따른 관리처분계획의 인가로 인하여 취득한 입주자로 선정된 지위
3. 「주택법」 제16조의 규정에 따른 사업계획승인을 얻어 건설공급하는 주택의 입주자로 선정된 지위

② 중개업자가 제26조 제1항에 따라 거래계약서를 작성·교부한 때에는 제1항에도 불구하고 해당 중개업자가 제1항에 따른 신고(공동으로 중개하는 경우에는 공동으로 신고하여야 한다)를 하여야 한다.

③ 제1항 또는 제2항의 규정에 의하여 신고를 받은 시장·군수 또는 구청장은 그 신고내용을 확인한 후 신고필증을 신고인에게 즉시 교부하여야 한다.

④ 중개업자 또는 거래당사자가 제3항에 따른 신고필증을 교부받은 때(제1항 단서에 따라 매도인이 신고필증을 교부받은 때를 포함한다)에는 매수인은 「부동산등기특별조치법」 제3조 제1항에 따른 검인을 받은 것으로 본다.

⑤ 부동산거래신고에 관하여 다음 각 호의 행위를 하여서는 아니 된다.

1. 거래당사자가 중개업자로 하여금 제2항에 따른 부동산거래신고를 하지 아니하게 하거나 거짓된 내용을 신고하도록 요구하는 행위
2. 제1항·제2항 또는 제6항에 따른 신고 의무자가 아닌 자가 거짓된 내용의 부동산거래신고를 하는 행위
3. 제1항·제2항 또는 제6항에 따른 부동산거래신고에 대하여 거짓신고를 조장하거나 방조하는 행위

⑥ 「주택법」 제80조의 2에 따른 주택거래신고지역의 주택에 대하여 중개업자가 주택거래계약서를 작성하여 교부한 경우에는 중개업자가 제1항 및 제2항에 따라 신고하여야 한다. 이 경우 제1항에도 불구하고 그 신고기간은 주택거래계약의 체결일부터 15일 이내로 한다.

⑦ 제6항에 따라 중개업자가 주택거래계약서를 작성하여 교부한 경우에 그 계약을 체결한 당사자에게는 「주택법」 제80조의 2 제1항을 적용하지 아니한다.

⑧ 「주택법」 제80조의 2 제1항에 따른 주택거래신고를 한 경우(이 법 제27조 제6항에 따라 신고하여야 하는 경우를 제외한다)에는 제1항 및 제2항을 적용하지 아니한다.

⑨ 제1항·제2항 및 제6항에 따른 신고의 절차 그 밖에 필요한 사항은 국토교통부령으로 정한다.

제28조 (부동산거래 신고가격의 검증 등)

① 국토교통부장관은 공정하고 투명한 부동산거래질서를 확립하기 위하여 제27조의 규정에 의하여 신고를 받은 부동산거래내용 및 「부동산 가격공시 및 감정평가에 관한 법률」에 의하여 공시된 토지 및 주택의 가액 그 밖의 부동산가격정보를 활용하여 부동산거래가격 검증체계를 구축·운영하여야 한다.

② 시장·군수 또는 구청장은 제27조의 규정에 의한 신고를 받은 때에는 제1항의 규정에 의한 부동산거래가격 검증체계에 의하여 그 적정성을 검증하여야 한다.

③ 시장·군수 또는 구청장은 제2항의 규정에 의한 검증결과를 당해 부동산 소재지 관할 세무관서의 장에게 통보하여야 하며, 통보받은 세무관서의 장은 당해 신고사항을 국세 또는 지방세 부과를 위한 과세자료로 활용할 수 있다.

〈사례〉 법인격없는 사단재단

취득세 과세표준을 사실상의 취득가격으로 하는 '법인장부에 의해 취득가격이 입증되는 경우'에 있어 '법인'에는 법인격없는 사단·재단은 해당하지 않는다(세정13407-573, 2000.05.01).

〈사례〉 지방자치단체에 해당하는지의 여부

청구인은 A연구단지주택조합연합회가 지방자치단체조합이며 이 조합에 의해 작성된 분양계약서, 세금계산서 등이 표시하는 가격에 의함이 정당하며, 이러한 실거래가격을 무시하고, 시가표준액에 의해 과세처분이 부당하다고 주장하고 있지만, 우선 A연구단지 주택조합연합회가 지방자치단체조합에 해당되는 여부를 살펴보면, 지방자치단체조합 이란 「지방자치법」 제149조 제1항의 규정에 의거 2개 이상의 지방자치단체가 하나 또는 둘 이상의 사무를 공동으로 처리할 필요가 있을 때 규약을 정하여 당해 지방의회의 의결 을 거쳐 시·도는 행정자치부장관의, 시·군 및 자치구는 시·도지사의 승인을 얻어 설 립하도록 하고 있는바, A연구단지주택조합연합회는 이러한 요건을 충족시키지 못함으 로 지방단체조합이라는 청구인의 주장은 받아들일 수 없다 하겠다.

A연구단지주택조합연합회가 법인격을 가지느냐 여부에 대해 살펴보면, 청구인이 「주 택건설촉진법」 제44조의 규정에 의하여 설립되었기 때문에 법인이라는 주장은 같은 법 시행령 제42조 주택조합의 설립에 법인 여부에 대해 아무런 제약요건을 두지 않고 있고, 또 청구인이 제출한 등록번호등록증명서(유성구청장, 2514-00140, 2000.03.28)에서도 법인이 아닌 사단·재단으로 등록번호가 부여되었고 또 청구인이 별도로 동 조합이 법 인임을 입증하지 못하고 있는 이상, 「지방세법」 제111조 제5항에서 규정하고 있는 사실 상 취득가격의 적용을 할 수 없다 할 것이다(지방세심사2000-834, 2000.11.28).

〈사례〉 공개 경쟁입찰

'공매'라 함은 국가기관·지방자치단체가 강제권한에 기하여 행하는 매매로서 「국세 징수법」 및 「지방세법」에 의한 압류재산을 환가하기 위한 매각과 「민사소송법」에 의한 경매 등을 의미하는 것이므로 청구인이 위 연합회에서 실시한 공개경쟁입찰에 참가하 여 이 사건 부동산을 취득하였다 하더라도 이를 공매방법에 의한 취득으로 볼 수 없다 하겠고, 또한 위 연합회는 등기되지 아니한 법인격이 없는 「민법」상의 비법인 사단일 뿐만 아니라 동 연합회의 원장 등 장부에 의하여 실지거래가액이 확인되지 아니하므로「지방세법」관계규정에 따른 사실상의 취득가격을 과세표준으로 할 수 있는 대상은 아니라고 하겠다(감심2001-94, 2001.09.11).

〈사례〉 사실상의 취득가액

법 제10조 제5항 소정의 법인장부 등이 당해 부동산 취득 시나 취득에 따른 취득세의 신고납부 시 또는 과세관청에 의한 취득세의 최초 부과 시에 제출된 것에 한하는 것은 아니다. 그러므로 취득 당시의 가액으로 신고하였더라도 그 후 법인장부 등에 의하여 사실상의 취득가액 입증되면 그 사실상의 취득가액이 과세표준이 되는 것이다(대법95누1491, 1996.12.06).

〈사례〉 법인과의 거래가 아닌 경우

청구인이 제시한 견적서나 자재구입대금 지급내역서는 모두 법인과의 거래에서 발생한 증빙자료가 아니므로 당해 대금지역내역서 등만으로 쟁점건축물의 실제 취득가액이 입증되는 경우라고 보기는 어렵다 하겠으므로 쟁점건축물의 취득세 과세표준은「지방세법」제10조 제1항 및 제2항의 규정에 의하여 신고가액이나 시가표준액 중 높은 금액으로 하여야 할 것이라고 보여지는데 청구인이 신고한 가액이 시가표준액에 미달하므로 이 건의 경우 시가표준액을 쟁점건축물의 취득세 과세표준으로 보아야 할 것이다(조심2013지866, 2014.03.10).

〈사례〉 임시건축물

가설건축물 설치에 따른 취득세 과세표준은 임대사업자의 법인장부 중 대통령령으로 정하는 것에 따라 취득가격이 증명되는 가격으로 하되 개인 임대사업자의 경우 취득가격이 나타나지 않을 경우에 있어서는 시가표준액표 참조하여 산정하게 되며, 가설건축물의 취득세 납세의무자는 비록 컨테이너를 임차하여 설치하였다 하더라도 사실상 설치하고 사용하는 자에게 있다.

〈사례〉 개인의 법인과의 거래

개인이 법인으로부터 오피스텔을 매매에 의하여 취득한 후 시가표준액으로 신고하였다 하더라도 법인장부에 의하여 사실상의 취득가격이 입증된다면 입증된 가액이 취득세 등 과세표준이 된다(지방세운영-2123, 2008.11.11) 또한, 개인이 법인과 도급계약에 의하여 건물을 신축한 경우라면 취득세의 과세표준은 공사도급계약 내용이 포함된 법인장부에 의하여 실제로 입증되는 취득가격이 과세표준이 되는 것이다(세정-3053, 2007.08.06). 건물 신축에 따른 과세표준은 건설원가 즉 건축공사비와 그 부대비용의 합계액이라 하겠고, 그 건축공사가 법인도급계약에 의한 경우에는 그 도급계약서상 공사대금이 사실상의 취득가액이 되는 것이다.

〈사례〉 세무조사결과에 의한 취득가액변동

취득한 부동산가액이 국세청의 세무조사 결과 과대계상 회계처리 되었음이 확인되어 동 법인이 법인세를 수정 신고함으로 인하여 부동산의 취득가액이 감액된 사실이 수정 법인장부로 입증되는 경우 기납부한 취득세는 환부대상이 된다(세정-7774, 2009.07.01).

법인장부에 의하여 취득가격이 입증되는 경우에는 사실상의 취득가격을 과세표준으로 한다. 법인장부에 부동산 매매가액을 허위로 과대 계상한 경우라고 할지라도 부동산 매매가액이 감액된 사실이 당해 사업년도의 결산서·토지원장·현금(예금)계정 등에서 입증되는 경우라고 한다면 수정된 부동산 매매가액을 과세표준으로 삼는 것이 타당하다는 행정자치부 유권해석(지방세정팀-5208, 2006.10.24) 등에 비추어 볼 때, 취득한 부동산가액이 국세청의 세무조사 결과 과대계상 회계처리 되었음이 확인되어 동 법인이 법인세를 수정 신고함으로 인하여 부동산의 취득가액이 감액된 사실이 수정 법인장부로 입증된다고 한다면, 기납부한 취득세 중 취득가액 차액분에 대한 세액은 환부대상이 된다.

〈사례〉 국가와의 교환계약

국가와 교환계약을 하여 감정평가를 하였더라도 교환대상물의 가치를 산출하는 것에 불과하므로 사실상 취득가액은 법인장부상 등재되어 있는 가액으로 보는 것이 타당하다(지방세심사2006-410, 2006.09.25).

〈사례〉 표준도급계약서

　표준도급계약서는 사실상 취득가액을 인정할 수 있는 법인장부에 해당하지 않는다(대법2008두22044, 2009.02.26).

Ⅲ. 사실상 취득가액

1. 사실상의 취득가액의 범위

　취득가격 또는 연부금액은 취득시기를 기준으로 그 이전에 해당 물건을 취득하기 위하여 거래 상대방 또는 제3자에게 지급하였거나 지급하여야 할 직접비용과 간접비용의 합계액으로 한다. 한편, 취득대금을 일시급 등으로 지급하여 일정액을 할인받은 경우에는 그 할인된 금액을 취득가액으로 한다.

2. 과세표준에 포함되는 취득비용의 요건

(1) 취득물건의 취득관련 비용

　해당물건을 취득하기 위한 비용이어야 한다. 따라서 취득의 대상이 아닌 물건이나 권리에 관한 것이어서 당해 물건 자체의 비용이라 볼 수 없는 것은 과세대상물건의 취득을 위하여 당해물건의 취득시기 이전에 그 지급원인이 발생 또는 확정된 것이라 하더라도 당해 물건의 취득가격에 포함되지 아니한다.

(2) 지급상대방

　취득세의 과세표준은 당해물건을 취득하기 위하여 거래상대방 또는 제3자에게 지급한 비용이다. 따라서 과세표준에 포함되는 취득가격의 지급대상은 과세물건의 취득을 위해 거래상대방 이외에 제3자에게 지급한 비용까지도 포함된다.

(3) 지급시기

취득가격은 과세대상물건의 취득시기 이전에 거래상대방 또는 제3자에게 지급원인이 발생 또는 확정된 것이다. 따라서 취득시점 이전에 지급원인이 발생된 것이라면 취득시기 이전에 지급한 비용은 물론 취득시점 이후에 지출된 비용이 취득을 위하여 소요된 비용임이 확인되는 경우에는 과세표준에 포함된다.

3. 취득부대비용

취득세 과세대상물건의 취득과 관련한 다음의 비용은 취득세의 과세표준에 포함되는 간접비용에 해당한다.

(1) 건설자금이자

건설자금이자는 건설자금에 충당한 차입금의 이자 또는 이와 유사한 금융비용이다. 취득세의 과세표준에 포함되는 건설자금에 충당하는 이자는 당해 과세대상 물건의 취득시점을 기준으로 그 이전에 발생된 이자만을 포함하는 것이고 취득일 이후에 발생한 건설자금이자는 취득세 과세표준에 포함되지 아니한다. 따라서 취득시점 이전에 지급한 이자가 취득 시점 이후 발생되는 이자를 선급한 경우라면 취득가격에 포함되는 건설자금이라 할 수 없다.

「지방세법」에서는 건설자금에 충당한 금액의 이자를 취득에 소요된 비용에 포함하도록 규정하고 있고, 기업회계기준서에서는 금융비용은 원칙적으로 기간비용으로 하되 자본화대상자산(유형자산, 무형자산 및 투자자산과 제조, 매입, 건설, 또는 개발이 개시된 날로부터 의도된 용도로 사용하거나 판매할 수 있는 상태가 될 때까지 1년 이상의 기간이 소요되는 재고자산)의 취득과 관련된 차입금으로 인하여 발생한 금융비용은 자본화할 수 있도록 하고 있다. 따라서 「지방세법」에서는 회계처리방법의 차이에 상관없이 건설자금의 이자가 있는 경우에는 이를 취득세의 과세표준에 포함 한다.

(2) 할부이자 등

할부 또는 연부(年賦) 계약에 따른 이자 상당액 및 연체료는 취득세의 과세표준에 포함되는 간접비용에 해당한다. 다만, 법인이 아닌 자가 취득하는 경우 할부이자는 취득가격에서 제외한다.

개인과 법인의 할부이자 등 과세표준에 포함여부

구분	연체료	할부이자	연부이자
개인	×	×	○
법인	○	○	○

「지방세법」에서 연부취득에 대한 개념은 정립되어 있으나 할부취득에 대한 개념이 불명확하다. 그러나 연부취득에 대한 개념이 명확하므로 개인이 연부취득으로 볼 수 없는 취득에 이자를 지급한 경우에는 취득세 과세표준에서 제외하여야 한다.

(3) 농지보전부담금 등

「농지법」에 따른 농지보전부담금, 「산지관리법」에 따른 대체산림자원조성비 등 관계 법령에 따라 의무적으로 부담하는 비용은 취득세의 과세표준에 포함되는 간접비용에 해당한다.

(4) 취득용역비

취득에 필요한 용역을 제공받은 대가로 지급하는 용역비·수수료는 취득세의 과세표준에 포함되는 간접비용에 해당한다.

(5) 부담액과 채무인수액

취득대금 외에 당사자의 약정에 따른 취득자 조건 부담액과 채무인수액은 취득세의 과세표준에 포함되는 간접비용에 해당한다.

(6) 국민주택채권 매각차손

부동산을 취득하는 경우 「주택법」 제68조에 따라 매입한 국민주택채권을 해당 부동산의 취득 이전에 양도함으로써 발생하는 매각차손은 취득세의 과세표준에 포함되는 간접비용에 해당한다. 이 경우 행정자치부령으로 정하는 금융회사 등외의 자에게 양도한 경우에는 동일한 날에 금융회사 등에 양도하였을 경우 발생하는 매각차손을 한도로 한다.

(7) 기타 이에 준하는 비용

기타 이에 준하는 비용은 취득세의 과세표준에 포함되는 간접비용에 해당한다. 「지방세법 시행령」 제18조에서 기타 이에 준하는 비용을 포함하도록 하고 있으므로 동 조항은 예시적 열거주의로 보아야 하므로, 열거되지 아니한 비용이라 할지라도 이러한 조건에 해당되는 간접비용은 취득세 과세표준에 포함되는 것이다.

〈사례〉 매도자의 채무변제액 및 대출수수료

법인이 토지를 법원경매로 낙찰 받아 취득하면서 전 토지소유자의 채무액과 은행융자에 따른 대출수수료를 변제한 것으로 법인장부에 기재되어 있는 경우 취득세 등의 과세표준에 포함된다(조심2008지302, 2008.09.11). 취득세의 과세표준이 되는 취득가격은 과세대상물건의 취득시기를 기준으로 그 이전에 당해 물건을 취득하기 위하여 거래 상대방 또는 제3자에게 지급하였거나 지급하여야 할 일체의 비용이 되는 것이므로 법인장부상 건설용지계정과 지급수수료 계정에 기재되어 있는 채무변제액과 대출수수료는 토지를 취득하기 위하여 지급된 간접비용에 해당된다고 보아야 할 것이므로 과세표준에 포함되어야 한다.

〈사례〉 명도비용

부동산의 명도의무를 매수자의 책임과 비용으로 하는 부동산 매매계약에서 부동산의 명도비용은 취득가격에 포함되며, 매도자가 세입자에게 명도비를 지급한 다음 매수자가 매도인에게 그 대금을 지급한 경우에도 취득가격에 포함된다(조심2008지280, 2008.09.02).

〈사례〉 프리미엄

재개발 아파트 조합원의 지위를 승계받는 경우 적용되는 취득세 등 과세표준은 토지가액과 프리미엄의 합계액으로 한다(지방세운영-748, 2008.08.25).

〈사례〉 이중계약서

정당한 거래가액을 취득가격으로 하여 취득신고를 하였어야 할 것임에도 불구하고 허위로 이중 매매계약서를 작성하여 취득신고를 하였다면 당해 취득신고가액은 정당한 과세표준이 될 수 없다(지방세심사2007-657, 2007.11.26). 이중계약서를 작성하여 시가표준액보다 높은 가액으로 취득신고를 하는 경우 적법한 신고로 과세표준이라 할 수 있는지에 대하여 살펴보면, 취득세의 과세표준에 관한 「지방세법」의 취지는 납세의무자가 사실상 취득가액으로 신고한 금액을 원칙적인 과세표준으로 하고, 신고를 하지 아니한 경우 또는 신고를 하더라도 신고가액이 시가표준액에 미달하는 경우에는 시가표준액을 과세표준으로 하되, 사실상의 취득가액의 적용대상요건이 충족된 경우에는 납세의무자의 신고 유무 및 금액 등에 관계없이 입증된 사실상의 취득가격으로 과세표준을 정한다는 것이고, 취득 등기 당시의 가액이라 함은 정당한 거래가액을 의미한다고 보아야 할 것이며, 「지방세법」의 규정은 이러한 정당한 취득가액을 신고하는 것을 전제로 하여 적용하여야 하는 것이며, 이와 같이 정당한 거래가액을 취득세 등의 과세표준으로 하는 것이 올바른 거래관행 확립과 조세형평의 원리상 타당하다고 할 것으로서, 이러한 정당한 거래가액을 취득가격으로 하여 취득신고를 하였어야 할 것임에도 불구하고 허위로 이중 매매계약서를 작성하여 취득신고를 하였다면 당해 취득신고가액은 정당한 과세표준이 될 수 없다 할 것이고, 이러한 허위로 신고된 거래가격이 취득 당시 과세시가표준액보다 높은 금액이라고 하여 이를 인용하는 것은 조세정의 및 조세형평의 원칙에 비추어 불합리하다 할 것이다.

〈사례〉 개발이익금(대출수수료)

개발이익금(대출수수료)은 토지를 취득하기 위하여 제3자인 금융기관에 지급한 일체의 비용에 해당하므로 토지의 취득가격에 포함된다(지방세심사2007-157, 2007.03.26).

〈사례〉 주민이주비 등

토지취득가액과 별도로 지급한 지상건물 이전보상비 및 주민이주비, 전사업자의 사업손실보전비 등은 토지취득과 견련된 비용으로 볼 수 있다(지방세심사2006-405, 2006.09.25).

〈사례〉 철거대상건축물과 토지의 일괄취득

건축물이 있는 토지 매매 시 건축물에 대한 매매가격을 명시하지 아니하고 철거보상비 등으로 일괄 계약하였다 하더라도 건축물이 존재하는 경우에는 당해 건축물 가액은 취득세 과세표준에 포함하는 것이다(세정-3390, 2006.07.31).

〈사례〉 임차보증금의 인수

경매 시 대항력 있는 임차보증금을 인수하는 경우 그 금액은 경락취득 부동산을 취득하기 위하여 지급된 일체의 비용에 해당하여 취득세 과세표준에 포함된다(대구세정-1760, 2011.02.17).

「주택임대차보호법」 제3조 제1항에서 임대차는 그 등기가 없는 경우에도 임차인이 주택의 인도와 주민등록을 마친 때에는 그 다음 날부터 제3자에 대하여 효력이 생기고, 같은 조 제3항에서는 임차주택의 양수인(그 밖에 임대할 권리를 승계한 자를 포함)은 임대인의 지위를 승계한 것으로 본다고 규정하고 있으며, 같은 법 제3조의5에서 임차권은 임차주택에 대하여 「민사집행법」에 따른 경매가 행하여진 경우에는 그 임차주택의 경락에 따라 소멸한다. 다만, 보증금이 모두 변제되지 아니한, 대항력이 있는 임차권은 그러하지 아니하다고 규정하고 있다.

부동산을 경매로 취득함에 있어 낙찰 당시 「주택임대차보호법」 제3조의 규정에 의하여 대항력 있는 임차인에게 지급할 임차보증금에 대한 채무를 인수한 것이고, 대항력 있는 임차인은 추후 경락인에게 임차보증금의 반환을 청구할 수 있으므로, 대항력 있는 임차보증금 중 배당금을 제외한 금액은 경락취득 부동산을 취득하기 위하여 지급된 일체의 비용에 해당한다고 보아 취득세 과세표준에 포함하는 것이다.

〈사례〉 경매취득 시 유치권 해소비용

부동산 경매취득 시 경락인이 경락금액 이외에 유치권 해소를 위해 유치권자에게 지급한 금액은 취득세 과세표준에 포함된다(세정-4716, 2007.11.12). 유치권은 타인의 물건을 점유한 자가 당해 물건에 관하여 생기는 채권을 가지는 경우 그 변제를 받을 때까지 당해 물건을 유치할 수 있는 권리(물권)로서, 「민사집행법」상 채권의 변제를 받을 때까지 채무자뿐만 아니라 제3자에 대하여 당해 물건의 점유를 계속하고 인도를 거절할 수 있고, 경락인은 유치권자에게 그 유치권으로 담보하는 채권을 변제할 책임을 진다.

그러므로 경락인이 경락금액 이외에 별도로 유치권 해소를 위해 유치권자에게 금액을 지급한 경우라면 이는 취득을 위하여 소요된 비용으로 보아야 하겠으므로(행정자치부 지방세정팀-4521, 2007.11.01; 행정자치부 심사결정 제2005-441호, 2005.09.26; 심사결정 제2004-135호, 2004.05.31 참조), 경락인이 당해 부동산을 취득(경락대금 완납)한 이후 이를 지급하였다 하더라도 취득세의 과세표준에 포함해야 한다.

〈사례〉 상가이전비

주택재건축사업을 추진하는 과정에서 사업지구내의 비조합원이 소유하고 있는 부동산을 취득하면서 상가이전비 명목으로 금전을 지급한 경우 취득세 과세표준에 포함된다(조심2008지566, 2009.04.07). 상가이전비가 상가거래 시 관행상 지급하는 영업권의 대가로서 취득물건과 직접적으로 관련하여 발생한 비용이 아니라고 할 수 있지만 영업권의 대가로서 취득비용과 별개의 비용으로 인정되기 위해서는 당해 영업권을 인정할만한 지리적 여건이나 영업상 무형의 이점 등이 있는지 여부와 구체적인 영업권 대가, 영업권의 승계여부 등을 종합적으로 고려하여 판단하여야 할 것으로서, 부동산을 취득하면서 지급한 상가이전비가 구체적으로 상가 영업권의 대가로 지급한 금액인지 여부가 불분명하고, 이러한 상가 영업권과 관련하여 상가 취득대금과는 별개로 이전비를 지급하였어야 할 필요성이 있었다고 볼 수 있는 특별한 사정도 없으며, 일반적으로 상가 영업권의 경우 상가의 영업을 위한 시설 등을 모두 양도하는 대가로 지급하는 것으로서 그 지상건축물을 철거 후 주택 등을 신축할 토지로서 상가의 영업시설을 양도받을 필요성이 있었다고 보이지도 아니하므로 상가이전비는 상가를 취득하기 위한 직접적인 거래와 관련하여 발생한 비용으로 보인다.

〈사례〉 양도소득세 대납액 등

주택건설을 위하여 취득한 토지대금 이외 별도로 지급한 금융자문수수료, 대출약정수수료, 용역비와 토지매도자가 납부하여야 할 양도소득세 대납금은 취득세 과세표준에 포함한다(조심2009지47, 2009.11.04).

〈사례〉 주택분양보증수수료

주택분양보증수수료를 아파트의 사실상 취득가격에 포함시킬 경우 아파트의 분양시기에 따라 아파트 신축비용이 달라지는 문제가 생기는 점 등을 감안하여 동 수수료는 취득세 과세표준에 해당하지 않는다(대법2010두672, 2010.12.23).

「주택건설촉진법시행령」제43조의5 제1항 제1호 가목에 따르면, 주택분양보증은 사업주체가 파산 등의 사유로 분양계약을 이행할 수 없게 되는 경우 수분양자들에게 당해 주택의 분양(사용검사를 포함)의 이행 또는 입주금의 환급을 책임지는 보증으로서, 사업주체의 신축건물 취득을 보증하기 위한 제도가 아니라 사업주체의 수분양자에 대한 분양계약(판매계약) 이행을 보증하기 위한 제도인 것이다.

한편,「주택공급에 관한 규칙」제7조 제1항에 따르면, 주택분양보증을 받는 것은 사업주체가 착공과 동시에 입주자를 모집하기 위하여 필요한 요건 중의 하나로서 위 요건을 갖추지 못하였다고 하여 사업주체가 신축건물을 취득할 수 없는 것이 아니고, 다만 착공과 동시에 분양을 할 수 없게 될 뿐인 점 등에 비추어 주택분양보증수수료는 그 본질에 있어 주택 분양을 위한 비용이라 할 수 있는 점, 주택분양보증을 통해 착공과 동시에 분양을 하여 그 분양대금을 미리 지급받는다고 하더라도 주택분양보증수수료 자체를 건설자금에 충당한 금액에 대한 이자로 보기는 어렵다.

일반적으로 인정된 기업회계기준에 따르면 주택분양보증수수료는 건물의 취득원가로 회계 처리하는 것이 아니라 판매비와 일반관리비로 처리하고 있는 점 등을 종합하여 볼 때, 분양보증수수료는 부동산 자체의 가격은 물론 그 이외에 실제로 부동산 자체의 가격으로 지급되었다고 볼 수 있거나 그에 준하는 취득절차비용 등 간접비용에도 포함되지 아니한다 할 것이다(조심2010지814, 2011.02.10).

〈사례〉 환경영향평가

취득세 과세표준에는 건물 신축공사비 외에 법령상 부담하여야 할 환경영향평가 등의 용역비가 포함된다.

〈사례〉 아파트 교통시설부담금

교통시설부담금은 사업의 승인 또는 인가 등을 받은 날부터 60일 이내에 부과되므로 과세대상 물건인 아파트를 취득하기 이전에 이미 지급원인이 발생 또는 확정된 비용이고, 아파트를 취득하지 않은 경우에는 지출할 필요가 없는 비용으로서 토지의 효용가치를 증가시키기 위한 비용이라기보다는 아파트의 취득을 위해 지출한 비용으로 그 지출이 필수적으로 요구되는 법정비용이므로 취득세 과세표준에 포함하여야 한다.

〈사례〉 기반시설부담금

「기반시설부담금에 관한 법률(2007.05.11. 법률 제8423호로 개정되기 전의 것)」제2조를 보면 기반시설부담금은 '건축물의 건축행위로 인하여 유발되는 기반시설(도로, 공원, 녹지, 수도, 하수도, 학교, 폐기물처리시설)을 설치하거나 그에 필요한 용지를 확보하기 위하여 부과·징수하는 금액'으로 정의되어 있고, 같은 법 제6조와 제10조를 보면 기반시설부담금은 건축연면적이 200㎡(기존 건축물의 연면적을 포함)를 초과하는 건축물의 건축행위에 대해 건축허가를 받은 날을 기준으로 부과하도록 되어 있다.

'취득가격'에는 과세대상 물건의 취득시기 이전에 거래상대방 또는 제3자에게 지급원인이 발생 또는 확정된 것으로서 당해 물건 자체의 가격은 물론 그 이외에 실제로 당해 물건 자체의 가격으로 지급되었다고 볼 수 있거나 그에 준하는 취득절차비용도 간접비용으로서 이에 포함된다. 기반시설부담금은 건축허가를 받은 날을 기준으로 부과되므로 과세대상 물건인 주택을 취득하기 이전에 지급원인이 발생 또는 확정된 비용이고, 건축연면적이 200㎡를 초과하는 주택을 취득함에 있어서 그 지출이 필수적으로 요구되는 법정비용이므로 주택의 취득가격에 포함된다고 할 것이다(감심2010-120, 2010.11.18).

〈사례〉 컨설팅용역비

컨설팅 용역이 건축물의 신축에 필요한 인·허가나 건축물의 신축을 위한 자금의 대출에 관한 자문이거나, 또는 단순히 분양과 관련된 것이 아니라 건축물의 신축 여부를 결정하기 위한 전제로서의 사업성 검토 등을 포함하고 있다면, 이러한 컨설팅 용역비는 건축물의 신축에 필요불가결한 준비행위로서 건축물의 취득 전에 이루어진 직·간접적인 부대비용에 해당한다고 볼 여지가 있어 과세표준에 포함되어야 할 것이다.

〈사례〉 법무사비용

법인이 건물을 유상승계취득하면서 소요된 법무사 비용은 취득가격에 포함된다(지방세운영-3142, 2010.07.26). 취득에 필요한 용역을 제공받은 대가로 지급하는 용역비·수수료가 취득가격에 포함된다고 규정하고 있고, 법무사 비용은 「법무사법」 제2조 제1항 각 호의 업무용역을 제공함에 따라 그 대가로 지급 받는 것이라고 규정하고 있으며, 이들 법무사의 업무가 취득일 이전에 발생된 경우 법무사 비용은 건물 취득에 필요한 용역을 제공받은 대가로 지급하는 용역비 등으로 볼 수 있어 취득가격에 포함하는 것이 타당하다.

〈사례〉 송전철탑 설치공사의 부대비용

송전철탑 설치공사의 특성상 반드시 설치해야 하는 진입도로 공사비, 삭도장·헬기장 공사비, 훼손지복구비, 대체산림조성비 등은 송전철탑의 취득비용에 포함됨이 타당하다(대법2009두5343, 2009.09.10).

〈사례〉 건설용지입찰 시의 채권매입액

공동주택 건설용지의 분양에 응찰하기 위하여는 반드시 채권을 매입하여야 하고 그 채권매입비용은 전액이 토지 취득을 위한 간접비용으로서 취득세 과세표준에 포함되어야 한다(조심2010지84, 2010.11.05). 「주택법」 제68조 제1항 제4호와 「주택법 시행령」 제91조 제1항 제3호의 규정에 따르면 주거전용면적 85㎡를 초과하는 공동주택을 건설하기 위하여 공공택지를 공급받는 자는 제3종 국민주택채권을 매입하도록 되어 있고, 공동주택 건설용지의 분양에 응찰하기 위해서는 반드시 채권을 매입하여야 하고 그 채권매입금액을 가장 많이 제시한 자를 당첨자로 결정하도록 되어 있으므로, 채권매입비용은 전액이 토지 취득을 위한 간접비용으로서 취득세 과세표준에 포함되어야 한다.

〈사례〉 채권매각차손

건물취득 시점에 국민주택채권을 매각하여 발생한 매각차손은 취득부대비용으로서 취득가격에 포함된다(지방세운영-3142, 2010.07.26). 건물 취득등기를 하기 위해서는 채권매입이 필수적으로 필요하다고 규정하고 있으므로 국민주택채권 매입비용은 간접 취득가격에 포함하는 것이 타당하나, 건물 취득 시점에 그 채권을 매각한 경우라면 당초 채권매입가격에서 매각 당시의 시가와의 차액인 매각차손만이 취득부대비용으로 보는 것이 타당하다(감심2007-168, 2007.12.20 참조).

〈사례〉 가스관 매설공사에 따른 도로포장공사 비용

가스관 매설공사에 따른 도로포장공사 비용은 취득세 과세표준에 포함된다(지방세운영-5004, 2009.11.27).

〈사례〉 공사 현장직원의 복리후생비

건축물 신축공사 시 건축주가 부담하는 건설공사 현장직원의 국민건강보험료, 산재보험료, 국민연금, 고용보험료 및 공사현장에 투입된 산업안전관리비 및 환경관리비는 취득세 과세표준에 포함된다(지방세운영-480, 2008.06.18).

〈사례〉 시스템에어컨

건물 신축공사 시 건물 내부에 설치하는 시스템에어컨 설비는 건물신축에 따른 취득세 등 과세표준에 포함된다(세정-167, 2006.01.16).

4. 취득가액에 포함되지 않는 부대비용

「지방세법」상의 취득가격에는 과세대상물건의 취득시기 이전에 거래상대방 또는 제3자에게 지급원인이 발생 또는 확정된 것으로서 당해 물건 자체의 가격(직접비용)은 물론 그 이외에 실제로 당해 물건 자체의 가격으로 지급되었다고 볼 수 있거나 그에 준하는 취득절차비용도 간접비용으로서 이에 포함된다.

그러나 그것이 취득의 대상이 아닌 물건이나 권리에 관한 것이어서 당해 물건 자체의 가격이라고 볼 수 없는 것 등은 과세대상 물건을 취득하기 위하여 당해 물건의 취득시기 이전에 그 지급원인이 발생 또는 확정된 것이라도 이를 당해 물건의 취득가격에 포함하지 아니한다. 이러한 비용으로서 다음의 어느 하나에 해당하는 비용은 취득가격에 포함하지 아니한다.

① 판매비용: 취득하는 물건의 판매를 위한 광고선전비 등의 판매비용과 그와 관련한 부대비용은 취득가격에 포함하지 아니한다.
② 이용자 자가분담금: 「전기사업법」, 「도시가스사업법」, 「집단에너지사업법」, 그 밖의 법률에 따라 전기·가스·열 등을 이용하는 자가 분담하는 비용은 취득가격에 포함하지 아니한다.
③ 취득물건과는 별개의 권리: 이주비, 지장물 보상금 등 취득물건과는 별개의 권리에 관한 보상 성격으로 지급되는 비용은 취득가격에 포함되지 아니한다. 그것이 과세대상물건이 아닌 다른 물건이나 권리에 관하여 지급된 것이어서 과세대상물건 자체의 가격이라고 볼 수 없는 것이라면 과세대상물건을 취득하기 위하여 그 취득시기 이전에 그 지급원인이 발생 또는 확정된 것이라도 이는 과세대상물건의 취득가격에 포함되지 않는다. 이러한 비용에는 명도비용, 사업권양수비용, 조망권침해 보상금, 인접 피해보상금 등의 비용이 있다.
④ 부가가치세: 부가가치세는 취득가격에 포함하지 아니한다. 취득세 납세의무자가

과세물건 취득을 위하여 국가에 부담한 세금에 대하여 다시 지방자치단체가 취득세를 부담하게 하는 것은 세금에 세금을 과세하는 이중부담을 가져오므로 부가가치세는 취득세 과세표준이 되는 지급비용에서 제외한다. 그러나 부가가치세 이외의 세금에 대하여는 제외한다는 규정이 없으므로 조세법률주의의 원칙상 과세대상에 포함되는 것으로 보아야 한다.

⑤ 기타 이에 준하는 비용: 기타 이에 준하는 비용은 취득부대비용에 포함되지 아니한다.

〈사례〉 명도비용

명도비용은 부동산을 취득하기 위하여 지급한 것이 아니라 건물을 조속히 명도 받아 건물 신축사업을 조속히 실행하기 위하여 임차인들에게 임차권·영업권 등에 대한 보상금 명목 등으로 지급된 것이므로, 부동산의 취득가격에 포함된다고 할 수 없고, 부동산의 매매계약을 체결할 때 이를 활용하기 위해서는 어느 정도의 명도 비용이 든다는 것을 예상할 수 있었다거나, 그 매매계약 체결 전에 부동산의 임차인들에게 일정한 보상금 등을 지급하기로 약정한 상황이었다고 하더라도 취득가격에 포함된다 할 수 없다(대법 2010두24586, 2011.02.24).

〈사례〉 토지매매대금 이외 별도로 지급한 사업권 양수비용

주택건설사업을 위하여 취득한 토지매매대금 이외 별도로 지급한 사업권 양수비용은 취득세 등의 과세표준에 포함되지 아니한다(조심2008지1076, 2009.09.08). 공동주택인 아파트사업을 위하여 매입한 토지, 토지에 진행하여온 공동주택 건설사업계획승인과 관련된 일체의 권리인 '주택건설사업 사업권'을 양도·양수하기로 하고 지급한 사업권양수비용은 토지취득과는 별개의 권리를 취득한 대가를 지불하였다 할 것이므로 토지를 취득하기 위한 '일체의 비용'에 해당하는 것으로 보기는 어렵다.

〈사례〉 조망권침해 보상금

건설업법인이 인근주민의 조망권 침해에 따라 지급한 보상금을 장부상 신축건물의 공사원가로 계상한 경우에도 당해 보상금은 신축건물의 취득세 과세표준에 포함되지 않는다(지방세운영-4295, 2009.10.12).

 '취득가격'에는 과세대상 물건의 취득시기 이전에 지급원인이 발생 또는 확정된 것으로서 당해 물건 자체의 가격은 물론 그에 준하는 취득절차비용도 이에 포함된다 할 것이나, 다만 그것이 과세대상 물건이 아닌 다른 물건이나 권리에 관하여 지급된 것이라면 이는 '취득가격'에 포함되지 아니한다. 건설업 영위법인이 당해 건설공사로 인해 인근 주민의 조망권 침해에 따른 손해를 배상하기 위하여 피해보상금을 지급한 경우, 보상금 등은 건축물을 신축하는 과정에서 발생되는 비용이기는 하나 신축건물을 취득하기 위하여 지급하는 비용이 아니라 별개의 권리에 대하여 손실보전 등을 위해 지급되는 것이므로 법인장부상에 건축물의 공사원가로 계상하였다 하더라도 건축물 신축에 따른 취득가격에서 제외되는 것이 타당하다고 판단된다.

〈사례〉 인접 주민 피해보상금

 공동주택에 인접한 아파트 주민의 피해를 보상할 목적으로 지급한 피해보상금은 공동주택의 취득세 등 과세표준에 포함되지 않는다(감심2009-190, 2009.10.01). 즉, 피해보상금은 취득의 대상이 아닌 물건이나 권리에 관한 것이어서 당해 물건 자체의 가격이라고 볼 수 없는 것이라면 과세대상 물건을 취득하기 위하여 당해 물건의 취득시기 이전에 그 지급원인이 발생 또는 확정된 것이라도 이를 당해 물건의 취득가격에 포함된다고 하기는 어렵다.

〈사례〉 학교용지부담금

 아파트를 건설하면서 부담한 학교용지부담금은 아파트의 취득가액에 포함되지 않는다(감심2009-115, 2009.05.28). 학교용지부담금의 부과·징수 근거법령인 「학교용지확보 등에 관한 특례법」 제2조에 따르면 '학교용지'란 공립 초·중·고교의 교사, 그 밖의 학교시설을 신설할 때 필요한 토지로 정의되어 있고, 같은 법 제4조에 따르면 개발사업 시행자가 학교용지를 시·도에 공급하면 시·도는 학교용지를 확보하여 시·도 교육비 특별회계 소관 공유재산으로 하도록 규정되어 있는 점에 비추어 보면 학교용지부담금은 과세대상 물건인 아파트를 취득하기 위하여 지급하여야 하는 경비이지만 아파트 자체의 가격으로 지급되는 것이 아니라 취득의 대상이 아닌 물건이나 권리, 즉 별도의 과세객체인 토지(학교용지)의 취득을 위하여 그 지급원인이 발생 또는 확정된 것이라고 보아야할 것이므로 학교용지부담금을 아파트의 취득가액에 포함되는 것으로 보기는 어렵다.

〈사례〉 임차인 영업권보상

부동산을 취득한 후 기존건축물을 철거하고 새로운 건축물을 신축하기 위하여 임차인과 영업권보상 및 시설투자에 대한 보상 약정에 따라 보상금을 지급하고 법인장부에 계상하였다 하더라도 이는 취득의 대상이 아닌 물건이나 권리에 관하여 그 지급원인이 발생 또는 확정된 것으로 보아야 할 것이므로 건축물 신축에 따른 취득가격에 포함되기 어렵다.(세정-719, 2008.02.26)

〈사례〉 사업권양수도금액

사업권양수도금액이 과세대상 물건을 취득하기 위하여 취득시기 이전에 지급원인이 발생 또는 확정된 것이라도 주택건설사업 추진과 관련하여 전소유자로부터 사업권 양수에 따른 권리의 대가로 지급한 것이라면 취득세 과세표준에 포함할 수 없다(세정-1004, 2006.03.14).

〈사례〉 공사 중인 골프장 인수

공사가 중단된 골프장 토지를 취득하면서 토지가액을 초과하여 지급한 금액은 영업권이 아닌 지목변경비용의 일부로 보아 취득세의 과세표준에 포함된다(2007-19, 2007.03.09).

영업권이라 함은 그 기업의 전통, 사회적 신용, 입지 조건, 특수한 제조기술 또는 거래관계의 존재 등 영업상의 기능내지 특성으로 인하여 동종의 사업을 영위하는 다른 기업의 통상수익보다 높은 수익을 올릴 수 있는 초과 수익력이라는 무형의 재산적 가치를 말하는 것으로 영업의 양수·양도 시 유상으로 승계취득한 경우에 한하여 인정할 수 있으며, 영업의 양도라 함은 일정한 영업목적에 의하여 조직화된 업체, 즉 인적·물적 조직을 그 동일성을 유지하면서 일체로서 이전하는 것으로서, 영업양도가 있다고 보기 위하여는 양수인이 유기적으로 조직화된 수익의 원천으로서의 기능적 재산을 이전받아 양도인이 하던 것과 같은 영업활동을 계속하고 있다고 볼 수 있어야 함은 물론, 종래의 영업조직이 유지되어 그 조직이 전부 또는 중요한 일부로서 기능할 수 있어야 된다고 할 것이다.

공사가 중단된 골프장 토지를 취득하면서 토지가액을 초과하여 지급한 금액은 골프장 건설공사에 투입된 비용으로 보아야 할 것이고 달리 영업권에 해당한다는 주장을 뒷받침할 만한 증거가 없을 경우 영업권이 아닌 지목변경비용의 일부로 보아 취득세의 과세표준에 포함된다.

〈사례〉 각종분담금

건축물을 신축하면서 납부한 각종 분담금(가스공사분담금, 급수공사분담금, 지역난방공사분담금, 전기공사분담금)은 취득세 과세표준에 포함되지 아니한다(지방세운영-2657, 2008.12.23). 건축물을 신축하면서 가스·수도·지역난방·전기 등의 시설을 공급자로부터 신축건물 인입점까지 관매립 또는 선연결공사를 선행하면서 소요된 시설의 비용 중 일부를 사용자에게 분담하게 하는 분담금은 당해 시설물을 취득한 것이 아니라 시설물 이용에 따른 공사비를 분담한 것에 불과하므로 가스공사분담금, 급수공사분담금, 지역난방공사분담금, 전기공사분담금은 건축물 신축에 따른 취득비용에 포함되지 않는다.

〈사례〉 대리사무보수와 관리신탁보수

대리사무계약 및 신탁계약에 따른 대리사무보수와 신탁보수는 토지 및 건축물을 신탁받아 보전·관리하고, 분양수입금 등 사업자금을 관리·집행하며, 분양현황을 관리하는 등의 업무에 대한 대가라면 건축물의 건축에 관한 비용이라기보다는 그 분양에 관한 비용이라고 볼 수 있으므로 과세표준에 포함되지 않는다. 아파트의 신축분양사업과 관련된 차입금·분양대금을 투명하게 관리하기 위하여 자금관리를 신탁하고 지급한 신탁수수료는 아파트 신축·분양사업에 관한 자금관리비용일 뿐 아파트의 취득과는 무관한 비용이므로 취득세 과세표준에 포함되지 아니한다(대법2009두23075, 2011.01.13).

〈사례〉 조경공사비 및 조형물

조경은 토지의 구성부분이고 조형물은 독립된 거래의 객체이므로 조경공사비 및 조형물제작비는 건축물의 취득세 과세표준에 포함하지 않는다(대법2000두6404, 2002.06.14). 건축물 주변의 조경은 건축물의 부대설비가 되는 것이 아니라 토지의 구성부분이 되는 데 불과하고, 조형물 또한 외부 토지에 설치되어 거래상 독립한 권리의 객체성을 유지하고 있으며, 이들 모두 취득세의 과세대상인 건물, 구축물 및 특수한 부대설비에 해당한다고 볼 수 없으므로, 조경공사비 및 조형물제작비는 건축물의 과세표준에 포함시킬 수 없다.

〈사례〉 중도금 대납이자

중도금 대납이자는 건축공사비의 일부로 지급한 것이라기보다는 분양을 촉진하기 위하여 일부를 부담한 금액이므로 취득세 과세표준에 포함되지 아니한다(지방세심사 2007-459, 2007.08.27).

〈사례〉 하자보수충당금

건축공사가 종료된 이후에 발생할 비용을 미리 계상한 하자보수충당금과 건축비용과 별개인 퇴직급여충당금은 취득세 과세표준에 포함하지 아니한다(세정-45, 2005.12.13). 취득세의 과세표준이 되는 취득가격은 과세대상 물건의 취득시기를 기준으로 그 이전에 당해 물건을 취득하기 위하여 거래 상대방 또는 제3자에게 지급하였거나 지급하여야 할 일체의 비용[소개수수료, 설계비, 연체료, 할부이자 및 건설자금에 충당한 금액의 이자 등 취득에 소요된 직접·간접비용(부가가치세를 제외)을 포함하되, 법인이 아닌 자가 취득하는 경우에는 연체료 및 할부이자를 제외]을 말한다고 규정하고 있는바 건축공사가 종료된 이후에 발생할 비용을 미리 계상한 하자보수충당금은 취득세 과세표준에 포함되지 아니한다.

Ⅳ. 사실상의 취득가액 적용 제외대상

증여·기부 그 밖의 무상취득 및 양도소득 부당행위계산 및 법인세법 부당행위계산부인 대상이 되는 거래로 인한 취득에 대하여는 사실상의 취득가액을 적용하지 아니한다. 또한 법인의 합병으로 인한 취득은 무상취득으로 보므로 사실상의 취득가액을 적용하지 아니하고 시가표준액을 적용한다.

〈사례〉 특수관계자거래

청구법인과 쟁점조합은 특수관계에 있다고 보기 어려우므로 쟁점부동산 거래는 「법인세법」 제52조에 따른 거래가 될 수 없고, 처분청이 청구법인의 장부가액이 잘못되었다는 증거를 제시한 바 없으므로 처분청이 청구법인의 쟁점부동산 취득에 따른 과세표준을 시가표준액으로 보아 취득세 등을 과세한 처분은 잘못이다(취소)(조심2014지78, 2014.08.04).

청구법인은 쟁점조합이 건축한 공동주택의 시공사로서 건축 후 조합원 이외의 일반분양분 아파트가 정상적으로 분양되지 아니하여 공사비를 지급받지 못하던 상태에서 쟁점조합이 쟁점부동산에 대한 매수청구를 함에 따라 미수공사비 XX원과 쟁점부동산의 매매대금을 상계하는 방식으로 쟁점부동산을 취득한 것으로서, 처분청은 청구법인의 주주가 친족으로 구성되어 있고, 쟁점조합이 비영리법인이며 조합장 등이 청구법인의 주주 등과 친족인 사실을 근거로 특수관계인간의 거래로 보았으나, 「법인세법시행령」 제87조 제1항 제4호 및 제5호를 해당되기 위해서는 같은 항 제1호 내지 제3호에 해당하는 자를 통하여 당해 법인에 지배적인 영향력을 행사할 수 있어야 하고, 「국세기본법시행령」 제1조의2 제4항에서 지배적인 영향력을 행사하고 있는 것으로 보는 경우를 영리법인과 비영리법인의 경우로 구분하고 있으며, 영리법인의 경우 "발행주식총수 또는 출자총액의 100분의 30 이상을 출자한 경우"이거나 "임원의 임면권의 행사, 사업방침의 결정 등 법인의 경영에 대하여 사실상 영향력을 행사하고 있다고 인정되는 경우"로 규정하고 있는바, 쟁점조합은 「도시 및 주거환경정비법」에 의하여 설립된 법인으로서 「법인세법」 제1조 제2호에서 '비영리내국법인'이란 내국법인 중 「민법」 제32조에 따라 설립된 법인, 「사립학교법」이나 그 밖의 특별법에 따라 설립된 법인으로서 「민법」 제32조에 규정된 목적과 유사한 목적을 가진 법인[대통령령으로 정하는 조합법인 등이 아닌 법인으로서 그 주주(株主)·사원 또는 출자자(出資者)에게 이익을 배당할 수 있는 법인은 제외], 「국세기본법」 제13조 제4항에 따른 법인으로 보는 단체(이하 '법인으로 보는 단체')를 말한다고 규정하고 있는데, 쟁점조합은 이러한 법인에 해당된다고 볼 수 없고, 사업자등록도 영리법인으로 사업자등록을 한 점 등에 비추어 쟁점조합은 영리법인에 해당된다고 보인다.

위와 같이 쟁점조합을 영리법인으로 볼 경우 「국세기본법시행령」 제1조의2 제4항 제1호의 규정에 의하여 지배적인 영향력이 있는지 여부는 "발행주식총수 또는 출자총액의 100분의 30 이상을 출자한 경우"이거나 "임원의 임면권의 행사, 사업방침의 결정 등 법인의 경영에 대하여 사실상 영향력을 행사하고 있다고 인정되는 경우"에 해당되어야 할 것으로서, 청구법인이 쟁점조합의 조합원이긴 하나 조합원의 경우 그 의결권이 평등하다고 정관상 규정하고 있으므로 ○○의 조합원 중 청구법인과 그 주주 및 친족이 쟁점조합의 조합원 중 ○○에 불과하므로 청구법인이 발행주식 또는 출자총액의 100분의 30 이상을 출자한 경우로 볼 수는 없다 하겠고, 쟁점조합의 경우 임원의 선임 등 주요 의사결정 사항은 관련 법령 및 정관에 의하여 조합원 총회의 의결로 결정하도록 하고 있으므로 청구법인의 주주와 쟁점조합의 임원이 친족관계에 해당된다고 하여 청구법인이 주주 등을 통하여 쟁점조합에 지배적인 영향력을 행사하고 있다고 볼 수 없다 하겠다.

따라서 청구법인이 쟁점조합과 특수관계에 있는 것으로 보아 처분청이 쟁점부동산에 대하여 시가표준액을 과세표준으로 하여 이 건 취득세 등을 부과한 처분은 잘못이라고 판단된다.

V. 사실상의 취득가액의제

법인이 아닌 자가 건축물을 건축하거나 대수선하여 취득하는 경우로서 취득가격 중 100분의 90을 넘는 가격이 법인장부에 따라 입증되는 경우에는 다음 각각의 금액을 합하여 계산한 취득가액을 과세표준으로 한다. 이 경우 시가표준액이나 공매방법에 의한 취득가액을 적용하지 아니한다.

① 법인장부로 증명된 금액.
② 법인장부로 증명되지 아니하는 금액 중 「소득세법」 제163조에 따른 계산서 또는 「부가가치세법」 제16조에 따른 세금계산서로 증명된 금액.
③ 부동산을 취득하는 경우 「주택법」 제68조에 따라 매입한 국민주택채권을 해당 부동산의 취득 이전에 양도함으로써 발생하는 매각차손. 이 경우 금융회사 등 외의 자에게 양도한 경우에는 동일한 날에 금융회사 등에 양도하였을 경우 발생하는 매각차손을 한도로 한다.

Ⅵ. 기존건축물 철거비용

나대지로 이용하거나 새로운 건축물을 신축할 목적으로 건축물이 있는 토지를 취득하는 경우 건축물에 대한 매매가격을 토지와 별도로 구분하여 명시하지 아니한 경우에도 건축물이 존재하는 한 당해 건축물 가액은 취득세 과세표준에 포함하는 것이다. 이러한 부동산을 취득한 후 실제로 건축물을 철거하는 경우 그 철거비에 대한 취득세 납세의무는 다음과 같다.

1. 나대지로 이용하거나 토지를 매각한 경우

토지와 건물을 취득하여 그 토지상의 기존건물을 철거한 후 건축물 신·증축 공사를 하지 아니하고 나대지 상태로 토지를 제3자에게 매각하거나 나대지로 이용하는 경우에는 토지만을 사용할 목적이므로, 1 지상정착물 철거비는 토지 자체의 취득비용이 아니라 지목변경 비용으로 보아야 한다(행정자치부 지방세정팀-5628, 2006.11.14).

그러므로 당해 토지 상에 지목변경을 수반하지 않았다면 기존건축물에 대한 철거비용을 기업회계기준에 따라 토지매입원가에 산입하였다 하더라도 토지의 취득비용으로 볼수 없어 토지의 취득가격에 포함되지 않는다(세정-5439, 2007.12.18). 반면 지목변경이 수반되는 경우에는 지목변경으로 인한 취득세 과세대상이 된다.

2. 새로운 건축물의 신축

기존 건축물을 철거하고 당해 토지 위에 새로운 건축물을 신축하는 경우 기존 건축물의 철거비용은 건축물 신축에 필수불가결한 준비행위에 소요된 비용으로 보아 신축건물의 취득가격에 포함한다.

Chapter 03 | 납세의무의 성립시기

I. 납세의무의 성립

납세의무는 성립·확정·소멸의 과정을 거친다. 이러한 사고는 조세채무관계설이라는 이론적 배경에 그 뿌리를 두고 있다. 종래의 전통적인 조세권력관계설은 납세의무가 과세관청의 부과처분에 의하여 창설되는 것으로 파악함으로써 납세의무의 성립과 확정을 구별할 수 없었다. 그러나 오늘날의 통설인 조세채무관계설은 납세의무가 과세관청의 어떠한 행위도 필요 없이 과세요건이 충족됨으로써 자동적으로 성립하는 것으로 이해한다.

그리하여 과세관청의 부과처분은 납세의무를 새로이 창설하는 것이 아니라 이미 성립된 납세의무를 사후적으로 확인하는 것에 지나지 않는다고 보는 것이다. 납세의무가 성립된다는 것은 구체적으로는 국가의 조세채권과 납세의무자의 조세채무가 동시에 성립된다는 것을 의미한다. 그러나 납세의무의 성립만으로는 조세의 납부나 징수가 불가능하므로 이렇게 성립된 납세의무를 추상적인 조세채무라고 한다.

납세의무의 성립시기를 규정하는 것은 과세권자와 납세의무자 간의 조세채권에 관한 채권·채무 관계의 성립시기를 명확히 하기 위함이다. 납세의무의 성립시기는 납세의무가 소멸되는 제척기간 등의 기간을 계산할 때 그 기산일이 된다는 점에서 매우 중요하다. 납세의무는 각 세법이 정하는 과세요건(납세의무자, 과세물건, 과세표준 및 세율)을 충족하는 때에 추상적으로 납세의무가 발생하며 이러한 상태를 납세의무의 성립이라 한다.

과세요건이란 조세채권·채무를 성립하게 하는 법률로서 정한 요건을 말한다. 과세요건이 충족되는 시점은 특정의 시기에 특정 사실 또는 상태가 존재함으로써 과세대상(물건 또는 행위)이 납세의무자에게 귀속됨으로써 세법이 정하는 바에 따라 과세표준의 산정 및 세율의 적용이 가능하게 되는 때를 의미한다.

II. 취득세의 납세의무성립시기

「지방세기본법」 제34조에서는 지방세의 납세의무 성립시기에 관하여 규정하고 있으며, 동 규정에 의한 취득세 납세의무는 취득세의 과세물건을 취득하는 때에 성립한다.

「지방세법」에서는 납세의무의 성립시기에 관한 구체적인 규정은 없다. 다만, 납세의무를 규정한 「지방세법」 제7조 제2항에서 "부동산 등의 취득은 「민법」, 「자동차관리법」, 「건설기계관리법」, 「항공법」, 「선박법」, 「입목에 관한 법률」, 「광업법」 또는 「수산업법」 등 관계 법령에 따른 등기·등록 등을 하지 아니한 경우라도 사실상 취득하면 각각 취득한 것으로 보고 해당 취득물건의 소유자 또는 양수인을 각각 취득자로 한다"고 규정하여 사실상 취득한 때로 납세의무의 성립시기를 규정하고 있다고 할 수 있다. 「지방세법」에서는 취득세의 취득시기에 관하여 대통령령으로 정하도록 하고 시행령에서 취득의 시기를 구체적으로 규정하고 있다.

이렇게 취득시기에 관하여 대통령령에 위임한 부분과 관련하여, 「지방세법」 제10조 제7항에서 과세표준 산정의 기준시점과 관련하여 취득시기라고 분명히 규정한 다음 대통령령에 위임하고 있어 누구라도 그로부터 대통령령에 규정될 사항의 대강을 예측할 수 있다. 따라서 취득시기의 내재적인 위임의 범위나 한계를 알 수 있으므로 동 위임규정이 조세법률주의나 포괄위임입법금지원칙에 위배된다고 할 수 없다(헌재2001헌바32, 2002.03.28).

지방세법 시행령 제20조(취득의 시기 등)

① 무상승계취득의 경우에는 그 계약일(상속 또는 유증으로 인한 취득의 경우에는 상속 또는 유증 개시일을 말한다)에 취득한 것으로 본다. 다만, 해당 취득물건을 등기·등록하지 아니하고 다음 각 호의 어느 하나에 해당하는 서류에 의하여 취득일부터 60일 이내에 계약이 해제된 사실이 입증되는 경우에는 취득한 것으로 보지 아니한다.

1. 화해조서·인낙조서

2. 취득일부터 60일 이내에 작성된 공정증서 또는 「부동산 거래신고에 관한 법률」 제3조에 따라 시장·군수·구청장이 교부한 거래계약 해제를 확인할 수 있는 서류 등

② 유상승계취득의 경우에는 다음 각 호에서 정하는 날에 취득한 것으로 본다.

1. 법 제10조 제5항 제1호부터 제4호까지의 규정 중 어느 하나에 해당하는 유상승계취득의 경우에는 그 사실상의 잔금지급일

2. 제1호에 해당하지 아니하는 유상승계취득의 경우에는 그 계약상의 잔금지급일(계약상 잔금지급일이 명시되지 아니한 경우에는 계약일부터 60일이 경과한 날을 말한다). 다만, 해당 취득물건을 등기·등록하지 아니하고 다음 각 목의 어느 하나에 해당하는 서류에 의하여 취득일부터 60일 이내에 계약이 해제된 사실이 입증되는 경우에는 취득한 것으로 보지 아니한다.

가. 화해조서·인낙조서

나. 취득일부터 60일 이내에 작성된 공정증서 또는 「부동산거래신고에 관한 법률」 제3조에 따라 시장·군수·구청장이 교부한 거래계약 해제를 확인할 수 있는 서류 등

③ 차량·기계장비·항공기 및 주문을 받아 건조하는 선박의 경우에는 그 제조·조립·건조 등이 완성되어 실수요자가 인도받는 날과 계약상의 잔금지급일 중 빠른 날을 최초의 승계취득일로 본다.

④ 수입에 따른 취득은 해당 물건을 우리나라에 반입하는 날(보세구역을 경유하는 것은 수입신고필증 교부일을 말한다)을 취득일로 본다. 다만, 차량·기계장비·항공기 및 선박의 실수요자가 따로 있는 경우에는 실수요자가 인도받는 날과 계약상의 잔금지급일 중 빠른 날을 최초의 승계취득일로 보며, 취득자의 편의에 따라 수입물건을 우리나라에 반입하지 아니하거나 보세구역을 경유하지 아니하고 외국에서 직접 사용하는 경우에는 그 수입물건의 등기 또는 등록일을 취득일로 본다.

⑤ 연부로 취득하는 것(취득가액의 총액이 법 제17조의 적용을 받는 것은 제외한다)은 그 사실상의 연부금 지급일을 취득일로 본다.

⑥ 건축물을 건축 또는 개수하여 취득하는 경우에는 사용승인서를 내주는 날(사용승인서를 내주기 전에 임시사용승인을 받은 경우에는 그 임시사용승인일을 말하고, 사용승인서 또는 임시사용승인서를 받을 수 없는 건축물의 경우에는 사실상 사용이 가능한 날을 말한다)과 사실상의 사용일 중 빠른 날을 취득일로 본다. 다만, 「도시개발법」에 따른 도시개발사업이나 「도시 및 주거환경정비법」에 따른 정비사업(주택재개발사업 및 도시환경정비사업만 해당한다)으로 건축한 주택을 「도시개발법」 제40조에 따른 환지처분 또는 「도시 및 주거환경정비법」 제54조에 따른 소유권 이전으로 취득하는 경우에는 환지처분 공고일의 다음 날 또는 소유권 이전 고시일의 다음 날과 사실상의 사용일 중 빠른 날을 취득일로 본다.

⑦ 「주택법」 제32조에 따른 주택조합이 주택건설사업을 하면서 조합원에게 귀속되지 않은 토지를 취득하는 경우에는 「주택법」 제29조에 따른 사용검사를 받은 날에 그 토지를 취득한 것으로 보고, 「도시 및 주거환경정비법」 제16조 제2항에 따른 주택재건축조합이 주택재건축사업을 하면서 조합원에게 귀속되지 않은 토지를 취득하는 경우에는 「도시 및 주거환경정비법」 제54조 제2항에 따른 소유권이전 고시일의 다음 날에 그 토지를 취득한 것으로 본다.

⑧ 관계 법령에 따라 매립·간척 등으로 토지를 원시취득하는 경우에는 공사준공 인가일을 취득일로 본다. 다만, 공사준공인가일 전에 사용승낙·허가를 받거나 사실상 사용하는 경우에는 사용승낙일·허가일 또는 사실상 사용일 중 빠른 날을 취득일로 본다.

⑨ 차량·기계장비 또는 선박의 종류변경에 따른 취득은 사실상 변경한 날과 공부 상 변경한 날 중 빠른 날을 취득일로 본다.

⑩ 토지의 지목변경에 따른 취득은 토지의 지목이 사실상 변경된 날과 공부상 변 경된 날 중 빠른 날을 취득일로 본다. 다만, 토지의 지목변경일 이전에 사용하 는 부분에 대해서는 그 사실상의 사용일을 취득일로 본다.

⑪ 골프회원권, 승마회원권, 콘도미니엄 회원권, 종합체육시설 이용회원권 및 요 트회원권의 존속기한 또는 입회기간을 연장하는 경우에는 기간이 새로 시작 되는 날을 취득일로 본다.

⑫ 제1항, 제2항 및 제5항에 따른 취득일 전에 등기 또는 등록을 한 경우에는 그 등기일 또는 등록일에 취득한 것으로 본다.

Ⅲ. 무상승계취득

1. 무상승계취득의 취득시기

무상승계취득의 경우에는 그 계약일(상속 또는 유증으로 인한 취득의 경우에는 상속 또는 유증 개시일을 말함)에 취득한 것으로 본다. 한편 계약일 전에 등기 또는 등록을 한 경우에는 그 등기일 또는 등록일에 취득한 것으로 본다. 등기일이란 등기원인일이 아니 라 등기접수일을 말한다. 그러나 무상승계취득의 경우 계약서가 작성되지 아니한 경우 에는 결국 인도일, 등기·등록일 등을 종합적으로 판단하여 사실상의 취득시기를 판단하여야 한다.

다만, 해당 취득물건을 등기·등록하지 아니하고 다음 중 어느 하나에 해당하는 서류에 의하여 취득일부터 60일 이내에 계약이 해제된 사실이 입증되는 경우에는 취득한 것으로 보지 아니한다.

① 화해조서·인낙조서.
② 취득일부터 60일 이내에 작성된 공정증서 또는 「부동산 거래신고에 관한 법률」 제3조에 따라 시장·군수·구청장이 교부한 거래계약 해제를 확인할 수 있는 서류 등.

이 경우 부동산에 대한 소유권이전등기가 이루어지지 않은 상태에서 증여계약일부터 60일 이내에 증여계약을 해제한 사실이 화해조서·인낙조서·공정증서 등으로 입증되는 경우에는 취득일(증여계약일)부터 60일이 경과한 후 증여계약의 해제 사실을 신고하더라도 취득한 것으로 보지 아니한다(세정-6419, 2006.12.21).

한편, 증여계약이나 매매계약에 있어 정당하게 과세대상물건이 이전되어 취득세를 납부한 후에 계약을 해제하고 상호합의에 의하여 소유권 이전등기 말소하는 원상회복에 대하여는 새로운 취득으로 보지 아니하므로 과세대상이 되지 아니한다.

2. 실종선고에 의한 상속시의 취득시기

「민법」 제28조에서 실종선고를 받은 자의 경우 부재자 생사기간(5년)이 만료한 때에 사망한 것으로 본다. 또한, 같은 법 제997조에서 상속은 사망으로 인하여 개시된다고 규정하고 있으며, 「지방세법 시행령」 제20조 제1항의 규정에 무상승계취득의 경우에는 그 계약일이나 상속으로 인한 취득의 경우에는 상속개시일에 취득한 것으로 본다고 규정하고 있으므로 실종선고로 인한 부동산 취득의 경우에는 실종기간만료일이 취득시기가 된다.

3. 상속재산의 법원조정

법정 상속인들이 법원의 조정조서에 의하여 상속재산에 대한 소유권을 조정 받아 소유권이전등기를 이행하는 경우에는 상속개시일을 취득시기로 한다(도세-716, 2008.05.01).

4. 점유취득

「지방세법」 제7조 제2항은 취득세의 과세객체가 되는 부동산취득에 관하여 「민법」 기타 관계 법령에 의한 등기·등록 등을 이행하지 아니한 경우라도 사실상으로 취득한 때에는 이를 취득한 것으로 보도록 규정하고 있으므로, 부동산에 관한 점유취득시효가 완성되면 취득자는 유상승계취득에 있어 잔금이 청산된 경우와 같이 등기명의인에 대하여 소유권이전등기청구권을 가지게 되는 등 그 자체로 취득세의 과세객체가 되는 사실상의 취득행위가 존재한다고 할 수 있다(대법2003두13342, 2004.11.25).

그러므로 20년의 점유취득시효의 완성으로 취득한 부동산의 취득시기는 등기·등록을 이행하지 않은 경우라도 점유취득시효가 완성된 날이다. 그러므로 이에 따른 취득세의 신고납부기한 다음날로부터 취득세 부과제척기간이 진행된다(세정-4773, 2004.12.29).

5. 상속재산 협의분할

「민법」 제1013조 제1항에서는 공동상속인은 언제든지 그 협의에 의하여 상속재산을 분할할 수 있으며, 「민법」 제1015조에서는 상속재산분할의 효과는 상속개시된 때에 소급하여 그 효력이 있다. 따라서 상속재산에 대하여 협의분할이 이루어지지 않은 상태에서 상속인 공동명의로 취득세를 납부한 후 공동상속인 상호 간에 상속재산에 관하여 협의분할이 이루어짐으로써 공동상속인 중 1인이 당초 상속분을 초과하는 재산을 취득하게 되었다고 하여도 이는 다른 공동상속인으로부터 증여받은 것이 아닌 상속개시 당시에 피상속인으로부터 승계받은 것으로 본다.

따라서 협의분할에 의한 취득시기는 상속개시일이 된다. 다만, 상속등기가 이루어진 후에 협의분할로 인하여 변동이 발생한 경우에는 이를 증여로 보며 협의분할시기를 새로운 증여 취득시기로 본다(세정13407-370, 2001.09.26).

6. 사해행위취소

증여로 취득한 부동산에 대해 법원이 사해행위를 원인으로 한 증여계약 취소판결로 인하여 증여취득자의 소유권등기가 말소되고 원래의 소유자에게 환원된 경우 이는 취득한 것으로 볼 수 없다. 그러므로 증여취득으로 기납부한 취득세는 환부대상이 된다(세정13407-183, 2001.02.15).

7. 유류분 반환

「민법」 제112조 각호에서 피상속인의 직계비속과 배우자는 법정상속분의 2분의 1, 직계존속과 형제자매는 법정상속분의 3분의 1을 유류분으로 받을 수 있도록 규정하고, 같은 법 제115조 제1항에서 유류분 권리자가 상속개시 1년 전에 행한 증여와 유증으로 인하여 그 유류분에 부족분이 생긴 때에는 부족한 한도 내에서 그 재산의 반환을 청구할 수 있도록 규정하고 있다.

또한, 같은 법 제117조에서 반환의 청구권은 유류분 권리자가 상속의 개시와 반환하여야 할 증여 또는 유증을 한 사실을 안 때로부터 1년 이내에 하지 않으면 시효소멸(상속이 개시된 때로부터 10년이 경과한 때도 같음)한다고 규정하고 있다.

유증에 의하여 취득한 경우 법정상속인으로서 유류분 권리자가 있는 경우 유류분에 해당하는 재산에 대하여는 언제든지 반환의 대상이 된다. 유증으로 인하여 피상속인의 재산을 취득한 경우에도 유류분 권리자의 반환청구권이 시효 소멸하기 이전에는 그 유류분에 해당되는 부분에 대하여는 유동적인 소유자의 지위에 있게 된다. 그 후 소멸시효가 완성되기 전에 유류분 권리자가 유류분의 부족분에 대하여 반환청구권을 행사하면 처음부터 유류분 부족분에 대하여는 취득이 이루어지지 않은 것으로 확정된다 할 수 있다.

상속재산을 최초 유증 받은 후 다른 법정상속인들의 유류분 반환청구에 의해 유류분을 반환한 경우에 최초 유증 받은 자는 반환된 상속재산에 대한 취득세의 납세의무는 없는 것이며, 유류분을 반환받은 자가 반환받은 상속재산에 대한 취득세의 납세의무를 부담한다. 그리고 유류분을 반환 받은 자의 취득일은 상속개시일이 된다.

〈사례〉 증여받은 후 농지취득자격증명을 받지 못한 경우

농지를 증여받은 후 「농지법」상 농지취득자격증명을 받지 못해 증여를 철회했더라도, 그 증여취득사실에 대해 취득세 과세된다(감심2003-28, 2003.03.25).

농지법의 농지소유 제한으로 농지취득자격증명을 발급받지 못하였으므로 취득자체가 인정되지 않는다고 하나, 「농지법」 제8조 제1항 소정의 농지취득자격증명은 농지를 취득하는 자가 그 소유권에 관한 등기를 신청할 때에 첨부하여야 할 서류로서, 농지를 취득하는 자에게 농지취득의 자격이 있다는 것을 증명하는 것일 뿐, 농지취득의 원인이 되는 법률행위의 효력을 발생시키는 요건은 아니므로 증여 대상이 된 농지들에 관하여 소유권이전등기가 경료되었는지 여부에 관계없이 증여일에 토지를 취득하였고 이에 따라 취득세 납세의무 또한 그때 성립하는 것으로 보아야 할 것이며, 그 후 농지취득자격증명을 받지 못하여 증여를 철회하더라도 취득사실이 달라지지는 않는다.

〈사례〉 소유권이전의 원상회복

원고가 그 처인 소외 A씨로부터 간통죄로 고소되고 이혼소송도 제기당하여 그 위자료조로 원고 소유인 이 사건 부동산을 A에게 양도하기로 약정함으로써 1990년 10월 8일 그 약정에 따라 A 앞으로 소유권이전등기를 경료하여 준 사실, 이후 원고가 A를 상대로 이사건 부동산에 관한 위 소유권이전등기의 말소소송을 제기하여 그 소송이 제1심에 계속 중인 한편 A가 원고를 상대로 제기한 이혼소송이 항소심에 계속 중인 1991년 11월 27일 원고와 소외인은 상호화해하기로 하여 원고는 위 민사소송인 소유권이전등기말 소의 소 및 위 이혼소송의 항소를 취하하기로 하되 A는 그 앞으로 경료된 이 사건 부동 산을 원고에게 넘겨 주기로 합의약정한 사실, 그리하여 같은 해 12월 4일 위 합의약정에 따라 이 사건 부동산에 관하여 경료된 A 앞으로의 소유권이전등기가 말소된 사실을 확 정한 다음, 원고와 A 사이에서 위 소유권이전등기의 원인이 되었던 당초의 양도계약을 소급적으로 실효시키는 합의해제의 약정을 함에 따라 그 약정에 기초하여 소외인 앞으 로 경료된 이 사건 부동산에 관한 위 소유권이전등기를 말소하는 원상회복 조치의 결과 로 원고가 그 소유권을 취득한 이상, 이는 「지방세법」 제104조 제8호 소정의 취득세 과 세대상이 되는 부동산취득에 해당되지 아니한다고 판단된다.

Ⅳ. 유상승계취득

1. 유상승계취득의 취득시기

유상승계취득의 경우에는 다음과 같은 날에 취득한 것으로 본다. 다만, 다음에 정하여진 날 이전에 등기 또는 등록을 한 경우에는 그 등기일 또는 등록일에 취득한 것으로 본다.

(1) 사실상의 잔금지급일
다음 중 어느 하나에 해당하는 유상승계취득의 경우에는 그 사실상의 잔금지급일이 취득시기이다.

① 국가, 지방자치단체 또는 지방자치단체조합으로부터의 취득.
② 외국으로부터의 수입에 의한 취득.
③ 판결문·법인장부 중 취득가격이 증명되는 취득.

④ 공매방법에 의한 취득.

여기서 사실상의 잔금지급일이라 함은 비록 잔금 지급이 모두 완결되지 않았더라도 거의 대부분의 잔금이 지급되고 사회통념상 무시하여도 좋을 정도의 일부분의 잔금만이 미지급되고 있을 뿐이어서 거래관념상 잔금을 모두 지급한 경우와 마찬가지로 볼 수 있는 경우 등을 가리키는 것이다.

(2) 계약상 잔금지급일

사실상의 잔금지급일을 취득시기로 하는 취득을 제외한 기타 유상승계취득의 경우에는 그 계약상의 잔금지급일, 계약상 잔금지급일이 명시되지 아니한 경우에는 계약일부터 60일이 경과한 날을 취득시기로 본다. 다만, 해당 취득물건을 등기·등록하지 아니하고 다음 중 어느 하나에 해당하는 서류에 의하여 취득일부터 60일 이내에 계약이 해제된 사실이 입증되는 경우에는 취득한 것으로 보지 아니한다.

① 화해조서·인낙조서.
② 취득일부터 60일 이내에 작성된 공정증서 또는 「부동산 거래신고에 관한 법률」 제3조에 따라 시장·군수·구청장이 교부한 거래계약 해제를 확인할 수 있는 서류 등.

개인 간 유상승계취득의 경우 그 취득시기를 계약상의 잔금지급일에 취득한 것으로 본다고 규정하고 있는 것은 사실상으로 취득한 때가 불분명하거나 사실상의 취득이 계약상의 잔금지급일과 견련되었을 때 그 취득시기에 대한 의제일 뿐 현저하고 명백한 사실상의 취득시기를 배제하는 것은 아니다.

사실상 취득이라 함은 일반적으로 등기와 같은 소유권 취득의 형식적 요건을 갖추지는 못하였으나 대금의 지급과 같은 소유권 취득의 실질적 요건을 갖춘 경우를 의미하는 것이다. 비록 개인 간 유상거래로서 매매계약서상에 잔금지급일이 명시되어 있기는 하지만, 사실상 잔금을 지급한 사실이 금융거래자료, 차용금증서, 부동산 등기부등본에 의하여 확인되는 경우 부동산의 취득시기는 사실상 잔금을 지급한 때로 보아야 한다. 그러므로 사실상 잔금지급이 이루어진 후에는 계약상잔금지급일(계약상잔금지급일이 명시되지 아니한 경우에는 계약일로부터 60일이 경과한 날)로 부터 80일 이내에 계약이 해제된 사실이 입증되는 경우에는 취득한 것으로 보는것이다.

2. 토지거래허가

토지거래허가지역 내의 토지에 관하여 장차 허가를 받을 것을 전제로 매매계약을 체결하여 그 잔금을 지급한 다음 허가를 받은 경우에 비록 그 매매계약은 허가를 받을 때까지는 법률상 미완성의 법률행위로서 소유권 등 권리의 이전에 관한 계약의 효력이 전혀 발생하지 아니하지만 일단 허가를 받으면 그 계약은 소급하여 유효한 계약이 된다. 따라서 토지거래허가와 같은 공법상 절차를 거쳐야 취득할 수 있는 경우에 있어서의 취득시기는 그 토지거래허가일이 아닌 대금청산일이 된다.

3. 현물출자

부동산 등의 취득에 있어, 민법 기타 관계법령의 규정에 의한 등기·등록을 이행하지 아니한 경우라도 사실상 취득한 때에는 취득이 인정되므로 현물출자에 의하여 부동산 등을 취득한 경우 동 자산의 취득시점은 현물출자에 따른 자본금증자등기일이 된다(심사89-107, 1989.09.01). 그러므로 현물출자를 통해 법인 설립을 하는 경우 재산의 취득시기는 법인설립 등기일이다(지방세법기본통칙 7-2).

4. 약속어음 결제

취득세 과세물건을 취득함에 있어 그 대금을 약속어음으로 결제한 경우에는 대물변제일, 어음결제일과 소유권이전등기일 중 빠른 날이 취득시기가 된다(지방세법기본통칙 7-2). 그러므로 약속어음의 만기일과는 무관하다.

〈사례〉 법원의 화해권고결정

법원의 화해권고결정을 받아 소유권보존등기를 경료한 경우 취득시기는 화해권고결정문상의 취득일이 아닌 소유권보존등기일로 본다(조심2008지1015, 2009.06.29).

일반적으로 소유권에 다툼이 있어 법원에 소를 제기하여 승소판결로 취득하는 경우 법원의 판결은 소유권을 원시적으로 창설하는 것이 아니고 소유권의 취득사실을 확인하고 이를 확정해 준다는 의미가 있으므로 통상 법원 판결문상에 나타나는 명백한 취득시기는 인정되어야 할 것이나, 「지방세법 시행령」 제20조 제2항 제1호에서 판결문이라 함은 민사소송 및 행정소송에 의하여 확정된 판결문을 말한다고 하면서 화해에 의한 것은 제외한다고 하고 있는 점, 화해권고결정은 이에 대하여 소정의 기간 내에 이의신청이 없으면 재판상 화해와 같은 효력을 가지므로 확정판결과 동일한 효력이 있다고는 하지만 화해권고결정은 법원이 소송계속중인 사건에 대하여 직권으로 화해내용을 정하여 그대로 화해할 것을 권고하는 결정을 하는 것으로, 이는 사법상의 권리관계에 관하여 다툼이 있는 당사자가 법원에서 서로 그 주장을 양보하여 분쟁을 종료시키는 행위, 즉 당사자간의 양보에 의한 분쟁의 해결이라는 성격을 갖고 있으므로 국가기관인 법원이 법률에 의거하여 실체적 진실을 찾아내는 판결과는 현저한 차이가 있는 점 등을 종합하여 볼 때, 법원의 화해권고결정 내용 자체가 진정한 사실관계에 부합된다고 인정하기는 어렵다고 할 것이다.

〈사례〉 토지거래허가

토지거래허가 등 별도의 공법상 절차를 거치기 전에 잔금을 치른 경우에는 재화의 이전이라고 하는 사실자체를 포착하여 거기에 담세력을 인정하여 부과하는 취득세의 성질상 일단 잔금을 지급한 때가 곧 취득시기가 된다(조심2009지1108, 2010.11.10).

잔금지급일과 관련하여 관련 법령에서 토지거래허가와 같은 공법상 절차를 거쳐야 취득할 수 있는 경우에 있어서의 취득시기는 토지거래허가지역 내의 토지에 관하여 장차 허가를 받을 것을 전제로 매매계약을 체결하여 그 잔금을 지급한 다음 허가를 받은 경우에 비록 그 매매계약은 허가를 받을 때까지는 법률상 미완성의 법률행위로서 소유권 등 권리의 이전에 관한 계약의 효력이 전혀 발생하지 아니하지만 일단 허가를 받으면 그 계약은 소급하여 유효한 계약이 된다는 것과 소유권이 법률상 이전된 경우뿐만 아니라 사실상의 이전 또는 사실상의 소유권 취득도 모두 포함된다 할 것이어서 그 대금청산일에 이를 취득하였다고 봄이 타당하다.

또한 토지거래허가구역 안에 있는 토지에 관한 매매계약 등 거래계약은 관할 관청의 허가를 받아야만 효력이 발생하며 허가를 받기 전에는 물권적 효력은 물론 채권적 효력도 발생하지 아니하여 무효이므로 만약 토지거래허가를 받지 못하였다면 매수인의 취득세 신고행위는 특별한 사정으로 말미암아 조세채무의 확정력을 인정할 여지가 없는 중대하고 명백한 하자가 있는 것으로 당연무효로서 민사소송에 의한 반환청구는 인정된다는 것 등을 종합하여 볼 때, 토지거래허가 등 별도의 공법상 절차를 거치기 전에 잔금을 치른 경우에는 재화의 이전이라고 하는 사실자체를 포착하여 거기에 담세력을 인정하여 부과하는 취득세의 성질상 일단 잔금을 지급한 때가 곧 취득시기라고 할 것이다.

〈사례〉 부과제척기간의 경과여부의 판단

처분청은 청구인의 입목 취득시기를 벌채목허가일로 추정하고 있을 뿐, 실제 취득시기를 입증할 수 있는 과세자료를 제시하지 못하고 있고, 입목을 취득한 후 벌채허가를 받아 반출하는 벌목생산과정의 특성상 입목의 취득일은 벌채허가일보다 선행되는 것이 일반적이므로, 벌채허가일을 입목의 취득시기로 보기는 어렵다 할 것이다. 따라서 처분청이 입목의 취득시기를 벌채허가일로 보아 청구인에게 취득세 등을 부과고지한 처분은 과세요건을 충족시키지 못한 위법한 처분이라 판단된다(조심2013지656, 2014.08.18).

V. 차량 등

차량·기계장비·항공기 및 주문을 받아 건조하는 선박의 경우에는 그 제조·조립·건조 등이 완성되어 실수요자가 인도받는 날과 계약상의 잔금지급일 중 빠른 날을 최초의 승계취득일로 본다. 또한, 차량·기계장비를 할부로 취득하는 경우는 할부금지급시기와 관계없이 실수요자가 인도받는 날과 등록일 중 빠른 날이 취득시기가 된다(지방세법기본통칙 7-2).

VI. 수입

수입에 따른 취득은 해당 물건을 우리나라에 반입하는 날(보세구역을 경유하는 것은 수입신고필증 교부일을 말함)을 취득일로 본다. 다만, 차량·기계장비·항공기 및 선박의 실수요자가 따로 있는 경우에는 실수요자가 인도받는 날과 계약상의 잔금지급일 중 빠른 날을 최초의 승계취득일로 보며, 취득자의 편의에 따라 수입물건을 우리나라에 반입하지 아니하거나 보세구역을 경유하지 아니하고 외국에서 직접 사용하는 경우에는 그 수입물건의 등기 또는 등록일을 취득일로 본다.

〈사례〉임대용 기계장비의 수입

법인이 판매목적으로 기계장비를 수입하였다가 당해 법인 명의로 등록하고 제3자에게 임차하고 있는 경우 취득시기는 당해 법인이 기계장비를 우리나라에 인취한 날이다(세정-614, 2007.03.14).

VII. 연부취득

1. 연부취득의 취득시기

연부라 함은 매매계약서상 연부계약형식을 갖추고 일시에 완납할 수 없는 대금을 2년 이상에 걸쳐 일정액씩 분할하여 지급하는 것을 말한다(지방세법 기본통칙 7-5). 연부로 취득하는 것(취득가액의 총액이 「지방세법」 제17조에 의한 면세점의 적용을 받는 것은 제외)은 그 사실상의 연부금 지급일을 취득일로 본다.

다만, 연부금 지급일 전에 등기 또는 등록을 한 경우에는 그 등기일 또는 등록일에 취득한 것으로 본다. 연부취득은 계약서상 계약의 조건을 기준으로 판단되어야 하며 계약기간 전에 일시에 연부잔액을 지급하였을 시 또는 계약기간 전에 등기·등록을 한 경우에는 각 연부금 지급시기 및 완납일, 또는 등기·등록일이 각각 취득시기가 된다.

2. 연부계약의 해지

연부취득 중인 과세물건을 마지막 연부금지급일 전에 계약을 해제한 때에는 이미 납부한 취득세는 환급하여야 한다(지방세법 기본통칙 7-5).

3. 연부기간 중 경개계약

연부로 취득 중인 부동산을 경개계약에 의하여 연부로 취득한 경우, 경개계약 시점에서의 경개계약자는 당초 계약자가 지급한 금액에 대한 취득세를 납부하여야 하며, 그 이후부터는 연부금 지급일마다 매 연부금액에 대한 취득세를 납부하여야 한다. 이 경우 종전 계약 해지자가 납부한 취득세는 환급하여야 한다(지방세법 기본통칙 7-5).

그리고 연부취득 중인 부동산의 매수인의 지위를 승계한 경우, 당해 권리의무 승계계약일부터 잔금지급일까지의 연부기간이 2년 미만이면 연부취득에 해당하지 않는다(지방세심사2002-394, 2002.12.23). 연부취득 중인 부동산에 관하여 매도인·매수인 및 제3자 사이의 권리의무승계계약에 의하여 매수인의 지위가 양도된 경우 위 제3자가 부동산을 취득하게 되는 것은 위 권리의무승계계약에 의한 것이므로 그 때의 부동산 취득이 연부취득에 해당하는지 여부는 권리의무승계계약의 내용에 따라 판단되어야 하므로(대법원 1998.11.07 선고, 97누3170 판결) 권리의무승계계약일부터 잔금지급일까지의 연부기간이 2년에 미달하는 경우는 연부취득에 해당된다고 볼 수 없어 취득세 납세의무는 마지막 잔금을 지급하는 날에 성립된다.

4. 계약변경(일시취득조건에서 연부취득조건으로)

일시취득 조건으로 취득한 부동산에 대한 대금지급방법을 연부계약형식으로 변경한 경우에는 계약변경 시점에서 그 이전에 지급한 대금에 대한 취득세의 납세의무가 발생하며, 그 이후에는 사실상 매 연부금지급일마다 취득세를 납부하여야 한다.

5. 잔금지급 기한의 경과로 인하여 2년 이상이 된 경우

부동산 등을 매매로 취득하면서 매매계약서상에 대금지급 기간을 2년 미만에 걸쳐 일정액씩 분할하여 지급하기로 계약을 체결하고 매회 대금을 지급하다가 잔금지급 기한의 경과로 실제 대금지급기간이 2년 이상이 된 경우 매매계약서상 대금지급 기간을 2년 이상으로 변경하지 않았다면 연부취득에 해당된다고 볼 수 없다.

따라서 이러한 경우 사실상 잔금지급일을 취득의 시기로 본다. 또한 개인 취득자의 경우는 잔금 지급기한 연체에 따른 연체료를 지급하였다 하더라도 개인의 연체료는 취득세 과세표준에서 제외된다.

6. 임대주택의 분납금

연부취득이라 함은 과세대상 물건이 존재하면서 계약상 매매대금의 지급이 2년 이상에 걸쳐 이루어지는 취득으로서, 연부취득에 해당되는지의 여부는 계약내용에 의해 판단하여야 한다(대법원 1998.11.27 선고, 97누3170 판결 참조).「임대주택법 시행령」에 따른 분납임대주택의 공급이 임대차계약 형식을 통해 이루어지긴 하나, 2년 이상의 임대 기간에 걸쳐 초기분납금, 중간분납금, 최종분납금 등의 형식으로 분할 지급되는 바, 이는 실질적으로 2년 이상의 기간에 걸쳐 주택가격을 분납하는 연부취득이라고 볼 수 있다. 따라서 그 사실상의 연부금 지급일을 취득일로 본다.

7. 국적취득조건부 나용선계약

국적취득조건부 나용선(BBCHP)은 용선계약의 형식을 취하고는 있으나 실질적으로는 선박의 매매로서 그 선박의 매매대금을 일정기간 동안 분할하여 지급하되 그 기간 동안 매수인이 선박을 사용할 수 있도록 하는 것이다(2006두18270, 2009.01.30).

따라서 용선계약과 같이 선박을 임차하여 수입한 후 선박대금을 2년 이상 분할상환하는 경우는 수입신고필증을 교부받았다 하더라도 「지방세법」상 연부취득에 해당되는 것이므로, 매회 용선료를 지급할 때마다 연부취득에 따른 취득세 납세의무가 성립된다.

VIII. 건축물의 건축

1. 건축의 취득시기

건축물을 건축 또는 개수하여 취득하는 경우에는 사용승인서를 내주는 날(사용승인서를 내주기 전에 임시사용승인을 받은 경우에는 그 임시사용승인일을 말하고, 사용승인서 또는 임시사용승인서를 받을 수 없는 건축물의 경우에는 사실상 사용이 가능한 날을 말함)과 사실상의 사용일 중 빠른 날을 취득일로 본다.

2. 건축 시 임시사용승인을 각 층별로 받는 경우

건축물을 건축하는 경우 임시사용승인을 각 층별로 득하여 사용하는 경우라면 각 층별로 사용승인서 교부일, 사실상 사용일, 임시사용 승인일 중 빠른 날을 취득일로 보아 취득세를 신고납부하여야 한다.

이러한 경우 전체공사가 완료된 때에 각 층별로 신고납부한 취득세를 통산하여 수정신고하여야 한다(세정-381, 2003.07.07).

3. 순차적 사용

아파트·상가 등 구분등기대상 건축물을 원시취득함에 있어 1동의 건축물 중 그 일부에 대하여 임시사용승인을 받거나 사실상 사용하는 경우에는 그 임시사용승인을 받은 부분 또는 사실상 사용하는 부분과 그렇지 않은 부분을 구분하여 취득시기를 각각 판단한다(지방세법기본통칙 7-2).

4. 아파트, 상가 등을 분양받은 자의 취득시기

건축물의 건축에 의한 원시취득에 대하여는 사용승인서교부일, 임시사용승인일, 사실상의 사용일 중 빠른 날이 취득시기가 된다. 그러나 아파트 등을 분양받은 자의 경우에는 원시취득이 아닌 유상승계취득에 해당되어 사실상의 잔금지급일이 취득시기가 된다.

한편, 금융회사로부터 융자금을 받아 건축한 주택을 승계취득하는 경우에는 금융회사의 융자금이 건축주로부터 분양받은 자의 명의로 대환되는 때를 취득시기로 보며, 그 이전에 등기한 경우에는 이전등기일이 취득시기가 된다(지방세법기본통칙 7-2).

「지방세법 시행령」 제20조 제6항에서 사용승인서 교부일 이전에 사실상 사용하는 경우에는 그 사실상의 사용일을 취득일로 본다고 하고 있으나, 이는 원시취득자인 건축주가 사용승인서 교부일 이전에 사실상 사용하는 경우에만 해당된다고 보아야 한다(행정자치부 지방세정팀-6329, 2006.12.18 참조).

그러므로 임시사용승인일 이후 아파트 등을 분양받는 자가 전체 입주금의 일부를 미납한 상태에서 우선 입주하여 사실상 사용하고 있는 경우라 하더라도 사용승인서 교부일 이후 잔금을 완납하였다면 아파트 취득일은 잔금지급일이 된다.

또한 건축주가 임시사용승인일, 사실상 사용일, 사용승인서교부일 이전에 입주자로부터 잔금을 받은 경우에는 임시사용승인일, 사실상 사용일, 사용승인서교부일이 건축주의 원시취득일과 분양받은 자의 승계취득일이 된다(지방세법기본통칙 7-2).

5. 임시건축물

존속기간이 1년을 초과하는 임시용 건축물은 취득세 과세대상이 되며, 건축허가를 받지 아니하고 건축하는 건축물의 경우에는 그 취득시기는 사실상 사용일이다. 존속기간이 1년을 초과하지 아니하는 임시용 건축물을 설치 사용하다가 1년을 초과하는 기간으로 연장신고를 한 후 계속 사용하는 경우에는 행정청으로부터 승인을 받은 날을 취득시기로 본다. 이때의 존속기간이라 함은 「건축법」 제15조의 규정에 의해 시장·군수에게 신고한 기간을 말한다. 연장사용신청 없이 1년을 초과하는 경우에는 1년을 초과하는 날에 납세의무가 성립된다.

〈사례〉 미준공 건축물의 취득

소유권보존등기된 미준공 건축물과 토지를 함께 공매 취득한 경우 미준공 건축물에 대하여는 취득의 시기가 도래하지 않아 취득세가 과세되지 아니한다(지방세운영-1701, 2010.04.26). 건축허가를 받아 건축하는 건축물에 있어서는 사용승인서 교부일(사용승인서 교부일 이전에 사실상 사용하거나 임시사용승인을 받은 경우에는 그 사실상의 사용일 또는 임시사용승인일)을 취득일로 보고, 건축허가를 받지 아니하고 건축하는 건축물에 있어서는 그 사실상의 사용일을 취득일로 본다.

소유권보존등기된 미준공 건축물과 토지를 함께 공매 취득한 경우, 미준공 건축물에 대하여는 취득의 시기가 도래하지 않아 취득세가 과세되지 않으므로(지방세운영-1231, 2010.03.24 참조), 공매 취득가액에서 미준공 건축물에 해당하는 가액은 취득세 과세표준에서 제외된다.

〈사례〉 구간별 열수송관 공사

열수송관 공사를 구간별로 완료하고 허가관청으로부터 사용전검사를 받았다면 그 이전에 사실상으로 사용하지 않은 이상 사용전검사일을 취득의 시기로 본다(지방세운영-1155, 2010.03.19).

〈사례〉 승계취득의 경우 사실상의 잔금지급일

분양주택 승계취득의 경우에는 사용승인일 현재 잔금납부기간이 도래하지 아니하였을 뿐 아니라 분양대금도 완납한 상태가 아니라면 사실상의 잔금을 지급한 날을 취득일로 보아야 한다(지방세심사2006-1056, 2006.11.27).

〈사례〉 건물의 원시취득

건축허가를 받아 건축하는 건축물이 사용승인서 교부일 이전에 사실상 사용되는 경우에는 그 사실상 사용일을 취득의 시기로 보도록 규정하고 있는바, 아파트 사용승인 이전에 입주예정자들이 입주하여 생활하고 있다면 건축주는 입주예정자들이 입주한 시기에 아파트를 원시취득하였다고 할 것이다(지방세운영-5355, 2011.11.21).

〈사례〉 사실상 잔금의 완납

조세법률주의의 원칙상 조세법규의 해석은 특별한 사정이 없는 한 법문대로 엄격하게 해석할 것이고 합리적 이유 없이 확장해석하거나 유추해석하는 것은 허용되지 아니한다. 그렇다고 하더라도, 구체적인 사안에서 개별 조세법규를 해석·적용함에 있어서 조세법률주의가 지향하는 법적 안정성 및 예측가능성을 해치지 않는 범위 내에서 입법의 취지, 목적과 사회통념에 따른 합리적 해석을 하는 것까지 모두 금지하는 것은 아니라고 할 것이다.

예를 들어 총분양대금의 99.32%를 납부하였다면 사회통념상 대금의 거의 전부가 지급되었다고 볼 정도의 대금지급이 이행되었다고 할 수 있고, 언제라도 잔금을 지급하기만 하면 등기부상 소유자로 등재하거나 배타적인 사용·수익·처분을 할 수 있는 상태라고 할 수 있으므로 사실상 취득한 것으로 보는 것이 사회통념상 합리적이라 할 것이다.

IX. 주택조합 등의 취득

1. 주택조합의 비조합원용 토지의 취득

「주택법」 제32조에 따른 주택조합이 주택건설사업을 하면서 조합원에게 귀속되지 않은 토지를 취득하는 경우에는 「주택법」 제29조에 따른 사용검사를 받은 날에 그 토지를 취득한 것으로 본다.

「도시 및 주거환경정비법」 제16조 제2항에 따른 주택재건축조합이 주택재건축사업을 하면서 조합원에게 귀속되지 않은 토지를 취득하는 경우에는 「도시 및 주거환경정비법」 제54조 제2항에 따른 소유권이전 고시일의 다음 날에 그 토지를 취득한 것으로 본다.

2. 도시개발사업, 주택재개발사업, 도시환경정비사업

「도시개발법」에 따른 도시개발사업이나 「도시 및 주거환경정비법」에 따른 정비사업 (주택재개발사업 및 도시환경정비사업만 해당)으로 건축한 주택을 「도시개발법」 제40조에 따른 환지처분 또는 「도시 및 주거환경정비법」 제54조에 따른 소유권 이전으로 취득하는 경우에는 환지처분 공고일의 다음 날 또는 소유권 이전 고시일의 다음 날과 사실상의 사용일 중 빠른 날을 취득일로 본다.

재개발아파트가 완공되어 임시사용승인이 나서 조합원이 관리처분계획에 따라 징수금을 납부하였어도, 주택재개발조합으로부터 조합원이 취득하는 부동산의 취득일은 분양처분고시일의 익일이다(대법2002두12762, 2003.08.22).

「지방세법」상 취득세의 과세요건을 충족하기 위하여는 법령에 정해진 과세대상 부동산이 존재한다는 것만으로는 부족하고 그 부동산의 취득자가 특정되어야 할 뿐 아니라 그 취득시기가 도래하여야 한다. 그런데 도시재개발법에 의하면 재개발 아파트의 경우 도시재개발사업에 의하여 대지 또는 건축시설을 분양받은 자는 분양처분의 고시가 있은 날의 다음날에 대지 또는 건축시설에 대한 소유권을 취득하게 되고, 이로 인하여 취득한 대지 또는 건축시설은 토지구획정리사업법에 의한 환지로 본다고 규정하고 있다.

한편 재개발조합의 조합원이 재개발조합에 종전의 토지 및 건축물을 제공함으로써 관리처분계획에 따라 취득하게 되는 권리는, 재개발사업이 시행됨에 따라 장차 분양처분의 고시가 있는 다음날에 그 대지 또는 건축시설에 대한 소유권을 취득하기까지는 부동산을 취득할 수 있는 권리로 보아야 할 것이고(대법원 1993.11.23 선고, 93누1633 판결; 1996.08.23 선고, 95누6618 판결 참조), 종전의 토지 및 건축물에 대한 재개발조합원의 권리는 분양처분에 의하여 비로소 새로운 대지 또는 건축시설로 변환된다고 볼 수 있다.

따라서 분양처분이 있기 전까지는 종전의 토지 및 건축물이나 장차 부동산을 취득할 수 있는 권리만이 취득의 대상이 될 수 있을 뿐 아파트 자체는 그 취득의 대상이 될 수 없다(대법원 2003.08.19 선고, 2001두11090 판결 참조), 따라서 아파트에 대한 공사가 완공되고 임시사용승인이 나서 조합원이 조합의 관리처분계획에 따라 징수금을 납부하였다 하더라도 그와 같은 사정만으로 조합원이 바로 아파트를 사실상 취득하였다고 할 수는 없다.

X. 매립·간척

관계 법령에 따라 매립·간척 등으로 토지를 원시취득하는 경우에는 공사준공인가일을 취득일로 본다. 다만, 공사준공인가일 전에 사용승낙·허가를 받거나 사실상 사용하는 경우에는 사용승낙일·허가일 또는 사실상 사용일 중 빠른 날을 취득일로 본다.

〈사례〉 매립토지의 승계취득

법인장부 등으로 취득가격이 입증되는 유상승계취득의 경우에는 매매계약서상 잔금약정일에 관계없이 실제로 잔금을 지급한 날이 취득일이 되나, 승계취득자가 당해 매립토지의 공사준공일 이전에 사실상 잔금을 납부하였다면 잔금납부일에 관계없이 공사준공일이 취득일이 된다(세정-4933, 2006.10.11).

관계 법령에 따라 매립·간척 등으로 토지를 원시취득하는 경우에는 공사준공인가일을 취득일로 본다. 다만, 공사준공인가일 전에 사용승낙이나 허가를 받은 경우에는 사용승낙일 또는 허가일을 취득일로 본다. 이 단서 규정은 공유수면을 매립한 원시취득자가 공사준공전에 사용승락 또는 허가를 받은 경우에만 해당하는 것으로 승계취득자가 원시취득자의 동의를 얻어 토지 준공이전에 사실상 사용한다고 하더라도 그 취득일은 잔금지급일(공사준공 이전에 잔금을 납부한 경우에는 공사준공일)이 되는 것이다.

〈사례〉 공유수면매립의 취득시기

공유수면 매립공사 준공 전 토지사용 허가받아 사용하는 자와 그 매립면허받은 자가 다른 경우 매립면허받은 자가 원시취득자로 취득세 납세의무가 있다(세정13407-22,

2001.01.08).

공사준공인가일 전에 사용승낙이나 허가를 받은 경우에는 사용승낙일 또는 허가일을 취득일로 보는 것이므로 공유수면 매립면허를 받은 자가 원시취득자로 취득세 납세의무가 있는 것이다.

XI. 종류변경과 지목변경

차량·기계장비 또는 선박의 종류변경에 따른 취득은 사실상 변경한 날과 공부상 변경한 날 중 빠른 날을 취득일로 본다.

토지의 지목변경에 따른 취득은 토지의 지목이 사실상 변경된 날과 공부상 변경된 날 중 빠른 날을 취득일로 본다. 다만, 토지의 지목변경일 이전에 사용하는 부분에 대해서는 그 사실상의 사용일을 취득일로 본다. 지목이 사실상 변경이란 건축공사 등과 병행되는 경우로서 토지의 형질변경을 수반하는 경우에는 건축 등 그 원인되는 공사가 완료된 때를 취득의 시기로 본다(지방세법기본통칙 7-2).

〈사례〉 지목변경의 취득시기와 납세의무자

지목변경으로 인한 각 토지의 취득시기는 주택의 사용승인서 교부일과 그 사실상의 사용일 중 빠른 날이 되고 납세의무자는 지목변경 취득 당시의 소유자가 된다(지방세운영-2838, 2012.09.08).

〈사례〉 사실상 지목변경 없는 공부상의 지목변경

재산가치의 증가가 전혀 없는데도 불구하고 단지 공부상 임야이었을 때의 공시지가와 지목을 대지로 변경하였을 때의 공시지가가 높아졌다는 이유만으로 이를 부동산의 새로운 취득이라 볼 수는 없다(조심2010지192, 2011.01.20) 또한 지목변경 이후의 공시지가보다 높은 가격을 기준으로 하여 이미 취득세를 납부한 경우 단지 지목변경으로 공시지가가 증가하였다는 이유만으로 취득세를 납부하는 것은 실질과세의 원칙에도 반하는 것으로 판단된다.

〈사례〉 골프장의 사실상 사용일

계속적인 시범라운딩을 통해 골프장으로서의 기능을 하고 있다면 시범라운딩 등 사실상 골프장으로 사용하는 때가 취득일이 된다(세정-1513, 2006.04.14). 한편, 골프장용 토지의 지목변경에 의한 간주취득시기는 골프장 조성공사가 준공되 체육용지로 지목변경되는 때이므로, 토목공사는 물론 잔디 파종 및 식재비용, 임목의 이식비용 등은 취득세 과세표준에 포함되고 중과세율이 적용된다(대법2002두10650, 2003.02.11).

〈사례〉 주택신축공사 시의 지목변경일

주택신축공사를 완료한 후 지목을 잡종지에서 대지로 변경한 경우, 그 신축공사완료일을 사실상 지목변경일로 보아 지목변경 전·후의 시가표준액 차액에 대해 취득세 과세한다(지방세심사2003-268, 2003.12.24).

XII. 골프회원권 등 권리의 취득

광업권, 어업권, 골프회원권, 콘도미니엄회원권, 승마회원권, 종합체육시설회원권 또는 요트회원권 등의 권리의 취득은 잔금지급일이 취득시기가 된다. 이는 이용시설을 취득하는 것이 아니라 이용할 수 있는 권리를 취득하는 것이기 때문에 이들 시설의 현황은 취득시기에 영향을 미치지 아니한다. 또한 콘도미니엄회원권 등을 사용하다가 계약기간만료로 인하여 재계약하는 경우, 존속기한 또는 입회기간을 연장하는 경우에는 기간이 새로 시작되는 날을 취득일로 본다.

PART
05

—

비과세

비과세의 개요와 대상

Ⅰ. 비과세의 개요

조세법률주의에 의거 납세의무자와 과세권자의 조세채권·채무의 성립요건은 법령에 의하여 정하여지며 동 요건에 충족하는 사실이 존재함으로써 납세의무 내지 조세채권은 자동적으로 성립된다. 이러한 조세채권의 성립요건의 하나인 과세물건은 조세법이 과세의 대상으로 정하고 있는 물건, 행위 또는 사실 등을 의미하며 경제적 담세능력을 표상한다.

그러나 각 세법에서는 과세대상이 되는 과세물건 중 특정의 것을 과세대상에서 의도적으로 제외시키고 있으며 이는 대개 조세정책적 목적에서 비롯된다. 따라서 이러한 비과세는 조세채권이 처음부터 성립되지 않은 것이며, 비과세규정을 적용받기 위한 별도의 특별한 절차를 요하지도 않는다.

반면, 감면제도는 「지방세법」상 세목에 따라 과세요건은 성립하였으나 납세의무의 이행단계에서 징수권행사의 유보로서 지방세의 일부 또는 전부를 이행하지 않도록 하는 점에서 비과세와는 구별된다. 이러한 지방세의 감면규정은 「지방세특례제한법」 및 지방자치단체의 지방세감면조례에서 규정하고 있다.

「지방세법」 제9조에서는 다음과 같이 6가지의 취득세 비과세를 열거하고 있다.

① 국가 또는 지방자치단체 등의 취득.
② 국가, 지방자치단체 또는 지방자치단체조합에 귀속 또는 기부채납을 조건으로 취득.
③ 신탁으로 인한 신탁재산의 취득.
④ 동원대상지역 내의 토지의 수용·사용에 관한 환매권의 행사로 매수하는 부동산의

취득.

⑤ 임시건축물의 취득.

⑥ 공동주택의 개수로 인한 취득.

Ⅱ. 국가 등의 취득

국가 또는 지방자치단체(다른 법률에서 국가 또는 지방자치단체로 의제되는 법인은 제외), 지방자치단체조합, 외국정부 및 주한국제기구의 취득에 대해서는 취득세를 부과하지 아니한다. 다만, 대한민국 정부기관의 취득에 대하여 과세하는 외국정부의 취득에 대해서는 취득세를 부과한다.

비과세되는 국가는 정부조직법상의 중앙행정기관과 국립학교나 국립의료원등 국가가 설치한 각종 기관을 말한다. 지방자치단체란 특별시·광역시·도·시·군·구(자치구)를 말한다. 지방자치단체조합이란 「지방자치법」 제159조 제1항에 따른 지방자치단체조합을 말한다.

2014년 1월 1일 「지방세법」 개정 시 타 법에 의해 국가 또는 지방자치단체로 의제되는 법인은 비과세에서 제외되도록 하였으며, 동 개정규정은 2014년 1월 1일 이후 최초로 납세의무가 성립하는 분부터 적용한다. 예를 들어 「공무원연금법」 제16조의2에서 '공단은 「주택법」, 「택지개발촉진법」 또는 「임대주택법」에서 정하는 바에 따라 공무원을 위하여 주택을 건설·공급·임대하거나 택지를 취득할 수 있다. 이 경우 공단은 국가나 지방자치단체로 본다.'라고 하여 공무원연금공단을 국가나 지방자치단체로 의제하고 있다. 따라서 이러한 국가 등으로 의제하는 법인의 경우 「지방세법」의 개정에 따라 2014년 1월 1일 이후 최초로 납세의무가 성립하는 분부터 비과세가 적용되지 아니한다.

국가 등의 취득이란 국가가 취득의 주체가 되어 취득세 과세대상 물건을 취득하는 경우만을 의미한 것으로 한정적으로 해석하여야 한다. 그러므로 국가 등의 재원으로 국가 외의 자가 취득세 과세대상 물건을 취득하는 경우까지 확장하여 적용할 수는 없다(조세심판원 2013.10.17 결정, 조심2013지0512 참조). 국제기구는 국제연합 및 그 산하기구·

전문기구나 정부 간(비정부간) 국제기구를 말한다. 따라서 국내에 등록된 외국민간단체인 경우에는 국제기구로 볼 수 없다.

〈사례〉 철도역사의 연결경사로

철도역사의 연결경사로가 2층을 동서로 연결하는 후면집입로로 일반대중에 개방된 공용도로로 사용된다면 이는 역사시설물이 아닌 국유지인 철도용지에 건설된 도로의 일부이므로 취득세 납세의무자는 국가이므로 비과세대상에 해당한다(지방세심사2004-316, 2004.10.27).

청구인은 이 사건 경사로가 A역사 후면진입도로 실시설계 승인에 따라 교각, 도로 및 도로시설물로 설계된 일체의 도로로 건설된 것이므로 도로에 해당하고, 「지방세법」 제104조 제4호에서 규정하고 있는 취득세의 과세대상인 건축물의 범위에도 해당하지 않으므로 취득세의 과세대상이 아니라고 주장하고 있어 이에 대해 살펴보면, 「지방세법」 제104조 제4호에서 취득세에서 사용하는 용어 중 건축물은 「건축법」 제2조 제1항 제2호에 의한 건축물이 해당하고, 「건축법」 제2조 제1항 제2호에서 건축물이라 함은 토지에 정착하는 공작물 중 지붕과 기둥 또는 벽이 있는 것과 이와 부수되는 시설물을 말하고 있으므로, 이 사건 경사로는 A역사의 2층을 동서로 연결하는 후면진입도로로서 일반대중에게 개방되어 공용도로로 사용되고 있음이 분명하고, 교각 등도 A역사에 부수되는 시설물이기 보다는 도로의 일부라고 보는 것이 타당하며, 도로건설에 대해서는 사실상 토지의 지목이 철도용지에서 도로로 변경되어 비용의 증가가 발생되었다고 하더라도 이 사건 경사로는 국유지인 철도용지에 건설되어 있어 취득세의 납세의무자는 국가가 되는 것으로서 「지방세법」 제106조에 규정에 의거 비과세되어야 하는 것이다.

〈사례〉 정부출자법인

공사는 「한국농어촌공사 및 농지관리기금법」에 따라 설립된 정부 출자법인으로서 국가(대한민국 정부기관)에 해당되지 아니하므로 농지관리기금을 재원으로 토지를 취득하여 농림축산식품부장관의 승인 하에 관리처분 될 수 있다고 하더라도 국가의 취득으로 볼 수는 없다(지방세운영-41, 2014.01.06).

〈사례〉 국가의 재원으로 국가 이외의 자가취득

국가의 취득이란 국가가 취득의 주체가 되어 취득세 과세대상 물건을 취득하는 경우만을 의미하는 것으로 한정적으로 해석하여야 할 것으로, 국가의 재원으로 국가 외의 자가 취득세 과세대상 물건을 취득하는 경우까지 확장하여 적용할 수는 없는 것으로 보이고, 청구법인이 인용한 판례는 국가 외의 자의 명의로 매수계약을 체결하였으나 매수계약 체결 후 국가의 명의로 매수인을 변경하고, 국가 명의로 취득한 경우로서 청구인 명의로 이 건 건축물을 취득한 이 건과는 사실관계가 상이하므로 적용하기 어렵다 할 것이다(조심2013지512, 2013.10.17).

다음으로, 이 건 건축물의 취득이 「지방세법」 제106조 제2항에서 규정하고 있는 국가의 귀속을 조건으로 취득하는 부동산에 해당하는지에 대하여 살펴본다.

위 조항에서 규정하고 있는 국가의 귀속을 조건으로 취득하는 부동산이란 국가 외의 자가 당해 부동산을 취득하기 전에, 당해 부동산의 국가 귀속이 약정 등으로 확정된 부동산을 취득하는 경우를 의미한다 할 것인바, 청구법인의 경우, 청구법인의 질의에 대한 농림수산식품부장관의 회신공문 내용을 미루어 보면, 이 건 건축물은 이 건 사업종료 후에는 국가에 귀속될 수도 있으나, 사업종료 후에 국가에 귀속되지 아니하고, 「농어촌정비법」 제14조의 규정에 따라 농림수산식품부장관의 승인 하에 관리처분 될 수도 있음을 알 수 있는바, 이 건 건축물은 부동산을 취득하기 전에 국가에 귀속이 확정된 부동산으로 보기는 어렵다 할 것이고, 또한, 이 건 건축물이 「농어촌정비법」 제14조의 규정에 따라 관리처분 된 후, 그 매각 대금 등이 국가에 귀속된다 하더라도 「지방세법」 제106조 제1항에서 규정하고 있는 국가에 귀속을 조건으로 취득하는 부동산이라 함은 당해 부동산의 소유권이 국가에 귀속될 것을 조건으로 하는 부동산으로 해석하여야 할 것으로 그 매각 대금 등이 국가에 귀속될 조건으로 취득하는 부동산까지 포함한다고 보기는 어렵다 할 것이므로 이에 대한 청구법인의 주장 또한 받아들이기 어렵다 할 것이다.

〈사례〉 근로복지공단의 취득

'근로복지공단'은 국가 등에 해당하지 않아 근로복지공단이 등기·등록 촉탁 시에는 등록세 납세의무가 있다(세정13407-1417, 2000.12.11).

Ⅲ. 국가 등에 귀속 또는 기부채납 조건

1. 대상자산

국가, 지방자치단체 또는 지방자치단체조합에 귀속 또는 기부채납(「사회기반시설에 대한 민간투자법」 제4조 제3호에 따른 방식으로 귀속되는 경우를 포함)을 조건으로 취득하는 부동산 및 「사회기반시설에 대한 민간투자법」 제2조 제1호 각 목에 해당하는 사회기반시설에 대하여는 취득세를 부과하지 아니한다. 그러므로 기부채납을 조건으로 하는 다음의 취득에 대하여 취득세를 비과세하는 것이다.

① 부동산.
② 사회기반시설.

「지방세법」에서 기부채납용 부동산의 취득에 대하여 취득세를 비과세하는 취지는 국가나 자치단체에서 취득하여야 할 부동산을 대신 취득하여 당해 부동산을 국가 등에 직접 기부하는 자에게 조세지원을 하고자 하는 것이다.

그러므로 비록 기부채납을 조건으로 취득하였다고 하더라도 기부채납을 이행하기 이전에 당해 부동산을 처분하여 국가나 자치단체에 직접 기부하지 아니한 경우에는 비과세 요건을 구비하였다고 볼 수 없으므로 취득세가 과세된다.

2. 귀속 또는 기부채납 조건

귀속 또는 기부채납을 조건으로 취득하는 부동산이란 귀속 또는 기부채납의 시기, 용도 등을 충족했는지 여부와는 상관없이 국가 등에 귀속에 대한 의사표시를 하고 국가 등이 이에 대하여 승낙의 의사표시가 있는 이후에 취득하는 부동산을 의미한다(대법원 2005.05.12 선고, 2003다43346 판결).

또한, 귀속 또는 기부채납에 '사회기반시설에 대한 민간투자법 제4조 제3호에 따른 방식으로 귀속되는 경우를 포함한다'고 함은 사업시행 추진방식에 관한 내용으로서 준공후 바로 국가에 소유권이 귀속되는 형식의 같은 조 제1호 및 제2호에 따른 추진방식뿐만 아니라, 준공 후 일정 기간 사업시행자에게 시설의 소유권이 인정되고, 기간만료 시 소유권이 국가 등에 귀속되는 형식인 제3호의 추진방식까지 포함한다는 의미이다.

국가 등에 귀속 또는 기부채납을 조건으로 취득하는 경우 당해 부동산이 반드시 사회기반시설이어야 하는 것은 아니므로, 사회기반시설이 아닌 음식점이라고 하더라도 부동산이면 족하다. 그리고 부동산을 국가 등에 공여함에 있어 경제적 이익을 취득할 목적이 있었다고 하더라도 부동산이 귀속 또는 기부채납의 형식으로 되어 있고, 국가 등이 이를 승낙하는 채납의 의사표시를 한 이후에 취득하는 경우에는 취득세 비과세 대상에 해당된다(대법원 2006.01.26 선고, 2005두14998 판결 참조).

귀속 또는 기부채납을 조건으로 취득하는 부동산 등에 대하여 비과세하므로 부동산을 취득한 이후에 해당 부동산을 국가 등에 기부채납하기로 국가 등과 계약 등을 하였다면 비과세대상에 해당하지 아니한다. 왜냐하면 취득시점에 이미 유효하게 납세의무가 성립되었고, 그 이후의 기부채납 의사는 이미 성립된 납세의무에 영향을 줄 수 없기 때문이다.

3. 민간투자사업의 추진방식

「사회기반시설에 대한 민간투자법」 제4조에서는 "민간투자사업은 다음의 어느 하나에 해당하는 방식으로 추진하여야 한다"고 규정하고 있다. 이하의 사업추진방식 중 ①, ②, ③의 방식에 해당하는 경우 취득세를 비과세한다.

① 사회기반시설의 준공과 동시에 해당 시설의 소유권이 국가 또는 지방자치단체에 귀속되며, 사업시행자에게 일정기간의 시설관리운영권을 인정하는 방식(②에 해당하는 경우는 제외).
② 사회기반시설의 준공과 동시에 해당 시설의 소유권이 국가 또는 지방자치단체에 귀속되며, 사업시행자에게 일정기간의 시설관리운영권을 인정하되, 그 시설을 국가 또

는 지방자치단체 등이 협약에서 정한 기간 동안 임차하여 사용·수익하는 방식.

③ 사회기반시설의 준공 후 일정기간 동안 사업시행자에게 해당 시설의 소유권이 인정되며 그 기간이 만료되면 시설소유권이 국가 또는 지방자치단체에 귀속되는 방식.

④ 사회기반시설의 준공과 동시에 사업시행자에게 해당 시설의 소유권이 인정되는 방식.

⑤ 민간부문이 제9조에 따라 사업을 제안하거나 제12조에 따라 변경을 제안하는 경우에 해당 사업의 추진을 위하여 제1호부터 제4호까지 외의 방식을 제시하여 주무관청이 타당하다고 인정하여 채택한 방식.

⑥ 그 밖에 주무관청이 제10조에 따라 수립한 민간투자시설사업기본계획에 제시한 방식.

4. 사회기반시설

「사회기반시설에 대한 민간투자법」제2조 제1호에서는 "사회기반시설이란 각종 생산활동의 기반이 되는 시설, 당해 시설의 효용을 증진시키거나 이용자의 편의를 도모하는 시설 및 국민생활의 편익을 증진시키는 시설로서, 다음 각 목의 어느 하나에 해당하는 시설을 말한다"고 규정하고 있다.

사회기반시설

가. 「도로법」제2조 제1항 제1호 및 제4호에 따른 도로 및 도로의 부속물

나. 「철도사업법」제2조 제1호의 규정에 의한 철도

다. 「도시철도법」제3조 제1호의 규정에 의한 도시철도

라. 「항만법」제2조 제5호에 따른 항만시설

마. 「항공법」제2조 제8호에 따른 공항시설

바. 「댐건설 및 주변지역지원 등에 관한 법률」제2조 제2호에 따른 다목적댐

사. 「수도법」제3조 제5호의 규정에 의한 수도 및 동조 제14호의 규정에 의한 중수도

아. 「하수도법」제2조 제2호의 규정에 의한 하수도 및 동법 제2조 제5호의 규정에 의한 하수종말처리시설

자. 「하천법」 제2조 제3호에 따른 하천시설

차. 「어촌·어항법」 제2조 제5호의 규정에 의한 어항시설

카. 「폐기물관리법」 제2조 제8호의 규정에 의한 폐기물처리시설

타. 「전기통신기본법」 제2조 제2호의 규정에 의한 전기통신설비

파. 「전원개발촉진법」 제2조 제1호의 규정에 의한 전원설비

하. 「도시가스사업법」 제2조 제5호의 규정에 의한 가스공급시설

거. 「집단에너지사업법」 제2조 제5호의 규정에 의한 집단에너지시설

너. 「정보통신망이용촉진 및 정보보호등에 관한 법률」 제2조 제1항 제1호의 규정에 의한 정보통신망

더. 「물류시설의 개발 및 운영에 관한 법률」 제2조 제2호 및 제6호에 따른 물류터미널 및 물류단지

러. (삭제, 2007.08 03; 물류시설의 개발 및 운영에 관한 법률 부칙)

머. 「여객자동차운수사업법」 제2조 제5호의 규정에 의한 여객자동차터미널

버. 「항만법」 제2조 제7호의 규정에 의한 종합여객시설

서. 「관광진흥법」 제2조 제6호 및 제7호의 규정에 의한 관광지 및 관광단지

어. 「주차장법」 제2조 제1호 나목의 규정에 의한 노외주차장

저. 「도시공원 및 녹지 등에 관한 법률」 제2조 제3호 가목에 따른 도시공원

처. 「수질 및 수생태계 보전에 관한 법률」 제48조 제1항의 규정에 의한 폐수종말처리시설

커. 「가축분뇨의 관리 및 이용에 관한 법률」 제2조 제9호의 규정에 따른 공공처리시설

터. 「자원의 절약과 재활용촉진에 관한 법률」 제2조 제10호에 따른 재활용시설

퍼. 「체육시설의 설치·이용에 관한 법률」 제5조에 따른 전문체육시설 및 같은 법 제6조에 따른 생활체육시설

허. 「청소년활동진흥법」 제10조 제1호에 따른 청소년수련시설

고. 「도서관법」 제2조 1호에 따른 도서관

노. 「박물관 및 미술관 진흥법」 제2조 제1호와 제2호에 따른 박물관과 미술관

도. 「국제회의산업육성에 관한 법률」 제2조 제3호에 규정에 의한 국제회의시설

로. 「국가통합교통체계효율화법」 제2조 제16호에 따른 지능형교통체계

모. 국가지리정보체계의 구축 및 활용등에 관한 법률」 제2조 제2호의 규정에 의한 지리정보체계

보. 「정보화촉진기본법」 제2조 제5호의 규정에 의한 초고속정보통신망

소. 「과학관육성법」 제2조 제1호의 규정에 의한 과학관

조. 「유아교육법」 제2조 제2호, 「초·중등교육법」 제2조 및 「고등교육법」 제2조 제1호부터 제

5호까지의 규정에 따른 유치원 및 학교

초. 「군사기지 및 군사시설 보호법」 제2조 제2호에 따른 군사시설 중 군영내·외에 건립하는 관사 등 군인 또는 그 자녀의 주거시설 및 그 부속시설

코. 「임대주택법」 제2조 제2호에 따른 건설임대주택 중 공공임대주택

토. 「공공보건의료에 관한 법률」 제2조 제3호에 따른 공공보건의료기관

포. 「노인복지법」 제32조·제34조 및 제38조의 규정에 의한 노인주거복지시설·노인의료복지시설 및 재가노인복지시설

호. 「공공보건의료에 관한 법률」 제2조에 따른 공공보건의료에 관한 시설

구. 「신항만건설촉진법」 제2조 제2호 나목 및 다목의 규정에 의한 신항만건설사업의 대상이 되는 시설

누. 「문화예술진흥법」 제2조 제1항 제3호의 규정에 의한 문화시설

두. 「산림문화·휴양에 관한 법률」 제13조의 규정에 의한 자연휴양림

루. 「수목원조성 및 진흥에 관한 법률」 제2조 제1호의 규정에 의한 수목원

무. 「유비쿼터스도시의 건설 등에 관한 법률」 제2조 제3호에 따른 유비쿼터스도시기반시설

부. 「국가통합교통체계효율화법」 제45조에 따른 국가기간복합환승센터, 광역복합환승센터 및 일반복합환승센터

수. 그 밖에 이 법의 목적에 맞는 시설로서 대통령령으로 정하는 시설

〈사례〉 국가 등에 매각목적

대한주택공사가 택지개발사업을 시행하면서 학교용지나 공공청사용지 등을 조성한 후 해당기관에 매각하기 위하여 취득하는 경우 취득세 등의 비과세 대상이 되지 아니한다(세정-2715, 2006.07.03).

학교부지를 취득하여 원가로 관할교육청에 유상으로 제공해야 한다는 조건부로 관할지방자치단체로부터 주택건설사업계획 승인을 받은 후 학교부지를 취득하여 원가로 관할교육청과 매매계약을 통하여 소유권을 이전한 경우라면 당해 학교부지의 취득은 지방자치단체에 귀속 또는 기부채납을 조건으로 취득하는 것으로 볼 수 없으므로 취득세 등이 비과세되지 아니한다(세정-750, 2003.08.07).

〈사례〉 민자역사 시설

국가(철도청)와 민자역사 건설법인이 행한 사업추진협약서 제12조에서 여객대합실·역무실·사무실·기타 여객서비스 시설 등 역무시설과 국유철도사업에 직접 필요로 하는 시설은 민자역사 준공과 동시에 국가 소유로 귀속시키고, 기타 상업시설 등은 민자역사 건설법인이 30년 동안 사용한 후 국가에 무상 귀속시키는 것으로 협약이 체결되어 있으므로 민자역사 준공 시 건설법인이 취득하는 상업시설은 「지방세법」 제106조 제2항에서 규정하고 있는 「사회기반시설에 대한 민간투자법」 제4조 제3호의 규정에 의한 방식으로 귀속되는 부동산에 해당되어 취득세 등의 비과세 대상이 된다(세정-822, 2005.05.21).

〈사례〉 잔금지급 후 기부채납확정

토지거래허가 등 별도의 공법상 절차를 거치기 전에 잔금을 치룬 경우에는 재화의 이전이라고 하는 사실 자체를 포착하여 거기에 담세력을 인정하여 부과하는 취득세의 성질상 일단 잔금을 지급한 때가 곧 취득시기라고 할 것이다. 그러므로 국가 등의 비과세 규정은 잔금을 지급할 당시(취득 당시) 토지가 국가 또는 지방자치단체에 무상귀속될 것으로 확정되지 아니한 상태에 있었다면 국가 등에 귀속에 대한 의사표시를 하고 국가 등이 이에 대하여 승낙의 의사표시가 있는 이후에 취득하는 부동산에 포함되지 아니하므로 취득세의 비과세대상에 해당된다고 볼 수는 없다(조심2009지1108, 2010.11.10).

〈사례〉 BOT방식

이 건 구조물은 부유식 수상구조물로서 한강둔치 및 하부와 쇠사슬, 콘크리트구조물로 연결·고정되어 있고, 항행성이 없으며, 그 구조 내부를 사무실로 이용하고 있는 점 등으로 미루어 볼 때 '선박'이라기 보다는 '건축물'에 해당된다고 보는 것이 타당하며, 청구법인과 서울특별시장간에 체결한 사업협약서 등에 의하면, BOT방식으로 청구법인이 운영한 후 25년이 지난 시점에 서울시에 귀속되기로 약정하고 있는 사실을 알 수 있는바, 이 건 구조물은 지방자체단체에 귀속을 조건으로 취득하는 부동산으로서 취득세 등의 비과세 대상에 해당한다(조심2011지357, 2012.12.17).

⟨사례⟩ 취득일 이후 기부채납확약서 제출

주택건설사업계획 승인 시 도로로 공여될 토지에 대하여 지방자치단체에 기부채납을 조건으로 승인받지 아니하고, 승인 시 이행조건인 「도시정비교통법」에 의한 교통영향평가 협의사항을 준수하기 위해 토지 취득일 이후 기부채납확약서를 제출한 경우, 이를 지방자치단체에 기부채납을 조건으로 취득하는 부동산으로 보기 어려워 비과세대상에 포함되지 아니한다(지방세운영-2200, 2010.05.26).

기부채납은 기부자가 그의 소유재산을 국가나 지방자치단체의 공유재산으로 증여하는 의사표시를 하고 국가나 지방자치단체는 이를 승낙하는 채납의 의사표시를 함으로써 성립하는 증여계약(대법원 2006.01.26 선고, 2005두14998 판결 참조)이고, 구체적으로 공공시설용지로 편입될 토지에 관하여 기부채납을 하도록 승인조건을 부과한 때에 비로소 기부채납에 대한 의사의 합치가 있었던 것(대법원 2005.05.12 선고, 2330다43346 판결 참조)이라 할 것이다.

교통영향평가의 목적은 '대상사업 시행으로 발생할 교통장애 등 교통상의 각종 문제점 또는 그 효과의 예측·분석 및 이에 대한 대책 강구'라고 할 것이므로 당해 사업이 시행되는 부동산의 소유권 귀속문제에 대하여 확정적 내용을 기재한 것이라거나 적법·유효한 의사표시가 있었던 것이라고 할 수 없는 것이어서, 취득세 등이 비과세되는 기부채납을 조건으로 취득하는 부동산으로 보기는 어려워 비과세대상에 해당하지 아니한다.

⟨사례⟩ 기부채납용 부동산의 처분

기부채납을 조건으로 부동산을 취득·등록하여 취득·등록세를 비과세 받은 후, 당해 부동산을 포함한 사업 일체를 다른 사업자에게 양도하는 경우에는 취득·등록세가 과세된다(지방세운영-5340, 2009.12.17).

⟨사례⟩ 철도차량의 기부채납

국가나 지방자치단체에 귀속 또는 기부채납을 조건으로 사회기반시설(철도차량)을 취득하는 경우 철도차량은 민간투자사업 시행자에게 취득세 납세의무가 있다(지방세운영-4630, 2009.10.30).

민간투자사업을 시행하는 법인이 사회기반시설(광역철도) 공사를 추진함에 있어 당해 법인과 국가(국토해양부)간에 체결된 협약에 의하여 사회기반시설(철도차량 등) 소유권의 귀속은 「사회기반시설에 관한 민간투자법」 제4조 제1호의 규정에 따라 준공과 동시에 국가에 귀속되고 사업시행자는 일정기간 관리운영권만 갖게 되는 경우라도 사업시행자에게 철도차량에 대한 취득세 납세의무가 성립하는 것이다.

「지방세법」 제9조 제1항에 국가나 지방자치단체의 취득에 대하여 비과세 규정을 두고서, 같은 조 제2항에 국가나 지방자치단체에 귀속 또는 기부채납을 조건으로 취득하는 사안에 대한 비과세 규정을 별도로 두고 있는 점, 제9조 제2항에서 기부채납을 조건으로 취득하는 부동산 및 「사회기반시설에 대한 민간투자법」 제2조 제1호 각목에 열거된 사회기반시설로 한정하고 있다는 점 등을 볼 때, 민간투자사업 시행자가 철도차량에 대한 취득대금을 납부하고 승계취득한 이후 그 소유권이 국가로 귀속되고 사업시행자가 일정기간 관리운영권을 갖는 경우라 할지라도 사회기반시설로 철도차량이 열거되어 있지 않아 취득세가 비과세되지 않는다.

〈사례〉 공사 등에 기부채납

국가나 지방자치단체가 아닌 농업기반공사 등에 주택건설사업계획 승인조건을 이행하기 위하여 기부채납을 조건으로 취득하는 부동산은 취득세 비과세 대상이 아니다(세정-5522, 2007.12.21). 또한 대덕전문연구단지관리본부는 국가·지방자치단체에 해당하지 않아 기부채납을 조건으로 취득한 부동산에 대한 취득세 비과세 규정이 적용되지 아니한다(세정-4732, 2004.12.24).

〈사례〉 비과세대상 부동산의 취득시기

도시개발사업 실시 계획에 따라 공공시설용지의 위치나 면적이 특정되고 공공시설용지로 편입할 토지에 대하여 기부채납을 하도록 인가조건을 부과한 때는 실시계획 인가일 이후 취득하는 토지만이 기부채납 부동산에 해당된다(세정-4258, 2007.10.18).

도시개발구역 지정 및 개발계획고시에서 도시개발 구역의 명칭, 위치 및 면적, 지정목적, 사업시행자 지정 등이 있었다는 사정만으로 기부채납의 대상이 되는 공공시설용지의 위치나 면적이 특정되었다거나 또는 기부채납의 합의가 있었다고 인정하기 어렵고, 도시개발사업 실시계획을 작성하고 그 실시계획을 인가할 시점에서 기부채납의 대상이 되는 공공시설용지의 위치나 면적이 어느 정도 특정되고 구체적으로 공공시설용지로 편입할 토지에 대하여 기부채납을 하도록 인가조건을 부과한 때에 비로소 기부채납에 대한 의사의 합치가 있었던 것으로 볼 수 있으므로 그 실시계획 인가일 이후에 취득하는 토지만이 국가 또는 지방자치단체 등에 귀속 또는 기부채납을 조건으로 취득하는 부동산에 해당되는 것이다(대법원 2005.05.12 선고, 2003다43346 판결 참조).

Ⅳ. 신탁재산의 취득

1. 신탁재산의 취득에 대한 비과세

「신탁법」상의 신탁은 수탁자에게 재산권의 관리, 처분의 권한이 부여되어 있고, 그 관리·처분의 권한이 비록 목적의 제한은 받지만 배타적으로 수탁자에게 귀속된다는 점에서 신탁관계로 인하여 수탁자가 재산을 취득한 경우에는 「지방세법」상 취득이 이루어진 것으로 봄이 타당하다.

다만, 일반적으로 신탁사업의 경우 신탁이익의 귀속자는 신탁자 내지 수익자이고 수탁자의 이익향수는 금지되어 있다는 점(신탁법 제29조 참조)을 중시하여 신탁으로 인한 신탁재산의 취득에 대하여 그 취득의 형식성을 근거로 비과세대상으로 하고 있다.

신탁(「신탁법」에 따른 신탁으로서 신탁등기가 병행되는 것만 해당)으로 인한 신탁재산의 취득으로서 다음 중 어느 하나에 해당하는 경우에는 취득세를 부과하지 아니한다.

① 위탁자로부터 수탁자에게 신탁재산을 이전하는 경우.
② 신탁의 종료로 인하여 수탁자로부터 위탁자에게 신탁재산을 이전하는 경우.
③ 수탁자가 변경되어 신수탁자에게 신탁재산을 이전하는 경우.

2. 비과세 제외대상

신탁에 의한 취득 중 다음과 같은 경우에는 취득세가 비과세되지 아니한다.

(1) 수탁자의 원시취득

개발형신탁의 경우 부동산투자회사가 토지소유자로부터 토지를 수탁 받아 신탁회사의 자금으로 건축물을 건축하여 분양 또는 임대하고 그 수익금을 위탁자에게 반환한다. 부동산투자회사는 건축물을 신축한 후 보존등기를 하면서 신탁재산임을 등기하는데 이는 신탁회사의 원시취득에 해당한다.

신탁(신탁법에 의한 신탁으로서 신탁등기가 병행되는 것에 한함)으로 인한 재산권 취득으로서 위탁자로부터 수탁자에게 신탁재산을 이전하는 경우의 취득에 대하여는 취득세를 비과세한다. 그러나 토지의 수탁자가 신탁계약에 따라 그 토지상에 건물을 신축한 다음 자신의 명의로 소유권보존등기를 하면서 신탁등기를 병행한 경우에는 비과세대상에 해당하지 아니한다(대법원 판례 2003.06.10 선고, 2001두2720 판결).

다만, 신축한 건축물을 신탁회사의 명의로 보존등기 및 신탁등기를 한 후 신탁계약의 해지 또는 종료로 수탁자가 위탁자에게 소유권을 이전하는 경우에는 취득세가 비과세된다.

(2) 수탁자의 지목변경

「지방세법」에서는 신탁등기가 병행된 신탁재산의 이전에 한하여 수탁자에게 취득세를 부과하지 않는다고 예외적으로 규정하고 있으므로 신탁등기가 병행되지 않는 경우 수탁자에게 취득세를 비과세하지 아니한다.

수탁자의 건축에 의한 원시취득과 마찬가지로 위탁자와 수탁자(신탁회사)가 부동산신탁계약을 체결하고 토지소유권을 수탁자인 신탁회사로 이전한 후 수탁자가 건축물을 건축함으로써 토지의 지목이 변경된 경우 지목변경으로 인한 취득은 신탁등기가 병행되는 신탁재산의 취득이 아니므로 취득세는 비과세 대상에 해당되지 않아 수탁자가 지목변경에 따른 취득세 납세의무를 부담한다.

(3) 금전신탁에 의한 신탁자의 취득

신탁회사가 수탁자로부터 금전을 신탁 받아 토지를 취득하는 경우에는 비과세대상에 해당하지 아니하므로 수탁자가 취득세의 납세의무를 진다. 또한 금전신탁을 받아 취득한 토지상에 건축물을 신축하여 수탁자의 명의로 소유권보존등기를 하는 것은 수탁회사의 원시취득으로서 취득세가 비과세되지 아니하여 신탁회사가 취득세의 납세의무를 부담한다. 그 후 신탁계약의 해지 또는 종료에 의하여 신탁자로 소유권이 이전되는 경우에 있어서는 취득세가 비과세된다.

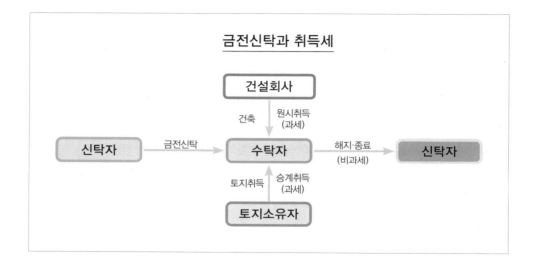

(4) 명의신탁

명의신탁은 대내적 관계인 신탁자와 수탁자 사이에 있어서는 신탁자가 실질적으로 자산의 소유권을 보유하여 이를 관리·수익하면서, 대외적 관계에서는 수탁자의 명의를 차용하여 공부상 소유권을 수탁자 명의로 하는 것을 말한다.

비과세대상이 되는 신탁이란 「신탁법」에 의한 신탁을 말한다. 따라서 명의신탁으로 취득한 경우나 이를 해제하여 위탁자 명의로 이전등기하는 경우(법원의 판결에 의하는 경우도 포함)에는 취득세 비과세대상에 해당하지 아니한다.

(5) 사후신탁등기

비과세대상 신탁은 「신탁법」에 의한 신탁으로서 신탁등기가 병행되는 것에 한한다. 그러므로 수탁자가 금전신탁이 아닌 단순히 수탁 받은 금전으로 부동산 등을 취득하여 자기명의로 등기 한 후 실제소유자인 위탁자의 소유권을 공시하기 위하여 신탁등기를 한 경우에는 비과세대상에 해당하지 아니한다.

(6) 주택조합 등의 신탁

신탁재산의 취득 중 주택조합 등과 조합원 간의 부동산 취득 및 주택조합 등의 비조합원용 부동산 취득은 비과세대상에서 제외한다. 여기서 주택조합 등이란 「주택법」 제32조에 따른 주택조합(지역주택조합, 직장주택조합 및 리모델링주택조합)과 「도시 및 주거환경정비법」 제16조 제2항에 따른 주택재건축조합을 말한다.

주택조합 등이 조합원용으로 취득하는 부동산은 조합원이 취득한 것으로 보고 비조합원용토지의 경우에는 조합이 취득한 것으로 본다. 따라서 조합원이 주택조합 등에 조합원용 토지를 신탁이전하는 경우에는 조합원이 조합원으로부터 취득하는 것이 되어 취득의 개념이 성립할 여지가 없다.

그러나 조합원이 주택조합 등에 비조합원용의 토지를 신탁이전하는 경우에는 당해 주택조합등이 취득한 것으로서 취득세 과세대상이 되며, 이는 비과세대상에도 포함되지 아니하는 것이다.

주택재건축사업 중 특히 일반분양분과 관련한 사업은 주택재건축조합 자신의 사업으로써 그에 의하여 발생하는 이익이 일단 주택재건축조합에 귀속된다(대법원 2005.06.10 선고, 2003두2656 판결 등 참조). 그러므로 법률적으로나 경제적 실질에 있어서나 오로지 타인의 사무를 처리하는 통상적인 신탁과는 다른 점이 존재하므로 이를 비과세에서 제외하고 있는 것이다.

〈사례〉 종중토지 명의신탁 해지 시 감면여부(대전세정-2060, 2012.02.28)

「지방세법」 제9조 제3항 제2호에 「신탁법」에 따른 신탁으로서 신탁등기가 병행되는 재산이 신탁의 종료 및 해지로 인하여 수탁자로부터 위탁자에게 신탁재산을 이전하는 경우에는 취득세를 비과세하도록 규정하고 있다. 따라서, 위 규정은 「신탁법」에 따른 신탁등기가 병행되는 재산의 경우에만 비과세하도록 되어 있으므로 귀 질의와 같이 종중원에게 명의신탁하였다가 명의신탁 해지 판결을 받아 종중명의로 이전등기하는 경우에는 「신탁법」에 의한 신탁등기의 경우에 해당되지 아니하므로 취득세 비과세 대상에 해당되지 아니한다.

〈사례〉 담보목적의 신탁계약해지

담보목적의 신탁계약을 체결하여 소유권이전등기를 하였다가 피담보채권을 채무자가 모두 변제하고 채권자의 동의하에 신탁계약을 해지하고 신탁재산의 귀속을 원인으로 위탁자에게 소유권이전등기를 하는 경우 등록세 비과세 대상에 해당한다(지방세심사2007-665, 2007.11.26).

〈사례〉 주택보증회사에 신탁

주택건설회사가 「주택법」 제40조 제6항에 따라 주택건설대지를 주택보증회사에 신탁하는 등기는 「지방세법」 제128조 제1항 가목의 등기에 해당한다(세정-2312, 2007.06.18).

「주택법」 제40조 제6항에서 사업주체의 재무상황 및 금융거래상황이 극히 불량한 경우 등 대통령령이 정하는 사유에 해당되어 대한주택보증㈜가 분양보증을 행하면서 주택건설대지를 대한주택보증㈜에 신탁하게 할 경우에는 제1항 및 제3항의 규정에 불구하고 사업주체는 당해 주택건설대지를 신탁할 수 있다고 하면서, 그 제7항에서 제6항의 규정에 의한 대한주택보증㈜의 신탁의 인수에 관하여는 신탁업법의 규정을 적용하지 아니한다고 규정하고 있다. 대한주택보증㈜는 「주택법」 제76조의 규정에 따라 주택건설에 대한 각종 보증을 행함으로써 주택분양계약자를 보호하고 주택건설을 촉진하며 국민의 주거복지향상 등에 기여하기 위하여 설립된 회사로서 「주택법」 제40조 제6항의 규정에 따라 사업주체가 주택건설대지를 대한주택보증㈜에 신탁 인수하는 경우에는 「신탁법」에 의하며 신탁업법의 규정은 적용되지 아니한 점(건설교통부 주택정책팀-2531, 2007.05.22 참조), 대법원 판례(2005두5901, 2006.06.29)에서 주택건설회사와 대한주택보증㈜가 신탁

목적 사무가 시작되기도 전에 그 신탁계약의 전제가 된 주택분양보증을 위한 보증수수료의 미지급을 이유로 신탁계약을 합의해지하고 주택건설회사 앞으로 신탁재산의 귀속을 원인으로 한 소유권이전등기를 마친 경우, 그 소유권이전등기는 「지방세법」 제128조 제1호 (나)목에 의하여 등록세 비과세 대상이 되는 등기에 해당한다고 판시하고 있는 점 등에 비추어 볼 때, 귀 문의 경우 주택건설회사가 「주택법」 제40조 제6항의 규정에 따라 주택건설대지를 대한주택보증㈜에 신탁하는 등기를 하는 경우라면 이는 「지방세법」 제128조 제1호 (가)목의 규정에 의한 등기에 해당된다고 봄이 타당하다.

〈사례〉 신탁회사의 소유권보존등기와 중과세

토지의 수탁자가 신탁계약에 따라 그 토지 상에 건물을 신축한 다음 자신의 명의로 소유권보존등기를 하면서 신탁등기를 병행한 데 지나지 않는 경우에는 그 등기가 위 규정소정의 등록세 비과세대상에 해당한다고 할 수 없다.

등록세는 재산권 기타 권리의 취득, 이전, 변경 또는 소멸에 관한 사항을 공부에 등기 또는 등록하는 경우에 등기 또는 등록이라는 단순한 사실의 존재를 과세대상으로 하여 그 등기 또는 등록을 받는 자에게 부과하는 조세로서, 그 등기 또는 등록의 유·무효나 실질적인 권리귀속의 여부와는 관계가 없는 것이고, 이와 같은 법리는 구 「지방세법」 제138조 제1항 제3호 소정의 중과세의 경우에도 마찬가지이므로(대법원 1983.02.22 선고, 82누509 판결; 1986.02.25 선고, 85누858 판결 참조), 「신탁법」상의 신탁계약에 의하여 수탁자인 부동산신탁회사 명의로 등기가 경료된 경우에 그 등기가 구 「지방세법」 제138조 제1항 제3호 소정의 중과세 대상에 해당하는지 여부를 판단함에 있어서는 수탁자를 기준으로 하여야 할 것이고, 이것이 대도시내로의 인구유입에 따른 인구집중을 막기 위한 구 「지방세법」 제138조 제1항 제3호의 입법취지에도 부합하는 해석이라 할 것이다(헌법재판소 2002.03.28자 2001헌바24·51 결정도 같은 취지)(대법2001두2720, 2003.06.10).

〈사례〉 신탁재산 수탁자의 지목변경

신탁재산의 납세의무에 대하여 대법원판례(2001두2720, 2003.06.10)에서 토지의 수탁자가 신탁계약에 따라 그 토지상에 건물을 신축한 다음 자신의 명의로 소유권보존등기를 하면서 신탁등기를 병행한 데 지나지 않는 경우에는 비과세대상에 해당한다고 할 수 없으므로 수탁자가 납세의무자가 된다고 판시하고 있고, 심사결정(구 행정자치부 지방세심사 제2001-114, 2001.03.27 참조)에서도 「신탁법」상의 신탁은 수탁자에게 재산권의 관리, 처분의 권한이 부여되어 있고, 그 관리·처분의 권한이 비록 목적의 제한은 받지만 배타적으로 수탁자에게 귀속된다는 점에서 신탁관계로 인하여 수탁자가 재산을 취득한 경우에는 「지방세법」상 취득이 이루어진 것으로 봄이 타당하고, 다만 「지방세법」에서는 신탁등기가 병행된 신탁재산의 이전에 한하여 수탁자에게 취득세를 부과하지 않는다고 예외적으로 규정하고 있으므로 신탁등기가 병행되지 않는 경우 수탁자에게 취득세 납세의무가 있는 것이라고 결정하고 있으므로, 위탁자와 수탁자(신탁회사)가 부동산 신탁계약을 체결하고 토지소유권을 수탁자인 신탁회사로 이전한 후 수탁자가 상가를 건축함으로써 토지의 지목이 사실상 전·답에서 대지로 변경된 경우 신축건물 준공시점에 공부상 지목변경을 하지 않았다 하더라도 건축물의 준공에 따라 토지의 지목이 사실상으로 변경된 것이므로 지목변경에 따른 취득세 납세의무는 성립되는 것이고, 지목변경으로 인한 취득은 신탁등기가 병행되는 신탁재산의 취득이 아니므로 취득세는 비과세 대상에 해당되지 않아 수탁자에게 지목변경에 따른 취득세 납세의무가 있는 것이다(지방세운영-2124, 2008.11.11).

〈사례〉 금전신탁에 의한 수탁자의 부동산취득

신탁 시에 신탁등기가 병행된 신탁재산이 아니고, 처음에 금전을 신탁했다가 나중에 그 돈으로 수탁자가 매수한 부동산은 취득·등록세 비과세 대상인 신탁재산 아니다(대법 98두10950, 2000.05.30).

〈사례〉 제3자를 수익자로 하여 신탁등기된 신탁재산을 수탁자로부터 위탁자에게 이전

「지방세법」 제128조 제1호 나목에서 위탁자만이 신탁재산의 원본의 수익자가 된 신탁재산을 수탁자가 수익자에게 이전할 경우 재산권 취득의 등기 또는 등록에 해당하는 경우에 비과세 한다고 규정되어 있을 뿐 예외적으로 비과세를 인정하는 규정도 없고, 조세법률주의 원칙상 과세요건·비과세요건 또는 조세감면요건을 막론하고 조세법규의 해석은 특별한 사정이 없는 한 법문대로 해석할 것이어서, 처분청이 위탁자인 청구인이 아닌 제3자를 수익자로 하여 신탁등기가 된 이 사건 신탁부동산을 수탁자가 위탁자에게 이전하는 경우에는 등록세 비과세대상에 해당되지 아니하는 것이므로, 처분청에서 이 사건 신탁부동산에 대해 등록세 등을 부과한 처분은 잘못이 없다고 하겠다(지방세심사2006-20, 2006.01.23).

〈사례〉 신탁회사의 소유권보존등기와 중과세

부동산신탁업무가 주업인 법인이 신탁 받은 토지에 건축물을 신축해 소유권보존등기 시, 대도시 내 법인설립 후 5년 내 취득한 건물등기로서 등록세가 중과세된다(지방세심사2003-32, 2003.02.24). 소유권 보존등기를 비과세 대상으로 규정하고 있지도 아니하므로 이 사건 건축물의 소유권 보존등기는 등록세 비과세 대상인 형식적인 소유권의 취득등기로 볼 수 없다 할 것(같은 취지의 행정자치부 심사결정 제2000-216호, 2000.03.29)이고, 또한 청구인이 처분청의 이 사건 소유권 보존등기에 대한 등록세 중과세 처분이 잘못되었다거나, 이 사건 소유권 보존등기가 등록세 중과세 입법취지에 반하지 아니한다고 구체적인 입증자료를 제시하지 못하고 있는 점으로 보아 청구인의 주장을 받아들일 수 없다 하겠다.

V. 동원대상지역 내의 토지의 수용·사용에 관한 환매권의 행사

「징발재산정리에 관한 특별조치법」 또는 「국가보위에 관한 특별조치법 폐지법률」 부칙 제2항에 따른 동원대상지역 내의 토지의 수용·사용에 관한 환매권의 행사로 매수하는 부동산의 취득에 대하여는 취득세를 부과하지 아니한다.

환매권자의 범위에는 「징발재산정리에 관한 특별조치법」 제20조 제1항에 규정한 피징발자 또는 그 상속인을 포함한다. 한편, 환매권 행사기간이 경과된 후에 「징발재산 정리에 관한 특별조치법」 제20조의 2 제1항에 의거 국가가 매각한 부동산을 피징발자 또는 그 상속인이 취득할 경우에는 취득세가 비과세 되지 아니한다.

VI. 임시건축물의 취득

1. 임시건축물

존속기간이 1년 이내인 임시흥행장, 공사현장사무소 등 임시건축물의 취득에 대하여는 취득세를 부과하지 아니한다. 다만, 별장, 골프장, 고급주택, 고급오락장, 고급선박 등 사치성재산에 대하여는 비과세를 적용하지 아니한다.

여기서 임시흥행장 등은 예시적 규정이기 때문에 「지방세법」 제6조 제4호에 규정된 건축물로서 존속기간이 1년 이내인 임시건축물에 대하여는 그 사용용도나 명칭 여하에 불구하고 비과세되는 것이다. 즉, 「건축법」상 건축물과 토지에 정착하거나 지하 또는 다른 구조물에 설치하는 레저시설, 저장시설, 도크(dock)시설, 접안시설, 도관시설, 급수·배수시설, 에너지 공급시설 및 그 밖에 이와 유사한 시설 등이 모두 임시건축물의 규정의 대상이 되므로 존속기간이 1년 이내인 경우에는 모두 비과세된다.

2. 존속기간의 기산일

존속기간이 1년을 초과하지 아니하는 임시용 건축물의 취득은 취득세 비과세대상이며, 여기서 존속기간의 기산점은 「건축법」 제15조 규정에 의한 가설건축물 축조신고서상 존치기간의 시기(그 이전에 사실상 사용한 경우에는 그 사실상 사용일)가 되고 신고가 없는 경우에는 사실상 사용일이 된다. 또한, 가설건축물축조신고필증에 존치기간이 규정되어 있더라도 존치기간 중에 완공되었다면 실제 완공일부터 존속기간을 산정하여 1년 초과 여부를 판단한다(세정-1755, 2004.06.28).

3. 존속기간의 축소

임시건축물을 취득한 자가 당초 존속기간을 1년 초과하는 것으로 하여 축조신고를 하고 취득세를 납부하였으나 그 후 존속기간을 1년 미만으로 변경하고 실제 1년 이내에 이를 철거한 경우에도 취득세 비과세 대상에 포함되지 아니한다(세정-5525, 2007.12.21).

임시건축물에 대한 취득세 과세여부의 판단은 취득시점부터 1년이 되는 시점에서 과세여부를 판단하는 것이 아니라 존속기간을 1년을 초과하여 사용할 것을 전제로 축조신고를 하는지의 여부에 따라 판단함이 타당하다(행정자치부 심사결정 제2004-71호, 2004.03.29).

임시건축물을 취득하면서 당초 존속기간을 1년 초과하는 것으로 하여 축조신고를 하였다면 이는 존속기간이 1년을 초과하는 건축물로서 취득 당시부터 위 규정에 의한 취득세의 비과세대상으로서의 요건을 갖추지 못한 건축물로 보아야 한다. 따라서 취득세 납세의무 확정 이후 그 존속기간을 1년 미만으로 단축하고 이를 실제 철거하였다고 하여 소급하여 취득세 과세대상이 비과세대상으로 전환된 것으로 보는 것은 아니다.

〈사례〉 무허가 임시건축물

무허가 건축물로서 존속기간을 1년 6개월로 하여 사실상 사용한 경우 그 사용일이 취득세 납세의무 성립일이 되며 그 후 1년 미만 사용 후 철거돼도 납세의무 성립에 영향 없다(세정13407-651, 1997.06.18). 존속기간이 1년을 초과하지 아니하는 임시용 건축물의 취득은 취득세 비과세대상이지만, 건축허가를 받지 아니하고 건축하는 건축물로서 존속기간을 1년 6개월로 하고 사실상 사용한 경우에는 구「지방세법 시행령」제73조 제4항 규정에 의하여 사실상 사용일이 취득세 납세의무 성립일이 되는 것이며 그 납세의무 성립일 이후 비록 존속기간을 1년으로 변경하고 1년 미만 사용 후 철거하였다 하더라도 취득세 납세의무 성립에 영향을 미치지 않는다.

〈사례〉 임시건축물의 승계취득

임시건축물의 존속기간 계산 기산점은 그 축조신고서 상 존치기간의 시기(그 이전 사용 시는 사실상 사용일)이고, 신고 없는 경우는 사실상 사용일이며, 존속기간 1년 초과하는 임시건축물을 승계 취득하는 경우는 취득 후 잔여존속기간과 관계없이 취득세 과세된다(세정13407-아993, 1998.11.25).

〈사례〉 건축물에 연계된 전시시설

전시시설이 단순히 건축물과 별개의 독립된 임시건축물에 해당되지 않으며 그 현황도 단순히 건축물과 별개의 시설을 설치한 것이 아니라 건축물과 연계하여 전시시설을 설치하였으므로 건축물에 부합된 시설로 봄이 타당하다(지방세심사2007-655, 2007.11.26).

건축물을 신축하는 경우 당해 건축물과 관련한 직접적인 건축공사비는 물론 당해 건축물에 부합되어 당해 건축물의 효용을 증대시키기 위한 일체의 부대시설에 대한 건축비용도 모두 취득세 과세표준에 포함된다고 보아야 한다.

청구인이 신축한 이 사건 건축물의 경우 수영장 등 체육시설과 상가 등으로 사용될 목적으로 신축된 복합건축물로서, 이러한 복합건축물을 각각의 용도대로 사용하기 위하여 수영장의 인테리어 공사, 지하수 및 온천수 개발공사, 수중모타 설치공사 등을 신축 이전에 하였으므로 이러한 비용은 모두 당해 건축물의 효용을 증대시키는 부대시설 공사로서 이 사건 건축물의 취득세 과세표준에 포함하는 것이 타당하다.

또한, 하수도원인자부담금의 경우에도 도시지역 내에 위치한 이 사건 건축물의 효율적인 사용을 위한 처분청이 설치하는 하수처리시설과 관련하여 법령상 부담하여야 하는 비용으로서 건축물의 신축과 관련하여 지급하여야 할 비용으로 보는 것이 타당하다.

청구인이 이 사건 건축물을 신축하면서 설치한 '○○와 ○○문명전' 전시시설의 경우 당해 시설물이 단순히 건축물과 별개의 독립된 가설건축물에 해당되지 않으며, 그 현황도 단순히 건축물과 별개의 시설을 설치한 것이 아니라 건축물과 연계하여 전시시설을 설치하였으므로 이는 건축물에 부합된 시설로 보아야 할 것으로서, 청구인이 이러한 시설을 일시적으로 설치한 것에 불과하다 하더라도 이를 달리 볼 아무런 법률상의 근거가 없는 이상 처분청이 이러한 전시실 설치비용도 취득세 등의 과세표준에 포함한 것은 잘못이 없다고 하겠다.

〈사례〉임시사용건축물 존속기간의 시기

임시용 건축물에 대한 '존속기간 1년 초과' 판단의 기산점은 시장·군수에게 신고한 가설건축물 축조신고서 상 존치기간의 시기(그 이전에 사실상 사용한 경우에는 그 사실상 사용일)가 되고, 신고가 없는 경우에는 사실상 사용일(지방세법 기본통칙 지법9-19 참조)이 되겠으며, 신고필증상 존속기간의 시기가 실제 신축시기와 상이한 경우 실제 신축시기를 기준으로 존속기간을 판단(구 행정자치부 심사결정 행심2001-523, 2001.10.29 참조)한다.

〈사례〉존치기간 판단

임시건축물의 경우 실질적인 사용기간과는 무관하게 그 신고서 상 존치기간이 1년 초과 여부를 기준으로 취득세 납세의무 여부를 판단한다(세정13407-849, 2000.07.01).

〈사례〉임시건축물의 취득시기

임시건축물을 축조하는 경우 그 존속기간이 1년을 초과하는 경우에 한하여 취득세를 부과하는 것이며 그 취득시기는 당해 가설건축물 존속기간의 기산일이 된다(세정-4029, 2004.11.10). 임시흥행장, 공사현장사무소 등 존속기간이 1년을 초과하지 아니하는 임시용건축물의 취득에 대하여는 취득세를 부과하지 아니하며, 그 존속기간(가설건축물축조신고필증 교부일로부터 존치기한까지의 기간)이 1년을 초과하는 경우에 한하여 취득세를 부과하는 것이며, 당해 가설건축물 존속기간의 기산일(가설건축물축조신고필증 교부일)이 그 취득시기가 된다.

〈사례〉1년 미만 신고 후 실제 1년 이상 사용

가설건축물의 설치기간을 1년 미만으로 신고한 경우에도 그 존속기간이 1년을 초과하였다면 취득세를 부과함이 타당하다(감심2009-107, 2009.05.14). 또한 가설 건축물의 존속기간을 1년 이상으로 신고하고 사실상 사용한 경우 그 후 설치기간을 1년 미만으로 변경신고시도 취득세 과세대상이다(세정13407-175, 1997.03.17).

Ⅶ. 공동주택의 개수로 인한 취득

1. 비과세취지

중소서민 아파트의 노후시설 교체에 따른 취득세 부담을 덜어줌으로써 주민생활의 안전과 사고예방을 위하여 공동주택의 노후 시설물 교체·수선 시 취득세를 비과세하도록 하였다. 승강기 등 공동주택에 딸린 시설물을 교체·수선하는 경우 개수로 인한 취득으로 보아 그 취득가액의 2%를 취득세로 부과하고 있으나, 중소서민용 공동주택에 딸린 노후 시설물을 교체하거나 수선할 경우 지방세 부담을 덜어줄 필요가 있다. 승강기 등 노후 시설물을 교체·수선할 경우 일정 규모 이하의 중소서민 아파트 소유자에 대해서는 취득세를 비과세한다.

2. 취득세 비과세대상 공동주택

「주택법」 제2조 제2호에 따른 공동주택의 개수(「건축법」 제2조 제1항 제9호에 따른 대수선은 제외)로 인한 취득 중 대통령령으로 정하는 가액 이하의 주택과 관련된 개수로 인한 취득에 대해서는 취득세를 부과하지 아니한다. '대통령령으로 정하는 가액 이하의 주택'이란 개수로 인한 취득 당시 주택의 시가표준액이 9억 원 이하인 주택을 말한다. 본 면제규정은 2010년 12월 27일 신설되었으며, 신설당시에는 공동주택의 개수로 인한 취득 중 대통령령으로 정하는 가액과 규모 이하의 주택과 관련된 개수로 인한 취득에 대하여 면제하였다.

2013년 1월 1일 「지방세법」 개정 시 공동주택을 개수(改修)하는 경우에 종전에는 공동주택의 가액과 규모가 모두 일정 기준 이하인 경우에만 취득세를 면제하고 있어 공동주택의 가격이 비슷하더라도 지역에 따라 가격 대비 면적이 넓은 공동주택의 경우에는 그 개수에 따른 취득세가 과세되는 문제가 있으므로 이를 개선하고자 공동주택의 가액만을 기준으로 하여 공동주택의 개수에 따른 취득세 비과세 여부를 정하도록 하였으며, 동 개정규정은 2013년 1월 1일 이후 납세의무가 성립하는 분부터 적용한다.

3. 주택법상의 공동주택

'공동주택'이란 건축물의 벽·복도·계단이나 그 밖의 설비 등의 전부 또는 일부를 공동으로 사용하는 각 세대가 하나의 건축물 안에서 각각 독립된 주거생활을 할 수 있는 구조로 된 다음과 같은 주택을 말한다.

① 아파트: 주택으로 쓰는 층수가 5개 층 이상인 주택.
② 연립주택: 주택으로 쓰는 1개 동의 바닥면적(2개 이상의 동을 지하주차장으로 연결하는 경우에는 각각의 동으로 봄) 합계가 660㎡를 초과하고, 층수가 4개 층 이하인 주택.
③ 다세대주택: 주택으로 쓰는 1개 동의 바닥면적 합계가 660㎡ 이하이고, 층수가 4개 층 이하인 주택(2개 이상의 동을 지하주차장으로 연결하는 경우에는 각각의 동으로 봄).

공동주택에는 공동주택의 형태를 갖춘 가정어린이집·공동생활가정·지역아동센터·노인복지시설(노인복지주택은 제외) 및 「주택법 시행령」 제3조 제1항에 따른 원룸형 주택을 포함한다.

다만, 아파트나 연립주택에서 층수를 산정할 때 1층 전부를 필로티 구조로 하여 주차장으로 사용하는 경우에는 필로티 부분을 층수에서 제외하고, 다세대주택에서 층수를 산정할 때 1층의 바닥면적 2분의 1 이상을 필로티 구조로 하여 주차장으로 사용하고 나머지 부분을 주택 외의 용도로 쓰는 경우에는 해당 층을 주택의 층수에서 제외하며, 공동주택의 규정에서 층수를 산정할 때 지하층을 주택의 층수에서 제외한다.

4. 면제대상 개수

개수란 대수선과 건축물 중 레저시설, 저장시설 등을 수선하는 것 또는 승강기 등 건축물에 딸린 시설물을 설치하거나 수선하는 것을 말한다. 개수 중 대수선을 제외한 개수에 대하여 취득세가 비과세된다.

PART
06

취득세의 세율

Chapter 01 | 취득세 세율구조

Ⅰ. 표준세율

세율이란 조세부과를 위해 적용하는 비율로서 일정률 또는 일정액으로 규정되며 반드시 법률로서 규정되어야 한다. 세율의 종류로는 비례세율(일정세율), 누진세율, 표준세율, 제한세율, 임의세율 등이 있다. 표준세율이란 지방자치단체가 지방세를 부과할 경우에 통상 적용하여야 할 세율로서 재정상의 사유 또는 그 밖의 특별한 사유가 있는 경우에는 이에 따르지 아니할 수 있는 세율을 말한다.

취득세와 등록세가 통합되기 전인 2010년까지의 취득세의 표준세율은 2%를 적용하였다. 그러나 2011년 취득세와 등록세가 통합되면서 취득세의 표준세율은 종전 취득세의 표준세율과 등록세의 표준세율을 합한 세율로 개정되었다. 즉, 종전 취득세와 등록세 중 과세대상이 중복되는 세원을 취득세로 통합하고 세율체계는 취득세와 등록세 세율을 합한 세율로 조정하였다.

개정 「지방세법」은 부동산 등의 취득과 관련하여 기존의 취득세와 등록세를 통합하여 취득세로 규정하면서 취득에 따른 등기를 경료하지 아니한 경우에 대하여 별도의 규정을 두지 않았다. 따라서 부동산 등의 취득에 대하여 등기를 경료하지 아니하였다 하더라도 취득세 세액 중 구 「지방세법」의 등록세에 해당하는 세액을 따로 산정하여 이를 배제할 수는 없으므로 등기·등록과는 무관하게 개정 「지방세법」에 의한 취득세율을 적용한다.

Ⅱ. 중과세율

사치성재산의 규제를 통한 건전한 소비문화의 정착과 대도시 내 과밀억제를 통한 지역 간 균형발전이라는 정책적 목적을 실현하기 위하여 정책세제로서 취득세 중과세규정을 두고 있다. 이러한 중과세 제도는 취득세의 비과세·감면과 함께 대표적인 정책목적의 규정이다. 취득세와 등록세가 통합되기 전 취득세 또는 등록세가 중과세되던 부분에 대하여 통합되기 전과 동일한 세율이 적용될 수 있도록 중과세규정을 개정하였다.

Ⅲ. 세율의 특례

2010년 3월 31일 「지방세법」 전면개정 시 종전의 「지방세법」상 등록세는 과세되고 취득세는 과세되지 않는 과세대상과 취득세는 과세되고 등록세는 과세되지 않는 과세대상에 대한 지방세부담을 종전과 동일하게 하기 위하여 세율의 특례규정을 두었다.

Ⅳ. 조례에 의한 세율의 가감

지방자치단체의 장은 조례로 정하는 바에 따라 취득세의 세율을 표준세율의 100분의 50의 범위에서 가감할 수 있다. 표준세율이 적용되는 과세대상에 대하여는 각 지방자치단체에서 조례에 의하여 그 세율을 가감 조정할 수 있으나 세율특례나 중과세율은 지방자치단체의 조례로서 이를 가감조정할 수 없다.

Chapter 02 | 부동산 취득의 표준세율

Ⅰ. 일반적인 부동산 취득의 세율

1. 농지

부동산 취득의 세율은 농지의 경우 1,000분의 30을 적용한다. 취득세 세율을 적용함에 있어 농지는 취득 당시 공부상 농지이어야 하고 또한 실제로 농지로 사용하고 있어야 한다. 그러므로 공부상 지목은 농지가 아니나 「농지법」에 의한 농지로서 실제로 경작하고 있는 농지라 하더라도 농지에 따른 취득세 세율을 적용할 수는 없다(도세-407, 2008.04.10) 또한 공부상은 농지이나 토지에 비닐하우스 판매시설을 갖추고 판매사업장으로 이용하면서 판매 전 일시적으로 화분 등을 진열하는 상태로 이용되고 있는 경우에는 실제로 농작물의 경작이나 다년생식물의 재배지로 이용되는 것이 아니므로 농지에 해당하지 아니한다.

농지란 다음의 토지를 말한다.

① 농사용 토지: 취득 당시 공부상 지목이 논, 밭 또는 과수원인 토지로서 실제 농작물의 경작이나 다년생식물의 재배지로 이용되는 토지. 이 경우 농지 경영에 직접 필요한 농막(農幕)·두엄간·양수장·못·늪·농도(農道)·수로 등이 차지하는 토지 부분을 포함한다.

② 축산용 토지: 취득 당시 공부상 지목이 논, 밭, 과수원 또는 목장용지인 토지로서 실제 축산용으로 사용되는 축사와 그 부대시설로 사용되는 토지, 초지 및 사료밭을 말한다.

2. 농지 이외의 부동산

① 주택 이외의 부동산: 주택을 제외한 부동산에 대하여는 1,000분의 40의 세율이 적용된다.

② 주택: 2013년 12월 26일 「지방세법」 개정 시 주택거래에 따른 취득세 부담을 완화하여 주거안정 및 주택거래 정상화를 도모하기 위하여 주택의 취득세율을 인하하였다. 이 개정규정은 2013년 8월 28일로 소급하여 적용한

주택의 표준세율

취득가액	세율
6억 원 이하	1,000분의 10
6억 원 초과 9억 원 이하	1,000분의 20
9억 원 초과	1,000분의 30

다. 유상거래를 원인으로 취득하는 주택에 대하여는 취득 당시의 가액에 따라 1%, 2%, 3%의 세율을 적용한다.

Ⅱ. 무상취득

1. 상속으로 인한 취득

상속으로 인한 부동산의 취득세율은 농지의 경우 1,000분의 23, 농지 외의 경우 1,000분의 28의 세율이 적용된다. 이 경우 피상속인이 위탁한 자산을 수탁자가 위탁자의 상속인에게 신탁법에 따른 신탁재산을 이전하는 경우에는 상속에 포함된다.

유증에는 포괄유증(包括遺贈)과 특정유증(特定遺贈)이 있다. 포괄유증이란 유증의 목적 범위를 유증자가 자기의 재산 전체에 대한 비율로써 표시하는 유증을 말하며, 포괄유증을 받은 포괄적 수증자는 상속인과 동일한 권리의무가 있다. 한편 특정유증이란 유증의 목적이 특정되어 있는 경우를 말한다. 피상속인이 상속인에게 한 포괄유증이나 특정유증은 모두 상속에 해당한다. 그러나 피상속인이 상속인 이외의 자에게 한 유증은 포괄유증만이 상속에 해당한다. 따라서 유증이 상속에 해당하면 상속에 따른 취득세의 세율

을 적용하나 상속에 해당하지 아니한 경우에는 상속 이외의 무상취득에 관한 세율을 적용한다.

※ 상속
피상속인 → 상속인: 포괄유증, 특정유증
피상속인 → 상속인이 아닌 자: 포괄유증

「지방세법」 제15조 제1항에 의하여 자경농민의 농지 등에 대한 감면대상이 되는 농지의 상속에 대하여는 표준세율(2.3%)에서 중과세기준세율(2%)을 차감한 세율(0.3%)을 적용한다. 또한 「지방세특례제한법」 제6조에 의하여 취득세의 50%가 경감되기 때문에 0.15%의 세율이 적용되는 것이다.

한편, 취득원인이 상속개시로 인하여 발생한 유류분반환청구권의 행사로 인하여 취득한 경우에는 상속으로 인한 취득으로 보아 취득세율을 적용한다(세정-4135, 2007.10.09.).

2. 상속 이외의 무상취득(증여, 기부, 합병, 분할 등)

증여, 기부 등 상속 이외의 무상취득에 대한 세율은 1,000분의 35이다. 다만, 대통령령으로 정하는 비영리사업자의 취득은 1,000분의 28로 한다. 합병과 인적분할의 경우에는 무상취득에 해당되어 상속이외의 무상취득의 세율 1,000분의 35(비영리사업자의 취득은 1,000분의 28)를 적용한다(지방세심사99-133, 1999.02.27.).

'대통령령으로 정하는 비영리사업자'란 다음의 어느 하나에 해당하는 자를 말한다.

① 종교 및 제사를 목적으로 하는 단체.
② 「초·중등교육법」 및 「고등교육법」에 따른 학교, 「경제자유구역 및 제주국제자유도시의 외국교육기관 설립·운영에 관한 특별법」 또는 「기업도시개발 특별법」에 따른 외국교육기관을 경영하는 자 및 「평생교육법」에 따른 교육시설을 운영하는 평생교

육단체.

③「사회복지사업법」에 따라 설립된 사회복지법인.

④ 양로원·보육원·모자원·한센병자치료보호시설 등 사회복지사업을 목적으로 하는 단체 및 한국한센복지협회.

⑤「정당법」에 따라 설립된 정당.

한편, 증여자의 채무를 인수하는 부담부(負擔附)증여의 경우에는 그 채무액에 상당하는 부분은 유상으로 취득하는 것으로 본다. 그러므로 유상취득 시에 적용되는 세율을 적용한다. 그리고 증여로 취득하는 부동산 등의 과세표준에서 채무부담액을 제외한 차액은 증여에 해당하는 부분으로서 증여에 의한 세율을 적용한다.

Ⅲ. 원시취득

원시취득이란 승계 취득의 대립 개념으로 그 명칭이나 형식에 관계없이 기존에 실재하지 않았던 과세물건을 납세의무자가 생성하는 것을 말한다. 부동산의 원시취득은 토지의 경우 공유수면의 매립, 간척을 말하며, 건물의 경우 건축을 말한다. 건축은 건축물을 신축·증축·개축·재축하거나 건축물을 이전하는 것을 말하며, 개수는 대수선과 건축물에 딸린 시설물을 설치·수선하는 것을 말한다. 부동산의 원시취득에 대하여는 1,000분의 28의 세율을 적용한다. 건축물을 개수한 경우에는 이를 원시취득으로 보아 세율을 적용한다.

한편, 「지방세법」 제15조 제2항에서 규정하는 세율의 특례규정에서 개수에 대하여는 중과세기준세율을 적용하도록 하고 있으므로 2%의 세율이 적용된다. 그러나 건축(신축과 재축은 제외한다) 또는 개수로 인하여 건축물 면적이 증가할 때에는 그 증가된 부분에 대하여 원시취득으로 2.8%의 세율을 적용한다.

건축물을 건축 및 개수공사를 병행한 경우에는 건축과 개수가 적용세율이 다르기 때문에 건축 및 개수에 따른 총공사비를 구분하여야 한다. 예를 들어, 건축물을 증축 및 대수선 공사를 병행한 후 그에 따른 등기를 하는 경우, 건축물의 면적증가가 없는 대수선에 따른 공사비에 대하여는 세율의 특례에 의한 세율이 적용되고, 증축에 대하여는 원시취득의 세율이 적용되기 때문에 공사비를 구분하여야 하며, 증축과 대수선공사 비용의 구분이 불분명하다면 증축 또는 대수선가액(시가표준액) 비율로 안분하여야 한다.

한편, 「지방세법」 제15조 제1항 제5호에서는 건축물의 이전으로 인한 취득에 대하여는 원시취득의 세율(2.8%)에서 중과세기준세율(2%)을 차감한 세율(0.8%)을 적용하도록 세율의 특례를 두고 있다. 다만, 이전한 건축물의 가액이 종전 건축물의 가액을 초과하는 경우에 그 초과하는 가액에 대하여는 원시취득에 대한 세율(2.8%)을 적용한다.

Ⅳ. 공유물, 합유물, 총유물의 분할

1. 공유물의 분할

부동산이 공유물일 때에는 그 취득지분의 가액을 과세표준으로 하여 각각의 세율을 적용한다. 공유물의 분할 또는 「부동산 실권리자명의 등기에 관한 법률」 제2조 제1호 나목에서 규정하고 있는 부동산의 공유권 해소를 위한 지분이전으로 인한 취득(등기부등본상 본인 지분을 초과하는 부분의 경우에는 제외)의 세율은 1,000분의 23을 적용한다.

한편 세율의 특례를 적용한 「지방세법」 제15조 제1항에 의하여 공유물의 분할에 대하여는 표준세율에서 중과세기준세율을 뺀 세율을 적용하도록 하고 있다. 다만, 등기부등본상 본인 지분을 초과하는 부분의 경우에는 표준세율을 적용한다.

※ 공유물의 분할 시 취득세율 = 표준세율(2.3%) − 중과세기준세율(2%) = 0.3%

공유란 물건이 지분에 의하여 수인의 소유로 된 것으로서(민법 제262조) 공유자는 그 지분을 합유와는 달리 자유롭게 처분할 수 있다(민법 제263조). 공유물의 분할이라 함은 법률상으로는 공유자 상호 간의 지분 교환 또는 매매로서 소유권의 취득에 해당한다고 할 수도 있으나, 이는 실질적으로 공유물에 분산되어 있는 지분을 분할로 인하여 취득하는 특정 부분에 집중시켜 그 소유형태를 변경한 것에 불과한 것이므로(대법원 1984.04.24 선고, 83누717판결; 1995.01.20 선고, 94누11460 판결; 1999.06.17 선고, 98다58443 전원합의체 판결) 그 실질을 중요시하여 공유물분할로 인한 부동산 취득에 대하여 일반적인 소유권 취득의 경우보다 낮은 세율을 규정하고 있는 것이다.

원래 공유물의 분할은 그 객체인 물건의 제반상황을 종합 고려한 합리적인 방법으로 지분비율에 따라야 할 것이고, 여기에서의 지분비율은 원칙적으로 지분에 따른 가액(교환가치)의 비율에 의하여야 한다(대법원 1992.11.10 선고, 92다39105 판결 등 참조).

공유물의 분할 후 자산가액의 비율이 원래의 공유지분의 범위를 넘어서는 것이라거나 또는 원래의 공유지분의 비율과 분할 후 자산가액의 비율과의 차이에 따른 정산을 하였다는 등의 특별한 사정이 없는 한, 협의에 의한 공유물분할은 원래의 공유지분에 따라 분할한 것으로서 공유물의 분할에 해당한다고 보아야 한다(대법원 1998.02.13 선고, 96누14401 판결 참조).

그리고 지분교환의 형식으로 한 개의 공유물을 분할하여 그중 특정부분에 대한 단독소유권을 취득하는 경우는 물론 여러 개의 공유물 또는 공유자산을 일괄하여 분할함에 있어 각 공유물을 그 지분비율에 따라 하나하나 분할하는 대신 지분 비율과 각 공유물의 가액을 함께 고려하여 그 중 한 개 이상씩의 특정공유물 전체에 대한 단독소유권을 취득하는 경우에도 마찬가지로 적용된다(대법원 1995.09.05 선고, 95누5653 판결)(대법원 1999.12.24 선고, 98두10387 판결 참조).

2. 합유물, 총유물의 분할

합유물 및 총유물의 분할로 인한 취득은 1,000분의 23의 세율을 적용한다. 합유란 법률의 규정 또는 계약에 의하여 수인이 조합체로서 물건을 소유하는 것으로서(민법 제271조) 합유물을 처분 또는 변경함에는 합유자 전원의 동의가 있어야 한다. 그러나 보존행위는 각자가 할 수 있다(민법 제272조) 총유란 법인이 아닌 사단의 사원이 집합체로서 물건을 소유하는 것으로서(민법 제275조) 총유물의 관리 및 처분은 사원총회의 결의

부동산 취득의 세율

구분		농지	농지 이외
유상승계취득 등 일반적인 세율		3.00%	4.0%(주택: 1%, 2%, 3%)
무상취득	상속	2.30%	2.80%
	상속 이외	3.5%(비영리사업자 2.8%)	
원시취득		2.8%	
공유물의 분할		2.3%	
합유물 및 총유물 분할		2.3%	

에 의한다(민법 제276조).

〈사례〉 법원의 판결에 따라 진정명의회복을 원인으로 한 소유권이전

법원의 진정명의회복을 등기원인으로 한 소유권이전등기 절차의 이행을 명하는 판결을 받아 소유권이전등기를 하는 경우 진정한 등기명의의 회복을 위한 소유권이전등기 청구는 이미 자기 앞으로 소유권을 표상하는 등기가 되어 있었거나 법률에 의하여 소유권을 취득한 자가 진정한 등기명의를 회복하기 위한 것으로서 그 대가를 지급하지 아니하고 소유권이전등기를 이행하는 것이기 때문에 이는 무상으로 인한 소유권의 취득·등기로서 상속 이외의 무상취득의 세율을 적용한다(조심2010지190, 2010.05.06).

〈사례〉 비닐하우스를 설치하고 화훼작물을 재배하여 판매

개발제한구역 내 농지(답)상에 화훼작물의 재배목적으로 비닐하우스를 설치하고 화훼작물을 화분에서 재배하면서 판매하는 경우 농지에 따른 세율을 적용하는 것이 타당하다(지방세운영-904, 2010.03.04).

「지방세법」상 농지란 등기 당시 공부상 지목이 전·답 또는 과수원인 토지로서 실제 농작물의 경작이나 다년생식물의 재배지로 이용되는 토지이다. 이 경우 농지 경영에 직접 필요한 농막(農幕)·두엄간·양수장·지소(池沼)·농도(農道)·수로 등이 차지하는 토지 부분을 포함한다고 규정하고 있다.

위 규정에서 다년생 식물의 재배지로 이용되는 토지에 대하여 별도의 규정을 두고 있지 않으나, 관계법령인 농지법에서 농지인 '다년생식물 재배지'에는 조경 또는 관상용 수목과 그 묘목의 재배지(법제2조 제1호 가목 제3호) 및 농축산물의 생산시설로서 다년생식물재배지에 설치한 고정식온실·버섯재배사 및 비닐하우스와 그 부속시설(법 제2조 제1호 가목 제3호)의 토지를 포함하고 있고, 비닐하우스 안에서 화훼작물을 일정 기간 재배(화분)하여 별도의 판매시설을 갖추지 아니하고 판매하는 것은 농지이용행위로 인정(농수산식품부 농지과-4190, 2009.09.02)하는 점을 고려해 볼 때, 개발제한구역 내 농지(답)상에 화훼작물의 재배목적으로 비닐하우스를 설치하고 화훼작물을 화분에서 재배하면서 판매하는 경우라면 다년생식물재배지로 이용되는 토지로 보아 농지에 따른 세율을 적용하는 것이 타당하다.

〈사례〉 화훼판매시설이 농지에 해당하는지의 판단

청구인이 쟁점토지를 취득할 당시 쟁점토지는 공부상 지목이 답으로 되어 있으나, 사실상 화훼판매시설로 이용되고 있는 사실이 나타나 농지로 보기는 어렵고 가산세를 배제할 만한 정당한 사유가 없으므로 처분청이 쟁점토지에 대하여 가산세를 포함하여 취득세를 부과한 처분은 잘못이 없다(기각)(조심2014지848, 2014.09.02).

청구인은 농지취득자격증명을 발급받았고, 실제로 화훼작물 및 다년생식물을 재배하고 있으며, 지목이 전·답으로 되어 있으므로 농지라고 주장하나, 「지방세법」 제11조 제1항 제1호 각 목 및 같은 법 시행령 제21조 제1항에 따르면 농지는 취득 당시 공부상 지목이 논, 밭 또는 과수원인 토지로서 실제 농작물의 경작이나 다년생식물의 재배지로 이용되는 토지를 말하는바, 농작물의 경작이나 다년생식물의 재배지로 이용되는 토지란 땅을 갈아서 농사를 짓는 것에 이용되는 토지를 말한다고 볼 것이다.

이에 따라 보면, 처분청이 청구인의 쟁점토지 취득일 이후인 2013년 6월 19일 쟁점토지의 이용현황 확인 결과 공부상 지목이 답인 토지에 비닐하우스 판매시설을 갖추고 판매사업장으로 이용하면서 판매 전 일시적으로 화분 등을 진열하는 상태로 이용되고 있는 것으로 나타나고, 쟁점토지를 취득하기 전인 2011년에 촬영한 쟁점토지의 항공사진에서도 비닐하우스 판매시설로 이용하고 있는 것으로 나타나는 이상 쟁점토지를 농지로 보기는 어렵다고 판단된다.

〈사례〉 공부상 목장용지이나 사실상 잡종지

청구인은 2014년 5월 30일 공부상 지목이 목장용지인 쟁점토지를 취득하였으나, 쟁점토지의 사실상 이용현황이 축산용으로 사용되는 토지가 아닌 잡종지인 것으로 나타나므로 청구인이 농지 이외의 토지를 취득한 것으로 보아 청구인의 경정청구를 거부한 처분은 잘못이 없다(조심2014지1143, 2014.08.21).

〈사례〉 사실상의 이용현황

공부상의 등재현황과 사실상의 현황이 다른 경우에는 해당 물건을 취득하였을 때의 사실상의 현황에 따라 취득세를 부과하는 것인바, 이 건 토지는 공부상 지목이 전(田)이라 하더라도 그 사실상의 이용 현황이 잡종지와 주차장으로 이용되고 있는 사실이 확인되는 이상 농지에 대한 취득세율(1,000분의 30)이 아닌 일반세율(1,000분의40) 적용하여 산출한 취득세를 부과한 것은 달리 잘못이 없다(조심2013지506, 2013.06.26).

〈사례〉 포괄적 유증

피상속인이 상속인이 아닌 자에게 한 포괄유증이 상속에 해당되는지 여부에 대하여 보면, '상속(피상속인으로부터 상속인에게 한 유증 및 포괄유증과 신탁재산의 상속을 포함)으로 인하여…'의 괄호를 해석함에 있어서 피상속인으로부터 상속인에게 한 유증은 특정유증과 포괄유증 등을 모두 포함하고 있는 개념이므로 피상속인으로부터 상속인에게 한 유증은 특정유증이든 포괄유증이든 관계없이 모두 상속으로 보는 것이므로 동 조항후단에서 별도로 명시한 포괄유증은 피상속인으로부터 상속인에게 한 포괄유증을 말하는 것이 아니라 피상속인이 상속인이 아닌 자에게 한 포괄유증을 말한다고 보는 것이 타당하다고 판단된다.

한편, 「민법」 제1078조에서 포괄적 유증을 받은 자는 상속인과 동일한 권리의무가 있다고 규정하고 있으며 포괄유증의 경우에는 재산뿐만 아니라 채무도 승계되고 상속재산의 배분 등과 관련하여 다른 상속인과의 관계도 검토해 보아야 하므로 유증의 승인 또는 포기 여부에는 상당한 시간적인 여유가 필요할 것임에도 일반적인 증여와 같이 60일 이내에 취득 신고 납부하게 하는 것은 「지방세법」상 상속에 관한 규정의 입법 취지에도 맞지 않는다고 판단된다. 따라서 피상속인이 상속인이 아닌 자에게 한 포괄유증이 상속에 의한 납세의무자로 해석하여 상속시의 취득세 세율을 적용하여야 할 것이다.

〈사례〉 공유지분 면적을 초과한 분할등기

당초의 공유지분 면적을 초과해 분할등기 됐어도 그 자산가액 비율차이나 그 차이에 따른 정산이 없는 경우는 '공유물 분할'에 대한 등록세율이 적용된다(대법98두10387, 1999.12.24).

원심판결 이유에 의하면, 원심은 앞서 본 바와 같은 특별한 사정이 존재하는지 여부에 관하여 심리·판단함이 없이, 원고와 선정자 A모씨, B모씨(이하 '원고 등'이라 한다)가 그 공유에 속하였던 이 사건 임야 11필지를 협의에 의하여 분할함에 있어서 각 임야별로 당초의 공유지분을 초과한 토지를 취득한 사실을 인정한 후, 원고 등이 당초의 공유지분을 초과하여 취득한 토지는 새로운 부동산의 취득에 해당한다고 판단하여, 원고 등은 위 공유물 전체를 일괄하여 공시지가 등 가액을 기준으로 공유지분에 상응하게 분할하였으므로 이 사건 등록세에는 공유물분할에 관한 법 제131조 제1항 제5호 소정의 세율이 적용되어야 한다는 원고의 주장을 배척한 조치에는 상고이유에서 지적하는 바와 같은 공유물분할로 인한 등기의 등록세율에 관한 법리오해 또는 심리미진의 위법이 있다고 할 것이다.

〈사례〉 협의분할

상속재산 분할협의는 공동상속인들 사이에 이루어진 일종의 계약으로서, 공동상속인들은 이미 이루어진 상속재산 분할협의의 전부 또는 일부를 전원의 합의에 의하여 해제한 다음 다시 새로운 분할협의를 할 수 있고(대법원 2004.07.08 선고, 2002다73203), 「민법」 제1015조의 규정에 의하여 상속재산의 분할은 상속이 개시된 때에 소급하여 그 효력이 있으므로 공동상속인인 갑과 을이 상속재산 분할협의를 원인으로 갑명의로 상속등기 후 재산분할협의를 통해 을 명의로 소유권경정등기를 하는 경우, 당해 상속재산은 소급하여 을의 상속취득으로 보아 취득세 세율을 적용한다(세정-1707, 2007.05.11).

〈사례〉 오피스텔

오피스텔은 「건축법」상 그 용도가 업무용 시설로 취득세·등록세는 과세기준일 현재의 사용 현황에 따라 세금을 부과하는 것이 아니라, 취득(구입)시점에 적용할 세율 등이 결정되는 것이므로 취득일 현재의 공부상 현황에 의하여 과세한다(세정-1081, 2006.03.17).

〈사례〉 사인증여

법인이 피상속인으로부터 부동산을 사인증여 받는 경우에는 상속 이외의 무상취득에 해당하는 세율을 적용한다(세정-6041, 2006.12.06). 피상속인으로부터 상속인에게 한 유증 및 포괄유증에 대하여만 상속으로 보는 것이 타당하다고 판단되는바, 법인이 피상속인으로부터 부동산을 사인증여 받는 경우에는 상속으로 볼 수 없다고 할 것이므로 상속 이외의 무상취득에 해당하는 세율을 적용한다.

〈사례〉 공유물의 분할

공동으로 매립한 공유수면토지를 공유보존등기 후 각자 소유지분을 포기해 토지별로 단독등기한 경우, 각각 소유지분 포기로 등기하는 분은 명의신탁해지로 인한 '무상 취득'에 해당한다.

원고 A모씨는 이 사건 공유수면매립공사의 시행자, 원고 회사는 그 시공회사로서 공동 공유수면매립면허권자인 사실, 원고들은 1997년 12월 29일 공유수면매립준공인가를 받은 후 원심판결 별지 목록 기재 매립지 중 위 목록 1번 기재 토지 2,817㎡ 전부와 위 목록 2번 기재 토지 중 4,175㎡ 합계 6,992㎡를 원고 회사가 취득하고, 나머지 토지는 원고 A모씨가 취득하기로 하였으나, 매립면허를 원고들이 공동으로 받아 둔 관계로 우선 위 목록 기재 토지 전부에 관하여 원고들의 공유로 보존등기한 다음 1998년 2월 24일 원고 A모씨가 취득하기로 한 토지 부분에 대하여는 원고 회사가 그 지분을 포기하고,

원고 회사가 취득하기로 한 토지 부분에 대하여는 원고 A모씨가 지분포기를 하여 각각 상대방이 포기한 지분에 관하여 자신의 명의로 소유권이전등기를 하였다.

「지방세법(1997.08.30 법률 제5406호로 개정된 것)」 제131조 제1항 제2호 소정의 1,000분의 15의 세율을 적용하기 위한 요건으로서 '무상으로 인한 소유권의 취득'에 해당하는지 여부는 실질과세 원칙의 정신에 비추어 볼 때 등기신청서 또는 등기부의 형식적인 기재에 불구하고 등기원인 또는 권리관계의 실질에 따라 판단하여야 할 것이고, 소유권이전등기의 실질이 명의신탁해지로 인한 소유권이전등기인 경우 '무상으로 인한 소유권의 취득'에 해당한다 할 것이다(대법원 1999.12.10 선고, 98두6364 판결 참조).

원심이 적법하게 인정한 사실에 의하면, 원고들이 매립지 분배 약정에 따라 각자가 취득하기로 한 각 토지 이외의 토지들에 대한 공유지분보존등기를 마친 것은 명의신탁에 의한 것이고, 그 토지들에 대한 각자의 지분을 포기한 것은 명의신탁자에게 그 소유권을 회복시켜 주기 위한 것으로서, 그 실질은 명의신탁해지로 인한 소유권이전등기라 할 것이므로, 그로 인한 소유권 취득은 무상취득에 해당한다고 보아야 할 것이다(대법2000두1638, 2001.05.29).

〈사례〉 환지처분(처분청 의견)

「지방세특례제한법」 제74조 제1항 및 제2항에서 「도시개발법」에 따른 도시개발사업의 시행으로 해당 사업의 대상이 되는 부동산의 소유자가 환지계획 등에 따라 취득하는 부동산에 대하여 취득세를 면제하되, 관계 법령에 따라 청산금을 부담하는 경우와 종전 부동산가액을 초과하는 부동산에 대하여는 취득세를 부과하는 것으로 규정하고 있다.

환지처분이란 토지구획정리 사업을 실시함에 있어서 종전의 토지에 관한 소유권 및 기타의 권리를 보유하는 자에게 종전의 토지를 대신하여 정연하게 구획된 토지를 할당하고, 종국적으로 이를 귀속시키는 처분으로, 이에 따라 종전 토지의 소유자는 환지처분으로 인해 새로운 토지를 취득하는 것이고, 이는 「지방세법」 제6조 제1호에서 규정하는 취득의 범위에 포함되어 그 전체가 취득세 과세대상에 해당하나, 「지방세특례제한법」 제74조에 근거하여 종전 부동산 가액에 해당되는 부분만 취득세를 면제하는 것으로서, 이를 「지방세법」 제15조 제2항 제2호의 지목변경에 의한 토지의 가액 증가로 볼 수 없다.

조세법률주의의 원칙상 과세요건이거나 비과세요건 또는 조세감면요건을 막론하고 조세법규의 해석은 특별한 사정이 없는 한 법문대로 하여야 할 것으로, 청구인의 경우 취득한 환지(이 건 토지)의 시가표준액에서 종전토지의 과세표준을 공제한 초과액이 발생하고 있는 사실이 제출된 관련자료에서 확인되고 있는 이상, 그 초과액에 대하여 2012년 현재의 표준세율(4%)을 적용한 것은 정당하다.

[심리 및 판단] 일반적으로 환지(換地)의 의미는 토지의 이용가치를 전반적으로 증진하기 위하여 일정한 지역 내 토지의 소유권 또는 기타의 권리를 권리자의 의사 여하에 불구하고 강제적으로 교환(交換)·분합(分合)하는 것을 말하는바, 이 건 토지구획정리사업의 경우, 동 사업지구 내 토지 소유자가 종전토지를 사업시행자에게 넘겨주고, 사업시행자가 토지구획정리사업을 통하여 새로운 지번의 확정면적을 부여하면서 종전토지의 권리면적과의 차이에 따라 청산금을 징수 또는 교부한 것으로서 토지구획정리사업지구 내 토지 소유자들 간에 상호 '교환'이 이루어진 것으로 볼 수 있는 측면에서 유상승계취득이 아니라고 단정하기 어려운 점, 지목변경은 지번의 변경이 없는 상태에서 지목을 변형시키는 행위이나 이 건 토지는 종전 지번이 없어지고 새로운 위치의 다른 지번·면적이 부여되어 그 성격이 다르다고 볼 수 있는 점, 현행 「지방세법」 제15조 세율의 특례조항에서 환지를 원인으로 취득한 토지에 대하여 중과기준세율(2%)을 적용하도록 달리 열거하고 있지 아니한 점 등을 종합하여 보면, 이 건 토지의 취득세율은 「지방세법」 제11조 제1항 제7호에서 규정한 4%의 세율을 적용하는 것이 법령해석에 보다 충실한 것으로 볼 수 있다고 하겠다(조심2013지368, 2013.06.28).

〈사례〉 등기여부와 취득세의 세율

2011년 1월 1일 「지방세법」의 개정으로 기존의 취득세와 등록세가 취득세로 통합되었고, 부동산 등의 취득에 대하여 등기를 경료하지 아니한 경우에 있어 별도의 특례규정을 두지 아니하였으므로 개정된 「지방세법」에 따른 취득세율(상속: 1,000분의 28)을 적용하여 취득세를 부과한 것은 적법하다(조심2013지277, 2013.06.05).

청구인들은 피상속인의 상속인들인 바, 피상속인은 2011년 12월 14일 사망할 당시 쟁점부동산을 소유하고 있었고, 쟁점부동산에 대하여는 피상속인 사망 전인 2010년 12월 16일 임의경매절차가 개시되어 경매절차가 진행되고 있었다,

그리고, 피상속인 사망 이후인 2012년 4월 16일 위 경매절차에서 쟁점부동산에 대한 매각허가결정이 내려졌고, 매수인인 학교법인 A가 2012년 5월 15일 경락대금을 완납하고 쟁점부동산 취득에 대한 취득세 등을 신고납부하였다.

학교법인 A는 '2012년 5월 15일자 임의경매로 인한 매각'을 등기원인으로 하여 2012년 5월 22일 피상속인으로부터 학교법인 A 명의로 소유권이전등기를 경료하였다.

처분청은, 청구인들이 쟁점부동산을 상속취득하였음에도 상속개시일(2011.12.14)부터 6개월 이내에 취득세 등을 신고납부하지 아니하였다 하여, 2012년 9월 10일 청구인들에게 구「지방세법」규정에 따라 쟁점부동산의 취득에 따른 취득세(수시) XX원, 지방교육세 XX원, 농어촌특별세 XX원, 합계 XX원을 부과고지하였다.

살피건대, 청구인들은 상속등기 없이 경락인에게 바로 소유권이전등기가 경료되었으므로 처분청이 부과고지한 취득세 중 등기·등록 시 부과하는 등록세에 해당하는 세액은 취소되어야 한다고 주장하나, 피상속인의 사망에 따른 상속개시일은 2010년 3월 31일자 법률 제10221호로 전문개정된「지방세법(이하 '개정 지방세법')」의 시행(2011.01.01) 이후인 2011년 12월 14일이므로, 청구인들의 상속취득에 대하여는 개정「지방세법」부칙 제2조에 따라 개정「지방세법」이 적용된다고 할 것인데, 개정 지방세법은 부동산의 취득과 관련하여 기존의 취득세와 등록세를 통합하여 취득세로 규정하면서도 취득에 따른 등기를 경료하지 아니한 경우에 대하여 별도로 규정을 두지 아니하였으므로, 부동산 취득에 대하여 등기를 경료하지 아니하였다 하더라도 취득세 세액 중 구「지방세법」의 등록세에 해당하는 세액을 따로 산정하여 이를 배제할 수는 없다고 할 것이다.

〈사례〉 양도소득세법상의 증여추정

청구인은 2011년 11월 15일 청구인의 형 A모씨로부터 ○○에 쟁점토지를 취득하는 매매계약을 체결하여 거래신고를 하고 2011년 12월 2일 취득하여 유상승계취득에 대한 세율을 적용하여 산출한 취득세 등을 신고납부하고 소유권이전등기를 경료한 후 2011년 12월 15일 잔금을 지급하였다. 쟁점토지 매도인이 양도소득세를 신고납부하였으나

B모 세무서장은 이 건 거래를 형제간 특수관계자의 거래로 보아 증여세 XX원을 2012년 11월 30일 청구인에게 부과고지하였다. 청구인은 C세무서에서 증여로 보아 증여세를 청구인에게 과세하였으므로 2013년 2월 1일 취득세도 증여에 대한 과세표준과 세율을 적용하여 산출한 세액으로 경정청구를 하였으나 처분청은 2013년 2월 19일 청구인의 경정청구에 대한 거부통지를 하였다.

「지방세기본법」 제17조 제1항에서 과세의 대상이 되는 소득·수익·재산·행위 또는 거래의 귀속이 명의(名義)일 뿐이고 사실상 귀속되는 자가 따로 있을 때에는 사실상 귀속되는 자를 납세의무자로 하여 이 법 또는 지방세관계법을 적용하고, 그 제2항에서 이 법 또는 지방세관계법 중 과세표준 또는 세액의 계산에 관한 규정은 소득·수익·재산·행위 또는 거래의 명칭이나 형식에 관계없이 그 실질내용에 따라 적용하도록 규정하고 있다.

청구인은 2011년 11월 15일 청구인의 형 A모씨로부터 ○○에 쟁점토지를 취득하는 매매계약을 체결하여 매매로 거래신고를 하고 2011년 12월 2일 유상승계취득에 대한 세율을 적용하여 산출한 세액으로 취득세 등을 신고납부하여 소유권이전등기를 경료하고 2011년 12월 15일 잔금을 지급하였으며, 매도인이 양도소득세를 신고납부한 후 B모세무서장은 조사를 하여 쟁점토지거래가 특수관계자 간 거래로 보아 2012년 11월 30일 청구인에게 증여세 XX원을 부과고지한 사실이 입증되고 있으나, 청구인은 매매를 원인으로 하여 계약체결, 거래신고, 취득세 신고납부 및 소유권이전등기를 한 점, 이 건 거래가 특수관계인간 거래이므로 증여로 의제하여 증여세가 과세되었다고 하더라도 매도인이 매매를 원인으로 양도한 사실이나 청구인이 매매를 원인으로 쟁점토지를 취득한 사실 자체가 부인되거나 변경되는 것이 아니며, 부동산을 적법하게 취득한 경우에는 취득세 등의 과세대상이 되는 유상승계취득 행위가 존재하게 되어 그에 따른 취득세의 납세의무가 당연히 발생하고, 그 후 매매계약을 해제하거나 변경하는 경우에도 이미 성립한 납세의무에 영향을 줄 수 없는 점 등을 종합적으로 고려하여 볼 때, 청구인은 쟁점토지를 유상취득한 것으로 보아야 하고, 특수관계자간 거래로 보아 증여세가 과세되었다는 사실만으로 유상승계취득한 사실이 증여를 원인으로 거래된 것으로 변경된 것은 아니라 하겠다(조심2013지411, 2013.05.27).

〈사례〉 토지개발사업의 시행으로 조성된 토지에 대해 소유권보존등기

[질의] 민간 또는 공익사업시행자는 환지를 수반하지 아니하는 전면매수 또는 수용방식에 의한 토지개발사업이 완료된 경우 종전 토지에 관한 등기의 말소등기와 토지개발사업의 시행으로 조성된 토지에 관한 소유권보존등기를 하여야 하는데, 이때 새로운 취득이 이루어진 것으로 보아 취득세 납세의무가 성립되는지 여부와 등록세율에 대하여 질의다.

[회신] 「지방세법」상 취득이라 함은 매매, 교환 등과 기타 이와 유사한 취득으로서 원시취득, 승계취득 또는 유상·무상을 불문한 일체의 취득을 말하는바, 사업시행자가 토지개발사업 완료 후 토지등기부 정리를 위해 토지개발사업의 시행으로 조성된 토지에 대해 소유권보존등기를 한다고 하여 이때 새로운 취득이 이루어져 취득세 납세의무가 성립된다고 볼 수는 없다 하겠고, '소유권의 보존'이란 미등기 부동산에 대하여 최초로 등기를 하는 것을 말하는 것으로서, 이미 등기가 되어 있는 토지에 대하여 종전 등기부에 표시변경을 할 수 없어 불가피하게 종전 등기부를 말소하고 새로이 등기부를 개설하는 소유권보존등기는 그 형식만이 소유권보존등기일 뿐으로, 사업시행자가 토지개발사업 완료 후 토지등기부 정리를 위해 토지개발사업의 시행으로 조성된 토지에 대해 소유권보존등기라는 형식으로 등기를 하는 것은 본래 토지표시변경등기를 하여야 할 것을 지적공부 정리방식의 특수성으로 인하여 그 표시변경등기의 형식으로 할 수 없어 불가피하게 소유권본존등기라는 형식을 차용하여 등기를 하는 것이라 하겠으므로, 이를 「지방세법」 제131조 제1항 제4호의 '소유권의 보존'에 해당된다고 볼 수는 없어 기타등기(법 제131조 제1항 제8호)에 해당하는 세율을 적용함이 타당하다고 사료된다(세정-4601, 2007.11.06).

〈사례〉 택지개발용 농지의 취득

쟁점토지의 경우 청구법인이 이를 취득할 당시 공부상 지목은 농지이지만, 청구법인이 이미 토지보상 및 농지보상 등을 통하여 영농을 금지함으로써 상당 기간 사실상 영농이 이루어지지 아니한 상태에서 택지개발을 목적으로 취득한 것이므로 쟁점토지가 취득 당시 실제 농작물의 경작이 이루어지는 농지에 해당된다는 청구주장은 인정하기 어렵다 하겠다(조심2014지244, 2014.10.21).

〈사례〉 주택이 없는 부속토지

「지방세법」 제15조 제1항 제2호의 1가구 1주택 여부를 판정함에 있어 주택의 부속토지만을 보유하는 경우에도 이를 주택으로 볼 것인지에 대하여 지방세법령이 명시적으로 규정하고 있지는 아니하나, 1가구 1주택 세율특례 적용의 입법 취지가 무주택 상속인의 주거안정을 기하고 피상속인이 소유하던 1주택을 상속인이 이전받은 것에 대하여 취득세를 과세하는 것은 무리가 있다고 판단되어 규정한 것으로 볼 수 있는 점 등에 비추어 볼 때, 여기서 '주택'이란 주거에 공하는 건물을 뜻하는 것이고, '부속토지'란 당해 주택과 경제적 일체를 이루고 있는 토지로서 사회통념상 주거생활공간으로 인정되는 토지를 뜻한다 할 것이므로, 주택과 그 부속토지를 동일 세대원이 아닌 자가 각각 소유하고 있는 경우의 그 부속토지는 세대원이 장기간 독립된 주거생활을 영위할 수 있는 장소라 할 수 없고, 따라서 그 부속토지만을 소유한 경우는 주택을 소유하지 아니한 것으로 봄이 타당하다 할 것이다(조심2013지651, 2013.11.21).

Chapter
03 | 부동산외 취득의 표준세율

Ⅰ. 개요

부동산 이외의 과세대상물건의 취득의 경우에는 각 자산별로 또는 취득의 유형별로 정하여진 세율을 적용하여 계산한 금액을 그 세액으로 한다. 선박 및 기계장비가 공유물일 때에는 그 취득지분의 가액을 과세표준으로 하여 세율을 적용한다.

외국인 소유의 차량, 기계장비, 항공기 및 선박을 직접 사용하거나 국내의 대여시설 이용자에게 대여하기 위하여 임차하여 수입하는 경우에는 수입하는 자가 취득한 것으로 본다. 이 경우에 있어 이를 연부로 취득하는 경우에는 「지방세법」 제15조에 따른 세율의 특례가 적용되어 중과기준세율(2%)을 적용한다.

Ⅱ. 선박

선박의 취득세 세율은 등기·등록 대상인 선박과 소형선박 및 그 밖의 선박으로 나누어 세율을 적용한다. 선박의 종류변경의 경우와 외국인 소유의 선박을 직접 사용하거나 국내의 대여시설 이용자에게 대여하기 위하여 연부취득의 방식으로 임차하여 수입하는 경우에는 중과세기준세율(2%)을 적용한다.

선박의 취득세 세율

구분		세율
등기·등록대상선박 (소형선박 제외)	상속으로 인한 취득	1,000분의 25
	상속으로 인한 취득 외의 무상취득	1,000분의 30
	원시취득	1,000분의 20.2
	수입에 의한 취득 및 주문 건조에 의한 취득	1,000분의 20.2
	그 밖의 원인으로 인한 취득	1,000분의 30
소형선박	「선박법」 제1조의 2 제2항에 따른 소형선박 ① 총톤수 20톤 미만인 기선 및 범선 ② 총톤수 100톤 미만인 부선	1,000분의 20.2
	「수상레저안전법」상의 동력수상레저기구 ① 모터보트 ② 동력요트 ③ 수상오토바이 ④ 고무보트 ⑤ 스쿠터 ⑥ 호버크래프트	
선박의 종류변경		1,000분의 20
국적취득조건부 나용선계약		1,000분의 20
그 밖의 선박		1,000분의 20

Ⅲ. 차량

1. 표준세율

차량은 승용과 비승용으로 구분하고, 또한 영업용과 비영업용을 구분한다. 승용자동차의 경우 비영업용승용자동차는 1,000분의 70을 적용하나 경자동차의 경우에는 1,000분의 40으로 한다. 일반자동차의 경우에는 영업용인 경우에는 1,000분의 40, 비영업용인 경우에는 1,000분의 50으로 한다.

그러나 경자동차의 경우에는 승용자동차, 일반자동차를 구분하지 아니하고 1,000분의 40으로 한다. 또한 궤도나 삭도 등 승용자동차와 그 밖의 자동차를 제외한 차량에 대하여는 1,000분의 20으로 한다.

영업용이란 「여객자동차 운수사업법」 또는 「화물자동차 운수사업법」에 따라 면허나 등록을 하고 일반의 수요에 제공하는 것을 말하고, 비영업용이란 개인 또는 법인이 영업용 외의 용도에 제공하거나 국가 또는 지방공공단체가 공용으로 제공하는 것을 말한다. 비영업용 승용자동차는 비영업용의 승용자동차와 승용자동차 중 전기·태양열 및 알코올을 이용하는 자동차를 말한다.

차량의 취득세 세율

구분	영업용	비영업용
승용	4%	7%
일반자동차	4%	5%
경자동차	4%	
그 밖의 차량	2%	

2. 중과기준세율 적용

다음과 같은 차량의 취득에 대하여는 세율의 특례를 적용하여 중과기준세율(2%)을 적용한다.

① 차량의 종류변경.

② 외국인 소유의 차량을 직접 사용하거나 국내의 대여시설 이용자에게 대여하기 위하여 연부취득의 방식으로 임차하여 수입.

③ 「여신전문금융업법」에 따른 시설대여업자가 차량의 시설대여를 하는 경우로 같은 법 제33조 제1항에 따라 대여시설이용자의 명의로 등록하는 경우의 시설대여업자의 취득.

④ 「지방세법」 제7조 제10항에 의한 지입차량의 취득.

Ⅳ. 기계장비

1. 기계장비의 표준세율

기계장비의 취득에 대하여는 1,000분의 30의 세율을 적용한다. 다만 「건설기계관리법」에 따른 등록대상이 아닌 기계장비는 1,000분의 20으로 한다.

2. 중과기준세율 적용

다음과 같은 기계장비의 취득에 대하여는 세율의 특례를 적용하여 중과기준세율(2%)을 적용한다.

① 기계장비의 종류변경.
② 외국인 소유의 기계장비를 직접 사용하거나 국내의 대여시설 이용자에게 대여하기 위하여 연부취득의 방식으로 임차하여 수입.
③ 「여신전문금융업법」에 따른 시설대여업자가 건설기계의 시설대여를 하는 경우로서 같은 법 제33조 제1항에 따라 대여시설이용자의 명의로 등록하는 경우의 시설대여업자의 취득.
④ 「지방세법」 제7조 제10항에 의한 지입기계장비의 취득.

Ⅴ. 항공기

1. 항공기의 표준세율

「항공법」 제3조 단서에 따른 항공기는 1,000분의 20의 세율을 적용한다. 그 밖의 항공기는 1,000분의 20.2의 세율을 적용한다. 다만, 최대이륙중량이 5,700㎏ 이상인 항공기는 1,000분의 20.1로 한다.

2. 중과기준세율의 적용

외국인 소유의 항공기를 직접 사용하거나 국내의 대여시설 이용자에게 대여하기 위하여 연부취득의 방식으로 임차하여 수입하는 경우에는 중과기준세율(2%)을 적용한다.

Ⅵ. 입목 등의 세율

입목, 광업권 또는 어업권, 골프회원권, 승마회원권, 콘도미니엄 회원권, 종합 체육시설 이용회원권 또는 요트회원권의 세율은 1,000분의 20으로 한다.

Chapter 04 | 본점이나 주사무소의 사업용부동산 중과세

Ⅰ. 의의

수도권 지역 내에서 인구유입과 산업집중을 현저하게 유발시키는 본점 또는 주사무소의 신설 및 증설을 억제하기 위하여 「수도권정비계획법」 제6조에 정한 과밀억제권역 내에서의 법인의 본점 또는 주사무소의 사업용 부동산을 취득하는 경우에 대하여 취득세를 중과세하고 있다.

> **관련법령**
>
> **지방세법 제13조(과밀억제권역 안 취득 등 중과)**
>
> ① 「수도권정비계획법」 제6조에 따른 과밀억제권역에서 대통령령으로 정하는 본점이나 주사무소의 사업용 부동산(본점이나 주사무소용 건축물을 신축하거나 증축하는 경우와 그 부속토지만 해당한다)을 취득하는 경우와 같은 조에 따른 과밀억제권역(「산업집적활성화 및 공장설립에 관한 법률」을 적용받는 산업단지·유치지역 및 「국토의 계획 및 이용에 관한 법률」을 적용받는 공업지역은 제외한다)에서 공장을 신설하거나 증설하기 위하여 사업용 과세물건을 취득하는 경우의 취득세율은 제11조 및 제12조의 세율에 1,000분의 20(이하 '중과기준세율'이라 한다)의 100분의 200을 합한 세율을 적용한다.

> 지방세법 시행령 제25조(본점 또는 주사무소의 사업용 부동산)
>
> 법 제13조 제1항에서 "대통령령으로 정하는 본점이나 주사무소의 사업용 부동산"이란 법인의 본점 또는 주사무소의 사무소로 사용하는 부동산과 그 부대시설용 부동산(기숙사, 합숙소, 사택, 연수시설, 체육시설 등 복지후생시설과 향토예비군 병기고 및 탄약고는 제외한다)을 말한다.

Ⅱ. 중과세대상 취득주체

중과세대상은 법인의 본점이나 주사무소의 사업용부동산이므로 법인이 취득하는 경우에는 중과세대상이나 법인이 아닌 자가 취득하는 경우에는 중과세대상에 해당하지 않는다.

법인이라 함은 관계법령에 의하여 설립등기를 함으로써 법인격을 취득한 단체를 말하며, 법인격 없는 사단 또는 재단은 법인에 해당되지 아니한다. 그러므로 법인격이 없는 사단이나 재단이 비록 본점이나 주사무소용으로 사용한다고 하더라도 중과세되는 것은 아니다. 또한 법인에는 영리법인과 비영리법인이 모두 포함되기 때문에 비영리법인의 본점이나 주사무소용에 대하여는 중과세가 적용된다.

Ⅲ. 본점 또는 주사무소

상법상 본점이란 영리법인의 주된 사무소를 의미하며, 주사무소는 비영리법인의 주된 사무소를 의미한다. 본점이나 주사무소는 법인의 주된 기능을 수행하는 장소로 법인의 중추적인 의사결정 등이 행하여지는 장소를 의미한다.

법인의 본점 또는 주사무소는 영업활동 전체의 지휘·명령의 중심지가 되는 장소를 의미한다. 본점 또는 주사무소에 해당되는지 여부는 당해 법인의 조직 및 직제, 의사결정 실태, 예산집행현황 등을 종합적으로 감안하여 판단하여야 한다. 또한 본점사업용 부동산인지 여부는 본점등기 여부를 기준으로 판단하는 것이 아니며 법인의 본점으로서 중추적인 의사결정 기능을 수행하는 장소로 사용되는지의 여부로 판단한다.

만약, 본점에서 사업부문을 총괄하는 인적·물적시설을 설치하여 기획·개발·자금조달·결산·대외홍보 등 법인의 중추적인 의사결정을 하고, 법인이 기업경영의 전문화·책임화 및 효율성을 제고하기 위하여 법인의 목적사업을 각 사업부문으로 구분하여 본점과 별도의 장소에 사업자 등록을 하고 예산·회계·인사 및 영업을 독립적으로 수행하는 경우라면 이는 본점으로 볼 수 없다.

또한, 본점 기능을 수행하는 장소가 반드시 하나의 부동산에 위치할 것을 요구하는 것은 아니므로 사무실의 형편상 일부 부서를 분산하여 여러 장소에 두는 경우라도 본점에 해당되는 경우에는 이들 모두를 본점으로 본다.

지점이란 「법인세법」, 「부가가치세법」 또는 「소득세법」의 규정에 의하여 등록된 사업장으로서 그 명칭 여하를 불문하고 인적·물적설비를 갖추고 계속하여 당해 법인의 사무 또는 사업이 행하여지는 장소로 영업활동을 위한 의사결정 기능을 갖고, 예산·회계업무를 독립적으로 수행하면서 대외적인 거래업무가 행하는지는 본점 이외의 장소라 정의할 수 있다(대법99두3188, 1999.09.15). 이러한 지점이나 분사무소용 부동산은 중과세 대상에 해당하지 아니한다.

Ⅳ. 중과세대상 사업용 부동산

법인의 본점이나 주사무소의 사업용 부동산을 취득하는 경우 중과세한다. 본점이나 주사무소의 사업용 부동산이란 법인의 본점 또는 주사무소의 사무소로 사용하는 부동산과 그 부대시설용 부동산을 말한다.

다만, 기숙사, 합숙소, 사택, 연수시설, 체육시설 등 복지후생시설과 향토예비군 병기고 및 탄약고는 제외한다. 여기서 열거한 복지후생시설은 예시적으로 열거한 것이므로 예시되지 않은 것이라 하더라도 종업원의 복지후생시설이라면 이를 본점용 부동산에서 제외해야 한다.

법인의 본점 또는 주사무소의 사무소로 사용하는 부동산과 그 부대시설용 부동산에 대하여 중과세되므로 사무소용이 아닌 임대용 부동산, 영업장, 판매시설, 점포 등은 중과세 대상에 포함되지 않는다. 따라서 백화점과 같은 유통업체의 매장이나 은행본점에 설치한 영업장 또는 병원의 진료시설·수술실·병실과 같이 사무실 이외의 부분 등이 본점이나 주사무소에 함께 설치된 경우라 하더라도 그 영업장소 및 부대시설 부분은 취득세 중과세 대상에 해당하지 않는다.

또한 본점 또는 주사무소의 사무소로 직접 사용하는 경우 중과세되므로 타인이 임차하여 본점용으로 사용하더라도 취득세가 중과세되는 것은 아니다.

복지후생시설이란 당해 사업자의 통상의 업무와는 무관하게 계속적으로 직원들의 연수 또는 체력단련 등이 이뤄지는 후생복지시설을 의미하는 것이다. 그러므로 고유업무와 관련하여 교육장 등으로 사용하는 장소는 이를 본점사업용 부동산으로 보아야 한다. 만약, 도소매업 법인이 과밀억제권역 내에 건축물을 신축하여 본점 및 본점용 창고로 사용하는 경우 그 창고는 본점의 부대시설에 해당하므로 취득세 중과세 대상에 포함된다 (세정-621, 2004.03.29).

V. 중과세대상 신축·증축

1. 신축·증축

중과세가 되는 사업용 부동산의 취득은 본점이나 주사무소용 건축물을 신축하거나 증축하는 경우와 그 부속토지만 해당한다. 그러므로 본점이나 주사무소로 사용하기 위하여 부동산을 승계취득하는 경우에는 중과세되지 아니한다. 또한, 신축 또는 증축한 경우라도 본점이나 주사무소용으로 사용하지 않는 경우에는 중과세대상에서 제외된다.

2. 본점의 이전

구 「지방세법(1994.12.22 법률 제4794호로 개정되고, 1998.12.31 법률 제5615호로 개정되기 전의 것)」 제112조 제3항에서는 "대통령령이 정하는 대도시 내에서 공장을 신설 또는 증설하기 위하여 사업용 과세물건을 취득할 경우와 「수도권정비계획법」 제6조의 규정에 의한 과밀억제권역 안에서 대통령령이 정하는 본점 또는 주사무소의 사업용 부동산을 취득할 경우의 취득세율은 제1항의 세율의 100분의 500으로 한다"라고 규정되어 있었다. 즉, 본점사업용 또는 주사무소의 사업용 부동산 취득은 신·증축에 한정하지 않고 모두 중과세 대상에 해당하였다.

이러한 법률 하에서 대법원 판례에 의하면 수도권 지역 내에서 인구유입과 산업집중을 현저하게 유발시키는 본점 또는 주사무소의 신설 및 증설을 억제하기 위하여 과밀억제권역 내에서의 법인의 본점 또는 주사무소의 사업용 부동산의 취득에 대하여 취득세를 중과하는 규정의 취지를 들어, 이미 과밀억제권역 내에 본점 또는 주사무소용 사무실을 가지고 있다가 같은 권역 내의 다른 곳으로 사무실을 이전하는 경우에는 취득세 중과대상에 해당하지 않는다고 판결하였다(대법원 2000.05.30 선고, 99두6309 판결; 대법원 2000.10.10 선고, 99두5269 판결 참조).

헌법재판소의 판결에 의해서도 같은 취지의 판결을 하고 있다. 즉, "이 법률조항은 단순히 '취득'이라고 규정하고 있어, 과밀억제권역 안에서 본점 또는 주사무소의 사업용 부동산을 취득하기만 하면 그 점만으로 아무런 제한 없이 곧바로 중과세의 요건에 해당하는 것으로 볼 소지가 없지 않다. 그러나 이 법률조항을 그와 같이 풀이하는 것은 불필요하고도 지나치게 포괄적인 규제를 허용하는 셈이 되어 이 법률조항의 입법취지에 어긋날 뿐만 아니라, 법인 등 경제주체의 거주·이전의 자유, 직업의 자유를 지나치게 제약하는 것이므로 헌법적으로 용인되지 않는 것으로 보았다. 그러므로 이 법률조항은 이미 과밀억제권역 내에 본점 또는 주사무소용 사무실을 가지고 있다가 같은 권역 내의 다른 곳으로 사무실을 이전하는 경우와 같이 '과밀억제권역 내에 인구유입 또는 경제력 집중을 유발하는 효과가 없는' 경우에는 적용되지 않는 것으로 좁게 풀이하는 것이 상당하다"고 하였다(헌재98헌바104, 2000.12.14, 판례집 12-2, 387).

1998년 12월 31일 법률 제5615호로 개정된 후의 구「지방세법」제112조 제3항은 종전과 달리 과밀억제권역 안에서 본점 또는 주사무소의 사업용 부동산을 취득하는 경우 중 인구유입과 산업집중 등의 유발 효과가 뚜렷한 신축 또는 증축에 의한 취득만을 적용대상으로 규정하고 그 밖의 승계취득 등은 적용대상에서 배제하였다.

이러한 개정에 의하여 신축 또는 증축에 한하여 중과세하도록 그 범위를 축소하였으므로 신축 또는 증축에 해당하면 그 본점을 과밀억제권역 안에서 이전하는 경우라도 중과세를 적용하여야 한다.

즉, 과밀억제권역 안에서 신축 또는 증축한 사업용 부동산으로 본점 또는 주사무소를 이전하면 동일한 과밀억제권역 안의 기존 사업용 부동산에서 이전해 오는 경우라 하더라도 전체적으로 보아 그 과밀억제권역 안으로의 인구유입이나 산업집중의 효과가 없다고 할 수 없다. 따라서 과밀억제권역 안에서 본점 또는 주사무소용 건축물을 신축 또는 증축하여 취득하는 경우에는 동일한 과밀억제권역 안에 있던 기존의 본점 또는 주사무소를 이전해 오는 것이라고 하더라도 취득세 중과세 대상에 해당하는 것이다(대법원 2012.07.12 선고, 2012두6551 판결 참조).

VI. 취득 후 5년 이내 본점사업용이 된 경우

토지나 건축물을 취득한 후 5년 이내에 해당 토지나 건축물이 본점이나 주사무소의 사업용 부동산(본점 또는 주사무소용 건축물을 신축하거나 증축하는 경우와 그 부속토지만 해당)에 해당하는 경우에는 중과세대상에 해당하여 이를 추징한다(지방세법 제16조 제1항). 토지 취득 및 건물 신·증축과 관련한 취득세의 중과세 대상여부의 판단은 다음과 같다.

1. 부속토지 및 건축물 중과세율적용

토지를 취득하고 건축물 신·증축 후 토지의 취득일로부터 5년 이내에 해당 건축물이

본점이나 주사무소의 사업용 부동산으로 사용되는 경우에는 토지와 건축물에 대하여 취득세를 중과세한다.

2. 부속토지일반세율, 건축물 중과세율

토지를 취득하고 토지 취득일로부터 5년 이내에 건축물 신·증축 후 토지의 취득일로부터 5년이 경과하고 건축물 신·증축일로부터 5년 이내에 해당 건축물이 본점이나 주사무소의 사업용 부동산으로 사용되는 경우에는 부속토지에 대하여는 일반세율을 적용하고 건축물에 대하여 취득세를 중과세한다.

3. 부속토지 및 건축물에 대하여 일반세율적용

토지를 취득한 후 건축물을 신·증축하여 건축물의 신·증축일로부터 5년이 지나 해당

건축물이 본점이나 주사무소의 사업용 부동산으로 사용되는 경우에는 부속토지나 건축물에 대하여 일반세율이 적용된다.

VII. 본점용과 기타용도의 안분

건물을 신축하여 취득한 후 그 일부를 본점의 사업용 부동산으로 사용하는 경우에는 본점의 사업용 부동산 부분에 대하여만 취득세를 중과세하고 기타의 부분에 대하여는 일반세율을 적용한다.

따라서 본점으로 사용한 면적과 공용면적 중 본점으로 사용하는 면적비율로 안분한 면적에 대하여 취득세가 중과세 된다(도세-185, 2008.03.25). 그러므로 상가건축물을 신축한 후 그 일부에서 인적·물적 설비를 갖추고 본점 업무를 수행하는 경우에는 안분하여 본점사용부분에 대하여만 취득세를 중과세한다.

〈사례〉 본점 또는 주사무소의 판단

원고는 이 사건 건물에 패션사업본부를 이전하여 ○동 사옥 구관과 더불어 패션부문사업의 중추적 기능을 수행하고 있는 점, 원고가 이 사건 건물에 패션사업본부를 이전할 당시 ○동 사옥 구관 7층에 A마케팅컴퍼니 사장실이 설치되어 있었던 점 등의 사정을 종합하면, 이 사건 건물은 원고 법인의 업무가 수행되는 본점 또는 주사무소의 사업용 부동산으로 봄이 타당하다(서울행법2012구합29035, 2013.01.18).

㈎ 이 사건 건물이 '본점 또는 주사무소의 사업용 부동산'인지 여부.

본점 또는 주사무소는 전체 영업활동을 통괄하는 곳이라 할 것이나, 본점 또는 주사무소의 사업용 부동산은 반드시 하나만 존재한다고 할 수는 없고, 다수의 사업분야를 영위하고 있는 법인인 경우에는 각 사업부문의 총괄·조정 등의 기능도 본점 또는 주사무소의 기능에 해당한다고 해석함이 타당하다.

이 사건에 관하여 보건대, 원고는 이 사건 건물에 패션사업본부를 이전하여 ○동 사옥 구관과 더불어 패션부문 사업의 중추적 기능을 수행하고 있는 점, 원고가 이 사건 건물에 패션사업본부를 이전할 당시 ○동 사옥 구관 7층에 A마케팅컴퍼니 사장실이 설치되어 있었던 점, 현재 패션사업본부가 대표이사로부터 직접 지휘를 받게 되었다 하더라도 오히려 사옥과 업무가 유기적으로 결합하여 법인의 경영활동이 이루어지는 것으로 해석할 수 있는 점 등의 사정을 종합하면, 이 사건 건물은 원고 법인의 업무가 수행되는 본점 또는 주사무소의 사업용 부동산으로 봄이 타당하다.

㈏ 과밀억제권역 안에서 이전한 경우도 중과세 대상인지 여부.

구 「지방세법」 제112조 제3항은 1998년 12월 31일 법률 제5615호로 개정되기 전과 달리 입법 취지를 반영하여 과밀억제권역 안에서 본점 또는 주사무소의 사업용 부동산을 취득하는 경우 중 인구유입과 산업집중의 효과가 뚜렷한 신축 또는 증축에 의한 취득만을 적용대상으로 규정하고 입법 취지에 어울리지 않는 그 밖의 승계취득 등은 미리 적용대상에서 배제하였으므로, 조세법률주의 원칙상 위 규정은 특별한 사정이 없는 한 법문대로 해석하여야 하고 더 이상 함부로 축소해석해서는 안 되는 점, 과밀억제권역 안에서 신축 또는 증축한 사업용 부동산으로 본점 또는 주사무소를 이전하면 동일한 과밀억제권역 안의 기존 사업용 부동산에서 이전해 오는 경우라 하더라도 전체적으로 보아 그 과밀억제권역 안으로의 인구유입이나 산업집중의 효과가 없다고 할 수 없는 점 등을 종합하면, 과밀억제권역 안에서 본점 또는 주사무소용 건축물을 신축 또는 증축하여 취득하면 동일한 과밀억제권역 안에 있던 기존의 본점 또는 주사무소에서 이전해 오는 경우라고 하더라도 구 「지방세법」 제112조 제3항에 의한 취득세 중과대상에 해당한다고 봄이 타당하다(2012.07.12 선고, 2012두6551 판결 참조).

따라서 원고의 패션사업본부 이전이 과밀억제권역 안에서 이루어진 것이라 하더라도,

본점 또는 주사무소의 사업용 부동산인 이 사건 건물을 신축한 경우에 해당하는 이상 구 「지방세법」 제112조 제3항이 적용된다고 봄이 타당하다. 원고의 이 부분 주장 또한 이유 없다(같은 취지의 서울고법2012누24315, 2012.10.12; 대법2012두6551, 2012.07.12).

〈사례〉 매장 또는 영업장

과밀억제권역 내 법인 본점용 부동산의 취득세 중과시, 본점과 함께 설치된 백화점 매장 또는 은행 영업장 등의 영업장소와 그 부대시설 부분은 제외된다(대법2000두222, 2001.10.23). 과밀억제권역 안에서 법인의 본점 또는 주사무소의 사무소로 사용하는 부동산과 그 부대시설용 부동산을 취득한 경우에는 취득세를 중과세하고 있는 바, 그 취지는 이러한 지역 내에서 인구유입과 산업집중을 현저하게 유발시키는 본점 또는 주사무소의 신설 및 증설을 억제하려는 것이므로, 백화점 등 유통업체의 매장이나 은행본점의 영업장 등과 같이 본점 또는 주사무소의 사무소에 영업장소가 함께 설치되는 경우에 그 영업장소 및 부대시설 부분은 취득세 중과세 대상에 해당하지 않는다 할 것이다.

같은 취지에서 원심이, 은행 본점의 영업장 및 그 부대시설로 사용되고 있는 이 사건 건물의 제1, 2층 중 영업장과 탕비실, 창고 등의 그 부대시설 부분이 중과세 대상에 해당하지 아니한다고 판시한 것은 정당하고, 거기에 상고이유의 주장과 같은 취득세 중과대상에 관한 법리오해가 있다고 할 수 없다.

〈사례〉 합병으로 취득 후 본점사무실로 사용

쟁점부동산에 대한 처분청의 확인결과 쟁점부동산을 청구법인의 본점 사무실로 사용하고 있는 사실이 확인되고 있는 이상 쟁점부동산에 대하여 취득세를 중과세한 것은 달리 잘못이 없다(기각)(조심2012지106, 2012.12.26).

청구법인과 처분청이 제출한 심리자료 등에 의하면 다음과 같은 사실들이 나타난다.

㈎ 청구법인은 1953년 12월 30일 상호를 주식회사 갑으로, 본점을 서울로, 목적사업을 염전개발업 등으로 하여 설립되었고, 소멸법인은 1963년 11월 13일 상호를 주식회사 을로, 본점을 서울로, 목적사업을 염, 염부산물의 생산, 가공판매 및 수출업 등으로 하여 설립되었으며, 청구법인은 2008월 5월 7일 소멸법인을 흡수합병하면서 이 건 부동산을

취득하였고, 상호를 주식회사 갑에서 주식회사 병으로 변경하였다.

㈐ 한편, 청구법인은 2008년과 2007년 3월 31일 현재 청구법인이 소멸법인의 지분 92.98%를 소유한 사실을 입증하기 위하여 청구법인의 제54기 감사보고서(발췌)를, 이 건 부동산 15층 건축물에서 쟁점건축물로 본점을 이전한 사실을 입증하기 위하여 사무실 이전 비용 증빙자료 등을 제출하였다.

청구법인은 "청구법인과 소멸법인의 합병은 경제적인 실체의 변화가 없는 법률상 형식적인 합병에 불과하여 청구법인이 쟁점토지를 취득한 날은 소멸법인이 취득한 날로 보아야 하므로 쟁점토지는 취득세 중과세 대상이 아니다"라고 주장하나, 청구법인은 대도시 내 지역에서 쟁점건축물을 증축하여 본점 사무실로 사용하였으므로 쟁점건축물은 「지방세법」제112조 2의 규정에 의한 취득세 중과세 대상이고, 청구법인이 합병 전에 이미 소멸법인의 주식 지분 대부분을 소유하고 있었다 하더라도 합병 전 청구법인과 소멸법인은 별도의 독립적인 법인격을 가진 권리주체이므로 소멸법인의 이 건 부동산 취득일을 청구법인의 취득일로 볼 수는 없다 하겠다.

따라서 청구법인이 합병으로 쟁점토지를 포함한 이 건 부동산을 취득하여 취득세 등을 비과세 받았다 하더라도 이 건 부동산을 취득한 날부터 5년 이내에 쟁점건축물이 취득세 중과세 대상이 되었으므로 쟁점건축물의 부속토지인 쟁점토지도 함께 취득세를 중과세한 처분은 잘못이 없는 것으로 판단된다.

청구법인은 "이미 과밀억제권역 내에서 본점용 사무실로 사용하고 있었던 면적에 대한 취득세 중과세분은 이중과세에 해당하므로 과세대상에서 제외되어야 한다"고 주장하나, 과밀억제권역 안에서 신축 또는 증축한 사업용 부동산으로 본점 또는 주사무소를 이전하여 동일한 과밀억제권역 안의 기존 사업용 부동산에서 이전해 오는 경우라 하더라도 전체적으로 보아 그 과밀억제권역 안으로의 인구유입이나 산업집중의 효과가 없다고 할 수 없는 점 등을 종합하면, 이 건의 경우 「지방세법」제112조 제3항에 의한 취득세 중과대상에 해당한다고 봄이 타당하다.

〈사례〉 토지취득 후 5년 이내 중과전용

과밀억제권역 내에서 본점 또는 주사무소의 사업용 건축물을 신축 또는 증축하는 경우에 취득세를 중과세하는 것이므로 건축물의 경우 본점 또는 주사무소의 사무실로 사용하는 부분은 취득세가 중과세되는 것이고, 건축물 부속토지의 경우 토지 취득일부터 5년 이내에 건축물을 신축하여 본점 또는 주사무소의 사무실로 사용한다면 사무실 사용 부분에 대한 토지 부분을 안분하여 취득세가 중과세 된다(세정-656, 2005.02.07).

〈사례〉 교육장 및 차고지

본점사무실 건물 내 위치하고 건축물대장상 용도는 사무실이고, 목적사업이 택시여객자동차운송사업자인 사업자가 택기운전기사를 대상으로 안전운전 등의 고유업무와 관련하여 교육장으로 사용하는 장소는 이를 본점사업용 부동산으로 보지 아니하기는 어렵다. 또한 복지후생시설은 당해 사업자의 통상 업무와는 무관하게 계속적으로 직원들의 연수 또는 체력단련 등 후생복지시설을 의미하는 것이나, 택시여객자동차운수회사가 소속기사들의 안전교육의 교육장으로 사용하는 것은 고유업무와 관련된 업무수행의 장소로 보아야지 이를 직원들의 복지후생시설로 보기는 어렵다(조심2010지791, 2011.03.15). 한편, 그 부속토지의 범위에서 차고지 면적은 차고지가 본점이 위치한 1구 내에 위치하고 고유업무인 여객자동차운송사업에 필수불가결한 토지로 그 사업에 사용되는 토지인 만큼 이를 본점사업용 토지에서 제외하기도 곤란하다.

VIII. 중과세지역

「수도권정비계획법」 제6조에 따른 과밀억제권역 내에서 법인이 본점이나 주사무소용 부동산을 취득하는 경우 중과세한다. 「수도권정비계획법」에서는 수도권의 인구와 산업을 적정하게 배치하기 위하여 수도권을 다음과 같이 구분한다.

① 과밀억제권역: 인구와 산업이 지나치게 집중되었거나 집중될 우려가 있어 이전하거나 정비할 필요가 있는 지역.
② 성장관리권역: 과밀억제권역으로부터 이전하는 인구와 산업을 계획적으로 유치하

과밀억제권역, 성장관리권역 및 자연보전권역의 범위

과밀억제권역	성장관리권역	자연보전권역
• 서울특별시 • 인천광역시(강화군, 옹진군, 서구 대곡동·불로동·마전동·금곡동·오류동·왕길동·당하동·원당동, 인천경제자유구역 및 남동 국가산업단지는 제외한다) • 의정부시 • 구리시 • 남양주시(호평동, 평내동, 금곡동, 일패동, 이패동, 삼패동, 가운동, 수석동, 지금동 및 도농동만 해당) • 하남시 • 고양시 • 수원시 • 성남시 • 안양시 • 부천시 • 광명시 • 과천시 • 의왕시 • 군포시 • 시흥시[반월특수지역(반월특수지역에서 해제된 지역을 포함한다)은 제외] (2011.03.09 개정)	• 동두천시 • 안산시 • 오산시 • 평택시 • 파주시 • 남양주시(와부읍, 진접읍, 별내면, 퇴계원면, 진건읍 및 오남읍만 해당) • 용인시(신갈동, 하갈동, 영덕동, 구갈동, 상갈동, 보라동, 지곡동, 공세동, 고매동, 농서동, 서천동, 언남동, 청덕동, 마북동, 동백동, 중동, 상하동, 보정동, 풍덕천동, 신봉동, 죽전동, 동천동, 고기동, 상현동, 성복동, 남사면, 이동면 및 원삼면 목신리·죽릉리·학일리·독성리·고당리·문촌리만 해당) • 연천군 • 포천시 • 양주시 • 김포시 • 화성시 • 안성시(가사동, 가현동, 명륜동, 숭인동, 봉남동, 구포동, 동본동, 영동, 봉산동, 성남동, 창전동, 낙원동, 옥천동, 현수동, 발화동, 옥산동, 석정동, 서인동, 인지동, 아양동, 신흥동, 도기동, 계동, 중리동, 사곡동, 금석동, 당왕동, 신모산동, 신소현동, 신건지동, 금산동, 연지동, 대천동, 대덕면, 미양면, 공도읍, 원곡면, 보개면, 금광면, 서운면, 양성면, 고삼면, 죽산면 두교리·당목리·칠장리 및 삼죽면 마전리·미장리·진촌리·기솔리·내강리만 해당한다) • 인천광역시 중 강화군, 옹진군, 서구 대곡동·불로동·마전동·금곡동·오류동·왕길동·당하동·원당동, 인천경제자유구역, 남동 국가산업단지 • 시흥시 중 반월특수지역(반월특수지역에서 해제된 지역을 포함)(2011.03.09 개정)	• 이천시 • 남양주시(화도읍, 수동면 및 조안면만 해당) • 용인시(김량장동, 남동, 역북동, 삼가동, 유방동, 고림동, 마평동, 운학동, 호동, 해곡동, 포곡읍, 모현면, 백암면, 양지면 및 원삼면 가재월리·사암리·미평리·좌항리·맹리·두창리만 해당) • 가평군 • 양평군 • 여주군 • 광주시 • 안성시(일죽면, 죽산면 죽산리·용설리·장계리·매산리·장릉리·장원리·두현리 및 삼죽면 용월리·덕산리·율곡리·내장리·배태리만 해당)

고 산업의 입지와 도시의 개발을 적정하게 관리할 필요가 있는 지역.

③ 자연보전권역: 한강 수계의 수질과 녹지 등 자연환경을 보전할 필요가 있는 지역.

IX. 중과세율

과밀억제권역 내에서 본점이나 주사무소의 사업용 부동산을 취득하는 경우의 취득세율은 표준세율(지방세법 제11조 및 제12조의 세율)에 1,000분의 20(중과기준세율)의 100분의 200을 합한 세율을 적용한다.

※ 중과세율 = 표준세율 + 중과기준세율(2%)의 2배

2010년 3월 31일 법 전면개정시 중과세율은 종전 「지방세법」의 중과세율을 유지하되, 취득세와 등록세의 통합에 따라 표현방식을 다음과 같이 변경하였다.

중과세율

구분	중과세율
종전에 취득세만 중과되던 경우 (지방세법 제13조 제1항 및 제5항)	표준세율 + 중과기준세율(2%)의 2배 또는 4배 ※ 과밀억제권역 2배, 사치성재산 4배
종전에 등록세만 중과되던 경우 (지방세법 제13조 제2항)	(표준세율 × 3배) − 중과기준세율(2%)의 2배
종전에 취득세 및 등록세가 동시에 중과되던 경우 (지방세법 제13조 제6항 및 제7항)	표준세율의 3배 또는 표준세율의 3배 + 중과기준세율(2%)의 2배

대도시 내 법인설립 등의 중과세

Ⅰ. 법인설립 등의 중과세 개요

1. 중과세의 목적과 중과세대상

　법인의 대도시 내 취득세 중과세 규정은 부동산 취득세의 중과를 통하여 인구와 경제력의 대도시집중을 억제함으로써 대도시 주민의 생활환경을 보존 개선함과 동시에 지역 간의 균형발전 내지는 지역경제의 활성화를 도모하는 데 궁극의 목적이 있다.

　일반적으로 법인은 조직과 규모에 있어 강한 확장성을 가지고 활동의 영역과 효과가 넓고 다양하므로 그러한 법인이 대도시 내에서 부동산을 취득하고 그에 따른 활동을 할 경우에는 인구와 경제력의 집중효과가 자연인의 경우에 비하여 훨씬 더 강하게 나타날 것이다. 또한 동시에 대도시가 가지는 고도의 집적의 이익을 향유함으로써 대도시외의 법인에 비하여 훨씬 더 큰 활동상의 편의와 경제적 이득을 얻을 수 있게 된다. 그러므로 법인이 대도시 내에서 하는 부동산 취득에 대하여 높은 세율의 취득세를 부과하도록 하고 있는 것이다.

　대도시에서 법인을 설립[휴면(休眠)법인을 인수하는 경우를 포함]하거나 지점 또는 분사무소를 설치하는 경우 및 법인의 본점·주사무소·지점 또는 분사무소를 대도시로 전입함에 따라 대도시의 부동산을 취득(그 설립·설치·전입 이후의 부동산 취득을 포함)하는 경우 중과세한다(지방세법 제13조 제2항 제1호). 즉, 대도시에서 법인이 다음과 같은 경우에 해당하는 부동산 취득에 대하여 중과세한다.

　① 대도시에서 법인을 설립.

② 대도시에서 휴면법인의 인수.

③ 대도시에서 지점 또는 분사무소를 설치.

④ 법인의 본점·주사무소·지점 또는 분사무소를 대도시로 전입.

2. 중과세율

(1) 일반부동산

중과세대상 부동산을 취득하는 경우 취득세는 표준세율의 100분의 300에서 중과기준세율의 100분의 200을 뺀 세율을 적용한다.

※ 중과세율 = (표준세율 × 3배) − 중과기준세율(2%)의 2배

(2) 주택

「지방세법」 제11조 제1항 제8호에 해당하는 주택을 취득하는 경우의 취득세는 같은 조 제1항의 표준세율과 중과기준세율의 100분의 200을 합한 세율을 적용한다.

※ 중과세율 = 표준세율(1%, 2%, 3%) + 중과기준세율(2%)의 2배

3. 중과세규정의 위헌여부

대도시내 법인설립 등의 중과규정이 법인이 대도시 내에서 하는 부동산 취득에 대하여, 인구와 경제력의 집중효과가 낮은 자연인이나 직접적으로는 인구와 경제력의 대도시 집중효과를 초래하지 아니하고 대도시가 가지는 집적의 이익을 누리지도 못하는 대도시 외의 법인이 하는 부동산 취득에 비하여 상대적으로 높은 세율의 취득세를 부과하도록 하고 있는 것에는 합리적 이유가 충분하다고 할 것이다. 그러므로 「헌법」상 보장된 평등권이 침해되었다거나 조세평등주의 내지는 실질과세의 원칙에 반한다고 할 수 없다(헌재94헌바42, 1996.04.16).

따라서 어떠한 법인이라도 중과세의 부담을 감수하기만 한다면 자유롭게 대도시 내에서 설립 등 행위를 할 수 있고 또한 그에 필요한 부동산 취득도 할 수 있는 것이다. 따라서 이 조항이 법인의 대도시 내 부동산 취득에 대하여 통상세율보다 높게 규정하고 있다 하더라도 그것이 대도시 내에서 업무용 부동산을 취득할 정도의 재정능력을 갖춘 법인의 담세능력을 일반적으로 또는 절대적으로 초과하는 것이어서 그 때문에 법인이 대도시 내에서 향유하여야 할 직업수행의 자유나 거주·이전의 자유가 형해화할 정도에 이르러 그 본질적인 내용이 침해되었다고 볼 수 없다.

4. 본점·주사무소의 사업용부동산에 대한 중과세와의 비교

본점·주사무소의 사업용부동산에 대한 중과세제도는 취득세와 등록세가 통합되기 전 취득세가 중과세된 제도이고, 대도시 내 법인설립 등의 중과는 등록세가 중과세되던 것이 취득세로 통합되면서 중과세되고 있는 것이다. 이들의 차이점을 요약하면 다음 표와 같다.

대도시 중과세의 비교

구분	본점·주사무소의 사업용부동산	대도시 내 법인 설립 등
중과대상지역	과밀억제권역	대도시
중과세기간	시한 없음(계속적용)	설립 등 후 5년 이내 취득
중과세율	표준세율 + 중과기준세율(2%)의 2배	(표준세율 × 3배) − 중과기준세율(2%)의 2배
취득유형	신축·증축하는 경우만 해당	신축·증축 및 승계취득
취득대상	본점·주사무소	본점·주사무소·지점·분사무소
사용목적	본점·주사무소의 사업용부동산	설립 등 이전: 본점 등에 직접사용
		설립 등 이후: 모든 부동산 취득

본점·주사무소의 사업용부동산의 중과세와 대도시 내 법인설립 등에 따른 부동산 취득의 중과세가 동시에 적용되는 과세물건에 대한 취득세율은 제16조 제5항에도 불구하

고 표준세율의 100분의 300으로 한다.

법인의 설립 후 부동산을 취득하는 경우 본점·주사무소의 사업용부동산의 중과와 대도시 내 법인설립 등의 중과에 따라 중과세되는 취득세율을 요약하면 다음 표와 같다.

법인의 부동산 취득시 세율비교

구분		신축·증축	승계취득
설립 등 후 5년 이내	본점 주사무소용	2.8% × 3 = 8.4% (부속토지: 4% × 3 = 12%)	4% × 3 − 2% × 2 = 8%
	본점이외	2.8% × 3 − 2% × 2 = 4.4% (부속토지: 4% ×3 − 2% × 2 = 8%)	4% × 3 − 2% × 2 = 8%
설립 등 후 5년 이후	본점 주사무소용	2.8% + 2% × 2 = 6.8% (부속토지: 4% + 2% × 2 = 8%)	4%
	본점이외	2.8%(부속토지: 4%)	4%

※ 원시취득의 표준세율: 2.8%.
※ 유상승계취득의 표준세율: 4%인 과세물건 가정.
※ 본점 또는 주사무소용 부속토지는 그 토지의 취득일로부터 5년 이내에 신축·증축하는 경우에 중과세한다.

Ⅱ. 취득 시기별 중과세대상

1. 설립, 설치 및 전입에 따른 취득

대도시에서의 법인 설립, 지점·분사무소 설치 및 법인의 본점·주사무소·지점·분사무소의 대도시 전입에 따른 부동산 취득은 해당 법인 또는 행정자치부령으로 정하는 사무소 또는 사업장(사무소 등)이 그 설립·설치·전입 이전에 법인의 본점·주사무소·지점 또는 분사무소의 용도로 직접 사용하기 위한 부동산 취득이다.

다만, 채권을 보전하거나 행사할 목적으로 하는 부동산 취득은 제외한다. 여기에서 채권을 보전하거나 행사할 목적의 부동산 취득이라 함은 불량채권 등의 회수를 위한 방편으로서 일시적으로 부동산을 취득하는 것을 말한다.

법인 또는 지점 등이 그 설립·설치·전입 이전에 법인의 본점·주사무소·지점 또는 분사무소의 용도로 직접 사용하기 위하여 취득하는 부동산이란 당해 본점 또는 지점용 사무실 및 그 부대시설용 등을 의미하는 것으로 직접사용이 아닌 임대 등을 목적으로 취득한 부동산의 경우에는 취득세 중과대상에 해당하지 않는다.

구 「지방세법 시행령」 제102조 제2항을 개정(2009.05.14)하기 전까지는 설치·전입 이전에 취득하는 '일체의 부동산등기'를 그 대상으로 하였는바, 그 범위가 분명하지 않아 관련성을 광범위하게 해석하여 지점 등의 설립·설치·전입과 무관한 부동산 취득에 대하여도 취득세(구 등록세)를 중과세하는 혼선이 있어, 2009년 5월 14일 개정에서 이를 '법인의 본점 또는 지점의 용도로 직접 사용하기 위하여 취득하는 부동산'으로 한정하여 중과범위를 명백하게 규정하였다(지방세법 시행령 제27조 제3항).

설립 등 이전에 사무소의 용도로 직접 사용하기 위한 부동산에 대하여 중과세하는 바, 설립 몇 년 전에 취득한 것까지 중과세하느냐의 문제가 발생한다. 「지방세법」에서는 이에 대한 명문규정은 없다. 다만, 「지방세법」 제16조 제4항에서 "취득한 부동산이 대통령령으로 정하는 기간에 제13조 제2항에 따른 과세대상이 되는 경우에는 같은 항의 세율을 적용하여 취득세를 추징한다"고 하고 있고 「지방세법 시행령」 제31조에서 그 기간을 5년으로 규정하고 있으므로, 설립 등이 있기 이전 5년 이내에 취득한 부동산을 중과세대상으로 보아야 할 것이다.

2. 설립·설치·전입 이후의 부동산 취득

설립·설치·전입 이후의 부동산 취득은 법인 또는 사무소 등이 설립·설치·전입 이후 5년 이내에 하는 업무용·비업무용 또는 사업용·비사업용의 모든 부동산 취득으로 한다. 이 경우 부동산 취득에는 공장의 신설·증설, 공장의 승계취득, 해당 대도시에서의 공장 이전 및 공장의 업종변경에 따르는 부동산 취득을 포함한다.

즉, 법인 또는 지점 등이 설립·설치·전입 이후 5년 이내에 취득하는 부동산에 대하여는 법인 또는 지점 등이 설립·설치·전입 이전의 취득과는 달리 직접사용 여부와 관계없이 일체의 부동산취득에 대하여 취득세가 중과세된다.

중과세대상이 되는 부동산이라 함은 5년 이내에 취득하는 업무용, 비업무용 또는 사업용, 비사업용을 불문한 일체의 부동산을 말하므로 고정자산적 성격, 재고자산, 유동자산 성격에 불문하고 채권보전목적 등의 취득이 아니라면 모두 중과세대상이다.

중과세대상이 되는 일체의 부동산취득은 당해 법인의 본점 또는 당해 지점 등과 관계되어 그 설립·설치·전입 이후 5년 이내에 취득하는 일체의 부동산을 의미하는 것이므로, 그 부동산의 전부가 법인의 당해 본점 또는 당해 지점 등에 사용되어야 하는 것은 아니라 하더라도 다른 지점 등과 관계되어 취득한 부동산까지 포함하는 것은 아니다.

그러므로 대도시에서 설립 후 5년이 경과된 법인이 새로이 지점을 설치하고 그 지점과 관계하여 취득하는 부동산은 중과세에 해당하나, 새로이 설립되는 지점과 무관하게 기존의 설립 등 이후 5년이 경과한 본점 등과 관련하여 취득한 것이라면 중과세 대상에 포함되지 않는 것이다.

또한 수도권 중 서울시 이외의 지역에서 서울시로의 전입은 중과세 대상에 포함되는 것으로 그 전입과 관련하여 서울시에 있는 부동산을 취득하는 경우에는 중과세되는 것이다. 반면, 서울시 이외의 대도시 내의 법인이 서울시로 전입한 경우 그 전입한 본점이나 지점과 관련하여 취득한 부동산이라 할지라도 그 부동산이 서울시 이외의 대도시 내의 것이라면 취득세가 중과세되지 아니한다.

〈사례〉 부동산의 귀속 사업장

이 사건 부동산의 매수 및 이 사건 오피스 부분의 관리, 임대 및 재매각의 경위, 이 사건 부동산의 매수 및 이 사건 오피스 부분의 재매각에 관한 업무의 규모, 이 사건 오피스 부분은 이 사건 유통 부분과 그 구조 및 용도 등을 달리하는 점, 이 사건 오피스 부분은 전 소유자인 A물산이 종전에 사용하던 그대로 다시 A물산에게 임대되었고, A물산의 위탁으로 종전부터 이 사건 건물을 관리하여 오고 있던 B에게 유통부분과 함께 그의 유지 및 보전관리 등 제반 관리업무가 위탁되었으므로, A물산으로부터 임대료와 관리비를 지급받고, B에게 관리비를 지급하는 외에 이 사건 오피스 부분에 관하여 특별히 관리할 업무가 많이 있는 것으로 보이지는 않는 점 등의 사정을 종합하여 보면, 이 사건 오피스 부분은 원고가 이를 취득한 후 A물산에 임대하다가 타에 매각하기 위하여 본점에서 일시적으로 관리하고 있는 부동산으로 원고 본점의 부동산 임대 및 매매업과 관계되어 취득한 부동산이라고 할 것이고, 원고 C지점에 많은 수의 임직원이 근무한 반면, 원고 본점에는 상대적으로 적은 수의 임직원만이 근무하였다거나, 원고가 C지점에 대한 사업자등록을 하면서 이 사건 건물을 사업장으로 하였고 부동산 임대업도 그 사업의 종류로 명기하였다는 등의 사정이 있다고 하여 이 사건 오피스 부분이 원고 C지점과 관계되어 취득한 부동산이라고 볼 수는 없으므로, 이 사건 오피스 부분에 관한 등기가 등록세 중과대상에 해당함을 전제로 하는 이 사건 처분은 위법하다고 할 수밖에 없다(대법원 2006.04.27 선고, 2003두7620 판결 등 참조).

〈사례〉 인적시설

해당 사업장 인적시설에 대한 지휘·감독권을 가지고 있지 아니한 경우에는 지점의 설치로 보아 취득세를 중과할 수 없다(국패)(대법2014두4023, 2014.06.26).

취득세 중과세 대상인 '대도시에서 법인의 지점 또는 분사무소를 설치함에 따라 대도시의 부동산을 취득하는 경우'에 있어 지점 또는 분사무소는 '법인세법·부가가치세법 또는 소득세법에 따라 등록된 사업장으로서 인적 및 물적 설비를 갖추고 계속하여 사무 또는 사업이 행하여지는 장소'를 말하는데, 여기에서 '인적 설비'란 그 고용형식이 반드시 해당 법인에 직속하는 형태를 취하여야 하는 것은 아니지만 적어도 해당 법인의 지휘·감독 아래 인원이 상주하는 것을 뜻한다(대법원 2011.06.10 선고, 2008두18496 판결 등 참조).

〈사례〉 직접사용

이 사건 골프장용 부동산 중 일부가 지점으로 사용되고 있다고 보더라도 이 사건 골프장용 부동산 중 토지의 대부분은 체육용지로서 골프장 부지로 사용되고 있고, 이 사건 골프장용 부동산 중 건물들의 일부가 지점으로 사용되고 있는 것에 불과하므로, 이 사건 골프장용 부동산 중 사무실 등 지점으로 사용하고 있는 부분을 제외한 부분은 법인의 본점·주사무소·지점 또는 분사무소의 용도로 '직접 사용'하기 위한 부동산이라고 볼 수 없다(국패)(서울고법2013누18454, 2014.01.15).

〈사례〉실질적인 본점

대도시 내에서의 법인의 설립과 지점 또는 분사무소의 설치 및 대도시 내로의 본점·주사무소·지점 또는 분사무소의 전입에 따른 부동산등기와 그 설립·설치·전입 이후의 부동산등기에 대하여 등록세를 중과하는 「지방세법」의 입법 취지는 대도시의 인구팽창의 억제, 환경의 순화보존 및 지역 간의 균형적 발전 등을 도모하기 위한 것이므로, 이러한 입법 취지에 비추어 볼 때, 등록세 중과세 대상이 되는 대도시 내로의 법인의 본점 전입에 따른 부동산등기에는 본점의 전입등기는 이루어지지 아니하였지만 실질적으로 대도시 외에서 대도시 내로 본점을 전입한 법인이 그 전입과 관련하여 취득한 부동산등기도 포함한다(대법원 2006.06.15 선고, 2006두2503 판결 참조). 따라서 이 사건 등기가 원고의 본점 전입과 관련하여 취득한 등기인지는 서울사무소가 실질적 본점인지에 달려 있다. 실질적 본점이라면 이 사건 등기는 동 사무소로의 본점 전입과 관련하여 취득한 등기가 아니므로 이 사건 처분은 위법하고, 실질적 본점이 아니라면 이 사건 등기는 이 사건 부동산 소재지로의 본점 전입과 관련하여 취득한 등기이므로 이 사건 처분은 적법하다.

이 사건으로 돌아와 보건대, 서울사무소에 관하여 본점등기나 사업자등록이 되어 있지 않은 점, 2001년부터 2007년까지 서울사무소의 평균 근무인원은 35명 내외이고, ○○사업장의 총무과, 경리팀에서 평균 33명 내외의 관리직 직원이 근무한 점은 인정된다. 그러나,

㉮ 원고의 조직: 서울사무소는 자금경리팀, 기획팀, 영업팀, 전산팀, 무역팀 등 기업의 전체의사결정과 관련이 있는 부서위주로, ○○사업장 및 예산사업장은 주로 생산관리, 생산팀, 기술운영, 품질관리 등 공장운영에 필요한 부서위주로 각 구성되어 있는 점, 대표이사를 비롯한 주요 임원들이 서울사무소에 주재한 점, 서울사무소의 조직과 기능이 이 사건 부동산 소재지로 이어진 점.

㉯ 이사회 활동내역: 서울사무소에서 주로 이사회가 개최되고, 정기주주총회 개최를 위한 기준일 및 주주명부폐쇄기간에 관한 안건, 이익배당에 관한 안건, 사모사채조기상환에 관한 안건, 일반채권의 해외발행에 관한 안건, 대표이사 선임에 관한 안건, 해외직접투자의 건 등 대내외적으로 중요한 안건들에 관하여 의사결정이 이루어진 점.

다) 임원 급여지급내역: 서울사무소에서 임원들에 대한 급여지급이 이루어진 점.

④ 지방세 부과내역: A구청장에게, 2002년 1월부터 2007년 12월까지 주민세 특별징수분을, 1998년부터 2007년까지 법인세할 주민세를, 1997년부터 2002년까지 법인균등할 주민세를 각 납부한 점 등을 고려할 때, 서울사무소에서 중추적인 의사결정이 이루어지는 등 주된 기능이 수행되었다는 점.

위로 미루어 이 사건 부동산 소재지로 이전되기 전까지 서울사무소를 원고의 본점으로 봄이 상당하다. 따라서 이 사건 등기는 서울로 본점을 이전하고 5년 경과 후 이루어졌으므로 중과세대상이 아니라 할 것이니, 이와 전제를 달리 한 이 사건 처분은 위법하다(서울행법2012구합22874, 2012.11.23).

〈사례〉 부동산신탁회사의 건물신축과 중과세

부동산신탁회사(갑)가 분양형 토지신탁계약에 의해 대도시 내에 건물을 신축하고 신탁등기를 병행해 소유권보존등기하는 경우, 대도시 내 법인설립 후 5년 내 취득한 부동산 등기로 보아 그 위탁자에 관계없이 수탁자인 '갑'에게 등록세를 중과세함은 위헌이 아니다(합헌)(헌재2001헌바24, 2002.03.28).

청구인은 부동산신탁회사가 신탁계약으로 취득한 건물에 대하여 위탁자의 법인사무소 소재지나 설립연도와 관계없이 모두 등록세를 중과세하게 되면 대도시 지역에서는 목적사업에 종사할 수 없게 됨으로써 거주이전의 자유와 직업수행의 자유가 형해화된다고 주장한다.

그러나 부동산신탁회사가 대도시 내에 본점 등을 설립하거나 전입함으로써 활동의 근거를 두고 신탁부동산을 관리·운용하면 그 업무활동으로 인하여 인구와 경제력의 집중효과가 발생한다. 특히 부동산신탁회사가 이 사건에서 문제된 바와 같이 대도시 내에서 분양형 개발신탁사업을 영위할 경우 신탁한 토지 위에 건물을 짓거나 택지조성 등의 사업을 시행하게 되므로 그러한 집중효과는 불가피할 뿐만 아니라 대규모로, 반복적으로 발생하게 된다. 이는 정확히 위 법률조항에서 억제하고자 하는 결과다. 따라서 부동산신탁회사의 부동산등기에 대하여 등록세를 중과세하는 것은 입법취지의 달성에 적합하고 필요한 것이라 아니할 수 없다. 여기서도, 입법자가 부동산등기의 명의자를 납세의무자로 설정하였다 하여 비난할 수는 없다. 부동산신탁회사는 내부계약을 통하여 자신이 부담한 중과세액을 신탁보수로 보아 위탁자에게 전가할 수 있고, 청구인의 주장과 같이 부동산신탁회사를 기준으로 하지 않고 위탁자의 법인사무소 소재지나 설립연도를 기준으로 중과세 여부를 판정할 경우 대도시 내에 분명히 집중효과가 발생하였음에도 불구하고 중과세를 부담시킬 수 없는 경우가 발생할 뿐만 아니라 중과세제도를 우회할 수 있는 제도적 창구를 마련해 주게 되어 도저히 입법목적을 효율적으로 달성하지 못할 우려가 있기 때문이다.

실제로, 위 법률조항으로 인하여 대도시 내의 영업활동에 적지 않은 조세부담을 떠안게 되는 것은 부동산신탁회사에 특유한 문제가 아니라, 「지방세법」 제138조 제1항 단서를 통하여 예외업종으로 인정받지 못하는 모든 영업주체에 공통된 문제이다. 물론 부동산신탁제도의 활성화와 대도시 집중 억제라는 이익을 형량하여 입법자가 정책적으로 부동산신탁회사의 경우에도 위 단서의 예외를 적용시킬 수도 있겠지만, 이는 입법정책의 문제이지 그러한 예외를 인정하지 않았다 하여 위헌이라고는 할 수 없는 것이다.

〈사례〉 5년 이내에 주상복합건축물을 신축

서울특별시 내로 법인을 이전하고 5년 이내에 주상복합건축물을 신축 취득한 경우라면 이는 업무용·비업무용 또는 사업용·비사업용을 불문한 일체의 부동산 등기에 해당되어 취득세가 중과세된다(세정-4999, 2007.11.23).

〈사례〉 산업단지 내에서 대도시로의 이전

본점을 대도시 내인 종전 본점 소재지에서 대도시 외의 지역인 산업단지 내 본점 소재지로 이전하였다가 다시 대도시 내인 종전 본점 소재지로 이전한 이상 취득세 중과대상에 해당된다(조심2009지626, 2010.05.19).

대도시 외의 법인이 대도시 내에로의 본점 또는 주사무소의 전입에 따른 등기에 대하여는 취득세를 중과세한다고 하면서, 그 단서에서 「산업집적활성화 및 공장설립에 관한 법률」의 적용을 받는 산업단지는 대도시에서 제외한다고 규정하고 있어 동 산업단지는 취득세 중과제외 지역인 대도시 외의 지역으로 보아야 하겠으므로, 법인이 본점을 대도시 내에 소재한 산업단지에서 동 산업단지 외의 대도시 지역으로 이전하였다 하더라도 위 규정에 의한 대도시 외의 법인이 대도시 내에로의 본점 전입에 해당된다고 보아야 할 것이다.

〈사례〉 서울특별시 외의 지역에서 서울특별시 내로의 전입

성남시에서 서울로 본점을 이전한 후 5년 이내에 신축복합건축물을 취득한 경우 취득세가 중과세 된다(도세-515, 2008.04.17). 대도시 내로의 전입 중 수도권의 경우 서울특별시 외의 지역에서 서울특별시 내로의 전입은 대도시 내로의 전입으로 본다고 하면서 그 설립·설치·전입 이후의 부동산등기라 함은 법인 또는 지점 등이 설립·설치·전입 이후 5년 이내에 취득하는 업무용·비업무용 또는 사업용·비사업용을 불문한 일체의 부동산 등기를 말한다고 규정하고 있다. 경기도 성남시 분당구 소재 본점을 2003년 11월 19일 서울특별시 송파구로 이전한 후 2004년 10월 주상복합건축물을 신축하여 취득한 경우라면, 전입 이후 5년 이내에 취득한 부동산등기에 해당되어 취득세가 중과세된다.

〈사례〉 전입 등의 전과 후의 취득

대도시외의 법인이 대도시 내로의 전입 전 취득 등기한 부동산이 본점, 지점 등 사업장으로 사용하기 위한 고정 재산적 성질을 가지는 부동산이 아닌 상가나 오피스텔은 중과세 되지 아니하므로(대법94누11804, 1995.04.28), 대도시 내에 분양하기 위한 상가나 오피스텔의 토지와 건축물을 취득 등기한 후 본점이 전입하는 경우는 중과세 대상이 되지 아니하나 대도시 내로의 본점을 전입한 후 동 토지에 신축하는 상가나 오피스텔의 보존등기는 대도시 내로의 전입 후 5년 이내에 취득하는 업무용, 비업무용 또는 사업용, 비사업용을 불문한 일체의 부동산 등기에 해당되어 중과세 대상이 된다(세정-1480, 2005.07.05).

〈사례〉 채권보전용 부동산에 지점설치 시

취득세 중과세 제외대상인 채권보전용으로 부동산을 취득하여 5년 내에 지점을 설치·사용하는 경우에는 당해 부동산 취득은 지점의 설치에 따른 부동산 취득에 해당되어 취득세 중과세대상에 해당된다(지방세운영-3440, 2012.10.29).

'채권을 보전하거나 행사할 목적'의 부동산 취득이라 함은 불량채권 등의 회수를 위한 방편으로서 일시적으로 부동산을 취득하는 것(구 행자부 세정13407-677, 2001.06.20 참조)으로 동 부동산을 취득한 후 당해 법인의 사업용이나 수익사업에 사용하는 경우에는 채권을 보전하기 위하여 일시적으로 취득한 부동산으로 볼 수 없는 것(구 행자부 심사결정 2006-310, 2006.07.31 참조)이므로 채권보전용으로 취득한 경우라도 5년 내에 당해 부동산에 지점을 설치·사용하는 경우라면, 당해 부동산 취득은 지점의 설치에 따른 부동산 취득에 해당되어 취득한 부동산 중 지점설치와 직접 관련된 부분에 대하여는 취득세 중과세대상에 해당된다(행정자치부 지방세운영과-2009.04.30 참조).

〈사례〉 지점설치 이후의 부동산등기로서 등록세중과 대상인지 여부판단

갑 회사가 영업양수도계약에 따라 을 회사로부터 항업부문 영업 및 관련자산 일체를 양수하게 됨으로써 항업부문 영업을 위하여 설치된 지점이 사용하고 있던 부동산을 취득함과 동시에 지점 사무실을 분사무소 형태로 유지시킨 것이라면 종전에 없던 새로운 사무실을 설치한 것이 아니라 종전부터 존재하고 있던 지점 사무실을 소속만 갑 회사의 지점으로 바꾸어 유지·존속시킨 것에 불과하고, 이는 대도시의 인구집중 억제를 위하여 마련된 「지방세법」 제138조 제1항의 규정취지에도 어긋나지 아니하므로 위 법조 제1항 제3호가 정하는 '대도시 내에서의 지점설치 이후의 부동산등기'로서 등록세 중과세 대상에 해당하지 아니한다(대법92누12742, 1993.05.25).

Ⅲ. 법인 등의 설립·설치·전입

1. 법인설립

(1) 중과세대상 법인

취득세가 중과세되는 법인은 법인설립등기를 기준으로 판단한다. 그러므로 법인설립

등기를 하지 아니한 법인격 없는 사단이나 재단 또는 종중은 법인으로 보지 않으므로 중과세대상이 되지 아니한다. 또한 법인에는 상법에 의하여 설립된 상사법인 뿐만 아니라 민법에 의하여 설립된 민사법인, 특별법에 의하여 설립된 각종 공사 등 영리법인과 비영리법인을 모두 포함한다.

(2) 법인의 설립

법인의 설립에 관한 「민법」과 「상법」의 각 규정에 의하면, 법인의 설립에는 기본적으로 설립행위와 설립등기가 필요하고, 법인은 설립행위를 거쳐 설립등기를 함으로써 성립함과 동시에 법인격을 취득하게 된다. 법인의 설립에는 휴면(休眠)법인을 인수하는 경우를 포함한다.

그러나 조직변경은 회사의 설립에 포함되지 아니한다. 조직변경은 회사가 그의 인격의 동일성을 보유하면서 법률상의 조직을 변경하여 다른 종류의 회사로 되는 것을 일컫는 것으로서 이는 영리를 목적으로 하는 하나의 단체를 형성함과 동시에 그 단체로 하여금 법률상의 인격을 갖추도록 하는 회사의 설립과는 구별되는 것이다. 즉, 조직변경 시 해산등기와 설립등기의 형식을 취하고 있다 하더라도 이는 새로운 설립행위로 볼 수 없는 것이다.

(3) 법인의 설립시기

1) 일반적인 법인설립

법인의 설립시기는 설립시기의 전후의 취득에 대하여 중과세대상이 달라질 뿐만 아니라 설립 후 5년의 계산에 있어서도 중요한 의미를 갖는다. 법인설립에 따른 중과세를 적용함에 있어 법인의 설립은 「상법」에 의하여 법인등기부에 설립등기를 한 날로 보아야 한다.

2) 해산법인의 설립일

해산법인의 경우 청산이 완료되어 청산등기 이전에는 법인격이 소멸되지 않으므로 설립일로부터 5년의 기간을 계산할 때에는 당초 설립일로부터 기산한다. 다만, 휴면법인의 경우 과점주주가 주식을 인수하면 그 지분에 대하여는 과점주주의 인수일이 새로운 설립일이 된다.

2. 법인설립으로 보는 휴면(休眠)법인의 인수

(1) 개요

대도시에서 법인을 설립하거나 지점 또는 분사무소를 설치하는 경우 및 법인의 본점·주사무소·지점 또는 분사무소를 대도시로 전입함에 따라 대도시의 부동산을 취득하는 경우 그리고 그 설립·설치·전입 이후의 5년 내에 하는 부동산 취득에 대하여는 취득세를 중과세한다.

그러므로 5년이 경과된 휴면회사를 인수하여 중과세를 회피하는 사례가 많았다. 그래서 이를 방지하고자 휴면회사를 인수하는 경우 계속사업이 아닌 법인설립으로 보아 중과세할 수 있도록 이를 명문화하였다.

(2) 휴면법인

휴면법인이란 다음 중 어느 하나에 해당하는 법인을 말한다.

① 「상법」에 따라 해산한 법인('해산법인'이라 함).

② 「상법」에 따라 해산한 것으로 보는 법인('해산간주법인'이라 함).

③ 「부가가치세법시행령」 제10조에 따라 폐업한 법인('폐업법인'이라 함).

④ 법인 인수일 이전 1년 이내에 「상법」 제229조, 제285조, 제521조의 2 및 제611조에 따른 계속등기를 한 해산법인 또는 해산간주법인.

⑤ 법인 인수일 이전 1년 이내에 다시 사업자등록을 한 폐업법인.

⑥ 법인 인수일 이전 2년 이상 사업 실적이 없고, 인수일 전후 1년 이내에 인수법인 임원의 100분의 50 이상을 교체한 법인.

(3) 휴면법인의 인수

휴면법인을 인수하는 경우에는 법인을 설립한 것으로 본다. 여기서 휴면법인의 인수로 보는 범위는 휴면법인의 과점주주가 된 때 과점주주가 인수한 주식 등의 비율로 한다.

과점주주가 되는 때로 되어 있으므로 50% 미만의 주식이나 지분의 취득은 법인인수에 해당하지 아니한다. 휴면법인여부의 판단은 해산법인, 해산간주법인, 폐업법인의 경우에는 그 상태로 휴면법인에 해당하며, 계속등기를 한 해산법인 또는 해산 간주법인, 재사업자등록을 한 폐업법인 및 임원교체법인의 경우에는 주식을 인수하여 50%가 넘게 되는 시점에서 휴면법인여부를 판단한다.

(4) 시행시기

휴면법인 중과세는 2010년 1월 1일부터 시행되었다. 즉, 2010년 1월 1일 이후 취득에 대하여 적용한다. 휴면법인 관련 개정 「지방세법」 시행(2010.01.01) 이전에 휴면법인을 인수한 경우라도 2010년 1월 1일 이후(그 인수일로부터 5년 이내)에 취득하는 부동산에 대하여도 그 법인의 인수일을 설립일로 보아 취득세를 중과세한다.

휴면법인 관련 개정 「지방세법」 시행(2010.01.01) 이전에 휴면법인을 인수하고 시행일 이후 인수일로부터 5년 이내에 부동산을 취득하는 경우 중과세하는 것이 소급과세에 해당되는지에 대하여 논란의 여지가 있다.

소급과세금지의 원칙은 조세법령의 제정 또는 개정이나 과세관청의 법령에 대한 해석 또는 처리지침 등의 법령이 있는 경우 그 효력 발생 전에 종결한 과세요건사실에 대하여 당해 법령 등을 적용할 수 없다는 것이다.

그러나 새로운 법의 시행일 전부터 계속되고 있는 사실 및 법률관계에 대하여 새로운 법을 적용하는 부진정소급의 경우에는 법률불소급의 원칙에 위배되지 않으므로(대판 2001두10790, 2004.03.26 참조) 휴면법인 관련 개정 「지방세법」 시행 전에 '휴면법인'을 인수하였다고 하더라도 '휴면법인' 관련 개정 「지방세법」 시행 이후 부동산취득에 대하여 중과세하는 것은 소급과세에 해당되지 않는다.

취득세 중과세의 납세의무성립은 휴면법인 인수일에 발생하는 것이 아니라 대도시 내 휴면법인을 인수한 법인이 부동산 취득등기를 할 때 발생되므로 납세의무성립 당시 현행 규정에 따라 대도시 내 휴면법인을 인수한지 5년 이내 법인이 부동산을 취득하는 경우 중과세하는 것은 소급과세에 해당되지 않으므로 중과세 대상이 되는 것이다.

(5) 중과세비율의 적용

법인의 과점주주가 된 때 과점주주가 인수한 주식 등의 비율에 대하여 휴면법인의 인수로 보므로 인수시점의 과점주주의 지분비율에 대하여만 법인설립으로 보아 중과세를 적용하고, 과점주주이외의 지분에 대하여는 법인설립으로 보지 아니한다(지방세법 시행령 제27조 제2항).

휴면법인 인수 후 5년 이내 부동산을 취득하는 경우 인수시점의 과점주주비율과 부동산의 취득시점의 지분비율이 다른 경우에는 인수시점의 지분율에 상당하는 비율만 중과세대상으로 하여야 한다. 그러나 지방세당국에서는 부동산 취득시의 과점주주비율을 적용하여 중과세하도록 하고 있다(지방세운영-2150, 2010.05.20).

3. 지점 또는 분사무소의 설치

(1) 사무소 등의 요건

행정자치부령으로 정하는 사무소 또는 사업장이란 「법인세법」, 「부가가치세법」 또는 「소득세법」에 따라 등록된 사업장으로서 인적 및 물적 설비를 갖추고 계속하여 사무 또는 사업이 행하여지는 장소를 말한다.

사무소 등에는 「법인세법」, 「부가가치세법」 또는 「소득세법」에 따른 비과세 또는 과세면제 대상 사업장과 「부가가치세법시행령」 제7조 제1항 각 호 외의 부분 단서에 따라 등록된 사업자단위과세적용사업장의 종된 사업장을 포함한다. 그러나 다음 각각의 장소는 사무소 등에서 제외한다.

① 영업행위가 없는 단순한 제조·가공장소.
② 물품의 보관만을 하는 보관창고.
③ 물품의 적재와 반출만을 하는 하치장.

(2) 인적·물적 설비를 갖추고 계속하여 사무 또는 사업이 행하여지는 장소

취득세 중과세 요건인 지점 등의 설치에 있어서 지점 등이라 함은 '법인세법, 부가가치세법 또는 소득세법의 규정에 의하여 등록된 사업장으로서 인적·물적 설비를 갖추고 계속하여 사무 또는 사업이 행하여지는 장소'를 말하므로, 지점으로 보기 위해서는 각 세법 규정에 의하여 사업장으로 등록된 사실 및 실질적으로 인적·물적 설비를 갖추고 계속적으로 사무 또는 사업을 행한 장소인 사실이 인정되어야 한다(당원 1992.01.21 선고, 91누5815 판결 참조).

여기서 '인적·물적 설비를 갖추고 계속하여 사무 또는 사업이 행하여지는 장소'라 함은 영업활동 내지 대외적인 거래업무를 처리하기 위한 인원을 상주시키고 이에 필요한 물적 시설을 갖추었으며, 실제로 그러한 활동이 행하여지고 있는 장소를 말한다.

그러므로 단순히 본점 이외의 장소에서 경리, 인사, 연구, 연수, 재산관리업무 등 영업활동, 대외적인 거래와 직접적인 관련이 없는 내부적 업무만을 처리하고 있는 경우는 「지방세법」상 지점 또는 분사무소에 해당하지 않는 것으로 보아야 한다(대법92누10029, 1993.06.11).

인적설비란 당해 법인의 지휘·감독 하에 인원이 상주하는 것을 뜻할 뿐이고 그 고용형식이 반드시 당해 법인에 직속하는 형태를 취할 것을 요구하는 것은 아니다. 그러므로 위탁관리계약 등을 체결하고 위탁관리업체가 필요한 종업원을 채용하여 업무를 수행하는 경우에도 당해 법인의 지휘·감독 하에 행하여지는 경우에는 인적설비를 갖추었다고 할 수 있는 것이다.

(3) 임대용 빌딩의 분사무소 해당여부

임대용 건축물을 취득하여 임대와 관리업무를 수행하기 위하여 임대사업자등록을 하고 직원을 상주시켜 사무실을 사용하는 경우에는 지점 또는 분사무소에 해당하여 부동산 취득(부속토지 포함)에 대하여 중과세한다. 그러나 임대업무는 본점 소재지에서 관리하고 관리업무는 도급(용역)을 주고 법인의 사무실 등을 전혀 사용하지 않는다면 이를 독립된 기능을 수행하는 지점 또는 분사무소로 볼 수 없다.

「부가가치세법」상의 사업자등록을 하였으나 실질적으로 인적·물적설비를 갖추고 계속적으로 사무 또는 사업을 한 사실이 없다면 취득세의 중과대상이 되지 아니한다(세정-322, 2004.01.27). 본점설립 후 5년이 경과한 법인이 부동산매매 및 임대업을 영위하면서 본점 이외의 부동산을 취득하여 등기를 한 후 그 부동산을 임대하면서 그 장소에 「부가가치세법」상의 사업자등록을 하였으나 실질적으로 인적·물적설비를 갖추고 계속적으로 사무 또는 사업을 한 사실이 없다면 취득세의 중과대상이 되지 아니한다.

4. 분할과 합병시의 설립·설치일의 판단

(1) 회사분할

분할등기일 현재 5년 이상 계속하여 사업을 한 대도시의 내국법인이 법인의 분할(법인세법시행령 제82조의 2 제2항 제1호부터 제3호까지의 요건을 갖춘 경우만 해당)로 법인을 설립하는 경우에는 중과세 대상으로 보지 아니한다(지방세법 시행령 제27조 제4항).

이 규정이 분할에 의하여 이전되는 부동산 등에 대하여만 적용되고 분할 후 취득하는 부동산 등에 대하여는 적용되지 않는다는 견해가 있다. 즉, 대도시 내에서 법인분할에 의한 분할전 법인의 부동산을 분할신설법인이 취득하는 경우에는 중과세대상에 포함되지 아니하나, 분할시점을 새로운 법인설립 등의 시점으로 보기 때문에 분할 후 5년 이내에 취득하는 부동산은 중과세대상에 포함된다고 보는 견해이다.

그러나 법인분할의 경우 형식상 법인설립등기를 함으로써 대도시 내에서 새로이 법인이 신설되지만 사실상으로는 종전의 법인의 일부가 분할되어 계속 존속하는 것이다. 그러므로 이러한 법인이 취득하는 부동산에 대하여 중과세하는 것은 중과세의 입법목적과 기존법인과의 과세형평에 비추어 타당하지 아니하므로 중과세 제외대상은 단지 설립시점만 한정하는 것이 아니라 분할신설법인이 설립 이후 새로이 부동산을 취득하는 경우까지 해당한다고 보아야 한다(행정자치부 지방세정팀-216, 2007.02.14 참조).

한편, 「지방세특례제한법」에서는 일정한 요건을 갖춘 분할로 인하여 취득하는 재산에 대하여는 취득세를 면제하도록 하고 있다.

〈사례〉 5년 이상법인의 분할로 신설된 법인이 분할 후 5년 이내 부동산취득

[질의] 갑법인은 1992년 서울시내에 설립된 을법인이 2014년 2월 「법인세법」 제46조 규정에 따라 인적분할하여 신설된 법인으로, 갑법인이 법인 설립 후 5년 내인 2014년 4월 사업용도로 부동산을 취득하는 경우 취득세 중과 대상에 해당하는지 여부다.

[회신] 「지방세법」 제13조 제2항 제1호, 같은 법 시행령 제27조 제3항 및 제4항 규정을 종합해 보면, 「수도권정비계획법」 제6조에 따른 과밀억제권역에서 법인 설립 또는 지점 설치 후 5년 이내에 하는 부동산 취득에 대하여는 취득세가 중과되나, 예외적으로 분할등기일 현재 5년 이상 계속 사업한 내국법인이 「법인세법」 제46조 제2항 제1호 가목부터 다목까지의 요건을 갖추어 분할하여 법인을 설립하는 경우에는 중과세 대상에 해당하지 않고, 위 규정에서 법인분할 시 중과세 제외하는 것은 기존법인이 분할함에 따라 형식상 법인설립등기로 새로이 법인이 설립된다하더라도, 실질적으로는 기존법인의 일부가 분할되어 존속하게 되는 것이므로 입법목적 및 과세형평에 비추어 중과세를 제외하는 것이 타당하다는 취지라 하겠으며(행정자치부 심사2007-210, 2007.04.30 참조), 더불어 그 적용에 있어서 분할신설법인의 설립 시점에만 국한할 것이 아니라 설립 이후 부동산을 취득하는 경우까지도 적용되어야 할 것이다(행정자치부 지방세정팀-216, 2007.02.14 참조).

따라서 귀 질의의 경우, 갑법인이 위 관계법령 상의 요건을 갖춘 적격 분할로 신설된 경우라면, 법인 설립 이후 취득하는 부동산은 취득세 중과 대상이 아니라고 판단된다(서울세제-3698, 2014.03.14).

〈사례〉 5년 이상 법인이 분할하여 분할신설법인이 분할 전 법인의 지점을 승계한 후 부동산취득(세제-3208, 2014.03.06).

아래와 같은 사실관계에서 2010년 11월 1일 분할하여 신설 설립된 B법인이 종전법인인 A법인의 서울시 소재 지점의 사업을 승계하여 지점 설치 후 서울시 소재 부동산을 취득하는 경우 취득세 중과세 해당 여부다.

[질의] 사실관계: 법인 설립 및 분할(신설) 개요

　　- 1975년 1월: A법인(본점 소재지 대구시) 설립 및 지점(지점 소재지 서울시)

설치

    - 2010년 11월 1일: A법인 법인분할(법인세법 제46조 규정 등에 의한 물적분할)

  분할 후 종전법인: A법인(본점 소재지 대구시)

  분할 후 신설법인: B법인(본점 소재지 대구시)

  분할 후 A법인의 서울시 소재 지점 폐쇄와 함께 B법인이 해당 지점 설치

[회신] 같은 조 제4항에서 "법 제13조 제2항 제1호를 적용할 때 분할등기일 현재 5년 이상 계속하여 사업을 한 대도시의 내국법인이 법인의 분할(법인세법 제46조 제2항 제1호 가목부터 다목까지의 요건을 갖춘 경우만 해당)로 법인을 설립하는 경우에는 중과세 대상으로 보지 아니한다"고 취득세 중과세 예외 규정을 두고 있다.

위 규정의 「지방세법 시행령」 제27조 제4항의 취득세 중과세 제외 대상에 해당하는 분할법인의 경우는 그 지역적 범위를 대도시 내 소재한 법인으로 보고 있어, 1975년 1월부터 분할등기일 현재까지 대도시 외 대구시에 본점 소재지를 두고 있는 귀 질의의 A법인의 분할은 해당 규정의 중과세 제외 대상으로 볼 수 없어, 2010년 11월 1일 대도시 외 법인의 분할로 새로이 설립된 B법인이 종전법인인 A법인으로부터 승계 받은 서울시내 지점을 같은 날 사업자등록을 한 후, 그 분할등기일을 기준으로 5년 이내에 부동산을 취득하는 경우라면 「지방세법 시행령」 제27조 제3항 후단 규정에 의한 취득세 중과세 대상에 해당되는 것(같은 취지의 회신사례, 구 행정자치부 지방세운영과-2346, 2008.11.28)으로 판단된다.

〈사례〉 분할 후 5년 이내 취득(중과세가 아니라는 사례)

법인분할의 경우 형식상 법인설립등기를 함으로써 대도시 내에서 새로이 법인이 신설되지만 사실상으로는 종전의 법인의 일부가 분할되어 계속 존속하는 것으로 이러한 법인이 취득하는 부동산에 대하여 중과세하는 것은 중과세의 입법목적과 기존법인과의 과세형평에 비추어 타당하지 아니하다는 취지에서 중과세 대상에서 제외한다는 것이고 (행정자치부 심사2007-210, 2007.04.30 참조), 여기서 중과세 제외대상은 단지 설립시점만 한정하는 것이 아니라 분할신설법인이 설립 이후 새로이 부동산을 취득하는 경우까지 해당한다(행정자치부 지방세정팀-216, 2007.02.14 참조).

분할신설법인이 종전법인의 지점을 분할로 승계 받아 지점사업자등록을 하고, 그 분할등기일로부터 5년 내에 임차사용하던 부동산을 취득하는 것은 취득세 중과세대상이 되지 않는다고 판단된다(서울세제-1215, 2013.01.28).

〈사례〉 분할 후 5년 이내 취득(중과세라는 사례)

분할등기일 현재 5년 이상 계속하여 사업을 한 대도시의 내국법인이 법인의 분할(법인세법시행령 제82조의 2 제2항 제1호부터 제3호까지의 요건을 갖춘 경우만 해당)로 법인을 설립하는 경우에는 중과세 대상으로 보지 아니한다.

그러므로 법인세법상 요건을 갖춘 분할로 설립된 법인에 해당된다 하더라도 대도시내 법인이 설립 이후 5년 이내에 취득하는 부동산은 취득세의 중과세 대상이다(지방세심사2006-262, 2006.06.27).

분할등기일 현재 5년 이상 계속하여 사업을 영위한 대도시 내의 내국법인이 법인의 분할(법인세법시행령 제82조 제3항 제1호 내지 제3호의 요건을 갖춘 경우에 한함)로 인하여 법인을 설립하는 경우에는 이를 중과세대상으로 보지 아니한다고 규정하고 있는바, 조세법률주의의 원칙상 과세요건이거나 비과세요건 또는 조세감면요건을 막론하고 조세법규의 해석은 특별한 사정이 없는 한 법문대로 해석할 것이고 합리적 이유 없이 확장해석하거나 유추해석하는 것은 허용되지 아니한다는 대법원 판례(2002두9537, 2003.01.24)에 비추어 볼 때, 동 규정에 의하여 등록세 중과세 대상에서 제외되는 것은 분할로 인한 법인의 설립에 관한 등기에 대하여만 해당되는 것으로 보는 것이 타당하다. 또한 법인설립 이후 취득하는 부동산에 관한 등기는 취득세 중과세대상으로 보아야 할 것으로, 법인 또는 지점 등이 설립·설치·전입 이후 5년 이내에 취득하는 업무용·비업무용 또는 사업용·비사업용을 불문한 일체의 부동산등기를 등록세 중과세대상이라고 규정하고 있는 이상, 「법인세법시행령」 제82조의 2 제2항 제1호부터 제3호까지의 요건을 갖춘 분할로 인하여 설립된 법인에 해당된다 하더라도, 대도시 내 법인설립 이후 5년 이내에 부동산을 취득하는 경우에는 취득세가 중과세된다 할 것이다.

(2) 합병

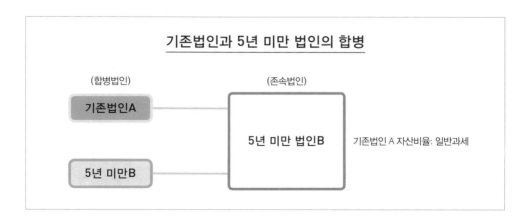

대도시에서 설립 후 5년이 경과한 법인('기존법인'이라 함)이 다른 기존법인과 합병하는 경우에는 중과세 대상으로 보지 아니하며, 기존법인이 대도시에서 설립 후 5년이 경과되지 아니한 법인과 합병하여 기존법인 외의 법인이 합병 후 존속하는 법인이 되거나 새로운 법인을 신설하는 경우에는 합병 당시 기존법인에 대한 자산비율에 해당하는 부분을 중과세 대상으로 보지 아니한다. 이 경우 자산비율은 자산을 평가하는 때에는 평가액을 기준으로 계산한 비율로 하고, 자산을 평가하지 아니하는 때에는 합병 당시의 장부가액을 기준으로 계산한 비율로 한다(지방세법 시행령 제27조 제5항).

합병은 무상취득으로 보며, 일반 부동산을 취득하는 경우에는 3.5%의 표준세율을 적용한다. 합병 시에는 「지방세법」 제15조 제1항에 의한 세율의 특례에 의하여 무상취득의 세율(ex. 3.5%)에서 중과기준세율(2%)을 차감한 세율(1.5%)이 적용된다.

그러나 합병 후 5년 이내에 대도시 내 법인설립 등의 중과세(지방세법 제13조 제2항)에 해당하게 되는 경우에는 세율의 특례규정을 적용하지 아니하므로 중과세의 세율(3.5% × 3 – 2% × 2 = 6.5%)이 적용된다.

한편, 「지방세법 시행령」 제27조 제5항의 규정이 합병으로 인하여 존속하는 법인으로 피합병법인의 자산을 이전하는 경우의 취득에만 적용되는 것인지 아니면 합병 후 존속하는 법인이 합병 후 5년 이내의 취득에 대하여도 적용되는 것인지가 불분명하다.

이에 대하여, 합병 시 존속 법인의 입장에서는 법률상 새로운 지점을 설치한 것이 되므로, 종전의 회사를 흡수합병하면서 그 지점을 소속만 합병회사의 지점으로 바꾸어 유지·존속한 경우 이는 대도시 내에서의 새로운 지점 설치에 해당되는 것으로 보아 그러한 지점 설치 이후 5년 이내에 한 부동산 취득은 취득세 중과대상이 된다는 대법원 판결이 있다(대법2003두6566, 2004.09.03). 그러므로 이 규정은 합병으로 인하여 존속하는 법인이 피합병법인의 자산을 이전하는 경우의 취득에만 적용되는 것으로 보았다.

그러나 법령규정의 문언 내용과 관련 규정의 전체적인 체계 및 합병에 통상적으로 수반되는 취득에 대하여 취득세 중과세의 부담을 완화하여 기업의 구조조정을 촉진하려는 시행령 제27조 제5항의 입법 취지 등을 종합하여 볼 때, 기존법인이 다른 법인과 합병하는 과정에서 피합병법인의 종전 본점이나 지점 소재지에 존속법인의 지점을 설치한 다음 그때부터 5년 이내에 그 지점에 관계되는 부동산을 취득하는 경우에도 적용된다고 보아야 할 것이다(대법2011두12726, 2013.07.11).

〈사례〉 합병 후 취득 1

⑦ 1심 판결

소멸법인을 흡수합병하면서 그 본점을 소속만 존속법인의 지점으로 바꾸어 유지·존속한 경우에도 구 「지방세법」 제138조 제1항 제3호의 지점의 설치에 해당한다 할 것이고(대법원 2004.09.03 선고, 2003두6566 판결 등 참조), 그 경우 지점의 설치일은 소멸법인의 본점 설치일이 아니라 존속법인의 지점 설치일이라 할 것이다(원고의 주장처럼 소멸법인의 본점 설치일을 존속법인의 지점 설치일로 소급하여 볼 경우 합병 이후 존속법인이 취득하는 부동산은 모두 등록세 중과 대상에서 제외될 수 있는데, 이는 대도시 내로의 인구유입에 따른 인구팽창을 막고 인구분산을 기하고자 하는 법 제138조의 입법 취지에 부합하지 않음).

이 사건에 관하여 보건대, A법인이 본점으로 사용하던 서울 ○구 ○동 XXXX-X는 대도시에 설치한 원고의 지점이라 할 것이고, 위 지점의 설치일은 원고가 위 부동산을 사업장소재지로 하여 사업자등록을 한 2005년 6월 1일이라고 할 것인바, 원고가 이 사건 부동산의 취득에 따른 등기를 위 지점 설치일로부터 5년 이내에 한 사실은 앞에서 본 바와 같으므로, 원고 명의의 이 사건 부동산등기는 등록세 중과 대상에 해당한다 할 것이다(원고가 들고 있는 대법원 2004.09.24 선고, 2003두7293 판결은 그 사안과 취지를 달리하고 있어 이 사건에 적용할 것이 아님). 따라서 이와 다른 전제에 서 있는 원고의 주장은 이유 없다.

⑴ 2심 판결

법 제138조 중과세 규정의 입법취지, 시행령 제102조 제7항이 대도시 안에서 설립 후 5년이 경과한 기존법인과 기존법인이 합병하는 경우와 기존법인이 대도시 안에서 설립 후 5년이 경과되지 아니한 법인과 합병하는 경우를 대별하여 중과세 대상의 범위를 규율하면서 기존법인이 대도시 안에서 설립 후 5년이 경과되지 아니한 법인과 합병하는 경우에는 합병 당시 기존법인에 대한 자산비율에 해당하는 부분을 중과세 대상에서 제외하고 있는 점 및 시행령 제102조 제7항이 같은 조 제2항(법 제138조 제1항 제3호 관련 규정), 제4항(법 제138조 제1항 제2호 및 제3호 관련 규정), 제5항(법 제138조 제1항 제1호 관련 규정)과는 달리 법 제138조 제1항 제1, 2, 3호에 대한 구분을 두고 있지 않은 규정형식을 취하고 있는 점 등을 종합하여 보면, 대도시 내로의 새로운 인구유입 또는 경제력 집중의 문제를 발생시키지 않는 기존법인과 기존법인이 합병하는 경우에는 법 제138조 제1항의 각 호를 적용함에 있어 그 전부가 중과세 대상이 되지 않는다고 봄이 상당하다.

이 사건에서, 원고와 A법인이 모두 합병 당시 이미 대도시 내에서 설립 후 5년이 경과한 법인(법문상 '기존법인')인 사실은 앞서 본 바와 같으므로, 시행령 제102조 제7항에 대한 위 법리에 따르면, 기존법인인 원고와 A법인이 합병한 경우 구「지방세법」제138조 제1항의 각 호를 적용함에 있어 원고와 A법인의 각 자산비율에 해당하는 부분(전부)을 중과세의 대상으로 삼지 않게 되므로, 결국 원고가 A법인을 흡수합병하여 그 지점을 설치한 후 5년 내에 이 사건 부동산을 취득등기하였다고 하더라도 원고와 A법인의 합병 당시 각 자산비율(전부)에 해당하는 부분은 그 합병에도 불구하고 새로운 인구 유입이나 점포수 증가를 포함한 경제력 집중을 유발하지 않으므로 이 사건 부동산취득등기에 대하여는 그 전부에 관하여 등록세를 중과할 수 없다고 할 것이다(대법원 2004.09.24 선고, 2003두7293 판결 참조). 따라서 원고의 이 부분 주장은 이유 있다.

⑶ 대법원판결

법령규정의 문언 내용과 관련 규정의 전체적인 체계 및 합병에 통상적으로 수반되는 등기에 대하여 등록세 중과세의 부담을 완화하여 기업의 구조조정을 촉진하려는 시행령 제102조 제7항의 입법 취지 등을 종합하여 보면, 기존법인이 다른 법인과 합병하는 과정에서 피합병법인의 종전 본점이나 지점 소재지에 존속법인의 지점을 설치한 다음 그때부터 5년 이내에 그 지점에 관계되는 부동산을 취득하여 등기하는 경우에도 그 부동산등기에 대하여 시행령 제102조 제7항이 적용된다고 봄이 타당하다(대법2011두12726, 2013.07.11).

〈사례〉합병 후 취득 2

원고는 2005년 6월 1일 ○○을 흡수합병하면서 ○○이 지점으로 사용하고 있던 이 사건 부동산에 대하여 같은 날 합병으로 인한 지점 설치등기를 하였고, 2005년 6월 10일 이 사건 부동산을 사업장 소재지로 하여 사업자등록을 한 다음 ○○의 인적·물적 시설을 그대로 인수하여 이 사건 부동산에서 계속 영업을 하였다. 그리고 위 지점이 설치된 때로부터 약 11개월이 경과할 무렵인 2006년 5월 2일 김모씨, 나모씨로부터 이 사건 부동산을 매수하여 2006년 5월 15일 원고 앞으로 소유권이전등기를 경료하였으므로, 위에서 본 영 제102조 제2항의 문언과 입법취지에 비추어 볼 때 원고 명의의 이 사건 부동산 등기는 등록세 중과세 대상에 해당한다(원고가 들고 있는 대법원 1989.06.27 선고, 89누466 판결; 1993.05.25 선고, 92누12742 판결은 다른 법인으로부터 영업양수를 하면서 제3자가 아닌 영업을 양도하는 법인으로부터 바로 그 영업용 부동산을 취득한 사안에 관한 것이어서 이 사건과는 사안을 달리함). 따라서 원고의 위 주장은 이유 없다(대법 2008두969, 2008.03.27).

〈사례〉합병 후 취득 3

청구인의 경우 청구 외 소멸법인은 1977년 12월 20일 소멸법인의 지점을 개설하였고, 그 후 1991년 9월 13일 이 사건 부동산을 임차하여 지점을 설치하고 영업을 하던 중 2005년 6월 1일 청구인에 흡수합병되었으며, 청구인은 2005년 6월 1일부터 이를 청구인의 ○동지점으로 변경하여 영업을 하다가 그로부터 5년 이내인 2006년 5월 2일 청구인이 청구 외 A모씨 등 2인과 이 사건 부동산에 대한 매매계약을 체결하고 2006년 5

월 15일 소유권이전등기를 경료하였는바, 청구인의 ○동지점은 청구인이 대도시 내에 2005년 6월 1일 설치한 지점이라 하겠고, 이러한 지점이 종래부터 존재하던 소멸법인의 지점을 그 소속만 청구인의 지점으로 바꾸어 그대로 유지·존속한 것이라 하여 이를 지점의 설치에 해당되지 아니한다 할 수 없다 할 것이며, 그렇다면 청구인이 이 사건 부동산의 취득에 따른 등기를 한 것이 청구인의 ○동지점 설치 이후 5년 이내임이 확인되고 있는 이상, 청구인의 이 사건 부동산등기는 「지방세법」 제138조 제1항 제3호 후단 소정의 등록세 중과세 대상에 해당된다 하겠으므로, 청구인이 중과세율을 적용하여 산출한 등록세 등을 신고납부하자 처분청이 이를 수납하여 징수결정한 처분은 잘못이 없다(지방세심사2006-434, 2006.09.25).

〈사례〉 합병 후 취득 4

대도시 내에서 설립한 지 5년이 경과한 법인이 합병하여 피합병법인의 5년 경과된 지점이 임차하여 사용하던 부동산을 취득하여 등기하는 경우 등록세가 중과되지 않는다(세정-3000, 2006.07.14).

「지방세법」 제138조 제1항 제3호 및 동법 시행령 제102조 제2항에서 대도시 내에서의 법인설립과 지점 또는 분사무소의 설치에 따른 부동산 등기와 법인의 설립 및 지점 등의 설치 이후 5년 이내에 취득하는 업무용·비업무용·사업용·비사업용을 불문한 일체의 부동산 등기에 대하여는 등록세를 중과세하도록 규정하고 있으나, 동법 시행령 제102조 제7항에서 대도시 안에서 설립 후 5년이 경과한 법인(기존법인)이 다른 기존 법인과 합병하는 경우에는 이를 중과세 대상으로 보지 아니한다고 규정하고 있다.

대도시 내에서 설립한지 5년이 경과한 갑법인이 기존법인인 을법인을 흡수합병하여 존속법인이 된 후 합병 전 을법인에서 설치한지 5년이 경과된 지점이 임차하여 사용하던 부동산을 취득하여 등기하는 경우라면 상기 규정에 의한 등록세의 중과세 대상이 되지 아니한다.

〈사례〉 합병으로 인한 취득

합병법인이 피합병법인의 부동산을 이전하는 것은 법인합병 절차에 의한 것일 뿐,

부동산을 새로이 취득한 것으로 볼 수 없고, 합병과정에서도 새로운 시설의 신·증설과 업종변경 등이 없이 종래의 형태와 동일하게 운영되고 있다면 새로운 지점 등의 설치로 볼 수 없으므로 대도시 내 등록세 중과대상이 아니다(내무부 세정 13407-539, 1995.06.15).

〈사례〉 합병과 등록세 중과세판단

합병으로 인하여 소멸법인의 지점용 부동산을 취득등기한 경우 이는 그 부동산등기만이 대도시 내에 새로운 지점설치를 위하여 취득등기한 부동산으로 볼 수가 없기 때문에 등록세 중과세대상에서 제외된 것일 뿐 존속법인의 입장에서는 법률상 새로운 지점을 설치한 것이 되고 그러한 지점설치 후 5년 이내에 부동산을 추가로 취득등기하였다면 등록세 중과세 대상에 해당된다고 보아야 할 것이고, 이렇게 보는 것이 대도시 내로의 인구 및 산업집중을 억제하기 위한 등록세 중과세의 입법취지에 타당하다(행자심 제99-366호, 1999.05.26).

5. 전입

법인의 본점·주사무소·지점 또는 분사무소를 대도시로 전입함에 따라 대도시의 부동산을 취득하거나 전입 이후의 부동산 취득에 대하여 중과세한다. 여기서 대도시란 과밀억제권역을 말하며 산업단지는 제외한다. 따라서 과밀억제권역 안의 산업단지는 중과세 대상지역이 아니므로 시화공단이나 구로공단과 같은 산업단지에서 산업단지가 아닌 과밀억제권역으로의 이전은 중과세된다. 또한 과밀억제권역에서 과밀억제권역으로의 이전은 중과세대상 전입에 해당되지 아니하나, 과밀억제권역 내라 하더라도 서울특별시 외의 과밀억제권역에서 서울특별시로의 전입은 중과세된다.

대도시 내로의 본점 등의 전입은 전입등기와는 무관하게 실질적인 전입여부로 판단하여야 한다. 그러므로 본점 등의 전입등기는 이루어지지 아니하였지만 실질적으로 대도시 외에서 대도시 내로 본점 등을 전입한 법인이 사실상 본점 등의 전입일부터 5년 이내에 취득하는 부동산에 대하여는 취득세가 중과세된다.

<사례> 휴면법인의 중과세비율

부동산 등록세는 납세의무 성립당시인 부동산 취득등록 당시의 사실관계 및 관계법령 등을 적용해 과세하여야 하므로 부동산 등록세 중과세 대상요건인 중과세 대상 비율(휴면법인의 인수로 보는 범위)은 휴면법인 인수 당시의 중과세 대상 비율(휴면법인의 인수로 보는 범위)이 아닌 부동산 취득등록에 따른 등록세 납세의무 성립당시 중과세 대상 비율(휴면법인의 인수로 보는 범위)로 보는 것이 타당하다(지방세운영-2150, 2010.05.20).

<사례> 주택건설사업용 토지

주택법에 의하여 건설교통부에 주택건설사업자로 등록하기 전에 주택건설사업용 토지를 취득한 경우라면 취득세 중과제외대상으로 볼 수는 없는 것이다(세정-42, 2008.01.04).

대도시 내 휴면법인을 인수하여 등기부상 회사계속등기를 하고 목적사업 또한 주택건설사업으로 변경한 다음 주택법에 의한 주택건설사업자로 등록하기 전에 주택건설용 토지를 취득하고 이에 대한 등기를 하는 경우 당해 부동산등기는 취득세 중과세대상에 해당된다. 휴면법인을 주식을 통해 인수한 경우 법인 설립일은 기존 휴면법인 설립일이 아니라 제3자가 인수하여 법인등기부상 제반사항을 변경함과 동시에 회사계속등기한 경우는 그 계속등기일을, 회사계속된 회사를 인수하여 법인등기부상 제반사항을 변경등기한 경우는 그 변경등기일이 된다(행정자치부 심사결정 제2007-649호, 2007.11.26 참조).

취득세 중과세대상에서 제외되는 것은 「주택법」 제9조의 규정에 의하여 건설교통부에 등록된 주택건설사업법인이 주택건설용으로 취득등기한 부동산에 한정된다 하겠으므로, 회사계속등기를 하고 법인등기부상 기존 목적사업 전부를 삭제하고 주택건설사업 등으로 변경등기하였다고는 하나 주택법에 의하여 건설교통부에 주택건설사업자로 등록하기 전에 주택건설사업용 토지를 취득한 경우라면 위 규정에 의한 등록세 중과제외대상으로 볼 수는 없는 것이다.

〈사례〉 휴면법인 관련 개정 「지방세법」의 시행시기

　휴면법인을 인수한 원고회사가 2009년 11월 24일 이 사건 지분을 취득하였으나 이 사건 이전등기는 2010년 1월 18일 경료되었으므로 2010년 1월 1일 개정된 「지방세법」 제29조 제1항 제2호, 제138조 제1항 제3호, 제260조의 2에 따라 등록세 등의 중과대상이라 할 것이다(국승)(서울행법2011구합21652, 2011.10.19).

　2010년 1월 1일 개정되기 전의 「지방세법」 제138조 제1항 제3호는 대도시에서의 법인의 설립에 휴면법인을 인수하는 경우를 포함한다는 규정이 없었으나, 2010년 1월 1일 개정된 「지방세법」 제138조 제1항 제3호는 대도시에서의 법인의 설립에 휴면법인을 인수하는 경우를 포함한다는 부분을 추가하고, 부칙에서 '이 법은 2010년 1월 1일부터 시행한다'는 규정(제1조), '이 법은 이 법 시행 후 최초로 납세의무가 성립하는 분부터 적용한다'는 규정(제2조), '이 법 시행 당시 종전의 규정에 따라 부과 또는 감면하였거나 부과 또는 감면하여야 할 지방세에 대하여는 종전의 규정에 의한다'는 규정을(제6조) 두었다.

　위 관계규정을 종합하면, 「지방세법」 부칙 제1조, 제2조는 납세의무가 성립될 당시의 세법이 적용되어야 한다는 일반원칙에 서서 그 적용시기를 규정하고 있는 것이고 위 부칙 제6조는 이와 같은 법률불소급의 원칙에 대한 예외로서 납세의무자에게 불리하게 세법이 개정된 경우에는 납세의무자의 기득권 내지 신뢰보호를 위하여 예외적으로 납세의무자에게 유리한 종전의 법률을 적용한다는 특별규정이므로, 납세의무가 성립하기 전의 원인행위시에 유효하였던 종전의 법률에서 이미 장래의 한정된 기간 동안 그 원인행위에 기초한 과세요건의 충족이 있는 경우에도 특별히 비과세 내지 면제한다거나 과세를 유예한다는 내용을 명시적으로 규정하고 있는 경우에 한하여 납세의무자의 기득권 내지 신뢰보호를 위한 특별규정인 위 부칙 제6조를 근거로 납세의무자에게 유리한 종전의 법률을 적용할 수 있다 할 것이다(대법원 2001.05.29 선고, 98두13713 판결 등 참조).

　그런데 2010년 1월 1일 개정되기 전의 「지방세법」 제138조 제1항 제3호는 위 규정이 개정되더라도 휴면법인의 인수에 대하여는 장래 일정한 기간 동안 등록세를 중과세하지 않겠다는 것을 명시적으로 규정하지 않고 있고, 따라서 위 규정이 명시적으로 휴면법인을 인수한 경우를 대도시에서의 법인의 설립에 포함한다는 규정을 두지 않아 납세의무자가 2010년 1월 1일 이전에 취득한 재산권 기타 권리에 관한 등기 또는 등록에 대하여는 비록 그 등기 또는 등록이 2010년 1월 1일 이후에 이루어졌다 하더라도 2010년 1월 1일 개정되기 전의 「지방세법」 제138조 제1항 제3호에 따라 중과세되지 않는다고 신뢰하였다고 하더라도 이는 단순한 기대에 불과할 뿐 기득권에 갈음하는 것으로서 마땅히 보호되어야 할 정도의 것으로 볼 수는 없으므로, 2010년 1월 1일 개정된 「지방세법」 제138조 제1항 제3호가 시행된 이후에 비로소 등록세의 과세요건사실이 발생한 경우에는 위 부칙 제6조를 근거로 2010년 1월 1일 개정되기 전의 「지방세법」 제138조 제1항 제3호의 규정을 적용할 수 없다고 봄이 상당하다.

이 사건에 돌아와 보건대, 앞에서 본 바와 같이 휴면법인을 인수한 원고회사가 2009년 11월 24일 이 사건 지분을 취득하였으나 이 사건 이전등기는 2010년 1월 18일 경료되었으므로 2010년 1월 1일 개정된 「지방세법」 제29조 제1항 제2호, 제138조 제1항 제3호, 제260조의 2에 따라 등록세 등의 중과대상이라 할 것이므로, 원고회사의 위 주장은 이유 없다.

〈사례〉 사업자등록증의 신규발급과 새로운 지점설치여부 판단

「지방세법」 시행규칙 제55조의 2의 규정이 신설(1984.05.12) 시행되기 이전에 지점으로 인정할 만한 영업소를 갖추고 사업자등록을 교부받아 영업을 계속해 오다가 그 부속토지를 취득·등기한 후 타 지역에 설치한 신규영업소에 사업자등록을 이전해 주고 신규로 사업자등록을 교부받더라도 인적·물적설비를 갖추고 영업을 계속해 온 사실이 인정되고 지점(영업소) 설치일로부터 5년이 경과하여 그 부속토지를 취득·등기하였으므로 등록세 중과세대상이 아니다(감사원 심사결정 제94-157호, 1994.09.13).

〈사례〉 인적·물적 설비

이 사건 건물 내에 설치된 원고 회사의 전산실이 본사의 1개 부서로서 그 안에 전산운용과, 전산개발과, 데이타뱅크과를 두고 100명의 직원이 상주하여 유가증권의 매매, 중개, 인수, 매출에 따르는 전산 입출력 등 영업 및 조사정보에 관한 제반 계산과 전산개발 및 사무기계화 등 전산업무를 수행하고 있다고 하더라도 소속 직원의 급여, 시설관리비용을 본사가 직접 지출하는 등 독자적인 회계기능을 갖지 아니하고 대외적인 거래업무도 취급하지 아니할 뿐만 아니라 본사와는 별도로 사업자등록도 하지 아니하였다면, 위 전산실은 「지방세법」 제138조 제1항 제3호, 같은 법 시행령 제102조 제2항, 같은 법 시행규칙 제55조의 2 소정의 지점 또는 분사무소에 해당하지 아니하므로 위 전산실이 들어 있는 이 사건 부동산의 취득등기는 등록세 중과의 요건을 갖추지 못하였다고 할 것이다.

그 밖에 피고소송대리인과 소송수행자는 이 사건 부동산 내에 원고 회사의 부동산 임대사업장이 설치되었으므로 이 사건 부동산등기가 등록세 중과세 요건을 갖추었다는 취지로 주장하나 기록상 원고 회사가 임대부동산의 소재지에서 본점 명의로 사업자 등록을 하고 부동산임대업을 영위하기 위한 인적·물적 설비를 갖추어 부동산임대업을 계속하여 행하고 있음을 인정할 증거가 없으므로 위 주장 역시 받아들일 수 없다(대법92누10029, 1993.06.11).

〈사례〉 인적설비

관련 대법원 유사판결(2005두13469, 2007.08.24)에서 "인적설비란 당해 법인의 지휘·감독하에 인원이 상주하는 것을 뜻할 뿐이고 그 고용형식이 반드시 당해 법인에 직속하는 형태를 취할 것을 요구하는 것은 아니다라고 하면서, 부동산투자회사로부터 부동산의 관리용역을 위탁받은 회사가 위 부동산투자회사와 독립된 법인의 형태를 취하고는 있으나 일반적인 건물관리용역을 수행하는 이외에 위 투자회사의 지휘·감독하에 실질적으로 위 투자회사의 지점으로서의 업무를 처리하여 온 경우에는 지점에 해당한다"고 판시하고 있음에 따라, 인근 본사에서 임대차 관련 모든 사무를 처리하고, 위탁관리 용역업체가 취득법인과 실체 및 업무처리 면에서 완전 독립되어 있는 상태에서 보안 청소 등 계약범위 내 위탁관리업무만 처리하고 있다면, 사업자등록 여부는 별론으로 하고, 해당 취득물건에 지점 설치 요건인 인적설비를 갖추고 있다고 보기는 어려울 것이다.

〈사례〉 임대용 부동산

임대사업자가 수도권과밀억제권역 내 지점설치 전 임대하기 위하여 취득한 부동산 중 직접 임대 부동산 관리를 위해 사용할 부분 이외의 임대용으로 사용하기 위한 부분은 취득세 중과대상이 아니다(지방세운영-3656, 2009.09.09).

지점 등이라 함은 「법인세법」, 「부가가치세법」 또는 「소득세법」의 규정에 의하여 등록된 사업장으로서 인적·물적 설비를 갖추고 계속하여 사무 또는 사업이 행하여지는 장소라고 규정하고 있는바, 임대용 부동산에 사업자등록을 하였으나 당해 임대업을 영위하는 직원을 상주시키지 아니한 장소는 지점이 되지 않으며, 이 장소에 임대업을 영위하는 직원을 상주시키면 이 때 비로소 지점이 된다 할 것이다(지방세운영-87, 2011.01.07).

〈사례〉 실질적인 본점전입

등기부상 본점 소재지에는 직원의 일부만이 근무하고 대부분의 직원은 대도시 내에 상주하고 있는 경우 대도시 내로 본점을 전입한 것으로 보아 취득세를 중과세한다.

취득세 중과세 대상이 되는 대도시 내로의 법인의 본점 전입에 따른 부동산등기에는 본점의 전입등기는 이루어지지 아니하였지만 실질적으로 대도시 외에서 대도시 내로 본점을 전입한 법인이 그 전입과 관련하여 취득한 부동산등기도 포함한다고 할 것이다. 직원 중 21명은 등기부상 본점 소재지인 용인에서 근무하고 나머지 219명은 이 사건 건물에서 근무하고 있으며, 용인에는 부서 중 총무부만 있고 대외활동과 관련한 부서 사무실은 모두 이 사건 건물에 있는 점을 비추어 보면, 이 사건 건물에 설치된 원고의 사무소로 실질적인 본점 전입이 이루어진 것으로 보아야 한다고 판단된다(대법2006두2503, 2006.06.15).

〈사례〉 인적·물적설비를 전혀 갖추지 아니한 경우

대도시외에 본점이 있는 법인이 대도시 내에서 토지를 매입하여 상가를 신축·분양할 목적으로 사업자등록을 하였으나 모든 업무를 대도시외의 본점에서 수행하고 대도시 내의 사업장에는 인적·물적설비를 전혀 갖추지 아니한 경우에는 취득세 중과대상에 해당하지 아니한다(지방세운영-2528, 2008.12.16).

Ⅳ. 중과세 지역

중과세 대상지역은 대도시이다. 대도시란 「수도권정비계획법」 제6조에 따른 과밀억제 권역(산업집적활성화 및 공장설립에 관한 법률을 적용받는 산업단지는 제외한다)을 말한다. 공장신·증설의 경우 「산업집적활성화 및 공장설립에 관한 법률」을 적용받는 유치 지역 및 「국토의 계획 및 이용에 관한 법률」을 적용받는 공업지역은 제외한다.

Ⅴ. 법인설립 등의 중과 제외대상

1. 중과제외대상

대도시에 설치가 불가피하다고 인정되는 업종으로서 대통령령으로 정하는 업종(대도시 중과 제외 업종)에 직접 사용할 목적으로 부동산을 취득하거나, 법인이 사원에 대한 분양 또는 임대용으로 직접 사용할 목적으로 대통령령으로 정하는 주거용 부동산(사원주거용 목적 부동산)을 취득하는 경우에는 중과세율을 적용하지 아니하고 표준세율을 적용한다.

　① 대도시 중과제외 업종
　② 사원 주거용 목적 부동산

2. 대도시 중과 제외업종

대도시 중과 제외업종에 직접 사용할 목적으로 부동산을 취득하는 경우에는 중과세를 적용하지 아니하고 표준세율로 과세한다. 대도시 중과 제외 업종은 다음과 같다.

1) 사회기반시설사업
「사회기반시설에 대한 민간투자법」 제2조 제2호에 따른 사회기반시설사업(같은 법 제

2조 제8호에 따른 부대사업을 포함한다)에 직접 사용할 목적으로 부동산을 취득하는 경우에는 중과세를 적용하지 아니한다.

사회기반시설에 대한 민간투자법 제2조(정의)

1. "사회기반시설"이란 각종 생산활동의 기반이 되는 시설, 해당 시설의 효용을 증진시키거나 이용자의 편의를 도모하는 시설 및 국민생활의 편익을 증진시키는 시설로서, 다음 각 목의 어느 하나에 해당하는 시설을 말한다.

가. 「도로법」 제2조제1항제1호 및 제4호에 따른 도로 및 도로의 부속물

나. 「철도사업법」 제2조제1호에 따른 철도

다. 「도시철도법」 제2조제2호에 따른 도시철도

라. 「항만법」 제2조제5호에 따른 항만시설

마. 「항공법」 제2조제8호에 따른 공항시설

바. 「댐건설 및 주변지역지원 등에 관한 법률」 제2조제2호에 따른 다목적댐

사. 「수도법」 제3조제5호에 따른 수도 및 「물의 재이용 촉진 및 지원에 관한 법률」 제2조제4호에 따른 중수도

아. 「하수도법」 제2조제3호에 따른 하수도, 같은 조 제9호에 따른 공공하수처리시설, 같은 조 제10호에 따른 분뇨처리시설 및 「물의 재이용 촉진 및 지원에 관한 법률」 제2조제7호에 따른 하·폐수처리수 재이용시설

자. 「하천법」 제2조제3호에 따른 하천시설

차. 「어촌·어항법」 제2조제5호에 따른 어항시설

카. 「폐기물관리법」 제2조제8호에 따른 폐기물처리시설

타. 「전기통신기본법」 제2조제2호에 따른 전기통신설비

파. 「전원개발촉진법」 제2조제1호에 따른 전원설비

하. 「도시가스사업법」 제2조제5호에 따른 가스공급시설

거. 「집단에너지사업법」 제2조제5호에 따른 집단에너지시설

너. 「정보통신망 이용촉진 및 정보보호 등에 관한 법률」 제2조제1항제1호에 따른
  정보통신망

더. 「물류시설의 개발 및 운영에 관한 법률」 제2조제2호 및 제6호에 따른 물류터
  미널 및 물류단지

러. 「여객자동차 운수사업법」 제2조제5호에 따른 여객자동차터미널

머. 「관광진흥법」 제2조제6호 및 제7호에 따른 관광지 및 관광단지

버. 「주차장법」 제2조제1호나목에 따른 노외주차장

서. 「도시공원 및 녹지 등에 관한 법률」 제2조제3호가목에 따른 도시공원

어. 「수질 및 수생태계 보전에 관한 법률」 제48조제1항에 따른 폐수종말처리시설

저. 「가축분뇨의 관리 및 이용에 관한 법률」 제2조제9호에 따른 공공처리시설

처. 「자원의 절약과 재활용촉진에 관한 법률」 제2조제10호에 따른 재활용시설

커. 「체육시설의 설치·이용에 관한 법률」 제5조에 따른 전문체육시설 및 같은 법
  제6조에 따른 생활체육시설

터. 「청소년활동 진흥법」 제10조제1호에 따른 청소년수련시설

퍼. 「도서관법」 제2조제1호에 따른 도서관

허. 「박물관 및 미술관 진흥법」 제2조제1호 및 제2호에 따른 박물관 및 미술관

고. 「국제회의산업 육성에 관한 법률」 제2조제3호에 따른 국제회의시설

노. 「국가통합교통체계효율화법」 제2조제15호 및 제16호에 따른 복합환승센터
  및 지능형교통체계

도. 「국가공간정보에 관한 법률」 제2조제3호에 따른 공간정보체계

로. 「국가정보화 기본법」 제3조제13호에 따른 초고속정보통신망

모. 「과학관의 설립·운영 및 육성에 관한 법률」 제2조제1호에 따른 과학관

보. 「철도산업발전기본법」 제3조제2호에 따른 철도시설

소. 「유아교육법」 제2조제2호, 「초·중등교육법」 제2조 및 「고등교육법」 제2조제1

호부터 제5호까지의 규정에 따른 유치원 및 학교

오. 「국방·군사시설 사업에 관한 법률」 제2조제1항제1호 및 제7호에 따른 국방·군사시설 중 교육·훈련, 병영생활 및 주거에 필요한 시설과 군부대에 부속된 시설로서 군인의 복지·체육을 위하여 필요한 시설

조. 「임대주택법」 제2조제2호에 따른 건설임대주택 중 공공건설임대주택

초. 「영유아보육법」 제2조제3호에 따른 어린이집

코. 「노인복지법」 제32조·제34조 및 제38조에 따른 노인주거복지시설, 노인의료복지시설 및 재가노인복지시설

토. 「공공보건의료에 관한 법률」 제2조제3호에 따른 공공보건의료기관

포. 「신항만건설촉진법」 제2조제2호나목 및 다목에 따른 신항만건설사업의 대상이 되는 시설

호. 「문화예술진흥법」 제2조제1항제3호에 따른 문화시설

구. 「산림문화·휴양에 관한 법률」 제2조제2호에 따른 자연휴양림

누. 「수목원 조성 및 진흥에 관한 법률」 제2조제1호에 따른 수목원

두. 「유비쿼터스도시의 건설 등에 관한 법률」 제2조제3호에 따른 유비쿼터스도시기반시설

루. 「장애인복지법」 제58조에 따른 장애인복지시설

무. 「신에너지 및 재생에너지 개발·이용·보급 촉진법」 제2조제3호에 따른 신·재생에너지 설비

부. 「자전거 이용 활성화에 관한 법률」 제2조제2호에 따른 자전거이용시설

수. 「산업집적활성화 및 공장설립에 관한 법률」 제2조제9호에 따른 산업집적기반시설

2. "사회기반시설사업"이란 사회기반시설의 신설·증설·개량 또는 운영에 관한 사업을 말한다.

「지방세법 시행령」제26조 제1항 제1호는 「사회기반시설에 대한 민간투자법」제2조 제2호에 따른 사회기반시설사업이라고 규정함으로써 제2조 제2호를 직접적으로 원용하고 있는 점으로 볼 때, 취득세의 중과제외되는 사회기반시설사업은 반드시 민간투자사업의 방식과 절차에 따라 시행되는 사회기반시설사업만을 의미하는 것은 아니고 「사회기반시설에 대한 민간투자법」제2조 제1호에 열거된 사회기반시설을 신설·증설·개량 또는 운영에 관한 사업이면 중과세 제외된다고 할 수 있다.

2) 은행업

「한국은행법」및 「한국수출입은행법」에 따른 은행업에 직접 사용할 목적으로 부동산을 취득하는 경우에는 중과세를 적용하지 아니한다. 여기서 은행업의 범위가 불분명하나 중과세대상에서 제외되는 '한국은행법 및 한국수출입은행법에 의한 은행업'에는 은행법에 의해 설립된 일반시중은행은 포함되지 않는 것으로 보아야 한다(심사85-112, 1985.09.28).

3) 해외건설업 및 주택건설사업

① 해외건설사업: 「해외건설촉진법」에 따라 신고된 해외건설업에 직접 사용할 목적으로 부동산을 취득하는 경우에는 중과세를 적용하지 아니한다.

해외건설사업은 해당 연도에 해외건설 실적이 있는 경우로서 해외건설에 직접 사용하는 사무실용 부동산만 해당한다. 신고된 해외 건설업을 말하므로 신고 전에 취득하는 부동산은 중과제외되지 아니하며, 해당연도란 중과세여부를 판단하는 대상이 되는 과세대상자산의 취득연도를 말하므로 그 취득하는 해에 해외건설실적이 없는 경우에는 중과세 제외되지 않는다.

② 주택건설사업: 「주택법」제9조에 따라 국토해양부에 등록된 주택건설사업에 직접 사용할 목적으로 부동산을 취득하는 경우에는 중과세를 적용하지 아니한다.

등록된 주택건설사업이므로 주택건설사업으로 등록하기 전에 취득하는 부동산은 중과세외되지 아니한다.

　연간 단독주택의 경우에는 20호, 공동주택의 경우에는 20세대(도시형 생활주택 등의 경우 30세대) 이상의 주택건설사업을 시행하려는 자 또는 연간 1만㎡ 이상의 대지조성 사업을 시행하려는 자는 국토교통부장관에게 등록하여야 한다.

　등록된 주택건설사업자에 대하여는 그 취득세의 중과를 배제하도록 규정하고 있는 바, 그 예외의 취지는 일정한 자격요건을 갖추고 연간 일정한 호수 이상의 주택건설실적 이 있는 자에 대하여 국토해양부에 등록을 하게 한 다음 그 등록된 주택건설사업자로 하 여금 주택의 건설기준이나 규모, 주택의 공급조건, 방법 및 절차에 관하여 엄격한 기준 을 설정하여 이를 준수하게 하는 등의 규제를 함과 아울러 주택건설을 촉진함으로써 대 도시 내의 주택이 없는 국민의 주거생활의 안정을 도모하고 그 주거수준의 향상을 기하 는 데 있다.

　그러므로 등록된 주택건설사업자에게 취득세 중과를 배제하도록 규정한 이 시행령 규 정이 합리적인 이유 없이 미등록 건설업자를 차별대우하여 헌법 제11조에 위반하였다 고 볼 수는 없다(대법91누10077, 1992.11.10).

　또한, 주택건설용지를 취득한 후 3년 이내에는 주택건설에 착공하여야 중과제외대상 으로 보는 것이며, 3년 이내에 착공하지 않는 경우에는 정당한 이유가 있더라도 중과세 된다.

　주택건설사업에 직접 사용할 목적으로 부동산을 취득하는 경우에 중과세 제외되므로, 주택건설업등록 후 취득하는 토지 및 주택의 원시취득이 모두 중과제외된다. 주택건설사 업에 근린상가 등 주택이외의 건물이 함께 건축되는 경우에는 그 상가 중 일정부분은 주 택건설사업에 직접사용으로 보아 중과제외되나 그 이외의 부분에 대하여는 중과세된다.

　즉, 주택건설용으로 취득하는 부동산에는 주택건설촉진법의 규정에 의하여 아파트 건 설시 의무적으로 설치하여야 하는 구매시설과 설치가 가능한 생활시설을 의미하며, 그 면적은 같은 규정에서 규정한 매세대당 3㎡의 비율로 산정한 면적을 초과하지 아니하도 록 되어 있어 동 기준면적 범위내의 구매 및 생활시설에 한하여 취득세 중과대상에서 제 외되는 주택건설용 부동산에 해당한다고 할 수 있다(감심96-130, 1996.07.30).

4) 전기통신사업

「전기통신사업법」 제5조에 따른 전기통신사업에 직접 사용할 목적으로 부동산을 취득하는 경우에는 중과세를 적용하지 아니한다. 전기통신사업자가 같은 법 제41조에 따라 전기통신설비 또는 시설을 다른 전기통신사업자와 공동으로 사용하기 위하여 임대하는 경우에는 직접 사용하는 것으로 본다.

전기통신사업은 기간통신사업, 별정통신사업 및 부가통신사업으로 구분된다. 그러므로 정보통신설비의 설치 및 유지·보수에 관한 공사와 이에 따른 부대공사를 영위하는 정보통신공사업은 취득세의 중과제외업종으로 규정하고 있는 전기통신사업에 해당된다고는 볼 수 없다(지방세심사2006-261, 2006.06.27).

「전기통신사업법」 제4항에서 부가통신사업은 기간통신사업자로부터 전기통신회선설비를 임차하여 동조 제2항의 규정에 의한 기간통신역무 외의 전기통신역무를 제공하는 사업으로 규정하고 있으므로, 전기통신사업 제21조의 규정에 의거 부가통신사업을 영위하고자 하는 자가 소정의 요건 및 절차에 따라 방송통신위원회에 신고한 사업이라면 부가통신사업에 포함된다(도세-378, 2008.04.07).

5) 첨단업종

「산업발전법」에 따라 산업통상자원부장관이 고시하는 첨단기술산업과 「산업집적활성화 및 공장설립에 관한 법률 시행령」 [별표1] 제2호 마목에 따른 첨단업종에 직접 사용할 목적으로 부동산을 취득하는 경우에는 중과세를 적용하지 아니한다. 첨단업종은 산업집적활성화 및 공장설립에 관한 법률 시행규칙 [별표5]에 규정하고 있다.

6) 유통산업 등

「유통산업발전법」에 따른 유통산업, 「농수산물유통 및 가격안정에 관한 법률」에 따른 농수산물도매시장·농수산물공판장·농수산물종합유통센터·유통자회사 및 「축산법」에 따른 가축시장에 직접 사용할 목적으로 부동산을 취득하는 경우에는 중과세를 적용하지 아니한다.

「유통산업발전법」 제2조에 따르면 '유통산업'이라 함은 농산물·임산물·축산물·수산물 및 공산품의 도매·소매 및 이를 영위하기 위한 보관·배송·포장과 이와 관련된 정보·용역의 제공 등을 목적으로 하는 산업을 말하는 것이다. 「유통산업발전법」에서는 대규모점포 등 일부 유통산업에 대하여 설치, 지정 및 등록기준을 정하고 있다. 그러나 이러한 대규모점포 등에 대하여만 취득세 중과제외대상인 유통산업으로 보는 것은 아니며 유통산업에 해당하면 소매점 등에 대하여도 중과제외된다.

유통산업, 농수산물도매시장·농수산물공판장·농수산물종합유통센터·유통자회사 및 가축시장 등이 관계 법령에 따라 임대가 허용되는 매장 등의 전부 또는 일부를 임대하는 경우 임대하는 부분에 대하여는 직접 사용하는 것으로 본다.

산업자원부장관은 「유통산업발전법」 제8조의 규정에 의하여 개설등록한 할인점·전문점 등 대규모 점포에는 개별법령에서 정한 근린생활시설, 문화 및 집회시설, 의료시설, 운동시설 등의 설치가 가능하며, 이 경우 할인점·전문점 등은 이러한 시설이 포함된 의미의 대규모 점포이므로, 할인점에 설치된 음식점 등 임대부분을 포함한 건물 전체가 「유통산업발전법」에 의한 할인점으로 등록된 경우 유통산업발전법상 유통산업에 해당된다고 해석(유통물류과-289, 2004.4.27)하고 있다.

그러므로 직접적인 용역의 제공장소인 매장에는 해당되지 않는다 하더라도 판매촉진 및 고객서비스 차원에서 할인점 일부를 임대하여 운영하고 있는 음식점, 미용실, 카센터, 수선실 등이 설치된 부동산도 할인점 영업활동에 공여되고 있는 부동산으로서 직접적인 할인점 매장면적과 함께 하나의 유통산업을 위하여 사용되고 있다고 보는 것이 유통산업을 취득세 중과세대상에서 제외한 입법취지에 비추어 타당하다(지방세심사 2004-363, 2004.11.30).

유통산업의 중과제외대상의 판단에 있어 그 주된 사업이 유통산업발전법에 의한 유통산업에 해당되면 그 지원시설에 대하여도 중과제외된다. 예를 들어 그 주된 사업인 자동차판매시설 내에 자동차정비업을 등록하여 사용하고 있는 경우 유통산업의 지원시설에 포함되어 취득세가 중과되지 아니한다(지방세심사2006-351, 2006.08.28). 반면, 그 주된 사업이 유통산업에 포함되지 않는 자동차종합정비업을 영위하는 법인이 그 부동산의 일부를 유통산업에 해당하는 자동차부품판매업으로 사용하고 있는 경우에는 유통산업으로 볼 수 없는 것이다(지방세심사2003-240, 2003.11.24).

7) 여객자동차운송사업 등

「여객자동차운수사업법」에 따른 여객자동차운송사업 및 「화물자동차운수사업법」에 따른 화물자동차운송사업과 「물류시설의 개발 및 운영에 관한 법률」 제2조 제3호에 따른 물류터미널사업 및 「물류정책기본법시행령」 제3조 및 [별표1]에 따른 창고업에 직접 사용할 목적으로 부동산을 취득하는 경우에는 중과세를 적용하지 아니한다.

8) 정부출자법인의 사업

정부출자법인(국가나 지방자치단체가 납입자본금 또는 기본재산의 100분의 20 이상을 직접 출자한 법인만 해당)이 경영하는 사업에 직접 사용할 목적으로 부동산을 취득하는 경우에는 중과세를 적용하지 아니한다.

「지방세법」에서 정부출자법인의 범위에 대한 특별한 제한을 두고 있지 아니하나 동 규정에서의 정부출자법인은 국가 또는 지방자치단체가 관리하고 있는 자금을 출자하여 설립한 법인을 의미한다고 보아야 하므로(행정자치부 지방세정담당관-359, 2003.07.03 참조), 정부가 기본재산의 20% 이상을 출연하여 설립한 정부출연기관도 정부출자법인에 해당한다고 보는 것이 타당하다(세정-2344, 2006.06.09).

9) 의료업

「의료법」 제3조에 따른 의료업에 직접 사용할 목적으로 부동산을 취득하는 경우에는 중과세를 적용하지 아니한다.

10) 제조업의 법인전환

개인이 경영하던 제조업(소득세법 제19조 제1항 제3호에 따른 제조업을 말함)을 행정자치부령으로 정하는 바에 따라 법인으로 전환에 의하여 취득하는 부동산은 중과세를 적용하지 아니한다. 다만, 법인전환에 따라 취득한 부동산의 가액(법 제4조에 따른 시가표준액을 말한다)이 법인 전환 전의 부동산가액을 초과하는 경우에 그 초과부분과 법인으로 전환한 날 이후에 취득한 부동산은 법 제13조 제2항 각 호 외의 부분 본문을 적용한다.

행정자치부령으로 정하는 바에 따라 법인으로 전환하는 기업이란 대도시에서 「부가

가치세법」 또는 「소득세법」에 따른 사업자등록을 하고 5년 이상 제조업을 경영한 개인기업이 그 대도시에서 법인으로 전환하는 경우의 해당 기업을 말한다.

11) 자원재활용업종

「산업집적활성화 및 공장설립에 관한 법률 시행령」[별표1] 제3호 가목에 따른 자원재활용업종에 직접 사용할 목적으로 부동산을 취득하는 경우에는 중과세를 적용하지 아니한다.

12) 소프트웨어사업

「소프트웨어산업진흥법」 제2조 제3호에 따른 소프트웨어사업 및 같은 법 제27조에 따라 설립된 소프트웨어공제조합이 소프트웨어산업을 위하여 수행하는 사업에 직접 사용할 목적으로 부동산을 취득하는 경우에는 중과세를 적용하지 아니한다.

「소프트웨어산업진흥법」에 의한 '소프트웨어'란 컴퓨터, 통신, 자동화 등의 장비와 그 주변장치에 대하여 명령·제어·입력·처리·저장·출력·상호작용이 가능하게 하는 지시·명령(음성이나 영상정보 등을 포함한다)의 집합과 이를 작성하기 위하여 사용된 기술서(記述書)나 그 밖의 관련 자료를 말한다. '소프트웨어산업'이란 소프트웨어의 개발, 제작, 생산, 유통 등과 이에 관련된 서비스 및 「전자정부법」 제2조 제13호에 따른 정보시스템의 구축·운영 등과 관련된 산업을 말한다. '소프트웨어사업'이란 소프트웨어산업과 관련된 경제활동을 말한다.

13) 문화예술시설운영사업

「공연법」에 따른 공연장 등 문화예술시설운영사업에 직접 사용할 목적으로 부동산을 취득하는 경우에는 중과세를 적용하지 아니한다.

14) 방송사업

「방송법」 제2조 제2호·제5호·제8호·제11호 및 제13호에 따른 방송사업·중계유선방송사업·음악유선방송사업·전광판방송사업 및 전송망사업에 직접 사용할 목적으로 부동산을 취득하는 경우에는 중과세를 적용하지 아니한다.

방송사업

지상파방송사업	방송을 목적으로 하는 지상의 무선국을 관리·운영하며 이를 이용하여 방송을 행하는 사업
종합유선방송사업	종합유선방송국(다채널방송을 행하기 위한 유선방송국설비와 그 종사자의 총체를 말한다)을 관리·운영하며 전송·선로설비를 이용하여 방송을 행하는 사업
위성방송사업	인공위성의 무선설비를 소유 또는 임차하여 무선국을 관리·운영하며 이를 이용하여 방송을 행하는 사업
방송채널사용사업	지상파방송사업자·종합유선방송사업자 또는 위성방송사업자와 특정채널의 전부 또는 일부 시간에 대한 전용사용계약을 체결하여 그 채널을 사용하는 사업
중계유선방송사업	중계유선방송을 행하는 사업
음악유선방송사업	음악유선방송을 행하는 사업
전광판방송사업	전광판방송을 행하는 사업
전송망사업	방송프로그램을 종합유선방송국으로부터 시청자에게 전송하기 위하여 유·무선 전송·선로설비를 설치·운영하는 사업

15) 과학관시설운영사업

「과학관육성법」에 따른 과학관시설운영사업에 직접 사용할 목적으로 부동산을 취득하는 경우에는 중과세를 적용하지 아니한다.

16) 도시형공장을 경영하는 사업

「산업집적활성화 및 공장설립에 관한 법률」 제28조에 따른 도시형공장을 경영하는 사업에 직접 사용할 목적으로 부동산을 취득하는 경우에는 중과세를 적용하지 아니한다.

17) 중소기업창업 지원 사업

「중소기업창업지원법」 제10조에 따라 등록한 중소기업창업투자회사가 중소기업창업 지원을 위하여 수행하는 사업에 직접 사용할 목적으로 부동산을 취득하는 경우에는 중과세를 적용하지 아니한다. 다만, 법인설립 후 1개월 이내에 같은 법에 따라 등록하는 경우만 해당한다.

18) 석탄산업합리화 사업

「광산피해의 방지 및 복구에 관한 법률」 제31조에 따라 설립된 한국광해관리공단이 석탄산업합리화를 위하여 수행하는 사업에 직접 사용할 목적으로 부동산을 취득하는 경우에는 중과세를 적용하지 아니한다.

19) 소비자보호 사업
「소비자기본법」 제33조에 따라 설립된 한국소비자원이 소비자 보호를 위하여 수행하는 사업에 직접 사용할 목적으로 부동산을 취득하는 경우에는 중과세를 적용하지 아니한다.

20) 건설공제사업
「건설산업기본법」 제54조에 따라 설립된 공제조합이 건설업을 위하여 수행하는 사업에 직접 사용할 목적으로 부동산을 취득하는 경우에는 중과세를 적용하지 아니한다.

21) 엔지니어링 공제사업
「엔지니어링산업진흥법」 제34조에 따라 설립된 공제조합이 그 설립 목적을 위하여 수행하는 사업에 직접 사용할 목적으로 부동산을 취득하는 경우에는 중과세를 적용하지 아니한다.

22) 대한주택보증주식회사가 주택건설업을 위하여 수행하는 사업
「주택법」 제76조에 따라 설립된 대한주택보증주식회사가 주택건설업을 위하여 수행하는 사업에 직접 사용할 목적으로 부동산을 취득하는 경우에는 중과세를 적용하지 아니한다.

23) 할부금융업
「여신전문금융업법」 제2조 제12호에 따른 할부금융업에 직접 사용할 목적으로 부동산을 취득하는 경우에는 중과세를 적용하지 아니한다.

24) 실내경기장·운동장 및 야구장 운영업

「통계법」 제22조에 따라 통계청장이 고시하는 한국표준산업분류에 따른 실내경기장·운동장 및 야구장 운영업에 직접 사용할 목적으로 부동산을 취득하는 경우에는 중과세를 적용하지 아니한다.

25) 기업구조조정전문회사가 수행하는 사업

「산업발전법」(법률 제9584호 산업발전법 전부개정법률로 개정되기 전의 것을 말한다) 제14조에 따라 등록된 기업구조조정전문회사가 그 설립 목적을 위하여 수행하는 사업에 직접 사용할 목적으로 부동산을 취득하는 경우에는 중과세를 적용하지 아니한다. 다만, 법인 설립 후 1개월 이내에 같은 법에 따라 등록하는 경우만 해당한다.

26) 청소년단체 등이 수행하는 사업

「지방세특례제한법」 제21조 제1항에 따른 청소년단체, 같은 법 제45조 제1항에 따른 학술연구단체·장학단체·과학기술진흥단체 및 같은 법 제52조 제1항에 따른 문화예술단체·체육진흥단체가 그 설립 목적을 위하여 수행하는 사업에 직접 사용할 목적으로 부동산을 취득하는 경우에는 중과세를 적용하지 아니한다.

27) 중소기업진흥 사업

「중소기업진흥에 관한 법률」 제69조에 따라 설립된 회사가 경영하는 사업에 직접 사용할 목적으로 부동산을 취득하는 경우에는 중과세를 적용하지 아니한다.

28) 조합의 정비사업

「도시및주거환경정비법」 제18조에 따라 설립된 조합이 시행하는 같은 법 제2조 제2호의 정비사업에 직접 사용할 목적으로 부동산을 취득하는 경우에는 중과세를 적용하지 아니한다.

29) 방문판매 공제조합의 사업

「방문판매 등에 관한 법률」 제38조에 따라 설립된 공제조합이 경영하는 보상금지급책

임의 보험사업 등 같은 법 제37조 제1항 제3호에 따른 공제사업에 직접 사용할 목적으로 부동산을 취득하는 경우에는 중과세를 적용하지 아니한다.

30) 한국주택금융공사의 사업

「한국주택금융공사법」에 따라 설립된 한국주택금융공사가 같은 법 제22조에 따라 경영하는 사업에 직접 사용할 목적으로 부동산을 취득하는 경우에는 중과세를 적용하지 아니한다.

31) 주택임대사업

「임대주택법」 제6조에 따라 등록을 한 임대사업자가 경영하는 주택임대사업에 직접 사용할 목적으로 부동산을 취득하는 경우에는 중과세를 적용하지 아니한다. 다만, 「주택법」 제80조의 2 제1항에 따른 주택거래신고지역에서 매입임대주택사업을 하기 위하여 취득하는 임대주택은 중과세제외하지 않는다.

32) 전기공사공제조합의 사업

「전기공사공제조합법」에 따라 설립된 전기공사공제조합이 전기공사업을 위하여 수행하는 사업에 직접 사용할 목적으로 부동산을 취득하는 경우에는 중과세를 적용하지 아니한다.

33) 소방산업공제조합의 사업

「소방산업의 진흥에 관한 법률」 제23조에 따른 소방산업공제조합이 소방산업을 위하여 수행하는 사업에 직접 사용할 목적으로 부동산을 취득하는 경우에는 중과세를 적용하지 아니한다.

〈사례〉 유통산업인 '슈퍼마켓' 용도로 사용하는 부동산은 등록세 중과 제외 대상임

연쇄화사업자 지정을 받지 않고 도·소매업 개설허가를 받지도 아니하고 영업활동을 하고 있으므로 구「지방세법 시행령」 제101조 제1항 제8호 및 제9호의 규정에 의한 등록

세 중과 제외업종에 해당되지 않는다고 보아 등록세를 중과세하였으나, 1996년 3월 1일 유통산업근대화촉진법이 유통산업합리화촉진법으로 개정 시행되면서, 부칙 제3항에서 "이 법 시행 당시 다른 법령에서 유통산업근대화촉진법을 인용한 경우에는 이 법을 인용한 것으로 본다"라고 규정하고 있으므로 유통산업합리화촉진법에 의한 유통산업에 해당되는 경우 구「지방세법 시행령」제101조 제1항 제9호의 규정에 의한 등록세 중과 제외업종에 해당되는 것으로 보아야 할 것이며, 통상산업부에서도 슈퍼마켓이 유통산업에 해당된다고 질의회신(유통55160-327, 1996.08.06)하고 있으므로, 비록 청구인이 구「지방세법 시행령」제101조 제1항 제8호의 규정에 의거 연쇄화사업자로 지정을 받지 아니하고 도·소매업 개설허가를 받지 않았다고 하더라도 유통산업합리화촉진법에 의한 유통산업 용도로 사용하고 있는 경우에는 등록세 중과대상에서 제외하여야 할 것이다 (지방세심사99-628, 1999.10.27).

〈사례〉 유통산업 지원시설

자동차판매시설 내에 자동차부분정비업을 등록하여 사용하고 있는 경우「유통산업발전법」에 의한 유통산업의 지원시설에 포함되어 등록세가 중과되지 아니한다(경정)(지방세심사2006-351, 2006.08.28).

〈사례〉 영화상영관이 사회기반시설업에 해당하는지의 여부

'「문화예술진흥법」제2조 제1항 제3호의 규정에 의한 문화시설'을 들고 있고, 구「문화예술진흥법」제2조 제1항 제3호, 같은 조 제2항, 구「문화예술진흥법시행령」제2조 [별표1] 제1호 나목은 영화상영관(「영화 및 비디오물의 진흥에 관한 법률」에 따른 영화를 상영하는 공연장)을 문화시설 중 하나로 규정하고 있다. 문화시설인 영화상영관을 운영하는 사업에 관한 등기로서 구「지방세법 시행령」제101조 제1항 제3호에 따라 등록세 중과세가 면제된다(서울고법2012누39812, 2013.08.21).

구「지방세법」제138조 제1항 단서 및 같은 법 시행령 제101조 제1항은 대도시 내 법인 중과세에 대하여 '업종'에 의한 예외를 규정하고 있는 반면, 사회기반시설사업이 구「민간투자법」이 정한 방식과 절차에 따라 시행되는지 여부는 특정 '업종'과는 직접적인 관련이 없는 점, 구 「민간투자법」 제2조 제1호 각목은 사회기반시설의 하나로 문화시설 외에도 가스공급시설, 노외주차장, 보육시설 등을 규정하고 있는데, 위와 같은 시설은 대도시 내에 그 설치가 반드시 필요하므로 이러한 시설사업의 확충을 정책적으로 권장할 필요가 있는 점, 한편 구 「민간투자법」은 제2조 제1호 각목에 열거된 사회기반시설 중 공익성이 담보된 시설과 상업적 성격의 시설 사이에 공공성의 경중 등 성격상 차이를 인정하지 않고 수익성을 보장하는 조치나 특례를 제공함에 있어서 양자를 동일한 차원에서 취급하고 있는 점 등에 비추어 보면, 구 「민간투자법」이 정한 방식과 절차에 따라 시행되거나 공익성이 뚜렷한 사회기반시설사업에 한하여 중과세가 면제된다고 보기는 어렵다.

〈사례〉 영화상영관이 공연장에 해당하는지의 여부

영화상영관으로 사용 중인 쟁점건축물은 「공연법」의 규정에 의한 공연장에 해당하지 아니할 뿐만 아니라, 「문화예술진흥법시행령」에서 영화상영관은 공연장에서 제외하도록 규정하고 있는 점에 비추어 볼 때, 쟁점건축물을 등록세 중과세 제외되는 공연장 등 문화예술시설로 보기 어렵다 할 것이다(기각)(조심2011지542, 2012.04.12).

「공연법」에 의한 공연장 등 문화예술시설 운영사업은 대도시 내 법인의 등록세 중과세 대상에 제외된다고 규정하고 있고, 「공연법」 제2조 제1호에서 '공연'이라 함은 음악·무용·연극·연예· 국악·곡예 등 예술적 관람물을 실연에 의하여 공중에게 관람하도록 하는 행위를 말한다고 규정하고 있으며, 같은 법 시행령 제1조의 2에서 '공연장'이란 공연을 주된 목적으로 설치하여 운영하는 시설로서 연 90일 이상 또는 계속하여 30일 이상 공연에 제공할 목적으로 설치하여 운영하는 시설을 말한다고 규정하고 있으며, 「문화예술진흥법시행령」 [별표1]에서 공연장은 「공연법」 제2조 제4호에 따른 공연장을 말하되 영화상영관은 제외한다고 규정하고 있다.

영화는 일정한 의미를 갖고 움직이는 대상을 촬영한 필름 등을 영사기로 화면에 재현하여 공중에게 관람하도록 하는 예술로서 음악·무용 등 예술적 관람물을 실연에 의하여 관람하도록 하는 공연과는 그 성격이 다른 점, 「문화예술진흥법시행령」 [별표1]에서 영화상영관을 공연장에서 제외하도록 규정하고 있는 점, 조세법규는 특별한 사정이 없는 한 법문대로 해석하여야 하고 합리적인 이유 없이 확장해석하거나 유추해석하는 것은 허용되지 아니하는 점 등을 종합하여 볼 때, 영화상영관은 「지방세법 시행령」 제101조 제1항 16호에서 규정한 「공연법」에 의한 '공연장 등'과는 다른 문화시설이라 할 것이므로 대도시 내 법인의 등록세 중과세 제외 대상인 '공연장 등'에 영화상영관이 포함된다고 볼 수도 없다.

〈사례〉 주택건설사업자의 3년 내 미사용

「지방세법」 제138조 제1항 및 같은 법 시행령 제102조 제1항 제5호에서 대도시 내 법인이 그 설립일부터 5년 이내에 취득하는 부동산의 등기에 대한 등록세는 표준세율의 3배로 중과세하되, 「주택법」 제9조의 규정에 의하여 국토해양부에 등록된 주택건설사업자가 주택건설용으로 사용하기 위하여 취득·등기하는 부동산으로서 부동산을 취득한 후 3년 이내에 주택건설에 착공하는 경우에는 등록세 중과세 대상에서 제외한다고 규정하고 있고, 같은 법 시행령 제102조 제2항에서 주택건설사업자가 당해 업종에 사용하기 위하여 취득한 재산을 그 등기 또는 등록일로부터 정당한 사유 없이 3년이 경과할 때까지 당해 업종에 직접 사용하지 아니하는 경우 그 해당부분에 대하여는 등록세를 3배 중과세한다고 규정하고 있다.

위 규정에서 말하는 '정당한 사유'라 함은 법령에 의한 금지·제한 등 그 법인이 마음대로 할 수 없는 외부적인 사유는 물론 당해 법인이 토지를 고유업무에 사용하기 위한 진지한 노력을 다하였는지의 여부, 행정관청의 귀책사유가 가미되었는지 여부 등을 아울러 참작하여 구체적인 사안에 따라 개별적으로 판단하여야 할 것이다.

청구법인은 처분청의 주택건설 심의기간이 장기화되고 시공사의 워크아웃 등의 사정으로 유예기간으로 경과한 것이므로 이는 유예기간 내 공동주택을 신축할 수 없는 정당한 사유에 해당된다고 주장하고 있으나, 사업시행자인 A가 ○○으로부터 ○○정비사업 추진계획 승인을 받은 날(2009.02.19) 이후부터는 이 건 토지상에 주상복합건축물(공동주택 등)을 신축하는 데 법령 또는 행정관청의 제한은 없었다고 보이는 점, 청구법인의 자금난이나 공동주택을 시공하기로 한 A의 워크아웃으로 시공사를 재선정하는 문제 등은 청구법인이 어떻게 할 수 없는 외부적 사유라기보다는 청구법인의 내부 문제에 불과한 점, 청구법인이 이 건 토지를 취득·등기한 후 유예기간이 경과할 때까지 공동주택 신축을 위한 시공사조차 재선정하지 못한 점 등을 종합하여 볼 때, 청구법인이 이 건 토지를 유예기간 내 주택건설용으로 사용하지 못한 데 법령의 제한 등 정당한 사유가 있다거나 청구법인이 유예기간 내에 이 건 토지상에 공동주택을 신축하고자 정상적인 노력을 다하였음에도 그 시간이 부족하여 공동주택을 신축하지 못한 것이라고 보기는 어렵다고 판단된다(조심2011지967, 2012.03.30).

〈사례〉 은행 지점빌딩의 일부 임대

「지방세법 시행령」 제101조 제1항 제10호 규정에 의하여 정부출자법인(국가 또는 지방자치단체가 납입자본금의 20이상을 직접 출자한 법인에 한함)이 영위하는 사업은 대도시 내 등록세 중과업종에 제외되는 것인 바, 부동산임대업이 한국A은행이 영위하는 사업으로 볼 수 있는지 여부에 있어 「은행법」 제18조 제2항 규정에 의한 은행감독원의 금융기관일반업무감독규정에서 부동산임대업을 은행업무로 규정하고 있으므로 질문의 경우 부동산임대업도 귀 은행이 영위하는 사업으로 보아 등록세 중과대상에서 제외된다(세정13407-1030, 1996.09.04).

〈사례〉 주상복합건물의 상가시설과 그 부속토지

주상복합건물 중 상가시설이 포함된 부분에 대한 부속토지는 주택건설용으로 취득·등기된 것이 아니므로 중과세대상이 된다(지방세심사2007-270, 2007.05.28).

「주택법」 제9조에 의하여 관할관청에 등록된 주택건설사업에 대하여는 취득 후 3년 이내에 주택건설에 착공한 다음 주택건설용으로 취득·등기하는 부동산에 한하여 중과세제외업종으로 규정하고 있는 바, 위 규정에서 중과세예외취지는 주택건설사업자로 하여금 주택의 건설기준이나 규모, 주택의 공급조건, 방법 및 절차에 관하여 엄격한 기준을 설정하여 이를 준수하게 하는 등의 규제를 함과 아울러 주택건설을 촉진함으로써 대도시 내의 무주택 국민의 주거생활의 안정을 도모하고 그 주거수준의 향상을 기하는 데 있다고 할 것이고(대법원 1995.06.16 선고, 95누2395 판결 참조), 이러한 규정 취지에 비추어 여기서 말하는 주택건설용 부동산에는 주택 외에 주택건설관련 법규에서 주택단지에 필수적인 시설로 규정한 부대 및 복리시설도 포함된다 할 것이나, 그 밖의 부대복리시설 등은 관계당국의 사업승인을 받아 설치한 것이라 하더라도 포함할 수 없다(대법원 1997.11.11 선고, 97누7899 판결)고 하고 있으며, 주상복합건축물중 상가시설이 포함된 부분에 대한 부속토지는 주택건설용으로 취득·등기된 것이 아니므로 중과세 대상이 된다고 할 것(행정자치부 심사결정 제2006-1052호, 2006.11.27 등)이다.

근린생활시설인 상가를 공동주택단지 내 필수 부대 및 복리시설로서의 주택건설용 부동산으로 볼 수 있는지를 보면, 구「주택건설촉진법」제3조 제6호 및 제7호, 구주택건설기준등에관한규정 제4조 및 제5조에서 부대 및 복리시설에 대한 종류를 유사시설별로 구분한 다음 같은 규정 제6조의 주택단지 내 설치되는 위 부대 및 복리시설에 대하여 같은 규정 제25조 내지 제55조에서 종류별로 설치기준을 세분하여 의무적으로 설치하도록 규정하고 있지만, 근린생활시설에 대하여는 같은 규정 제50조에서 단지 설치기준만 규정한 것에 미루어 의무적으로 설치하여야 하는 복리시설로 보기는 그 상당성이 없다고 할 것이므로, 상가는 주택건설사업용 부동산으로 볼 수 없어 그 대지권 면적과 함께 취득세의 중과세 대상에 포함된다.

〈사례〉 대도시 내 공장의 신·증설(아파트형공장)

대도시 내로 법인전입 후 5년 내에 아파트형공장 신축·분양목적 토지취득은 '공장신·증설'은 적용안되나 '5년 내 취득하는 부동산등기'로서 취득세 중과된다(내심96-444, 1996.11.27).

공장의 범위는 「법인세법 시행규칙」[별표2]에 규정된 업종의 공장(산업집적활성화 및 공장설립에 관한 법률 제28조에 따른 도시형 공장은 제외)으로서 생산설비를 갖춘 건축물의 연면적(옥외에 기계장치 또는 저장시설이 있는 경우에는 그 시설의 수평투영 면적을 포함한다)이 500㎡ 이상인 것을 말하는 바, 여기에서 도시형 업종에 대하여 등록세 중과대상에서 제외하는 취지가 이러한 업종을 수행하는 법인이 취득·등기한 공장에 대하여는 인구집중과 공해유발 등을 일으키는 일반 공장과는 달리 공해발생 빈도가 낮고 시민생활과 밀접한 관계가 있으므로 도시형 업종을 영위하는 법인이 취득·등기하는 부동산에 대하여 등록세를 중과세하지 않겠다는 것이므로, 아파트형 공장 신축·분양 목적으로 토지를 취득한 경우는 「지방세법」제138조 제1항 제4호(대도시 내 공장 신·증설에 따른 부동산등기)의 규정 적용대상이 아니라, 「지방세법」에 달리 등록세중과 제외대상으로 규정되어 있지 아니한 이상 대도시 내 법인전입 후 5년 이내에 취득하는 부동산등기로 보아 등록세 등을 중과세한 처분은 적법하다 하겠다.

〈사례〉 도시형업종 공장

도시형업종 공장의 신·증설에 따른 부동산등기는 등록세 중과대상에서 제외되며, 그 경우 등기 당시 부동산을 실제 도시형업종 공장으로 사용해야 하는 것은 아니다(대법95 누13623, 1996.10.15).

도시형업종 공장의 신·증설은 「지방세법」 제13조 제1항 및 제2항의 취득세 중과대상으로부터도 제외되는 것이며, 도시형업종 공장의 신·증설에 따른 부동산등기라는 것은 그 등기 대상 부동산의 취득목적이 도시형업종 공장의 신·증설에 있으면 되는 것이지 등기 당시 그 부동산을 도시형업종 공장의 건축물 및 부속토지 등으로 사용하였음을 요하는 것은 아니다.

〈사례〉 유통산업

취득건물의 사용용도가 판매 및 유통시설인 보관, 배송, 포장을 위한 장소에 해당되고 판매행위를 주업으로 하는 전자상거래업의 경우 취득 건물 중 상품의 판매와 이를 지원하는 용역의 제공에 직접 사용되는 부분은 유통산업용 부동산에 해당한다(지방세운영-1985, 2011.04.29).

「부가가치세법」상 사업장을 설치하지 아니하고 타 제조업자에게 위탁가공 또는 외주가공하여 판매하는 사업은 판매업으로서 형태에 따라 도매업 또는 소매업에 해당된다고(부가가치세법 통칙 1-2-6) 규정하고 있으며, 한국표준산업분류표(통계청고시 제2007-53호, 2007.12.28)에서 전자상거래업(52811) 및 화장품 도·소매업(51452, 52320)은 유통산업으로 분류되나, 제조업체가 전자상거래 방식으로 제조한 제품을 판매하는 경우는 유통산업이 아닌 제조업으로 분류된다.

법인등기부상 화장품 제조업, 인터넷 판매업 및 도·소매업을 겸업하는 대도시 내 신설법인이 자신이 제조설비를 갖추지 않고 타인에게 자신의 상호로 주문생산한 제품을 납품받아 이를 인터넷쇼핑몰을 통해 판매하면서, 대다수 인적·물적자원이 인터넷쇼핑몰 운영과 제품의 보관, 포장, 배송에 투입되어 있다면 당해 법인은 전자 상거래업 또는 도·소매업을 주업으로 하는 법인이라 볼 수 있다. 따라서 취득건물의 사용용도가 판매 및 유통시설인 보관, 배송, 포장을 위한 장소에 해당되고, 회사의 사업형태가 실질적인 판매행위를 주업으로 하는 전자상거래업의 경우, 법인등기부등본 등에 제조업이 함께 등재되어 있다하더라도 취득 건물 중 상품의 판매와 이를 지원하는 용역의 제공에 직접 사용되는 부분은 유통산업용 부동산에 해당된다 할 것이다.

3. 사원주거용 목적 부동산

법인이 사원에 대한 분양 또는 임대용으로 직접 사용할 목적으로 대통령령이 정하는 주거용 부동산을 취득하는 경우 취득세 중과세대상에서 제외된다. '대통령령으로 정하는 주거용 부동산'이란 1구(1세대가 독립하여 구분 사용할 수 있도록 구획된 부분을 말한다)의 건축물의 연면적(전용면적을 말한다)이 60㎡ 이하인 공동주택 및 그 부속토지를 말한다.

Ⅵ. 추징

중과세 제외대상에 포함되어 표준세율로 과세한 경우라도 다음의 어느 하나에 해당하는 경우 그 해당 부분에 대하여는 중과세를 적용한다. 즉, 중과제외업종에 직접 사용할 목적으로 취득한 부동산은 일정기간 이내에 직접사용하지 않는 경우 또는 다른 용도로 사용·겸용한 경우에는 중과세를 적용한다. 그리고 중과제외업종에 2년 이상을 직접사용하여야 하며, 2년 미만 사용하고 매각하거나 다른 용도에 사용·겸용하는 경우에는 중과세를 적용한다.

1. 중과제외대상에 사용하지 않은 경우

① 정당한 사유 없이 부동산 취득일부터 1년이 경과할 때까지 대도시중과제외업종에 직접 사용하지 아니하는 경우.

② 정당한 사유 없이 부동산 취득일부터 1년이 경과할 때까지 사원주거용목적부동산으로 직접 사용하지 아니하는 경우.

③ 부동산 취득일부터 1년 이내에 다른 업종이나 다른 용도에 사용·겸용하는 경우.

④ 주택건설사업을 위하여 취득한 부동산을 3년이 경과할 때까지 주택건설사업에 직접사용하지 아니하거나 다른 용도에 사용·겸용하는 경우.

2. 2년 이상 미사용 후 매각 또는 다른 용도에 사용

① 부동산 취득일부터 2년 이상 해당 업종 또는 용도에 직접 사용하지 아니하고 매각하는 경우.

② 부동산 취득일부터 2년 이상 해당 업종 또는 용도에 직접 사용하지 아니하고 다른 업종이나 다른 용도에 사용·겸용하는 경우.

이는 중과제외업종에 직접사용을 목적으로 취득한 부동산은 최소한 2년이상은 중과제외업종에 직접사용하여야 한다는 것으로서, 2년 미만 사용하고 매각하거나 다른 업종에 사용·겸용한 경우에는 중과세를 적용한다는 것이다.

여기서 2년 이상 중과제외업종에 사용하는 것은 계속하여 사용하여야 한다는 규정은 없으므로 총 사용기간이 2년 이상이면 되는 것으로 보인다. 또한 다른 업종 또는 다른 용도라 함은 중과세제외업종 이외의 업종이나 용도라고 보아야 할 것이다.

3. 추징제외업종

임대가 불가피하다고 인정되는 업종에 대하여는 직접 사용하는 것으로 본다. 임대가 불가피하다고 인정되는 업종이란 다음 중 어느 하나에 해당하는 업종을 말한다.

① 전기통신사업:「전기통신사업법」에 따른 전기통신사업자가 같은 법 제41조에 따라 전기통신설비 또는 시설을 다른 전기통신사업자와 공동으로 사용하기 위하여 임대하는 경우로 한정한다.

② 유통산업, 농수산물도매시장·농수산물공판장·농수산물종합유통센터·유통자회사 및 가축시장:「유통산업발전법」등 관계 법령에 따라 임대가 허용되는 매장 등의 전부 또는 일부를 임대하는 경우 임대하는 부분에 한정한다.

Chapter 06 | 공장의 신·증설에 따른 중과세

Ⅰ. 개요

대도시 내로의 인구집중을 억제하고 공해확산을 방지하고자 과밀억제권역에서 공장을 신설하거나 증설하기 위하여 사업용 과세물건을 취득하는 경우에 취득세를 중과세한다.

취득세와 등록세가 통합되기 전에는 공장의 신·증설과 관련하여 취득세의 중과규정이 있었으며, 또한 등록세의 중과세규정이 있었다. 이후 취득세와 등록세가 통합되면서 취득세의 중과규정은 「지방세법」 제13조 제1항으로, 등록세가 중과되던 부분은 동법 동조 제2항에 규정하였다. 그러므로 이와 같이 동일한 취득에 대하여 분리되어 규정되어 있는 중과세규정의 공통점과 상이한 점을 면밀히 검토하여 세율을 적용하여야 할 것이다.

공장의 신·증설 중과세의 비교

구분	과거 취득세 중과(지방세법 제13조 제1항)	과거 등록세 중과(지방세법 제13조 제2항)
중과세지역 (동일지역임)	과밀억제권역에서 산업단지, 유치지역, 공업지역제외	대도시(과밀억제권역에서 산업단지제외)에서 유치지역, 공업지역제외
목적(동일)	공장의 신·증설	공장의 신·증설
중과 물건	공장용 건축물과 그 부속토지 공장용 차량 및 기계장비(5년내)	부동산
기한(세율적용)	기한없음 (취득 후 5년 내 공장 신·증축시 중과)	기한없음 (취득 후 5년 내 공장 신·증축시 중과)
세율	표준세율＋중과기준세율(2%)의 2배	표준세율 × 3배 − 중과기준세율(2%)의 2배
중과제외	중과제외업종 없음	대도시 중과 제외 업종 있음(추징사유발생)
동시적용	표준세율의 3배	

Ⅱ. 공장

1. 공장의 범위

공장의 범위는 「지방세법」 시행규칙 [별표2]에 규정된 업종의 공장(「산업집적활성화 및 공장설립에 관한 법률」 제28조에 따른 도시형 공장은 제외)으로서 생산설비를 갖춘 건축물의 연면적(옥외에 기계장치 또는 저장시설이 있는 경우에는 그 시설의 수평투영 면적을 포함)이 500㎡ 이상인 것을 말한다.

이 경우 건축물의 연면적에는 해당 공장의 제조시설을 지원하기 위하여 공장 경계 구역 안에 설치되는 부대시설의 연면적을 포함한다. 다만, 부대시설에는 식당, 휴게실, 목욕실, 세탁장, 의료실, 옥외 체육시설 및 기숙사 등 종업원의 후생복지증진에 제공되는 시설과 대피소, 무기고, 탄약고 및 교육시설은 제외한다.

2. 공장에 해당하는 업종

공장은 「지방세법 시행규칙」 [별표2]에 규정된 업종의 공장이다.

관련법령

「지방세법 시행규칙」 [별표2] 공장의 종류(제7조 제1항 관련)(※대분류만 기술)

1. 음식료품 제조업

2. 담배 제조업

3. 섬유제품 제조업

4. 의복 및 모피제품 제조업

5. 가죽, 가방, 마구류 및 신발제조업

6. 목재 및 나무제품 제조업(가구 제외)

---

7. 펄프, 종이 및 종이제품 제조업

8. 출판, 인쇄 및 기록매체 복제업

9. 코크스, 석유 정제품 및 핵연료 제조업

10. 화합물 및 화학제품 제조업

11. 고무 및 플라스틱제품 제조업

12. 비금속 광물제품 제조업

13. 제1차 금속 산업

14. 조립금속제품 제조업(기계 및 장비는 제외한다)

15. 달리 분류되지 아니한 기계 및 장비 제조업

16. 사무, 계산 및 회계용 기계 제조업

17. 달리 분류되지 아니한 전기기계 및 전기 변환장치 제조업

18. 영상, 음향 및 통신장비 제조업

19. 의료, 정밀, 광학기기 및 시계 제조업

20. 자동차 및 트레일러 제조업

21. 기타 운송장비 제조업

22. 가구 및 기타 제조업

23. 재생재료 가공처리업

24. 전기, 가스 및 증기업

25. 수도사업

26. 기타 광업 및 채석업

27. 자동차 수리업

28. 다음 각 목에 해당하는 것은 제1호부터 제27호까지의 공장의 종류에서 제외한다. 다만, 가목부터 마목까지 및 아목은 법 제13조 제1항 및 제2항과 이 규칙 제7조에 따라 취득세를 중과세할 경우에는 「국토의 계획 및 이용에 관한 법률」 등 관계 법령에 따라 공장의 설치가 금지 또는 제한되지 아니한 지역에

558

한정하여 공장의 종류에서 제외하고, 법 제111조, 영 제110조 및 이 규칙 제
56조에 따라 재산세를 중과세하는 경우와 「지방세특례제한법」 제78조에 따
라 취득세 등을 감면하는 경우에는 공장의 종류에서 제외하지 아니한다.

가. 가스를 생산하여 도관에 의하여 공급하는 것을 목적으로 하는 가스업

나. 음용수나 공업용수를 도관에 의하여 공급하는 것을 목적으로 하는 상수도업

다. 차량 등의 정비 및 수리를 목적으로 하는 정비·수리업

라. 연탄의 제조·공급을 목적으로 하는 연탄제조업

마. 얼음제조업

바. 인쇄업. 다만, 「신문 등의 진흥에 관한 법률」에 따라 등록된 신문 및 「뉴스통신
진흥에 관한 법률」에 따라 등록된 뉴스통신사업에 한정한다.

사. 도관에 의하여 증기 또는 온수로 난방열을 공급하는 지역난방사업

아. 전기업(변전소 및 송·배전소를 포함한다)

3. 공장에서 제외되는 도시형 공장

공장에서 제외되는 도시형 공장은 「산업집적활성화 및 공장설립에 관한 법률」 제28조
에 따른 도시형 공장을 말한다. 「산업집적활성화 및 공장설립에 관한 법률」에서 규정하
는 '공장'이란 건축물 또는 공작물, 물품제조공정을 형성하는 기계·장치 등 제조시설과
그 부대시설('제조시설 등'이라 한다)을 갖추고 대통령령으로 정하는 제조업을 하기 위
한 사업장으로서 대통령령으로 정하는 것을 말한다(산업집적활성화 및 공장설립에 관
한 법률 제2조 제1호).

그러므로 공장에서 제외되는 도시형 공장에 해당되기 위해서는 그 공장이 동법에 의
한 공장의 요건에 해당하여야 하므로 일단은 그 업종이 제조업이어야 한다.

산업집적활성화 및 공장설립에 관한 법률 제28조(도시형공장)

산업통상자원부장관은 첨단산업의 공장, 공해발생정도가 낮은 공장 및 도시민생활과 밀접한 관계가 있는 공장등을 대통령령으로 정하는 바에 따라 도시형공장으로 지정할 수 있다.

산업집적활성화 및 공장설립에 관한 법률 시행령 제34조(도시형공장의 구분 및 범위)

법 제28조에 따른 도시형공장은 다음 각 호의 어느 하나에 해당하는 공장(이하 "도시형공장"이라 한다)으로 한다.

1. 다음 각 목의 어느 하나에 해당하는 공장 외의 공장

가. 「대기환경보전법」 제2조 제9호에 따른 특정대기유해물질을 배출하는 대기오염물질배출시설을 설치하는 공장

나. 「대기환경보전법」 제2조 제11호에 따른 대기오염물질배출시설을 설치하는 공장으로서 같은 법 시행령 별표 10의 1종사업장부터 3종사업장까지에 해당하는 공장. 다만, 연료를 직접 사용하지 아니하는 공장은 제외한다.

다. 「수질 및 수생태계 보전에 관한 법률」 제2조 제8호에 따른 특정수질유해물질을 배출하는 폐수배출시설을 설치하는 공장. 다만, 「수질 및 수생태계 보전에 관한 법률 시행령」 제33조 제2호에 따라 폐수를 전량 위탁처리하는 공장은 제외한다.

라. 「수질 및 수생태계 보전에 관한 법률」 제2조 제10호에 따른 폐수배출시설을 설치하는 공장으로서 같은 법 시행령 별표 13의 1종사업장부터 4종사업장까지에 해당하는 공장

2. 별표 4에 해당하는 업종을 경영하는 공장으로서 제1호에 따른 공장에 해당하지 아니하는 공장(「환경영향평가법」 제22조에 따른 환경영향평가대상사업의 범위에 해당하는 공장만 해당한다)

해당 업종(제34조 제2호 관련)

분류번호	업종명
26110	전자직접회로 제조업
26120	다이오드, 트랜지스터 및 유사 반도체소자 제조업
26211	액정 평판 디스플레이 제조업
26294	전자카드 제조업
26296	전자접속카드 제조업
26322	컴퓨터 모니터 제조업
26323	컴퓨터 프린터 제조업
26329	기타 주변기기 제조업
26410	유선통신장비 제조업
2642	방송장비 제조업
26422	이동전화기 제조업
26429	기타 무선 통신장비 제조업
26511	텔레비전 제조업
26519	비디오 및 기타 영상기기 제조업
26521	라디오, 녹음 및 재생기기 제조업
26529	기타 음향기기 제조업
27329	기타공학기기 제조업
31310	항공기, 우주선 및 보조장치 제조업

Ⅲ. 중과세가 제외되는 공장

다음의 어느 하나에 해당하는 경우에는 중과세 대상에서 제외한다(지방세법 시행규칙 제7조 제2항 제2호).

1. 포괄적 승계취득

기존 공장의 기계설비 및 동력장치를 포함한 모든 생산설비를 포괄적으로 승계취득하는 경우 중과세 대상에서 제외한다. 따라서 경락에 의해 대도시 내 기존공장의 부동산, 기계설비 및 동력장치를 포괄적으로 승계한 경우에도 취득세 중과대상에서 제외된다.

이때 기존 공장의 토지, 건축물, 생산설비를 포괄적으로 그대로 승계하거나 시설규모를 축소하여 승계취득하는 경우에는 포괄승계취득으로 보나, 기존 공장의 승계취득시 기계설비를 제외한 공장대지 및 건물과 동력장치만을 양수한 경우는 포괄승계취득으로 보지 아니한다.

또한 타인소유의 토지와 건축물에 설치된 공장을 그 토지와 건축물은 임대인으로부터, 그 기계장치는 소유자로부터 취득한 경우에도 중과세에서 제외한다(지방세법 기본통칙 13-3).

2. 기존공장 폐쇄 후 이전

해당 과밀억제권역에 있는 기존 공장을 폐쇄하고 해당 과밀억제권역의 다른 장소로 이전한 후 해당 사업을 계속하는 경우 중과세 대상에서 제외한다. 다만, 타인 소유의 공장을 임차하여 경영하던 자가 그 공장을 신설한 날부터 2년 이내에 이전하는 경우 및 서울특별시 외의 지역에서 서울특별시로 이전하는 경우에는 그러하지 아니하다. 이때 동일 대도시권 내에서 기존 공장의 시설 일체를 매각하고 이전하는 경우 이전지에서는 공장의 신설로 봄으로(지방세법 기본통칙 13-3) 중과세 제외대상에 해당되지 아니한다.

3. 공장의 업종변경

기존 공장(승계취득한 공장을 포함한다)의 업종을 변경하는 경우 중과세 대상에서 제외한다.

4. 기존공장 철거 후 재축

기존 공장을 철거한 후 1년 이내에 같은 규모로 재축(건축공사에 착공한 경우를 포함한다)하는 경우 중과세 대상에서 제외한다.

5. 과밀억제권역으로 편입되는 지역

행정구역변경 등으로 새로 과밀억제권역으로 편입되는 지역은 편입되기 전에 「산업집적활성화 및 공장설립에 관한 법률」 제13조에 따른 공장설립 승인 또는 건축허가를 받은 경우 중과세 대상에서 제외한다.

6. 취득 후 5년 경과 후 공장 신·증설

토지를 취득한 날부터 5년 이상 경과한 후 공장을 신설하거나 증설하는 경우 그 토지는 중과세 대상에서 제외한다. 과밀억제권역 안에서 공장을 신설하거나 증설하는 경우에는 신설하거나 증설하는 공장용 건축물과 그 부속토지 등에 대하여 중과세한다.

다만, 토지를 취득한 날부터 5년 이상 경과한 후 공장을 신설하거나 증설하는 경우에는 토지에 대하여는 중과세하지 아니하나 공장용건축물에 대하여는 중과세한다. 또한 공장용건축물 및 그 부속토지를 취득한 날부터 5년이 경과한 후 공장을 증설한 경우라면 당해 부속토지는 취득세 중과세대상에서 제외되나 증축한 공장용건축물 부분은 공장증설로 보아 취득세를 중과세한다.

7. 차량 또는 기계장비를 노후 등의 사유로 대체취득

차량 또는 기계장비를 노후 등의 사유로 대체취득하는 경우 중과세 대상에서 제외한다. 다만, 기존의 차량 또는 기계장비를 매각하거나 폐기처분하는 날을 기준으로 그 전후 30일 이내에 취득하는 경우만 해당한다.

Ⅳ. 공장의 증설

공장의 증설이란 다음의 어느 하나에 해당하는 경우를 말한다.

① 공장용으로 쓰는 건축물의 연면적 또는 그 공장의 부속토지 면적을 확장하는 경우.

② 해당 과밀억제권역 안에서 공장을 이전하는 경우에는 종전의 규모를 초과하여 시설하는 경우.

③ 레미콘제조공장 등 차량 또는 기계장비 등을 주로 사용하는 특수업종은 기존 차량 및 기계장비의 100분의 20 이상을 증가하는 경우.

V. 중과세지역

「수도권정비계획법」 제6조에 따른 과밀억제권역 내에서의 공장의 신설이나 증설에 대하여 중과세한다. 다만, 과밀억제권역내의 다음에 해당하는 곳에서의 취득에 대하여는 중과세에서 제외한다.

1) 산업집적활성화 및 공장설립에 관한 법률을 적용받는 산업단지·유치지역

'산업단지'란 「산업입지 및 개발에 관한 법률」 제6조·제7조·제7조의 2 및 제8조에 따라 지정·개발된 국가산업단지, 일반산업단지, 도시첨단산업단지 및 농공단지를 말하고, '유치지역(誘致地域)'이란 공장의 지방이전 촉진 등 국가정책상 필요한 산업단지를 조성하기 위하여 「산업집적활성화 및 공장설립에 관한 법률」 제23조에 따라 지정·고시된 지역(지식기반산업집적지구)을 말한다.

2) 국토의 계획 및 이용에 관한 법률을 적용받는 공업지역

공업의 편익을 증진하기 위하여 필요한 지역으로서 국토교통부장관, 시·도지사 또는 「지방자치법」 제175조에 따른 서울특별시·광역시 및 특별자치시를 제외한 인구 50만 이상 대도시의 시장이 「국토의 계획 및 이용에 관한 법률」 법 제36조 제2항에 따라 도시·군관리계획으로 결정한 공업지역을 말한다. 이러한 공업지역은 다음과 같이 세분된다.

① 전용공업지역 : 주로 중화학공업, 공해성 공업 등을 수용하기 위하여 필요한 지역

② 일반공업지역 : 환경을 저해하지 아니하는 공업의 배치를 위하여 필요한 지역

③ 준공업지역 : 경공업 그 밖의 공업을 수용하되, 주거기능·상업기능 및 업무기능의 보완이 필요한 지역.

Ⅵ. 공장의 중과세 대상자산

1. 지방세법 제13조 제1항의 중과세가 적용되는 공장

공장을 신설하거나 증설하는 경우 다음 중 어느 하나에 해당하는 것에 대하여 중과세한다.

① 공장용 건축물과 그 부속토지: 「수도권정비계획법」 제6조 제1항 제1호에 따른 과밀억제권역(산업집적활성화 및 공장설립에 관한 법률의 적용을 받는 산업단지 및 유치지역과 국토의 계획 및 이용에 관한 법률의 적용을 받는 공업지역은 제외한다)에서 공장을 신설하거나 증설하는 경우에는 신설하거나 증설하는 공장용 건축물과 그 부속토지에 대하여 중과세한다.

② 공장용 차량 및 기계장비: 과밀억제권역에서 공장을 신설하거나 증설(이 경우의 증설은 건축물 연면적의 100분의 20 이상을 증설하거나 건축물 연면적 330㎡를 초과하여 증설하는 경우만 해당한다)한 날부터 5년 이내에 취득하는 공장용 차량 및 기계장비에 대하여 중과세한다.

2. 지방세법 제13조의 제2항이 적용되는 공장

공장을 신축·증축하는 경우의 부동산에 대하여 중과세한다. 부동산은 토지와 건축물을 말한다. 한편, 과밀억제권역에 설치가 불가피하다고 인정되는 대도시 중과제외 업종에 직접 사용할 목적으로 취득하는 부동산과 법인이 사원에 대한 분양 또는 임대용으로 직접 사용할 목적으로 사원주거용 목적 부동산을 취득하는 경우에는 중과세를 적용하

지 아니하고 표준세율로 과세한다.

VII. 중과세율

1. 지방세법 제13조 제1항의 중과세가 적용되는 공장

과밀억제권역 내에서 공장을 신설하거나 증설하기 위하여 사업용 과세물건을 취득하는 경우의 취득세율은 표준세율(지방세법 제11조 및 제12조의 세율)에 1,000분의 20(중과기준세율)의 100분의 200을 합한 세율을 적용한다.

※ 중과세율 = 표준세율 + 중과기준세율(2%)의 2배

공장의 신축·증축의 경우에는 대부분이 「지방세법」 제13조 제1항과 제13조의 제2항이 동시에 적용된다. 그러나 제13조 제2항에 의한 중과제외업종이나 사원주거용목적부동산의 경우 또는 제13조 제1항에서만 규정하는 공장용 차량 및 기계장비에 대해서는 과거 취득세만 중과세되므로 이러한 취득에 대하여는 표준세율에 중과기준세율의 2배를 더하여 중과세한다.

2. 지방세법 제13조의 제2항이 적용되는 공장

중과세대상 부동산을 취득하는 경우 취득세는 표준세율의 100분의 300에서 중과기준세율의 100분의 200을 뺀 세율을 적용한다.
※ 중과세율 = (표준세율 × 3배) − 중과기준세율(2%)의 2배

3. 지방세법 제13조 제1항과 지방세법 제13조 제2항이 동시에 적용되는 경우

공장의 신·증축시의 부동산에 대하여는 과거에 취득세와 등록세가 각각 중과세되었다. 취득세로 통합되면서 「지방세법」 제13조 제1항과 「지방세법」 제13조 제2항에서 각각 규정하고 있으나 두 개의 규정이 동시에 적용되는 과세대상의 취득에 대하여는 표준세율의 3배를 적용하여 중과세한다.

※ 중과세율 = 표준세율 × 3

〈사례〉 임차부동산과 소유자와의 관계

타인소유 부동산을 임차하여 공장을 경영하던 자가 다른 곳에 있는 제3자의 부동산을 새로이 임차하여 기존공장 이전 시 그 임차부동산의 소유자에 대한 관계에서는 중과대상제외되는 공장이전으로 볼 수 없다(대법96누2880, 1996.08.23).

「지방세법」 제112조 제3항은 대통령령이 정하는 대도시 내에서 공장을 신설 또는 증설하기 위하여 사업용 과세물건을 취득하는 경우에는 그 취득세를 중과한다고 규정하고, 같은 법시행령(1994.12.31 대통령령 제14481호로 개정되기 전의 것) 제84조의 2 제2항 제2호는 위 조항에 의한 공장신설에서 제외되는 것으로 "당해 대도시 내에서의 공장이전, 다만 타인 소유의 공장을 임차하여 공장을 경영하던 자가 공장신설일로부터 2년 이내에 그 공장시설을 이전하는 경우를 제외한다"고 규정하고 있는 바, 위 각 조항 및 관련 규정의 취지에 비추어 취득세 중과대상인 대도시 내에서의 공장신설에서 제외되는 '공장이전'은 자기 소유 부동산에서 공장을 경영하던 자가 기존의 공장을 폐쇄하고 다른 곳에 위치한 부동산을 새로이 취득하여 그 곳으로 공장을 이전하는 경우 또는 타인 소유 부동산을 임차하여 공장을 경영하던 자가 그 공장신설일로부터 2년이 지나 기존의 공장을 폐쇄하고 그 시설을 새로이 취득한 부동산으로 이전하는 경우를 가리킨다고 보는 것이 상당하므로, 이와는 달리 타인 소유 부동산을 임차하여 공장을 경영하던 자가 다른 곳에 있는 제3자의 부동산을 새로이 임차하여 기존의 공장을 이전하는 경우 그 임차부동산의 소유자에 대한 관계에서는 그와 같은 이전을 취득세 중과대상에서 제외되는 공장의 이전에 해당하는 것으로 볼 수는 없다고 할 것이다.

〈사례〉 기존공장승계는 대도시 내 공장 신·증설에 해당 안 됨

공장의 신설이나 증설에 따른 사업용 과세물건의 취득과 부동산등기에 대하여 중과세하는 구 「지방세법(1993.12.27 법률 제4611호로 개정되기 전의 것)」 제112조 제3항 및 제138조 제1항 제4호의 입법취지는 대도시 내로의 인구집중을 억제하고 공해확산을 방지하자는 데에 있는 것이므로 같은 법이 규정한 중과세요건인 공장의 신설 또는 증설이라 함은 공장을 새로 설치하거나 기존 공장의 시설규모를 확장하는 것을 의미하고, 기존 공장의 토지, 건축물, 생산설비를 포괄적으로 그대로 승계하거나 시설규모를 축소하여 승계하는 것은 위 중과세요건인 공장의 신설이나 증설에 해당하지 않는다(1994.04.26 제1부 판결 93누12282 취득세등부과처분취소)(대법93누12282, 1994.04.26).

〈사례〉 폐업공장인수하여 이종공장영위시 공장신설로 봄

폐업상태에 있던 공장을 매수하여 그 생산설비를 철거하고 다른 업종의 생산공장을 영위시는 공장의 신설로 보아야 한다(대법90누4563, 1990.11.13).

원심은 원고가 위생 및 냉난방설비공사업을 사업목적으로 하여 설립된 회사로서 1986년 11월 28일 소외 강모씨와 사이에 그가 경영한 식용유생산공장의 대지 및 그 지상건물에 관한 매매계약을 체결하고 1986년 12월 30일 대금을 완급한 다음 소유권 이전등기를 경료한 사실, 위 강모씨는 1972년 8월 3일부터 위 식용유 생산공장을 가동하여 오다가 위와 같이 위 부동산을 매도하기 수년전부터 식용유 생산을 중지하여 사실상 폐업상태에 있었고 1985년 4월 1일에는 건축자재제조판매업을 하는 소외 A주식회사에게 위 부동산 중 일부를 임대기간을 2년간으로 약정하여 임대하면서 그 부분에 설치된 생산설비를 철거한 바 있으며 원고와의 매매계약이 있은 후인 1986년 12월 10일 생산설비 중 일부를 원고에게 매도한 사실, 원고는 그 무렵 매수한 생산설비를 철거하고 구조용 금속판제품의 제조시설을 설치한 다음 그 이래 위 부동산을 닥트기구 및 자외선살균소득기 등의 생산공장으로 사용한 사실을 인정하였는바, 기록에 비추어 살펴보면 원심의 증거취사와 사실인정은 정당하고 거기에 소론이 주장하는 심리미진의 위법이 없다.

위 원심인정사실에 의하면, 원고의 위 공장매수는 「지방세법」 시행규칙 제47조 제7호 소정의 기존공장의 포괄적 양수나 같은 조 제8호 소정의 업종변경에 해당한다고 볼 수 없고 「지방세법 시행령」 제84조의 2 제2항 소정의 공장의 신설에 해당한다고 볼 것이므로, 원심이 같은 취지에서 중과세율을 적용한 이 사건 취득세 및 등록세 부과처분을 유지한 조치는 정당하고 거기에 소론과 같은 법리오해의 위법도 없다.

〈사례〉 소실된 공장양수 후 종전규모로 신설시 승계취득 아님

소실된 공장건물과 시설 양수하여 종전 공장규모로 신설하고 기계시설한 경우 「지방세법」상의 승계취득으로 볼 수 없다(대법81누425, 1982.06.22).

공장의 승계취득은 기존공장의 토지, 건축물, 생산설비 등을 포괄적으로 양수받는 것으로 이 사건의 경우와 같이 소실된 공장건물과 시설을 양수하여 종전 규모대로라고 하더라도 공장건물을 새로이 건축하고 새로운 기계시설을 하는 것은 이에 해당하지 아니하며, 공장의 업종변경은 기존공장의 소유자가 그 영업의 종류만을 변경하는 것과 기존공장의 토지, 건물, 생산시설을 포괄적으로 양수하여 기존공장의 업종과 다른 종류의 영업을 하는 경우를 말하며, 이 사건의 경우 역시 기존공장의 토지, 건물, 생산시설 등을 포괄적으로 양수한 것이 아니어서 이에 해당하지 아니한다고 함이 상당하다 할 것이다.

〈사례〉 변전소

'변전소'는 제조업의 공장에 속하지 않아 도시형업종의 공장으로 볼 수 없어 대도시 내 취득세 중과제외대상 아니다(기각)(지방세심사2000-864, 2000.11.28).

먼저 관계법령을 보면, 구 「지방세법」 제112조 제3항에서 대통령령이 정하는 대도시 내에서 공장을 신설 또는 증설하기 위하여 사업용과세물건을 취득하는 경우에는 취득세를 중과세하도록 규정하고 있고, 구 「지방세법」 시행규칙 제47조 제1항에서 중과대상인 공장의 범위를 [별표3]에 규정된 업종(공업배치 및 공장설립에 관한 법률 제28조의 규정에 의한 도시형업종을 제외)에 해당하는 공장으로서 생산설비를 갖춘 건축물의 연면적 200㎡ 이상인 것을 말한다고 규정하면서, 그 [별표3]의 공장의 종류의 '24. 수도·전기·가스 및 증기업', '(401)전기업', '40109 달리 분류되지 아니한 전기업(변전소 및 송·배전소에 한함)'으로 규정하고 있다.

다음으로 청구인의 경우를 보면, 청구인은 1995년 8월 16일 및 1996년 3월 19일에 각각 이 건 변전소를 취득하여 사용하고 있으므로 처분청은 이 건 변전소를 대도시 내에서 공장을 신설하기 위하여 취득한 사업용과세물건으로 보아 취득세를 중과세하였음을 관계자료에서 알 수 있다.

이에 대하여 청구인은 이 건 변전소는 도시형업종으로서 중과세대상에서 제외되어야 한다고 주장하고 있으나, 취득세중과세대상에서 제외하고 있는 공장은 「공업배치 및 공장설립에 관한 법률」 제28조에서 규정하고 있는 도시형업종의 공장으로서, 같은 법 시행령 제2조 제1항에서 규정하고 있는 제조업공장에 해당되어야 할 것이나, 한국표준산업분류표에 의하면, 제조업과 전기업은 별도의 분류항목(제조업 대분류 D의 15에서 37까지, 전기업은 대분류 E의 40에서 41까지)에 속하고 있는 사실을 알 수 있는바, 이 건 변전소는 제조업의 공장에 속하지 아니함이 분명하여 도시형업종의 공장으로 볼 수 없다 하겠으므로, 청구인의 주장은 받아들일 수 없는 것이라 하겠다(같은 취지의 수원지방법원 99구3393 판결, 2000.02.10).

〈사례〉 주차장

원료, 완제품 등을 보관하는 창고나 생산관련 업무용 사무실과는 달리 생산에 직접 공여되는 시설로 볼 수 없는 주차장은 중과대상인 공장면적에 포함 안 된다(경정)(내심97-564, 1997.11.26). 청구인의 경우 기존 공장의 부속토지에 기존 공장건물과 연접하여 이 건 건물을 1994년 5월 16일 증축한 후 타인에게 임대한 사실이 없고, 기존 공장건물과 통로로 상호연결되어 지층은 소규모 컨베이너시스템까지 설치되어 있는 창고로, 1층은 사무실(73.35㎡)과 주차장(103.35㎡)으로, 2층과 3층은 창고로 사용해 온 사실이 확인되고 있는 이상, 처분청에서 이 건 건물 중 공장을 증설한 것으로 보아 취득세 등을 중과세한 처분은 별다른 잘못이 없다 하겠으나, 다만 이 건 건물 1층 주차장(103.35㎡)의 경우는 원료, 완제품 등을 보관하는 창고나 생산과 직결되는 업무를 수행하고 있는 사무실과는 달리 생산에 직접 공여되는 시설로 볼 수 없으므로 1층 주차장을 취득세 중과대상이 되는 공장면적에 포함시켜 취득세를 중과세한 처분은 잘못이 있다 하겠다.

〈사례〉 공장의 범위 및 이전

공장이란 영업을 목적으로 물품의 제조, 가공, 수선 등 목적에 사용할 수 있도록 생산설비를 갖춘 장소, 창고, 사무실과 그 부속토지를 말하고 생산설비는 기계류와 작업대, 소도구 등 일체의 설비를 말한다(경정)(내심95-43, 1995.02.20).

구「지방세법 시행규칙(1994.12.31 내무부령 제673호로 개정되기 이전의 것)」제47조 제1호에서 공장이란 영업을 목적으로 물품의 제조, 가공, 수선이나 인쇄 등의 목적에 사용할 수 있도록 생산설비를 갖춘 장소 및 창고, 사무실과 그 부속토지를 말한다고 규정하고 있는 바, 여기에서의 '생산설비'라 함은 반드시 기계류만을 의미하는 것이 아니라 제품의 제조, 조립, 가공, 수선 등을 할 수 있는 작업대, 소도구 등 일체의 설비를 의미한다. 그러므로 1994년 3월 18일 청구 외 임차법인의 공장등록신청(공장설립완료보고서 제출)에 대하여 1994년 3월 19일 처분청 공장등록부서 공무원이 생산설비(자동드릴, 절단기, 핸드그라인더, 기타 수공구 등)가 갖춰진 제조공장(업종: 제1차 플라스틱가공제조업)임을 확인하고, 1994년 3월 21일 공장등록증을 교부한 사실로 보아 청구인의 이 건 사업장이 공장에 해당됨을 알 수 있으며, 또한 취득세 등 중과세대상에서 제외하는 도시형 업종이란 같은 법 시행규칙 제47조의 2에서 규정한 「공업배치법시행령」[별표2]에서 정한 업종'을 말하는 것이므로 이 건 사업장의 경우는 공장등록증상 산업분류번호가 35608호로 도시형 업종에 해당되지 아니함을 알 수 있고, 산업분류가 적정하게 되었는지 여부는 우리부의 심사대상이 되지 아니하여 받아들일 수 없다고 하겠으며, 다음으로 같은 법 시행령 제84조의 2 제2항 제2호에 정한 '당해 대도시 내에서의 공장이전'인지 여부를 살펴보면, 이 건 임차공장의 경우 당해 대도시(수도권) 내인 경기도 ○시 ○읍 ○리 XX-X번지 상 건축물을 임차하여 1991년 8월 1일 공장을 신설하여 운영하다가 2년을 경과하여 이 건 사업장으로 이전하였으므로 공장신설에 해당되지 아니한다고 주장하지만, 1991년 8월 1일 최초로 공장을 설치하였다는 경기도 ○시 ○읍 소재 사업장은 무등록공장으로서 같은 법 시행규칙 관계규정에서 정한 공장의 범위에 해당되는지 여부 등이 확인되지 아니하여 최초로 공장등록한 1993년 4월 15일 최초 공장설치일로 봄이 타당하다고 하겠으므로 이때로부터 2년 이내의 이전공장에 해당되어 이 주장 또한 받아들일 수 없다 하겠으나, 이 건의 경우 등록세 중과에 따른 가산세를 부과할 수 없는데도 가산세를 부과고지한 처분은 부당하다고 하겠다.

Ⅷ. 과밀억제권역 내 중과세의 비교

과밀억제권역 안의 취득에 대하여 본점사업용중과, 법인설립 등의 중과 및 공장의 신·증설시의 중과가 달리 적용되고 있어 이를 요약하면 다음 표와 같다.

과밀억제권역의 취득세 중과 구분

구분	본점사업용 중과	법인설립 등 중과	공장 신·증축중과
산업지역	중과	일반	일반
유치지역	중과	중과	일반
공업지역	중과	중과	일반
그 밖의 과밀억제지역	중과	중과	중과

공업지역 내에서 본점사업용 부동산을 신축 취득한 경우라면 본점사업용 중과규정에 의하여 취득세가 중과세되고, 공업지역 내에 공장을 신설한 경우라면 공장용 부동산에 대하여는 취득세가 중과세 대상에서 제외된다. 그리고 그 신축한 본점사업용이나 공장에 대하여 법인설립 등의 중과여부는 설립 등 후 5년 이내여부 또는 중과세제외업종에 해당여부 등 신축취득할 때의 상황에 따라 달라지므로 면밀히 검토하여야 한다.

공장의 범위에 해당하는 공장은 생산설비를 갖춘 건축물의 연면적이 500㎡ 이상인 것을 말한다고 하면서, 이 경우 건축물의 연면적에는 해당 공장의 제조시설을 지원하기 위하여 공장 경계 구역 안에 설치되는 부대시설의 연면적을 포함한다고 규정하고 있다. 여기에서 말하는 공장의 범위에는 제조시설을 설치한 건축물 즉, 순수한 공장용 건축물의 면적뿐만 아니라 제조시설을 지원하기 위하여 공장구내에 설치하는 사무실도 포함되며, 또한 동일한 공장구내에 있는 사무실은 그 용도가 본점 사무실이든지 당해 공장의 부속 사무실이든지 간에 특별한 구분 없이 공장용으로 인정하는 것이 지방세정운영의 일반적인 관행이라 할 수 있다(같은 취지의 행정자치부 심사결정 제2003-149호, 2003.07.28; 제2005-150호, 2005.05.30).

그러므로 공장을 신축·증축한 후 그 일부를 본점 사무실로 사용하는 경우에는 이를 공장의 신축으로 보아 취득세의 중과세여부를 판단하여야 한다. 그러므로 그러한 공장을 공업지역 등을 제외한 그 밖의 과밀억제권역 안에 신축·증축한 경우에는 취득세가 중과세되나 산업지역, 유치지역 또는 공업지역에 신축·증축한 경우에는 취득세가 중과세되지 않는다.

법인의 설립 등의 중과규정에서 그 설립·설치·전입 이후의 부동산 취득은 법인 또는 사무소등이 설립·설치·전입 이후 5년 이내에 하는 업무용·비업무용 또는 사업용·비사업용의 모든 부동산 취득으로 한다. 이 경우 부동산 취득에는 공장의 신설·증설, 공장의 승계취득, 해당 대도시에서의 공장 이전 및 공장의 업종변경에 따르는 부동산 취득을 포함한다(지방세법 시행령 제27조 제3항).

즉, 산업지역을 제외한 과밀억제권역에서(즉, 유치지역 또는 공업지역에서도) 그 법인의 설립 등 이후 5년 이내에 취득하는 공장에 대해서는 법인설립 등의 중과규정이 적용된다. 그러므로 그 공장의 신축·증축이 법인 등의 설립 이후 5년 이내에 이루어진 경우에는 중과규정이 중복적용되므로 표준세율의 3배에 해당하는 세율에 의하여 중과세되고, 그 공장의 승계취득의 경우에는 법인설립 등의 중과세율(표준세율 × 3 − 중과기준세율 × 2)을 적용한다.

〈사례〉 공장 신·증축 후 일부에 본점사용

처분청은 청구인이 이 사건 건축물을 증축 취득한 후 일부를 본점 사무실로 사용하고 있다고 하여 대도시 내 법인이 본점 사무소용 부동산을 취득한 것으로 보아 취득세를 중과세하였으나, 청구인의 경우 도시계획법의 적용을 받는 공업지역 안에서 전자부품 제조 및 판매, 반도체 자동기계 제작 및 판매, 금형 및 관련제품 제조와 판매 등의 사업을 영위하다가 기존 건축물을 철거하고 공장용 건축물인 이 사건 건축물을 증축 취득한 후 4동 건축물의 1층과 2층은 공장으로, 4층은 설계실·공정담당실·생산이사실(제1건축물)과 회장실·사장실·사무실, 회의실(제2건축물)로 사용하고 있는 점으로 볼 때, 쟁점건축물은 제조시설을 지원하는 공장의 부대시설인 사무실로서 공장용 건축물의 범위에 포함되는 것으로 봄이 타당하다 하겠으므로, 처분청이 이를 본점 사업용 부동산으로 보아 이 사건 취득세 등을 부과한 처분은 잘못이라 할 것이다(지방세심사2006-181, 2006.04.24).

Ⅰ. 개요

1. 의의

취득세 과세물건 중 일부를 사치성재산으로 구별하여 다른 과세대상물건에 비하여 중과세하고 있다. 이러한 사치성재산은 대부분 고가의 재산으로 일부 계층에 한정되어 사용·수익되는 성격이 있다. 또한 일부 사치성재산의 경우 일반 과세물건과 비교했을 때 과도한 소비가 이루어질 경우 사회 전체적으로 외부불경제를 야기하므로 소비를 억제하기 위하여 일반 과세대상과 구분하여 중과세율을 적용한다.

> ### 관련법령
>
> **지방세법 제13조(과밀억제권역 안 취득 등 중과)**
> ⑤ 다음 각 호의 어느 하나에 해당하는 부동산등을 취득하는 경우(별장 등을 구분하여 그 일부를 취득하는 경우를 포함한다)의 취득세는 제11조 및 제12조의 세율과 중과기준세율의 100분의 400을 합한 세율을 적용하여 계산한 금액을 그 세액으로 한다. 이 경우 골프장은 그 시설을 갖추어 「체육시설의 설치·이용에 관한 법률」에 따라 체육시설업의 등록(시설을 증설하여 변경등록하는 경우를 포함한다. 이하 이 항에서 같다)을 하는 경우뿐만 아니라 등록을 하지 아니하더라도 사실상 골프장으로 사용하는 경우에도 적용하며, 별장·고급오

락장에 부속된 토지의 경계가 명확하지 아니할 때에는 그 건축물 바닥면적의 10배에 해당하는 토지를 그 부속토지로 본다.

1. 별장: 주거용 건축물로서 늘 주거용으로 사용하지 아니하고 휴양·피서·놀이 등의 용도로 사용하는 건축물과 그 부속토지(「지방자치법」 제3조 제3항 및 제4항에 따른 읍 또는 면에 있는, 대통령령으로 정하는 범위와 기준에 해당하는 농어촌주택과 그 부속토지는 제외한다). 이 경우 별장의 범위와 적용기준은 대통령령으로 정한다.

2. 골프장: 「체육시설의 설치·이용에 관한 법률」에 따른 회원제 골프장용 부동산 중 구분등록의 대상이 되는 토지와 건축물 및 그 토지 상(上)의 입목

3. 고급주택: 주거용 건축물 또는 그 부속토지의 면적과 가액이 대통령령으로 정하는 기준을 초과하거나 해당 건축물에 67제곱미터 이상의 수영장 등 대통령령으로 정하는 부대시설을 설치한 주거용 건축물과 그 부속토지. 다만, 주거용 건축물을 취득한 날부터 30일[상속으로 인한 경우는 상속개시일이 속하는 달의 말일부터, 실종으로 인한 경우는 실종선고일이 속하는 달의 말일부터 각각 6개월(납세자가 외국에 주소를 둔 경우에는 각각 9개월)] 이내에 주거용이 아닌 용도로 사용하거나 고급주택이 아닌 용도로 사용하기 위하여 용도변경공사를 착공하는 경우는 제외한다.

4. 고급오락장: 도박장, 유흥주점영업장, 특수목욕장, 그 밖에 이와 유사한 용도에 사용되는 건축물 중 대통령령으로 정하는 건축물과 그 부속토지. 다만, 고급오락장용 건축물을 취득한 날부터 30일[상속으로 인한 경우는 상속개시일이 속하는 달의 말일부터, 실종으로 인한 경우는 실종선고일이 속하는 달의 말일부터 각각 6개월(납세자가 외국에 주소를 둔 경우에는 각각 9개월)] 이내에 고급오락장이 아닌 용도로 사용하거나 고급오락장이 아닌 용도로 사용하기 위하여 용도변경공사를 착공하는 경우는 제외한다.

5. 고급선박: 비업무용 자가용 선박으로서 대통령령으로 정하는 기준을 초과하

는 선박

⑦ 제2항과 제5항이 동시에 적용되는 과세물건에 대한 취득세율은 제16조 제5항에도 불구하고 제11조에 따른 표준세율의 100분의 300에 중과기준세율의 100분의 200을 합한 세율을 적용한다.

지방세법 시행령 제28조(별장 등의 범위와 적용기준)

① 법 제13조 제5항 각 호 외의 부분 전단에 따른 별장 등을 구분하여 그 일부를 취득하는 경우는 별장·골프장·고급주택·고급오락장 또는 고급선박을 2명 이상이 구분하여 취득하거나 1명 또는 여러 명이 시차를 두고 구분하여 취득하는 경우로 한다.

② 법 제13조 제5항 제1호 전단에서 "대통령령으로 정하는 범위와 기준에 해당하는 농어촌주택과 그 부속토지"란 다음 각 호의 요건을 갖춘 농어촌주택과 그 부속토지를 말한다.

1. 대지면적이 660제곱미터 이내이고 건축물의 연면적이 150제곱미터 이내일 것

2. 건축물의 가액(제4조 제1항 제1호를 준용하여 산출한 가액을 말한다. 이하 이 조에서 같다)이 6,500만 원 이내일 것

3. 다음 각 목의 어느 하나에 해당하는 지역에 있지 아니할 것

가. 광역시에 소속된 군지역 또는 「수도권정비계획법」 제2조 제1호에 따른 수도권지역. 다만, 「접경지역지원법」 제2조 제1호에 따른 접경지역과 「수도권정비계획법」에 따른 자연보전권역 중 행정자치부령으로 정하는 지역은 제외한다.

나. 「국토의 계획 및 이용에 관한 법률」 제6조 및 제117조에 따른 도시지역 및 허가구역

다. 「소득세법」 제104조의 2 제1항에 따라 기획재정부장관이 지정하는 지역

라. 「조세특례제한법」 제99조의 4 제1항 제1호 가목4)에 따라 정하는 지역

③ 법 제13조 제5항 제1호 후단에 따른 별장 중 개인이 소유하는 별장은 본인 또

는 그 가족 등이 사용하는 것으로 하고, 법인 또는 단체가 소유하는 별장은 그 임직원 등이 사용하는 것으로 하며, 주거와 주거 외의 용도로 겸용할 수 있도록 건축된 오피스텔 또는 이와 유사한 건축물로서 사업장으로 사용하고 있음이 사업자등록증 등으로 확인되지 아니하는 것은 별장으로 본다.

④ 법 제13조 제5항 제3호에 따라 고급주택으로 보는 주거용 건축물과 그 부속토지는 다음 각 호의 어느 하나에 해당하는 것으로 한다. 다만, 제1호·제2호·제2호의 2 및 제4호에서 정하는 주거용 건축물과 그 부속토지 또는 공동주택과 그 부속토지는 법 제4조 제1항에 따른 취득 당시의 시가표준액이 6억 원을 초과하는 경우만 해당한다.

1. 1구의 건축물의 연면적(주차장면적은 제외한다)이 331제곱미터를 초과하는 것으로서 그 건축물의 가액이 9,000만 원을 초과하는 주거용 건축물과 그 부속토지

2. 1구의 건축물의 대지면적이 662제곱미터를 초과하는 것으로서 그 건축물의 가액이 9,000만 원을 초과하는 주거용 건축물과 그 부속토지

2의 2. 1구의 건축물에 엘리베이터(적재하중 200킬로그램 이하의 소형엘리베이터는 제외한다)가 설치된 주거용 건축물과 그 부속토지(공동주택과 그 부속토지는 제외한다)

3. 1구의 건축물에 에스컬레이터 또는 67제곱미터 이상의 수영장 중 1개 이상의 시설이 설치된 주거용 건축물과 그 부속토지(공동주택과 그 부속토지는 제외한다)

4. 1구의 공동주택(여러 가구가 한 건축물에 거주할 수 있도록 건축된 다가구용 주택을 포함하되, 이 경우 한 가구가 독립하여 거주할 수 있도록 구획된 부분을 각각 1구의 건축물로 본다)의 건축물 연면적(공용면적은 제외한다)이 245제곱미터(복층형은 274제곱미터로 하되, 한 층의 면적이 245제곱미터를 초과하는 것은 제외한다)를 초과하는 공동주택과 그 부속토지

⑤ 법 제13조 제5항 제4호 본문에서 "대통령령으로 정하는 건축물과 그 부속토지"란 다음 각 호의 어느 하나에 해당하는 용도에 사용되는 건축물과 그 부속토지를 말한다. 이 경우 고급오락장이 건축물의 일부에 시설되었을 때에는 해당 건축물에 부속된 토지 중 그 건축물의 연면적에 대한 고급오락장용 건축물의 연면적 비율에 해당하는 토지를 고급오락장의 부속토지로 본다.

1. 당사자 상호간에 재물을 걸고 우연한 결과에 따라 재물의 득실을 결정하는 카지노장(「관광진흥법」에 따라 허가된 외국인전용 카지노장은 제외한다)

2. 사행행위 또는 도박행위에 제공될 수 있도록 자동도박기[파친코, 슬롯머신(slot machine), 아케이드 이퀴프먼트(arcade equipment) 등을 말한다]를 설치한 장소

3. 머리와 얼굴에 대한 미용시설 외에 욕실 등을 부설한 장소로서 그 설비를 이용하기 위하여 정해진 요금을 지급하도록 시설된 미용실

4. 「식품위생법」 제37조에 따른 허가 대상인 유흥주점영업으로서 다음 각 목의 어느 하나에 해당하는 영업장소 중 「관광진흥법」 제6조에 따라 지정된 관광유흥음식점 및 관광극장유흥업(관광극장유흥업은 관광호텔 안에 있는 것만 해당한다)을 제외한 영업장소(공용면적을 포함한 영업장의 면적이 100제곱미터를 초과하는 것만 해당한다). 이 경우 「식품위생법」에 따른 유흥주점영업 허가를 받은 날부터 30일 이내에 「관광진흥법」 제6조에 따라 관광유흥음식점 및 관광극장유흥업으로 지정받은 때에는 유흥주점영업 허가를 받은 날에 관광유흥음식점 및 관광극장유흥업으로 지정받은 것으로 본다.

가. 손님이 춤을 출 수 있도록 객석과 구분된 무도장을 설치한 영업장소(카바레·나이트클럽·디스코클럽 등을 말한다)

나. 유흥접객원(임시로 고용된 사람을 포함한다)을 두는 경우로, 별도로 반영구적으로 구획된 객실의 면적이 영업장 전용면적의 100분의 50 이상이거나 객실 수가 5개 이상인 영업장소(룸살롱, 요정 등을 말한다)

⑥ 법 제13조 제5항 제5호에서 "대통령령으로 정하는 기준을 초과하는 선박"이
란 시가표준액이 1억 원을 초과하는 선박을 말한다. 다만, 실험·실습 등의 용
도에 사용할 목적으로 취득하는 것은 제외한다.

2. 연혁

사치성재산에 대한 취득세 중과세 규정은 1973년 최초로 도입되었다. 당시 별장, 골프
장, 외국산 고급승용차, 고급선박(비업무용 자가용선박)을 사치성재산으로 규정하였다.
그 후 1974년 사치성재산의 소비의 억제를 강화하기 위하여 사치성재산에 대한 취득세
의 중과세율을 인상하고 중과대상에 고급주택과 고급오락장이 추가되었다. 1994년 고
급자동차를 사치성재산에서 제외하고 중과세율을 인하하였으며, 2011년 취득세와 등록
세가 통합되어 운영되고 있다.

3. 사치성재산에 대한 중과규정의 위헌여부

사치성재산의 중과세와 관련한 법률조항은, 과세관청의 자의적인 해석과 집행을 초래
할 염려가 있을 정도로 지나치게 추상적이고 불명확한 규정이라고 볼 수는 없으므로 헌
법상의 조세법률주의가 요구하는 과세요건 명확주의 원칙에 위반된다고 할 수 없다.

"별장의 범위와 적용기준은 대통령령으로 정한다"라고 한 「지방세법」 제13조 제5항
제1호 후문의 규정이 과연 위임입법의 헌법적 한계를 벗어났는지 여부를 보면, 앞서 본
바와 이 법률조항은 과세요건으로서의 별장의 개념을 상당히 구체적으로 규율한 다음
그 범위와 적용기준을 대통령령으로 정할 것을 위임하고 있다.

따라서 이 법률조항의 위임에 의하여 대통령령에 규율될 사항은, 이 법률조항 자체가
별장의 개념에 관하여 설정한 명시적인 한계 내에서, 별장의 요건에 관한 적용 기준을
입법목적 등을 고려하여 다시 상세히 설명하거나, 소비생활의 변화, 주거 및 휴양 문화

의 변천, 사회·경제적 정책의 변화, 경제 현실의 변동 등의 다양한 변수를 고려하여 중과세 대상으로서의 별장이 되는 건축물의 범위를 구체화하는 정도이지, 새로운 과세요건의 설정이 될 수 없음은 쉽게 예측될 수 있다고 보여진다. 그렇다면 이 법률조항을, 위임입법의 한계를 벗어나 수범자인 국민의 법적 안정성이나 예측가능성을 침해한 법률조항이라고 볼 수 없다 할 것이다.

또한, 사치성재산에 대하여 다른 취득세의 과세대상과 구별하여 중과세하는 것은 그 입법취지로 볼 때나, 중과세대상 및 중과세율 등을 볼 때 정책형성권의 한계를 일탈한 자의적인 조치라거나 불합리한 차별을 가하는 것이라 할 수 없어 「헌법」 제11조가 보장하는 평등원칙 및 이를 바탕으로 한 조세평등주의에 위배되지 아니한다.

4. 사치성재산

사치성재산으로서 별장, 골프장, 고급주택, 고급오락장 및 고급선박을 취득하는 경우(별장 등을 구분하여 그 일부를 취득하는 경우를 포함)에는 취득세를 중과세한다. '별장 등을 구분하여 그 일부를 취득하는 경우'란 별장·골프장·고급주택·고급오락장 또는 고급선박을 2명 이상이 구분하여 취득하거나 1명 또는 여러 명이 시차를 두고 구분하여 취득하는 경우로 한다.

5. 중과세율

사치성재산을 취득하는 경우의 취득세는 표준세율과 중과기준세율의 100분의 400을 합한 세율을 적용하여 계산한 금액을 그 세액으로 한다.

※ 사치성재산의 중과세율 = 표준세율 + 중과기준세율(2%)의 4배

6. 취득 후 5년 이내 사치성재산에 해당하는 경우

토지나 건축물을 취득한 후 5년 이내에 해당 토지나 건축물이 별장, 골프장, 고급주택 또는 고급오락장에 해당하게 된 경우에는 중과세세율을 적용하여 취득세를 추징한다 (지방세법 제16조 제1항).

7. 사치성재산의 증축 등

고급주택, 별장, 골프장 또는 고급오락장용 건축물을 증축·개축 또는 개수한 경우와 일반건축물을 증축·개축 또는 개수하여 고급주택 또는 고급오락장이 된 경우에 그 증가되는 건축물의 가액에 대하여 중과세한다(지방세법 제16조 제2항). 이 규정은 취득 후 기간의 제한 없이 적용된다.

Ⅱ. 별장

1. 중과세되는 별장의 범위

(1) 별장의 판단기준

취득세가 중과세되는 별장은 주거용 건축물로서 늘 주거용으로 사용하지 아니하고 휴양·피서·놀이 등의 용도로 사용하는 건축물과 그 부속토지를 말한다. 별장에 부속된 토지의 경계가 명확하지 아니할 때에는 그 건축물 바닥면적의 10배에 해당하는 토지를 그 부속토지로 본다.

그러나 「지방자치법」 제3조 제3항 및 제4항에 따른 읍 또는 면에 있는 대통령령으로 정하는 범위와 기준에 해당하는 농어촌주택과 그 부속토지는 제외한다.

별장은 공부상의 용도에 불구하고 주거용으로 공할 수 있도록 된 건축물로서 그 소유자나 임차인 등 그 사용주체가 상시 주거용에 사용하지 아니하고 휴양, 피서 또는 놀이 등의 용도에 사용하는 것을 말한다. 건축법령에서 별장은 건축물의 용도분류에서 별도의 분류대상으로 되어 있지 아니하고, 지방세법령에서도 그 소재지역, 구조, 규모, 휴양

시설의 구비 여부 등에 관한 아무런 기준이 없다.

그러므로 별장 여부를 판단함에 있어서는 중과세하는 입법취지에 비추어 그 취득목적이나 경위, 당해 건물이 휴양 등에 적합한 지역에 위치하는지의 여부, 주거지와의 거리, 당해 건물의 본래의 용도와 휴양 등을 위한 시설의 구비 여부, 건물의 규모, 가액, 사치성 및 관리형태, 취득 후 소유자와 이용자의 관계, 이용자의 범위와 이용목적과 형태, 상시 주거의 주택 소유 여부 등 구체적 사정을 종합적으로 고려하여 객관적·합리적으로 판단하여야 한다.

(2) 사용주체

별장 중 개인이 소유하는 별장은 본인 또는 그 가족 등이 사용하는 것으로 하고, 법인 또는 단체가 소유하는 별장은 그 임직원 등이 사용하는 것으로 한다. 별장의 정의규정에서 그 사용주체에 관한 것은 예시규정으로서 본인 또는 가족이 아닌 자가 사용하는 것도 포함된다.

그러므로 어떤 건축물이 취득세 중과세대상 별장용 건축물에 해당하기 위해서는 그 건축물이 사실상의 현황에 의하여 별장용으로 사용되고 있으면 족하고, 그 사용주체가 반드시 그 건축물의 소유자임을 요하는 것은 아니며 그 건축물의 임차인이라도 무방하다(대법97누4364, 1997.05.30).

또한, 별장인지의 여부를 판단할 때 별장의 소유자가 2채 이상의 주택을 소유할 필요는 없다. 그러므로 1채의 주택을 소유하고 있더라도 그 주택이 상시주거용으로 사용하지 않는 등 별장의 요건에 해당하면 별장으로 보는 것이다.

(3) 주거용건축물

별장은 건축물의 사용형태가 주거용이어야 한다. 그러므로 영업용으로 사용되는 숙박시설이나 업무용으로 사용되는 건축물은 별장에 해당하지 아니한다. 주거와 주거 외의 용도로 겸용할 수 있도록 건축된 오피스텔 또는 이와 유사한 건축물로서 사업장으로 사용하고 있음이 사업자등록증 등으로 확인되지 아니하는 것은 일단 주거용으로 보고, 그 이용행태가 늘 주거용으로 사용하지 아니하고 휴양·피서·놀이 등의 용도로 사용된다면 별장으로 본다.

또한 그 위치하는 지역이 자연경관이 수려한 장소에 위치할 필요는 없으며, 그 구조면에서 일반적인 별장의 개념에서와 같이 사치성 재료로 건축된 단독주택의 형태에 한정하지 않는다.

그러므로 도심 내에 위치한 부동산이라 하더라도 그 사용형태가 별장의 기준에 해당하면 취득세가 중과세되며, 그 건축물의 형태에 의하여 제한 받지 아니하므로 주거용 건축물로서 늘 주거용으로 사용하지 아니하고 휴양·피서·놀이 등의 용도로 사용하는 경우에는 아파트나 오피스텔의 경우에도 별장으로 취득세를 중과세할 수 있다.

(4) 사용형태

별장은 늘 주거용으로 사용하지 아니하고 휴양·피서·놀이 등의 용도로 사용하는 것이다. 그러므로 자연경관이 수려한 곳에 위치하는 경우라 할지라도 상시주거용으로 사용하는 경우에는 별장으로 볼 수 없다.

또한 휴양·피서·놀이 등의 용도로 사용하는 것이므로 세미나, 발표회 및 워크숍 등으로 사용되면서 참여한 직원들의 숙소로 사용되는 것이라면 별장에 해당되지 않는 것이다.

(5) 독점적·배타적으로 사용되는 숙박시설

회원권 또는 지분권 소유형태의 콘도미니엄으로서 당해 회원권 또는 지분권자에게 허용된 연중 사용일수 이외에는 일반인의 숙박시설로 이용되고 있는 경우에는 별장으로 볼 수 없다. 그러나 특정 콘도미니엄에 대한 소유권을 전용으로 소유하고 있으면서 타인은 일체 사용할 수 없고, 소유권자만이 독자적·배타적으로 이용하면서 상시 주거용이 아닌 휴양·피서·놀이 등의 용도로만 사용되는 경우에는 별장으로 보아야 한다.

2. 별장에서 제외되는 농어촌주택

주거용 건축물로서 늘 주거용으로 사용하지 아니하고 휴양·피서·놀이 등의 용도로 사용하는 경우에는 별장에 해당한다. 이러한 별장의 요건에 해당되는 경우라 하더라도 다음과 같은 농어촌주택의 경우에는 별장에서 제외하고 있다. 다음과 같은 3가지의 요건을 모두 갖춘 농어촌주택과 그 부속토지는 중과세되는 별장에서 제외한다.

1) 면적기준

대지면적이 660㎡ 이내이고 건축물의 연면적이 150㎡ 이내일 것.

2) 가액기준

건축물의 가액(시가표준액)이 6,500만 원 이내일 것.

3) 지역기준

다음 중 어느 하나에 해당하는 지역에 있지 아니할 것.

① 수도권지역 등: 광역시에 소속된 군지역 또는 「수도권정비계획법」 제2조 제1호에 따른 수도권지역. 다만, 「접경지역지원법」 제2조 제1호에 따른 접경지역과 「수도권정비계획법」에 따른 자연보전권역 중 행정자치부령으로 정하는 지역은 제외한다.

② 도시지역: 「국토의 계획 및 이용에 관한 법률」 제6조 및 제117조에 따른 도시지역 및 허가구역.

③ 지정지역: 「소득세법」 제104조의 2 제1항에 따라 기획재정부장관이 지정하는 지역. 기획재정부장관은 해당 지역의 부동산 가격 상승률이 전국 소비자물가 상승률보다 높은 지역으로서 전국 부동산 가격 상승률 등을 고려할 때 그 지역의 부동산 가격이 급등하였거나 급등할 우려가 있는 경우에는 대통령령으로 정하는 기준 및 방법에 따라 그 지역을 지정지역으로 지정할 수 있다.

④ 관광단지 등: 「조세특례제한법」 제99조의 4 제1항 제1호 가목4)에 따라 정하는 지역. 즉, 관광단지 등 부동산가격안정이 필요하다고 인정되어 대통령령으로 정하는 지역. 여기서 '대통령령으로 정하는 지역'이란 경기도 연천군, 인천광역시 옹진군 및 그 밖에 지역특성이 이와 유사한 지역으로서 기획재정부령으로 정하는 지역을 말한다.

〈사례〉 지분등기된 콘도미니엄

제1콘도미니엄의 2007년부터 2009년까지의 수도사용량이 동절기인 12월부터 2월까지는 0~1t, 나머지 기간은 0~5t으로서 상시 주거용으로 사용되었다고 하기에는 너무 미미한 점, 이 사건 콘도미니엄은 인근에 골프장이 위치해 있어 휴양·피서·위락 등의 용도로 사용하기에 적합한 점 등의 여러 사정을 종합하면, 제1 내지 5콘도미니엄은 「지방세법」 제112조 제2항 제1호 소정의 별장에 해당한다고 봄이 상당하다(국승)(대법2013두21465, 2014.02.14).

〈사례〉 독자적·배타적으로 이용하는 콘도미니엄

특정 콘도미니엄에 대한 소유권을 전용으로 소유하고 있으면서 타인은 일체 사용할 수 없고, 소유권자만이 독자적·배타적으로 이용하면서 상시 주거용이 아닌 휴양·피서·위락용 등의 용도로만 사용되는 경우에는 숙박시설로는 볼 수 없다 할 것이므로 취득세가 중과세되는 별장으로 보아야 한다(조심2012지292, 2012.09.26).

〈사례〉 매각지연으로 인하여 소유하는 부동산

공사대금과 관련하여 취득한 주택의 경우 휴양 등의 목적으로 취득하였다고 보기 어렵고, 주택을 별장으로 사용하였다기보다는 매각지연으로 인하여 부득이하게 소유하고 있는 경우 주택이 경관이 수려한 지역에 위치하면서 휴양이나 위락의 용도로 사용하기에 적합한 시설을 갖추고 있고, 상시거주하지 아니한다하여 주택을 별장으로 볼 수는 없는 것이다(조심2009지473, 2009.11.13).

〈사례〉 건축물의 운영현황이 세미나, 워크숍인 경우

건축물의 실제 운영현황이 세미나 및 워크숍 등을 실시하고 있다면 단지 휴일에 휴양시설로 사용하고 있다는 사유만으로 별장으로 보아 취득세를 중과세할 수는 없다(감심2008-324, 2008.12.11). 직원 휴양시설 확대를 통하여 근무만족도를 제고하고, 직원가족 방문을 통한 회사 이해도 및 애사심을 증진하며, 세미나, 발표회 및 워크숍 등을 실시한 직원들의 숙소로 활용할 목적으로 건축물을 취득하고, 실제로 평일에 세미나 및 워크숍 등을 실시하고 건축물을 숙소로 이용하고 주말에 직원 및 직원가족들이 입소하여 사용하였다면, 건축물 내에 숙박시설과 주방시설이 갖추어져 있어 입소자들이 입소기간 중에 숙식을 하고 단체생활을 한다 하더라도 이 때의 단체 입소생활을 교육 또는 연수활동으로 볼 수 있지만 피서·위락 등의 휴양생활로 볼 수 없다 할 것이고, 국민들의 지나친 낭비 및 사치풍조를 억제하고 검소한 생활기풍을 진작시키기 위하여 「지방세법」에서 별장 등 사치성재산에 대하여 취득세를 중과세하는 입법취지에 비추어 직원들과 그 가족들이 휴일에 1박 2일 또는 2박 3일 간 건축물에 입소하여 휴식을 취하는 것이 분수에 지나치거나 사치스러운 소비생활로 볼 수 없다 할 것이므로 건축물을 취득세가 중과세되는 별장으로 보는 것은 타당하지 않다고 할 것이다.

〈사례〉 전통가옥

주거용 건축물로서, 상시 주거용으로 사용하지 않고 본인 또는 그 가족 등이 휴양·피서·위락 등의 용도로 사용하는 경우 별장으로 중과세하도록 규정되어 있는 바, 문화재적 가치가 있는 전통가옥을 별장에서 제외하는 근거 규정이 없을 뿐 아니라 주거용으로 사용할 수 있고 별장요건에 꼭 숙박을 요구하는 것도 아니다. 건축물관리대장에 주방, 방, 화장실을 갖춘 주거용 건축물로 등재되어 있고 건축물을 상시 주거용으로 사용하지 않고 있으며 이곳에 골동품 등을 보관, 관리하게 하면서 가끔 찾아와 이를 감상한다면 휴양 등의 용도로 이용한다고 볼 수 있으므로 별장으로 보인다(감심2004-146, 2004.12.09).

〈사례〉 휴양지 아파트

휴양지 아파트를 상시 주거용으로 사용 않고 자신 또는 가족의 휴양·피서 등의 용도로 사용한 것은 주민등록 등재 등과는 관계없이 별장에 해당한다(서울고법97구16192, 1997.10.07).

〈사례〉 임차인이 별장용으로 사용

별장용 건축물 해당 여부는 사실상의 사용에 따라 판단하는 바, 건축물의 소유자가 아닌 임차인이 별장용으로 사용하더라도 이는 별장용 건축물에 해당된다(대법97누4364, 1997.05.30).

Ⅲ. 골프장

1. 의의

골프장에 대한 중과세제도는 1973년 3월 12일 「지방세법」 개정 당시 처음 도입되었다. 골프장의 건설에는 방대한 토지와 시설을 필요로 하므로 골프장이 조성되는 경우에는 한정된 자원이 생산적인 분야에 이용되지 못하게 됨은 물론, 시설부지 조성 과정에서 넓은 면적의 녹지를 훼손하지 아니할 수 없어 자연환경의 악화 및 생태계의 파괴를 피할 수 없다.

그리고 특히 비좁은 국토에서 토지의 공급부족과 높은 인구밀도라는 생존조건에 시달려야 하는 우리나라의 실정에서는 무제한적으로 골프장이 증설되는 것은 바람직하지 아니하다. 그러므로 골프장의 무분별한 확산을 규제할 필요성이 매우 크다 할 것이다.

게다가 골프장은 원칙적으로 높은 가격의 회원권을 구입한 특정계층의 소수의 사람들만이 주로 이용하는 시설로서, 아직까지 일반국민들에게 사치성 시설이라는 인식을 근본적으로 불식시키지 못하고 있는 실정이다.

이러한 골프장에 대한 중과세규정은 이른바 사치성재산이라 할 수 있는 과세대상에 대한 중과세를 통하여 경제생활에 있어서 사치·낭비풍조를 억제하고 국민계층 간의 위화감을 해소하여 건전한 사회기풍을 조성하는 한편 국가 전체적으로 한정된 자원이 비생산적인 부문보다 생산적인 분야에 효율적으로 투자되도록 유도하고자 하는 데에 그 입법목적이 있다.

2. 중과세대상

중과세대상 골프장은 「체육시설의 설치·이용에 관한 법률」에 따른 회원제 골프장용 부동산 중 구분등록의 대상이 되는 토지와 건축물 및 그 토지 상(上)의 입목을 말한다. 이 경우 골프장은 그 시설을 갖추어 「체육시설의 설치·이용에 관한 법률」에 따라 체육시설업의 등록(시설을 증설하여 변경등록하는 경우를 포함)을 하는 경우뿐만 아니라 등록을 하지 아니하더라도 사실상 골프장으로 사용하는 경우에도 적용한다.

「체육시설의 설치·이용에 관한 법률」 및 동법 시행령의 관련 규정에 따르면 회원제골프장업의 등록을 하려는 자는 해당 골프장의 부동산 중 골프 코스, 주차장 및 도로, 관리시설 등을 구분하여 등록을 신청하여야 한다. 회원제골프장용 부동산 중 구분등록의 대상이 되는 토지와 건축물의 취득에 대해서는 중과세율을 적용하되 이는 체육시설업의 등록을 하는 경우뿐만 아니라 등록을 하지 아니하더라도 사실상 골프장으로 사용하는 경우에도 적용된다고 규정되어 있으므로 구분등록대상이 되는 토지, 건축물 및 입목에 대해서는 취득 후 실제 구분등록이 이루어졌는지 관계없이 중과세율이 적용된다.

3. 구분등록의 대상 토지 및 건축물

「체육시설의 설치·이용에 관한 법률 시행령」 제30조 제3항에 따른 구분등록의 대상이 되는 토지 및 골프장 안의 건축물은 다음과 같다.

① 골프코스(티그라운드·페어웨이·러프·해저드·그린 등을 포함한다).

② 주차장 및 도로.

③ 조정지(골프코스와는 별도로 오수처리 등을 위하여 설치한 것은 제외).

④ 골프장의 운영 및 유지·관리에 활용되고 있는 조경지(골프장 조성을 위하여 산림훼손, 농지전용 등으로 토지의 형질을 변경한 후 경관을 조성한 지역을 말함).

⑤ 관리시설(사무실·휴게시설·매점·창고와 그 밖에 골프장 안의 모든 건축물을 포함하되, 수영장·테니스장·골프연습장·연수시설·오수처리시설 및 태양열이용설비 등 골프장의 용도에 직접 사용되지 아니하는 건축물은 제외) 및 그 부속토지.

⑥ 보수용 잔디 및 묘목·화훼 재배지 등 골프장의 유지·관리를 위한 용도로 사용되는 토지.

4. 입목

입목은 지상의 과수 · 임목과 죽목을 말한다고 규정하고 있다. 여기서 지상의 임목이라 함은 지상에 생립(生立)하고 있는 수목의 집단을 일컫는 것인바 조경용에 사용하기 위하여 취득하는 수목이라고 하더라도 일정한 장소에 집단적으로 생립하고 있는 경우에는 이식을 전제로 일시적으로 가식중인 묘목과는 달리 취득세 과세대상에 해당된다. 그러므로 골프장 내 조경 및 차폐기능을 위하여 수목을 집단적으로 식재하여 생육하고 있는 경우에도 당해 수목은 취득세 과세대상 입목에 해당된다.

5. 골프장의 지목변경

골프장의 취득세 과세문제는 일반적으로 부지의 매입, 지목변경, 건축물의 건축에 대하여 발생한다. 골프장 조성에 따른 토지의 지목변경에 의한 간주취득의 취득시기는 전·답·임야에 대한 산림훼손(임목의 벌채 등), 형질변경(절토, 성토, 벽공사 등), 농지전용 등의 공사뿐만 아니라 잔디의 파종 및 식재, 수목의 이식, 조경작업 등과 같은 골프장으로서의 효용에 공하는 모든 공사를 완료하여 골프장 조성공사가 준공됨으로써 체육용지로 지목변경이 되는 때이다.

그러므로 토목공사는 물론 잔디 파종 및 식재비용, 임목의 이식비용 등 골프장 조성에 들인 비용은 모두 토지의 지목변경으로 인한 가액증가에 소요된 비용으로서 지목변경에 의한 간주취득의 과세표준에 포함되고, 또한 중과세율이 적용된다(대법원 2001.07.27 선고, 99두9919 판결 참조).

6. 자연림상태의 임야

원형보존 토지가 골프장 경계구역 밖에 소재한 자연림 상태의 임야로 골프코스 등과는 상당한 거리를 두고 위치하고 있다면 주된 용도가 임야에 해당하는 것으로 보는 것이 타당하므로 중과세대상에 해당하지 않는다(조심2009지784, 2010.02.04).

7. 중과세대상 취득

　회원제골프장용 부동산 중 구분등록의 대상이 되는 토지 등에 대하여는 체육시설업의 등록을 하는 경우, 시설을 증설하여 변경등록하는 경우, 체육시설업의 등록을 하지 아니하더라도 사실상 골프장으로 사용하는 경우에 한하여 취득세를 중과세한다.

　그러므로 이미 체육시설업의 등록을 하여 중과세율로 취득세를 신고 · 납부한 기존 골프장용 부동산을 양도, 증여, 영업의 양도, 합병 등에 의하여 승계취득하는 경우에는 취득세가 중과세 되지 않는다.

　골프장의 경우 체육시설업의 등록을 하는 때에 한하여 중과세하도록 하여 신규 등록 시 1회에 한해 중과세하고 기존 골프장의 부동산을 인수하여 인수자 명의로 변경등록하여도 시설의 증설을 수반하지 않으면 중과세 대상에 해당하지 않는다.

　그러므로 이미 체육시설업의 등록을 한 기존 골프장용 토지를 일부 승계취득하여 골프장용지로 사용하는 경우 일부 골프장용지에 대하여 시설의 증설이 없다면 중과대상에서 제외된다. 다만, 시설을 증설하여 변경등록을 하는 경우 시설의 증설비용만 중과세 대상에 해당된다.

8. 중과세시기

　체육시설업의 등록 또는 변경등록 하는 때, 체육시설업의 등록을 하지 아니하더라도 사실상 골프장으로 사용하는 때에 구분등록대상에 한하여 중과세되므로 등록 전의 취득에 대하여는 일반세율에 의하여 신고·납부하고 등록시점에 중과세대상에 대하여 중과세를 적용한다.

　「지방세법」 제16조 제1항에 의하여 토지나 건축물을 취득한 후 5년 이내에 해당 토지나 건축물이 골프장에 해당하게 된 경우에는 중과세된다.

9. 타인소유 토지의 지목변경

골프장을 조성함에 있어 일부 타인소유의 토지를 임차하여 골프장으로 지목변경하는 경우 토지의 임대인에게 지목변경에 대한 납세의무가 발생하며, 회원제 골프장인 경우에는 중과세된다.

또한 지목변경 시에 임차하여 사용 중이던 토지를 추후 그 임대인으로부터 승계취득하는 경우에는 중과세되지 아니한다. 즉, 임대인 소유의 토지는 이미 회원제골프장으로 등록할 당시 취득세 중과세 납세의무가 성립한 것이고, 기존 골프장용으로 사용 중인 이 토지를 임대인으로부터 승계취득한 것은 토지의 취득일에 체육시설업 등록이나 변경등록 또는 사실상 사용을 개시한 경우에 해당되지 아니하여 취득세 중과세 대상이 아닌 일반과세 대상에 해당하는 것이다.

10. 안분

회원제 골프장에 대해서는 취득세가 중과세되고 대중 골프장에 대해서는 중과세가 되지 않는다. 그러므로 회원제 골프장과 대중 골프장을 병설한 경우에 있어 공통으로 들어간 비용인 설계비 등과 클럽하우스와 같이 공동으로 사용하는 시설에 대하여는 그 등록 면적에 의하여 안분하여 회원제 골프장에 해당하는 취득가액을 중과세한다.

회원제 골프장과 대중제 골프장이 병설·운영되는 경우에 있어서 골프장 내의 조정지가 회원제 골프장 코스와 대중제 골프장의 코스 사이에 위치한 경우 실제 현황이 회원제 골프장과 대중제 골프장에 공동이용으로 인정할 만한 사정이 있다면 그 조정지를 안분하여 회원제 골프장으로 사용되는 부분에 대하여는 중과세한다(지방세운영-5411, 2009.12.22).

〈사례〉 골프장 급배수시설

이 사건 골프장의 급배수시설은 청구인이 운영하는 골프장의 골프코스에 식재된 잔디의 생육 및 관리를 위한 필수 시설로서 골프장 용도에 직접 사용되는 시설에 해당하므로 실제로 구분등록이 되었는지 여부에 관계없이 「체육시설의 설치·이용에 관한 법률」 제20조 제3항 제5호의 '관리시설'에 해당되어 구분등록의 대상이 되고, 구 「지방세법」제112조 제2항에 따른 취득세 중과세율이 적용되어야 한다(경정)(감심2014-113, 2014.04.24).

이 사건 골프장의 급배수시설이 '관리시설'에 포함되어 구분등록의 대상이 되는지가 문제되는데, 청구인은「체육시설의 설치·이용에 관한 법률」제20조 제3항에서 급배수시설을 명시적으로 구분등록의 대상으로 규정하고 있지 않고, 같은 항 제5호의 관리시설에 급배수시설이 포함된다고 볼 근거가 없다고 주장하며 구분등록 대상이 아니므로 취득세 표준세율을 적용하여야 한다고 주장한다.

살피건대, 구「지방세법」제104조 제4호에서는 취득세의 부과대상이 되는 '건축물'에는「건축법」의 건축물뿐만 아니라 토지에 정착하거나 지하 또는 다른 구조물에 설치하는 급·배수시설 등 일정한 시설물도 포함되는 것으로 규정하고 있고,「체육시설의 설치·이용에 관한 법률」제20조 제3항 제5호의 규정의 취지는 골프장 안의 모든 건축물은 원칙적으로 관리시설에 포함되나 예외적으로 태양열이용설비 등과 같이 골프장의 용도에 직접 사용되지 않는 시설만을 관리시설에서 제외하는 취지로 보아야 하므로 급배수시설이 골프장의 용도에 직접 사용되는 경우에는 구분등록의 대상이 되는 '관리시설'에 해당하게 되어 구「지방세법」제112조 제2항에 따른 취득세 중과세율이 적용된다고 봄이 타당하다.

이 사건 골프장의 급배수시설은 청구인이 운영하는 골프장의 골프코스에 식재된 잔디의 생육 및 관리를 위한 필수 시설로서 골프장 용도에 직접 사용되는 시설에 해당하므로 실제로 구분등록이 되었는지 여부에 관계없이「체육시설의 설치·이용에 관한 법률」제20조 제3항 제5호의 '관리시설'에 해당되어 구분등록의 대상이 되고, 구「지방세법」제112조 제2항에 따른 취득세 중과세율이 적용되어야 하므로 표준세율을 적용하여야 한다는 청구인의 주장은 이유 없다.

〈사례〉 골프장 건설시 상수도원인자부담금이 취득세의 과세표준에 포함되는지 여부

「수도법」제71조의 규정에 따르면 수도사업자는 수도공사를 하는 데에 비용발생의 원인을 제공한 자(주택단지·산업시설 등 수돗물을 많이 쓰는 시설을 설치하여 수도시설의 신설이나 증설 등의 원인을 제공한 자를 포함)에게 그 수도공사를 위하여 필요한 비용의 전부 또는 일부를 부담하게 할 수 있고, 인정사실 '(5)항' 내지 '(7)항'에서 본 바와 같이 청구인은 처분청과 협약을 체결하여 상수도시설의 신설에 따른 상수도원인자부담금 6억 4,305만 6,660원을 납부하고, 상수도시설은 ○시에 기부채납하였다.

그런데 구 「지방세법」 제106조 제2항에서 국가·지방자치단체에 기부채납을 조건으로 취득하는 부동산에 대하여는 취득세를 부과하지 아니하도록 규정하고 있으므로 이 사건 골프장에 이르는 상수도시설이 처분청에 기부채납 된 이상 취득세부과대상에 해당되지 아니하므로, 상수도시설의 설치를 위하여 부담한 상수도원인자부담금을 이 사건 골프장의 취득가액에 포함할 수 없다.

처분청의 주장은 해당 부동산이 취득세 부과대상이 되는 경우에 적용하는 취득세 과세표준 산정의 구체적인 방법에 불과하므로, 이 사건 골프장에 인입되는 상수도시설이 취득세 부과대상에 해당하지 않는 이상 나아가 상수도원인자부담금이 이 사건 골프장의 취득을 위한 비용에 해당하는지 살펴볼 필요가 없다(감심2014-113, 2014.04.24).

〈사례〉 기존 골프장용 부지를 승계 취득한 경우

이미 체육시설업의 등록을 하여 중과세율로 취득세를 신고·납부한 기존 골프장용 부동산중 일부를 승계취득하였다면 그 부분은 중과세 대상에서 제외된다(경기심사2010-42, 2010.02.24) 타인 소유의 토지를 포함한 토지 등을 회원제골프장으로 등록하고, 골프장용 토지 중 구분등록대상이 되는 토지에 대해 중과세율을 적용하여 산출한 취득세를 신고·납부한 후 타인소유의 토지를 승계취득하는 경우, 타인소유의 토지는 이미 회원제골프장으로 등록할 당시 취득세 중과세 납세의무가 성립(실제로는 등록당시 국가소유로 비과세)한 것이고, 기존 골프장용으로 사용 중인 이 토지를 국가 등으로부터 승계취득한 것은 토지의 취득일에 체육시설업 등록이나 변경등록 또는 사실상 사용을 개시한 경우에 해당되지 아니하여 취득세 중과세 대상이 아닌 일반과세 대상이라 할 것이다.

〈사례〉 물탱크 및 그 부속토지

물탱크에 수중펌프로 지하수를 공급받아 저장하였다가 이를 스프링클러를 통해 코스 내 잔디에 공급하고 산불진화용 소방용수로 활용하고 있는 물탱크의 경우, 그 물탱크 및 그 부속 토지는 골프장의 관리시설로서 구분등록대상이 되므로 등록시에 골프장시설로 등재되어 있지 아니하였다고 하더라도 구분등록대상이 아니라고 보기 어렵다(감심 2008-257, 2008.10.01). 회원제골프장용 부동산 중 구분등록의 대상이 되는 토지와 건축물의 취득에 대해서는 중과세율을 적용하되 이는 체육시설업의 등록을 하는 경우뿐만 아니라 등록을 하지 아니하더라도 사실상 골프장으로 사용하는 경우에도 적용된다고 규정되어 있으므로 구분등록대상이 되는 토지 및 건축물에 대해서는 취득 후 실제 구분등록이 이루어졌는지 관계없이 중과세율이 적용된다고 보아야 할 것이다. 또한, 「체육시설의 설치·이용에 관한 법률」 및 동법 시행령의 관련 규정에 따르면 회원제골프장업의 등록을 하려는 자는 해당 골프장의 부동산 중 골프 코스, 주차장 및 도로, 관리시설 등을 구분하여 등록을 신청하여야 하고 여기서 관리시설이라 함은 사무실, 휴게시설 등 골프장 안의 모든 건축물을 포함하되 수영장, 테니스장, 골프연습장 등 골프장의 용도에 직접 사용되지 아니하는 건축물은 제외된다고 규정되어 있다.

건축물이라고 함은 「건축법」 제2조 제1항 제2호의 규정에 의한 건축물(이와 유사한 형태의 건축물을 포함)과 토지에 정착하거나 지하 또는 다른 구조물에 설치하는 레저시설, 저장시설 등과 도크시설, 접안시설, 도관시설, 급·배수시설, 에너지 공급시설 그 밖에 이와 유사한 시설(이에 부수되는 시설을 포함)로서 대통령령이 정하는 것을 말한다고 규정되어 있다. 「지방세법 시행령」 제5조 제2호에서 "저장시설: 수조, 저유조, 사일로, 저장조 등의 옥외저장시설(다른 시설과 유기적인 관련을 가지고 일시적으로 저장기능을 하는 시설을 포함한다)"이라고 규정하고 있다.

물탱크는 골프장 안에 위치하고 있으면서 수중펌프로 물을 공급받아 저장하고 있다가 이를 스프링클러를 통해 코스 내 잔디에 공급하고 산불진화용 소방용수로 활용하고 있으므로 골프장을 유지 관리하는 시설로서 골프장의 용도에 직접 사용되는 시설에 해당한다고 할 것이다. 따라서 물탱크 및 그 부속 토지는 구 「체육시설의 설치·이용에 관한 법률 시행령」상 골프장의 관리시설로서 구분등록대상이 된다고 할 것이고 설혹 골프장의 등록시에 이 물탱크의 부속 토지가 골프장시설로 등재되어 있지 않았다고 하더라도 그와 같은 사정만으로 이 물탱크가 구분등록대상이 아니라고 보기는 어렵다고 할 것이다.

〈사례〉 실질적인 골프장 사업운영

골프장을 준공하기 이전이라도 골프장의 이용 대상, 이용의 목적, 이용에 따른 대가의 징수여부 등 제반사정에 비추어 골프장을 실질적인 사업운영의 목적으로 사용하는 경우 중과세취득세를 부과한다(대법2008두7175, 2008.08.21).

〈사례〉 골프텔

회원제 골프장 내에 위치한 골프텔이 골프장 이용고객과 골프장을 운영하는 법인 소속 직원들의 숙소로 제공되는 경우라면 당해 골프장의 용도에 직접 사용되는 건축물로 볼 수 없다(세정-5564, 2007.12.24). 그러므로 골프텔은 취득세 중과세 대상이라 할 수 없다.

〈사례〉 과점주주의 취득세

갑법인의 과점주주가 된 이후 갑법인이 소유 토지를 회원제골프장으로 조성하였다고 하여 과점주주인에 대하여 취득세를 중과세할 수는 없는 것이다(세정-1031, 2007.04.04).

회원제골프장은 그 시설을 갖추어 「체육시설의 설치·이용에 관한 법률」의 규정에 의하여 체육시설업의 등록을 하는 경우와 등록을 하지 아니하더라도 사실상 골프장으로 사용하는 경우에 취득세 중과세대상이 된다고 보아야 할 것으로, 비록 A가 갑법인의 과점주주가 된 이후 갑법인이 소유 토지를 회원제골프장으로 조성하였다고 하여 A가 갑법인이 운영하는 회원제골프장을 등록하였다거나 사실상 사용하였다라고 볼 수는 없다 하겠으므로, 과점주주인 A에 대하여 취득세를 중과세할 수는 없는 것이다.

〈사례〉 형질변경 준공인가

골프장조성공사가 완료되어 등록되기 전에 형질변경 준공인가된 경우 지목변경이 완료된 시기를 조성공사가 완료된 시기로 본다(지방세심사2006-449, 2006.10.30).

〈사례〉 사실상 지목변경

회원골프장에 대한 중과세 시기는 골프장을 조성한 후 「체육시설의 설치·이용에 관한 법률」에 의하여 등록된 때가 되는 것이므로 골프장을 건설하기 위하여 공부상으로만 체육용지로 지목변경된 국유지를 취득한 경우라 하더라도 골프장을 조성한 후 등록한 때에 사실상 골프장으로 지목이 변경되었다 할 수 있다(세정-4873, 2006.10.09).

〈사례〉 취득세의 신고

회원제골프장을 사실상 사용하는 시점에서 골프장조성비용과 기부채납 대상 공공도로 등 조성에 소요된 비용을 안분하여 취득신고를 하고 추후 당해 공사가 모두 완료된 시점에서 수정신고를 하는 것이 타당하다(세정-2273, 2006.06.05).

수정신고 대상은 신고납부 기한 내에 지방세를 신고납부한 자가 신고납부한 후에 과세표준액 및 세액계산의 근거가 되는 면적·가액 등이 공사비의 정산, 건설자금의 이자계산, 확정판결 등에 의하여 변경되거나 확정된 경우와 신고납부 당시에 있어서 증빙서류의 압수 또는 법인의 청산 기타, 부득이한 사유로 인하여 과세표준액 및 세액을 정확하게 계산할 수 없었으나 그 후 당해 사유가 소멸된 경우로 규정하고 있으며, 「지방세법」 제13조 제5항에서 「체육시설의 설치·이용에 관한 법률」의 규정에 따라 등록하지 아니하더라도 사실상 회원제골프장으로 사용하는 경우에는 취득세를 중과세하도록 규정하고 있다. 회원제골프장을 사실상 사용하는 시점에서의 당해 골프장 조성에 소요된 비용과 기부채납 대상에 해당하는 공공도로 등 조성에 소요된 비용을 안분하여 취득신고를 하고, 추후 당해 공사가 모두 완료된 시점에서 수정신고를 하는 것이 타당하다고 사료된다.

〈사례〉 클럽하우스

클럽하우스 건축물의 취득의 시기는 사용승인서 교부일(사용승인서 교부일 이전에 사실상 사용하거나 임시사용승인을 받은 경우에는 그 사실상의 사용일 또는 임시사용승인일)이 취득일이 되는 것이다(세정-3869, 2005.11.18).

건축허가를 받아 건축하는 건축물에 있어서는 사용승인서 교부일을 취득일로 본다. 마찬가지로 클럽하우스 건축물의 취득의 시기는 사용승인서 교부일이 취득일이 되는 것이며, 다만 중과세율은 「지방세법」 제112조 제2항 규정에 의거 「체육시설의 설치·이용에 관한 법률」의 규정에 의하여 체육시설업의 등록을 하는 날 또는 등록을 하기 전에 사실상 골프장으로 사용한 경우에는 사실상 골프장으로 사용하는 날을 기준으로 적용한다.

〈사례〉 연습라운딩

골프장코스 완공일과 클럽하우스 완공일 간의 시차가 발생하여 골프장코스를 점검하기 위하여 회원들을 초청하여 요금을 받지 않고 연습라운딩을 하는 것은 사실상 골프장을 사용했다고 보기 어렵다(세정-2547, 2005.09.07).

〈사례〉 대중골프장과 회원제골프장에 공동으로 사용하는 건축물의 안분

대중골프장과 건축물이 먼저 준공되고 회원제골프장은 추후에 준공된다면 건축물의 준공에 따른 취득세는 일반세율로 납부하는 것이고, 추후 회원제골프장의 취득이 발생하여 건축물을 공동으로 사용하게 된다면 각각의 골프장 등록면적에 의거 안분하여 중과세율로 납부하는 것이 타당하다. 한편, 대중골프장 및 회원제골프장을 건설함에 있어 공통으로 들어간 비용인 설계비 등은 대중골프장이 먼저 준공된 시점에서 대중골프장 승인면적만큼 안분하여 일반세율로 납부하고, 추후 회원제골프장의 취득시점에서 나머지 부분을 중과세율로 납부하는 것이 타당하다(세정-2713, 2005.09.15).

〈사례〉 원형보존지 배수로공사

우수에 따른 골프장 피해 방지를 위해 골프장으로 구분등록 대상이 아닌 골프장 옆 원형보존지 도랑을 정비하여 배수로를 설치한 것이라면 취득세 중과세 대상이 되지 않는다(세정-1677, 2006.04.26).

〈사례〉 스프링클러

회원제골프장 내 설치한 스프링클러는 취득세 중과대상에 해당한다(지방세심사 2005-540, 2005.12.26). 「지방세법」 제6조에서 '건축물'이란 「건축법」 제2조 제1항 제2호에 따른 건축물(이와 유사한 형태의 건축물을 포함)과 토지에 정착하거나 지하 또는 다른 구조물에 설치하는 레저시설, 저장시설, 도크(dock)시설, 접안시설, 도관시설, 급

수·배수시설, 에너지 공급시설 및 그 밖에 이와 유사한 시설(이에 딸린 시설을 포함)로서 대통령령으로 정하는 것이라 규정하고 있다.

회원제골프장 내에 설치한 스프링클러는 골프장 내의 잔디생육에 필수적인 적절한 수분공급을 목적으로 설치한 급·배수시설에 해당(대법89누5638, 1990.07.13)되어 취득세 과세 대상에 해당되고, 이를 취득세 중과대상인 회원제골프장 내에 설치한 경우에는 골프장의 필수적인 시설에 해당되기 때문에 비록 골프장에서 설치한 스프링클러가 개별적으로는 등록 대상에 해당되지 아니한다고 하더라도 취득세의 중과세 대상에 해당된다고 보아야 한다.

〈사례〉 사실상 원형지

골프장 인근의 염전·갈대밭·잡종지·임야 등을 골프장 관리시설의 부속토지 및 조경지로 활용하기 위하여 「체육시설의 설치·이용에 관한 법률」에 의거 변경등록을 하였어도 지목변경 없이 변경등록 전과 동일한 원형지 상태로 유지하고 있는 경우에는 취득세가 중과세되지 아니한다(세정-1200, 2005.06.15).

골프장으로서의 조성시기는 사실상 토지의 지목변경이 된 날이므로 임야 등 토지의 터파기 공사 등을 시행하여 잔디식재 전까지 정지작업을 완료한 시점을 지목변경이 완료된 시점으로 볼 수가 없는 것이며, 골프장으로 사용할 수 있도록 잔디식재, 조경공사 등을 시행하여 그 골프장의 조성공사가 완료되어 사실상 골프장으로 사용하는 시점을 취득시기로 보아야 할 것이다.

당초 전·답·임야인 토지가 체육용지인 골프장으로 사실상 지목변경됨으로써 취득세 과세대상인 간주취득으로 보기 위하여는 절토, 성토 등 형질변경공사와 골프장 조성공사 등만으로는 부족하고 골프코스간의 작업도로, 골프장 진입도로 및 주차장의 포장공사 등 골프장 개설에 따른 모든 공사가 완료되어 전체적으로 골프장으로서의 기능을 사실상 발휘할 수 있음이 객관적으로 인정될 때를 취득시기로 보아 그 소요된 비용을 취득세 과세표준으로 하여야 하는 것(대법원 판례 92누18818, 1993.06.08)이므로 기존 회원제 골프장 인근의 염전·갈대밭·잡종지·임야 등을 기존 운영 중인 골프장 관리시설의 부속토지 및 조경지 등으로 활용하기 위하여 「체육시설의 설치·이용에 관한 법률」에 의거 변경등록을 하였다 하더라도 변경등록을 한 후에도 동 토지에 골프장의 관리시설을 건축하거나 조경시설을 하지 않았음은 물론, 체육시설용지로서의 지목변경 없이 변경등록전과 동일한 원형지 상태로 유지하고 있는 경우라면 취득세 중과세대상에 해당한다고 볼 수 없다.

〈사례〉 인접골프장 토지의 일부 취득

인접골프장 토지 일부를 취득한 후 형질변경으로 증설변경등록을 하였다면 증설부분 중 구분등록대상이 되는 토지와 건축물은 취득세 중과세 대상에 해당한다(세정-3669, 2004.10.22). 이미 체육시설업의 등록을 하여 중과세율로 취득세를 신고납부한 기존 골프장용 부동산 중 일부를 승계취득하였다면 중과대상에서 제외된다 하겠으나, 골프장 시설을 증설하고 변경등록한 경우에는 그 시설의 증설비용은 중과세대상에 해당된다 (지방세심사2005-133, 2005.05.02).

〈사례〉 골프장 조성에 따른 토지의 지목변경

골프장을 준공하기 5년 전에 이미 지출한 비용, 취득일로부터 5년이 경과한 후 골프장이 된 토지에 대한 골프장 조성비용 등이 취득세 중과대상에서 제외될 수는 없는 것이다. 또한 클럽하우스 주변 등에 식재하고 별도의 관리대장 및 명인방법으로 관리하는 조경용 입목의 구입 및 그 식재에 든 비용은 토지와는 별개로 독립된 물건으로서 소유권이 공시되었다고 볼 수 없으며, 골프장 코스뿐 아니라 클럽하우스 주변에 조경용으로 식재한 수목 등이라고 하더라도 이는 유원지로서의 골프장의 효용에 공하는 것으로 그 구입 및 식재비는 위 토지의 지목변경에 인한 간주취득의 과세표준에 포함된다고 판단된다.

〈사례〉 입목등기된 임목

신설회원제골프장 내 입목을 식재하여 지목변경일전에 임목등기를 한 경우, 토지가 지목변경됐더라도 당해 임목을 토지의 과세표준에 포함해 중과세할 수 없다(세정 13407-1048, 2002.11.06).

〈사례〉 진입도로변의 입목

골프장의 클럽하우스와 진입도로변의 조경용 입목비용이 지목변경을 위해 소요된 비용으로 골프장의 취득가액에 포함된다(지방세심사2000-195, 2000.03.29).

〈사례〉 골프장의 취득원가

토지의 지목을 사실상 변경한 경우에는 지목변경으로 인하여 증가한 가액을 과세표준으로 하여 취득세를 부과하되, 취득가액은 과세대상물건의 취득시기를 기준으로 하여 그 이전에 당해 물건을 취득하기 위하여 거래 상대방 또는 제3자에게 지급하였거나 지급하여야 할 일체의 비용(소개수수료, 설계비, 연체료, 할부이자 및 건설자금에 충당한 금액의 이자 등 취득에 소요된 직·간접비용 포함)을 말한다고 규정하고 있는 바, 골프장 공사와 관련한 간접비용의 성격인 개업비는 취득비용에 포함된다고 할 것이고, 골프장 조성에 따른 토목공사는 물론 잔디파종 및 식재비용, 입목의 이식비용 등 골프장 조성에 들인 비용은 모두 토지의 지목변경으로 인한 가액증가에 소요된 비용으로서 과세표준에 포함되고, 또한 골프장으로서 중과세율이 적용되어야 한다(같은 취지의 대법원판결 99두9919, 2001.07.27)(지방세심사2002-278, 2002.07.29).

Ⅳ. 고급주택

1. 고급주택의 기준

경제적 낭비의 방지, 사치풍조의 억제, 국민간의 위화감 방지 및 가용토지의 효율적 활용 등을 위하여 고급주택에 대하여 취득세를 중과세하고 있다.

취득세가 중과세되는 고급주택으로 보는 주거용 건축물과 그 부속토지는 다음의 어느 하나에 해당하는 것으로 한다. 다만 아래의 ①, ②, ③, ⑤에서 정하는 주거용 건축물과 그 부속토지 또는 공동주택과 그 부속토지는 취득 당시의 시가표준액이 6억 원을 초과하는 경우만 해당한다. 그러므로 에스컬레이터가 설치된 주택과 일정규모 이상의 수영장이 설치된 주택의 경우에는 취득당시의 시가표준액에 불구하고 취득세가 중과세된다.

① 연면적: 1구의 건축물의 연면적(주차장면적은 제외)이 331㎡를 초과하는 것으로서 그 건축물의 가액이 9,000만 원을 초과하는 주거용 건축물과 그 부속토지. 여기서 시가표준액은 비거주용건물의 시가표준액계산방식에 의하여 계산된 건물의 가액을 말한다.

② 대지면적: 1구의 건축물의 대지면적이 662㎡를 초과하는 것으로서 그 건축물의 가액이 9,000만 원을 초과하는 주거용 건축물과 그 부속토지.

③ 엘리베이터: 1구의 건축물에 엘리베이터(적재하중 200㎏ 이하의 소형엘리베이터는 제외)가 설치된 주거용 건축물과 그 부속토지(공동주택과 그 부속토지는 제외).

④ 에스컬레이터, 수영장: 1구의 건축물에 에스컬레이터 또는 67㎡ 이상의 수영장 중 1개 이상의 시설이 설치된 주거용 건축물과 그 부속토지(공동주택과 그 부속토지는 제외).

⑤ 공동주택: 1구의 공동주택(여러 가구가 한 건축물에 거주할 수 있도록 건축된 다가구용 주택을 포함하되, 이 경우 한 가구가 독립하여 거주할 수 있도록 구획된 부분을 각각 1구의 건축물로 봄)의 건축물 연면적(공용면적은 제외)이 245㎡(복층형은 274㎡로 하되, 한 층의 면적이 245㎡를 초과하는 것은 제외)를 초과하는 공동주택과 그 부속토지.

고급주택에 해당하는가의 여부는 그 대상건물 또는 대지의 연면적이나 가격이 일정한 범위를 초과하는 것인가의 여부에 따라 결정되는 것이고 그 건물과 대지가 동일인의 소유에 속하는 것인가의 여부에 따라 그 결론이 달라지는 것은 아니다(대법90누1915, 1990.11.13). 그러므로 고급주택에 해당하는 주택의 건축물이나 토지 중 어느 한 부분만을 취득한 경우에도 취득세가 중과세되는 것이다.

2. 1구의 주택

취득세의 중과세 대상인 고급주택은 원칙적으로 '1구'를 과세단위로 하여 과세대상으로 구분된 것으로서 '1구'의 건물 또는 공동주택에 해당되는지 여부는 그 건물 등이 전체로서 경제적 용법에 따라 하나의 주거생활용으로 제공되었는지 여부 및 한 가구가 독립하여 거주할 수 있는지 여부 등에 의하여 합목적적으로 결정되어야 한다(대법원 1987.02.10, 86누301호 판결 참조).

고급주택의 범위 중 1구란 주택 1단위로서의 한 울타리 의미로 해석되어야 할 것이나 비록 외형상 한 울타리 내에 다수의 주택이 배치되어 있다 하더라도 그 각각이 독립된 세대인 경우에는 그 각 세대별로 독립 거주할 수 있도록 구획된 부분을 기준으로 판정한다.

또한, 수 개의 건물로 나누어져 있다고 하더라도 그 수개의 건물이 동일지번, 동일구역 내에 있으면서 하나의 주거생활단위로 제공되고 있다면 전체로서 일괄하여 하나의 주거용 건물 등으로 보아야 한다. 즉, 그 구체적인 용도나 외형이 독립되어 있다고 하여도 현실적으로 일체를 이루어 사회경제적으로 하나의 건물로의 기능과 역할을 담당하고 있다면 이를 분리하여 별개의 건물 또는 공동주택이라고 할 수는 없다.

3. 연면적

(1) 건축물의 연면적

연면적은 공부상의 연면적에 불구하고 사실상의 면적에 따라 계산하며, 이때 연면적 및 대지면적 등의 계산방법에 관하여는 「지방세법」에서 별도로 규정하고 있는 바는 없으므로 대체로 건축법상의 규정을 원용한다. 「건축법시행령」 제119조 제1항 제4호에서 연면적이란 하나의 건축물 각 층의 바닥면적의 합계로 규정하고 있다.

취득세 중과세대상 고급주택 연면적 계산시 공동주택의 경우 공용면적을 제외하도록 규정하고 있으나 단독주택의 경우 주차장면적만 제외한다고 규정하고 있을 뿐 공용면적에 대해서는 별도의 규정이 없다.

(2) 부속건축물

「건축법」 제2조 제12호에서 부속건축물이란 같은 대지에서 주된 건축물과 분리된 부속용도의 건축물로서 주된 건축물을 이용 또는 관리하는 데에 필요한 건축물을 말한다. 단독주택의 주된 건축물을 이용 또는 관리하는 데에 필요한 부속건축물(부속동)의 경우 당해 주된 단독주택의 용도와 달리 볼 것은 아니므로 단독주택의 연면적에 포함된다.

또한 타운하우스와 같이 한 울타리 내에 블록형 단독주택과 공유로 된 주민공동 이용시설이 함께 설치되어 있을 때, 공동이용시설을 세대별로 안분해 단독주택 연면적에 합산한다.

(3) 발코니면적

발코니란 건축물의 내부와 외부를 연결하는 완충공간으로서 전망이나 휴식 등의 목적으로 건축물 외벽에 접하여 부가적으로 설치되는 공간이다. 발코니는 건물 외벽 밖으로 돌출된 외부 개방형 발코니와 건물 본체와 일체로 조적 벽체를 세우고 창호를 설치하는 등 본체와 유사하게 설치하여 건축물 내부면적이 증가하는 효과를 가져오는 내부형 발코니(커튼월)가 있다.

발코니는 건축물관리대장 등 공부상으로 건축물의 연면적에서 제외되는 서비스면적에 해당되는 경우 외부 개방형이든 내부형이든 관계없이 취득세 중과대상 고급주택 연면적 계산에서도 제외된다(대법원 선고 2009두23419, 2010.09.09 판결 참조).

그러나 「건축법 시행령」에서 정한 기준면적을 초과하는 초과발코니 면적은 건축물의 연면적 계산에 있어 포함한다. 또한 사용검사일전에 주거용으로 확장되는 경우라도 발코니 면적이 공동주택 건축물의 연면적에서 제외되는 서비스면적에 해당되는 경우라면 고급주택 연면적 계산에서 제외된다(지방세운영-4023, 2011.08.26).

(4) 복층형 공동주택

복층형 공동주택이란 주택 및 건축관련 법령에서 용어의 정의는 규정되어 있지 아니하지만, 사회통념상 하나의 출입문을 통한 내부공간에 2개 층 이상의 주거공간으로 이용될 수 있도록 건축한 공동주택을 뜻하는 것이라 할 수 있다.

4. 부속토지

(1) 부속토지

1구의 건물의 부속토지의 면적은 건물의 소유자가 건물 사용을 위하여 사실상 공여하는 부속토지의 면적을 뜻하고, 이러한 1구의 주택에 부속된 토지인지 여부는 당해 토지의 취득 당시 현황과 이용실태에 의하여 결정된다.

1구의 건물의 부속토지인지 여부를 판단함에 있어서는 당해 주택과 경제적 일체를 이루고 있는 토지로서 사회통념상 주거생활공간으로 인정되는 대지를 뜻하는 것이므로 1필지의 토지임을 요하지 아니하고 수 필지로 이루어진 경우라도 무관하며, 또한 그 토지의 권리관계·소유형태를 불문하므로 소유자가 동일할 필요도 없다.

(2) 접도구역

주택의 울타리 바깥에 지정된 접도구역은 주택의 소유자만이 배타적으로 사용할 수 있는 면적이 아닌 불특정 다수인이 언제든지 사용할 수 있는 공간이고, 접도구역은 국가에서 향후 도로확장 등을 위하여 도시계획시설로 지정한 후 건축 등의 행위가 금지 또는 제한되고 있는 사권제한토지에 해당한다. 이러한 점으로 볼 때, 접도구역이 공부상 주택의 전체 대지면적에 포함되어 있는 것이라 할지라도 고급주택의 중과세 대상 대지면적에 포함하는 것은 무리가 있다 할 것이다.

(3) 법면토지

법면부분 토지는 고급주택의 특성상 주택의 미적 환경을 고려한 것으로도 볼 수 있다. 건축물관리대장상이나 토지대장상 주택의 부속토지로 등재되어 있고, 주택의 울타리 내에 소재하고 있다면 주택의 효용과 편익을 위한 필수불가결한 토지로서 주거생활 공간으로 이용되고 있는 부속토지에 해당된다 할 수 있다. 즉, 단독주택 1구의 부속토지의 면적이 실제 법면으로 처리되어 사실상 사용하지 않을 경우라 할지라도 이는 고급주택 요건인 1구의 대지면적에 포함된다(지방세심사2007-646, 2007.11.26).

(4) 부속주차장 및 전용진입로 토지

주택의 연면적을 계산함에 있어 주차장은 포함되지 아니하나, 부속토지의 면적을 계산함에 있어서는 당해 주택의 부속주차장은 부속토지에 해당하며, 전용진입로 또한 고급주택의 부속토지에 해당한다(감심2004-113, 2005.09.16).

5. 고급주택 제외대상

고급주택은 그 취득목적이나 유상 또는 무상 등 그 취득방법에 불구하고 중과세대상 해당여부를 판단한다. 그러므로 금융기관 등이 채권보전목적으로 취득하는 주택이 고급주택에 해당하는 경우에는 중과세되는 것이다. 다만, 주거용 건축물을 취득한 날부터 다음과 같은 기간 이내에 주거용이 아닌 용도로 사용하거나 고급주택이 아닌 용도로 사용하기 위하여 용도변경공사를 착공하는 경우는 제외한다.

① 일반적인 경우 취득한 날로부터 30일.
② 상속으로 인한 경우는 상속개시일이 속하는 달의 말일부터 6개월.
③ 실종으로 인한 경우는 실종선고일이 속하는 달의 말일부터 6개월.
④ 납세자가 외국에 주소를 둔 경우에는 9개월.

6. 증축 또는 개수

일반주택을 취득하여 증축 또는 개수에 의하여 고급주택에 해당하는 경우에는 일반주택의 취득일에 따라 중과세의 범위가 달라진다. 일반주택을 취득한 후 5년 이내에 증축·개축을 통하여 고급주택에 해당하는 경우에는 고급주택을 취득한 것으로 보아 중과세율을 적용하여 추징한다.

그러나 일반주택을 취득으로부터 5년이 경과한 후 증축·개축으로 고급주택에 해당하게 된 경우에는 증축한 부분에 대하여만 중과세율을 적용한다. 또한 고급주택을 취득하여 중과세율에 의하여 취득세를 납부한 후, 증축·개축한 경우에는 그로 인하여 증가한 가액을 과세표준으로 하여 중과세율을 적용한다.

한편, 주택을 취득할 당시에는 고급주택의 기준에 해당되지 않아 일반세율을 적용하였으나 해당 주택의 시가표준액이 상승하여 고급주택에 해당되는 경우에는 중과세로 추징하지 아니한다.

〈사례〉 진출입도로부지

청구인의 경우 당초 연접한 5필지와 함께 6구의 단독주택을 각각 신축하는 과정에서 다른 주택과 동일한 형태로 진출입로로 사용될 목적으로 쟁점도로부지를 도로로 개설한 것은 사실이지만, 쟁점도로부지까지 이미 진출입로가 조성되어 있으므로 쟁점도로부지가 없는 경우에는 쟁점주택이 진출입로가 없는 맹지형태의 주택에 해당된다고 보여지지 아니하며, 오히려 쟁점도로부지의 개설로 인하여 타인의 통행이 가능한 상태에 있다고 볼 수 있고,

청구인이 쟁점주택을 신축한 이후 즉시 연접한 ○임야를 단독주택부지로 조성하기 위하여 쟁점도로부지를 도로개설지로 하여 함께 개발행위허가를 받은 사실에 비추어 쟁점도로부지가 쟁점주택의 진출입만을 위하여 개설된 것으로 보기도 어렵다고 보여지고, 이와 같이 연접한 토지의 개발을 하면서 결국 쟁점도로부지는 필지분할로 인하여 공부상으로도 쟁점주택의 부속토지에서 제외되었으며, 건축당시부터 쟁점도로부지를 별도로 쟁점주택의 부속토지에서 제외하지 못한 사유도 관련 법령상 필지분할이 불가능하였기 때문에 취득 당시 필지분할이 이루어지지 아니하였다 하더라도 쟁점주택과 울타리로 구분되어 있는 도로인 점에서, 쟁점도로부지를 쟁점주택과 일체를 이루는 주거생활공간으로서의 대지에 해당된다고 보기는 어렵다고 보여진다.

따라서, 처분청이 쟁점도로부지를 포함하여 쟁점주택을 고급주택에 해당되는 것으로 보아 이 건 취득세 등을 부과한 처분은 잘못이라고 판단된다(조심2013지1068, 2014.04.08).

〈사례〉 타운하우스의 관리동

고급주택에 대한 취득세 중과취지에 비추어 보면, '1구'의 건물의 범위는 그 건물이 전체로서 경제적 용법에 따라 하나의 주거생활용으로 제공된 것이냐의 여부에 의하여 합목적적으로 결정되어야 하므로, 그 부대시설이 본건물인 주택의 효용과 편익을 위한 시

설로서 하나의 주거용 생활단위로 제공된다면 건물의 연면적에 포함하여야 하지만, 이 또한 단독주택단지의 경계가 아닌 '한 울타리 내의 각 세대별 개별주택'을 기준으로 판단함이 타당하다 할 것이다(대법원 2009.09.10 선고, 2009두9208 판결 참조).

이 건의 경우 각 개별주택은 각각의 출입문과 냉·난방설비를 독자적으로 갖추고 있을 뿐더러 개인정원과 옹벽 등으로 구획되어 있는 반면에 이 건 관리동은 건축물대장상 주건축물 관리동으로 표시되어 있지만 각 개별주택과는 별도의 건축물대장이 존재할뿐더러 경비실, 관리사무소, 기계실, 전기실 등의 기능을 수행하고 있고, 더구나 각 개별주택과는 도로 등을 사이에 두고 약 23m 내지 180m 정도 떨어져 있어 각 개별주택에 부속된 건축물이라기보다는 독립된 주택관리업무를 수행하고 있는 건축물에 해당된다고 볼 수 있는 점, 각 개별주택 거래 시 이 건 관리동 또한 공유지분 형태로 함께 거래되지만 그렇다고 하여 그 전체가 하나의 주거생활공간으로 제공된다고 단정하여 볼 수는 없는 점 등으로 미루어 볼 때, 이 건 관리동은 단독주택인 각 개별주택과 하나의 주거생활단위로 제공되고 있다고 보기는 어렵다.

또한, 각 개별주택은 단독주택임에 반해 이 건 관리동은 공용부분이고 별개의 건축물로서 공유지분으로 소유하고 있으며, 지방세법령은 단독주택의 경우에 있어 고급주택 판단 시 주차장면적만을 제외토록 하고 있을 뿐 이에 공여되는 공용면적을 포함토록 하는 규정을 두고 있지 아니하므로, 여러 세대에 공용으로 제공되고 있는 이 건 관리동을 '1구'의 건물의 범위에 포함하기에는 무리가 있다 할 것이어서 각 개별주택의 면적비율로 안분계산한 이 건 관리동의 공유지분은 단독주택인 각 개별주택의 연면적에서 제외되는 것으로 해석하는 것이 위 관련 규정의 엄격해석원칙에 부합된다 하겠다(조심2012지466, 2013.03.21).

〈사례〉 주택의 효용과 편익을 위한 부대시설

어느 건물의 지하차고로 쓰여지는 부분이 구조상 독립되어 있고 별도로 소유권보존등기가 되어 있어 외형상 독립된 거래의 객체가 될 수 있다고 하여도 동일지번, 동일구역 내에 있으면서 하나의 주거생활단위로 제공되고 있다면 이는 주택의 효용과 편익을 위한 부대시설로서 전체로서 일괄하여 하나의 주거용 건물의 일부라고 보아야 하고, 본건물과 분리하여 별개의 건물이라고 할 수 없다(대법89누2363, 1990.05.22).

〈사례〉 고급주택의 일부취득

원심판결 이유에 의하면 원심은 원고가 1988년 6월 29일 그의 아버지로부터 그 소유인 부산 동래구 ○동 305대 1,852평방미터 및 그 지상 2층 주택 1층 110.74평방미터, 2층 80.99평방미터 중 대지만을 증여받아 취득한 사실을 인정한 다음,「지방세법 시행령」제84조의 3 제1항 제2호 (2)목에 의하여 고급주택으로 취득세가 중과세되는 것은 그 주택과 대지가 동일인의 소유인 경우에 한하므로 원고가 그 대지만을 취득하였을 뿐 그 지상건물은 여전히 그 아버지의 소유로 남아 있는 이 사건에 있어 그 대지취득을 이유로 원고에 대하여 한 이 사건 취득세중 과세처분은 위법하다고 판시하고 있다.

그러나「지방세법 시행령」제84조의 3 제1항 제2호 (2)목에 규정한 고급주택에 해당하는가의 여부는 그 대상건물 또는 대지의 연면적이나 가격이 일정한 범위를 초과하는 것인가의 여부에 따라 결정되는 것이고 그 건물과 대지가 동일인의 소유에 속하는 것인가의 여부에 따라 그 결론이 달라지는 것은 아니라 할 것이다(대법90누1915, 1990.11.13).

〈사례〉 부속토지 및 부속건축물

원고는, ① 이 사건 토지 중 지목이 '대지'로 된 부분을 제외한 나머지 '전', '과수원', '임야'로 된 부분은 A모씨에게 무상으로 임대하여 농작물을 재배하는 등 그 지목에 맞는 용도로 사용하고 있을 뿐이므로 이 사건 제1주택의 부속토지가 아니라 별도의 농지 또는 과수원이라고 보아야 하고, ② 제2주택은 제1주택과 별도의 주거시설로서 제1주택에 부속된 것이 아니라고 주장한다.

이 판결이 인용한 제1심판결의 이유에서 채택한 증거에 변론 전체의 취지를 종합하여 인정되는 다음과 같은 사정, 즉 ① 이 사건 각 토지와 제1, 2 주택은 그 전체가 하나의 펜스로 둘러싸여 인근 지역과 확연히 구분되는 하나의 부지를 이루고 있으며, 펜스에 설치된 대문을 통하여 출입할 수 있도록 되어 있는 점, ② 이 사건 토지 중 일부에 농작물 또는 유실수가 심어져 있기는 하나 그 면적은 지목이 '전'이나 '과수원'이라고 되어 있는 부분 중에서도 일부이고, 위 대문을 통과하여 부지 내의 포장도로와 자갈이 깔린 길을 통해 접근할 수 있을 뿐 아니라, 그 주변으로 잔디와 관상수 등이 식재되어 있는 등 전체로서 주택에 딸린 하나의 정원을 이루고 있는 것으로 보이는 점, ③ 한편 이 사건 처분 당시 제2주택에 거주하고 있었던 B모씨는 원고가 운영하는 회사의 직원으로, 위 회사에 입사하면서부터 제2주택에 거주하였던 점, ④ 당심에 증인으로 출석하기도 하였던 C모씨는 B모씨의 처로서, 주변에서는 B모씨·C모씨를 이 사건 토지 및 주택을 관리하는 부부로 알고 있었던 점, ⑤ 나아가 B모씨는 이 사건 처분 전 현장조사를 나왔던 공무원에게 본인이 관리인이라는 취지의 언동을 하고, 연락처를 알려주었으며, 부지를 안내하기도 하였던 점 등에 비추어 보면, 당심에서 원고가 추가로 제출한 증거들이나 당심 증인 B모씨, C모씨의 증언을 원고가 제1심에서 제출한 증거들에 더하여 보더라도 원고의 위와 같은 주장을 인정하기에 부족하고, 달리 이를 인정할 만한 증거가 없다.

따라서 제1주택은 구 「지방세법」 제13조 제5항 제3호, 같은 법 시행령 제28조 제4항 제2호가 규정하는 고급주택에 해당하고, 제2주택 및 이 사건 각 토지 전부가 제1주택에 부속된 것으로, 이와 같은 전제에서 한 피고의 이 사건 처분은 적법하다(대법2014두37351, 2014.09.24).

〈사례〉 단독주택의 공용 부속건축물

단독주택 입주자들의 공동이용시설의 경우라도 같은 울타리 안에 설치되어 하나의 주거생활용으로 제공되는 경우로서 당해 공동이용시설이 주된 건축물인 단독주택의 주된 건축물을 이용 또는 관리하는 데에 필요한 부속건축물(부속동)로 등재되는 경우라면, 공동이용시설이라고 하더라도 당해 주된 단독주택의 용도와 달리 볼 것은 아니므로 전유부분뿐만 아니라 공용부분도 단독주택의 연면적에 포함된다고 할 것이고, 당해 주된 건축물인 단독주택의 연면적에 포함할 경우 각 세대별 면적비율로 안분함이 타당하다(지방세운영-311, 2012.01.31).

〈사례〉 초과발코니 면적

주택건설사업승인 당시 초과발코니면적이 공용면적으로 표시되었으나 취득 당시에는 실제로 주거용으로 주거목적으로 사용되는 구조를 갖춘 경우 전용면적에 산입된다 (지방세운영-1082, 2010.03.17).

「건축법시행령」 제119조 제1항 제3호에서 건축물의 바닥면적은 건축물의 각 층 또는 그 일부로서 벽, 지붕, 그 밖에 이와 비슷한 구획의 중심선으로 둘러싸인 부분의 수평투 영면적으로 한다. 다만, 각 목의 어느 하나에 해당하는 경우에는 각 목에서 정하는 바에 따른다고 규정하고 '각 목의 어느 하나' 중 제나목에서 주택의 발코니 등 건축물의 노대 나 그 밖에 이와 비슷한 것의 바닥은 난간 등의 설치 여부에 관계없이 노대 등의 면적(외 벽의 중심선으로부터 노대 등의 끝부분까지의 면적을 말한다)에서 노대 등이 접한 가장 긴 외벽에 접한 길이에 1.5m를 곱한 값을 뺀 면적을 바닥면적에 산입한다고 규정하고 있고, 제4호에서 연면적이란 하나의 건축물 각 층의 바닥면적의 합계로 한다고 규정하 고 있다.

「주택공급에 관한 규칙」 제8조 제7항에서 제6항 제3호에 따라 공동주택의 공급면적을 세대별로 표시하는 경우에는 주거의 용도로만 쓰이는 면적(이하 '주거전용면적'이라 한 다)으로 표시하여야 한다. 다만, 주거전용면적 외에 '다음 각 호'의 공용면적을 별도로 표 시할 수 있다고 규정하고 '다음 각 호' 제1호에서 주거공용면적(계단, 복도, 현관 등 공동 주택의 지상층에 있는 공용면적), 제2호에서 그 밖의 공용면적(주거공용면적을 제외한 지하층, 관리사무소, 노인정 등 공용면적)이라고 규정하고 있고, 「공동주택의 발코니 설 계 및 구조변경 업무처리 지침」(건설교통부 주거환경과-250, 2006.01.16)에서 건축법상 바닥면적에 포함되는 1.5m 초과된 '발코니 및 노대'는 「주택법」상 주거전용면적으로 산 입하나 단, 이 지침 시행 이후 최초 사업승인 신청분부터 적용한다고 규정하고 있다.

'초과발코니' 관련하여 「건축법시행령」 제119조 제1항 제3호에서 발코니 등이 접한 가 장 긴 외벽의 접한 길이에 1.5㎡를 뺀 면적을 바닥면적에 삽입한다고 규정하고 있고, 제 4호에서는 건축물 각 층의 바닥면적의 합계를 연면적이라고 규정하고 있으므로 발코니 등이 접한 가장 긴 외벽에 접한 길이에 1.5㎡를 초과하는 '초과발코니'는 건축물의 연면 적에 포함되며, 그 용도가 계단, 복도, 현관 등 공용면적으로 사용되지 않고, 세대별로 사 용되고 있는 경우라면 주거전용면적에 해당 될 것이다.

건축관련 법령에서 건축물의 연면적 산정에 관한 규정을 두고 있다고 하더라도 실질·

현황과세원칙에 의한 지방세법령의 기준에 따라 판단하여야 할 것인바, 「지방세법」상 중과대상 건축물의 연면적 판단인 건축물 취득 당시의 현황이 경제적 용법에 따라 실제로 주거용으로 쓰일 구조를 갖추었는지 여부에 따라 판단하면 충분하므로(대판94다28901, 1995.05.12 참조) 해당 '초과발코니'가 취득 당시 실제 현황이 전용 주거목적으로 사용되는 구조를 갖추고 있는 경우라면 전용면적에 산입된다.

건축관련 규정(공동주택의 발코니 설계 및 구조변경 업무처리지침, 건교부 주거환경과-250, 2006.01.16) 이전에 주택건설사업계획 승인 받은 초과발코니 부분에 대하여 지방세법령에 그 적용에 건축관련 규정을 적용한다는 별도의 규정이 없는 한 건축관련 규정의 적용시점을 적용할 것이 아니라, 해당 과세물건 납세의무 성립 당시인 취득 당시의 건축관련 규정을 적용하여야 할 것이므로 공동주택의 '초과발코니' 부분은 취득 당시 건축관련 규정을 적용하여 전용면적으로 보아 공동주택의 전용면적에 합산하여 「지방세법」상 중과세 대상 연면적을 산정함이 타당하다.

〈사례〉 옥탑방

옥탑부분 면적을 주택의 연면적에 포함하여 고급주택으로 보아 취득세 등을 중과세한 처분은 정당하다(조심2009지724, 2010.03.15).

「지방세법 시행령」 제13조에서는 "부동산, 차량, 기계장비 또는 항공기는 이 영에서 특별한 규정이 있는 경우를 제외하고는 해당 물건을 취득하였을 때의 사실상의 현황에 따라 부과한다. 다만, 취득하였을 때의 사실상 현황이 분명하지 아니한 경우에는 공부(公簿)상의 등재 현황에 따라 부과한다"고 규정하고 있어, 이는 「건축법」이 정하는 연면적 산정방법과 별도로 「지방세법」이 정하는 독자적인 기준에 따라 판단할 수 있는 근거가 될 수 있다 할 것이고, 주택인지 여부를 판단하는 기준 역시 건물 내부를 구획별로 확인하는 것이 아니라 건물 전체의 경제적 용법에 따라 하나의 주거용으로 제공된 것이냐의 여부에 의해 합목적적으로 판단하는 것이라 할 것이며, 건축물(주택)의 옥탑부분이 주택의 효용과 편익을 위하여 하나의 주거생활단위로 제공되고 있는 것이라면 주택의 나머지 부분과 일체를 이루어 주거용에 공하는 것으로 보아 「지방세법」상 고급주택의 판단기준을 정하는 연면적에 포함하는 것이 타당하다.

<사례> 복층형 공동주택여부

건축물 대장상 부속창고를 포함한 1구의 공동주택(연립주택)의 연면적이 고급주택 과세요건 면적인 245㎡를 초과한 경우 취득세 중과세 대상이다(조심2008지424, 2008.09.23).

만약, 공동주택의 경우 1층과 지하층이 구분되어 있는 설계도에 의하여 신축되어 사용검사필증을 교부받은 사실이 집합건축물대장(전유물)상에서 입증되고, 비록 지하층과 1층을 통할 수 있도록 구조를 변경하여 주거용으로 사용하고 있는 상태에서 취득하였다고 하더라도 이는 전소유자가 불법으로 1층과 지하층을 계단으로 연결하여 영구가 아닌 일시적으로 사용한 것에 불과하기 때문에 이는 복층형 공동주택이 아닌 일반공동주택을 취득한 것으로 보아야 할 것이므로 1층 면적과 동 주거용 부속창고에 공여되는 지하 부속창고면적를 합한 면적이 고급주택 과세요건 면적인 245㎡를 초과한다면 이 공동주택은 고급주택에 해당된다고 할 것이다.

<사례> 토지취득 후 5년 이내 고급주택신축하는 토지

토지를 취득한 후 5년 이내에 고급주택을 신축한 경우 고급주택이 되는 날부터 30일이내에 그 부속토지의 취득가액에 중과세율를 적용하여 산출한 세액에서 기 납부한 세액을 공제한 금액을 신고납부하여야 한다(세정-4792, 2004.12.30).

<사례> 용도변경공사의 착공

건물의 전등 등 내부 집기 일부를 철거하기 시작하였다는 정도만으로는 객관적으로 보아 고급주택이 아닌 용도로 사용하기 위하여 용도변경공사를 착공한 경우에 해당한다고 볼 수 없다(대법2006두1524, 2006.04.27). 또한, 단순히 건축물의 사업계획승인신청을 한 것만으로는 용도변경공사를 착공하였다고 볼 수 없다(지방세심사2006-1123, 2006.12.27).

<사례> 고급주택의 경매취득

「지방세법」제13조 제5항 제3호에 따른 고급주택의 판단기준이나 범위는 당해 건물의

취득당시의 현황이 경제적 용법에 따라 주거용으로 쓰여질 구조로 갖추었는지 여부에 의하여 합목적적으로 판단하여야 할 것인바, 이 사건 주택은 거실, 주방, 방 및 욕실 등이 설치되어 있어 주거용으로서의 구조를 갖추고 있으며, 건축물대장의 용도도 단독주택으로 되어 있고, 청구인이 이 사건 주택을 취득한 날(2012.03.16)부터 30일 이내에 주거용이 아닌 용도로 사용하거나 고급주택이 아닌 용도로 사용하기 위하여 용도변경공사를 착공한 사실도 없으며, 2013년 1월 18일 처분청의 현지 확인당시 촬영한 사진 등에서 겨울철 보일러를 사용하지 않아 보일러 배관이 동파되어 있고 일부 시설이 낡은 상태로 보이나 전체적인 건물 상태는 양호하여 일부 보수 후 사용이 가능한 것으로 보이고, 이 사건 주택이 2010년 2월경부터 사용하지 않아 비어 있었다 하더라도 「지방세법」에서 취득당시 주거용으로 사용하지 아니하고 비어 있는 주택에 대하여 고급주택 중과세 대상에서 제외한다고 달리 규정하고 있지도 않으며, 비록, 이 사건 주택을 채권보전용으로 취득하였다 하더라도 「지방세법」에서 채권보전용으로 취득한 주택에 대하여 고급주택 중과세 대상에서 제외한다고 달리 규정하고 있지도 않는 이상, 고급주택의 요건을 취득한 이 사건 주택에 대하여 고급주택에 대한 취득세 중과세율을 적용하여 이 사건 취득세 등을 부과고지한 것은 정당하다(조심2013지737, 2014.01.07).

V. 고급오락장

1. 고급오락장의 중과세

사치·향락적 소비시설의 유통을 억제하고자 도박장, 유흥주점영업장, 특수목욕장, 그 밖에 이와 유사한 용도에 사용되는 건축물 중 일정기준에 해당하는 건축물과 그 부속토지에 대하여 중과세한다. 고급오락장에 부속된 토지의 경계가 명확하지 아니할 때에는 그 건축물 바닥면적의 10배에 해당하는 토지를 그 부속토지로 본다.

고급오락장이 휴업 중에 있었더라도 고급오락장의 기본시설을 존치하여 둔 채 일시 휴업중인 경우에는 그 실체를 구비하고 있는 것으로서 언제든지 고급오락장으로 사용할 수 있는 상태이므로 이를 취득한 경우에도 중과세 대상에 해당한다.

또한, 부동산을 취득한 후 임대하였으며 부동산을 취득한 후 5년 이내에 임차인이 부동산에 고급오락장을 설치하여 영업을 개시하여 당해 부동산이 고급오락장에 해당하게 된 경우에는 특별한 사정이 없는 한 과세물건의 취득자가 납세의무자가 된다.

고급오락장은 영업허가여부와는 별개로 영업장소의 현황에 의하여 판단한다. 그러므로 건물취득 당시 고급오락장의 시설이 철거되고 그 곳에서 영업을 재개할 상황이 아닌 경우에는 비록 영업허가가 일시 존속하고 있었다고 하더라도 이를 고급오락장을 취득하였다고 할 수는 없는 것이다.

2. 고급오락장의 종류

고급오락장의 건축물과 그 부속토지란 다음 중 어느 하나에 해당하는 용도에 사용되는 건축물과 그 부속토지를 말한다. 이 경우 고급오락장이 건축물의 일부에 시설되었을 때에는 해당 건축물에 부속된 토지 중 그 건축물의 연면적에 대한 고급오락장용 건축물의 연면적 비율에 해당하는 토지를 고급오락장의 부속토지로 본다.

(1) 카지노장
당사자 상호간에 재물을 걸고 우연한 결과에 따라 재물의 득실을 결정하는 카지노장(관광진흥법에 따라 허가된 외국인전용 카지노장은 제외)을 말한다.

(2) 자동도박기를 설치한 장소
사행행위 또는 도박행위에 제공될 수 있도록 자동도박기[파친코, 슬롯머신(slot machine), 아케이드 이퀴프먼트(arcade equipment) 등을 말함]를 설치한 장소를 말한다.

(3) 특수목욕장
머리와 얼굴에 대한 미용시설 외에 욕실 등을 부설한 장소로서 그 설비를 이용하기 위하여 정해진 요금을 지급하도록 시설된 미용실을 말한다.

(4) 유흥주점영업장

「식품위생법」제37조에 따른 허가 대상인 유흥주점영업으로서 다음의 어느 하나에 해당하는 영업장소 중 공용면적을 포함한 영업장의 면적이 100㎡를 초과하는 것이다.

1) 카바레·나이트클럽·디스코클럽 등

카바레·나이트클럽·디스코클럽 등이란 손님이 춤을 출 수 있도록 객석과 구분된 무도장을 설치한 영업장소를 말한다.

손님들이 춤을 출 수 있도록 설치한 무도장이므로 손님이 아닌 유흥종사자만이 가무행위를 할 수 있도록 무대시설을 한 극장식 식당 등은 이에 해당하지 아니한다. 또한 객석과 구분된 무도장이란 휴식 등을 위하여 설치된 객석과 구분되는 것을 말하고, 이에 해당하는지의 판단은 바닥재질의 차이, 의자 및 탁자의 설치여부 등 객관적으로 판단한다.

2) 룸살롱, 요정 등

룸살롱, 요정 등이란 유흥접객원(임시로 고용된 사람을 포함)을 두는 경우로, 별도로 반영구적으로 구획된 객실의 면적이 영업장 전용면적의 100분의 50 이상이거나 객실 수가 5개 이상인 영업장소를 말한다.

중과대상이 되는 영업장소에 해당되는지 여부는 그 현황을 객관적으로 판단하여 고급 오락장으로서의 실체를 갖추고 있는지 여부에 따라 판단하여야 한다. 룸살롱이란 일단의 손님들이 그 밖의 손님과 격리된 장소에서 유흥을 즐길 수 있도록 객실이 설치된 것을 말한다. 그러나 실제로 유흥종사자를 두고 있는지 여부는 룸살롱 영업장소 여부를 정하는 기준이 되는 것은 아니며, 유흥주점이 룸살롱으로서의 실체를 가지고 합법적으로 유흥접객원을 둘 수 있는 유흥주점영업허가를 받아 영업을 해오고 있는 이상 중과세대상이 된다.

즉, 유흥접객원은 당해 업주가 마음만 먹으면 언제라도 고용할 수 있고, 유흥접객원에는 상시 고용되지 않은 자를 포함하는 것이므로 유흥접객원이 일시적으로 확인되지 아니한다 하더라도 달리 볼 것은 아니다.

3. 고급오락장 중과세 제외되는 용도변경

고급오락장용 건축물을 취득한 날부터 다음 각각의 기간 이내에 고급오락장이 아닌 용도로 사용하거나 고급오락장이 아닌 용도로 사용하기 위하여 용도변경공사를 착공하는 경우는 제외한다.

① 일반적인 경우 취득한 날로부터 30일.
② 상속으로 인한 경우는 상속개시일이 속하는 달의 말일부터 6개월.
③ 실종으로 인한 경우는 실종선고일이 속하는 달의 말일부터 6개월.
④ 납세자가 외국에 주소를 둔 경우에는 9개월.

4. 동일건물 내 고급오락장의 이전

중과세는 하나의 과세객체에 대한 취득세의 세율에 관한 사항으로 하나의 과세객체가 되는 취득행위는 그 부동산 전체에 대한 것이지 건물 내 위치별로 구분되는 것은 아니다.

구분소유되지 않은 동일 건물 내의 일부가 고급오락장에 해당되어 취득세가 중과세되었다면, 그 부분에 대하여는 이미 사치성재산의 취득 억제라는 취득세 중과세의 입법취지가 달성되었다고 할 수 있다. 그러므로 구분소유가 되지 않는 동일 건물 내에서 고급오락장으로 취득세를 중과세한 후 다른 층으로 이전하는 경우 영업장 면적의 증가가 없었다면, 이를 다시 취득세 중과세 대상으로 보기는 어렵다(감심2000-7, 2000.01.11 참조).

〈사례〉 용도변경

취득세가 중과세되는 고급오락장에 해당하는지 여부는 해당 부동산을 취득한 때의 현황이 객관적으로 법령이 규정한 고급오락장으로서의 실체를 갖추고 있는지에 따라 판단하여야 할 것이다(대법원 1992.04.28 선고, 91누11889 판결; 대법원 2008.02.15 선고, 2007두10303 판결 참조). 다만 취득세 중과세 규정의 입법취지가 사치·향락적 소비시설의 유통을 억제하고자 하는 데 있는 점 등을 고려하면, 취득당시의 현황이 고급오락장이더라도 그 취득 전후의 객관적 사정에 비추어 취득자가 이를 취득한 후 바로 고급오락장이 아닌 다른 용도로 이용하고자 함을 명확히 확인할 수 있을 뿐만 아니라, 나아가 취득자가 취득 후 짧은 기간 안에 실제 고급오락장이 아닌 용도로 사용하기 위해 그 현황을 변경시킨 경우까지 취득세를 중과세할 수는 없다고 보아야 한다.

원심판결 이유 및 원심이 적법하게 채택하여 조사한 증거에 의하면, 원고가 2005년 7월 11일경 이 사건 부동산을 취득할 당시 그 일부가 고급오락장으로 사용되고 있었지만, 원고는 ① 이 사건 부동산 소재지 일대에 기존 건물을 철거하고 주상복합건물을 신축·분양하는 사업(이하 '이 사건 사업'이라 함)을 진행하기 위하여 그 취득 5개월 전부터 여러 차례 교통영향평가서를 작성하여 관할관청에 제출하였고, ② 이 사건 사업과 관련하여 주식회사 A은행 등에 대하여 부담한 대출금 채무의 이행을 보장하기 위하여 이 사건 부동산을 취득한 날 B부동산신탁 주식회사와 사이에 이 사건 부동산 등에 관하여 부동산담보신탁계약을 체결하였으며, ③ 이 사건 부동산을 취득한 직후 관할관청으로부터 원고측이 제출한 교통영향평가서가 적합하다는 취지의 협의공문을 받았고, ④ 연이어 주식회사 C건축사사무소 등과는 이 사건 사업에 관한 설계용역계약을, 주식회사 D공영과는 이 사건 고급오락장이 있는 건물 등에 관한 철거공사용역계약을 각 체결하였으며, ⑤ 주식회사 D공영은 바로 위 계약에 따라 철거공사를 착공하여 비록 그 시기는 명확하지 않지만 이를 모두 완료하였음을 알 수 있다.

이러한 사실관계를 앞서 본 법리에 비추어 보면, 원고의 이 사건 부동산 취득에 대하여는 고급오락장 취득에 따른 취득세 중과세를 할 수 없다고 봄이 타당하다(대법2009두23938, 2012.02.09).

〈사례〉 사실상의 하나의 영업장

쟁점영업장에 소재하고 있는 'A주점'과 'B주점'의 건물구조, 관리방법, 영업형태 등에 비추어, 사실상 하나의 유흥주점으로 운영되고 있는 것으로 나타나므로 처분청이 쟁점영업장을 취득세 중과 대상인 유흥주점의 요건을 충족한 것으로 보아 취득세를 중과한 처분은 잘못이 없다(기각)(조심2014지1202, 2014.09.22).

처분청 소속 세무공무원의 쟁점영업장에 대한 유흥주점 현장조사 복명서 (2014.05.30) 및 현장사진에 따르면, 201호 및 202호 영업장에 주방과 카운터가 각각 설치되어 있지 않고 202호 영업장에만 주방과 카운터가 설치되어 있으며, 202호 영업장 내에서 201호 영업장의 유흥접객원 명부가 발견되었고, 202호 영업장 영업자인 A모씨가 201호 영업장 출입문 열쇠를 관리하고 있는 점, 201호 영업장 영업자 B모씨 및 202호 영업장 영업자 A모씨는 부부로서, 같은 날(2012.11.06) 2개 영업장을 청구인으로부터 각 임차하고, 같은 날(2013.01.18) 업종을 '유흥주점영업', 영업의 형태를 '룸살롱'으로 하여 식품접객업 영업허가를 받았으며, 2013월 1월 21일, 2013년 1월 23일 관할세무서장에게 종목을 '유흥주점'으로 하고 주류판매신고를 포함하여 사업자등록을 한 점 등에 비추어 쟁점영업장은 사실상 1개의 영업장으로서, 유흥접객원을 두고 있는 객실 수 6개의 유흥주점에 해당한다 할 것이므로, 쟁점영업장을 「지방세법」 제13조 제5항 제4호에 따른 고급오락장으로 보아 청구인에게 이 건 취득세 등을 부과한 처분은 달리 잘못이 없다고 판단된다.

〈사례〉 무도유흥주점

무도유흥주점 영업장소라 함은 손님들이 춤을 출 수 있는 공간(무도장)이 설치된 모든 유흥주점의 영업장소를 가리키는 것이 아니라 그 영업형태나 춤을 출 수 있는 공간의 규모 등을 고려하여 손님들이 춤을 출 수 있도록 하는 것을 주된 영업 형태로 하고 또 그에 상응하는 규모로 객석과 구분된 무도장이 설치된 유흥주점의 영업장소만을 말한다고 보는 것이 상당하므로 유흥주점 영업장 511.92㎡ 중 춤추는 공간인 무대가 21.50㎡에 불과하다면 이는 재산세 중과세 대상인 무도유흥주점 영업장소에 해당되지 않는다는 판례(대법원 2005두197, 2006.03.10)를 감안할 때, 「지방세법 시행령」 제84조의 3 제4항 제5호 나목에 해당되지 않는 유흥주점으로서 영업장 면적 130㎡ 중 연주무대와 춤추는 공간이 9.9㎡에 해당하는 유흥주점이라면 동법시행령 제84조의 3 제4항 제5호 가목 규정에 의한 무도유흥주점에 해당되지 않는다 할 것이나, 귀문의 경우가 이에 해당되는지 여부는 과세권자가 영업장소에 대한 현황을 세부적으로 조사하여 판단할 사항이다(세정-6303, 2006.12.18).

〈사례〉 휴업 중인 유흥주점

유흥주점영업이 휴업 중에 있었더라도 유흥주점의 기본시설을 존치하여 둔 채 일시 휴업 중인 유흥주점은 그 실체를 구비하고 있는 것으로서 언제든지 유흥주점으로 사용할 수 있는 상태에서 취득한 것이므로 「지방세법」상 중과세 대상에 해당한다(조심2012 지130, 2012.08.20).

〈사례〉 고급오락장의 건물 내 이전

구분소유되지 않는 건물 내 유흥주점영업장에 대해 취득세를 중과세한 후 5년 이내에 동일 건물 내 다른 층으로 면적증가 없이 이전한 경우 취득세 중과세 대상에 해당되지 않는다(지방세운영-3324, 2011.07.13).

〈사례〉 유흥주점의 영업개시 전

유흥주점 영업을 개시하지 아니한 경우 단순히 유흥주점 영업허가를 받았다고 하여 이때 취득세 중과세대상인 고급오락장으로서의 요건을 충족하였다거나 부동산 취득일부터 5년 이내에 고급오락장으로서의 요건을 충족한 상태에 있었다고 볼 수 없다(조심 2009지932, 2010.09.02).

〈사례〉 임차인이 고급오락장을 설치한 경우 납세의무자

부동산을 취득한 후 임대하였으며 부동산을 취득한 후 5년 이내에 임차인이 부동산에 유흥주점(룸살롱)을 설치하여 영업을 개시하여 당해 부동산이 고급오락장에 해당하게 된 경우에는 특별한 사정이 없는 한 과세물건의 취득자가 납세의무자가 된다(조심2009 지856, 2010.07.06). 취득세는 부동산 등의 취득에 대하여 과세권자가 그 취득자에게 부과한다고 규정하고 있고, 「지방세법」 제16조 제1항에 의하면, 토지나 건축물을 취득한 후 5년 이내에 당해 토지나 건축물이 고급오락장에 해당하게 된 경우 취득세를 중과한다고 규정하고 있으므로 부동산을 취득한 후 5년 이내에 당해 부동산이 고급오락장에 해당하게 된 경우에는 특별한 사정이 없는 한 납세의무자는 과세물건의 취득자인 것이다.

〈사례〉 임차인의 유흥주점 확장

임차인이 임대인의 동의없이 유흥주점을 확장하여 사용함에 따라 취득세 등의 중과요건에 해당되는 경우 취득세 중과세 대상에 포함된다(조심2008지972, 2009.05.19). 비록 부동산 소유자의 동의 없이 임차인이 영업장면적 변경신고를 하였다고 하더라도 부동산의 관리책임은 소유자에게 있는 것이므로 건물 현황이 유흥주점에 해당하는 경우 취득세 중과세 대상에 포함된다.

〈사례〉 일괄취득

제1부동산의 토지 및 건축물과 제2부동산의 토지 및 건축물을 경매에 의하여 일괄 취득한 경우 그 취득가액을 과세시가표준액을 기준으로 하여 토지 및 건출물로 안분계산하여야 하며, 고급오락장이 제2부동산에 있는 경우 안분계산된 제2부동산의 취득가액을 제2부동산의 전체연면적에 대한 고급오락장의 연면적을 적용하여 안분계산하여 중과세대상 부동산의 과세표준을 산출한다(감심2008-171, 2008.06.05).

VI. 고급선박

비업무용 자가용 선박으로서 시가표준액이 1억 원을 초과하는 선박을 말한다. 다만 실험, 실습 등의 용도에 사용할 목적으로 취득하는 것은 제외한다. 실험실습용 선박이란 학교의 실험실습용, 해양생물의 탐사용 선박 등이 해당된다.

Ⅰ. 중복적용의 경우 중과세율

(1) 본점 또는 주사무소의 사업용부동산과 대도시 내의 법인설립 등 중과의 중복

본점이나 주사무소의 사업용부동산 등에 대한 중과규정(지방세법 제16조 제1항)과 대도시의 법인설립 등에 따른 중과규정(지방세법 제16조 제2항)이 동시에 적용되는 과세물건에 대한 취득세율은 법 제16조 제5항(같은 취득물건에 대하여 둘 이상의 세율이 해당되는 경우에는 그중 높은 세율을 적용)에도 불구하고 표준세율의 100분의 300으로 한다(지방세법 제16조 제6항).

※ 중과세율 = 표준세율의 3배

(2) 대도시내의 법인설립등의 중과와 사치성재산의 중복

대도시내의 법인설립등의 중과규정(지방세법 제16조 제2항)과 사치성재산에 대한 중과규정(지방세법 제16조 제5항)이 동시에 적용되는 과세물건에 대한 취득세율은 제16조 제5항(같은 취득물건에 대하여 둘 이상의 세율이 해당되는 경우에는 그중 높은 세율을 적용)에도 불구하고 표준세율의 100분의 300에 중과기준세율의 100분의 200을 합한 세율을 적용한다(지방세법 제16조 제7항).

※ 중과세율 = 표준세율의 3배 + 중과기준세율(2%)의 2배

Ⅱ. 조례에 따른 세율조정

지방자치단체의 장은 조례로 정하는 바에 따라 취득세의 세율을 표준세율의 100분의 50의 범위에서 가감할 수 있다. 취득세는 도세로서 서울특별시, 5개의 광역시, 세종자치시, 8개의 도, 제주특별자치도 등 총 16개의 시·도세 조례에 의하여 그 세율을 정하고 있다. 서울특별시의 경우 서울특별시세조례 제4조(세율)에서 "부동산 및 부동산 외 취득에 대한 취득세율은 법 제11조 및 제12조에 따른 표준세율을 적용세율로 한다"라고 규정하고 있어 「지방세법」에서 정하는 세율에 따르도록 하고 특별히 가감조정하지 않고 있다.

Ⅲ. 세율의 특례

1. 의의

2010년 3월 31일 「지방세법」 전면 개정 시 종전의 「지방세법」상 등록세는 과세되고 취득세는 과세되지 않는 과세대상과 취득세는 과세되고 등록세는 과세되지 않는 과세대상에 대한 지방세부담을 종전과 동일하게 하기 위하여 세율의 특례규정을 두었다.

2. 종전 등록세과세, 취득세비과세

2010년 3월 31일 법 전면개정 시 종전의 「지방세법(법률 제10416호 지방세법 일부개정법률 부칙 제13조에 따른 종전의 지방세법을 말함)」상 취득세는 과세되지 않고, 등록세만 과세인 과세대상에 대하여 취득세로 통합한 후에도 종전과 같이 과세되는 부분은 과세하고, 과세되지 않던 부분은 과세되지 않도록 조정하였다.

다음의 어느 하나에 해당하는 취득에 대한 취득세는 표준세율에서 중과기준세율을 뺀 세율로 산출한 금액을 그 세액으로 한다.

※ 취득세율 = 표준세율 − 중과기준세율(2%)

다만, 취득물건이 「지방세법」 제13조 제2항(대도시내 법인설립등의 중과)에 해당하는 경우에는 표준세율에서 중과기준세율을 뺀 세율의 100분의 300을 적용한다.

※ 중과 시 취득세율 = [표준세율 − 중과기준세율(2%)] × 3

(1) 환매등기

환매등기를 병행하는 부동산의 매매로서 환매기간 내에 매도자가 환매한 경우의 그 매도자와 매수자의 취득이다.

환매라 함은 매도자가 매매계약에서 정한 환매기간 내에 다시 사들일 권리를 보유하는 것으로서 등기 시에는 환매의 특약을 정하게 되고 환매기간 내에 매도자가 환매하는 경우는 원소유자에게 소유권이 환원되는 것이므로 이를 형식적인 취득으로 보아 취득세의 세율을 조정한다. 즉, 종전 취득세와 등록세가 구분되어 있을 때 취득세가 과세되지 않던 것을 병합이 되면서 세율을 조정한 것이다.

(2) 1가구 1주택 등의 상속으로 인한 취득

상속으로 인한 취득 중 다음의 어느 하나에 해당하는 취득은 표준세율에서 중과기준세율을 뺀 세율로 산출한 금액을 그 세액으로 한다.

1) 1가구 1주택 및 그 부속토지의 취득

1가구 1주택이란 「주민등록법」에 따른 세대별 주민등록표에 기재되어 있는 세대주와 그 가족(동거인은 제외)으로 구성된 1가구(세대주의 배우자와 미혼인 30세 미만의 직계비속은 같은 세대별 주민등록표에 기재되어 있지 아니하더라도 같은 가구에 속한 것으로 봄)가 국내에 1개의 주택(고급주택은 제외)을 소유하는 경우를 말한다.

1주택을 여러 사람이 공동으로 상속받는 경우에는 지분이 가장 큰 상속인을 그 주택의 소유자로 본다. 이 경우 지분이 가장 큰 상속인이 두 명 이상일 때에는 지분이 가장 큰 상속인 중 다음의 순서에 따라 그 주택의 소유자를 판정한다.

① 그 주택에 거주하는 사람.

② 나이가 가장 많은 사람.

※ 1가구 1주택 상속 시 취득세율 = 표준세율(2.8%) − 중과기준세율(2%)= 0.8%

세율의 특례대상인 상속재산 중 1가구 1주택이라 함은 당해 상속재산을 상속받음으로 인하여 1가구 1주택이 되는 경우를 말한다(세정13407-665, 1996.06.25). 그리고 상속으로 인하여 1가구가 2주택을 동시에 취득하게 되면 2주택 모두 형식적인 소유권의 취득 등에 대한 세율의 특례규정을 적용하지 아니하므로 표준세율에 의한다.

상속으로 인한 취득의 경우에는 상속개시일을 취득의 시기로 보는 것으로 상속을 원인으로 상속등기가 이루어졌을 경우에는 상속으로 인한 부동산의 취득 시기는 상속개시일이 된다. 그러므로 상속등기일이 아닌 상속개시일(사망일)을 기준으로 취득세 세율의 특례요건이 되는 '1가구 1주택' 여부를 판단한다.

「지방세법 시행령」 제29조 제1항은 1가구에 대하여 "「주민등록법」에 따른 세대별 주민등록표에 기재되어 있는 세대주와 그 가족(동거인은 제외한다)으로 구성된 1가구"라고만 규정하고 있을 뿐, 실제로 생계를 같이 하는 가족인지 여부는 그 요건으로 규정하고 있지 아니한다. 때문에, '1가구'의 세대원인지 여부는 주민등록표에 기재되어 있는 바를 기준으로 판단함이 타당하다고 할 것이다(조심2014지905, 2014.10.24).

사실상 생계를 달리하고 있음에도 형식상 주민등록을 함께하고 있는 경우 1가구로 보므로 세대원 중 1인이 주택을 소유하고 있는 경우에는 세율의 특례규정을 적용할 수 없으므로 표준세율에 의한다(대법원 2004.05.28 선고, 2003두7392 판결 참조).

반대로 형식상으로 세대별 주민등록표를 분리하여 별도로 세대를 구성하고 있다면, 사실상 함께 거주하고 있다고 하더라도 이를 세대별 주민등록표상에 기재된 1가구로 보기는 어렵다(지방세운영-67, 2011.01.06).

2) 「지방세특례제한법」 제6조 제1항에 따라 취득세의 감면대상이 되는 농지의 취득

취득세의 감면대상이 되는 토지는 농업을 주업으로 하는 사람으로서 2년 이상 영농에 종사한 사람, 후계농업경영인, 농업계열 학교 또는 학과의 이수자 및 재학생(자경농민)이 대통령령으로 정하는 기준에 따라 직접 경작할 목적으로 취득하는 농지(논, 밭, 과수원 및 목장용지를 말함) 및 관계 법령에 따라 농지를 조성하기 위하여 취득하는 임야를 말한다(지방세 특례제한법 제6조 제1항). 이러한 자경농민이 상속으로 취득하는 농지에 대하여는 표준세율에서 중과기준세율을 뺀 세율로 산출한 금액을 그 세액으로 한다.

※ 자경농민의 농지의 상속 = 표준세율(2.3%) − 중과기준세율(2%) = 0.3%

'대통령령으로 정하는 기준'이란 다음의 요건을 모두 갖춘 경우를 말한다.
① 농지 및 임야의 소재지가 「국토의 계획 및 이용에 관한 법률」에 따른 도시지역(개발제한구역과 녹지지역은 제외) 외의 지역일 것.
② 농지 및 임야를 취득하는 사람의 주소지가 농지 및 임야의 소재지인 구·시·군 또는 그 지역과 잇닿아 있는 구·시·군 지역이거나 농지 및 임야의 소재지로부터 20㎞ 이내의 지역일 것.
③ 소유 농지 및 임야(도시지역 안의 농지 및 임야를 포함)의 규모가 새로 취득하는 농지 및 임야를 합하여 논, 밭, 과수원은 3만㎡(농지법에 따라 지정된 농업진흥지역 안의 논, 밭, 과수원은 20만㎡로 한다), 목장용지는 25만㎡, 임야는 30만㎡ 이내일 것. 이 경우 초과부분이 있을 때에는 그 초과부분만을 세율의 특례대상에서 제외한다.

〈사례〉 부속토지만 소유한 경우

주택의 부속토지만을 소유한 경우에는 주택을 소유한 것으로 볼 수 없음에도 이를 1주택으로 보아 청구인의 경정청구를 거부한 처분은 위법하다(취소)(조심2013지651, 2013.11.21).

「지방세법」 제15조 제1항 제2호의 1가구 1주택 여부를 판정함에 있어 주택의 부속토지만을 보유하는 경우에도 이를 주택으로 볼 것인지에 대하여 지방세법령이 명시적으로 규정하고 있지는 아니하나, 1가구 1주택 세율특례 적용의 입법 취지가 무주택 상속인의 주거안정을 기하고 피상속인이 소유하던 1주택을 상속인이 이전받은 것에 대하여 취득세를 과세하는 것은 무리가 있다고 판단되어 규정한 것으로 볼 수 있는 점 등에 비추어 볼 때, 여기서 '주택'이란 주거에 공하는 건물을 뜻하는 것이고, '부속토지'란 당해 주택과 경제적 일체를 이루고 있는 토지로서 사회통념상 주거생활공간으로 인정되는 토지를 뜻한다 할 것이므로, 주택과 그 부속토지를 동일 세대원이 아닌 자가 각각 소유하고 있는 경우의 그 부속토지는 세대원이 장기간 독립된 주거생활을 영위할 수 있는 장소라 할 수 없고, 따라서 그 부속토지만을 소유한 경우는 주택을 소유하지 아니한 것으로 봄이 타당하다 할 것이다.

위 사실관계 및 관련 법령을 종합해 볼 때, 김모씨의 사망에 따른 상속개시일 현재 소유한 쟁점토지 중 제2주택의 부속토지는 「지방세법」 제15조 제1항 제2호의 1가구 1주택 여부를 판정함에 있어 1주택이라 할 수는 없는 점, 상속개시일 현재 청구인 및 청구인과 동일 세대원인 김모씨 모두 제1주택 외 주택을 보유하지 아니하고 있는 사실이 확인되고 있는 점 등을 미루어 보면, 청구인의 제1주택 상속 취득이 1가구 1주택에 해당되어 취득세 세율특례를 적용하는 것이 타당하다.

(3) 합병

법인의 합병으로 인한 취득은 표준세율에서 중과기준세율을 뺀 세율로 산출한 금액을 그 세액으로 한다. 다만, 법인의 합병으로 인하여 취득한 과세물건이 합병 후에 「지방세법」 제16조에 따른 과세물건에 해당하게 되는 경우(중과세대상이 된 경우)는 그러하지 아니한다. 그러므로 합병의 경우는 무상취득에 해당하여 합병에 의한 부동산의 취득에 대하여는 3.5%의 세율이 적용되나 세율의 특례에 의하여 1.5%의 세율이 적용된다.

※ 합병에 의한 부동산의 취득 = 표준세율(3.5%) − 중과기준세율(2%)= 1.5%

(4) 공유물의 분할

공유물의 분할 또는 「부동산 실권리자명의 등기에 관한 법률」 제2조 제1호 나목에서 규정하고 있는 부동산의 공유권 해소를 위한 지분이전으로 인한 취득(등기부등본상 본인 지분을 초과하는 부분의 경우에는 제외)은 표준세율에서 중과기준세율을 뺀 세율로 산출한 금액을 그 세액으로 한다. 공유물분할에 대하여는 2.3%의 표준세율이 적용되나 세율의 특례에 의하여 0.3%의 세율이 적용된다.

> ※ 공유물의 분할시 세율 = 표준세율(2.3%) − 중과기준세율(2%) = 0.3%

공유권은 지분에 의하여 어떤 물건의 소유권을 달리하고 있는 것으로, 그 소유지분율에 따라 분할하여 이를 취득하는 것은 공유권분할로 세율의 특례대상이나, 공유자 중 일부의 지분포기 또는 공유자 간의 양도에 따라 지분의 일부를 추가취득하는 경우에는 특례대상에 포함되지 않는다(세정22670-2278, 1988.03.03).

공유물의 지분표시가 없는 부동산은 공유자의 지분이 균등한 것으로 보고 세율의 특례규정을 적용한다(세정1268-5368, 1983.04.21). 또한, 2010년 12월 27일 법 개정 시 일반적인 공유관계에 있는 부동산과 실질이 유사한 '구분소유적 공유관계에 있는 부동산'을 지분정리 하는 경우에도 종전의 지방세법과 같이 취득세분(2%) 비과세, 등록세분 0.3% 저율과세(법 제11조 참조)하는 것으로 개정하였으며, 동 개정규정은 2011년 1월 1일 이후 최초로 지분이전으로 인하여 취득하는 경우부터 적용한다.

(5) 건축물의 이전

건축물의 이전으로 인한 취득은 표준세율에서 중과기준세율을 뺀 세율로 산출한 금액을 그 세액으로 한다. 다만 이전한 건축물의 가액이 종전 건축물의 가액을 초과하는 경우에 그 초과하는 가액에 대하여는 그러하지 않는다.

> ※ 건축물의 이전 시 세율 = 표준세율(2.8%) − 중과기준세율(2%) = 0.8%

(6) 재산분할

「민법」 제834조(협의상 이혼) 및 제839조의 2(재산분할청구권)에 따른 재산분할로 인한 취득은 표준세율에서 중과기준세율을 뺀 세율로 산출한 금액을 그 세액으로 한다. 이 때 협의상 이혼뿐 아니라 재판상 이혼에 따른 재산분할도 세율특례규정의 적용대상이다.

「지방세법」상 취득이란 실질적인 소유권의 취득여부에 관계없이 소유권 이전의 형식으로 이루어지는 취득의 모든 경우를 말한다. 그러므로 「민법」 제834조(협의상 이혼) 및 「민법」 제839조의 2(재산분할청구권)의 재산분할에 따른 부동산 소유권의 이전도 취득세과세대상취득에 해당되며, 이 경우 취득의 종류 중 무상취득에 해당한다. 그러므로 재산분할시의 과세표준은 시가표준액을 적용하며, 세율은 「지방세법」 제15조 제1항 제6호에 의한 형식적인 소유권의 취득에 해당하여 세율의 특례대상에 해당한다. 즉, 표준세율에서 중과기준세율을 뺀 세율을 적용한다.

※ 재산분할에 의한 부동산취득 세율 = 표준세율(3.5%) − 중과기준세율(2%) = 1.5%

그러나 부부가 이혼을 하게 되어 남편이 아내에 대한 위자료를 지급하기 위한 방법으로 자신의 소유인 부동산의 소유권을 이전한 것은, 아내에 대한 위자료채무의 이행에 갈음한 것으로서 그 부동산을 양도한 대가로 위자료를 지급할 채무가 소멸하는 경제적 이익을 얻은 것과 같으므로, 그 부동산의 양도는 유상양도에 해당한다.

따라서 위자료와 이전받은 부동산의 시가표준액을 비교하여 과세표준을 계산하고, 판결문에서 위자료 금액이 명시되어 있는 경우에는 해당 위자료가 과세표준이 된다. 또한 세율의 경우에도 무상취득이 아닌 유상취득 시에 적용되는 세율을 적용하며, 세율의 특례규정도 적용되지 아니한다.

3. 종전 취득세과세, 등록세비과세

2010년 3월 31일 법 전면개정 시 종전의 「지방세법」상 '취득세 과세, 등록세 비과세'인 과세대상에 대하여 취득세로 통합한 후에도 종전과 같이 과세되는 부분은 과세하고, 비과세되는 부분은 비과세하고, 중과부분은 중과세율을 적용토록 조정하였다.

다음의 어느 하나에 해당하는 취득에 대한 취득세는 중과기준세율을 적용하여 계산한 금액을 그 세액으로 한다. 다만, 취득물건이 「지방세법」 제13조 제1항(법인의 본점사무소등에 대한 중과)에 해당하는 경우에는 중과기준세율의 100분의 300을, 같은 조 제5항(사치성재산)에 해당하는 경우에는 중과기준세율의 100분의 500을 각각 적용한다.

※ 취득세율 = 중과기준세율(2%)

(1) 개수

개수로 인한 취득 시 과세표준은 그로 인하여 증가한 가액으로 한다. 이 경우 신고 또는 신고가액의 표시가 없거나 신고가액이 대통령령으로 정하는 시가표준액보다 적을 때에는 그 시가표준액으로 한다. 개수로 인하여 건축물 면적의 증가 없이 가액만 증가하는 경우 세율특례규정의 대상이나 면적이 증가되는 경우에는 원시취득으로 보아 「지방세법」 제11조 제1항 제3호(원시취득: 1,000분의 28)의 세율이 적용된다.

(2) 종류변경, 지목변경

선박, 차량과 기계장비의 종류를 변경하거나 토지의 지목을 사실상 변경함으로써 그 가액이 증가한 경우에는 중과세기준세율을 적용한다. 이 경우 과세표준은 「지방세법」 제10조 제3항에 따라 그로 인하여 증가한 가액을 각각 과세표준으로 한다.

(3) 과점주주의 취득

과점주주의 취득에 대하여 세율의 특례에 따라 2%의 세율을 적용한다.

(4) 외국으로부터의 연부취득

외국인 소유의 취득세 과세대상 물건(차량, 기계장비, 항공기 및 선박만 해당)을 임차하여 수입하는 경우의 취득(연부로 취득하는 경우로 한정)에 대하여는 세율의 특례에 따라 2%의 세율을 적용한다.

2010년 3월 31일 「지방세법」 전면개정 시 취득세와 등록세가 통합되면서 고가의 항공기 및 선박 등을 연부형식으로 취득하는 납세자들의 납부시점이 연부취득 시에 편중되므로 세부담을 분법 전과 동일하게 유지하기 위하여 2010년 12월 27일 법 개정 시 취득세 세율의 특례규정과 등록면허세정의 규정(법 제23조 제1호 나목)을 신설하였다. 동 개정규정은 2011년 1월 1일 이후 최초로 수입하는 경우부터 적용하며, 외국인 소유의 차량, 기계장비, 항공기 및 선박을 연부로 임차하여 2010년 12월 31일 이전에 수입한 경우 그 취득과 등기 또는 등록에 대해서는 「지방세법」 제15조 제2항 제4호 및 제23조 제1호의 개정규정에도 불구하고 종전의 「지방세법」에 따라 취득세 및 등록세를 부과·징수한다.

(5) 시설대여업자의 취득

「지방세법」 제7조 제9항에 따른 시설대여업자의 건설기계 또는 차량의 취득에 대하여 세율의 특례에 따라 2%의 세율을 적용한다. 2010년 12월 27일 법 개정 시 지방세 분법 (2010.03.31 법 전면개정) 전 지방세 납세의무자와 동일하게 리스 및 지입차에 대한 취득세 납세의무자와 등록면허세 납세의무자를 구분하고(법 제7조 참조), 취득세율 특례를 신설하였으며, 동 개정규정은 2011년 1월 1일 이후 최초로 건설기계, 기계장비 또는 차량을 취득하는 경우부터 적용한다.

(6) 지입차량 등

「지방세법」 제7조 제10항에 따른 취득대금을 지급한 자의 기계장비 또는 차량 취득에 대하여 세율의 특례에 따라 2%의 세율을 적용한다.

(7) 그밖에 레저시설의 취득 등 대통령령으로 정하는 취득

'레저시설의 취득 등 대통령령으로 정하는 취득'이란 다음의 어느 하나에 해당하는 취득을 말한다.

① 독립시설물의 취득: 레저시설, 저장시설, 도크(dock)시설 및 접안시설, 도관시설 (연결시설을 포함), 급수·배수시설, 에너지 공급시설 및 잔교(棧橋), 기계식 또는 철골조립식 주차장, 방송중계탑, 무선통신기지국용 철탑을 말한다.

② 무덤과 이에 접속된 부속시설물의 부지로 사용되는 토지로서 지적공부상 지목이 묘지인 토지의 취득.

③「지방세법」제9조 제5항 단서에 해당하는 임시건축물의 취득.

④「여신전문금융업법」제33조 제1항에 따라 건설기계나 차량을 등록한 대여시설이 용자가 그 시설대여업자로부터 취득하는 건설기계 또는 차량의 취득.

⑤ 건축물을 건축하여 취득하는 경우로서 그 건축물에 대하여「지방세법」제28조 제1 항 제1호 가목 또는 나목에 따른 소유권의 보존 등기 또는 소유권의 이전 등기에 대한 등록면허세 납세의무가 성립한 후 지방세법령 제20조에 따른 취득 시기가 도래하는 건축물의 취득.

Ⅳ. 세율적용

1. 5년 이내 중과전용

토지나 건축물을 취득한 후 5년 이내에 해당 토지나 건축물이 다음의 어느 하나에 해당하게 된 경우에는 해당되는 중과세 세율을 적용하여 취득세를 추징한다.

① 「지방세법」제13조 제1항에 따른 본점이나 주사무소의 사업용 부동산(본점 또는 주사무소용 건축물을 신축하거나 증축하는 경우와 그 부속토지만 해당).

② 「지방세법」제13조 제1항에 따른 공장의 신설용 또는 증설용 부동산.

③ 「지방세법」제13조 제5항에 따른 별장, 골프장, 고급주택 또는 고급오락장.

5년 이내 중과전용과 사치성재산의 증축 등의 비교

구분	5년 이내 중과전용	사치성재산의 증축 등
과세물건	토지·건축물	건축물
과세표준	물건가액의 전액	건축물가액의 증가액
유보기간	취득 후 5년 이내	기간 제한 없음

2. 사치성재산의 증축 등

　고급주택, 별장, 골프장 또는 고급오락장용 건축물을 증축·개축 또는 개수한 경우와 일반건축물을 증축·개축 또는 개수하여 고급주택 또는 고급오락장이 된 경우에 그 증가되는 건축물의 가액에 대하여 중과세 세율을 적용한다.

　건축물을 신축한 후 증축 또는 개축 없이 고급오락장을 개설한 경우 건축물 사용승인일 당시의 건축물가액이 과세표준이 된다(세정13407-1724, 1997.12.30). 고급오락장을 설치하면서 증축 또는 개축이 수반된 경우라면 당해 건축물의 취득 당시의 가액과 증축 또는 개축으로 인하여 증가된 가액을 합한 가액이 과세표준이 되는 것이며, 증축 또는 개축이 수반되지 아니한 경우라면 당해 건축물의 취득 당시의 가액이 과세표준이 된다.

〈중과전용과 사치성재산의 증축 비교〉

　토지(3억 원), 건물(6억 원)에 취득한 후 중과전용 또는 증축(2억 원)하여 중과전용한 경우

중과전용

3층	3층 고급오락장 사용
2층	
1층	

중과전용시기	중과대상	
취득 후 5년 이내	토지(1/3)	1억
	건물(1/3)	2억
취득 후 5년 이후	중과대상 없음	

증축 후 중과전용

4층	4층 증축
3층	3층, 4층 고급오락장사용
2층	
1층	

중과전용시기	중과대상	
취득 후 5년 이내	토지(1/2)	1억 5,000만
	건물(1/3)	2억
	증축비용	2억
취득 후 5년 이후	증축비용	2억

3. 공장의 신·증설시 소유자와 신·증설자가 다른 경우

「지방세법」제13조 제1항에 따른 공장 신설 또는 증설의 경우에 사업용 과세물건의 소유자와 공장을 신설하거나 증설한 자가 다를 때에는 그 사업용 과세물건의 소유자가 공장을 신설하거나 증설한 것으로 보아 같은 항의 세율을 적용한다. 다만, 취득일부터 공장 신설 또는 증설을 시작한 날까지의 기간이 5년이 지난 사업용 과세물건은 제외한다.

4. 5년 이내 법인설립 등과 관련한 부동산이 되는 경우

취득한 부동산이 취득한 날부터 5년 이내에 「지방세법」제13조 제2항에 따른 과세대상이 되는 경우에는 중과세율을 적용하여 취득세를 추징한다. 대도시에서의 법인 설립 등 이전에 취득한 부동산의 경우에는 법인의 본점·주사무소·지점 또는 분사무소의 용도로 직접 사용하기 위한 부동산 취득에 대하여만 중과세대상이 된다. 그러므로 그 설립 등의 이전에 취득한 부동산에 있어서 취득 후 5년 이내에 본점 등을 설립하고 그 본점 등에 직접 사용하는 경우에는 중과세대상이 되나, 그 본점 등에 직접 사용하지 않는 부동산에 대하여는 취득세가 중과세되지 아니한다. 직접 사용하기 위하여 취득하는 부동산이란 당해 본점 또는 지점용 사무실 및 그 부대시설용 등을 의미하는 것으로 직접사용이 아닌 임대 등을 목적으로 취득한 부동산의 경우에는 취득세 중과대상에 해당하지 않는다.

5. 세율의 중복

같은 취득물건에 대하여 둘 이상의 세율이 해당되는 경우에는 그중 높은 세율을 적용한다.

6. 5년 내 중과전용과 5년 이내 법인설립 등 관련 부동산이 되는 경우

취득한 부동산이 「지방세법」 제13조 제1항에 따른 본점이나 주사무소의 사업용 부동산(본점 또는 주사무소용 건축물을 신축하거나 증축하는 경우와 그 부속토지만 해당) 또는 「지방세법」 제13조 제1항에 따른 공장의 신설용 또는 증설용 부동산과 위 4번이 동시에 적용되는 경우에는 위 5번에 해당함에도 불구하고 표준세율의 100분의 300의 세율을 적용하여 취득세를 추징한다.

V. 면세점

취득가액이 50만 원 이하일 때에는 취득세를 부과하지 아니한다.

1. 순차취득

토지나 건축물을 취득한 자가 그 취득한 날부터 1년 이내에 그에 인접한 토지나 건축물을 취득한 경우에는 각각 그 전후의 취득에 관한 토지나 건축물의 취득을 1건의 토지 취득 또는 1구의 건축물 취득으로 보아 면세점여부를 판단한다.

2. 상속

상속으로 인하여 취득하는 경우에는 상속인 각자가 상속받는 과세물건(지분을 취득하는 경우에는 그 지분에 해당하는 과세물건을 말함)을 취득한 것으로 본다. 그러므로 상속인 각자가 상속받은 과세물건의 지분의 취득가액이 50만 원 이하인 경우에는 취득세를 부과하지 않는다(세정13407-954, 2000.07.31).

3. 과점주주의 취득

과점주주의 간주취득에 있어 소재지별로 면세점을 판단한다. 그러므로 소재지별 간주취득가액이 50만 원 이하일 경우 취득세를 부과하지 않는다(세정13407-596, 1997.06.09).

PART
07

부과·징수

Chapter 01 | 부과와 징수

Ⅰ. 납세의무의 확정

납세의무의 확정이란 이미 성립한 납세의무에 대하여 납세의무자 또는 과세권자가 세법을 적용하여 과세표준과 세액을 구체적으로 확인하는 절차이다. 과세요건의 충족에 의해 납세의무가 성립하면 비로소 납세의무가 객관적으로 존재하게 된다. 그러나 과연 과세요건이 충족되었는가, 충족되었다면 그 내용은 무엇인가는 아직 확인되지 않고 있기 때문에 이 단계의 납세의무는 단지 추상적으로 존재할 뿐이다.

이러한 추상적 납세의무에 관하여 그 과세요건의 충족여부 및 내용을 확인하는 이른바 납세의무의 확정이 이루어짐으로써 비로소 납세의무는 구체적인 것으로 전환되며 이행될 수 있는 조세채무로 되는 것이다. 따라서 납세의무의 확정은 납세의무를 새로이 창설하는 것이 아니라 이미 성립하여 추상적으로 존재하는 납세의무를 사후적으로 확인하는 절차다. 그러므로 납세의무의 확정은 과세권자뿐 아니라 납세의무자에 의해서도 이루어질 수 있다. 지방세는 다음 각 호의 구분에 따른 시기에 그 세액이 확정된다.

① 납세의무자가 과세표준과 세액을 지방자치단체에 신고납부하는 지방세:
  신고하는 때.
② 신고납부하는 지방세의 과세표준과 세액을 지방자치단체가 결정하는 경우:
  결정하는 때.
③ 부과징수하는 지방세:
  지방세의 과세표준과 세액을 해당 지방자치단체가 결정하는 때.

납세의무의 확정

구분	신고납세제도	부과과세제도
의의	납세의무자의 신고에 의하여 과세표준과 세액을 확정	과세권자의 부과처분에 의하여 과세표준과 세액을 확정
주체	1차: 납세의무자 2차: 과세권자	과세권자
확정시기	신고하는 때	결정하는 때
적용세목	취득세, 등록면허세 등	재산세 등

Ⅱ. 취득세 납세의무의 확정

취득세의 납세의무의 확정은 신고납부의 방법으로 한다. 신고납부란 납세의무자가 그 납부할 지방세의 과세표준과 세액을 신고하고 그 신고한 세금을 납부하는 것을 말한다. 신고납부방식의 조세는 원칙적으로 납세의무자가 스스로 과세표준과 세액을 정하여 신고하는 행위에 의하여 납세의무가 구체적으로 확정된다.

취득세 징수방법은 납세의무자(취득자)의 신고납부의 방법을 원칙으로 하며, 납세의무자가 신고납부를 하지 아니하는 경우 또는 부족하게 신고한 경우에는 보통징수방법에 의하여 징수한다. 보통징수란 세무공무원이 납세고지서를 해당 납세자에게 발급하여 지방세를 징수하는 것을 말한다. 그러므로 취득세의 과세표준과 세액을 신고하지 않은 경우에는 신고납부기한의 다음날부터 제척기간이 진행된다. 그러나 납세의무자가 과세표준과 세액을 신고하고 납부하지 않은 경우 또는 지방자치단체가 취득세를 고지한 경우에는 소멸시효가 진행된다. 그런데 「지방세기본법」에서는 납세고지의 경우에 대하여만 지방세징수권의 소멸시효의 기산일에 관한 규정을 두고 있으므로 납세고지에 의한 납부기한의 다음날부터 소멸시효가 진행되는 것이다.

신고납부방식의 조세인 취득세에 있어서 과세관청이 자진신고납부서나 자납용 고지서를 교부하는 행위는 납세의무자의 편의를 도모하기 위한 단순한 사무행위에 불과하므로 신고납부에 대한 책임은 근본적으로 납세자에게 있다(대법93누2117, 1993.08.24).

취득세는 신고납세방식의 조세로서 이러한 유형의 조세에 있어서는 원칙적으로 납세의 무자가 스스로 과세표준과 세액을 정하여 신고하는 행위에 의하여 납세의무가 구체적으로 확정되는 것으로서 납세의무자의 신고행위가 중대하고 명백한 하자가 있지 않는 한 당연 무효로 되지는 않는다(대법원 2006.06.02 선고, 2006두644 판결).

여기에서 신고행위의 하자가 중대하고 명백하여 당연 무효에 해당하는지의 여부에 대하여는 신고행위의 근거가 되는 법규의 목적, 의미, 기능 및 하자 있는 신고행위에 대한 법적 구제수단 등과 신고행위에 이르게 된 구체적 사정을 개별적으로 파악하여 합리적으로 판단하여야 한다(대법원 2003다43346, 2005.05.12). 그러나 취득세 신고행위는 납세의무자와 과세관청 사이에 이루어지는 것으로서 취득세 신고행위의 존재를 신뢰하는 제3자의 보호가 특별히 문제되지 않아 그 신고행위를 당연무효로 보더라도 법적 안정성이 크게 저해되지 않는다. 그러므로 납세의무자의 권익구제 등의 측면에서 현저하게 부당하다고 볼 만한 특별한 사정이 있는 때에는 예외적으로 이와 같은 하자 있는 신고행위가 당연무효라고 함이 타당하다(대법원 2009.02.12 선고, 2008두11716 판결).

Ⅲ. 신고납부기한

1. 신고납부기한

취득세 과세물건을 취득한 자는 다음과 같은 기간이내에 그 과세표준에 세율을 적용하여 산출한 세액을 신고하고 납부하여야 한다.

① 일반적인 경우: 그 취득한 날로부터 60일.
② 상속: 상속개시일이 속하는 달의 말일부터 6개월.
③ 실종: 실종선고일이 속하는 달의 말일부터 6개월.
④ 납세자가 외국에 주소를 둔 경우: 그 취득한 날로부터 9개월.

자진 신고납부일을 계산하는 경우 취득 초일은 산입하지 아니한다. 또한 신고납부 또는 징수에 관한 기한이 공휴일, 토요일이거나 「근로자의 날 제정에 관한 법률」에 따른 근로자의 날일 때에는 그 다음날을 기한으로 한다.

「국토의 계획 및 이용에 관한 법률」 제117조 제1항에 따른 토지거래계약에 관한 허가구역에 있는 토지를 취득하는 경우로서 같은 법 제118조에 따라 토지거래계약에 관한 허가를 받기 전에 거래대금을 완납한 경우에는 그 허가일이나 허가구역의 지정 해제일 또는 축소일이 취득일이 된다(지방세법 제20조 제1항).

2. 실종선고

실종선고라 함은 실종 즉 생사불명의 상태가 장기간 계속되고 있는 자를 일정한 요건과 절차에 의하여 사망한 것으로 간주하는 가정법원의 선고를 말한다. 부재자의 생사가 5년간 분명하지 아니한 때(전지에 임한 자, 침몰한 선박 중에 있던 자, 추락한 항공기 중에 있던 자, 기타 사망의 원인이 될 위난을 당한 자의 생사가 전쟁종지 후 또는 선박의 침몰, 항공기의 추락 기타 위난이 종료한 후 1년간 분명하지 아니한 때)에는 법원은 이해관계인이나 검사의 청구에 의하여 실종선고를 하여야 한다(민법 제27조).

실종선고를 받은 자는 위의 기간이 만료한 때에 사망한 것으로 본다. 실종선고의 효과는 실종기간이 만료된 때로 소급하므로 상속인의 취득 시기는 실종일로부터 5년이 경과한 날, 즉 사망 간주일이 되는 것이다. 다만, 실종선고의 특수성 등을 감안하여 취득세 신고납부는 실종선고일이 속하는 달의 말일로부터 6개월 이내에 하여야 한다.

3. 임시사용승인일 이후 준공일까지 발생한 공사비의 수정신고

당해 건축물 취득 시기(준공일 등)를 기준으로 당해 건물의 취득을 위하여 거래상대방 또는 제3자에게 지급하였거나 지급하여야 할 일체의 비용이 취득세 과세표준에 포함된다. 임시사용의 경우 임시사용일이 취득일이 되므로 임시사용일을 기준으로 하여 취득세를 신고 납부하여야 한다. 그 이후의 준공시까지의 공사비는 당해 공사비를 장부에 기장한 날로부터 60일 이내에 취득세를 수정신고납부하여야 한다(세정13407-399, 2002.04.30).

4. 어음교부

부동산 매매잔금을 약속어음으로 지급한 경우, 그 만기 또는 어음할인일이 아니라 결제일이 취득 시기인 사실상 잔금지급일이 된다(지방세심사2001-75, 2001.02.27). 그러므로 결제일로부터 60일 이내에 신고납부하여야 한다.

5. 유증

피상속인으로부터 상속인에게 한 유증과 상속인이 아닌 자에 대한 유증에 있어서 포괄유증은 상속에 해당한다. 그러므로 상속에 대하여는 상속개시일이 속하는 달의 말일로부터 6개월 이내에 취득세를 신고납부한다. 그러나 상속인이 아닌 자에 대한 특정유증의 경우에는 상속에 해당하지 않는다. 그러므로 상속인이 아닌 자에 대한 특정유증의 경우 60일 이내에 신고납부하여야 한다.

구분	포괄유증	특정유증
상속인	상속일월의 말일부터 6개월	상속일월의 말일부터 6개월
상속인이 아닌 자	상속일월의 말일부터 6개월	취득일로부터 60일

6. 취득 후 중과대상이 된 경우

취득세 과세물건을 취득한 후에 그 과세물건이 중과세 대상이 되었을 때에는 다음과 같은 날로부터 30일 이내에 중과세 세율을 적용하여 산출한 세액에서 이미 납부한 세액(가산세는 제외)을 공제한 금액을 세액으로 신고하고 납부하여야 한다(지방세법 제20

조 제2항).

취득 후에 중과세대상이 되는 경우에 추가납부하여야 할 세액에 대하여 30일 이내에 신고납부의무가 발생하므로 추가납부세액에 대한 부과제척기간은 30일이 되는 날의 익일부터 5년이 되는 날까지가 된다.

① 본점 또는 주사무소의 사업용 부동산을 취득한 경우: 사무소로 최초로 사용한 날.
② 공장의 신설 또는 증설을 위하여 사업용 과세물건을 취득하거나 공장의 신설 또는 증설에 따라 부동산을 취득한 경우: 그 생산설비를 설치한 날(다만, 그 이전에 영업허가·인가 등을 받은 경우에는 영업허가·인가 등을 받은 날로 함).
③ 「지방세법」 제13조 제2항 제1호에 따른 부동산 취득이 다음의 어느 하나에 해당하는 경우: 해당 사무소 또는 사업장을 사실상 설치한 날.
  ⓐ 대도시에서 법인을 설립하는 경우.
  ⓑ 대도시에서 법인의 지점 또는 분사무소를 설치하는 경우.
  ⓒ 대도시 밖에서 법인의 본점·주사무소·지점 또는 분사무소를 대도시로 전입하는 경우.
④ 「지방세법」 제13조 제2항 각 호 외의 부분 단서에 따라 대도시 중과 제외 업종에 직접 사용할 목적으로 부동산을 취득하거나, 법인이 사원에 대한 분양 또는 임대용으로 직접 사용할 목적으로 사원 주거용 목적 부동산을 취득한 후 「지방세법」 제13조 제3항 각 호의 어느 하나에 해당하는 사유가 발생하여 「지방세법」 제13조 제2항 각 호 외의 부분 본문을 적용받게 되는 경우에는 그 사유가 발생한 날.
⑤ 「지방세법」 제13조 제5항에 따른 별장·골프장·고급주택·고급오락장 및 고급선박을 취득한 경우: 다음의 구분에 따른 날.
  ⓐ 건축물을 증축하거나 개축하여 별장 또는 고급주택이 된 경우: 그 증축 또는 개축의 사용승인서 발급일(다만, 그 밖의 사유로 별장이나 고급주택이 된 경우에는 그 사유가 발생한 날로 함).
  ⓑ 골프장: 「체육시설의 설치·이용에 관한 법률」에 따라 체육시설업으로 등록한 날

(변경등록을 포함, 다만 등록을 하기 전에 사실상 골프장으로 사용하는 경우 사실상 사용한 날로 함).

ⓒ 건축물의 사용승인서 발급일 이후에 관계 법령에 따라 고급오락장이 된 경우: 그 대상 업종의 영업허가·인가 등을 받은 날로 한다. 다만 영업허가·인가 등을 받지 아니하고 고급오락장이 된 경우에는 고급오락장 영업을 사실상 시작한 날로 한다.

ⓓ 선박의 종류를 변경하여 고급선박이 된 경우: 사실상 선박의 종류를 변경한 날.

7. 비과세 등의 추징사유발생

「지방세법」 또는 다른 법령에 따라 취득세를 비과세, 과세면제 또는 경감 받은 후에 해당 과세물건이 취득세 부과대상 또는 추징 대상이 되었을 때에는 그 사유 발생일부터 30일 이내에 해당 과세표준에 해당세율을 적용하여 산출한 세액을 신고하고 납부하여야 한다. 경감 받은 경우에는 이미 납부한 세액(가산세는 제외)을 공제한 세액을 신고납부하여야 한다(지방세법 제20조 제3항).

비과세 등을 받은 후 추징사유가 발생한 경우에도 추가납부하여야 할 세액에 대하여 30일 이내에 신고납부의무가 발생하므로 추가납부세액에 대한 부과제척기간은 30일이 되는 날의 익일부터 5년이 되는 날까지가 된다.

존치기간이 1년을 초과하는 임시용 건축물에 대하여는 취득세를 부과하도록 규정하고 있고, 지방세법운용세칙 107-2에서는 임시용 건축물에 대한 '존속기간 1년 초과' 판단의 기산점은 「건축법」 제15조의 규정에 의하여 시장·군수에게 신고한 가설건축물축조신고서상 존치기간의 시기(그 이전에 사실상 사용한 경우는 그 사실상 사용일)가 되고, 신고가 없는 경우에는 사실상 사용일이 된다.

그러므로 임시용 건축물에 대한 가설건축물 축조신고상의 존치기간이 1년 이상으로 표기되어 있는 경우 당해 건축물에 대한 취득세는 존치기간의 기산일으로부터 60일 이내에 신고납부하여야 한다(세정13407-655, 2001.12.11).

그러나 당초 임시건축물 축조신고서상 존속기간을 1년 이하로 신고하였다가 1년을 초과하는 것으로 연장신고하는 경우에는 연장신고일(사유발생일)로부터 30일 이내, 연장신고를 하지 않고 존속기간이 1년을 초과하는 경우에는 1년을 초과한 날(사유발생일)로부터 30일 이내에 신고납부를 하여야 한다.

8. 등기 또는 등록을 요하는 경우

(1) 등기·등록 전 취득세의 신고납부

재산권과 그 밖의 권리의 취득·이전에 관한 사항을 공부(公簿)에 등기하거나 등록[등재(登載)를 포함]하려는 경우에는 등기 또는 등록을 하기 전까지 취득세를 신고납부하여야 한다(지방세법 제20조 제4항). '등기 또는 등록을 하기 전까지'란 등기 또는 등록의 신청서를 등기·등록관서에 접수하는 날까지로 한다.

(2) 취득세 납부 확인 등

납세자는 취득세 과세물건을 등기 또는 등록하려는 때에는 등기 또는 등록 신청서에 취득세 영수필 통지서(등기·등록관서의 시·군 통보용) 1부와 취득세 영수필 확인서 1부를 첨부하여야 한다. 다만, 「전자정부법」 제36조 제1항에 따라 행정기관 간에 취득세 납부사실을 전자적으로 확인할 수 있는 경우에는 그러하지 아니하다.

그러나 「부동산등기법」 제24조 제1항 제2호에 따라 전산정보처리조직을 이용하여 등기를 하려는 때에는 취득세 영수필 통지서(등기·등록관서의 시·군 통보용)와 취득세 영수필 확인서를 전자적 이미지 정보로 변환한 자료를 첨부하여야 한다. 다만 「전자정부법」 제36조 제1항에 따라 행정기관 간에 취득세 납부사실을 전자적으로 확인할 수 있는 경우에는 그러하지 아니하다.

납세자는 선박의 취득에 따른 등기 또는 등록을 신청하려는 때에는 등기 또는 등록 신청서에 취득세 영수필 통지서(등기·등록관서의 시·군 통보용) 1부와 취득세 영수필 확인서 1부를 첨부하여야 한다. 이 경우 등기·등록관서는 「전자정부법」 제36조 제1항에 따른 행정정보의 공동이용을 통하여 선박국적증서를 확인하여야 하며, 신청인이 확인에 동의하지 아니하면 그 사본을 첨부하도록 하여야 한다.

등기·등록관서는 등기·등록을 마친 때에는 취득세 영수필 확인서 금액란에 반드시 소인하여야 하며, 첨부된 취득세 영수필 통지서(등기·등록관서의 시·군 통보용)를 등기 또는 등록에 관한 서류와 대조하여 기재내용을 확인하고 접수인을 날인하여 접수번호를 붙인 다음 납세지를 관할하는 시·군의 세입징수관에게 7일 이내에 송부하여야 한다.

이 경우 등기·등록관서는 취득세 영수필 통지서(등기·등록관서의 시·군 통보용)를 시·군의 세입징수관에게 송부하려는 경우 시·군의 세입징수관이 「전자정부법」 제36조 제1항에 따른 행정정보의 공동이용을 통하여 취득세 영수필 통지서(등기·등록관서의 시·군 통보용)에 해당하는 정보를 확인할 수 있는 때에는 전자적 방법으로 그 정보를 송부할 수 있다.

시장·군수는 등기·등록관서로부터 취득세 영수필 통지서(등기·등록관서의 시·군 통보용) 또는 그에 해당하는 정보를 송부 받은 때에는 취득세 신고 및 수납사항 처리부를 작성하고, 취득세의 과오납 및 누락 여부를 확인하여야 한다.

(3) 촉탁등기에 따른 취득세 납부영수증서의 처리

국가기관 또는 지방자치단체는 등기·가등기 또는 등록·가등록을 등기·등록관서에 촉탁하려는 경우에는 취득세를 납부하여야 할 납세자에게 취득세 영수필 통지서(등기·등록관서의 시·군 통보용) 1부와 취득세 영수필 확인서 1부를 제출하게 하고, 촉탁서에 이를 첨부하여 등기·등록관서에 송부하여야 한다. 다만, 「전자정부법」 제36조 제1항에 따라 행정기관 간에 취득세 납부사실을 전자적으로 확인할 수 있는 경우에는 그러하지 아니하다.

그러나 「부동산등기법」 제24조 제1항 제2호에 따른 전산정보처리조직을 이용하여 등기를 촉탁하려는 때에는 취득세를 납부하여야 할 납세자로부터 제출받은 취득세 영수필 통지서(등기·등록관서의 시·군 통보용)와 취득세 영수필 확인서를 전자적 이미지 정보로 변환한 자료를 첨부하여야 한다. 다만, 「전자정부법」 제36조 제1항에 따라 행정기관 간에 취득세 납부사실을 전자적으로 확인할 수 있는 경우에는 그러하지 아니하다.

Ⅳ. 신고납부방법

취득세를 신고하려는 자는 행정자치부령으로 정하는 신고서에 취득물건, 취득일 및 용도 등을 적어 납세지를 관할하는 시장·군수에게 신고하고 납부하여야 한다.

지방자치단체의 금고 또는 지방세수납대행기관(지방재정법 시행령 제103조 제1항 및 제2항에 따라 지방자치단체 금고업무의 일부를 대행하는 금융회사 등을 말함)은 취득세를 납부 받으면 납세자 보관용 영수필 통지서, 취득세 영수필 통지서(등기·등록관서의 시·군 통보용) 및 취득세 영수필 확인서 각 1부를 납세자에게 내주고, 지체 없이 취득세 영수필 통지서(시·군 보관용) 1부를 해당 시·군의 세입징수관에게 송부하여야 한다. 다만, 「전자정부법」 제36조 제1항에 따라 행정기관 간에 취득세 납부사실을 전자적으로 확인할 수 있는 경우에는 납세자에게 납세자 보관용 영수필 통지서를 교부하는 것으로 갈음할 수 있다.

〈사례〉 토지거래허가

「국토이용관리법」상의 토지거래허가구역 안에 있는 토지에 관한 매매계약 등 거래계약은 관할관청의 허가를 받아야만 효력이 발생하며 허가를 받기 전에는 물권적 효력은 물론 채권적 효력도 발생하지 아니하여 무효라 할 것이며, 토지에 대한 거래허가를 받지 아니하여 무효의 상태에 있다면 매수인이 매매대금을 전액 지급하였다고 하더라도 매수인이 토지를 취득하였다고 할 수는 없다고 할 것이므로, 원고가 토지거래허가구역 안에 있는 이 사건 토지에 관한 매매계약을 체결하고 매도인에게 그 매매대금을 모두 지급하였다고 하더라도, 이 사건 취득세 신고당시에는 관할관청으로부터 토지거래허가를 받지 못하여 이 사건 토지를 취득하였다고 할 수 없다(대법97다8427, 1997.11.11).

나아가 기록에 의하면, 원고는 자진신고납부 해태에 따른 부가세의 부담 등을 염려하여 이 사건 취득세의 자진신고납부를 하였고, 서산시장으로부터 이 사건 토지의 위 거래에 관한 토지거래허가신청에 대하여 불허가처분을 받자 이 사건 토지의 매도인들인 위 소외인들과 매매관계를 청산한 다음 당시의 「지방세법」상 납세의무자에 대한 과오납금 환부신청권 등 구제수단이 마련되어 있지 않아 부득이 이 사건 민사소송에 의하여 위 취득세액의 반환을 청구하기에 이른 사정을 알 수 있고, 달리 기록상 원고가 이 사건 토지에 관하여 납세자라고 오인될 만한 객관적 사정을 찾아 볼 수 없다.

사실관계가 이러하다면, 원고의 이 사건 취득세 신고행위는 위와 같은 특별한 사정으로 말미암아 조세채무의 확정력을 인정할 여지가 없는 중대하고 명백한 하자가 있는 것으로 당연무효라고 할 것이다. 원심이 이 사건 취득세 신고행위의 당연무효여부에 관하여 심리 판단하지 아니하고 단지 신고납부된 취득세의 과세요건이 흠결되었다는 이유만으로 부당이득의 성립을 인정하였음은 그대로 수긍하기 어렵다고 할 것이나, 이 사건 신고행위로 인한 조세채무의 확정력이 배제된 것으로 판단된 취지는 결론에 있어서 정당하다고 할 것이다. 이와 다른 논지는 이유 없다.

〈사례〉 과점주주의 취득세 납부 후 사업양수도에 의하여 해당 법인의 자산취득

[원심판결] 인정한 사실관계에 변론 전체의 취지를 종합하여 인정되는 다음의 사정, 즉 ① 동일한 물건의 취득에 대하여 이중으로 취득세를 부담하는 것은 이중과세금지의 원칙과 조세법상의 신의칙에 비추어 보더라도 그 하자가 중대하고 명백하다고 볼 수 있는 점, ② 이중 과세의 부당한 결과를 시정하여야 할 필요성이 크다고 보이는 반면 이를 시정하더라도 제3자에게 어떠한 영향을 미치거나 공공의 신뢰를 해한다고 보이지는 않는 점, ③ 원고로서는 부당이득반환청구 이외에 취득세 신고행위의 효력을 다투어 이중 과세된 세액을 반환받을 수 있는 별다른 법적 구제 수단이 없는 점 등 이 사건 변론에 나타난 제반 사정에 비추어 보면, 원고의 위 취득세 신고행위 중 이중 과세에 해당하는 부분은 조세 채무의 확정력을 인정하기 어려운 중대하고 명백한 하자가 있다고 봄이 상당하므로, 이는 결국 당연무효에 해당한다고 할 것이다.

[대법원판결] 원심은, 앞서 인정한 사실관계에 비추어 원고가 동일 물건의 취득에 대하여 이중으로 취득세를 부담하는 것은 그 하자가 중대하고, 이와 같은 이중과세의 부당한 결과를 시정할 필요성이 크다고 보이는 반면 이를 시정하더라도 제3자에게 어떠한 영향을 미치거나 공공의 신뢰를 해한다고 보이지 않으므로, 원고의 이 사건 취득세 신고행위 중 이중과세에 해당하는 부분에는 조세채무의 확정력을 인정하기 어려운 중대하고 명백한 하자가 있다고 보아, 피고는 그 이중 납부된 세액을 부당이득으로 반환할 의

무가 있다고 판단하였다.

그러나 원심이 확정한 사실에 의하더라도 원고가 이 사건 취득세를 신고납부하는 과정에서 과세관청이 관여하거나 개입한 적이 없고, 가산세 등의 제재를 피하기 위하여 불가피하게 신고납부하였다는 등의 사정이 없이 스스로 자진하여 신고납부하였다는 것이고, 나아가 이 사건 취득세 중 이미 납부한 간주취득세 상당액이 동일 물건의 취득에 대한 이중과세에 해당하는지 여부는 법 해석상 논란의 여지가 있을 뿐 아니라 그 사실관계를 정확히 조사하여야 밝혀지는데다가 원고도 이의신청 등 불복청구를 하지 않고 있다가 제소기간을 1년 이상 경과한 후에야 비로소 그 신고납부행위가 당연무효라고 주장하고 있는 점 등까지 함께 고려하여 보면, 이 사건 취득세 자진 신고납부행위는 법 해석상 논란이 있는 부분에 대하여 원고가 납세의무가 있는 것으로 오인하여 납부한 것에 불과하여 그 하자가 객관적으로 명백하다고 볼 수는 없으므로 당연무효라고 할 수 없다.

그럼에도 불구하고, 원심은 그 판시와 같은 이유만으로 이 사건 취득세 신고행위의 하자가 중대하고 명백하여 당연무효라고 판단하였으니, 원심판결에는 신고납부방식의 조세인 지방세에 있어서 그 신고행위의 당연무효에 관한 법리 등을 오해한 나머지 판결 결과에 영향을 미친 위법이 있고, 이 점을 지적하는 상고이유의 주장은 이유 있다(대법 2006다81257, 2009.04.23).

〈사례〉 상속인이 아닌 자에 대한 특정유증

「지방세법」상 포괄유증은 상속에 해당하지만, 특정유증은 무상승계취득에 해당할 뿐만 아니라, 피상속인의 자녀(청구인의 모)가 생존하고 있는 한 외손자는 상속인에 해당하지 아니하므로 청구인의 쟁점주택의 취득을 상속이 아닌 무상취득에 해당하는 것으로 보아 취득세의 신고납부기한을 6월이 아닌 30일로 적용하는 것이 타당하다 할 것이다(기각)(조심2011지566, 2012.07.12).

피상속인은 2010년 10월 14일 자신의 외손자인 청구인에게 쟁점아파트를 유증한다는 내용의 유언을 하였고, 공증인이 이를 공증하였다(공증인 A모씨가 작성한 유언공정증서, 2010.10.14). 피상속인은 2010년 11월 3일 사망하였고(피상속인의 기본증명서), 그에 따라 청구인은 같은 날 유증으로 쟁점아파트를 취득하였다.

상속개시일 현재 피상속인의 자녀가 생존하고 있는 경우에는 동 자녀가 선순위로 상속인이 되는 것이므로, 피상속인의 외손자는 상속인이 아니라고 할 것인 바, 이 건의 경우, 피상속인의 외손자로서 상속인이 아닌 청구인이 쟁점아파트를 취득한 것은 상속으로 취득한 경우에 해당하지 아니하므로, 그 취득세 신고납부기한은 '취득한 날부터 30일 이내'로 보아야 할 것이다.

V. 수정신고

1. 수정신고의 의의

과세표준신고를 한 납세의무자가 이를 스스로 수정하는 경우로서 증액수정신고와 감액수정신고가 있다. 증액수정신고하는 경우에는 수정신고라 하고, 감액수정신고의 경우는 경정청구라 한다. 이러한 수정신고는 신고납부하는 세목에만 적용되는 것이며, 부과고지하는 세목은 이의신청 및 심사청구 등의 불복절차에 따라 구제신청을 할 수 있다.

즉, 수정신고는 당초 신고에 대하여 납세자가 스스로 수정하는 것이며 정부의 결정·경정사항에 대해 수정하는 신고는 아니다(조세22601-90, 1985.01.23) 다만 정부의 경정결정 후에도 시정되지 아니한 누락, 오류가 있는 때는 수정신고기한 내 수정신고를 할 수 있다(법인 22601-3816, 1985.12.18).

수정신고는 과세표준신고서를 법정기한 내에 제출한 자에게 허용되는 것으로 신고서를 제출하지 않거나 당초 적법한 신고로 볼 수 없는 경우에는 수정신고할 수 없다. 또한 합병의 경우 소멸법인에 대한 과세표준수정신고는 합병법인이 해야 한다(부가 1265.1-2607, 1980.12.04).

「지방세기본법」 또는 지방세관계법에 따른 법정신고기한까지 과세표준신고서를 제출한 자는 지방자치단체의 장이 지방세관계법에 따라 그 지방세의 과세표준과 세액을 결정 또는 경정하여 통지를 하기 전까지는 과세표준수정신고서를 제출할 수 있다.

2. 수정신고의 효력

수정신고기한 내에 과세표준과 세액을 증액하여 수정신고한 경우 그 수정신고일에 증액된 세액의 납세의무가 확정된다(징세 46101-685, 1999.03.25). 한편, 법정신고기한이 지난 후 2년 이내에 수정신고를 하는 경우에는 다음과 같이 과소신고가산세를 감면한다.

① 법정신고기한이 지난 후 6개월 이내에 수정신고한 경우: 100분의 50.
② 법정신고기한이 지난 후 1년 이내에 수정신고한 경우: 100분의 20.
③ 법정신고기한이 지난 후 2년 이내에 수정신고한 경우: 100분의 10.

수정신고시의 가산세 감면은 수정신고로 인하여 추가로 납부하여야 할 세액을 그 수정신고와 동시에 납부하지 아니한 경우에는 감면하지 아니한다.

3. 수정신고 사유

(1) 과소신고
과세표준신고서에 기재된 과세표준 및 세액이 지방세관계법에 따라 신고하여야 할 과세표준 및 세액보다 적을 때에는 수정신고를 할 수 있다.

(2) 과대환급신고
과세표준신고서에 기재된 환급세액이 지방세관계법에 따라 신고하여야 할 환급세액을 초과할 때에는 수정신고를 할 수 있다.

(3) 특별징수의무자의 정산과정에서의 누락
특별징수의무자의 정산과정에서 누락 등이 발생하여 그 과세표준 및 세액이 지방세관계법에 따라 신고하여야 할 과세표준 및 세액 등보다 적을 때에는 수정신고를 할 수 있다.

4. 수정신고납부

수정신고로 인하여 추가납부세액이 발생한 경우에는 그 수정신고를 한 자는 수정신고와 동시에 납부하여야 한다.

VI. 경정 등의 청구

1. 경정청구

경정청구제도란 납세의무자가 과세표준 및 세액을 과다하게 신고하여 납부한 경우 과다신고납부한 세액의 경정을 청구할 수 있는 제도로서, 객관적으로 존재하는 진실한 세액을 초과하여 착오 등으로 과다신고납부한 경우에 이를 시정하게 하는 법적 장치이다.

「지방세기본법」 또는 지방세관계법에 따른 과세표준신고서를 법정신고기한까지 제출한 자는 최초 신고 및 수정신고한 지방세의 과세표준 및 세액(지방세법에 따른 결정 또는 경정이 있는 경우에는 그 결정 또는 경정 후의 과세표준 및 세액 등을 말함)의 결정 또는 경정을 지방자치단체의 장에게 청구할 수 있다. 2010년 12월 31일까지는 지방세 법령에 의거 지방세를 신고납부한 경우 그 신고납부 행위를 처분으로 보도록 규정하고 있었으나 「지방세기본법」의 제정·시행(2011.01.01)으로 지방세 신고납부행위를 처분으로 보지 아니하되, 이에 따른 납세자의 권리구제 확대를 위하여 지방세 경정청구제도가 도입되었다.

구 「지방세법(2010.3.31, 법률 제10221호로 전부개정되기 전의 것)」 제72조에서는 신고납부를 한 때에 처분이 있었던 것으로 간주하는 규정이 있었으나, 「지방세법」 개정 및 「지방세기본법」 제정(2010.03.31)에 따라, 신고납부를 한 때에 처분이 있었던 것으로 간주하는 규정이 삭제되었는바, 동 간주규정이 삭제된 이상, 취득세 신고납부에 대하여 이를 수납하는 행위는 단순한 사무적 행위에 불과할 뿐 행정처분이라고 볼 수 없으므로(대법원 1990.03.27 선고, 88누4591 판결 참조), 2011년 1월 1일 이후 납세의무가 성립하는 취득세의 경우, 그 신고납부에 대하여 이를 수납하는 행위는 불복청구 대상에 해당하지 아니한다. 다만, 2011년 1월 1일 이후부터 납세의무가 성립하는 지방세를 법정기간 내에 신고한 경우에는 법정기한이 지난 후 3년 이내에 경정청구를 할 수 있도록 개정되었으므로, 2011년 1월 1일 이후부터 납세의무가 성립하는 지방세에 대하여 납세자가 그 신고한 과세표준과 세액을 경정하고자 하는 경우에는 지방자치단체의 장에게 경정청구를 제기하여야 하고, 경정청구에 대한 결정통지에 대하여는 불복청구가 가능하다.

2. 경정 등의 효력

조세채무가 확정된 후 확정된 내용에 잘못이 있는 경우 이를 변경하는 경정을 하게 되는데, 이 경우 당초처분과 경정처분의 확정력이 어디까지 미치는가 하는 문제가 제기된다. 당초처분과 경정처분의 관계라는 문제로서 불복의 대상과 불복청구기한, 고지·독촉·체납처분과 같은 후속처분이나 가산금 등에 관하여 중요한 의미를 갖는다.

(1) 흡수설

흡수설(소멸설·일체설)에 의하면 경정처분의 효력은 당초처분에 의해 확정된 과세표준과 세액을 포함하여 다시 고쳐 확정된 과세표준과 세액 전체에 대하여 미치며, 당초처분은 경정처분에 흡수·일체화되어 소멸된다고 한다. 그 결과 경정처분만이 소송물이 되며, 불복청구기한을 경정처분을 기준으로 판단하게 되고, 당초처분을 근거로 하여 행한 징수 등 후속처분이나 가산금의 징수는 모두 효력을 잃게 된다.

(2) 병존설

병존설(단계설)에 의하면 경정처분의 효력은 당해 처분으로 인하여 증감된 부분에 대해서만 미치며, 당초처분은 경정처분과는 독립적으로 효력을 유지한다고 한다. 따라서 당초처분과 경정처분은 각각 독립하여 소송물이 되며, 불복청구기한도 각 처분별로 별도로 판단하게 되고, 당초처분(경정처분에 의하여 감소된 세액외의 부분)을 근거로 하여 행한 징수 등 후속처분이나 가산금의 과징은 경정처분으로 인해 아무런 영향을 받지 않는다.

(3) 지방세법의 입장

「지방세기본법」에서는 세액증가와 세액감소의 경우 다음과 같이 규정함으로써 병존설의 입장을 명문화하고 있다.

지방세관계법에 따라 당초 확정된 세액을 증가시키는 경정은 당초 확정된 세액에 관한 「지방세기본법」 또는 지방세관계법에서 규정하는 권리·의무관계에 영향을 미치지 아니한다. 또한 지방세관계법에 따라 당초 확정된 세액을 감소시키는 경정은 그 경정에 따라 감소되는 세액 외의 세액에 관한 「지방세기본법」 또는 지방세관계법에서 규정하는 권리·의무관계에 영향을 미치지 아니한다.

3. 경정사유

(1) 세액을 과다신고한 때

과세표준신고서에 기재된 과세표준 및 세액(지방세법에 따라 결정 또는 경정이 있는 경우에는 그 결정 또는 경정 후의 과세표준 및 세액을 말함)이 「지방세법」에 따라 신고하여야 할 과세표준 및 세액을 초과할 때에는 결정 또는 경정을 청구할 수 있다.

(2) 환급세액을 과소신고한 때

과세표준신고서에 기재된 환급세액(지방세법에 따라 결정 또는 경정이 있는 경우에는 그 결정 또는 경정 후의 환급세액을 말함)이 「지방세법」에 따라 신고하여야 할 환급세액보다 적을 때에는 결정 또는 경정을 청구할 수 있다.

4. 경정청구기간

(1) 일반적인 경우

법정신고기한이 지난 후 3년 이내에 경정청구를 하여야 한다.

(2) 결정 또는 경정이 있는 경우

「지방세법」에 따른 결정 또는 경정이 있는 경우에는 그 결정 또는 경정이 있음을 안 날(결정 또는 경정의 통지를 받은 때에는 그 받은 날)부터 90일 이내(법정신고기한이 지난 후 3년 이내로 한정한다)에 경정청구를 하여야 한다.

(3) 후발적 사유로 인한 경정 등의 청구

과세표준신고서를 법정신고기한까지 제출한 자 또는 지방세의 과세표준 및 세액의 결정을 받은 자는 다음의 어느 하나에 해당하는 사유가 발생하였을 때에는 그 사유가 발생한 것을 안 날부터 2개월 이내에 결정 또는 경정을 청구할 수 있다.

① 최초의 신고·결정 또는 경정에서 과세표준 및 세액의 계산근거가 된 거래 또는 행위 등이 그에 관한 소송에 대한 판결(판결과 동일한 효력을 가지는 화해나 그 밖의 행위를 포함)에 따라 다른 것으로 확정되었을 때.

② 조세조약에 따른 상호합의가 최초의 신고·결정 또는 경정의 내용과 다르게 이루어졌을 때.

③ 기타 이와 유사한 사유로서 대통령령으로 정하는 사유가 해당 지방세의 법정신고기한이 지난 후에 발생하였을 때. '대통령령으로 정하는 사유'란 다음의 어느 하나에 해당하는 경우를 말한다.

ⓐ 최초의 신고·결정 또는 경정을 할 때 과세표준 및 세액의 계산근거가 된 거래 또는 행위 등의 효력과 관계되는 관청의 허가나 그 밖의 처분이 취소된 경우.

ⓑ 최초의 신고·결정 또는 경정을 할 때 과세표준 및 세액의 계산근거가 된 거래 또는 행위 등의 효력과 관계되는 계약이 해당 계약의 성립 후 발생한 부득이한 사유로 해제되거나 취소된 경우.

ⓒ 최초의 신고·결정 또는 경정을 할 때 장부 및 증명서류의 압수, 그 밖의 부득이한 사유로 과세표준 및 세액을 계산할 수 없었으나 그 후 해당 사유가 소멸한 경우.

ⓓ 기타 이에 준하는 사유가 있는 경우.

5. 결정·경정 등의 통지

결정 또는 경정의 청구를 받은 지방자치단체의 장은 그 청구를 받은 날부터 2개월 이내에 과세표준 및 세액을 결정 또는 경정하거나 결정 또는 경정하여야 할 이유가 없다는 것을 그 청구를 한 자에게 통지하여야 한다.

6. 결정 또는 경정 청구서제출

결정 또는 경정의 청구를 하려는 자는 다음과 같은 사항을 적은 결정 또는 경정 청구서를 제출(지방세정보통신망에 의한 제출을 포함)하여야 한다.

① 청구인의 성명과 주소 또는 영업소.
② 결정 또는 경정 전의 과세표준 및 세액.
③ 결정 또는 경정 후의 과세표준 및 세액.
④ 결정 또는 경정의 청구를 하는 이유.
⑤ 그밖에 필요한 사항.

〈사례〉 경정청구를 거치지 않은 심판청구의 제기

심판청구를 제기하려면 처분이 있어야 하나, 신고납부 행위 그 자체는 처분에 해당하지 아니하고 청구법인은 경정청구를 거치지 아니하고 심판청구를 제기하였으므로, 이건 취득세 등에 대한 심판청구는 처분이 존재하지 아니하여 부적법한 청구에 해당한다(조심2014지215, 2014.08.13).

〈사례〉 경정청구제도의 도입에 따른 적용시기

청구인과 처분청이 제출한 심리자료에 의하면 청구인은 2010년 1월 4일 경기도 ○○을 취득하여 같은 해 1월 25일 취득세 XX원, 농어촌특별세 XX원, 등록세 XX원, 지방교육세 XX원, 합계 XX원을 신고납부 하였고, 같은 날 소유권 이전등기 하였다가, 2012년 5월 24일 위 소유권 이전이 사해행위라는 대법원 판결로 같은 해 6월 25일 위 소유권 이전등기가 말소된 후 2012년 11월 7일 기 신고납부한 취득세 등을 환급해 달라는 취지로 처분청에 경정청구를 하였으나, 이에 대해 처분청은 거부처분 하였고, 청구인은 처분청의 경정청구 거부처분을 불복대상으로 하여 2013년 2월 1일 이의신청을 거쳐 2013년 6월 18일 심판청구를 제기하였다.

법정신고납부기한 내 지방세를 신고납부 하였다가, 과세표준 및 세액계산의 근거가 된 거래 또는 행위 등이 소송에 대한 판결로 다른 것으로 확정된 경우 2011년 1월 1일 「지방세기본법」이 시행되기 전에 납세의무가 성립한 지방세는 「구 지방세법(2010.03.31 법률 제10221호로 전부개정되기 전의 것, 이하 같음)」 제71조 제1항 제1호 규정에 확정판결일로부터 60일 이내에 수정신고 할 수 있도록 되어 있고, 같은 법 제72조 제1항의 규정에 따라 신고납부일 또는 수정신고납부일로부터 90일 이내에 불복청구를 할 수 있도록 되어 있으며, 2011년 1월 1일 이후 납세의무가 성립하는 지방세에 대해서는 경정청구 제도를 도입한 「지방세기본법」 시행으로 같은 법 제51조 및 부칙(2010.03.31 법률 제10219호) 제3조 규정에 따라 그 사유가 발생한 것을 안 날부터 2개월 이내에 경정청구를 할 수 있도록 되어 있다.

따라서 청구인은 경정청구 제도가 도입·시행(2011.01.01)되기 전인 2010년 1월 4일 쟁점토지를 취득하여 납세의무가 성립하였으므로 구 「지방세법」을 적용하여야 할 것이어서 청구인이 제기한 경정청구는 부적법한 청구로 이에 대한 거부처분은 불복청구의 대상이 되지 아니할 뿐만 아니라, 청구인은 대법원 확정판결일로부터 60일 이내에 수정신고를 이행하지 아니하였으므로 당초 신고납부일인 2010년 1월 25일을 이 건 처분일로 보아야 할 것인데, 청구인은 이로부터 90일이 지난 2013년 2월 1일 이의신청 및 2013년 6월 18일 심판청구를 각각 제기한 사실이 나타나는 바 청구기한을 도과한 부적법한 청구로 본안심리 대상에 해당되지 아니한다고 판단된다(조심2013지581, 2013.09.16).

〈사례〉 경정청구 없는 이의신청

청구법인은 이 건 심판청구에서 청구법인이 취득한 쟁점부동산이 농공단지 내 대체입주자가 취득한 부동산에 해당되어 취득세 등이 면제되어야 한다고 주장하나, 이 건 부과처분이 부당한지 여부는 별론으로 하더라도 청구법인의 심판청구는 청구법인이

2012년 10월 31일 취득세 등을 신고납부한 후, 경정청구 없이 2013년 5월 27일 이의신청을 하였고, 그 후 ○○으로부터 2013년 8월 27일 각하결정을 받고 2013년 11월 15일 심판청구를 하였으므로 부적법한 심판청구에 해당되고, 처분청에서 청구법인의 취득세 과오납 환급신청 건에 대하여 2013년 1월 25일 환급거부 통지를 하면서, 통지를 받은 날부터 90일 이내 이의신청을 하도록 안내를 하였다고 하더라도 이를 처분으로 인정할 수는 없는 것이며, 청구법인이 처분청에 환급신청을 한 것에 대하여 처분청이 환급불가 회신을 한 것은 이미 확정된 환부금에 대한 과세관청의 내부적인 환부절차에 불과할 뿐, 그 결정에 의하여 비로소 환부청구권이 확정되는 것이 아니므로 환부거부 결정은 항고소송의 대상이 될 수 없다 할 것이다(대법원 1994.12.02 선고, 92누14250 판결, 같은 뜻임).

또한, 지방세 과오납 환부신청에 대한 회신이 독립된 처분으로서 심판청구의 대상인 처분(거부처분)이 되기 위해서는 납세자가 그 신청에 따른 행정행위를 해 줄 것을 요구할 수 있는 법규상 또는 조리상의 권리가 있어야 하며 이러한 권리에 의하지 아니한 납세자의 신청을 행정청이 받아들이지 아니하고 거부한 경우에는 이로 인하여 청구인의 권리나 법적이익에 어떤 영향을 주는 것이 아니므로 심판청구의 대상이 되는 처분이라고 할 수 없다 할 것(조심2014지576, 2014.04.30, 같은 뜻임)이므로 심판청구의 대상이 되는 처분이라 볼 수 없고, 또한 청구법인의 환급신청을 이의신청으로도 볼 수 없으므로, 청구법인의 이 건 심판청구는 청구기간이 지난 후에 청구된 부적법한 심판청구에 해당된다고 판단된다(조심2014지63, 2014.09.05).

Ⅶ. 기한후신고

1. 기한후신고와 납부

기한후신고제도는 신고납부기간이 경과한 경우 과세관청이 이를 부과고지를 하지 않으면 계속 가산세가 부과되기 때문에 이와 같은 불이익을 방지할 수 있도록 신고납부기간이 경과한 후에도 납세자 스스로 자진하여 신고할 수 있는 제도를 마련한 것이다.

법정신고기한까지 과세표준신고서를 제출하지 아니한 자는 지방자치단체의 장이 「지방세법」에 따라 그 지방세의 과세표준과 세액(가산세를 포함)을 결정하여 통지하기 전에는 납기 후의 과세표준신고서('기한후신고서')를 제출할 수 있다(지방세기본법 제52조).

과세표준신고서를 제출하지 아니한 자가 대상이므로 최초 취득세의 신고납부는 물론 중과세전환, 비과세·감면분의 과세전환에 따른 신고를 하지 않은 자도 기한후신고를 할 수 있다.

기한후신고서를 제출한 자로서 지방세관계법에 따라 납부하여야 할 세액이 있는 자는 기한후신고서의 제출과 동시에 그 세액을 납부하여야 한다.

2. 기한후신고의 결정

기한후신고의 경우 그 신고하는 때에 납세의무가 확정되는 것은 아니며 지방자치단체의 장이 결정하는 때에 확정된다. 그리고 기한후신고로 인하여 납부할 세액이 있는 경우 그 세액을 납부하는 경우에 한하여 결정을 하므로 납부하지 않은 경우에는 결정이 이루어질 수 없어 확정도 되지 않는다.

기한후신고서를 제출한 경우(납부할 세액이 있는 경우에는 그 세액을 납부한 경우만 해당한다) 지방자치단체의 장은 「지방세법」에 따라 신고일부터 3개월 이내에 그 지방세의 과세표준과 세액을 결정하여야 한다. 다만, 그 과세표준과 세액을 조사할 때 조사 등에 장기간이 걸리는 등 부득이한 사유로 신고일부터 3개월 이내에 결정할 수 없는 경우에는 그 사유를 신고인에게 통지하여야 한다.

3. 기한후신고의 효력

법정신고기한이 지난 후 1개월 이내에 기한 후 신고를 한 경우에는 무신고가산세의 50%를 감면한다. 다만, 기한후신고 시 납부하여야 할 세액을 그 기한후신고와 동시에 납부하지 아니하는 경우에는 해당 가산세액을 감면하지 아니한다.

〈사례〉 기한후신고와 신고불성실가산세의 감면

「지방세법 시행령」 제20조 제11항 및 제35조에 의하면 취득일 전에 등기 또는 등록을 한 경우에는 그 등기일 또는 등록일에 취득한 것으로 보고, 이 경우 취득세 납부기한은 등기 또는 등록의 신청서를 등기·등록관서에 접수하는 날까지로 규정하고 있으며, 「지방세기본법」 제54조 제2항에서 법정신고기한이 지난 후 1개월 이내에 기한 후 신고를 한 경우 무신고에 따른 신고불성실가산세 100분의 50을 감면하도록 규정하고 있는바, 청구인은 쟁점부동산을 취득(2011.03.02)하기 전에 등기를 경료(2011.02.28)한 경우로서 이 경우 취득세 납부기한인 등기일(2011.02.28)을 법정신고기한으로 보아야 하고, 법정신고기한(2011.02.28) 경과일부터 1개월 이내에 취득세를 신고납부(2011.03.02)하였으므로 이는 기한 후 신고로 보아 신고불성실가산세 100분의 50을 감면하는 것이 타당하다(조심2011지765, 2012.03.08).

〈사례〉 기한후신고서가 아닌 일반 신고서를 이용한 신고

청구인은 이 사건 부동산에 대하여 취득신고(2012.11.15)를 하기 전에 등기를 경료(2012.11.14)한 경우로서, 이 경우 취득세 납부기한은 등기일(2012.11.14)이고, 이날이 법정신고기한으로 보아야 하며, 처분청은 청구인이 취득세 신고서를 제출할 당시, 기한 내 신고서라고 하여 작성하였고, 가산세를 제외하여 신고납부하는 등 기한 후 신고라고 판단할 만한 근거가 없어 청구인의 취득세 신고를 기한 후 신고라고 볼 수 없으므로 가산세 감면대상에 해당하지 않는다는 입장이나, 법정신고기한(2012.11.14) 경과일부터 1개월 이내에 취득세를 신고납부(2012.11.15)하였으므로 이는 기한 후 신고로 보아야 할 것이다.

따라서, 취득일 전에 등기를 하고 등기 종료일로부터 1개월 이내에 취득세를 신고납부하였으므로, 기한 후 신고로 보아 신고불성실가산세 100분의 50을 감면하는 것이 타당하다고 판단된다(조심2013지560, 2013.09.02).

Ⅷ. 매각사실의 통보 및 등기자료의 통보

1. 매각사실의 통보

다음의 자는 취득세 과세물건을 매각(연부로 매각한 것을 포함)하면 매각일부터 30일 이내에 그 물건 소재지를 관할하는 지방자치단체의 장에게 통보하거나 신고하여야 한다. 다만, 이는 협조의무로서 불이행시의 불이익은 없다.

① 국가, 지방자치단체 또는 지방자치단체조합.
② 국가 또는 지방자치단체의 투자기관(재투자기관을 포함).
③ 법인(법인격 없는 사단·재단을 포함).

2. 등기자료의 통보

등기·등록관서의 장은 취득세가 납부되지 아니하였거나 납부부족액을 발견하였을 때에는 납세지를 관할하는 지방자치단체의 장에게 통보하여야 한다. 등기·등록관서의 장이 등기·등록을 마친 경우에는 취득세의 납세지를 관할하는 지방자치단체의 장에게 그 등기·등록의 신청서 부본(副本)에 접수연월일 및 접수번호를 기재하여 등기·등록일부터 7일 내에 통보하여야 한다. 다만, 등기·등록사업을 전산처리하는 경우에는 전산처리된 등기·등록자료를 행정자치부령으로 정하는 바에 따라 통보하여야 한다.

3. 자동차등록사항통보

「자동차관리법」 제5조에 따라 자동차의 사용본거지를 관할하지 아니하는 지방자치단체의 장이 자동차의 등록사무(신규등록, 변경등록 및 이전등록을 말함)를 처리한 경우에는 자동차의 취득가격 등 행정자치부령으로 정하는 사항을 다음 달 10일까지 자동차의 사용본거지를 관할하는 지방자치단체의 장에게 통보해야 한다.

4. 장부 등의 작성과 보존

취득세 납세의무가 있는 법인은 취득 당시의 가액을 증명할 수 있는 장부와 관련 증거서류를 작성하여 갖춰두어야 한다. 지방자치단체의 장은 취득세 납세의무가 있는 법인이 장부 등의 작성과 보존의무를 이행하지 아니하는 경우에는 산출된 세액 또는 부족세액의 100분의 10에 상당하는 금액을 징수하여야 할 세액에 가산한다.

Ⅸ. 납세지

1. 취득세의 납세지

납세지란 과세표준의 신고, 세액의 납부 또는 조사결정 및 징수 등 납세의무자의 제반 세무사항을 처리하는 장소적 개념이다. 또한, 지방세법상 납세지는 과세권을 행사하는 관할지방자치단체를 정하는 기준이 되는 바, 이는 과세권자의 입장에서 볼 때 과세지가 된다.

취득세의 납세지는 과세물건의 소재지를 관할하는 지방자치단체가 된다. 다만, 차량이나 기계장비의 경우 관련법에 따른 등록지를 관할하는 지방자치단체가 납세지가 된다. 납세지가 분명하지 아니한 경우에는 해당 취득물건의 소재지를 그 납세지로 한다.

차량의 납세지는 「자동차관리법」에 따른 등록지이다. 다만, 등록지가 사용본거지와 다른 경우에는 사용본거지이다.

「자동차등록령」 제2조 제2호 및 「자동차등록규칙」 제3조에 '사용본거지'란 자동차의 소유자가 자동차를 주로 보관·관리 또는 이용하는 곳으로서 자동차 소유자가 법인인 경우 그 법인 등의 주사무소 소재지를 말한다,고 규정하면서 다른 장소를 자동차의 사용본거지로 인정받으려는 자동차 소유자는 그 사유를 증명하는 서류를 「자동차등록령」 제5조에 따른 등록관청에 제출하여야 한다고 규정되어 있다.

또한, 「자동차등록령」 제25조에 자동차 소유자가 자동차의 사용본거지를 다른 시·도

취득세의 납세지

과세대상자산	납세지
부동산	부동산 소재지
차량	「자동차관리법」에 따른 등록지(다만, 등록지가 사용본거지와 다른 경우에는 사용본거지)
기계장비	「건설기계관리법」에 따른 등록지
항공기	항공기의 정치장(定置場) 소재지
선박	선적항 소재지
입목	입목 소재지
광업권	광구 소재지
어업권	어장 소재지
회원권	골프장·승마장·콘도미니엄, 종합체육시설 및 요트보관소의 소재지

로 변경한 때에는 변경한 날부터 15일 이내에 국토교통부령으로 정하는 바에 따라 등록관청(제5조 제2항 단서에 해당하는 자동차의 경우에는 사용본거지를 관할하는 등록관청을 말함)에 변경등록을 신청하여야 한다고 규정되어 있다.

2. 안분

같은 취득물건이 둘 이상의 시·군에 걸쳐 있는 경우 각 시·군에 납부할 취득세를 산출할 때 그 과세표준은 취득 당시의 가액을 취득물건의 소재지별 시가표준액 비율로 나누어 계산한다.

3. 리스물건

「여신전문금융업법」에 따른 시설대여업자가 건설기계나 차량의 시설대여를 하는 경우로서 같은 법 제33조 제1항에 따라 대여시설이용자의 명의로 등록하는 경우라도 그 건설기계나 차량은 시설대여업자가 취득한 것으로 본다(지방세법 제7조 제9항).

리스물건의 등록명의에도 불구하고 시설대여업자를 취득세 납세의무자라고 규정하고 있더라도 시설대여업자는 리스물건을 대여 할뿐 대여시설이용자의 자기 계산과 위험부담 아래 리스물건을 독립적으로 이용 및 관리하므로 리스물건의 취득세 납세지는 취득 당시의 리스물건을 주로 관리하는 대여시설이용자의 사용본거지이다(지방세운영-347, 2011.01.19).

〈사례〉 차량의 납세지

원칙적으로 쟁점화물차의 구조변경에 대한 취득세 납세지는 구조변경 당시의 등록지 관할관청인 처분청이 된다 할 것이고, 청구법인이 등록지 또는 주사무소 소재지가 아닌 장소를 쟁점화물차의 사용본거지로 인정받기 위해서는 그 사유를 증명하는 서류를 등록관청에 제출하였어야 했으나, 청구법인은 쟁점화물차를 구조변경한 후 사용본거지를 변경한 사실이 나타나는 이상, 쟁점화물차의 구조변경에 대한 취득세 납세지는 구조변경 당시의 사용본거지인 종전사용본거지인 것으로 보는 것이 타당하다(조심2014지671, 2014.07.25).

〈사례〉 여객자동차운수사업자의 차량

여객자동차운수사업자의 차량등록지와 사용본거지가 다를 경우 취득세 납세지는 당해 차량의 사용본거지가 된다(세정-67, 2006.02.09).

〈사례〉 골프장 카트

법인이 본점에서 취득세 과세대상인 골프카를 취득일로부터 60일내에 본점소재지가 아닌 타시로 이전하여 해당시 소재 골프장에서 사용하는 경우 취득세 납세지는 골프장 소재지가 된다(세정13407-자289, 1998.05.06).

〈사례〉 소형 모타보트

소형 모타보트라 하더라도 취득가액이 50만 원을 초과한다면 취득세 과세대상이 되는 것이며, 선박에 대한 취득세 납세지는 선적항이 있는 선박은 선적항 소재지 관할

시·군·구이고, 선적항이 없는 선박은 정계장 소재시 관할 시·군·구가 된다(세정-4533, 2004.12.10).

〈사례〉국적취득 조건부 나용선

국적취득 조건부 나용선의 경우 선박의 소유권은 원리금 만료될 때까지는 외국의 선주에게 있으며 취득예정자인 국내법인은 동 원리금상환 만료시점에 국적을 취득하고 「선박법」 제7조 내지 제8조, 제9조 및 동 시행령 제2조에 의거 선적항 관할관청에 등기·등록을 하여야 하는 관계로 등기·등록 전 원리금상환 시 할부취득으로 보아 납부하는 바, 취득세의 납세지는 선적지가 되는 것이 원칙이나 국내에 선적항과 정박항 또는 사용본거지가 없는 국적취득조건부 나용선은 다음 기준에 의하여 납세지가 구분된다(국내에 귀항하는 나용선은 원칙을 준용).

① 외항선(화물선, 유조선 등): 해상운송사업법에 의한 선박운항사업면허를 받은 자의 보유선박 중 국적취득조건부 나용선은 동 사업면허청인 지방해운항만청 소재지를 관할하는 시·군가 납세지가 된다.
② 원양어선: 수산업법에 의한 원양어선허가를 받은 자의 보유선박 중 국적취득조건부 나용선의 경우에는 동 나용선 소속회사 보유선박의 선적항 소재지 시·군가 납세지가 되며 동 사업자가 국적선이 없이 나용선만 있는 경우에는 항만지역에 위치한 영업소(본점·지점등) 소재지 시·군이 납세지가 된다(세정13407-83, 1996.01.22).

가산세와 가산금 및 지방세환급금

Ⅰ. 가산세의 개요

1. 가산세의 부과

가산세(加算稅)란 세법에서 규정하는 의무의 성실한 이행을 확보하기 위하여 세법에 따라 산출한 세액에 가산하여 징수하는 금액을 말한다. 가산세는 세법상의 의무위반에 대하여 세금의 형식으로 과징하는 일종의 행정상의 제재로서 과태료와 유사한 성격을 갖는다. 그러므로 가산세를 부과하기 위해서는 세법상 의무위반이 있음을 그 전제로 한다. 이러한 가산세는 해당 국세 또는 지방세의 세목으로 한다.

지방자치단체의 장은 「지방세기본법」 및 지방세관계법에 따른 의무를 위반한 자에게 「지방세기본법」 또는 지방세관계법에서 정하는 바에 따라 가산세를 부과할 수 있다. 한편, 지방세를 감면하는 경우라도 가산세는 그 감면대상에 포함시키지 아니한다.

2. 가산세의 면제

지방자치단체의 장은 「지방세기본법」 또는 지방세관계법에 따라 가산세를 부과하는 경우 그 부과의 원인이 되는 사유가 「지방세기본법」 제26조 제1항 천재지변에 따른 기한연장 사유에 해당하거나 납세자가 해당 의무를 이행하지 아니한 정당한 사유가 있을 때에는 그 가산세를 부과하지 아니한다(지방세기본법 제54조 제1항).

① 천재지변에 따른 기한연장 사유.

② 의무를 이행하지 아니한 정당한 사유.

납세의무자가 세무공무원의 잘못된 설명을 믿고 그 신고납부의무를 이행하지 아니하였다 하더라도 그것이 관계 법령에 어긋나는 것임이 명백한 때에는 그러한 사유만으로 세법상 가산세 면제사유인 정당한 사유가 있다고 볼 수는 없다.

또한, 처분청이 「지방세법」에 규정된 취득행위에 대하여 별도로 신고납부를 하도록 안내하는 것은 행정서비스의 일환으로 제공하는 부수행위로서 처분청으로부터 위와 같은 안내가 없었다고 하여 「지방세법」에서 규정하고 있는 가산세의 부과를 면제받을 수 있는 것은 아니다.

또한 세법상 가산세는 과세권의 행사 및 조세채권의 실현을 용이하게 하기 위하여 납세자가 정당한 이유 없이 법에 규정된 신고·납세 등 각종 의무를 위반한 경우에 법이 정한 바에 따라 부과하는 행정상 제재이므로 납세자의 고의·과실은 고려되지 않고, 법령의 부지·착오 등은 그 의무 위반을 탓할 수 없는 정당한 사유에 해당한다고 할 수 없다.

3. 가산세의 감면

지방자치단체의 장은 다음의 어느 하나에 해당하는 경우에는 「지방세기본법」 또는 지방세관계법에 따른 해당 가산세액의 일정금액을 감면한다(지방세기본법 제54조 제2항).

(1) 수정신고
법정신고기한이 지난 후 수정신고하는 경우에 과소신고가산세를 감면한다. 다만, 과세표준수정신고서를 제출한 과세표준과 세액에 관하여 경정이 있을 것을 미리 알고 제출한 경우는 제외한다. 한편, 수정신고로 인하여 추가로 납부하여야 할 세액을 그 수정신고와 동시에 납부하지 아니하는 경우 해당 가산세액을 감면하지 아니한다.

① 법정신고기한이 지난 후 6개월 이내에 수정신고한 경우: 100분의 50.
② 법정신고기한이 지난 후 6개월경과 1년 이내에 수정신고한 경우: 100분의 20.

③ 법정신고기한이 지난 후 2년 이내에 수정신고를 한 경우: 100분의 10.

(2) 기한후신고

법정신고기한이 지난 후 1개월 이내에 기한 후 신고를 한 경우에는 무신고가산세의 50%를 감면한다. 다만, 기한후신고 시 납부하여야 할 세액을 그 기한 후 신고와 동시에 납부하지 아니하는 경우에는 해당 가산세액을 감면하지 아니한다.

(3) 과세전적부심사 결과통지지연

과세전적부심사 결정·통지기간 이내에 그 결과를 통지하지 아니한 경우에 결정·통지가 지연됨으로써 해당 기간에 부과되는 납부불성실가산세의 50%를 감면한다.

Ⅱ. 취득세의 가산세

1. 무신고가산세

취득세는 과세물건의 취득을 납세 요건사실로 하고 있으므로 납세의무자가 그 과세물건의 취득사실을 스스로 과세관청에 신고하여 납부하지 않는 이상 과세관청으로서는 그 취득사실을 포착하여 과세하기가 어렵다. 그리하여 취득세는 당초 납세의무자로 하여금 자진신고납부하는 경우 일정한 금액을 세액공제하는 방법으로 신고납부를 독려하다가 1973년 3월 12일 법률 제2593호로 「지방세법」이 개정될 때에 취득세가 원칙적으로 신고납세방식으로 바뀌면서 신고납부의 독려방법도 신고납부를 하지 않는 경우 세액의 10%의 가산세를 부과하는 것으로 바뀌었으며, 1979년 12월 28일 법률 제3174호로 개정 시에는 통상의 경우의 가산세의 세율이 위 10%에서 20%로 개정되었다.

납세의무자가 법정신고기한까지 「지방세법」에 따라 산출한 세액을 신고하지 아니한 경우에는 산출세액의 100분의 20에 상당하는 금액을 가산세로 부과한다. 다만, 사기나 그 밖의 부정한 행위로 법정신고기한까지 산출세액을 신고하지 아니한 경우에는 산출세액의 100분의 40에 상당하는 금액을 가산세로 부과한다(지방세기본법 제53조의 2).

취득일에는 일반세율 과세대상이나, 취득한 후 5년 이내에 중과세대상이 되는 경우에는 최초 일반세율분의 신고기한은 최초 취득일로부터 60일 이내이며, 취득한 후 그 과세물건이 중과세 대상이 되는 경우에 해당되므로 신고납부기한은 중과세 대상이 되는 날부터 30일을 적용하여야 한다. 따라서 취득세 일반세율 신고납부기한 이내에 취득세를 신고납부하였다고 하더라도 중과세 대상에 해당하게 되어 중과세율 신고납부기한이 경과하였다면 중과세분은 무신고 가산세 부과대상에 해당된다.

2. 과소신고가산세

납세의무자가 법정신고기한까지 산출세액을 신고한 경우로서 신고하여야 할 산출세액보다 적게 신고한 경우에는 과소신고분 세액의 100분의 10에 상당하는 금액을 가산세로 부과한다. 다만, 사기나 그 밖의 부정한 행위로 과소신고한 경우에는 다음의 금액을 합한 금액을 가산세로 부과한다(지방세기본법 제53조의 3).

① 사기나 그 밖의 부정한 행위로 인한 과소신고분(이하 '부정과소신고분') 세액의 100분의 40에 상당하는 금액.
② 과소신고분 세액에서 부정과소신고분 세액을 뺀 금액의 100분의 10에 상당하는 금액.

한편, 신고 당시 소유권에 대한 소송으로 상속재산으로 확정되지 아니하여 과소신고한 경우에는 가산세를 부과하지 아니한다.

3. 납부불성실 가산세

납세의무자가 「지방세법」에 따른 납부기한까지 지방세를 납부하지 아니하거나 납부하여야 할 세액보다 적게 납부(과소납부)한 경우에는 다음의 계산식에 따라 산출한 금액을 가산세로 부과한다(지방세기본법 제53조의 4).

※ 납부불성실 가산세 = 납부하지 아니한 세액 또는 과소납부분세액 × 납부기한의 다음 날부터 자진납부일 또는 납세고지일까지의 기간 × 금융회사 등이 연체대출 금에 대하여 적용하는 이자율 등을 고려하여 대통령령으로 정하는 이자율(1일 1만 분의 3)

4. 신고납부하지 않고 2년 내 매각하는 경우 중가산세

납세의무자가 취득세 과세물건을 사실상 취득한 후 그 취득일부터 2년 내에 취득세를 신고 및 납부를 하지 아니하고 매각하는 경우에는 산출세액에 100분의 80을 가산한 금액을 세액으로 하여 보통징수의 방법으로 징수한다. 다만, 등기·등록이 필요하지 아니한 과세물건 등 대통령령으로 정하는 과세물건에 대하여는 그러하지 아니하다(지방세법 제21조 제2항). '등기·등록이 필요하지 아니한 과세물건 등 대통령령으로 정하는 과세물건'이란 다음의 어느 하나에 해당하는 것을 말한다.

① 취득일부터 2년 이내에 취득신고를 한 후 매각한 과세물건.
② 취득세 과세물건 중 등기 또는 등록이 필요하지 아니하는 과세물건(골프회원권, 승마회원권, 콘도미니엄 회원권, 종합체육시설이용 회원권 및 요트회원권은 제외).
③ 지목변경, 차량·기계장비 또는 선박의 종류 변경, 주식 등의 취득 등 취득으로 보는 과세물건.

2년 이내에 취득세 신고납부를 아니하고 매각한 경우이므로 신고납부하지 아니하고 2년이 경과하여 매각하는 경우나 신고납부없이 보유하고 있는 경우에는 적용되지 아니한다. 또한 중가산세가 적용되는 경우에는 신고불성실가산세, 납부불성실가산세는 적용되지 아니한다.

중가산세의 규정은 취득세의 신고납부를 하지 않은 채 취득일로부터 2년 이내에 미등기 전매하는 경우 80%의 중가산세를 부과함으로써 납세의무자의 성실한 신고납부와 부동산등기 절차의 이행을 유도하여 미등기 전매행위로 인한 부동산의 투기적 거래와 조세포탈을 방지하는 데 그 입법취지가 있다. 헌법재판소는 이러한 입법취지를 고려해 볼 때 취득세 중가산세의 규정이 평등의 원칙이나 기본권제한 입법의 한계로서 기능하는 과잉금지의 원칙에 위반하지 아니한다고 판시하고 있다(헌재2000헌바86, 2001.07.19).

〈사례〉 취득세가 면제된 경우의 무신고 가산세

「지방세기본법」상 무신고가산세는 지방세관계법에 따라 산출한 세액의 100분의 20으로 규정하고 있으나, 청구법인은 지방세관계법인 「지방세법」과 「지방세특례제한법」을 적용하여 쟁점건축물에 대한 취득세 산출세액을 산정하는 경우, 쟁점건축물의 취득세가 면제대상임에 따라 산출세액이 0원이 되는 것이고, 쟁점건축물의 취득세 산출세액 0원의 20%는 0원이 되며, 결국 쟁점건축물에 대한 취득세 무신고가산세는 0원이 되어 청구법인이 취득세 면제대상인 쟁점건축물을 취득하고 취득세 등을 신고하지 아니하였다 하더라도 취득세 무신고가산세를 부과할 수 없다고 보는 것이 타당하므로, 처분청이 청구법인이 신고납부한 무신고가산세를 취득세무신고가산세로 결정한 것은 잘못된 것으로 판단된다(조심2014지275, 2014.06.24).

〈사례〉 납세의무자의 부지·착오

신고납세방식의 조세인 취득세는 원칙적으로 납세의무자가 스스로 과세표준과 세액을 신고하여야 하는 것으로, 담당공무원의 안내가 없어 법정신고납부기한 내에 신고의무를 이행하지 못하였다 하여 기 성립한 납세의무에 영향을 미칠 수는 없다 할 것이고, 세법상 가산세는 과세권의 행사 및 조세채권의 실현을 용이하게 하기 위하여 납세자가 정당한 이유 없이 법에 규정된 신고, 납세 등 각종 의무를 위반한 경우에 법이 정하는 바에 따라 부과하는 행정상 제재로서 납세자의 고의·과실은 고려되지 아니하고 법령의 부지·착오 등은 그 의무위반을 탓할 수 없는 정당한 사유에 해당하지 아니한다 할 것이다.

위 사실관계 및 관련 법령을 종합해 볼 때, 청구인은 2012년 9월 28일 피상속인의 사망으로 쟁점주택 지분 2분의 1을 취득하였고, 이 건 법정신고납부기한인 2013년 3월 31일까지 취득세 등을 신고납부하지 아니한 사실이 나타나는 바, 청구인의 「지방세법」상의 취득세 신고 및 납부의무를 인지하지 못하였다는 주장을 인정하더라도, 기 성립한 취득세 등 납세의무에 영향을 미칠 수는 없다 할 것이고, 가산세를 면제할 만한 정당한 사유가 있었다고도 보기는 어렵다 할 것이어서 처분청이 청구인에게 취득세 등을 부과고지한 처분에 잘못이 없는 것으로 판단된다(조심2013지625, 2013.12.12).

〈사례〉 행정자치부의 질의회신에 따른 과소신고

쟁점(1)에 대하여 살피건대, 기존 도로를 굴착하고 가스관을 매설한 후에 도로를 복구·포장하기 위한 도로포장공사는 가스관 설치를 위하여 반드시 수반되는 공사일 뿐만 아니라 원상회복을 위한 필수적인 작업이라고 할 것인 바, 이에 소요된 비용은 가스관의 취득에 따른 간접비용으로서 취득세 과세표준에 포함된다고 봄이 타당하다고 판단된다(조심2010지74, 2010.10.18; 행정자치부 지방세운영과-5004, 2009.11.27 같은 뜻).

따라서 가스관 매설에 따른 도로포장공사비가 가스관 취득에 따른 취득세 과세표준에서 제외되어야 한다는 청구주장은 받아들이기 어려운 것으로 판단된다.

쟁점(2)에 대하여 살피건대, 처분청이 도로점용 허가 시 아스팔트 포장도로를 복구하면서 굴착면 주변의 표층까지 깎아낸 후에 복구하도록 조건을 붙인 것은 노면을 평탄하게 하여 도로를 원상회복하도록 하기 위한 필수적인 작업이기 때문이라고 할 것이다.

그렇다면, 이에 소요되는 비용 역시 가스관을 매설한 후에 도로를 복구·포장하기 위하여 반드시 수반되는 비용이라고 할 것인 바, 동 비용이 가스관 매설에 필요한 면적 이외의 부분에 대한 공사비이므로 취득세 과세표준에서 제외되어야 한다는 청구주장 역시 받아들이기 어려운 것으로 판단된다.

쟁점(3)에 대하여 살피건대, 청구법인이 공적견해로 신뢰하였다고 주장하는 행정자치부의 질의회신(세정-4622, 2004.12.16)은 청구법인의 질의에 대한 답변이 아니므로 동 질의회신을 청구법인에 대한 견해표명으로 볼 수 없는 점, 동 질의회신이 대외적으로 공표되었다 하더라도 이는 불특정의 납세자를 상대로 일반적으로 공표한 세법 해석에 관한 견해표명에 불과한 것이므로 이와 같은 경우는 신의성실의 원칙 적용에 요구되는 책임 있는 과세관청의 공적 견해표명에 해당되는 것으로 볼 수 없는 점 등에 비추어 볼 때, 이 건 부과처분이 신뢰보호원칙에 위배되는 처분이라는 청구주장은 받아들이기 어려운 것으로 판단된다.

쟁점(4)에 대하여 살피건대, 청구법인 뿐만 아니라 처분청 관내 다른 도시가스업체들도 수년간 기존 질의회신에 따라 도로포장공사비를 과세표준에서 제외하고 취득세를 신고납부하였음에도 처분청이 이를 문제 삼지 아니한 점, 행정자치부 등 행정청 스스로도 그 입장이 일관되지 아니한 상황이었으므로 청구법인에게 취득세를 기존 행정자치부 질의회신과 달리 신고납부하도록 기대하기는 어렵다고 할 것인 점 등에 비추어 볼 때, 청구법인이 쟁점도로포장공사비를 도시가스배관의 취득세 과세표준에 포함시키지 아니하고 취득세를 신고납부한 것에는 가산세를 부과하지 아니할 정당한 사유가 있는 것으로 판단된다.

따라서 청구법인이 쟁점도로포장공사비를 도시가스배관의 취득세 과세표준에 포함시키지 아니하고 취득세를 신고납부하였다 하여 가산세를 부과한 처분은 잘못이 있는 것으로 판단된다.

〈사례〉 처분청의 납세안내

청구인이 2011년 11월 17일 이 사건 토지를 지목변경하고 그 날부터 60일 이내에 취득세 등을 신고납부하지 아니한 이상, 비록 청구인이 이 사건 토지의 지목변경이 취득세 과세대상에 해당되어 이를 신고납부하여야 한다는 사실을 처분청으로부터 안내받지 못하여 그 납세의무를 알 수 없었다고 하더라도 그러한 사실만으로 청구인에게 가산세를 납부하지 아니하여도 될 만한 정당한 사유가 있다고 볼 수는 없다고 하겠다(조심2012지607, 2012.10.10).

〈사례〉 취득세의 고지

취득세를 신고한 후 납부기한까지 납부하지 아니한 경우 납부기한의 다음 날부터 그 다음 달 납부고지일까지 산출한 납부불성실 가산세를 합하여 다음달 말일을 납부기한으로 취득세가 고지된다(세정-5067, 2006.10.17).

취득세를 신고한 후 납부기한까지 납부하지 아니한 경우에는 납부하지 아니한 당해 취득세와 납부기한의 다음 날부터 그 다음 달 납부고지일(과세권자가 취득세를 징수결정하여 납세자에게 통보하는 날, 보통은 매월 10일이 됨)까지 산출한 납부불성실 가산세[취득세(본세) × 납부지연일자 × 0.03%]를 합하여 다음 달 말일을 납부기한으로 취득세를 고지하도록 하고 있다(행정자치부 세정과-83, 2004.01.09 참조).

〈사례〉 신고납부하지 않고 2년 내 매각

실권리자명의 등기의무 위반혐의로 과징금 부과를 받은 자가 부동산을 미등기 전매한 경우 당초 취득세액에 100분의 80을 가산하여 취득세를 부과한다(지방세심사2006-70, 2006.02.27).

〈사례〉 담당공무원의 잘못된 안내와 가산세

납세의무자가 세무공무원의 잘못된 설명을 믿고 그 신고납부의무를 이행하지 아니하였다 하더라도 그것이 관계 법령에 어긋나는 것임이 명백한 때에는 그러한 사유만으로 세법상 가산세 면제사유인 정당한 사유가 있다고 볼 수는 없다. 따라서 분양받은 부동산에 대하여 분양회사와 분쟁 중이었고 담당공무원의 잘못된 안내로 신고납부 방식에 의한 조세인 취득세의 자진신고납부 의무를 해태하게 되었다는 사유는 가산세를 부과할 수 없는 정당한 사유에 해당된다고 인정하기 어렵다(조심2009지931, 2010.09.09).

〈사례〉 정당한 사유

청구인은 쟁점토지의 존재여부를 2011년 7월 15일 ○○시 토지정보과 상속인 토지조회를 통해서 처음으로 알게 되었고, 이도 피상속인의 주민등록번호가 등록되어 있지 아니하여 수차례 조회 후에 뒤늦게 이를 파악하였으며, 또한 실종선고된 경우에도 사망한 경우와 동일하게 상속절차를 거쳐야 한다는 사실을 토지조회 진행시점에서야 비로소 알게 된 사정 등이 있으므로, 청구인에게는 납세자가 해당 의무를 이행하지 아니한 정당한 사유가 있다는 주장이나, 심리자료에 의하면 청구인이 취득세 신고납부기한인 2011년 7월 7일 이전에 상속인 토지를 조회하는 것이 전혀 불가능하였다거나, 신고납부기한이 지난 2011년 7월 15일에서야 비로소 토지조회를 할 수 밖에 없었다는 등의 특별한 사정이 나타나지 아니하는 바, 청구인이 쟁점토지의 존재여부를 2011년 7월 15일 상속인 토지조회를 통해서 처음으로 알게 되었다는 사정은 청구인의 주관적인 사정에 해당한다 할 것이므로 이를 가산세를 면제할 정당한 사유로 보기는 어렵다 할 것이다.

또한 실종선고된 경우에도 사망한 경우와 동일하게 상속절차를 거쳐야 한다는 사실을 토지조회 진행시점에서야 비로소 알게 되었다 하더라도 이는 법령의 부지·착오에 불과하여 이 역시 정당한 사유로 보기는 어렵다 할 것이다(조심2011지879, 2012.06.21).

〈사례〉 가산세와 가산금의 납세의무성립

자진신고의무 또는 자진납부의무 불이행에 대한 가산세 및 가산금은 원칙적으로 취득세의 자진납부기한을 도과한 때에 특별한 절차를 필요로 하지 않고 성립하는 것으로 봄이 상당하다. 원심이 위와 같은 취지에서, 이 사건 취득세에 대한 가산세 및 위 가산세를 포함한 취득세에 대한 가산금의 각 납세의무 성립일은, 소외인들이 이 사건 부동산을 취득한 날로부터 자진신고 기간인 30일이 도과된 이후로서 원고의 이 사건 근저당권 설정일보다 후에 이루어진 것이라 할 것이므로, 이 사건 가산세 및 가산금이 위 근저당권에 의하여 담보된 채권에 우선할 수 없다고 판단한 것은 정당하고, 원심판결에 소론과 같은 법리오해, 심리미진 및 이유불비의 위법이 있다고 할 수 없다(대법95다51113, 1996.03.08).

〈사례〉 감면신청이 신고에 해당하는지의 여부

심사결정사례를 원용하여 감면신청 등을 하고 과세관청으로부터 과세제외 등을 받은 후 그 사례와 다른 유권해석으로 인해 취득세가 추징되는 경우 신고불성실가산세를 부과할 수 있는지의 여부에 대한 질의이다.

납세의무자는 과세물건을 취득한 후 기존 심사결정사례를 원용하여 비과세·감면을 신청하였고 처분청도 이를 그대로 인정하였으나, 심사결정이 사실상 지방세 실무처리의 기준이 된다고 하더라도 각 사안별 사실관계 등이 결정에 영향을 미치므로 일반적인 구속력을 가진다고 볼 수는 없고, 본 건과 유사한 사례에 대해서 과세되어야 한다는 취지의 심사결정사례와 일관된 유권해석들이 있었으며, 취득세는 신고납부세목으로서 납세의무자 스스로 조세채무의 성립요건을 조사·확인하고 관련 법령에 따른 과세표준액과 세율 등을 적용하여 세액을 산출하고 신고납부 하여야 하는 점 등을 감안했을 때, 처분청이 비과세·감면신청을 그대로 받아들였다 하더라도 납세의무자가 신고의무를 제대로 이행하였다고 볼 수는 없을 것이고 신고의무 불이행에 대한 정당한 사유가 있다고 보기도 어려우므로 신고불성실가산세 부과는 정당하다고 판단된다(지방세운영-3640, 2012.11.12).

Ⅲ. 가산금과 중가산금

1. 가산금

지방세를 납부기한까지 완납하지 아니할 때에는 그 납부기한이 지난 날부터 체납된 지방세의 100분의 3에 상당하는 가산금을 징수한다. 다만, 국가와 지방자치단체(지방자치단체조합을 포함)에 대하여는 가산금을 징수하지 아니한다.

가산금이란 납기가 경과하면 자동적으로 가산되는 벌과금적 성격의 금액으로 독촉의 절차와는 관계없이 자동적으로 부가되는 금액이므로 특별한 규제사항은 없으나, 과세권자가 고지서의 송달을 적법하게 하지 못하여 납세의무자 또는 특별징수의무자가 고지서를 수령하지 못함으로써 납기가 경과하여 가산금이 부가되었다면 이는 취소되어야 한다. 한편, 고지된 지방세 중 일부가 체납된 경우에는 당해 체납된 지방세에 대해서만 가산금을 징수한다.

2. 중가산금

체납된 지방세를 납부하지 아니한 때에는 납부기한이 지난 날부터 1개월이 지날 때마다 체납된 지방세의 1,000분의 12에 상당하는 가산금(중가산금)을 가산금에 더하여 징수한다. 이 경우 중가산금을 가산하여 징수하는 기간은 60개월을 초과하지 못한다.

중가산금은 국가와 지방자치단체(지방자치단체조합을 포함)에 대하여는 중가산금을 징수하지 아니하며 체납된 납세고지서별 세액이 30만 원 미만일 때에는 적용하지 아니한다. 이 경우 같은 납세고지서에 둘 이상의 세목이 함께 적혀 있는 경우에는 세목별로 판단한다. 중가산금의 기간계산은 민법의 기간계산의 방법에 따르며, 특히 다음에 유의하여야 한다.

① 기간의 말일이 공휴일에 해당한 때에는 기간은 그 익일로 만료한다.
② 「지방세기본법」 제80조(징수유예 등의 요건)의 규정에 의한 징수유예 등의 기간은 이 기간계산에 포함하지 아니한다.
③ 「지방세기본법」 제96조 제2항(결손처분)의 규정에 의하여 결손처분을 취소한 때에는 결손처분기간을 이 기간계산에 포함하여 당초 결손처분이 없는 것으로 보아 다시 중가산금을 계산한다.

ⓐ 납부불성실가산세: 납부기한의 익일부터 고지일까지 계산 1일 1만 분의 3
ⓑ 가산금 가산: 3%
ⓒ 1차 중가산금가산: 1.2%
ⓓ 2차 중가산금가산: 1.2%

Ⅳ. 납세의 고지·독촉·최고

1. 납세의 고지

지방세를 징수하려면 지방자치단체의 장은 납세자에게 그 지방세의 과세연도·세목·세액 및 그 산출근거·납부기한과 납부장소를 구체적으로 밝힌 문서(전자문서를 포함)로 고지하여야 한다.(지방세기본법 제55조) 납세의 고지는 다음의 사항을 적은 납세고지서 또는 납부통지서로 하여야 한다.

① 납부할 지방세의 과세연도와 세목·세액·납부기한.
② 세액의 산출근거와 납부장소. 다만, 하나의 납세고지서 또는 납부통지서로 둘 이상
의 과세대상을 동시에 고지하는 경우에는 세액의 산출근거를 생략할 수 있으며, 이
경우 납세자가 세액 산출근거의 열람을 신청하는 때에는 세무공무원은 지체 없이
열람할 수 있도록 하여야 한다.

취득세는 신고납부에 의하여 확정되므로 납세의무자가 신고를 하지 않거나 신고한 세
액이 납부하여야할 세액에 미달하는 경우 또는 신고기간 종료 후 기한후신고를 하는 경
우에 과세권자가 조사하여 확정한다. 이와 같이 과세권자가 보통징수의 방법에 의하여
취득세를 징수하고자 할 때에는 납세고지를 하는 것이다.

2. 납세고지서의 발급시기

납세고지서의 발급시기는 다음 각각의 구분에 따른다(지방세기본법 제56조).

① 납부기한이 일정한 경우: 납기개시 5일 전.
② 납부기한이 일정하지 아니한 경우: 징수결정을 한 때.
③ 법령에 따라 기간을 정하여 징수유예 등을 한 경우: 그 기간이 만료한 날의 다음 날.

3. 납부기한의 지정

지방자치단체의 장은 지방자치단체의 징수금의 납부기한을 납세 또는 납부의 고지를
하는 날부터 30일 이내로 지정할 수 있다(지방세기본법 제57조).

4. 부과취소 및 변경

지방자치단체의 장은 지방자치단체의 징수금의 부과·징수가 위법 또는 부당한 것임을 확인하면 즉시 그 처분을 취소하거나 변경하여야 한다(지방세기본법 제58조). 위법 또는 부당한 것이라고 규정하였으므로 당연무효인 처분은 물론 부당한 처분까지 포함되며, '취소하거나 변경하여야 한다'라고 규정하였으므로 강제규정에 해당한다. 이 규정은 과세관청으로 하여금 부과징수가 위법 또는 부당한 것임을 확인한 때에는 즉시 그 처분을 취소 또는 변경하여 스스로 바로잡게 함으로써 납세자의 신속한 권리구제를 도모하려는 것이다.

5. 독촉과 최고

지방세를 납부기한까지 완납하지 아니하면 지방자치단체의 장은 납부기한이 지난날부터 50일 이내에 독촉장을 문서로 고지하여야 한다. 다만, 납기 전 징수하는 때에는 그러하지 아니하다 (지방세기본법 제61조).

지방자치단체의 장은 제2차 납세의무자가 체납액을 그 납부기한까지 완납하지 아니하면 납기 전 징수의 경우를 제외하고는 납부기한이 지난 후 50일 이내에 납부최고서를 발급하여야 한다. 독촉장 또는 납부최고서를 발급할 때에는 납부기한을 발급일부터 10일 이내로 한다.

〈사례〉 과세전적부심사 예고의 누락

과세전적부심사는 과세관청이 조세의 부과처분을 하기 전에 처분의 내용을 납세자에게 미리 통지하고 통지내용에 이의가 있는 납세자에게 의견진술 내지는 반증을 할 수 있는 기회를 줌으로써 납세자의 주장에 정당성이 있는 경우에 사전에 보정하는 제도로서 납세자에게 과세전적부심사청구의 기회를 주지 않았다고 하더라도 납세자의 권리의무에 직접 어떠한 영향을 미치는 것은 아니라고 할 것이고, 이 사건 처분에 대하여 관련 법령에서 규정한 이의신청·조세심판원에 대한 심판청구 등 절차를 통하여 과세의 적부에 대하여 불복할 수 있는 절차가 남아 있기에 처분청이 이 사건 처분을 함에 있어 청구인에게 과세전적부심사청구의 기회를 주지 않았다고 하더라도 이 사건 처분이 위법하다고 할 수 없는 점 등에 비추어 보면, 처분청의 중대한 절차 위반이 있었다고 보기 어려운 바, 이 사건 처분이 위법하여 무효라고 할 수 없다(감심2012-154, 2012.10.18).

〈사례〉 법정기재사항 일부가 누락된 납세고지서

피고가 이 사건 각 납세고지서를 발부함에 있어 지방세 등의 세율을 기재하지는 아니하였으나, 그 적용세율은 이 사건 각 납세고지서에 기재된 과세표준과 세액을 비교함으로써 용이하게 파악할 수 있는데다가 피고가 이 사건 제1부과처분 이전에 보낸 과세예고통지서에 과세표준과 세율, 세액 등이 기재되어 있어 원고로서는 세액의 산출근거를 쉽게 알 수 있었던 것으로 보이는 점, 이 사건 각 납세고지서에는 지방세 부과의 근거 법령이 완전히 누락된 것이 아니라 총괄적으로 기재되어 있는 점, 더구나 원고는 이 사건 토지를 매수한 직후 그에 대한 지방세 등 합계 16억 6,400만 원을 신고, 납부하였다가 환급받았을 뿐 아니라, 2002년 3월 20일경 이 사건 제2 부과처분에 의하여 부과될 지방세의 감면을 신청하기도 하였으므로, 이 사건 지방세 등의 세액 산출근거와 근거 법령에 관하여 이미 잘 알고 있었던 것으로 보이는 점 등 제반 사정을 종합하면, 이 사건 각 납세고지서에 법정기재사항인 세율이 누락되어 있고 부과의 근거 법령이 총괄적으로 기재되어 있다고 하더라도 납세의무자인 원고로서는 이 사건 각 부과처분에 대한 불복여부의 결정 및 불복신청에 지장을 받지 않았을 것임이 명백하다고 보이므로, 이 사건 각 부과처분에 관한 납세고지가 위법하다고 할 수 없다고 판단하였다(대법2008두5773, 2010.11.11).

〈사례〉 감액경정처분은 새로운 부과처분이 아님

과세관청이 부과처분을 한 뒤에 과세표준과 세액을 감액하는 경정처분을 한 경우에 위 경정처분은 당초 부과처분과 별개 독립의 과세처분이 아니라 그 실질은 당초 부과처분의 변경이고, 그에 의하여 세액의 일부취소라는 납세자에게 유리한 효과를 가져오는 처분이라 할 것이므로 그 경정결정으로도 아직 취소되지 않고 남아 있는 부분이 위법하다 하여 다투는 경우에 항고소송의 대상이 되는 것은 당초의 부과처분중 경정결정에 의하여 취소되지 않고 남은 부분이 된다 할 것이고, 경정결정이 항고소송의 대상이 되는 것은 아니라 할 것이다(1991.09.13 선고, 91누391 판결; 1987.12.22 선고, 85누599 판결 등 참조).

　기록에 의하여 살펴보면 피고가 1991년 11월 25일 원고에게 지방세 부과처분 일부변경에 대한 통보를 하고 「지방세법 시행규칙」 제7조 소정의 서식인 취득세부과 취소(변경)통지서를 교부한 것은 같은 달 16일자 당초 부과처분의 과세표준과 세액을 감액한 경정처분을 통지한 것이고 이와 함께 같은 시행규칙 제6조 소정의 납세고지서에 감액된 취득세액과 종전과 동일한 납기를 기재하여 원고에게 재발급한 것은 이로써 피고가 당초 부과처분을 전부 취소하고 새로운 부과처분을 한 것이 아니라 가액경정처분에 따른 징수처분을 함과 아울러 납세자의 납세편의를 위한 것이라고 보아야 할 것이다.

　그러므로 1991년 11월 25일자 감액경정처분을 새로운 과세처분으로 보아 그 취소를 구하는 이 사건 소는 전심절차의 적법 여부를 가려 볼 필요 없이 소를 각하하여야 할 것이다(대법93누9989, 1993.11.09).

V. 지방세환급금의 충당과 환급

1. 지방세환급금의 의의

　지방세환급금이란 납세자가 납부한 지방자치단체의 징수금 중 과오납한 금액이나 「지방세법」에 따라 환급하여야 할 환급세액을 말한다. 지방세환급금은 다음과 같은 원인에 의하여 발생한다.

① 납부 시부터 이에 대응하는 조세채무가 존재하지 않거나, 납부세액이 조세채무를 초과하는 경우에 발생한다.
② 조세의 납부 시 이에 대응하는 확정된 조세채무가 존재하였으나, 후에 불복에 대한 결정·판결이나 과세관청의 취소결정 등의 사유로 채무가 소멸하게 된 경우에 발생한다.
③ 징세기술상의 이유로 납부 후에 최종적으로 세액이 확정되는 경우에 있어 확정 이전에 납부한 금액이 확정된 세액을 초과하는 경우에 발생한다.

2. 지방세환급금의 결정

지방자치단체의 장은 납세자가 납부한 지방자치단체의 징수금 중 과오납한 금액이 있거나 「지방세법」에 따라 환급하여야 할 환급세액(지방세관계법에 따라 환급세액에서 공제하여야 할 세액이 있을 때에는 공제한 후 남은 금액을 말함)이 있을 때에는 즉시 그 오납액(誤納額), 초과납부액 또는 환급세액을 지방세환급금으로 결정하여야 한다.

3. 지방세환급금의 충당

(1) 충당하는 지방세의 징수금

지방자치단체의 장은 지방세환급금으로 결정한 금액을 다음의 지방자치단체의 징수금에 충당하여야 한다. 다만 아래의 ① 또는 ③의 지방세에 충당하는 경우에는 납세자가 그 충당에 동의하여야 한다. 한편, 지방세환급금을 충당할 경우에는 체납된 지방자치단체의 징수금에 우선 충당하여야 한다.

① 납세고지에 따라 납부하는 지방세.
② 체납된 지방자치단체의 징수금.
③ 「지방세기본법」 또는 지방세관계법에 따라 신고납부하는 지방세.

(2) 충당으로 인한 지방세징수금의 소멸시기

체납된 징수금에 충당하는 경우 체납된 지방자치단체의 징수금과 지방세환급금은 체납된 지방세의 법정납부기한과 지방세환급금의 발생일 중 늦은 때로 소급하여 대등액(對等額)에 관하여 소멸한 것으로 본다.

충당으로 인한 소멸시기는 지방세환급금에 대하여 제3자가 압류한 경우 충당으로 인한 지방세환급금의 소멸시기를 언제로 보느냐에 따라 충당의 효력에 영향을 미친다. 2013년 1월 1일 지방세법 개정전에는 지방세환급금 충당의 효력이 충당결정을 한 때부터 발생하므로 지방세환급금에 대한 제3자의 압류 후에 체납지방세에 대한 충당결정을 한 경우에는 체납지방세를 우선적으로 징수할 수 없었다. 그러나 지방세법 개정 후에는 지방세환급금으로 체납된 지방세·가산금 및 체납처분비를 충당할 경우 체납된 지방세의 법정납부기한과 지방세환급금 발생시점 중 늦은 시점으로 소급하여 충당결정의 효력이 발생하도록 하여 지방세환급금 충당의 실효성을 제고하였다.

(3) 지방세환급금의 발생일

① 착오납부, 이중납부 또는 납부 후 그 납부의 기초가 된 신고 또는 부과를 경정하거나 취소함으로 인한 지방세환급금의 경우에는 그 납부일. 다만 그 지방세환급금이 둘 이상의 납기가 있는 경우와 2회 이상 분할납부된 것일 때에는 그 최후의 납부일로 하되, 지방세환급금이 최후에 납부된 금액을 초과하는 경우에는 그 금액이 될 때까지 납부일의 순서로 소급하여 계산한 지방세환급금의 각 납부일로 한다.

② 「지방세법」 제128조 제3항에 따라 연세액(年稅額)을 일시납부한 경우로서 같은 법 제130조에 따른 세액의 일할계산(日割計算)으로 인하여 발생한 환급금의 경우에는 소유권이전등록일·양도일 또는 사용을 폐지한 날.

③ 적법하게 납부된 지방세에 대한 감면으로 인한 지방세환급금의 경우에는 그 결정일.

④ 적법하게 납부된 후 법률의 개정으로 인한 지방세환급금의 경우에는 그 법률의 시행일.

⑤ 납세자가 이 법 또는 지방세관계법에 따른 환급세액을 신고 또는 잘못된 신고에 따른 경정을 원인으로 하여 지방세를 환급하는 경우에는 그 신고를 한 날(신고한 날이 법정 신고기일 전인 경우에는 해당 법정신고기일)부터 30일이 지난 때. 다만, 환급세액을 신고하지 아니함에 따른 결정으로 발생한 환급세액을 환급할 때에는 그 결정일부터 30일이 지난 때로 한다.

(4) 충당의 청구

납세자가 지방세관계법에 따라 환급받을 환급세액이 있는 경우에는 「지방세기본법」 제76조 제2항 제1호 및 제3호의 지방세에 충당하기 위하여 청구할 수 있다. 이 경우 충당된 세액의 충당청구를 한 날에 그 지방세를 납부한 것으로 본다.

또한 지방세환급금 중 「지방세기본법」 제76조 제2항에 따라 충당한 후 남은 금액이 3

만 원 이하이고, 지급결정을 한 날부터 6개월 이내에 환급이 이루어지지 아니하는 경우에는 대통령령으로 정하는 바에 따라 동조 제2항 제1호 및 제3호의 지방세에 충당할 수 있다. 이 경우 동조 제2항 단서의 동의가 있는 것으로 본다.

4. 지방세환급금의 환급

지방세환급금 중 충당한 후 남은 금액은 지방세환급금의 결정을 한 날부터 지체 없이 납세자에게 환급하여야 한다. 지방자치단체의 장이 지방세환급금의 결정이 취소됨에 따라 이미 충당되거나 지급된 금액의 반환을 청구할 때에는 이 법에 따른 고지·독촉 및 체납처분을 준용한다.

5. 지방세환급가산금

지방세환급금을 충당 또는 지급할 때에는 지방세환급금의 발생일의 다음 날부터 충당하는 날 또는 지급결정을 하는 날까지의 기간과 금융회사의 예금이자율 등을 고려하여 대통령령으로 정하는 이율에 따라 계산한 금액을 지방세환급금에 가산하여 지급한다. '대통령령으로 정하는 이율'이란 「국세기본법 시행령」 제43조의 3 제2항에 따른 국세환급가산금의 이자율을 말한다. 현행 국세환급가산금의 이자율은 연 2.5%(2014년 12월 31일 현재)이다.

6. 지방세환급금의 양도

납세자의 지방세환급금(환급가산금을 포함)에 관한 권리는 대통령령으로 정하는 바에 따라 타인에게 양도할 수 있다.

7. 지방세환급금의 소멸시효

납세자의 지방세환급금과 지방세환급가산금에 관한 권리는 이를 행사할 수 있는 때부터 5년간 행사하지 아니하면 시효로 인하여 소멸한다. 소멸시효에 관하여는 이 법 또는 지방세관계법에 별도의 규정이 있는 것을 제외하고는 「민법」을 따른다.

〈사례〉 신고납부방식의 환부신청

세법상의 명문규정이 있는 경우 외에는 신고납부방식의 납세의무자라도 과세관청에 대하여 이미 신고납부한 세액의 환급을 신청할 조리상의 권리는 인정되지 아니하므로 과세관청이 세법상의 근거규정이나 조리상의 신청권에 기하지 않는 세액의 환급신청을 거부하였다 하여 이를 가지고 항고소송의 대상이 되는 행정처분으로 볼 수는 없는 것이며 과오납된 징수금의 환부에 관한 「지방세법」 제45조 제1항은 과오납된 지방자치단체의 징수금 중 다른 미납의 징수금에 충당한 잔여금을 납세의무자에게 지체 없이 환부할 것을 규정하고 있는데 이 규정은 어디까지나 지방자치단체의 장이 이미 부당이득으로서 그 존재와 범위가 확정되어 있는 과오납부금액을 납세의무자의 환부신청을 기다릴 것 없이 이를 즉시 반환하는 것이 정의와 공평에 합당하다는 법리를 선언하고 있는 것일 뿐 지방자치단체의 장에 대하여 과오납부금액의 존부 및 범위를 조사결정할 의무 즉 납세의무자의 권리 내지 법적 이익에 영향을 주는 행정행위를 할 의무가 있음을 규정하고 있는 것은 아니라 할 것이므로 이 규정은 신고납부방식의 지방세납세의무자에게 지방자치단체의 장에 대한 과오납금환부결정신청권을 인정하는 근거규정이 될 수 없고 그 밖에는 「지방세법」상 신고납부한 취득세의 환부신청에 관한 규정을 찾아 볼 수 없는 바 이 환부신청은 법률상 또는 조리상의 신청권에 기한 것이 아니어서 그 신청을 거부한 피고의 행위가 항고소송의 대상이 되는 행정처분이 될 수 없는 것이다(대법88누2069, 1988.06.28).

〈사례〉 국세환급결정이나 환급신청에 대한 거부결정의 항고소송 대상 여부

「국세기본법」 제51조 제1항, 제52조 및 같은 법 시행령 제30조에 따른 세무서장의 국세환급금(국세환급가산금 포함)에 대한 결정은 이미 납세의무자의 환급청구권이 확정된 국세환급금에 대하여 내부적인 사무처리절차로서 과세관청의 환급절차를 규정한 것에 지나지 않고 그 규정에 의한 국세환급금의 결정에 의하여 비로소 환급청구권이 확정되는 것이 아니므로, 국세환급금결정이나 그 결정을 구하는 신청에 대한 환급거부결정 등은 항고소송의 대상이 되는 처분이라고 볼 수 없다(대법92누14250, 1994.12.02).

국세환급금의 충당은 「국세기본법」 제51조 제2항, 같은 법 시행령 제31조 등에 그 요건이나 절차, 방법이 따로 정해져 있고 그 효과로 같은 법 제26조 제1호가 납세의무의 소멸을 규정하고 있으나, 그 충당이 납세의무자가 갖는 환급청구권의 존부나 범위 또는 소멸에 구체적이고 직접적인 영향을 미치는 처분이라기보다는 국가의 환급금 채무와 조세채권이 대등액에서 소멸되는 점에서 오히려 「민법」상의 상계와 비슷하고, 소멸대상인 조세채권이 존재하지 아니하거나 당연무효 또는 취소되는 경우에는 그 충당의 효력이 없는 것으로서 이러한 사유가 있는 경우에 납세의무자로서는 충당의 효력이 없음을 주장하여 언제든지 민사소송에 의하여 이미 결정된 국세환급금의 반환을 청구할 수 있다고 할 것이므로, 이는 국세환급결정이나 그 국세환급신청에 대한 거부결정과 마찬가지로 항고소송의 대상이 되는 처분이라고 할 수 없다(대법92누14250, 1994.12.02).

〈사례〉 연부계약의 해지

'갑'이 토지를 연부로 취득하다 경개계약에 의해 '을'에게 양도한 후 당해 연부계약이 해제된 경우, 연부금에 대해 기납부한 취득세 등을 각각 '갑'과 '을'에게 환부된다(취소)(지방세심사98-605, 1998.11.28). 연부계약이 해제 되면 매수인의 지위를 양수한 자는 물론 당초 계약자인 양도자의 계약행위 까지도 그 효력이 상실 되어 취득하려는 물건에 관한 물권변동이 처음부터 발생되지 않는다는 사실을 간과함으로써 취득행위가 전혀 없었음에도 취득세가 과세되어야 하는 위법한 결과가 초래될 뿐만 아니라, 양도자와 양수자를 각각 달리 취급하는 불형평한 결정이라 아니할 수 없다.

〈사례〉 연대납세의무자의 환급

연대납세의무자 중 갑 단독으로 취득세를 전액 납부한 것으로 확인되는 경우라면, 그 환급금은 갑에게 전액 지급되는 것이 타당하다 할 것이다(서울세제-967, 2014.01.21).

Chapter 03 | 납세의무의 소멸

Ⅰ. 납세의무의 소멸사유

지방자치단체의 징수금을 납부할 의무는 납부, 충당, 부과의 취소, 부과제척기간의 경과 및 징수권의 소멸시효가 완성된 때에 소멸한다. 납세의무의 소멸이란 과세요건의 충족에 의하여 성립·확정된 납세의무가 소멸되는 것을 말한다. 납세의무의

납세의무의 소멸사유

납세의무가 실현	납세의무가 미실현
납부 충당	부과의 취소 부과제척기간의 만료 징수권의 소멸시효의 완성

소멸은 납세의무가 실현됨으로써 소멸되는 경우와 납세의무가 미실현된 상태에서 소멸되는 경우로 구분할 수 있다.

Ⅱ. 납부와 충당

1. 납부

납부란 세액을 국고에 납입하는 것을 말한다. 이 경우 납세의무자에 의한 납부는 물론 연대납세의무자·제2차 납세의무자·납세보증인·물적납세의무자 및 기타 이해관계가 있는 제3자 등에 의한 납부를 포함한다. 성립·확정된 지방세를 납부하게 되면 당해 지방세의 납세의무가 소멸한다. 이것이 가장 전형적인 납세의무의 소멸이다.

2. 충당

충당이란 지방세환급금을 당해 납세의무자가 납부할 징수금과 상계시키는 것을 말한다. 즉, 납세의무자가 지방자치단체로부터 환급받을 세액이 있는 경우에 이를 납부할 세액과 상계하는 것을 말한다.

Ⅲ. 부과의 취소

부과의 취소란 유효하게 성립한 부과처분에 대하여 그 성립에 흠결이 있음을 이유로 그 처분의 효력을 상실시키는 것을 말한다. 부과가 취소되면 부과한 날에 소급하여 취소의 효력이 발생하므로 납세의무는 소멸한다. 다른 조세에 부가되는 지방세의 경우, 예컨대 법인세 납세의무를 전제로 하는 법인세분 지방소득세의 경우 그 법인세 부과가 잘못된 경우에는 법인세 취소 결정 전이라도 법인세 부과처분의 취소를 구함과 동시에 법인세분 지방소득세 부과처분의 취소를 구할 수 있다(세정 13430-492, 1999.04.27).

Ⅳ. 부과제척기간의 경과

1. 의의

지방세를 부과할 수 있는 기간 내에 지방세가 부과되지 아니하고 그 기간이 만료된 때에는 납세의무가 소멸한다. 부과제척기간이란 지방세부과권의 법정존속기간을 말한다. 즉, 과세권자가 지방세를 부과할 수 있는 기간을 말한다.

조세의 부과권은 이미 성립된 조세채권에 대하여 구체적으로 과세표준과 세액을 확인하는 것을 내용으로 하는 일종의 형성권이다. 따라서 과세권자가 납세의무를 확정하는 과정에서 행사하는 확정권을 조세부과권이라 할 수 있다.

조세부과권은 형성권이므로 소멸시효의 대상이 되지 않는다. 왜냐하면 형성권의 경우에는 권리자가 그 권리를 행사함에 있어서 의무자의 협력을 필요로 하지 않기 때문에 의무자의 협력이 없어서 목적을 달성하지 못한다는 주장을 할 수 없기 때문이다.

조세부과의 제척기간을 규정하는 이유는 만약 조세부과권을 기한의 제약 없이 언제나 행사할 수 있다면 조세법률관계가 불안정해지므로 조세채권·채무관계의 조속한 확정을 위하여 조세부과권을 일정기간 행사하지 않으면 납세의무가 소멸하도록 권리의 존속기간을 규정하고 있는 것이다. 조세부과의 제척기간은 조세에 대한 권리·의무관계를 조속하게 확정시킬 것을 목적으로 하는 것이므로 중단과 정지가 없다.

2. 제척기간의 기산일

지방세를 부과할 수 있는 날은 다음 각각에 해당하는 날로 한다.

① 신고납부: 신고납부하도록 규정된 지방세의 경우에는 해당 지방세에 대한 신고기한의 다음 날. 이 경우 예정신고기한, 중간예납기한 및 수정신고기한은 신고기한에 포함되지 아니한다.
② 특별징수의무자: 특별징수의무자에 대하여 부과하는 지방세의 경우에는 해당 특별징수세액의 납부기한의 다음 날.
③ 납세조합: 「소득세법」 제149조에 따른 납세조합(이하 '납세조합')에 대하여 부과하는 지방세의 경우에는 해당 납세조합징수세액의 납부기한의 다음 날.
④ 납부기한의 연장: 신고납부기한 또는 위의 ①에 따른 법정 납부기한이 연장되는 경우에는 그 연장된 기한의 다음 날.
⑤ 추징사유의 발생: 비과세 또는 감면받은 세액 등에 대한 추징사유가 발생하여 추징하는 경우에는 비과세 또는 감면받은 세액 등을 징수할 수 있는 사유가 발생한 날.
⑥ 기타: 기타 신고납부 이외의 경우에는 해당 지방세의 납세의무성립일.

3. 부과의 제척기간

(1) 일반적인 경우 제척기간

지방세는 제척기간의 기산일로 부터 다음에서 정하는 기간이 만료되는 날까지 부과하지 아니한 경우에는 부과할 수 없다. 다만, 조세의 이중과세방지를 위하여 체결한 조약에 따라 상호합의절차가 진행 중인 경우에는 「국제조세조정에 관한 법률」 제25조에서 정하는 바에 따른다.

① 납세자가 사기나 그 밖의 부정한 행위로 지방세를 포탈하거나 환급 또는 경감 받은 경우: 10년.
② 납세자가 법정신고기한까지 소득세, 법인세 또는 지방소비세의 과세표준신고서를 제출하지 아니하여 해당 지방소득세 소득분 또는 지방소비세를 부과할 수 없는 경우: 7년.
③ 그 밖의 경우: 5년.

여기에서 사기 기타 부정한 행위라 함은 납세자가 조세의 부과·징수를 불가능하게 하거나 또는 현저히 곤란하게 하는 위계 기타 부정한 적극적 행위를 말한다. 그러므로 부동산을 취득하고 타인에 명의신탁한 행위는 자신에 대한 조세의 부과·징수를 곤란하게 하기 위하여 취득사실을 은폐한 것으로 이는 위계 또는 기타 부정한 방법으로 취득세 등을 포탈하기 위한 것으로 볼 수 있다.

〈사례〉 명의신탁

청구인은 설령 과세대상이라 할지라도 사기 그 밖의 부정한 행위로 지방세를 포탈하기 위한 것이 아니므로 부과제척기간 10년을 적용한 것은 부당하다고 주장하나, 「지방세법」 제30조의4 제1항 제1호에서 "납세자가 사기 그 밖의 부정한 행위로 지방세를 포탈하거나 환부 또는 경감받은 경우"에는 부과제척기간을 10년으로 한다고 규정하고 있고, 여기에서 사기 기타 부정한 행위라 함은 납세자가 조세의 부과·징수를 불가능하게 하거나 또는 현저히 곤란하게 하는 위계 기타 부정한 적극적 행위를 말하는 것인 바, 청구인이 쟁점토지를 취득하였으나 이모씨에게 명의신탁한 행위는 청구인 자신에 대한 조세의 부과·징수를 곤란하게 하기 위하여 쟁점토지의 취득사실을 은폐한 것으로 이는 위계 또는 기타 부정한 방법으로 취득세 등을 포탈하기 위한 것으로 볼 수 있을 뿐 아니라, 조세포탈을 이유로 「조세범 처벌법」에 따른 처벌을 받은 사실이 확인된 이상 취득세 부과제척기간 10년을 적용한 것은 타당하다(조심2013지547, 2013.08.12).

(2) 특수한 경우 제척기간

다음의 경우에는 각각에서 정한 기간이 지나기 전까지는 해당 결정·판결, 상호합의 또는 경정청구에 따라 경정결정(更正決定)이나 그 밖에 필요한 처분을 할 수 있다.

① 이의신청 등: 이의신청·심사청구·심판청구, 「감사원법」에 따른 심사청구 또는 「행정소송법」에 따른 소송에 대한 결정 또는 판결이 있는 경우 결정 또는 판결이 확정된 날로부터 1년.
② 조세조약: 조세조약에 부합하지 아니하는 과세의 원인이 되는 조치가 있는 경우에 그 조치가 있음을 안 날부터 3년 이내(조세조약에서 따로 규정하는 경우에는 그에 따름)에 그 조세조약에 따른 상호합의의 신청이 있는 것으로서 그에 대한 상호합의가 있는 경우 상호합의가 종결된 날로부터 1년.
③ 경정청구: 경정청구가 있는 경우 경정청구일부터 2개월

4. 연부금의 부과제척기간

신고납부세목의 경우 그 신고납부기한 다음날을 부과제척기간의 기산일로 보도록 규정하고 있으며, 연부로 취득하는 경우 그 사실상의 연부금지급일을 취득일로 보아 그 연부금액을 과세표준으로 하여 신고납부하도록 규정하고 있는 바, 매회 연부금에 대한 신고납부기한으로부터 5년이 경과하였다면 취득세 부과제척기간이 경과한 것이다(지방세심사2004-258, 2004.10.27).

〈사례〉 건물을 신축·취득한 후 취득세 신고납부 않은 경우 취득세 신고납부기한 경과일
　　　로부터 5년 내에 취득세를 부과고지함은 정당

　청구인은 이 건 건물을 취득한 후 2년이 경과되어서야 취득세를 부과고지한 처분이 부당하다고 주장하지만, 「지방세법」 제30조의 4, 같은 법 제85조 및 제120조, 제121조에서 취득세 과세물건을 취득한 자는 취득일부터 30일 이내에 처분청에 그 취득신고를 함과 동시에 취득세를 신고납부하여야 하고 신고납부를 하지 아니한 경우에는 취득세를 부과할 수 있는 날부터 5년간 취득세액에 100분의 20을 가산하여 보통징수의 방법으로 부과징수하도록 규정하고 있으므로 처분청이 1996년 12월 31일 신축·취득한 이 건 건물에 대한 취득세를 신고납부하지 아니한 사실을 추후 확인하여 취득세 신고납부기한 경과일로부터 5년 이내인 1998년 12월 21일에 이 건 취득세를 부과 고지한 처분은 아무런 잘못이 없다 하겠다(지방세심사99-431, 1999.07.28).

V. 소멸시효의 완성

1. 소멸시효의 의의

제척기간과 소멸시효의 비교

구분	제척기간	소멸시효
의의	지방세부과권의 존속기간	지방세징수권의 불행사기간
대상	지방세부과권(일종의 형성권)	지방세징수권(일종의 청구권)
기간	5년, 7년, 10년	5년
기산일	지방세를 부과할 수 있는 날	지방세징수권을 행사할 수 있는 날
중당·정지	중단과 정지 없음	중단과 정지 있음
효과	장래에 향하여 부과권 소멸 (소급효력이 없음)	기산일에 소급하여 징수권 소멸 (소급효력이 있음)
결손처분절차	결손처분 불필요	결손처분 절차 요함

조세의 징수권이란 구체적으로 확정된 조세채권에 대하여 그 이행을 청구할 수 있는 권리로서 일종의 청구권이다. 따라서 조세부과권을 행사하거나 납세의무자의 신고에 의해 조세채권이 구체적으로 확인되어야만 과세당국은 조세징수권을 행사할 수 있게 되는 것이다.

조세징수권은 청구권이므로 이를 만족하기 위해서는 납부와 같은 상대방인 조세채무자의 구체적인 행위가 필요하다. 따라서 조세징수권은 소멸시효의 적용대상이 된다. 소멸시효란 일정기간 동안 권리를 행사하지 않은 경우 그 권리를 소멸시키는 제도로서 권리의 불행사기간으로 이해할 수 있다.

2. 지방세징수권의 소멸시효

지방자치단체의 징수금의 징수를 목적으로 하는 지방자치단체의 권리(지방세징수권)는 그 권리를 행사할 수 있는 때부터 5년간 행사하지 아니하면 시효로 인하여 소멸한다.

3. 소멸시효의 기산일

지방세징수권의 소멸시효의 기산일은 다음과 같은 날이 된다. 즉, 납세고지에 의한 납부기한의 다음날부터 기산한다.

① 납세고지에 의한 납부기한의 다음날.
② 납부기한이 연장된 경우에는 그 연장된 기한의 다음날.
③ 특별징수의무자 또는 납세조합으로부터 징수하는 지방세의 경우에는 해당 특별징수세액 또는 납세조합징수세액의 납부기한(납부기한이 연장된 경우에는 그 연장된 기한을 말함)의 다음 날.

그런데 신고납부하는 세목에 대한 규정이 없어 지방세의 신고납부세목이나 보통징수세목 모두 납세고지에 의한 납부기한의 다음날부터 기산하도록 되어있다. 국세에서는 신고납부세목의 경우에는 신고를 함으로써 납세의무가 확정되므로 그 이후부터는 징수만 남게 되고 따라서 소멸시효가 진행한다. 그러나 지방세의 경우에는 신고납부와는 무관하게 납세고지에 의한 납부기한의 다음날부터 소멸시효가 진행된다.

4. 시효의 중단과 정지

지방세의 경우 징수권의 소멸시효는 5년으로 되어 있으며, 일정한 사유가 있으면 중단 또는 정지되었다가 다시 진행하거나 새로이 진행한다. 즉, 부과권의 제척기간과 달리 징수권의 소멸시효에는 중단과 정지가 있는 것이 특징이다.

(1) 시효의 중단

소멸시효제도는 권리자가 권리를 일정기간 동안 행사하지 않을 경우 그 권리를 소멸시키는 제도이므로 시효기간의 진행에 권리의 행사로 볼 수 있는 사유가 발생하면 이미 경과한 시효기간의 효력이 상실된다. 이를 시효의 중단이라 한다. 시효가 중단된 때에는 중단사유가 발생한 때까지 경과한 시효기간은 그 효력을 상실하게 되고, 중단사유가 종료한 때부터 새로이 시효가 진행된다. 지방세징수권의 시효는 다음 각각의 사유로 인하여 중단된다.

① 납세고지.
② 독촉 또는 납부최고.
③ 교부청구.
④ 압류.

중단된 시효는 다음 각각의 기간이 지난 때부터 새로 진행한다.

① 납세고지: 고지한 납부기간.
② 독촉 또는 납부최고: 독촉 또는 납부최고에 따른 납부기간.

③ 교부청구: 교부청구 중의 기간.

④ 압류: 압류해제까지의 기간.

(2) 시효의 정지

시효의 정지란 시효의 진행기간 중에 과세관청이 중단사유에 해당하는 행위를 하는 것이 불가능하거나 곤란한 사유가 발생한 경우 일정기간 동안 시효의 완성을 유예하는 것을 말한다. 이 경우에는 시효의 진행을 일시적으로 정지시키는 것이므로 그 정지사유가 종료한 후 잔여기간이 경과하면 시효가 완성된다. 따라서 이미 진행된 시효기간이 무효화되는 시효의 중단과는 다르다. 이러한 시효정지의 경우에는 이미 경과한 시효의 기간은 그대로 효력을 가지고 정지기간이 끝난 후 새로 진행되는 기간과 합산하여 시효기간을 계산한다. 지방세의 소멸시효는 다음 각각의 어느 하나에 해당하는 기간에는 진행되지 아니한다. 다만, 사해행위취소의 소송 또는 채권자대위 소송의 제기로 인한 시효정지는 소송이 각하·기각 또는 취하된 경우에는 효력이 없다.

① 분납기간.

② 징수유예기간.

③ 연부연납기간.

④ 체납처분유예기간.

⑤ 지방자치단체의 장이 「지방세기본법」 제97조에 따른 사해행위(詐害行爲) 취소의 소송을 제기하여 그 소송이 진행 중인 기간.

⑥ 지방자치단체의 장이 「민법」 제404조에 따른 채권자대위 소송을 제기하여 그 소송이 진행 중인 기간.

5. 소멸시효 완성의 효력

소멸시효가 완성되면 소멸시효의 기산일에 소급하여 소멸한다. 따라서 지방세와 함께 시효진행기간 중에 발생한 가산금·체납처분비 및 이자상당액에 대한 징수권도 함께 소멸하게 된다. 또한 주된 납세자의 조세가 소멸시효의 완성에 의하여 소멸한 때에는 제2차 납세의무자·납세보증인과 물적납세자에도 그 효력이 미친다.

결손처분

1. 결손처분요건
지방자치단체의 장은 납세자에게 다음 중 어느 하나에 해당하는 사유가 있을 때에는 결손처분을 할 수 있다.

① 체납처분이 종결되고 체납액에 충당된 배분금액이 그 체납액보다 적을 때
② 체납처분을 중지하였을 때
③ 지방세징수권의 소멸시효가 완성되었을 때
④ 체납자의 행방불명 등 대통령령으로 정하는 바에 따라 징수할 수 없다고 인정될 때

2. 결손처분의 성격
결손처분은 과세관청이 내부적으로 징수가망이 없는 체납에 대하여 별도로 정리한 것에 불과할 뿐 대외적으로 납세의무의 효력에는 영향이 없다. 즉, 결손처분은 조세채권을 소멸시키는 것이 아니라 징수권을 유보하거나 중지시키는 것에 불과하므로 소멸시효가 완성될 때까지는 언제든지 유보 또는 중지된 징수권을 다시 행사할 수 있다. 따라서 소멸시효가 완성될 때까지는 체납으로 남아 있으며, 납세증명서도 발급될 수 없다. 즉, 결손처분은 행정처분이 아니기 때문에 납세자에게 통지할 필요도 없다.

3. 결손처분의 취소
결손처분을 한 후 압류할 수 있는 다른 재산을 발견하였을 때에는 지체 없이 그 처분을 취소하고 체납처분을 하여야 한다. 결손처분당시에 체납자에게 압류할 수 있었던 재산이 추후에 발견된 경우뿐만 아니라 결손처분을 한 후에 납세자가 새로이 취득한 재산에 대하여도 결손처분을 취소하고 이를 압류할 수 있다.

Chapter 04 | 납세의무의 확장 및 보충적 납세의무

Ⅰ. 개요

1. 납세의무의 확장

　납세의무의 확장은 본래의 납세의무자 이외의 자에게 법률에 의하여 강제적으로 납세의무를 부담시키는 제도이다. 납세의무는 본래의 납세의무자가 부담하는 것이 원칙이지만 과세권자의 입장에서는 본래의 납세의무자에 대해서만 납세의무를 부담시킬 경우 조세채권을 회수하지 못할 가능성이 높아지게 된다. 따라서 「지방세기본법」은 조세채권의 확보를 위한 제도로서 납세의무의 승계, 연대납세의무와 같은 납세의무의 확장제도를 두고 있다.

2. 보충적 납세의무

　보충적 납세의무란 본래의 납세의무자의 재산으로 조세채권을 회수할 수 없을 때 제3자에게 그 부족액에 대한 보충적인 납부책임을 부여하는 것을 말한다. 보충적 납세의무제도는 보충적으로 납세의무를 지는 자의 의사와는 관계없이 법정요건이 갖추어지면 법률에 의하여 강제적으로 납세의무를 부담시키는 제도이다.

　따라서 보충적 납세의무는 본래의 납세의무자의 재산으로 조세채권을 확보할 수 없을 때 법 소정의 요건이 충족된 경우에 한하여 사법질서의 교란을 최소화하는 수준에서 제3자에게까지 그 부족액에 대한 보충적 납세의무를 확장시키는 조세징수절차상의 예외적인 제도이다. 이러한 개념에서 보충적 납세의무도 광의의 납세의무의 확장제도에 해당한다고 볼 수 있다.

Ⅱ. 납세의무의 승계

1. 의의

납세의무의 승계란 일정한 사유로 인하여 본래의 납세자로부터 다른 자에게로 납세의무가 이전되는 것을 말한다. 이것은 본래의 납세자가 소멸하고 권리·의무의 포괄승계가 일어나는 법인합병과 상속의 경우에 조세의 납부책임도 의무의 하나로서 승계시키고자 하는 것이다.

이러한 납세의무의 승계는 당사자의 의사에 관계없이 법정요건의 충족에 의해 강행적으로 이루어지며, 법정요건이 충족되면 어떠한 별도의 처분이나 행위도 필요 없이 당연히 납세의무가 승계된다. 납세의무의 승계에는 합병으로 인한 납세의무의 승계와 상속으로 인한 납세의무의 승계가 있다.

2. 합병으로 인한 납세의무의 승계

법인이 합병한 경우에 합병 후 존속하는 법인 또는 합병으로 인하여 설립된 법인은 합병으로 인하여 소멸된 법인에 부과되거나 그 법인이 납부할 지방자치단체의 징수금을 납부할 의무를 진다. 합병 후 존속하는 법인이 피합병법인의 납세의무를 승계하도록 규정한 것은 피합병법인의 권리·의무가 존속법인에게 그대로 승계되므로 피합병법인과 합병법인이 실질적으로는 동일법인으로 인정하는 데에 근거하고 있다.

여기서 '부과될' 징수금 등이란 이미 성립하였으나 아직 확정되지 않은 징수금 등을 말하며, '납부할' 징수금 등이란 이미 확정되었으나 아직 납부되지 않은 지방자치단체의 징수금을 말한다. 따라서 확정 여부에 관계없이 성립된 지방자치단체의 징수금은 모두 승계대상이 된다. 또한 별도의 한도액이 규정되어 있지 않으므로 피합병법인의 징수금이 전액 승계된다.

피합병법인의 소유로 있을 당시 이미 중과세대상이 되어 취득세가 중과세된 경우에 합병법인이 합병일로부터 유예기간경과로 중과세한다면 동일한 지방세법체계 내에서 논리상 모순이 발생될 뿐만 아니라, 중과세되는 세액을 동일 법인에게 이중으로 과세하는 결과가 되므로 다시 중과세 하는 것은 아니다(지방세심사2000-348, 2000.05.30).

3. 상속으로 인한 납세의무의 승계

(1) 납세의무의 승계

상속이 개시된 경우에 그 상속인[수유자(受遺者)를 포함] 또는 「민법」 제1053조에 따른 상속재산관리인은 피상속인에게 부과되거나 그 피상속인이 납부할 지방자치단체의 징수금을 상속으로 인하여 얻은 재산을 한도로 하여 납부할 의무를 진다. 여기서 수유자란 유증을 받은 자를 말한다.

(2) 승계의 한도

상속인 등은 상속으로 인하여 얻은 재산을 한도로 하여 납부할 의무를 진다. 여기서 상속으로 인하여 얻은 재산이란 상속으로 인하여 얻은 자산총액에서 부채총액과 그 상속으로 인하여 부과되거나 납부할 상속세를 공제한 가액을 말하며, 자산총액과 부채총액의 가액은 「상속세 및 증여세법」의 규정을 준용하여 평가한다.

(3) 연대납세의무

상속인이 2명 이상일 때에는 각 상속인은 피상속인의 지방자치단체의 징수금을 그 상속분에 따라 안분(按分)하여 계산한 금액을 상속받은 재산을 한도로 연대하여 납부할 의무를 진다. 이 경우 각 상속인은 상속인 중에서 피상속인의 지방자치단체의 징수금을 납부할 대표자를 정하여 지방자치단체의 장에게 신고하여야 한다.

(4) 상속재산의 관리인

상속인이 있는지 분명하지 아니할 때에는 상속인에게 하여야 할 납세의 고지, 독촉, 그 밖에 필요한 사항은 상속재산관리인에게 하여야 한다. 한편, 상속인이 있는지가 분명하지 아니하고 상속재산관리인도 없을 때에는 지방자치단체의 장은 그 상속개시지(相續開始地)를 관할하는 법원에 상속재산관리인의 선임(選任)을 청구할 수 있다. 피상속인에게 한 처분 또는 절차는 상속인 또는 상속재산관리인에게도 효력이 미친다.

Ⅲ. 연대납세의무

1. 의의

연대납세의무란 수인(數人)이 동일한 납세의무에 관하여 각각 독립하여 전액의 납부의무를 부담하고, 그 가운데 1인이 전액을 납부하면 모든 납세의무자의 납세의무가 소멸하는 납세의무를 말한다. 이때 과세권자는 어느 연대납세의무자에 대하여 또는 동시나 순차로 모든 연대납세의무자에 대하여 지방자치단체 징수금의 전부나 일부의 이행을 청구할 수 있다. 따라서 과세권자는 실질적으로 하나의 조세채권을 가지는데 지나지 않으나 납세의무자가 다수 있게 됨으로써 조세를 보다 확실하게 징수할 수 있게 된다.

연대납세의무자 1인에 대한 납세고지는 다른 연대납세의무자에게는 부과처분의 효력이 없으므로 각자에게 개별적으로 고지하여야 한다(대법96다31697, 1998.09.04). 공유물의 공동소유자인 연대납세의무자가 신고납부한 세액이 법정의 산출세액에 미달하여 그 부족세액을 납부고지하여 징수하는 경우 연대납세의무자 1인에 한 부족세액의 납부고지는 고지를 받지 못한 연대납세의무자에게는 통지를 한 효력이 발생할 수 없다.

연대납세의무자의 상호연대관계는 이미 확정된 조세채무의 이행에 관한 것이지 조세채무 자체의 확정에 관한 것은 아니므로, 연대납세의무자라 할지라도 각자의 구체적 납세의무는 개별적으로 확정함을 요하는 것이어서 연대납세의무자 각자에게 개별적으로 구체적 납세의무확정의 효력발생요건인 부과처분의 통지가 있어야 한다(대법 1985.10.22 선고, 85누81 판결; 1994.05. 10 선고, 94누2077 판결 등 참조). 따라서 연대납세의무자의 1인에 대하여 납세고지를 하였다고 하더라도, 이로써 다른 연대납세의무자에게도 부과처분의 통지를 한 효력이 발생한다고 할 수는 없다.

2. 공유물 등의 연대납세의무

공유물(공동주택은 제외), 공동사업 또는 그 공동사업에 속하는 재산에 관계되는 지방자치단체의 징수금은 그 공유자 또는 공동사업자가 연대하여 납부할 의무를 진다.

시공회사의 부도로 채권단이 건물을 완공한 경우 건축물의 취득 시기 현재까지 채권자 단체의 구성원의 지위를 유지한 자는 취득세 연대납부의무가 있으며, 건축물의 원시취득이전에 채권자 단체에서 탈퇴한 자는 취득세의 납세의무는 없다(감심95-63, 1995.05.09). 공동 사업으로 인하여 생긴 재산에 대하여 공동사업자 각자가 연대하여 납부할 의무를 지는 것으로 규정하고 있으므로 회사 채권단체의 구성원으로서 건축공사를 추진하는 공동사업자 중 건축물의 취득 시기인 '사실상 사용일' 현재까지 그 지위를 유지하는 자는 건축물의 원시취득자로서는 연대하여 취득세 납부의무를 진다.

「지방세법」에서는 "운수업체명으로 등록된 차량과 중기대여업체 명의로 등록된 중기 중 사실상의 소유자가 따로 있음이 당해 업체의 납세실적, 차주 대장 등에 의하여 명백히 입증되는 차량과 중기에 대하여는 등록명의에 불구하고 사실상 취득한 자를 취득세 납세의무자로 본다"라고 되어 있다. 따라서 지방세인 취득세의 납세의무와 관련하여 중기소유자와 중기지입회사간의 경우 지입회사와 지입차주가 각각 사업자등록을 하고 각자 자기계산과 위험부담 아래 독립하여 운영하고 있는 경우라면 「지방세기본법」상의 공동사업자에 해당하지 않는 것이므로 지입회사와 지입차주는 지방세에 대한 연대 납세의무가 없는 것이다.

3. 법인분할의 연대납세의무

(1) 분할법인의 징수금
법인이 분할되거나 분할합병되는 경우 분할되는 법인에 대하여 분할일 또는 분할합병일 이전에 부과되거나 납세의무가 성립된 지방자치단체의 징수금은 다음의 법인이 연대하여 납부할 의무를 진다.

① 분할되는 법인.
② 분할 또는 분할합병으로 인하여 설립되는 법인.
③ 분할되는 법인의 일부가 다른 법인과 합병하여 그 다른 법인이 존속하는 경우 그 다른 법인('존속하는 분할합병의 상대방 법인').

(2) 분할로 인하여 해산되는 법인의 징수금

법인이 분할 또는 분할합병으로 인하여 해산되는 경우 해산되는 법인에 부과되거나 그 법인이 납부할 지방자치단체의 징수금은 다음의 법인이 연대하여 납부할 의무를 진다.

① 분할 또는 분할합병으로 인하여 설립되는 법인.
② 존속하는 분할합병의 상대방 법인.

4. 법인의 회생과 연대납세의무

법인이 「채무자 회생 및 파산에 관한 법률」 제215조에 따라 신회사(新會社)를 설립하는 경우 기존의 법인에 부과되거나 납세의무가 성립한 지방자치단체의 징수금은 신회사가 연대하여 납부할 의무를 진다.

〈사례〉 납세의무자의 성명을 'A모씨 외 1인'으로 기재된 납세고지서

「구 지방세법(1999.12.28 법률 제6060호로 개정되기 전의 것)」 제18조 제1항은 공유물에 대한 지방자치단체의 징수금은 공유자가 연대하여 납부할 의무를 진다고 규정하고 있고, 같은 조 제3항은 위 제1항의 연대납세의무에 대하여는 「민법」 제413조 내지 제416조와 제419조, 제421조, 제423조 및 제425조 내지 제427조의 규정을 준용한다고 규정하고 있는 바, 연대납세의무자라 할지라도 각자의 구체적 납세의무는 개별적으로 확

정함을 요하는 것이어서 연대납세의무자 각자에게 개별적으로 구체적 납세의무 확정의 효력발생요건인 부과처분의 통지가 있어야 할 것이고, 따라서 연대납세의무자의 1인에 대하여 납세고지를 하였다고 하더라도, 이로써 다른 연대납세의무자에게도 부과처분의 통지를 한 효력이 발생한다고 할 수는 없다 할 것이지만(대법원 1998.09.04 선고, 96다31697 판결 등 참조), 위 구「지방세법」제18조 제1항의 취지는 통상 공유물에 관한 권리의무는 공유자에게 실질적, 경제적으로 공동으로 귀속하게 되는 관계로 담세력도 공동의 것으로 파악하는 것이 조세실질주의의 원칙에 따라 합리적이기 때문에 조세채권의 확보를 위하여 그들에게 연대납세의무를 지우고 있는 것이고, 위 연대납세의무의 법률적 성질은「민법」상의 연대채무와 근본적으로 다르지 아니하여 각 연대납세의무자는 공유물 등에 관계된 지방세의 전부에 대하여 고유의 납세의무를 부담하는 것이므로, 지방세를 부과함에 있어서는 연대납세의무자인 각 공유자에게 개별적으로 당해 지방세 전부에 대하여 납세의 고지를 할 수 있고, 또 연대납세의무자의 1인에 대한 과세처분의 무효 또는 취소 등의 사유는 다른 연대납세의무자에게 그 효력이 미치지 않는다고 할 것이다(대법원 판결 99두2222, 1999.07.13 참조).

같은 취지에서 피고가 원고 A모씨의 서울시 ○구 ○동 ○의 1대 187.7㎡ 및 그 지상건물 1,057.67㎡의 취득에 따른 취득세 등 부과처분에 관한 납세고지에 있어서 납세의무자의 성명을 'A모씨 외 1인'으로 기재하고, 공유자별 지분비율에 따른 세액과 계산명세를 기재하지 아니하였음을 이유로 위 부과처분이 당연무효라는 위 원고의 주장을 배척한 원심의 판단은 정당하고, 거기에 상고이유에서 지적하는 바와 같은 연대납세의무자에 대한 납세고지절차에 관한 법리오해 등의 위법이 있다고 할 수 없다. 이 부분 상고이유는 받아들일 수 없다(대법2000두1911, 2001.10.23).

Ⅳ. 제2차 납세의무

1. 제2차 납세의무의 개요

(1) 제2차 납세의무의 의의

지방세의 징수권을 확보하기 위하여 본래의 납세의무자가 체납할 경우 일정한 요건을 갖춘 자에게 납세의무를 부담하게 하는데 이를 제2차 납세의무라 한다. 제2차 납세의무는 보충적 납세의무의 하나이다.

보충적 납세의무는 부종성(附從性)과 보충성(補充性)이라는 법적 성격을 갖는다. 부종성이란 보충적 납세의무가 본래의 납세의무의 존재를 전제로 하여 성립하며, 본래의 납세의무가 변경되거나 소멸되는 경우에는 보충적 납세의무에 대해서도 그 효력이 동일하게 미치게 되는 것을 말한다. 따라서 본래의 납세의무가 소멸시효의 완성으로 인하여 소멸되는 경우에는 보충적 납세의무도 함께 소멸하게 된다.

제2차 납세의무는 주된 납세자의 재산에 체납처분을 집행하여도 징수할 금액에 부족한 경우에 그 부족액에 대해 납부책임을 지는데 이를 보충성이라 한다. 따라서 본래의 납세의무자의 재산으로 조세를 징수할 수 있는 경우에는 보충적 납세의무는 성립하지 않는다. 여기서 징수할 금액에 부족한 경우란 주된 납세자에게 귀속하는 재산가액이 징수할 조세 등에 미달하는 것이 명백하게 인정됨으로 족하고, 반드시 현실적인 체납처분을 집행한 결과에 근거할 필요는 없다는 것이 통설과 판례의 입장이다. 따라서 징수부족액이 있다고 명백하게 인정되는 경우에는 본래의 납세의무자에 대하여 실제로 체납처분을 실행하지 않더라도 보충적 납세의무자에게 납세의무을 부담시킬 수 있다.

(2) 제2차 납세의무의 요건

제2차 납세의무는 다음과 같은 성립요건을 모두 충족하여야 하며, 이러한 요건 중 어느 하나라도 충족치 못하는 경우에는 제2차 납세의무는 적법하게 성립하지 않는다.

① 본래의 납세의무가 체납되어 있어야 한다. 체납된 지방세징수금에 대하여 제2차 납세의무의 부담을 지우는 징수절차상의 제도로서 그 대상이 되는 지방자치단체의 징수금은 주된 납세의무자의 납세의무가 확정된 징수금이다. 그러므로 납세의무가 성립되었다 하더라도 특정시점까지 아직 확정되지 않은 징수금에 대하여는 제2차 납세의무를 지지 않는다.

② 본래의 납세의무자의 재산으로 체납처분을 하여도 지방세·가산금·체납처분비에 충당하기에 부족한 경우이다.

③ 체납당시 제3자(즉, 제2차 납세의무자)가 본래의 납세의무자와 일정한 관계가 있어야 한다.

(3) 고지

지방자치단체의 장이 납세자의 지방자치단체의 징수금을 제2차 납세의무자(납세보증인을 포함한다)로부터 징수하려면 제2차 납세의무자에게 징수하려는 지방자치단체의 징수금의 과세연도·세목·세액 및 그 산출근거·납부기한·납부장소와 제2차 납세의무자로부터 징수할 금액 및 그 산출근거, 그 밖에 필요한 사항을 기록한 납부통지서로 고지하여야 한다. 이 경우 납세자에게 그 사실을 알려야 한다.

제2차 납세의무자에 대한 납부고지는 형식적으로는 독립된 과세처분이지만 실질적으로는 과세처분 등에 의하여 확정된 주된 납세의무의 징수절차상의 처분으로서의 성격을 갖는다. 따라서 제2차 납세의무자에 대해 납부고지를 하려면 선행요건으로서 주된 납세의무자에 대한 과세처분 등을 하여 그의 구체적인 납세의무를 확정하는 절차를 마쳐야 한다. 따라서 주된 납세의무자에 대한 과세처분 등의 절차를 거치지 않고 제2차 납세의무자에 대하여 행한 납부고지는 위법한 것이다(지방세심사2002-5, 2002.01.28).

(4) 지방자치단체의 징수금

제2차 납세의무의 대상은 지방자치단체의 징수금이다. 지방자치단체의 징수금은 지방세와 가산금 및 체납처분비로 정의하고 있다. 지방세법에 의하여 가산세를 부과하는 경우 가산세를 당해 지방세의 세목으로 보도록 규정하고 있으므로 '지방자치단체의 징수금'에 가산세 또는 가산금이 포함되는 것이다. 그러므로 법인이 해산한 경우에 있어서 당해 법인이 신고납부의무를 이행하지 않아 가산세 및 가산금이 부과되는 경우에도 이를 제2차 납세의무자에게 부과할 수 있다(지방세심사2006-1060, 2006.11.27).

(5) 제2차 납세의무의 종류

제2차 납세의무의 종류에는 다음의 4가지가 있다.

① 청산인 등의 제2차 납세의무.

② 출자자의 제2차 납세의무.

③ 법인의 제2차 납세의무.

④ 사업양수인의 제2차 납세의무.

2. 청산인 등의 제2차 납세의무

(1) 청산인 등의 제2차 납세의무

법인이 해산한 경우에 그 법인에 부과되거나 그 법인이 납부할 지방자치단체의 징수금을 납부하지 아니하고 잔여재산(殘餘財産)을 분배하거나 인도(引渡)함으로 인하여 그 법인에 대하여 체납처분을 집행하여도 징수할 금액보다 적은 경우에는 청산인과 잔여재산의 분배 또는 인도를 받은 자는 그 부족액에 대하여 제2차 납세의무를 진다.

여기에서 '분배'라 함은 법인이 청산하는 경우에 있어서 잔여재산을 사원, 주주, 조합원, 회원 등에게 원칙적으로 출자액에 따라 분배하는 것, '인도'라 함은 법인이 청산하는 경우에 있어서 잔여재산을 「민법」 제80조의 등의 규정에 의하여 처분하는 것을 말하는 것이다. 그러므로 재건축조합에게 부과되거나 재건축조합이 납부할 취득세 등을 납부하지 아니하고 잔여재산을 분배 또는 인도한 때에 당해 재건축조합에 대하여 체납처분을 집행하여도 징수할 금액에 부족한 경우에는 청산인 또는 잔여재산의 분배 또는 인도를 받은 자는 제2차 납세의무를 부담하는 것이다(세정-3019, 2007.08.02).

(2) 한도

청산인 등의 제2차 납세의무는 청산인이 분배 또는 인도한 재산의 가액을, 잔여재산의 분배 또는 인도를 받은 자에게는 각자가 받은 재산의 가액을 한도로 한다. 이때 재산의 가액은 해당 잔여재산(殘餘財産)을 분배하거나 인도한 날 현재의 시가로 한다.

3. 출자자의 제2차 납세의무

(1) 의의

법인(주식을 「자본시장과 금융투자업에 관한 법률」 제9조 제13항 제1호에 따른 유가증권시장에 상장한 법인은 제외)의 재산으로 그 법인에 부과되거나 그 법인이 납부할 지방자치단체의 징수금에 충당하여도 부족한 경우에는 그 지방자치단체의 징수금의 과세기준일 또는 납세의무성립일(이에 관한 규정이 없는 세목에 있어서는 납기개시일) 현재 과점주주 등에 해당하는 자는 그 부족액에 대하여 제2차 납세의무를 진다.

무한책임사원은 「상법」상의 무한책임의 성격에 비추어 볼 때 제2차 납세의무를 지는 것이 당연하다. 그러나 과점주주는 주주 또는 유한책임사원이므로 이들에게 제2차 납세의무를 지우는 것은 상법상의 유한책임의 성격에 위배된다. 그럼에도 불구하고 이들에게 제2차 납세의무를 지우는 것은 이른바 법인격부인의 법리에 근거하고 있다. 즉, 일반 법률관계에 있어서는 법인격을 인정하되, 특정한 경우에만은 법인격을 부인하고 그 배후의 실체를 기준으로 법률관계를 처리하는 것이다.

(2) 제2차 납세의무자

다음에 해당하는 자는 출자자의 제2차 납세의무를 진다.

① 무한책임사원.
② 과점주주.

(3) 과점주주

주주 또는 유한책임사원 1명과 그의 특수관계인 중 대통령령으로 정하는 자로서 그들의 소유주식의 합계 또는 출자액의 합계가 해당 법인의 발행주식 총수 또는 출자총액의 100분의 50을 초과하면서 그에 관한 권리를 실질적으로 행사하는 자들을 과점주주라 한다.

'특수관계인 중 대통령령으로 정하는 자'란 해당 주주 또는 유한책임사원과 「지방세기본법 시행령」 제2조의 2의 어느 하나에 해당하는 관계에 있는 자를 말한다(과점주주의 간주취득참조). 과점주주는 「지방세법」상 소정의 형식적 요건을 갖추고 당해 과점주주가 법인의 운영을 실질적으로 지배 할 수 있는 지위에 있음을 요한다. 명의도용이나 차명등재사실이 없는 경우에도 지방세법에 규정하고 있는 주식 또는 출자지분에 관한 권리의 실질적 행사 여부, 법인의 경영을 사실상 지배하는지 여부, 배우자나 생계를 같이 하는 직계존비속 여부 등의 가족관계 등을 종합적으로 고려하여 실질적인 과점주주로서의 제2차 납세의무자 해당 여부를 판단하여야 한다.

(4) 한도

무한책임사원은 별도의 한도액이 없이 징수부족액 전액에 대하여 제2차 납세의무를 진다. 이에 반하여 과점주주의 경우에는 그 부족액을 그 법인의 발행주식총수(의결권이 없는 주식은 제외한다) 또는 출자총액으로 나눈 금액에 과점주주의 소유주식수(의결권이 없는 주식은 제외) 또는 출자액을 곱하여 산출한 금액을 한도로 한다.

$$\text{과점주주의 제2차 납세의무 한도액} = \text{부족액} \times \frac{\text{과점주주의 소유주식수(또는 출자액)}}{\text{발행주식의 총수(또는 출자총액)}}$$

* 발행주식총수: 의결권이 없는 주식은 제외한다.
* 과점주주의 소유주식수(또는 출자액): 의결권이 없는 주식은 제외하며 실질적으로 권리를 행사하는 주식수(출자액)에 의한다.

4. 법인의 제2차 납세의무

(1) 의의

지방세(둘 이상의 지방세의 경우에는 납부기한이 뒤에 도래하는 지방세를 말함)의 납부기간 종료일 현재 법인의 무한책임사원 또는 과점주주의 재산(그 법인의 발행주식 또는 출자지분은 제외)으로 그 출자자가 납부할 지방자치단체의 징수금에 충당하여도 부족한 경우에는 그 법인은 그 부족액에 대하여 제2차 납세의무를 진다.

납세의무자인 출자자가 납세의무를 이행하지 않는 경우에는 과세관청이 출자자의 재산을 압류·환가하여 체납액에 충당하게 된다. 그런데 그 출자자의 재산 가운데 주식이나 출자지분이 환가될 수 없는 상태에 있고 나머지 재산만으로는 징수할 금액에 부족한 경우에는 그 주식 등을 발행한 법인에 대하여 그 주식·지분에 상당하는 가액을 한도로 제2차 납세의무를 지우는데 이를 법인의 제2차 납세의무라 한다.

(2) 법인이 제2차 납세의무를 지는 경우

출자자의 재산으로 납부할 지방자치단체의 징수금에 충당하여도 부족하고 그 법인의 발행주식 또는 출자지분이 다음과 같은 이유로 매각이 불가능할 경우 법인이 제2차 납세의무를 부담한다.

① 지방자치단체의 장이 출자자의 소유주식 또는 출자지분을 재공매하거나 수의계약에 따라 매각하려 하여도 매수희망자가 없을 때.
② 출자자의 소유주식 또는 출자지분이 법률 또는 그 법인의 정관에 따라 양도가 제한되어 있을 때.

(3) 한도

법인의 제2차 납세의무는 다음의 ①, ② 중 작은 금액을 한도로 부담한다.

① 그 출자자의 소유주식 또는 출자지분의 가액.
② 그 법인의 자산총액에서 부채총액을 뺀 가액을 그 법인의 발행주식총액 또는 출자총액으로 나눈 가액에 그 출자자의 소유주식금액 또는 출자액을 곱하여 산출한 금액.

MIN(①,②)

①그 출자자의 소유주식 또는 출자지분의 가액

②(자산총액-부채총액) × $\dfrac{\text{출자자의 소유주식금액(출자액)}}{\text{그 법인의 발행주식총액(출자총액)}}$

이 경우 납부기간종료일 현재 납세의무가 성립한 당해 법인의 조세는 이를 부채총액에 산입한다. 그리고 자산총액과 부채총액의 평가는 당해 조세의 납부기간 종료일 현재의 시가에 의한다. 따라서 법인의 순자산가액이 부의 금액으로 평가되는 경우에는 당해 법인에 대하여 제2차 납세의무를 부담지울 수 없다. 한편, 출자자의 제2차 납세의무는 비상장법인에 한하는 것이나, 출자자의 체납세액에 대한 법인의 제2차 납세의무는 상장법인 및 비상장법인 모두를 포함한다.

출자자의 제2차 납세의무와 법인의 제2차 납세의무의 비교

구분	출자자의 제2차 납세의무	법인의 제2차 납세의무
과점주주의 범위	과점주주 중 법에서 정하는 자	모든 과점주주
기준일	과세기준일 또는 납세의무성립일 현재	납부기간 종료일 현재
법인의 범위	비상장법인(협회등록법인 포함)	모든 법인
한도	무한책임사원: 한도 없음 과점주주: 부족세액 ×출자비율	MIN(①②) ① 출자자의 지분가치 ② 법인 순자산가액 × 지분율

5. 사업양수인의 제2차 납세의무

(1) 의의

사업의 양도·양수가 있는 경우 양도일 이전에 양도인의 납세의무가 확정된 그 사업에 관한 지방자치단체의 징수금을 양도인의 재산으로 충당하여도 부족할 때에는 양수인은 그 부족액에 대하여 양수한 재산의 가액을 한도로 제2차 납세의무를 진다.

(2) 사업의 양도·양수

양수인이란 사업장별로 그 사업에 관한 모든 권리와 의무를 포괄승계(미수금에 관한 권리와 미지급금에 관한 의무의 경우에는 그 전부를 승계하지 아니하더라도 포괄승계로 봄)한 자로서 양도인이 사업을 경영하던 장소에서 양도인이 경영하던 사업과 같거나 유사한 종목의 사업을 경영하는 자를 말한다.

사업의 양도·양수란 계약의 명칭이나 형식에 관계없이 실질상 사업에 관한 권리와 의무 일체를 포괄적으로 양도·양수하는 것을 말하며, 개인 간 및 법인 간은 물론 개인과 법인 사이의 양도·양수가 이루어 질 수 있다. 사업의 양도인에게 둘 이상의 사업장이 있는 경우에 그 중 한 사업장을 양수한 자의 제2차 납세의무는 양수한 사업장에 관계되는 지방세 징수금에 한한다.

사업의 양도·양수란 계약의 명칭이나 형식에 관계없이 사실상 사업에 관한 권리와 의무 일체를 포괄적으로 양도·양수하는 것을 말하므로 실질상 매매에 해당하는 임의경매를 통하여 사업시설 전부를 양수함으로서 전 영업주와 동일시되는 정도의 법률적 지위를 그대로 승계한 후 동일장소에서 동종의 영업을 영위하고 있다면 경락자가 사업양수인으로서의 제2차 납세의무를 진다. 또한 사업의 양도·양수계약이 그 사업장 내의 시설물, 비품, 재고상품, 건물 및 대지 등에 따라 부분별·시차별로 별도로 이루어졌다 하더라도 결과적으로 사회통념상 사업 전부에 관하여 행하여진 것이라면 사업의 양도·양수에 해당한다.

(3) 제2차 납세의무의 대상이 되는 징수금

사업양수인은 양도일 이전에 양도인의 납세의무가 확정된 그 사업에 관한 지방자치단체의 징수금에 대하여 제2차 납세의무를 진다. 사업양수인은 양수일 전에 이미 성립되었다 하더라도 양수일까지 아직 확정되지 않은 징수금에 대하여는 제2차 납세의무를 지지 않는다. 사업의 양수일 전에 확정되지 않은 징수금에 대하여는 사업양수인이 양수 당시에 이를 확인하기가 거의 불가능하며, 이러한 징수금에 대해서까지 제2차 납세의무를 지게 되면 사업양수인의 예측가능성이 심각하게 침해되기 때문이다.

(4) 양수한 재산의 가액

양수한 재산의 가액은 다음의 가액으로 한다.

① 사업의 양수인이 양도인에게 지급하였거나 지급하여야 할 금액이 있는 경우에는

그 금액.

② 지급하여야 할 금액이 없거나 그 금액이 불분명한 경우에는 양수한 자산 및 부채를 「상속세 및 증여세법」 제60조부터 제66조까지의 규정을 준용하여 평가한 후 그 자산총액에서 부채총액을 뺀 가액.

Chapter 05 | 취득세에 부가하는 세목

Ⅰ. 농어촌특별세

1. 농어촌특별세의 과세

농어촌특별세는 농어업의 경쟁력강화와 농어촌산업기반시설의 확충 및 농어촌지역 개발사업을 위하여 필요한 재원을 확보함을 목적으로 일정한 과세요건에 대하여 과세 하는 조세로서 취득세와 관련한 농어촌 특별세의 과세대상, 과세표준 및 그 세율은 다음 과 같다.

(1) 취득세의 산출세액에 부가하는 농어촌특별세

「지방세법」 제11조 및 제12조의 표준세율을 100분의 2로 적용하여 「지방세법」 및 「지 방세특례제한법」에 따라 산출한 취득세액의 100분의 10을 농어촌특별세로 납부한다.

「지방세법」 제15조 제2항에 해당하는 경우(과거 취득세만 과세되던 것으로서 중과세 기준세율에 의하여 과세되는 취득)에는 같은 항에 따라 계산한 취득세액을 과세표준으 로 보고 100분의 10을 적용하여 농어촌특별세 납부한다.

(2) 취득세의 감면 등에 부과하는 농여촌특별세

「지방세법」 및 「지방세특례제한법」에 따라 감면을 받는 취득세의 감면세액을 농어촌 특별세의 과세표준으로 하여 100분의 20의 세율을 적용하여 농어촌특별세를 납부한다. 이 경우 본세를 납부하지 아니함으로써 본세에 가산세가 가산된 경우 가산세액은 농어 촌특별세의 과세표준에 산입하지 않는다(농어촌특별세법시행령 제5조 ④).

2. 농어촌특별세의 비과세

다음의 어느 하나에 해당하는 경우에는 취득세와 관련한 농어촌특별세를 부과하지 아니한다.

(1) 국가 등
국가(외국정부를 포함한다)·지방자치단체 또는 지방자치단체조합에 대한 감면.

(2) 농어업인
농어업인(「농어업·농어촌 및 식품산업 기본법」 제3조 제2호의 농어업인을 말함) 또는 농어업인을 조합원으로 하는 단체(「농어업경영체 육성 및 지원에 관한 법률」에 따른 영농조합법인, 농업회사법인 및 영어조합법인을 포함)에 대한 감면으로서 대통령령으로 정하는 것으로, '대통령령으로 정하는 것'이란 다음의 어느 하나에 해당하는 감면을 말한다.

① 「조세특례제한법」 제120조 제1항 제13호(「농업협동조합법」에 따른 조합이 양수한 재산에 한정)·제15호(「수산업협동조합법」에 따른 조합이 양수한 재산에 한정)에 따른 감면.
② 「지방세특례제한법」 제6조 제1항·제2항 및 제4항, 제7조부터 제9조까지, 제10조 제1항, 제11조, 제12조 및 제14조 제1항·제2항·제3항에 따른 감면(2010.12.30 개정).
③ 「지방세특례제한법」 제4조의 조례에 따른 지방세 감면 중 ① 및 ②와 유사한 감면으로서 행정자치부장관이 기획재정부장관과 협의하여 고시하는 것.

(3) 창업중소기업 및 창업벤처중소기업
「지방세특례제한법」 제58조의 3 제1항·제3항에 따른 세액감면.

(4) 형식적인 소유권의 취득

「지방세법」과 「지방세특례제한법」에 따른 형식적인 소유권의 취득, 단순한 표시변경 등기 또는 등록, 임시건축물의 취득, 천재지변 등으로 인한 대체취득 등에 대한 취득세의 감면으로서 대통령령으로 정하는 것.

법 제4조 제8호에서 '대통령령으로 정하는 것'이란 「지방세특례제한법」 제4조 제4항, 제57조 제1항·제3항, 제66조 제1항·제2항, 제68조 제1항, 제73조 제3항, 제74조 제3항, 제92조, 「지방세법」 제9조 제3항부터 제5항까지, 제15조 제1항 제1호부터 제4호까지 및 제26조 제2항 제1호·제2호에 따른 감면을 말한다.

(5) 유동화전문회사, 한국주택금융공사

「조세특례제한법」 제120조 제1항 제9호·제10호에 따른 등록에 대한 취득세의 감면.

(6) 서민주택

대통령령으로 정하는 서민주택에 대한 취득세의 감면. '대통령령으로 정하는 서민주택'이란 「주택법」 제2조 제3호에 따른 국민주택규모(「건축법 시행령」 별표1 제1호 다목에 따른 다가구주택의 경우에는 가구당 전용면적을 기준으로

구분	용도지역	적용배율
도시지역	1.전용주거지역	5백
	2. 상업지역·준주거지역	3배
	3. 일반주거지역·공업지역	4배
	4. 녹지지역	7배
	5. 미계획지역	4배
도시지역 외의 용도지역		7배

함) 이하의 주거용 건물과 이에 부수되는 토지(국가, 지방자치단체 또는 「한국토지주택공사법」에 따라 설립된 한국토지주택공사가 해당 주택을 건설하기 위하여 취득하거나 개발·공급하는 토지를 포함)로서 주택바닥면적(아파트·연립주택 등 공동주택의 경우에는 1세대가 독립하여 구분·사용할 수 있도록 구획된 부분의 바닥면적을 말함)에 제시된 표의 용도지역별 적용배율을 곱하여 산정한 면적 이내의 토지를 말한다.

(7) 농지 및 임야

「지방세특례제한법」 제6조 제1항의 적용대상이 되는 농지 및 임야에 대한 취득세.

(8) 자동차의 취득

「지방세법」 제124조에 따른 자동차에 대한 취득세

(9) 합병 등

「지방세법」 제15조 제1항 제1호부터 제3호까지의 규정에 따른 취득세.

(10) 공유수면의 매립 또는 간척으로 인하여 취득하는 농지

「지방세특례제한법」 제8조 제4항에 따른 취득세.

(11) 서민주택 및 농가주택

대통령령으로 정하는 서민주택 및 농가주택에 대한 취득세. '대통령령으로 정하는 농가주택'이란 영농에 종사하는 자가 영농을 위하여 소유하는 주거용 건물과 이에 부수되는 토지로서 농지의 소재지와 동일한 시·군·구(자치구를 말함. 이하 이 항에서 같음) 또는 그와 연접한 시·군·구의 지역에 소재하는 것을 말한다. 다만, 「소득세법 시행령」 제156조의 규정에 의한 고가주택을 제외한다.

(12) 국가경쟁력의 확보 또는 국민경제의 효율적 운영을 위한 감면

기술 및 인력개발, 저소득자의 재산형성, 공익사업 등 국가경쟁력의 확보 또는 국민경제의 효율적 운영을 위하여 농어촌특별세를 비과세할 필요가 있다고 인정되는 경우로서 대통령령으로 정하는 것. '대통령령으로 정하는 것'이란 다음의 어느 하나에 해당하는 감면을 말한다.

① 「조세특례제한법」 제120조 제2항(「법인세법」 제44조 제2항 각 호의 요건을 충족하거나 같은 조 제3항에 해당하여 양도손익이 없는 것으로 한 합병의 경우에 한정)·제4항.
② 「한국철도공사법」에 의하여 설립되는 한국철도공사가 현물출자받은 국유재산에 대한 취득세의 감면.
③ 「한국정책금융공사법」에 따라 설립되는 한국정책금융공사에 대한 「조세특례제한

716

법」제120조 제1항 제1호에 따른 감면.

④ 「방송광고판매대행 등에 관한 법률」 제24조에 따라 설립되는 한국방송광고진흥공사에 대한 「조세특례제한법」 제120조 제1항 제1호에 따른 감면.

⑤ 「한국산업은행법」 제50조에 따라 설립되는 산은금융지주주식회사에 대한 「조세특례제한법」 제120조 제6항 제3호에 따른 감면.

⑥ 「농업협동조합법」 제134조의 2 또는 제134조의 3에 따라 설립되는 농협경제지주회사 또는 농협금융지주회사에 대한 「조세특례제한법」 제120조 제6항 제3호에 따른 감면.

⑦ 법률 제10522호 농업협동조합법 일부개정법률 부칙 제6조에 따라 농협경제지주회사가 농업협동조합중앙회로부터 판매·유통 관련 경제사업을 현물출자로 이관받은 경우에 대한 「조세특례제한법」 제120조 제1항 제5호에 따른 감면.

⑧ 「금융회사부실자산 등의 효율적 처리 및 한국자산관리공사의 설립에 관한 법률」에 따른 한국자산관리공사와 「한국농어촌공사 및 농지관리기금법」에 따른 한국농어촌공사가 「공공기관 지방이전에 따른 혁신도시 건설 및 지원에 관한 특별법」 제43조에 따라 종전부동산을 매입한 경우에 대한 「조세특례제한법」 제120조 제1항 제4호 및 「지방세특례제한법」 제13조 제2항 제5호에 따른 취득세의 면제.

⑨ 「지방세법」 제9조 제2항, 「지방세특례제한법」 제13조 제2항 제1호(「농어촌정비법」에 따라 국가 또는 지방자치단체의 농업생산기반정비계획에 따라 취득·소유하는 농업기반시설용 토지와 그 시설물로 한정), 제15조 제2항, 제16조, 제17조, 제17조의 2, 제19조, 제20조, 제21조 제1항, 제22조 제1항·제5항, 제22조의 2 제1항·제2항, 제22조의 3, 제23조, 제28조 제1항, 제29조, 제30조 제3항, 제31조 제1항부터 제3항까지, 제33조, 제34조, 제36조, 제37조, 제38조 제1항, 제40조, 제41조 제1항·제5항, 제42조 제2항·제3항, 제43조 제1항, 제44조, 제45조 제1항, 제46조, 제50조 제1항, 제52조, 제53조, 제54조 제5항, 제58조의 2, 제60조 제4항, 제63조, 제66조 제3항·제4항, 제67조 제1항·제2항, 제72조 제1항, 제73조 제1항·제2항, 제74조 제1항, 제76조 제1항, 제79조, 제80조, 제81조 제1항·제2항, 제83조 제1항·제2항, 제85조 제1항, 제85조의 2, 제88조, 제89조 및 제90조 제1항에 따른 감면.

⑩ 「지방세특례제한법」 제4조의 조례에 따른 지방세 감면 중 제1호부터 제5호까지와 유사한 감면으로서 행정자치부장관이 기획재정부장관과 협의하여 고시하는 것.

3. 농어촌특별세의 신고 및 납부

취득세의 감면에 대하여 부과하는 농어촌특별세는 본세를 신고납부하는 때에 그에 대한 농어촌특별세도 함께 신고납부하여야 한다. 신고납부할 본세가 없는 경우에는 해당 본세의 신고납부의 예에 따라 신고납부하여야 한다. 또한 취득세에 부가하는 농어촌특별세의 경우에도 그 본세를 신고납부하는 때에 농어촌특별세를 신고납부한다. 농어촌특별세의 납세지는 해당 본세의 납세지로 한다.

〈사례〉 중과세대상의 취득세 감면

「조세특례제한법」 제119조 제4항의 규정에 의한 등록세 면제대상에 해당되고, 등록세 감면세액을 과세표준으로 하여 농어촌특별세를 부과고지하는 경우 등록세 감면세액은 중과세율을 적용하여 산출한 세액인지 아니면 일반세율을 적용하여 산출한 세액인지에 대하여 보면, 「농어촌특별세법」 제5조 제1항 제1호에서 농어촌특별세는 「조세특례제한법」에 의하여 감면을 받는 등록세의 감면세액을 과세표준으로 하여 100분의 20의 세율을 적용한 금액으로 하도록 규정하고 있고, 청구법인의 경우 쟁점부동산에 대한 등기는 법인설립 후 5년 이내에 취득하는 일체의 부동산등기이므로 중과세 대상에 해당되고, 「조세특례제한법」 제119조 제4항에서 「지방세법」 제138조 제1항의 세율을 적용하지 아니한다는 별도의 규정이 없는 이상, 농어촌특별세 과세표준인 등록세 감면세액은 중과세율을 적용하여 산출한 세액이 적용되는 것이라 하겠다(조심2011지169, 2012.03.16).

〈사례〉 현물출자 부동산 취득세 면제에 따른 농특세 적용과표 질의회신

[질의] 개인사업자가 부동산임대업을 영위하던 부동산을 「조세특례제한법」 제120조 제5항에 따라 "같은 법 제32조에 따른 현물출자 방식으로 법인으로 전환하면서 취득하는 사업용 재산"으로 취득세를 면제받고, 인근 대표이사 개인 소유 부동산에 본점을 설

립하고, 현물출자 부동산에는 지점등기를 하고 인적시설 없이 부동산임대업을 영위하는 경우 현물출자 취득세 면제 부동산에 대한 농어촌특별세 적용과표를 과밀억제권역 안 법인 취득세 중과세액과 일반세액 중 어느 것이 타당한지에 대한 질의다.

[회신] 「농어촌특별세법」 제5조 제1항 제1호에서는 "조세특례제한법에 따라 감면을 받는 취득세에 대한 농어촌특별세액은 그 감면세액을 과세표준으로 하여 100분의 20의 세율을 곱하여 계산한 금액을 그 세액으로 한다"라고 규정하고 있으며, 「지방세법」 제13 조 제2항 제2호와 같은 법 시행령 제27조 제3항에서 법인 설립 이후 대도시 내 부동산 취득은 업무용 비업무용 또는 사업용 비사업용의 모든 부동산에 대하여 취득세를 중과 세하고, 법인 설립이나 지점 설치 이전 법인 취득 부동산이 취득세 중과세 대상이 되기 위해서는 법인 본점이나 지점 용도로 직접 사용하기 위한 경우로 규정하고 있으며, 행 정자치부 질의회신(세정13407-55, 1999.10.25)에서는 법인설립중 발기인이 토지의 현 물출자로 인하여 취득하는 법인의 토지 취득 시기는 법인설립등기일로 보는 것이 타당 한 것으로 보고 있음에 따라 현물출자 부동산의 취득일은 법인설립등기일이 되며, 그 이 후 해당 부동산에 사업자등록을 하여 지점 설치를 하였으므로, 현물출자에 대한 취득세 면제세액의 적용과표는 법인 설립일과 해당 부동산의 취득일이 같은 날이 되는 것으로 서 법인 설립 이후 해당 부동산을 취득한 것으로 보는 것이 타당할 것이므로, 현물출자 에 따른 취득세 면제세액에 대한 농어촌특별세 적용과표는 취득세 중과세액을 적용하 는 것이 합당할 것으로 판단된다(서울세제-16761, 2012.12.27).

〈사례〉 취득세의 10%를 '농어촌특별세'로 과세한 처분 정당함(기각)

처분청은 청구인이 2002년 11월 13일 이 사건 부동산을 취득한 후 취득신고 겸 자진 납부세액계산서를 제출함에 따라 이 사건 부동산의 시가표준액을 과세표준으로 「지방 세법」 제112조 제1항의 세율을 적용하여 산출한 취득세 납부서를 작성하여 같은 날 청 구인에게 교부한 사실은 제출된 관계 증빙자료에 의하여 알 수 있다.

이에 대하여 청구인은 정부에서 공적자금과 전직대통령의 추징금은 회수하지 아니 한 채 농어민의 부채를 상환하기 위하여 비농가로서 영세민인 청구인이 채무를 안고 취 득한 이 사건 부동산에 대하여 농어촌특별세를 부과하는 것은 부당하다고 주장하고 있으로 이에 대하여 보면, 우리나라 「헌법」 제38조에서 모든 국민은 법률이 정하는 바에 의하여 납세의 의무를 진다고 규정하고 제59조에서 조세의 종목과 세율은 법률로 정한다고 규정함으로써 조세법률주의를 채택하고 있는 바, 이러한 조세법률주의 원칙은 과세요건 등은 국민의 대표기관인 국회가 제정한 법률로써 규정하여야 하고 그 법률의 집행에 있어서도 이를 엄격하게 해석·적용하여야 하며 행정편의적인 확장해석이나 유추적용은 허용되지 않음을 의미하는 것(같은 취지의 대법원판결 98두11731, 2000.03.16)이므로 1994년 3월 24일 국민의 대표기관인 국회에서 법률 제4743호로 제정된 농어촌특별세법에 의하여 부과 처분된 이 사건 농어촌특별세는 적법하다 하겠으므로 청구인의 주장을 받아들일 수 없다 할 것이다(지방세심사2003-56, 2003.03.24).

〈사례〉 취득세의 100분의 50을 경감 받는 경우 농어촌특별세

귀 문과 같이 「지방세법」 제289조 제2항의 규정에 의하여 취득세의 100분의 50을 경감 받는 경우 「농어촌특별세법」 제5조 제1항 제1호와 제6호의 규정에 의하여 취득세 감면분에 대한 세액(취득세의 감면세액에 100분의 20을 곱하여 계산한 금액)에 취득세 과세분에 대한 세액(지방세법에 의하여 납부하여야 할 취득세액에 100분의 10을 곱하여 계산한 금액)을 더한 가액이 농어촌특별세액이다(세정13407-1031, 2000.08.21).

〈사례〉 비과세와 농어촌특별세

한국수자원개발공사법에 의하여 설립된 한국수자원개발공사가 건설한 시설물을 국가·지방자치단체에 귀속시키거나 기부채납함에 따라 「지방세법」 제106조 제2항의 규정에 의하여 비과세되는 취득세에 대하여는 「농어촌특별세법」 제5조 제1항 제1호의 규정에 의거 농어촌특별세가 과세되는 것이다(법인46012-1492, 1995.05.30).

Ⅱ. 지방교육세

지방교육세는 지방교육의 질적 향상에 필요한 지방교육재정의 확충에 드는 재원을 확보하기 위하여 취득세, 재산세 등의 지방세에 부가하여 지방교육세를 부과하고 있다.

1. 과세대상

부동산, 기계장비(「지방세법」 제124조에 해당하는 자동차는 제외), 항공기 및 선박의 취득에 대한 취득세의 납세의무자는 지방교육세를 납부하여야 한다. 취득세의 과세대상 중 지방교육세의 납세의무자를 열거하고 있으므로 열거되지 아니한 취득세의 과세대상에 대하여는 납세의무가 없다.

취득세의 취득물건에 대하여 지방교육세를 납부한다. 다만, 「지방세법」 제15조 제2항에 해당하는 경우는 제외한다. 즉 취득세와 등록세가 통합되기 전의 취득세만 부과되던 취득물건에 대하여는 지방교육세를 부과하지 않는다.

2. 과세표준

지방교육세의 과세표준은 취득물건에 대하여 「지방세법」 제10조의 과세표준에 제11조 제1항 제1호부터 제7호까지와 제12조의 세율(제14조에 따라 조례로 세율을 달리 정하는 경우에는 그 세율을 말함)에서 1,000분의 20을 뺀 세율을 적용하여 산출한 금액이다.

3. 세율 및 세액

과세표준에 100분의 20의 세율을 적용한다. 다만, 다음의 어느 하나에 해당하는 경우에는 각각에서 정하는 금액으로 한다.

1) 중과세대상인 경우
「지방세법」 제13조 제2항·제3항·제6항 또는 제7항에 해당하는 경우에는 일반적인 취득물건의 계산방법으로 산출한 지방교육세액의 100분의 300을 적용하여 산출한 세액으로 한다.

2) 감면 등의 경우

「지방세특례제한법」, 지방세감면조례(이하 '지방세감면법령'이라 한다)에서 취득세를 감면하는 경우에는 다음과 같이 계산한다.

① 지방세감면법령에서 취득세의 감면율을 정하는 경우: 일반적인 취득물건의 계산방법으로 산출한 지방교육세액을 해당 취득세 감면율로 감면하고 남은 금액.

② 지방세감면법령에서 이 법과 다른 취득세율을 정하는 경우: 해당 취득세율에도 불구하고 일반적인 취득물건의 계산방법으로 산출한 지방교육세액. 다만, 세율을 1천분의 20으로 정하는 경우는 과세대상에서 제외한다.

3) 중과세와 감면이 동시에 적용되는 경우

중과세와 감면 등이 동시에 적용되는 경우에는 중과세와 감면을 각각 적용하여 산출한 세액의 합계액으로 한다.

4. 신고납부

지방교육세 납세의무자가 이 「지방세법」에 따라 취득세를 신고하고 납부하는 때에는 그에 대한 지방교육세를 함께 신고하고 납부하여야 한다. 납세의무자가 지방교육세를 신고납부할 때에는 그 과세표준이 되는 지방세의 신고서 및 납부서에 해당 지방세액과 지방교육세액을 나란히 적고 그 합계액을 적는다. 또한 시장·군수가 지방교육세를 부과·징수할 때에는 그 과세표준이 되는 지방세의 납세고지서에 해당 지방세액과 지방교육세액 및 그 합계액을 적어 고지하여야 한다. 한편, 시장·군수는 불가피한 사유로 지방교육세만을 부과·징수할 때에는 납세고지서에 지방교육세액만을 고지하되, 해당 지방교육세의 과세표준이 되는 세목과 세액을 적어야 한다.

PART
08

취득세의 감면

총칙

1. 취득세 비과세와 감면

지방세의 비과세는 지방세관계법상 세목에서 납세의무 자체를 부인하는 제도이다. 취득세의 비과세는 「지방세법」 제9조에서 규정하고 있다. 반면 「지방세법」상 세목에 따라 과세요건은 성립하였으나 납세의무의 이행단계에서 징수권행사의 유보로서 지방세의 일부 또는 전부를 이행하지 않도록 하는 감면제도를 두고 있다.

이러한 지방세의 감면규정은 「지방세특례제한법」 및 지방자치단체 감면조례에서 규정하고 있다. 취득세의 감면규정은 「조세특례제한법」과 「지방세특례제한법」에서 각각 별도로 규정하였으나, 2014년 12월 23일 「조세특례제한법」 개정 시 취득세감면관련 제120조가 삭제되고 2014년 12월 31일 「지방세특례제한법」의 개정 시 종전에 「조세특례제한법」에서 규정하고 있던 취득세 관련 감면규정을 「지방세특례제한법」으로 이관하여 일괄 규정하게 되었다.

2. 지방세특례제한법의 제정

지방세 감면 및 특례에 관한 사항과 이의 제한에 관한 사항을 규정하여 지방세 정책을 효율적으로 수행함으로써 건전한 지방재정 운영 및 공평과세 실현에 이바지함을 목적으로 「지방세특례제한법」을 제정하였다. 「지방세특례제한법」은 과거 단일법 체계였던 「지방세법」을 분야별로 전문화·체계화하기 위하여 과세면제 및 경감에 관한 규정, 각 세목별로 감면적 성격이 강한 비과세 규정 및 지방자치단체의 감면에 관한 조례 중에서 전국 공통으로 적용되는 감면사항을 일괄 규정하여 지방세 감면을 체계적으로 관리할 수 있도록 하였다.

3. 정의

「지방세특례제한법」에서 사용하는 용어의 뜻은 다음과 같다. 「지방세특례제한법」에서 사용하는 용어의 뜻은 특별한 규정이 없으면 「지방세기본법」과 「지방세법」에서 정하는 바에 따른다.

(1) 고유업무

고유업무란 법령에서 개별적으로 규정한 업무와 법인등기부에 목적사업으로 정하여진 업무를 말한다. 여기서 법인등기부상 목적사업으로 등재된 업무를 모두 고유업무에 해당하는 것으로 해석하는 경우 감면대상사업 이외의 사업 등이 등재되어 있다면 당해 감면대상 이외의 사업에 사용하는 재산의 취득도 취득세 감면대상에 해당된다고 해석될 수 있으므로 이는 과세형평과 입법취지에 부합되지 아니한다고 할 수 있다. 그러므로 고유업무의 범위는 당해 감면규정에 해당하는 사업을 위하여 법령이나 법인등기부상 이를 등재하는 경우에 이를 인정한다는 의미로 해석하여야 할 것이다.

법령상의 목적사업이란 특수법인의 경우 그 설립근거법령에서 규정하고 있는 업무내용이나 개별법령에서 규정하고 있는 특정법인에 대한 필수적 업무 등을 지칭한다. 따라서 법령에서 규정하고 있는 목적사업들을 당해 법인이 법인등기부상의 목적사업에 이를 등기하지 아니한 경우라도 고유목적으로 인정되며, 법인등기부상의 목적사업이란 법인설립 시 등기한 목적사업과 정관상의 목적사업을 변경하여 이를 등기한 경우의 변경된 목적사업을 말한다. 그러므로 법인이 내부적으로 정관변경절차를 이행한 경우라도 정관변경등기를 하지 않는 한 고유목적으로 인정받을 수 없다.

〈사례〉 고유업무

종교사업을 목적으로 설립된 단체인 청구인은 법인등기부와 정관의 목적사업에는 종교사업 외에 교육에 관한 사업과 사회복지에 관한 사업 등도 포함하고 있는데, 아동복지사업 등 자선사업은 종교적 실천의 가장 보편적인 형태이고 선교의 가장 효과적인 수단으로서 청구인과 같은 종교단체의 활동에 일반적으로 수반되는 사업이라고 할 것이고, 이와 같이 종교단체인 청구인이 종교단체의 목적달성에 필요한 부대사업으로서 사회사업을 목적사업으로 정관상 등재하고서 자신의 부담으로 이 사건 쟁점건축물을 아동복지사업에 사용하는 것은 비영리사업자가 위 부동산을 '그 사업', 즉 비영리의 목적사업에 사용하는 경우에 해당한다고 봄이 상당하다(서울고등법원 판결 2003누15210 참조)고 할 것이며, 비록 이 사건 쟁점건축물에 설치한 아동복지시설의 신고자가 담임목사 개인명의로 되어 있다고 하더라도 운영경비를 교회의 지원금 등으로 조달하고 있는 점과 청구인이 당초부터 교육관의 목적으로 사용하기 위하여 이 사건 건축물을 신축하였던 사실 및 종교단체의 담임목사는 교회의 대표자라는 점을 고려하면 이 사건 쟁점건축물에 설치한 아동복지시설이 담임목사가 개인적으로 운영하는 사회복지시설로서 종교단체인 청구인과 전혀 관련이 없는 시설이라고 할 수는 없다고 판단되므로 아동복지시설 설치 신고자가 담임목사 개인이라는 사실이 이 사건 쟁점건축물과 그 부속토지가 취득세 등 비과세 대상에 해당된다고 판단하는데 별다른 영향을 미칠 수는 없는 것으로 보여진다(조심2008지380, 2008.11.28).

(2) 수익사업

수익사업이란 「법인세법」 제3조 제3항에 따른 수익사업을 말한다. 어느 사업이 수익사업에 해당하는지의 여부는 그 사업이 수익성을 가진 것이거나 수익을 목적으로 하면서 그 규모, 횟수, 태양 등에 비추어 사업활동으로 볼 수 있는 정도의 계속성과 반복성이 있는지의 여부 등을 고려하여 사회통념에 따라 합리적으로 판단하여야 한다(대법원 1997.02.28 선고, 86누14845 판결 등 참조).

예를 들어 비영리사업자가 부동산을 그 사업에 직접 사용하는 것인지 아니면 수익사업에 사용하는 것인지의 여부는 당해 비영리사업자의 사업목적과 취득목적 등을 고려하여 그 실제의 사용관계를 기준으로 객관적으로 판단하여야 한다(대법원 2002.04.26 선고, 2000두3238 판결; 대법원 2006.05.12 선고, 2005두16093 판결 등 참조).

법인세법 제3조(과세소득의 범위)

③ 비영리내국법인의 각 사업연도의 소득은 다음 각 호의 사업 또는 수입(이하 "수익사업"이라 한다)에서 생기는 소득으로 한다.

1. 제조업, 건설업, 도매업·소매업, 소비자용품수리업, 부동산·임대 및 사업서비스업 등의 사업으로서 대통령령으로 정하는 것

2. 「소득세법」 제16조 제1항에 따른 이자소득

3. 「소득세법」 제17조 제1항에 따른 배당소득

4. 주식·신주인수권(新株引受權) 또는 출자지분(出資持分)의 양도로 인하여 생기는 수입

5. 고정자산(고유목적사업에 직접 사용하는 고정자산으로서 대통령령으로 정하는 것은 제외한다)의 처분으로 인하여 생기는 수입

6. 「소득세법」 제94조 제1항 제2호 및 제4호에 따른 자산의 양도로 인하여 생기는 수입

7. 제1호부터 제6호까지의 규정 외에 대가(對價)를 얻는 계속적 행위로 인하여 생기는 수입으로서 대통령령으로 정하는 것

(3) 공동주택

공동주택이란 「주택법」 제2조 제2호에 따른 공동주택을 말하되 기숙사는 제외한다. 「주택법」상의 공동주택이란 건축물의 벽·복도·계단이나 그 밖의 설비 등의 전부 또는 일부를 공동으로 사용하는 각 세대가 하나의 건축물 안에서 각각 독립된 주거생활을 할 수 있는 구조로 된 주택을 말한다.

(4) 수도권

수도권이란 「수도권정비계획법」 제2조 제1호에 따른 수도권을 말한다. 「수도권정비계획법」 제2조 제1호에 따른 '수도권'이란 서울특별시, 인천광역시와 경기도를 말한다.

(5) 과밀억제권역

과밀억제권역이란 「수도권정비계획법」 제6조 제1항 제1호에 따른 과밀억제권역을 말한다. 「수도권정비계획법」에서는 수도권의 인구와 산업을 적정하게 배치하기 위하여 수도권을 과밀억제권역, 성장관리권역 및 자연보전권역으로 구분하고 있다. 인구와 산업이 지나치게 집중되었거나 집중될 우려가 있어 이전하거나 정비할 필요가 있는 지역을 과밀억제권역으로 정하고 있다.

(6) 지방세특례

지방세 특례란 세율의 경감, 세액감면, 세액공제, 과세표준 공제(중과세 배제, 재산세 과세대상 구분전환을 포함) 등을 말한다.

(7) 직접사용

직접 사용이란 부동산의 소유자가 해당 부동산을 사업 또는 업무의 목적이나 용도에 맞게 사용하는 것을 말한다. 고유업무에 직접 사용한다고 함은 현실적으로 그 부동산이 고유업무 자체에 직접 사용되는 것을 의미하고, 여기에 해당하는지는 고유업무의 사업목적과 취득목적 등을 고려하여 그 실제의 사용관계를 기준으로 객관적으로 판단하여야 한다.

그리고 직원에게 사택이나 숙소를 제공한 경우 그 직원이 사택이나 숙소에 거주하는 것이 업무 수행의 성격도 겸비한다면 해당 사택이나 숙소는 고유업무에 직접 사용되는 것으로 볼 여지가 혹 있을 수도 있겠지만, 사택이나 숙소의 제공이 단지 직원에 대한 편의를 도모하기 위한 것이거나 그곳에 거주하는 것이 업무 수행과 크게 관련되지 아니한다면 그 사택이나 숙소는 고유업무에 직접 사용되는 것으로 볼 수 없다.

직접 사용이란 당해 사업용 재산을 취득한 자가 취득 후 의무사용기간 내에 자기 명의로 취득 목적에 맞게 사용하는 것을 의미한다. 따라서 의무사용기간 내에 당해 용도가 아닌 다른 용도에 사용하거나 제3자에게 임대하여 임차인이 당해 용도로 사용하는 것은 직접 사용에 해당하지 않는다. 직접 사용의 범위에는 당해 사업을 영위하기 위한 시설물을 설치하고 외주업체로 하여금 당해 시설물을 사용하게 하면서 그 외주업체가 생산하는 제품을 전량 납품받는 경우도 포함된다(행정자치부 지방세심사 2006-35, 2006.01.23 참조).

4. 지방세 특례의 원칙

행정자치부장관 및 지방자치단체가 지방세 특례를 정하려는 경우에는 공익성, 국가의 경제·사회 정책, 조세의 형평성, 지방세 특례 적용 대상자의 조세부담능력 및 단체의 재정여건 등을 종합적으로 고려하여야 한다.

5. 지방세 특례의 제한

「지방세특례제한법」, 「지방세법」 및 「조세특례제한법」에 따르지 아니하고는 「지방세법」에서 정한 일반과세에 대한 지방세 특례를 정할 수 없다. 또한 관계 행정기관의 장은 이 법에 따라 지방세 특례를 받고 있는 법인 등에 대한 특례 범위를 변경하려고 법률을 개정하려면 미리 행정자치부장관과 협의하여야 한다.

6. 조례에 따른 지방세 감면

(1) 지방세의 감면

지방자치단체는 다음의 어느 하나에 해당하는 때에는 3년의 기간 이내에서 지방세의 세율경감, 세액감면 및 세액공제('지방세 감면'이라 함)를 할 수 있다. 다만, 「지방세특례제한법」(제3장 지방소득세 특례는 제외)에서 정하고 있는 지방세 감면은 추가로 확대할 수 없다.

① 서민생활 지원, 농어촌 생활환경 개선, 대중교통 확충 지원 등 공익을 위하여 지방세의 감면이 필요하다고 인정될 때.
② 특정지역의 개발, 특정산업·특정시설의 지원을 위하여 지방세의 감면이 필요하다

고 인정될 때.

(2) 지방세 감면의 금지
지방자치단체는 다음의 어느 하나에 해당하는 지방세 감면을 할 수 없다.

① 「지방세법」 제13조 및 제28조 제2항에 따른 중과세의 배제를 통한 지방세 감면.
② 「지방세법」 제106조 제1항 각 호에 따른 토지에 대한 재산세 과세대상의 구분 전환을 통한 지방세 감면.
③ 과세의 형평을 현저하게 침해하거나 국가의 경제시책에 비추어 합당하지 아니한 지방세 감면 등으로서 대통령령으로 정하는 바에 따라 행정자치부장관이 정하여 고시하는 사항.

(3) 감면의 신설 또는 연장절차
지방자치단체는 지방세 감면을 하려면 「지방세기본법」 제141조에 따른 지방세심의위원회의 심의를 거쳐 조례로 정하여야 한다. 이 경우 대통령령으로 정하는 일정 규모 이상의 지방세 감면을 신설 또는 연장하거나 변경하려는 경우에는 대통령령으로 정하는 조세 관련 전문기관이나 법인 또는 단체에 의뢰하여 감면의 필요성, 성과 및 효율성 등을 분석·평가하여 심의자료로 활용하여야 한다. 그러나 천재지변이나 그 밖에 대통령령으로 정하는 특수한 사유로 지방세 감면이 필요하다고 인정되는 자에 대하여는 해당 지방의회의 의결을 얻어 지방세 감면을 할 수 있다. 지방자치단체는 지방세 감면에 관한 사항을 정비하여야 하며, 지방자치단체의 장은 정비 결과를 행정자치부장관에게 제출하여야 한다. 이 경우 행정자치부장관은 그 정비 결과를 지방세 감면에 관한 정책 수립 등에 활용할 수 있다.

(4) 지방세 감면규모
지방자치단체는 지방세 감면을 하는 경우에는 전전년도 지방세징수 결산액에 대통령령으로 정하는 일정비율을 곱한 규모('지방세 감면규모'라 함) 이내에서 조례로 정하여야 한다.

조례에 따라 감면된 지방세액이 지방세 감면규모를 초과한 경우 그 다음 연도의 지방세 감면은 대통령령으로 정하는 바에 따라 축소·조정된 지방세 감면규모 이내에서 조례로 정할 수 있다. 다만, 지방세 감면규모를 초과하여 정하려는 경우로서 행정자치부장관의 허가를 받아 조례로 정한 지방세 감면에 대하여는 지방세 감면규모 축소·조정 대상에서 제외한다.

7. 지방세지출보고서의 작성

지방자치단체의 장은 지방세 감면 등 지방세 특례에 따른 재정 지원의 직전 회계연도의 실적과 해당 회계연도의 추정 금액에 대한 보고서('지방세지출보고서'라 함)를 작성하여 지방의회에 제출하여야 한다.

8. 지방세특례제한법상의 취득세의 감면

「지방세특례제한법」상에서는 다음과 같은 분야에 대하여 취득세의 감면규정을 두고 있다.

① 농어업을 위한 지원.
② 사회복지를 위한 지원.
③ 교육 및 과학기술 등에 대한 지원.
④ 문화 및 관광 등에 대한 지원.
⑤ 기업구조 및 재무조정 등에 대한 지원.
⑥ 수송 및 교통에 대한 지원.
⑦ 국토 및 지역개발에 대한 지원.
⑧ 공공행정 등에 대한 지원.

농어업을 위한 지원

1. 자경농민의 농지 등에 대한 감면(지방세특례제한법 제6조)

(1) 자경농민의 농지 및 임야의 취득

1) 농지 및 임야의 경감

자경농민이 대통령령으로 정하는 기준에 따라 직접 경작할 목적으로 취득하는 농지(논, 밭, 과수원 및 목장용지를 말함) 및 관계 법령에 따라 농지를 조성하기 위하여 취득하는 임야에 대하여는 취득세의 100분의 50을 경감한다. '대통령령으로 정하는 기준'이란 다음의 요건을 모두 갖춘 경우를 말한다.

① 농지 및 임야의 소재지가 「국토의 계획 및 이용에 관한 법률」에 따른 도시지역(개발제한구역과 녹지지역은 제외) 외의 지역일 것.

② 농지 및 임야를 취득하는 사람의 주소지가 농지 및 임야의 소재지인 구·시·군 또는 그 지역과 잇닿아 있는 구·시·군 지역이거나 농지 및 임야의 소재지로부터 20㎞ 이내의 지역일 것.

③ 소유 농지 및 임야(도시지역 안의 농지 및 임야를 포함)의 규모가 새로 취득하는 농지 및 임야를 합하여 논, 밭, 과수원은 3만㎡(「농지법」에 따라 지정된 농업진흥지역 안의 논, 밭, 과수원은 20만㎡로 함), 목장용지는 25만㎡, 임야는 30만㎡ 이내일 것. 이 경우 초과부분이 있을 때에는 그 초과부분만을 경감대상에서 제외한다.

2) 자경농민

자경농민이란 대통령령으로 정하는 바에 따라 농업을 주업으로 하는 사람으로서 2년 이상 영농에 종사한 사람, 후계농업경영인, 농업계열 학교 또는 학과의 이수자 및 재학생을 말한다.

'대통령령으로 정하는 바에 따라 농업을 주업으로 하는 사람으로서 2년 이상 영농에 종사한 사람'이란 본인 또는 그 동거가족(동일한 세대별 주민등록표에 기재되어 있는 배우자 또는 직계비속으로 한정) 중 1명 이상이 취득일 현재 다음의 요건을 모두 갖추고 있는 사람을 말한다.

① 농지(「지방세법 시행령」 제21조에 따른 농지를 말한다. 이하 같음)를 소유하거나 임차하여 경작하는 방법으로 직접 2년 이상 계속하여 농업에 종사할 것.
② 위의 ①에 따른 농지의 소재지인 구(자치구를 말함)·시·군 또는 그와 잇닿아 있는 구·시·군에 거주하거나 해당 농지의 소재지로부터 20㎞ 이내의 지역에 거주할 것.
③ 직전 연도 농업 외의 종합소득금액(「소득세법」 제4조 제1항 제1호에 따른 종합소득에서 농업, 임업에서 발생하는 소득, 「소득세법 시행령」 제9조에 따른 농가부업소득 및 부동산임대소득을 제외한 금액을 말함)이 「쌀소득 등의 보전에 관한 법률」 제6조 제3항 제1호 및 같은 법 시행령 제4조의 3 제1항 본문에 따른 금액 미만일 것.

3) 추징
다음의 어느 하나에 해당하는 경우 그 해당 부분에 대해서는 경감된 취득세를 추징한다.

① 정당한 사유 없이 그 취득일부터 2년이 경과할 때까지 농지를 직접 경작하지 아니하거나 농지조성을 시작하지 아니하는 경우.
② 정당한 사유 없이 경작한 기간이 2년 미만인 상태에서 매각·증여하거나 다른 용도로 사용하는 경우.

(2) 농업용 시설의 경감
자경농민이 농업용으로 사용하기 위하여 취득하는 다음의 어느 하나에 해당하는 농업용 시설에 대해서는 취득세의 100분의 50을 경감한다.

① 양잠(養蠶) 또는 버섯재배용 건축물, 고정식 온실.

② 축사, 축산폐수 및 분뇨 처리시설.

③ 창고[저온창고, 상온창고(常溫倉庫) 및 농기계보관용 창고만 해당한다] 및 농산물 선별처리시설.

(3) 귀농인의 농지 및 임야의 취득

1) 귀농인의 경감

대통령령으로 정하는 바에 따라 「농어업·농어촌 및 식품산업 기본법」 제3조 제5호에 따른 농어촌 지역으로 이주하는 귀농인이 직접 경작할 목적으로 귀농일부터 3년 이내에 취득하는 농지 및 「농지법」 등 관계 법령에 따라 농지를 조성하기 위하여 취득하는 임야에 대해서는 취득세의 100분의 50을 2018년 12월 31일까지 경감한다.

2) 귀농인

'대통령령으로 정하는 바에 따라 「농어업·농어촌 및 식품산업 기본법」 제3조 제5호에 따른 농어촌 지역으로 이주하는 귀농인'이란 다음의 요건을 모두 갖춘 사람을 말한다.

① 이주한 해당 농어촌(「농어업·농어촌 및 식품산업 기본법」 제3조 제5호에 따른 지역을 말함) 외의 지역에서 귀농일 전까지 계속하여 1년 이상 실제 거주할 것.

② 귀농일 전까지 계속하여 1년 이상 「농어업·농어촌 및 식품산업 기본법」 제3조 제1호 가목에 따른 농업에 종사하지 않은 사람일 것.

③ 농어촌에 「주민등록법」에 따른 전입신고를 하고 실제 거주하는 사람일 것.

3) 귀농일

'대통령령으로 정하는 귀농일'이란 귀농인이 새로 이주한 해당 농어촌으로 전입신고를 하고 거주를 시작한 날을 말한다.

4) 추징

귀농인이 정당한 사유 없이 다음의 어느 하나에 해당하는 경우에는 경감된 취득세를 추징하되 ③, ④의 경우에는 그 해당 부분에 한정하여 경감된 취득세를 추징한다.

① 귀농일부터 3년 이내에 주민등록 주소지를 취득 농지 및 임야 소재지 시·군·구(구의 경우에는 자치구를 말함), 그 지역과 연접한 시·군·구 또는 농지 및 임야 소재지로부터 20㎞ 이내의 지역 외의 지역으로 이전하는 경우.
② 귀농일부터 3년 이내에 「농어업·농어촌 및 식품산업 기본법」 제3조 제1호 가목에 따른 농업('농업') 외의 산업에 종사하는 경우. 다만 「농어업·농어촌 및 식품산업 기본법」 제3조 제8호에 따른 식품산업과 농업을 겸업하는 경우는 제외한다.
③ 농지의 취득일부터 2년 이내에 직접 경작하지 아니하거나 임야의 취득일부터 2년 이내에 농지의 조성을 개시하지 아니하는 경우.
④ 직접 경작한 기간이 3년 미만인 상태에서 매각·증여하거나 다른 용도로 사용하는 경우.

2. 농기계류 등에 대한 면제(지방세특례제한법 제7조)

(1) 농업용기계
농업용(영농을 위한 농산물 등의 운반에 사용하는 경우를 포함)에 직접 사용하기 위한 자동경운기 등 「농업기계화 촉진법」에 따른 농업기계에 대하여는 취득세를 면제한다.

(2) 농업용수의 공급을 위한 관정시설
농업용수의 공급을 위한 관정시설(管井施設)에 대하여는 취득세를 면제한다.

3. 농지확대개발을 위한 면제 등(지방세특례제한법 제8조)

(1) 개간농지

「농어촌정비법」에 따른 농업생산기반 개량사업의 시행으로 인하여 취득하는 농지 및 같은 법에 따른 농지확대 개발사업의 시행으로 인하여 취득하는 개간농지에 대하여는 2016년 12월 31일까지 취득세를 면제한다.

(2) 교환·분합하는 농지

「농어촌정비법」이나 「한국농어촌공사 및 농지관리기금법」에 따라 교환·분합하는 농지, 농업진흥지역에서 교환·분합하는 농지에 대하여는 2016년 12월 31일까지 취득세를 면제한다.

(3) 교환·분합하는 임야

대통령령으로 정하는 바에 따라 임업을 주업으로 하는 사람 또는 임업후계자가 직접 임업을 하기 위하여 교환·분합하는 임야의 취득에 대하여는 취득세를 면제하며, 임업을 주업으로 하는 사람 또는 임업후계자가 「산지관리법」에 따라 지정된 보전산지(99만㎡ 이내의 것으로 한정)를 취득하는 경우에는 취득세의 100분의 50을 경감한다.

'대통령령으로 정하는 바에 따라 임업을 주업으로 하는 사람 또는 임업후계자'란 「임업 및 산촌 진흥촉진에 관한 법률」 제2조 제5호에 따른 독림가(篤林家) 또는 같은 조 제4호에 따른 임업후계자를 말한다.

(4) 공유수면의 매립 또는 간척

공유수면의 매립 또는 간척으로 인하여 취득하는 농지에 대한 취득세는 「지방세법」 제11조 제1항 제3호의 세율(원시취득: 1,000분의 28)에도 불구하고 1,000분의 8을 적용하여 과세한다. 다만, 취득일부터 2년 이내에 다른 용도에 사용하는 경우 그 해당 부분에 대하여는 경감된 취득세를 추징한다.

4. 자영어민 등에 대한 감면(지방세특례제한법 제9조)

(1) 소형어선

20t 미만의 소형어선에 대하여는 취득세를 면제한다.

(2) 어업권과 어선의 취득

어업을 주업으로 하는 사람 중 대통령령으로 정하는 사람, 후계어업경영인, 수산계열 학교 또는 학과의 이수자 및 재학생이 대통령령으로 정하는 기준에 따라 직접 어업을 하기 위하여 취득하는 어업권 및 어선(소형어선은 제외)에 대하여는 취득세의 100분의 50을 경감한다.

'대통령령으로 정하는 사람'이란 어선 선적지(船籍地) 및 어장에 잇닿아 있는 연안이 속하는 구(자치구가 아닌 구를 포함)·시·읍·면 지역(그 지역과 잇닿아 있는 다른 구·시·읍·면 지역을 포함)에 거주하며 어선 또는 어장을 소유하는 사람과 그 동거가족(배우자 또는 직계존속·비속으로 한정) 중에서 1명 이상이 직접 어업에 종사하는 사람을 말한다. '대통령령으로 정하는 기준'이란 다음 각각의 요건을 갖춘 경우를 말한다.

① 취득자의 주소지가 어선 선적지 및 어장에 잇닿아 있는 연안이 속하는 구·시·읍·면 지역(그 지역과 잇닿아 있는 다른 구·시·읍·면 지역을 포함)일 것.
② 어업권은 새로 취득하는 어장과 소유 어장의 면적을 합하여 10ha(헥타르) 이내, 어선은 새로 취득하는 어선과 소유 어선의 규모를 합하여 30t 이내일 것. 이 경우 초과부분이 있을 때에는 그 초과부분만을 경감대상에서 제외한다.

(3) 출원에 의한 어업권취득

출원에 의하여 취득하는 어업권에 대하여는 취득세를 면제한다.

5. 농업법인에 대한 감면(지방세특례제한법 제11조)

(1) 영농에 사용하기 위해 취득하는 부동산

「농어업경영체 육성 및 지원에 관한 법률」 제16조에 따른 영농조합법인과 같은 법 제1조에 따른 농업회사법인('농업법인')이 영농에 사용하기 위하여 법인설립등기일부터 2

년 이내에 취득하는 부동산에 대하여는 취득세를 2015년 12월 31일까지 면제한다.

(2) 영농·유통·가공에 직접 사용하기 위하여 취득하는 부동산

농업법인이 영농·유통·가공에 직접 사용하기 위하여 취득하는 부동산에 대하여는 취득세의 100분의 50을 2015년 12월 31일까지 경감한다.

(3) 추징

농업법인에 대한 감면을 적용할 때 다음의 어느 하나에 해당하는 경우 그 해당 부분에 대해서는 감면된 취득세를 추징한다.

① 정당한 사유 없이 그 취득일부터 1년이 경과할 때까지 해당 용도로 직접 사용하지 아니하는 경우.
② 해당 용도로 직접 사용한 기간이 3년 미만인 상태에서 매각·증여하거나 다른 용도로 사용하는 경우.

6. 어업법인에 대한 감면(지방세특례제한법 제12조)

「농어업경영체 육성 및 지원에 관한 법률」제16조에 따른 영어조합법인과 같은 법 제19조에 따른 어업회사법인('어업법인')이 영어·유통·가공에 직접 사용하기 위하여 취득하는 부동산에 대하여는 취득세의 100분의 50을 2015년 12월 31일까지 경감한다.

7. 한국농어촌공사의 농업 관련 사업에 대한 감면(지방세특례제한법 제13조)

한국농어촌공사가 취득하는 부동산에 대하여는 다음에 정하는 바에 따라 2015년 12월 31일까지 취득세를 감면한다. 다만, 아래 ④의 경우에는 2016년 12월 31일까지 취득세를 감면한다.

① 한국농어촌공사가 「한국농어촌공사 및 농지관리기금법」 제18조·제20조·제24조 및 제44조에 따라 취득·소유하는 부동산과 「농지법」에 따라 취득하는 농지 및 「농어촌정비법」에 따른 국가 또는 지방자치단체의 농업생산기반 정비계획에 따라 취득·소유하는 농업기반시설용 토지와 그 시설물.

② 한국농어촌공사가 「한국농어촌공사 및 농지관리기금법」 제24조의 3 제1항에 따라 취득(같은 법 제24조의 3 제3항에 따라 해당 농지를 매도할 당시 소유자 또는 포괄승계인이 환매(還買)로 취득하는 경우를 포함)하는 부동산.

③ 한국농어촌공사가 「자유무역협정 체결에 따른 농어업인 등의 지원에 관한 특별법」 제4조 제1호에 따라 취득·소유하는 농지.

④ 한국농어촌공사가 국가 또는 지방자치단체의 계획에 따라 제3자에게 공급할 목적으로 「농어촌정비법」 제2조 제10호에 따른 생활환경정비사업에 직접 사용하기 위하여 일시 취득하는 부동산.

⑤ 한국농어촌공사가 「한국농어촌공사 및 농지관리기금법」 제24조의 2 제2항에 따라 취득하는 농지.

8. 농업협동조합 등의 농어업 관련 사업 등에 대한 감면(지방세특례제한법 제14조)

(1) 구매·판매 사업용 부동산

농업협동조합중앙회, 수산업협동조합중앙회, 산림조합중앙회가 구매·판매 사업 등에 직접 사용하기 위하여 취득하는 다음의 부동산(「농수산물유통 및 가격안정에 관한 법률」 제70조 제1항에 따른 유통자회사에 농수산물 유통시설로 사용하게 하는 부동산을 포함)에 대해서는 취득세의 100분의 25를 2016년 12월 31일까지 경감한다.

① 구매·판매·보관·가공·무역 사업용 토지와 건축물.
② 생산 및 검사 사업용 토지와 건축물.
③ 농어민 교육시설용 토지와 건축물.

(2) 공동이용시설사업용 부동산

농업협동조합중앙회, 수산업협동조합중앙회, 산림조합중앙회, 엽연초생산협동조합중앙회가 회원의 교육·지도·지원 사업과 공동이용시설사업에 사용하기 위하여 취득하는 부동산(임대용 부동산은 제외)에 대해서는 취득세의 100분의 25를 2016년 12월 31일까지 경감한다.

(3) 고유사업에 사용하는 부동산

「농업협동조합법」에 따라 설립된 조합(조합공동사업법인을 포함), 「수산업협동조합법」에 따라 설립된 조합(어촌계를 포함), 「산림조합법」에 따라 설립된 산림조합(산림계 및 조합공동사업법인을 포함) 및 엽연초생산협동조합이 고유업무에 직접 사용하기 위하여 취득하는 부동산(임대용 부동산은 제외)에 대해서는 취득세를 2015년 12월 31일까지 면제한다.

9. 농업경제지주회사 등의 구매·판매 사업 등에 대한 감면(지방세특례제한법 제14조의 2)

「농업협동조합법」 제134조의 2에 따라 설립된 농협경제지주회사와 법률 제10522호 농업협동조합법 일부개정법률 부칙 제6조에 따라 설립된 자회사가 구매·판매 사업 등에 직접 사용하기 위하여 취득하는 다음의 부동산(「농수산물 유통 및 가격안정에 관한 법률」 제70조 제1항에 따른 유통자회사에 농수산물 유통시설로 사용하게 하는 부동산을 포함)에 대해서는 취득세의 100분의 25를 2017년 12월 31일까지 경감한다.

① 구매·판매·보관·가공·무역 사업용 토지와 건축물.
② 생산 및 검사 사업용 토지와 건축물.
③ 농어민 교육시설용 토지와 건축물.

10. 한국농수산식품유통공사 등의 농어업 관련 사업 등에 대한 감면(지방세특례제한법 제15조)

(1) 한국농수산식품유통공사

「한국농수산식품유통공사법」에 따라 설립된 한국농수산식품유통공사와 「농수산물유통 및 가격안정에 관한 법률」 제70조 제1항에 따른 유통자회사가 농수산물종합직판장 등의 농수산물 유통시설과 농수산물유통에 관한 교육훈련시설에 직접 사용(「농수산물유통 및 가격안정에 관한 법률」 제2조 제7호부터 제9호까지의 규정에 따른 도매시장법인, 시장도매인, 중도매인 및 그 밖의 소매인이 해당 부동산을 그 고유업무에 사용하는 경우를 포함)하기 위하여 취득하는 부동산에 대해서는 취득세의 100분의 50을 2015년 12월 31일까지 경감한다.

(2) 농수산물공사

「지방공기업법」에 따라 농수산물의 원활한 유통 및 적정한 가격의 유지를 목적으로 설립된 지방공사(이하 '농수산물공사'라 함)가 그 고유업무에 직접 사용하기 위하여 취득하는 부동산에 대해서는 취득세의 100분의 100(100분의 100의 범위에서 조례로 따로 정하는 경우에는 그 비율)에 지방자치단체의 주식소유비율[해당 농수산물공사의 발행주식총수에 대한 지방자치단체의 소유주식(「지방공기업법」 제53조 제4항에 따라 지방자치단체가 출자한 것으로 보는 주식을 포함) 수의 비율을 말함]을 곱한 금액을 2016년 12월 31일까지 감면한다.

11. 농어촌 주택개량에 대한 감면(지방세특례제한법 제16조)

대통령령으로 정하는 사업의 계획에 따라 주택개량 대상자로 선정된 사람과 같은 사업계획에 따라 자력(自力)으로 주택을 개량하는 대상자로서 해당 지역에 거주하는 사람(과밀억제권역에서는 1년 이상 거주한 사실이 「주민등록법」에 따른 주민등록표 등에 따라 증명되는 사람으로 한정) 및 그 가족이 상시 거주할 목적으로 취득하는 전용면적 100

㎡ 이하의 주거용 건축물 및 그 부속토지(주거용 건축물 바닥면적의 7배를 초과하지 아니하는 부분으로 한정)에 대해서는 취득세를 2018년 12월 31일까지 면제한다.

'대통령령으로 정하는 사업'이란 다음의 어느 하나에 해당하는 사업을 말한다.

① 「농어촌정비법」 제2조 제10호에 따른 생활환경정비사업.
② 「농어촌주택개량 촉진법」 제5조 제1항에 따른 농어촌주거환경개선사업.

Chapter 03 | 사회복지를 위한 지원

1. 장애인용 자동차에 대한 감면(지방세특례제한법 제17조)

(1) 장애인용 자동차의 감면

'대통령령으로 정하는 장애인'이 보철용·생업활동용으로 사용하기 위하여 취득하는 자동차로서 취득세에 대하여 최초로 감면을 신청하는 1대에 대하여는 2015년 12월 31 일까지 취득세를 면제한다. 다만, 장애인 또는 장애인과 공동으로 등록한 사람이 자동차 등록일로부터 1년 이내에 사망, 혼인, 해외 이민, 운전면허 취소, 그 밖에 이와 유사한 부득이한 사유 없이 소유권을 이전하거나 세대를 분가하는 경우에는 면제된 취득세를 추징한다. 다만, 장애인과 공동 등록할 수 있는 사람의 소유권을 장애인이 이전받은 경우, 장애인과 공동 등록할 수 있는 사람이 그 장애인으로부터 소유권의 일부를 이전받은 경우 또는 공동 등록할 수 있는 사람 간에 등록 전환하는 경우는 제외한다.

(2) 장애인

'대통령령으로 정하는 장애인'이란 다음의 어느 하나에 해당하는 장애인을 말한다.

① 「장애인복지법」에 따른 장애인으로서 장애등급 제1급부터 제3급까지에 해당하는 사람.
② 「국가유공자 등 예우 및 지원에 관한 법률」에 따른 국가유공자로서 상이등급 1급부터 7급까지의 판정을 받은 사람.
③ 「5·18민주유공자 예우에 관한 법률」에 따라 등록된 5·18민주화운동부상자로서 신체장애등급 1급부터 14급까지의 판정을 받은 사람.

④「고엽제후유의증 등 환자지원 및 단체설립에 관한 법률」에 따른 고엽제후유의증환자로서 경도(輕度) 장애 이상의 장애등급 판정을 받은 사람.

(3) 감면 대상 자동차

1) 승용자동차
다음의 어느 하나에 해당하는 승용자동차.

① 배기량 2,000cc 이하인 승용자동차.
② 승차 정원 7명 이상 10명 이하인 승용자동차(「자동차관리법」에 따라 2000년 12월 31일 이전에 승용자동차로 분류된 고급에 해당하는 자동차 및 이에 준하는 자동차는 제외).
③ 「자동차관리법」에 따라 자동차의 구분 기준이 화물자동차에서 2006년 1월 1일부터 승용자동차에 해당하게 되는 자동차(2005년 12월 31일 이전부터 승용자동차로 분류되어 온 것은 제외).

2) 승합자동차
승차 정원 15명 이하인 승합자동차.

3) 최대 적재량 1t 이하인 화물자동차

4) 이륜자동차

2. 한센인 및 한센인 정착농원 지원을 위한 감면(지방세특례제한법 제17조의 2)

한센병에 걸린 사람 또는 한센병에 걸렸다가 치료가 종결된 사람('한센인')이 한센인의 치료·재활·자활 등을 위하여 집단으로 정착하여 거주하는 지역으로서 거주목적, 거주형태 등을 고려하여 대통령령으로 정하는 지역('한센인 정착농원') 내의 다음과 같은 부동산을 취득하는 경우에는 취득세를 2015년 12월 31일까지 면제한다.

① 주거용 건축물(전용면적이 85㎡ 이하인 경우로 한정) 및 그 부속 토지.
② 축사용 부동산.
③ 한센인의 재활사업에 직접 사용하기 위한 부동산(한센인 정착농원의 대표자나 한센인이 취득하는 경우로 한정).

대통령령으로 정하는 지역('한센인 정착농원')은 「지방세특례제한법 시행령」 [별표]에서 구체적으로 규정하고 있다.

3. 한국장애인고용공단에 대한 감면(지방세특례제한법 제18조)

「장애인고용촉진 및 직업재활법」에 따른 한국장애인고용공단이 같은 법 제43조 제2항 제1호부터 제11호까지의 사업에 직접 사용하기 위하여 취득하는 부동산(수익사업용 부동산은 제외)에 대해서는 2015년 12월 31일까지 취득세를 면제한다.

4. 영유아어린이집 및 유치원에 대한 감면(지방세특례제한법 제19조)

「영유아보육법」에 따른 영유아어린이집 및 「유아교육법」에 따른 유치원('유치원 등')을 설치·운영하기 위하여 취득하는 부동산에 대해서는 취득세를 2015년 12월 31일까지 면제한다.

5. 노인복지시설에 대한 감면(지방세특례제한법 제20조)

양로시설, 경로당 등 대통령령으로 정하는 노인복지시설에 사용하기 위하여 취득하는 부동산에 대해서는 2017년 12월 31일까지 취득세를 면제한다.

6. 청소년단체 등에 대한 감면(지방세특례제한법 제21조)

(1) 청소년단체
다음과 같은 법인 또는 단체가 그 고유 업무에 직접 사용하기 위하여 취득하는 부동산(임대용 부동산은 제외)에 대해서는 취득세를 2017년 12월 31일까지 면제한다.

① 「스카우트활동 육성에 관한 법률」에 따른 스카우트주관단체.
② 「한국청소년연맹 육성에 관한 법률」에 따른 한국청소년연맹.
③ 「한국해양소년단연맹 육성에 관한 법률」에 따른 한국해양소년단연맹.
④ ①부터 ③까지의 단체 등과 유사한 청소년단체로서 대통령령으로 정하는 단체.

대통령령으로 정하는 단체란 다음의 어느 하나에 해당하는 청소년단체를 말한다.

① 정부로부터 허가 또는 인가를 받거나 「민법」 외의 법률에 따라 설립되거나 그 적용을 받는 청소년단체.
② 행정자치부장관이 여성가족부장관과 협의하여 고시하는 단체.

(2) 청소년수련시설의 설치 허가를 받은 비영리법인
「청소년활동진흥법」에 따라 청소년수련시설의 설치 허가를 받은 비영리법인이 청소년수련시설을 설치하기 위하여 취득하는 부동산에 대해서는 2017년 12월 31일까지 취득세를 면제한다.

7. 사회복지법인 등에 대한 감면(지방세특례제한법 제22조)

'대통령령으로 정하는 사회복지사업'에 따라 설립된 사회복지법인과 양로원, 보육원, 모자원, 한센병자 치료보호시설 등 사회복지사업을 목적으로 하는 단체 및 한국한센복지협회('사회복지법인 등')가 해당 사업에 사용하기 위하여 취득하는 부동산에 대해서는 취득세를 2019년 12월 31일까지 면제한다. 다만, 다음의 어느 하나에 해당하는 경우 그 해당 부분에 대해서는 면제된 취득세를 추징한다.

① 수익사업에 사용하는 경우.
② 정당한 사유 없이 그 취득일로부터 3년이 경과할 때까지 해당 용도로 직접 사용하지 아니하는 경우.
③ 해당 용도로 직접 사용한 기간이 2년 미만인 상태에서 매각·증여하거나 다른 용도로 사용하는 경우

'양로원, 보육원, 모자원, 한센병자 치료보호시설 등 대통령령으로 정하는 사회복지사업을 목적으로 하는 단체'란 다음의 요건을 모두 갖춘 법인(「법인세법」 제1조 제1호 및 제3호에 따른 내국법인 및 외국법인을 말함), 법인 아닌 사단·재단, 그 밖의 단체를 말한다.

① 단체의 조직과 운영에 관한 규정(規程)을 가지고 대표자나 관리인을 선임하고 있을 것.
② 단체의 계산과 명의로 수익과 재산을 독립적으로 소유·관리하고 있을 것.
③ 단체의 수익을 그 구성원에게 분배하지 아니할 것.

8. 출산 및 양육 지원을 위한 감면(지방세특례제한법 제22조의 2)

(1) 감면 내용

다자녀 양육자가 양육을 목적으로 2015년 12월 31일까지 취득하여 등록하는 자동차에 대하여는 취득세를 면제하되 승차 정원이 7명 이상 10명 이하인 승용자동차를 제외한 일반 승용자동차는 「지방세법」 제12조 제1항 제2호에 따라 계산한 취득세가 140만

원 이하인 경우는 면제하고 140만 원을 초과하면 140만 원을 경감한다. 다만, 배우자가 감면을 받은 경우 또는 배우자 외의 자와 공동등록을 하는 경우에는 그러하지 아니하다.

(2) 감면대상 취득

1) 신규취득
다자녀 양육자가 취득하여 등록하는 자동차로서 먼저 감면 신청하는 1대에 대하여 취득세를 감면한다.

2) 대체취득
다자녀 양육자가 자동차를 2015년 12월 31일까지 대체취득(취득세를 감면받은 자동차를 말소등록하거나 이전등록하고 다시 취득하는 것을 말하며, 취득하여 등록한 날부터 60일 이내에 취득세를 감면받은 자동차를 말소등록하거나 이전등록하는 경우를 포함)하여 등록하는 경우 해당 자동차에 대하여 취득세를 감면한다.

(3) 다자녀 양육자
다자녀 양육자란 18세 미만의 자녀(가족관계등록부 기록을 기준으로 하고, 양자 및 배우자의 자녀를 포함하되, 입양된 자녀는 친생부모의 자녀 수에는 포함하지 않음) 3명 이상을 양육하는 자를 말한다.

(4) 감면대상 자동차
다음의 어느 하나에 해당하는 자동차(자동차의 종류 구분은 「자동차관리법」 제3조에 따름)에 대하여 감면한다.

① 다음의 어느 하나에 해당하는 승용자동차.
  ⓐ 승차 정원이 7명 이상 10명 이하인 승용자동차.
  ⓑ ⓐ 외의 승용자동차.

② 승차 정원이 15명 이하인 승합자동차.

③ 최대 적재량이 1t 이하인 화물자동차.

④ 이륜자동차

(5) 추징

취득세를 감면받은 자가 자동차 등록일로부터 1년 이내에 사망, 혼인, 해외 이민, 운전 면허 취소, 그 밖에 이와 유사한 사유 없이 해당 자동차의 소유권을 이전하는 경우에는 감면된 취득세를 추징한다.

(6) 자동차의 소유로 보지 않는 경우

감면을 받은 자동차가 다음의 어느 하나에 해당되는 경우에는 장부상 등록 여부에도 불구하고 자동차를 소유하지 아니한 것으로 보아 취득세 감면 규정을 적용한다.

① 「자동차관리법」에 따른 자동차매매업자가 중고자동차 매매의 알선을 요청한 사실을 증명하는 자동차(매도되지 아니하고 그 소유자에게 반환되는 중고자동차는 제외).

② 천재지변, 화재, 교통사고 등으로 소멸·멸실 또는 파손되어 해당 자동차를 회수할 수 없거나 사용할 수 없는 것으로 시장·군수 또는 구청장(구청장의 경우에는 자치구의 구청장을 말하며, 이하 '시장·군수'라 함)이 인정하는 자동차.

③ 「자동차관리법」에 따른 자동차해체재활용업자가 폐차되었음을 증명하는 자동차.

④ 「관세법」에 따라 세관장에게 수출신고를 하고 수출된 자동차.

9. 사회적기업에 대한 감면(지방세특례제한법 제22조의 4)

「사회적기업육성법」 제2조 제1호에 따른 사회적기업(「상법」에 따른 회사인 경우에는 「중소기업기본법」 제2조 제1항에 따른 중소기업으로 한정)이 그 고유업무에 직접 사용하기 위하여 취득하는 부동산에 대해서는 2015년 12월 31일까지 취득세의 100분의 50

을 경감한다.

다만, 다음의 어느 하나에 해당하는 경우 그 해당 부분에 대해서는 경감된 취득세를 추징한다.

① 그 취득일부터 3년 이내에 「사회적기업육성법」 제18조에 따라 사회적기업의 인증이 취소되는 경우.
② 정당한 사유 없이 그 취득일부터 1년이 경과할 때까지 해당 용도로 직접 사용하지 아니하는 경우.
③ 해당 용도로 직접 사용한 기간이 2년 미만인 상태에서 매각·증여하거나 다른 용도로 사용하는 경우.

10. 권익 증진 등을 위한 감면(지방세특례제한법 제23조)

다음의 법인이 그 고유업무에 직접 사용하기 위하여 취득하는 부동산(임대용 부동산은 제외한다)에 대하여는 취득세를 2015년 12월 31일까지 면제한다.

① 「대한적십자사조직법」에 따른 대한적십자사.
② 「법률구조법」에 따른 대한법률구조공단 및 법률구조법인.
③ 「소비자기본법」에 따른 한국소비자원.

11. 연금공단 등에 대한 감면(지방세특례제한법 제24조)

(1) 국민연금

「국민연금법」에 따른 국민연금공단이 같은 법 제25조에 따른 업무에 직접 사용하기 위하여 취득하는 부동산에 대하여는 다음과 같이 2014년 12월 31일까지 취득세를 감면한다.

① 「국민연금법」 제25조 제4호에 따른 복지증진사업을 위한 부동산에 대하여는 취득세를 면제한다.

② 「국민연금법」 제25조 제7호에 따라 위탁받은 그 밖의 국민연금사업을 위한 부동산에 대하여는 취득세의 100분의 50을 경감한다.

(2) 공무원연금

「공무원연금법」에 따른 공무원연금공단이 같은 법 제16조에 따른 사업에 직접 사용하기 위하여 취득하는 부동산에 대하여는 다음과 같이 2014년 12월 31일까지 취득세를 감면한다.

① 「공무원연금법」 제16조 제4호 및 제5호의 사업을 위한 부동산에 대하여는 취득세를 면제한다.

② 「공무원연금법」 제16조 제3호 및 제6호의 사업을 위한 부동산에 대하여는 취득세의 100분의 50을 경감한다.

(3) 사립학교교직원연금

「사립학교교직원연금법」에 따른 사립학교교직원연금공단이 같은 법 제4조에 따른 사업에 직접 사용하기 위하여 취득하는 부동산에 대하여는 다음과 같이 2014년 12월 31일까지 취득세를 감면한다.

① 「사립학교교직원연금법」 제4조 제4호의 사업을 위한 부동산에 대하여는 취득세를 면제한다.

② 「사립학교교직원연금법」 제4조 제3호 및 제5호의 사업을 위한 부동산에 대하여는 취득세의 100분의 50을 경감한다.

12. 근로자 복지를 위한 감면(지방세특례제한법 제25조)

다음과 같은 법인이 전용면적 85㎡ 이하의 회원용 공동주택을 건설하기 위하여 취득하는 부동산에 대하여는 2014년 12월 31일까지 취득세의 100분의 50을 경감한다.

① 「군인공제회법」에 따라 설립된 군인공제회.
② 「경찰공제회법」에 따라 설립된 경찰공제회.
③ 「대한지방행정공제회법」에 따라 설립된 대한지방행정공제회.
④ 「한국교직원공제회법」에 따라 설립된 한국교직원공제회.

13. 노동조합에 대한 감면(지방세특례제한법 제26조)

「노동조합 및 노동관계조정법」에 따라 설립된 노동조합이 고유업무에 직접 사용하기 위하여 취득하는 부동산(수익사업용 부동산은 제외한다)에 대하여는 취득세를 2015년 12월 31일까지 면제한다.

14. 근로복지공단 지원을 위한 감면(지방세특례제한법 제7조)

「산업재해보상보험법」에 따른 근로복지공단이 같은 법 제11조 제1항 제1호부터 제5호까지, 제6호 및 제7호의 사업에 직접 사용하기 위하여 취득하는 부동산에 대하여는 2015년 12월 31일까지 취득세의 100분의 75를 경감한다. 근로복지공단이 「산업재해보상보험법」 제11조 제1항 제5호의 2, 제5호의 3 및 같은 조 제2항에 따른 의료사업 및 재활사업에 직접 사용하기 위하여 취득하는 부동산에 대하여는 취득세를 2015년 12월 31일까지 면제한다.

15. 산업인력 등 지원을 위한 감면(지방세특례제한법 제28조)

(1) 직업능력개발훈련시설
「근로자직업능력개발법」에 따른 직업능력개발훈련시설(숙박시설을 포함)에 직접 사용하기 위하여 취득하는 토지(건축물 바닥면적의 10배 이내의 것으로 한정)와 건축물에 대하여는 2014년 12월 31일까지 취득세의 100분의 50을 경감한다.

(2) 한국산업인력공단

「한국산업안전보건공단법」에 따라 설립된 한국산업안전보건공단이 같은 법 제6조 제 2호 및 제6호의 사업에, 「한국산업인력공단법」에 따라 설립된 한국산업인력공단이 같은 법 제6조 제1호의 사업에 직접 사용하기 위하여 취득하는 부동산에 대하여는 2015년 12월 31일까지 취득세의 100분의 75를 각각 경감한다.

16. 국가유공자 등에 대한 감면(지방세특례제한법 제29조)

(1) 대부금으로 취득하는 부동산

「국가유공자 등 예우 및 지원에 관한 법률」, 「보훈보상대상자 지원에 관한 법률」, 「5·18 민주유공자 예우에 관한 법률」 및 「특수임무유공자 예우 및 단체설립에 관한 법률」에 따른 대부금으로 취득하는 다음에 해당하는 부동산에 대해서는 취득세를 2017년 12월 31일까지 면제한다.

① 전용면적 85㎡ 이하인 주거용 부동산(대부금을 초과하는 부분을 포함).
② ① 외의 부동산(대부금을 초과하는 부분은 제외).

(2) 고유업무용 부동산

다음과 같은 단체가 그 고유업무에 직접 사용하기 위하여 취득하는 부동산에 대하여는 취득세를 2017년 12월 31일까지 면제한다.

① 「국가유공자 등 단체 설립에 관한 법률」에 따라 설립된 대한민국상이군경회, 대한민국전몰군경유족회, 대한민국전몰군경미망인회, 광복회, 4·19민주혁명회, 4·19혁명희생자유족회, 4·19혁명공로자회, 재일학도의용군동지회 및 대한민국무공수

훈자회.

② 「특수임무유공자 예우 및 단체설립에 관한 법률」에 따라 설립된 대한민국특수임무
유공자회.

③ 「고엽제후유의증 환자지원 등에 관한 법률」에 따라 설립된 대한민국고엽제전우회.

④ 「참전유공자예우 및 단체설립에 관한 법률」에 따라 설립된 대한민국6·25참전유공
자회 및 대한민국월남전참전자회.

(3) 자활용사촌의 중상이자의 취득

대통령령으로 정하는 바에 따라 상이등급 1급을 판정받은 사람들로 구성되어 국가보
훈처장이 지정한 국가유공자 자활용사촌에 거주하는 중상이자(重傷痍者)와 그 유족 또
는 그 중상이자와 유족으로 구성된 단체가 취득하는 부동산에 대해서는 취득세를 2017
년 12월 31일까지 면제한다.

17. 한국보훈복지의료공단 등에 대한 감면(지방세특례제한법 제30조)

(1) 한국보훈복지의료공단

「한국보훈복지의료공단법」에 따라 설립된 한국보훈복지의료공단이 같은 법 제6조 제
1호부터 제8호까지의 사업에 직접 사용하기 위하여 취득하는 재산에 대해서는 취득세
를 2015년 12월 31일까지 면제한다.

(2) 독립기념관

「독립기념관법」에 따라 설립된 독립기념관이 같은 법 제6조 제1항의 업무에 직접 사
용하기 위하여 취득하는 부동산에 대하여는 취득세를 2015년 12월 31일까지 면제한다.

18. 임대주택에 대한 감면(지방세특례제한법 제31조)

(1) 임대사업자의 감면

1) 감면 대상

① 임대용 공동주택의 건축: 「임대주택법」 제2조 제4호에 따른 임대사업자(임대용 부동산 취득일부터 60일 이내에 임대사업자로 등록한 경우를 포함)가 임대할 목적으로 공동주택(그 부속토지를 포함하되 해당 공동주택의 부대시설 및 임대수익금 전액을 임대주택관리비로 충당하는 임대용 복리시설을 포함)을 건축하는 경우 그 공동주택.

② 임대용 공동주택 등의 취득: 임대사업자가 임대할 목적으로 건축주로부터 공동주택 또는 「임대주택법」 제2조 제3호에 따른 오피스텔을 최초로 분양받은 경우 그 공동주택 또는 오피스텔(「주택법」 제80조의 2 제1항에 따른 주택거래신고지역에 있는 공동주택 또는 오피스텔은 제외).

2) 감면 내용

다음과 같이 2015년 12월 31일까지 취득세를 감면한다. 다만, 토지를 취득한 날부터 정당한 사유 없이 2년 이내에 공동주택을 착공하지 아니한 경우는 제외한다.

① 전용면적 60㎡ 이하: 전용면적 60㎡ 이하인 공동주택 또는 오피스텔을 취득하는 경우에는 취득세를 면제한다.

② 전용면적 60㎡ 초과 85㎡ 이하인 임대주택: 「임대주택법」 제16조 제1항 제1호, 제2호, 제2호의 2 및 제3호에 따른 장기임대 목적으로 전용면적 60㎡ 초과 85㎡ 이하인 임대주택('장기임대주택')을 20호(戶) 이상 취득하거나, 20호 이상의 장기임대주택을 보유한 임대사업자가 추가로 장기임대주택을 취득하는 경우(추가로 취득한 결과로 20호 이상을 보유하게 되었을 때에는 그 20호부터 초과분까지를 포함)에는 취득세의 100분의 25를 경감한다.

3) 추징

「임대주택법」 제16조 제1항 각 호에 따른 임대의무기간에 대통령령으로 정한 경우가 아닌 사유로 임대 외의 용도로 사용하거나 매각·증여하는 경우에는 감면된 취득세를 추징한다.

「임대주택법」 제16조 제1항 각 호에 따른 임대의무기간은 다음과 같다.

① 건설임대주택 중 국가나 지방자치단체의 재정으로 건설하는 임대주택 또는 국민주택기금의 자금을 지원받아 영구적인 임대를 목적으로 건설한 임대주택은 그 임대주택의 임대개시일부터 50년.

② 건설임대주택 중 국가나 지방자치단체의 재정과 국민주택기금의 자금을 지원받아 건설되는 임대주택은 임대개시일부터 30년.

③ 장기전세주택은 그 임대주택의 임대개시일부터 20년.

④ ①과 ② 외의 건설임대주택 중 제26조에 따라 임대 조건을 신고할 때 임대차 계약기간을 10년 이상으로 정하여 신고한 주택은 그 임대주택의 임대개시일부터 10년.

⑤ ①부터 ③까지의 규정에 해당하지 아니하는 건설임대주택 및 매입임대주택은 다음에 정하는 기간.

ⓐ 준공공임대주택으로 등록한 민간건설임대주택 또는 매입임대주택: 준공공임대주택의 임대개시일부터 10년. 이 경우 임대사업자가 준공공임대주택으로 등록하기 전에 임대하고 있는 주택을 「임대주택법」 제6조의 2 제1항 및 이 영 제8조의 2 제1호에 따라 준공공임대주택으로 등록한 경우에는 5년의 범위에서 준공공임대주택으로 등록하기 전에 임대한 기간의 2분의 1에 해당하는 기간을 임대의무기간에 포함하여 산정한다.

ⓑ 그 밖의 임대주택: 임대개시일부터 5년.

'대통령령으로 정한 경우'란 「임대주택법 시행령」 제13조 제2항 제2호 및 제3호에서 정하는 경우를 말한다.

임대주택법 제13조(임대주택의 임대의무기간 등)

② 법 제16조 제3항에 따라 다음 각 호의 경우에는 임대의무기간 이내에 매각할 수 있다.

1. 국토교통부령으로 정하는 바에 따라 시장·군수 또는 구청장에게 신고한 후 다른 임대사업자에게 매각하는 경우 (2013. 3. 23. 직제개정 ; 국토교통부와 그 소속기관 직제 부칙)

2. 임대사업자가 부도, 파산, 그 밖의 경제적 사정 등으로 임대를 계속할 수 없는 경우로 다음 각 목의 구분에 따른 분양전환허가 또는 분양전환승인을 받은 경우

가. 국가·지방자치단체·한국토지주택공사 또는 지방공사가 임대하는 임대주택의 경우에는 국토교통부장관의 허가 (2013. 3. 23. 직제개정 ; 국토교통부와 그 소속기관 직제 부칙)

나. 가목 외의 공공건설임대주택의 경우 법 제21조 제3항에 따른 승인

다. 가목 및 나목 외의 임대주택의 경우에는 해당 임대주택이 있는 곳을 관할하는 시장·군수 또는 구청장의 허가

3. 법 제16조 제1항 제3호 및 제4호에 해당하는 임대주택으로서 임대 개시 후 해당 주택의 임대의무기간의 2분의 1이 지난 경우로 임대사업자와 임차인이 해당 임대주택의 분양전환에 합의하여 임대사업자가 국토교통부령으로 정하는 바에 따라 시장·군수 또는 구청장에게 신고(임대사업자가 국가, 지방자치단체, 한국토지주택공사 또는 지방공사인 경우는 제외한다)한 후 임차인에게 분양전환하는 경우. 이 경우 공공건설임대주택은 법 제21조 제1항 또는 제2항에 해당하는 임차인에게만 분양전환을 할 수 있다.

4. 국민주택기금의 융자를 받아 주택이 없는 근로자를 위하여 건설한 임대주택(1994년 9월 13일 이전에 사업계획승인을 받은 경우에 한정한다)을 시장·군수·구청장의 허가를 받아 분양전환하는 경우. 이 경우 법 제21조 제1항 또는 같은 조 제2항의 요건을 충족하는 임차인에게 우선적으로 분양전환하여야 한다.

(2) 한국토지주택공사에 대한 감면

「한국토지주택공사법」에 따라 설립된 '한국토지주택공사'가 「공공주택건설 등에 관한 특별법」 제43조 제1항에 따라 매입하여 공급하는 것으로 대통령령으로 정하는 주거용 건축물 및 그 부속토지에 대해서는 취득세의 100분의 50을 2016년 12월 31일까지 경감한다.

다만, 다음의 어느 하나에 해당하는 경우 그 해당 부분에 대해서는 경감된 취득세를 추징한다.

① 정당한 사유 없이 그 매입일부터 1년이 경과할 때까지 해당 용도로 직접 사용하지 아니하는 경우.
② 해당 용도로 직접 사용한 기간이 2년 미만인 상태에서 매각·증여하거나 다른 용도로 사용하는 경우.

'대통령령으로 정하는 주거용 건축물 및 그 부속토지'란 「건축법 시행령」 [별표1] 제1호 나목의 다중주택 및 그 부속토지와 같은 호 다목의 다가구주택 및 그 부속토지를 말한다.

19. 준공 후 미분양 주택에 대한 감면(지방세특례제한법 제31조의 2)

(1) 감면 내용

준공 후 미분양 주택을 2015년 12월 31일까지 최초로 취득하는 경우 취득세의 100분의 25를 경감한다.

(2) 준공 후 미분양주택

「주택법」 제38조 제1항에 따른 사업주체가 분양하는 다음의 요건을 모두 갖춘 주택을 말한다.

① 「주택법」제29조 또는 「건축법」제22조에 따른 사용검사 또는 임시사용승인을 받은 후에도 분양되지 아니한 주택일 것.

② 「주택법」에 따른 입주자 모집공고에 공시된 분양가격이 6억 원 이하이며, 전용면적이 149㎡ 이하의 주택(주거용 건축물 및 그 부속토지를 포함)으로서 실제 입주한 사실이 없을 것.

③ 2011년 12월 31일까지 임대차계약을 체결하고 2년 이상 임대하였을 것.

(3) 임대목적취득

상기 미분양주택 ①, ②의 요건을 갖춘 준공 후 미분양 주택을 5년 이상 임대할 목적으로 2011년 12월 31일까지 취득하는 경우 취득세의 100분의 25를 경감한다. 다만, 정당한 사유 없이 임대한 기간이 5년 미만인 상태에서 매각·증여하거나 다른 용도로 사용하는 경우에는 경감된 취득세를 추징한다.

(4) 조례에 의한 추가 경감

지방자치단체는 분양가격 및 전용면적요건에도 불구하고 해당 지역의 주택시장 동향 및 재정여건 등에 따라 조례로 분양가격 및 전용면적을 달리 정하는 경우를 포함하여 준공 후 미분양 주택에 대한 취득세를 100분의 25의 범위에서 추가 경감할 수 있다.

20. 주택임대사업에 투자하는 부동산투자회사에 대한 감면(지방세특례제한법 제31조의 4)

「부동산투자회사법」제2조 제1호 나목에 따른 위탁관리 부동산투자회사(해당 부동산투자회사의 발행주식 총수에 대한 국가, 지방자치단체, 한국토지주택공사 및 지방공사가 단독 또는 공동으로 출자한 것으로 보는 소유주식 수의 비율이 100분의 50을 초과하는 경우를 말한다)가 임대할 목적으로 취득하는 부동산[「주택법」제2조 제2호에 따른 공동주택(같은 법 제2조 제1호의 2에 따른 준주택 중 오피스텔을 포함)을 건축 또는 매입하기 위하여 취득하는 경우의 부동산으로 한정한다]에 대해서는 취득세의 100분의 30

을 2015년 12월 31일까지 경감한다. 이 경우 「지방세법」 제13조 제2항 본문 및 같은 조 제3항의 세율을 적용하지 아니한다. 감면을 적용할 때 다음의 어느 하나에 해당하는 경우에는 경감받은 취득세를 추징한다.

① 토지를 취득한 날부터 정당한 사유 없이 2년 이내에 착공하지 아니한 경우.
② 정당한 사유 없이 해당 부동산의 매입일부터 1년이 경과할 때까지 해당 용도로 직접 사용하지 아니하는 경우.
③ 해당 용도로 직접 사용한 기간이 2년 미만인 상태에서 매각·증여하거나 다른 용도로 사용하는 경우.

21. 한국토지주택공사의 소규모 공동주택 취득에 대한 감면 등 (지방세특례제한법 제32조)

(1) 임대목적

한국토지주택공사가 임대를 목적으로 취득하여 소유하는 소규모 공동주택용 부동산에 대해서 2016년 12월 31일까지 취득세를 면제한다. 여기서 소규모 공동주택용 부동산은 1구(1세대가 독립하여 구분 사용할 수 있도록 구획된 부분을 말함)당 건축면적(전용면적)이 60㎡ 이하인 공동주택(해당 공동주택의 입주자가 공동으로 사용하는 부대시설 및 공공용으로 사용하는 토지와 영구임대주택단지 안의 복리시설 중 임대수익금 전액을 임대주택 관리비로 충당하는 시설을 포함) 및 그 부속토지(관계 법령에 따라 국가 또는 지방자치단체에 무상으로 귀속될 공공시설용지를 포함)를 말한다.

(2) 분양목적

한국토지주택공사가 분양을 목적으로 취득하는 소규모 공동주택용 부동산에 대해서는 취득세의 100분의 25를 2016년 12월 31일까지 경감한다.

(3) 추징

토지를 취득한 후 소규모 공동주택용 토지를 취득한 날(토지를 일시에 취득하지 아니하는 경우에는 최종 취득일을 말하며, 최종 취득일 이전에 사업계획을 승인받은 경우에는 그 사업계획승인일을 말한다)부터 4년 내에 소규모 공동주택의 건축을 착공하지 아니하거나 소규모 공동주택이 아닌 용도에 사용하는 경우 그 해당 부분에 대하여는 감면된 취득세를 추징한다.

22. 주택 공급 확대를 위한 감면(지방세특례제한법 제33조)

(1) 소형주택

대통령령으로 정하는 주택건설사업자가 공동주택(해당 공동주택의 부대시설 및 복리시설을 포함하되, 분양하거나 임대하는 복리시설은 제외)을 분양할 목적으로 건축한 전용면적 60㎡ 이하인 5세대 이상의 공동주택과 그 공동주택을 건축한 후 미분양 등의 사유로 제31조에 따른 임대용으로 전환하는 경우 그 공동주택에 대하여는 2014년 12월 31일까지 취득세를 면제한다. '대통령령으로 정하는 주택건설사업자'란 다음 각 호의 어느 하나에 해당하는 자를 말한다.

① 해당 건축물의 사용승인서를 내주는 날 이전에 「부가가치세법」 제5조에 따라 건설업 또는 부동산매매업의 사업자등록증을 교부받거나 같은 법 시행령 제8조에 따라 고유번호를 부여받은 자.
② 「주택법」 제9조 제1항 제6호에 따른 고용자.

(2) 서민주택

서민주택을 취득[상속으로 인한 취득 및 원시취득(原始取得)은 제외]하여 1가구 1주택에 해당하는 경우(해당 주택을 취득한 날부터 60일 이내에 종전 주택을 증여 외의 사유로 매각하여 1가구 1주택이 되는 경우를 포함)에는 2015년 12월 31일까지 취득세를 면제한다.

1) 서민주택

서민주택이란 연면적 또는 전용면적이 40㎡ 이하인 주거용 건축물 및 그 부속토지로서 취득가액이 1억 원 미만인 것을 말한다.

2) 1가구 1주택

1가구 1주택이란 취득일 현재 세대별 주민등록표에 기재되어 있는 세대주와 그 가족(동거인은 제외)으로 구성된 1가구(세대주의 배우자와 미혼인 30세 미만의 직계비속은 같은 세대별 주민등록표에 기재되어 있지 아니하더라도 같은 가구에 속한 것으로 봄)가 국내에 1개의 주택을 소유하는 것을 말한다. 이 경우 65세 이상인 직계존속, 「국가유공자 등 예우 및 지원에 관한 법률」에 따른 국가유공자(상이등급 1급부터 7급까지의 판정을 받은 국가유공자만 해당)인 직계존속 또는 「장애인복지법」에 따라 등록한 장애인(장애등급 1급부터 3급까지의 장애인만 해당)인 직계존속을 부양하고 있는 사람은 같은 세대별 주민등록표에 기재되어 있더라도 같은 가구에 속하지 아니하는 것으로 본다.

23. 주택도시보증공사의 주택분양보증 등에 대한 감면(지방세특례제한법 제34조)

(1) 주택도시보증공사의 취득

「주택도시기금법」에 따른 주택도시보증공사가 같은 법 제77조 제1항 제1호의 주택에 대한 분양보증을 이행하기 위하여 취득하는 건축물로서 분양계약이 된 주거용 건축물(복리시설 중 일반인에게 분양되는 시설은 제외) 및 그 부속토지에 대하여는 2015년 12월 31일까지 취득세의 100분의 50을 경감한다.

(2) 부동산투자회사의 취득

「부동산투자회사법」 제2조 제1호 가목 및 나목에 따른 '부동산투자회사'가 임대목적으로 2014년 12월 31일까지 취득하는 주택에 대하여는 취득세를 면제한다. 부동산투자회사가 취득세를 면제받으려면 다음 각각의 계약을 체결하여야 한다. 다만, 취득세를 면제받은 후 정당한 사유 없이 계약조건을 유지하지 아니하거나 위반한 경우에는 감면된 취득세를 추징한다.

1) 부동산투자회사와 임차인 간의 계약

① 부동산투자회사가 전용면적 85㎡ 이하의 1가구[주택 취득일 현재 세대별 주민등록표에 기재되어 있는 세대주와 그 세대원(배우자, 직계존속 또는 직계비속으로 한정)으로 구성된 가구를 말한다] 1주택자의 주택을 매입(주택지분의 일부를 매입하는 경우를 포함)하여 해당 주택의 양도인에게 임대하되 그 임대기간을 5년 이상으로 하는 계약.

② ①에 따른 임대기간 종료 후 양도인이 해당 주택을 우선적으로 재매입(임대기간 종료 이전이라도 양도인이 재매입하는 경우를 포함)할 수 있는 권리를 부여하는 계약.

2) 부동산투자회사와 한국토지주택공사 간의 계약

양도인이 우선매입권을 행사하지 아니하는 경우 한국토지주택공사가 해당 주택의 매입을 확약하는 조건의 계약이다.

(3) 부동산집합투자기구 등의 취득

「부동산투자회사법」 제2조 제1호 다목에 따른 기업구조조정 부동산투자회사 또는 「자본시장과 금융투자업에 관한 법률」 제229조 제2호에 따른 부동산집합투자기구가 2015년 12월 31일까지 「주택법」에 따른 사업주체로부터 직접 취득하는 미분양주택 및 그 부속토지에 대하여는 취득세의 100분의 50을 경감한다.

24. 무주택자 주택공급사업 지원을 위한 감면(지방세특례제한법 제36조)

「주택법」 제9조 제1항 제4호를 적용받는 사단법인 한국사랑의집짓기운동연합회가 무주택자에게 분양할 목적으로 취득하는 주택건축용 부동산에 대하여는 취득세를 2015년

12월 31일까지 면제한다. 다만, 그 취득일부터 2년 이내에 정당한 사유 없이 주택건축을 착공하지 아니하거나 다른 용도에 사용하는 경우 그 해당 부분에 대하여는 면제된 취득세를 추징한다.

25. 공공의료기관에 대한 감면(지방세특례제한법 제37조)

다음과 같은 법인이 고유업무에 직접 사용하기 위하여 취득하는 부동산에 대해서는 2016년 12월 31일까지 취득세의 100분의 100(2017년 1월 1일부터 2018년 12월 31일까지는 100분의 75)을 경감한다.

① 「서울대학교병원설치법」에 따라 설치된 서울대학교병원.
② 「서울대학교치과병원설치법」에 따라 설치된 서울대학교치과병원.
③ 「국립대학병원설치법」에 따라 설치된 국립대학병원.
④ 「암관리법」에 따라 설립된 국립암센터.
⑤ 「국립중앙의료원의 설립 및 운영에 관한 법률」에 따라 설립된 국립중앙의료원.
⑥ 「국립대학치과병원설치법」에 따라 설립된 국립대학치과병원.

26. 의료법인 등에 대한 과세특례(지방세특례제한법 제38조)

(1) 의료법인

「의료법」 제48조에 따라 설립된 의료법인이 의료업에 직접 사용하기 위하여 취득하는 부동산에 대해서는 2016년 12월 31일까지 취득세의 100분의 75(2017년 1월 1일부터 2018년 12월 31일까지는 100분의 50)를 경감[특별시·광역시 및 도청소재지인 시 지역에서 취득하는 부동산에 대해서는 2016년 12월 31일까지 「지방세법」 제11조 제1항의 세율에서 1,000분의 15(2017년 1월 1일부터 2018년 12월 31일까지는 「지방세법」 제11조 제1항의 세율에서 1,000분의 10)를 경감하는 것을 말함]한다.

(2) 지방의료원

「지방의료원의 설립 및 운영에 관한 법률」에 따라 설립된 지방의료원이 의료업에 직접 사용하기 위하여 취득하는 부동산에 대하여는 취득세를 2016년 12월 31일까지는 100분의 100(2017년 1월 1일부터 2018년 12월 31일까지는 100분의 75)을 경감한다.

(3) 종교단체의 의료기관

종교단체(「민법」에 따라 설립된 재단법인으로 한정)가「의료법」에 따른 의료기관 개설을 통하여 의료업에 직접 사용할 목적으로 취득하는 부동산에 대해서는 다음 각각의 구분에 따라 2018년 12월 31일까지 취득세를 경감한다.

① 특별시·광역시 및 도청 소재지인 시 지역에서 취득하는 부동산에 대해서는 취득세의 100분의 20의 범위에서 조례로 정하는 율을 경감한다.
② ①에 따른 지역 외의 지역에서 취득하는 부동산에 대해서는 취득세의 100분의 40의 범위에서 조례로 정하는 율을 경감한다.

(4) 감면율의 적용

「지방자치법」 제4조 제1항에 따라 둘 이상의 시·군이 통합되어 도청 소재지인 시가 된 경우 종전의 시(도청 소재지인 시는 제외)·군 지역에 대해서는 통합 지방자치단체의 조례로 정하는 바에 따라 통합 지방자치단체가 설치된 때부터 5년의 범위에서 통합되기 전의 감면율을 적용할 수 있다.

27. 국민건강보험사업 지원을 위한 감면(지방세특례제한법 제39조)

(1) 국민건강보험공단의 취득

「국민건강보험법」에 따른 국민건강보험공단이 고유업무에 직접 사용하기 위하여 취득하는 부동산에 대하여는 다음에서 정하는 바에 따라 2014년 12월 31일까지 취득세를 감면한다.

① 국민건강보험공단이 「국민건강보험법」 제14조 제1항 제1호부터 제3호까지, 제7호 및 제8호의 업무에 직접 사용하기 위하여 취득하는 부동산에 대하여는 취득세를 면제한다.

② 국민건강보험공단이 「국민건강보험법」 제14조 제1항 제6호의 업무에 사용하기 위하여 취득하는 부동산에 대하여는 취득세의 100분의 50을 경감한다.

(2) 건강보험심사평가원의 취득

「국민건강보험법」에 따른 건강보험심사평가원이 고유업무에 직접 사용하기 위하여 취득하는 부동산에 대하여는 다음에서 정하는 바에 따라 2014년 12월 31일까지 취득세를 감면한다.

① 건강보험심사평가원이 「국민건강보험법」 제63조 제1항 제1호의 업무에 직접 사용하기 위하여 취득하는 부동산에 대하여는 취득세를 면제한다.

② 건강보험심사평가원이 「국민건강보험법」 제63조 제1항 제2호의 업무에 직접 사용하기 위하여 취득하는 부동산에 대하여는 취득세의 100분의 50을 경감한다.

28. 국민건강 증진사업자에 대한 감면(지방세특례제한법 제40조)

다음의 법인이 고유업무에 직접 사용하기 위하여 취득하는 부동산에 대하여는 취득세를 2015년 12월 31일까지 면제한다.

① 「모자보건법」에 따른 인구보건복지협회.
② 「감염병의 예방 및 관리에 관한 법률」에 따른 한국건강관리협회.
③ 「결핵예방법」에 따른 대한결핵협회.

29. 주택거래에 대한 취득세의 감면(지방세특례제한법 제40조의 2)

유상거래를 원인으로 2013년 1월 1일부터 2013년 12월 31일까지의 주택을 취득하여 다음의 어느 하나에 해당하게 된 경우에는 취득세를 경감한다.

① 1주택이 되는 경우.
② 대통령령으로 정하는 일시적 2주택이 되는 경우.

(1) 2013년 1월 1일부터 2013년 6월 30일까지 취득

① 9억 원 이하의 주택 취득: 법 제11조 제1항 제7호 나목의 세율(1,000분의 40)을 적용하여 산출한 취득세의 100분의 75. 다만, 9억 원 이하의 주택을 일시적 2주택이 되는 경우로 취득하여 취득세를 경감받고 정당한 사유 없이 그 취득일부터 3년 이내에 1주택으로 되지 아니한 경우에는 경감된 취득세의 3분의 1을 추징한다.
② 9억 원 초과 12억 원 이하의 주택을 취득 또는 12억 원 이하의 주택을 취득하여 일시적 2주택이 아닌 다주택자가 되는 경우: 법 제11조 제1항 제7호 나목의 세율을 적용하여 산출한 취득세의 100분의 50.
③ 12억 원 초과 주택을 취득하는 경우: 법 제11조 제1항 제7호 나목의 세율을 적용하여 산출한 취득세의 100분의 25.

(2) 2013년 7월 1일부터 2013년 12월 31일까지의 취득

취득 당시의 가액이 9억 원 이하인 주택을 취득하는 경우 법 제11조 제1항 제7호 나목의 세율을 적용하여 산출한 취득세의 100분의 50을 경감한다. 다만, 일시적 2주택의 경우로 취득하여 취득세를 경감받고 정당한 사유 없이 그 취득일부터 3년 이내에 1주택으로 되지 아니한 경우에는 경감된 취득세를 추징한다.

교육 및 과학기술 등에 대한 지원

1. 학교 및 외국교육기관에 대한 면제(지방세특례제한법 제41조)

「초·중등교육법」 및 「고등교육법」에 따른 학교, 「경제자유구역 및 제주국제자유도시의 외국교육기관 설립·운영에 관한 특별법」 또는 「기업도시개발특별법」에 따른 외국교육기관을 경영하는 자('학교 등')가 해당 사업에 사용하기 위하여 취득하는 부동산에 대하여는 취득세를 면제한다. 다만, 다음의 어느 하나에 해당하는 경우 그 해당 부분에 대해서는 면제된 취득세를 추징한다.

① 수익사업에 사용하는 경우.
② 정당한 사유 없이 그 취득일부터 3년이 경과할 때까지 해당 용도로 직접 사용하지 아니하는 경우.
③ 해당 용도로 직접 사용한 기간이 2년 미만인 상태에서 매각·증여하거나 다른 용도로 사용하는 경우.

〈사례〉 학교법인에 대한 감면(직접사용여부)

「지방세법」 제107조 제1호 규정 중 비영리사업자인 학교법인이 당해 부동산을 그 사업에 직접 사용한다고 함은 현실적으로 당해 부동산의 사용 용도가 비영리사업 자체에 직접 사용되는 것을 뜻하고(대법원 2011.07.14 선고, 2011두8680 판결, 같은 뜻) 학교법인이 소유하는 부동산이 「사립학교법」 규정에 따라 관할교육청에 학교법인의 교육용 기본재산으로 등재되어야 함은 물론, 실제 사용 용도도 학교법인이 설치·경영하는 사립학교의 교지·교사·체육장·실습 또는 연구시설, 그리고 기타 교육에 직접 사용되는 시설·

설비 및 교재·교구 등과 같이 당해 부동산의 사용 용도가 학교법인의 교육사업 자체에 직접 사용되는 것을 뜻한다고 보아야 할 것이다(대법원 1994.10.28 선고, 94누224 판결, 같은 뜻임).

청구법인은 이 건 토지가 교육용 기본재산으로 등재되어 있고, 교직원들의 야외학습장 및 휴식 공간 등으로 사용되고 있으므로 청구법인이 학교용도에 직접 사용하는 토지에 해당된다고 주장하나, 청구법인은 이 건 토지상에 일반인들의 출입을 금하는 '안내표지판'만 설치하였을 뿐 사실상 일반인들이 아무런 제한 없이 자유롭게 드나들 수 있는 자연림 상태의 임야 상태에 있을 뿐만 아니라 이러한 자연림 상태의 임야에서 간헐적으로 학생들의 야외수업 공간 등으로 제공하여 왔다는 사정만으로는 이를 교육 사업에 직접 사용하는 것으로는 인정하기는 어렵다 하겠다(조심2012지420, 2012.09.28 외 다수, 같은 뜻임)(조심2013지822, 2014.09.04).

2. 기숙사 등에 대한 감면(지방세특례제한법 제42조)

(1) 기숙사에 대한 감면

「초·중등교육법」 및 「고등교육법」에 따른 학교, 「경제자유구역 및 제주국제자유도시의 외국교육기관 설립·운영에 관한 특별법」 또는 「기업도시개발특별법」에 따른 외국교육기관을 경영하는 자('학교 등')가 대통령령으로 정하는 기숙사로 사용하기 위하여 취득하는 부동산에 대해서는 취득세를 2015년 12월 31일까지 면제한다. 다만, 다음의 어느 하나에 해당하는 경우 그 해당 부분에 대해서는 면제된 취득세를 추징한다.

① 정당한 사유 없이 그 취득일부터 3년이 경과할 때까지 해당 용도로 직접 사용하지 아니하는 경우.
② 해당 용도로 직접 사용한 기간이 2년 미만인 상태에서 매각·증여하거나 다른 용도로 사용하는 경우.

'대통령령으로 정하는 기숙사'란 다음 중 어느 하나에 해당하는 방식으로 설립·운영되는 기숙사를 말한다.

① 법 제42조 제1항에 따른 학교 등이 사용하는 기숙사를 건설하는 사업시행자('사업시행자')에게 준공 후 학교 등과의 협약에서 정하는 기간 동안 해당 시설의 소유권이 인정되며, 그 기간이 만료되면 시설소유권이 학교 등에 귀속되는 방식.
② 준공 후 해당 시설의 소유권이 학교 등에 귀속되며, 학교 등과의 협약에서 정하는 기간 동안 사업시행자에게 시설관리운영권을 인정하는 방식(③에 해당하는 경우는 제외).
③ 준공 후 해당 시설의 소유권이 학교 등에 귀속되며, 학교 등과의 협약에서 정하는 기간 동안 사업시행자에게 시설관리운영권을 인정하되, 그 시설을 협약에서 정하는 기간 동안 임차하여 사용·수익하는 방식.

(2) 실험·실습용 재산의 취득

「교육기본법」 제11조에 따른 학교를 설치·경영하는 자가 학생들의 실험·실습용으로 사용하기 위하여 취득하는 차량·기계장비·항공기·입목(立木) 및 선박에 대하여는 취득세를 2015년 12월 31일까지 면제한다. 다만, 다음의 어느 하나에 해당하는 경우 면제된 취득세를 추징한다.

① 정당한 사유 없이 그 취득일부터 1년이 경과할 때까지 해당 용도로 직접 사용하지 아니하는 경우.
② 해당 용도로 직접 사용한 기간이 2년 미만인 상태에서 매각·증여하거나 다른 용도로 사용하는 경우.

(3) 산학협력단의 취득

「산업교육진흥 및 산학협력촉진에 관한 법률」 제25조에 따라 설립·운영하는 산학협력단이 그 고유업무에 직접 사용하기 위하여 취득하는 부동산에 대해서는 취득세의 100분의 75를 2016년 12월 31일까지 경감한다.

3. 평생교육단체 등에 대한 면제(지방세특례제한법 제43조)

「평생교육법」에 따른 교육시설을 운영하는 평생교육단체('평생교육단체')가 해당 사업에 사용하기 위하여 취득하는 부동산에 대하여는 취득세를 면제한다. 다만 다음의 어느 하나에 해당하는 경우 그 해당 부분에 대해서는 면제된 취득세를 추징한다.

① 수익사업에 사용하는 경우.
② 정당한 사유 없이 그 취득일부터 3년이 경과할 때까지 해당 용도로 직접 사용하지 아니하는 경우.
③ 해당 용도로 직접 사용한 기간이 2년 미만인 상태에서 매각·증여하거나 다른 용도로 사용하는 경우.

4. 평생교육시설 등에 대한 감면(지방세특례제한법 제44조)

다음과 같은 평생교육시설에 사용하기 위하여 취득하는 부동산에 대하여는 취득세를 2015년 12월 31일까지 면제한다.

① 「평생교육법」에 따라 인가·등록·신고·보고된 평생교육시설.
② 「박물관 및 미술관 진흥법」 제16조에 따라 등록된 박물관 및 미술관.
③ 「도서관법」 제31조 또는 제40조에 따라 등록된 도서관.
④ 「과학관육성법」 제6조에 따라 등록된 과학관.

5. 학술연구단체 및 장학단체에 대한 감면(지방세특례제한법 제45조)

(1) 학술연구단체

대통령령으로 정하는 학술연구단체·장학단체·과학기술진흥단체가 그 고유업무에 직접 사용하기 위하여 취득하는 부동산에 대하여는 취득세를 2015년 12월 31일까지 면제한다.

'대통령령으로 정하는 학술연구단체·장학단체·과학기술진흥단체'란 다음의 어느 하나에 해당하는 단체를 말한다.

① 정부로부터 허가 또는 인가를 받거나 「민법」 외의 법률에 따라 설립되거나 그 적용을 받는 학술연구단체, 장학단체, 과학기술진흥단체.
② 행정자치부장관이 교육부장관 또는 미래창조과학부장관과 협의하여 고시하는 단체.

(2) 장학법인의 취득

「공익법인의 설립·운영에 관한 법률」에 따라 설립된 장학법인이 장학금을 지급할 목적으로 취득하는 임대용 부동산에 대하여는 취득세의 100분의 80을 2015년 12월 31일까지 경감한다. 다만, 다음의 어느 하나에 해당하는 경우 그 해당 부분에 대해서는 경감된 취득세를 추징한다.

① 정당한 사유 없이 그 취득일부터 3년이 경과할 때까지 해당 용도로 사용하지 아니하는 경우.
② 해당 용도로 직접 사용한 기간이 2년 미만인 상태에서 매각·증여하거나 다른 용도로 사용하는 경우.

6. 연구개발 지원을 위한 감면(지방세특례제한법 제46조)

기업부설연구소에 직접 사용하기 위하여 취득하는 부동산에 대하여는 다음과 같이 취득세를 경감한다. 다만, 연구소 설치 후 4년 이내에 정당한 사유 없이 연구소를 폐쇄하거나 다른 용도로 사용하는 경우 그 해당 부분에 대해서는 경감된 취득세를 추징한다.

(1) 일반적인 기업부설연구소

대통령령으로 정하는 기업부설연구소에 직접 사용하기 위하여 취득하는 부동산(부속 토지는 건축물 바닥면적의 7배 이내인 것으로 한정)에 대해서는 취득세의 100분의 50을 2016년 12월 31일까지 경감한다.

'대통령령으로 정하는 기업부설연구소'란 토지 또는 건축물을 취득한 후 1년(「건축법」에 따른 신축·증축 또는 대수선을 하는 경우에는 2년) 이내에 「기초연구진흥 및 기술개발지원에 관한 법률」 제14조 제1항 제2호에 따른 기준을 갖춘 연구소로서 같은 법 시행령 제16조에 따라 미래창조과학부장관에게 신고하여 인정을 받은 것을 말한다.

(2) 상호출자제한기업집단의 기업부설연구소

「독점규제 및 공정거래에 관한 법률」 제14조 제1항에 따른 상호출자제한기업집단 등이 「수도권정비계획법」 제6조 제1항 제1호에 따른 과밀억제권역 내에 설치하는 기업부설연구소에 직접 사용하기 위하여 취득하는 부동산에 대해서는 취득세의 100분의 25를 2016년 12월 31일까지 경감한다.

(3) 중소기업의 기업부설연구소

「중소기업기본법」 제2조 제1항에 따른 중소기업('중소기업')이 기업부설연구소에 직접 사용하기 위하여 취득하는 부동산에 대해서는 취득세의 100분의 75를 2016년 12월 31일까지 경감한다.

7. 한국환경공단에 대한 감면(지방세특례제한법 제47조)

「한국환경공단법」에 따라 설립된 한국환경공단이 같은 법 제17조 제1항의 사업에 직접 사용하기 위하여 취득하는 부동산(임대용 부동산은 제외)에 대해서는 다음과 같이 2015년 12월 31일까지 취득세를 경감한다.

① 「한국환경공단법」 제17조 제1항 제2호 및 제5호의 사업을 위한 부동산: 취득세의 100분의 75.

② 「한국환경공단법」 제17조 제1항 제11호·제15호 및 제16호의 사업을 위한 부동산:
취득세의 100분의 25.

8. 녹색건축 인증 건축물에 대한 감면(지방세특례제한법 제47조의 2)

(1) 녹색건축물

1) 경감 대상
신축(증축 또는 개축을 포함)하는 건축물로서 다음 중 어느 하나에 해당하는 건축물에 대해서는 2015년 12월 31일까지 대통령령으로 정하는 바에 따라 취득세를 100분의 5부터 100분의 15까지의 범위에서 경감한다.

① 「녹색건축물조성지원법」 제16조에 따른 녹색건축의 인증 등급이 대통령령으로 정하는 기준 이상일 것. '대통령령으로 정하는 기준 이상'이란 「녹색건축물조성지원법」 제16조에 따라 인증받은 녹색건축 인증 등급('녹색건축 인증 등급')이 우수 등급 이상인 경우를 말한다.

② 「녹색건축물조성지원법」 제17조에 따라 인증받은 건축물 에너지효율등급이 대통령령으로 정하는 기준 이상일 것. '대통령령으로 정하는 기준 이상'이란 「녹색건축물조성지원법」 제15조 제1항에 따라 국토교통부장관이 고시한 효율적인 에너지 관리에 관한 기준에 따라 산정한 에너지성능지표 점수의 합계('에너지성능점수')가 80점 이상이거나 같은 법 제17조에 따라 인증받은 건축물 에너지효율 인증 등급('에너지효율등급')이 2등급 이상인 경우를 말한다.

2) 경감률
대통령령으로 정하는 경감률은 다음과 같다.
① 녹색건축 인증 등급 최우수 건축물의 경우 다음 구분에 따른 경감률.

ⓐ 에너지성능점수가 90점 이상이거나 에너지효율등급이 1등급 이상인 건축물: 100분의 15.

ⓑ 에너지성능점수가 80점 이상 90점 미만이거나 에너지효율등급이 2등급인 건축물: 100분의 10.

② 녹색건축 인증 등급 우수 건축물의 경우 다음 구분에 따른 경감률.

ⓐ 에너지성능점수가 90점 이상이거나 에너지효율등급이 1등급 이상인 건축물: 100분의 10.

ⓑ 에너지성능점수가 80점 이상 90점 미만이거나 에너지효율등급이 2등급인 건축물: 100분의 5.

3) 추징

취득세를 경감받은 건축물 중 그 취득일부터 3년 이내에 녹색건축의 인증, 건축물 에너지효율등급 인증이 취소된 건축물에 대해서는 경감된 취득세를 추징한다.

(2) 에너지절약형 친환경주택

1) 감면 대상

신축하는 주거용 건축물로서 대통령령으로 정하는 에너지절약형 친환경주택에 대해서는 2015년 12월 31일까지 에너지 절감률 등을 고려하여 대통령령으로 정하는 바에 따라 취득세를 100분의 5부터 100분의 15까지의 범위에서 경감한다.

'대통령령으로 정하는 에너지절약형 친환경주택'이란 「주택건설기준 등에 관한 규정」 제64조에 따른 주택('친환경 주택') 중 총 에너지 절감률 또는 총 이산화탄소 절감률('에너지 절감률 등')이 25% 이상임을 「주택법」 제29조에 따른 사용검사권자로부터 확인을 받은 주택을 말한다.

2) 경감률

대통령령이 정하는 취득세의 경감률은 에너지 절감률 등에 따라 다음과 같이 구분한다.

① 에너지 절감률 등이 25% 이상인 친환경 주택: 100분의 5

② 에너지 절감률 등이 30% 이상인 친환경 주택: 100분의 10

③ 에너지 절감률 등이 35% 이상인 친환경 주택: 100분의 15

9. 신재생에너지 인증 건축물에 대한 감면(지방세특례제한법 제47조의 3)

신축하는 업무용 건축물로서 「신에너지 및 재생에너지 개발·이용·보급 촉진법」 제12조의 2 제1항에 따른 신·재생에너지 이용 건축물 인증을 받은 건축물에 대해서는 2015년 12월 31일까지 취득세의 100분의 5부터 100분의 15까지의 범위에서 신·재생에너지 공급률 등을 고려하여 대통령령으로 정하는 율을 경감한다. 다만, 취득세를 경감받은 건축물 중 그 취득일부터 3년 이내에 신·재생에너지 이용 건축물 인증이 취소된 건축물에 대해서는 경감된 취득세를 추징한다. 대통령령이 정하는 취득세 경감률은 다음과 같다.

① 신·재생에너지 공급률(건축물의 총 에너지 사용량 중 「신에너지 및 재생에너지 개발·이용·보급 촉진법」 제2조 제1호에 따른 신·재생에너지를 이용하여 공급되는 에너지의 비율을 말한다)이 20%를 초과하는 건축물: 100분의 15.

② 신·재생에너지 공급률이 20% 이하이고 15%를 초과하는 건축물: 100분의 10.

③ 신·재생에너지 공급률이 15% 이하이고 10%를 초과하는 건축물: 100분의 5.

10. 내진성능 확보 건축물에 대한 감면(지방세특례제한법 제47조의 4)

「건축법」 제48조에 따른 구조안전확인대상 건축물이 아닌 건축물(주택을 포함하되 「건축법」 제2조 제1항 제2호에 따른 건축물 부분으로 한정)로서 2015년 12월 31일까지 「지진재해대책법」 제16조의 2에 따라 내진성능 확인을 받은 건축물에 대하여는 다음과 같이 취득세를 경감한다.

① 건축: 「건축법」 제2조 제1항 제8호에 따른 건축을 하는 경우 취득세의 100분의 10을 경감한다.

② 대수선: 「건축법」 제2조 제1항 제9호에 따른 대수선을 하는 경우 취득세의 100분의 50을 경감한다.

11. 국립공원관리사업에 대한 감면(지방세특례제한법 제48조)

「자연공원법」에 따른 국립공원관리공단이 공원시설의 설치·유지·관리 등의 공원관리사업에 직접 사용하기 위하여 취득하는 부동산(임대용 부동산은 제외)에 대하여는 취득세의 100분의 25를 2015년 12월 31일까지 경감한다.

12. 해양오염방제 등에 대한 감면(지방세특례제한법 제49조)

「해양환경관리법」에 따른 해양환경관리공단이 같은 법 제97조에 따른 사업에 직접 사용하기 위하여 취득하는 부동산(수익사업용 부동산은 제외)과 해양오염방제용 및 해양환경관리용에 제공하기 위하여 취득하는 선박에 대하여는 다음에서 정하는 바에 따라 2015년 12월 31일까지 취득세를 감면한다.

① 「해양환경관리법」 제97조 제1항 제3호 가목 및 나목의 사업을 위한 부동산에 대하여는 취득세의 100분의 75를 경감한다.

② 「해양환경관리법」 제97조 제1항 제2호 나목 및 같은 항 제6호의 사업을 위한 부동산에 대하여는 취득세의 100분의 75를 경감한다.

③ 해양오염방제설비를 갖춘 선박에 대하여는 취득세의 100분의 75를 경감한다.

문화 및 관광 등에 대한 지원

1. 종교 및 제사 단체에 대한 면제(지방세특례제한법 제50조)

종교 및 제사를 목적으로 하는 단체가 해당 사업에 사용하기 위하여 취득하는 부동산에 대하여는 취득세를 면제한다. 다만, 다음의 어느 하나에 해당하는 경우 그 해당 부분에 대해서는 면제된 취득세를 추징한다.

① 수익사업에 사용하는 경우.
② 정당한 사유 없이 그 취득일부터 3년이 경과할 때까지 해당 용도로 직접 사용하지 아니하는 경우.
③ 해당 용도로 직접 사용한 기간이 2년 미만인 상태에서 매각·증여하거나 다른 용도로 사용하는 경우.

종교단체가 '해당 사업에 사용한다'라 함은 종교단체가 취득한 부동산을 불당·예배장소 등으로 사용하는 경우를 말한다. 그러므로 경내지 밖에 위치한 농지 등을 취득하여 사용하는 경우는 불교의 의식행사(불공용 및 수도용)를 위하여 직접 사용하는 토지로 볼 수 없으므로 취득세의 면제대상에 포함되지 않는다.

2. 문화·예술 지원을 위한 과세특례(지방세특례제한법 제52조)

(1) 문화예술단체
대통령령으로 정하는 문화예술단체('문화예술단체') 또는 대통령령으로 정하는 체육진흥단체가 그 고유업무에 직접 사용하기 위하여 취득하는 부동산에 대하여는 취득세를 2015년 12월 31일까지 면제한다.

'대통령령으로 정하는 문화예술단체 또는 체육진흥단체'는 다음의 어느 하나에 해당하는 단체로 한다.

① 정부로부터 허가 또는 인가를 받거나 「민법」 외의 법률에 따라 설립되거나 그 적용을 받는 문화예술단체·체육진흥단체.
② 행정자치부장관이 문화체육관광부장관과 협의하여 고시하는 단체.

(2) 도서관

「도서관법」에 따라 설립된 도서관의 취득세는 「지방세법」 제11조 제1항의 세율에도 불구하고 2019년 12월 31일까지 1,000분의 20을 적용하여 과세한다. 다만, 다음의 어느 하나에 해당하는 경우 그 해당 부분에 대해서는 면제된 취득세를 추징한다.

① 수익사업에 사용하는 경우.
② 정당한 사유 없이 그 취득일부터 1년이 경과할 때까지 해당 용도로 직접 사용하지 아니하는 경우.
③ 해당 용도로 직접 사용한 기간이 2년 미만인 상태에서 매각·증여하거나 다른 용도로 사용하는 경우.

3. 사회단체 등에 대한 감면(지방세특례제한법 제53조)

「문화유산과 자연환경자산에 관한 국민신탁법」에 따른 국민신탁법인이 그 고유업무에 직접 사용하기 위하여 취득하는 부동산(임대용 부동산은 제외)에 대하여는 취득세를 2015년 12월 31일까지 면제한다.

4. 관광단지 등에 대한 과세특례(지방세특례제한법 제54조)

(1) 취득세의 경감

「관광진흥법」 제55조 제1항에 따른 관광단지개발 사업시행자가 관광단지개발사업을 시행하기 위하여 취득하는 부동산에 대해서는 취득세의 100분의 25를 2016년 12월 31일까지 경감하며, 해당 지역의 관광단지 조성 여건, 재정 여건 등을 고려하여 100분의 50의 범위에서 조례로 정하는 율을 추가로 경감할 수 있다.

(2) 중과세의 배제

「관광진흥법」 제3조 제1항 제2호 가목에 따른 호텔업을 하기 위하여 취득하는 부동산에 대해서는 2014년 12월 31일까지 취득세를 과세할 때에는 「지방세특례제한법」 제4조 제2항 제1호에도 불구하고 지방자치단체의 조례로 표준세율을 적용하도록 규정하는 경우에 한정하여 「지방세법」 제13조 제1항부터 제4항까지의 세율(과밀억제권역 안의 취득 등 중과세율)을 적용하지 아니한다. 다만, 다음의 어느 하나에 해당하는 경우 그 해당 부분에 대해서는 경감된 취득세를 추징한다.

① 정당한 사유 없이 그 취득일부터 3년이 경과할 때까지 해당 용도로 직접 사용하지 아니하는 경우.
② 해당 용도로 직접 사용한 기간이 2년 미만인 상태에서 매각·증여하거나 다른 용도로 사용하는 경우.

(3) 여수세계박람회재단

다음의 재단, 기업 및 사업시행자가 고유업무에 직접 사용하기 위하여 취득하는 부동산에 대해서는 취득세를 지방자치단체가 조례로 정하는 바에 따라 2015년 12월 31일까지 감면할 수 있다. 이 경우 감면율은 100분의 50(①의 경우에는 100분의 100) 범위에서 정해야 한다.

① 「여수세계박람회 기념 및 사후활용에 관한 특별법」 제4조에 따라 설립된 2012여수세계박람회재단.

② 「여수세계박람회 기념 및 사후활용에 관한 특별법」 제15조 제1항에 따라 지정·고시된 해양박람회특구에서 창업하거나 사업장을 신설(기존 사업장을 이전하는 경우는 제외)하는 기업.

③ 「여수세계박람회 기념 및 사후활용에 관한 특별법」 제17조에 따른 사업시행자.

기업구조 및 재무조정 등에 대한 지원

1. 기업의 신용보증 지원을 위한 감면(지방세특례제한법 제56조)

(1) 신용보증기금

「신용보증기금법」에 따른 신용보증기금이 같은 법 제23조 제1항 제2호의 신용보증 업무에 직접 사용하기 위하여 취득하는 부동산에 대하여는 2014년 12월 31일까지 취득세의 100분의 50을 경감한다.

(2) 기술신용보증기금

「기술신용보증기금법」에 따라 설립된 기술신용보증기금이 같은 법 제28조 제1항 제2호 및 제3호의 신용보증 업무에 직접 사용하기 위하여 취득하는 부동산에 대하여는 2014년 12월 31일까지 취득세의 100분의 50을 경감한다.

(3) 신용보증재단

「지역신용보증재단법」 제17조 제2호에 따른 신용보증 업무에 직접 사용하기 위하여 취득하는 부동산에 대하여는 2015년 12월 31일까지 취득세의 100분의 50을 경감한다.

2. 기업합병·분할 등에 대한 감면(지방세특례제한법 제57조의 2)

(1) 합병(지방세특례제한법 제57조의 2 ①)

1) 합병에 따른 감면

대통령령으로 정하는 합병에 따라 양수(讓受)하는 재산을 2015년 12월 31일까지 취득하는 경우에는 「지방세법」 제15조 제1항에 따라 산출한 취득세를 면제한다.

다만, 해당 재산이 「지방세법」 제15조 제1항 제3호 단서에 해당하는 경우에는 다음 각각에서 정하는 금액을 빼고 산출한 취득세를 면제한다.

① 「지방세법」 제13조 제1항에 따른 취득 재산에 대해서는 같은 조에 따른 중과기준세율의 100분의 300을 적용하여 산정한 금액.

② 「지방세법」 제13조 제5항에 따른 취득 재산에 대해서는 중과기준세율의 100분의 500을 적용하여 산정한 금액.

2) 합병요건

'대통령령으로 정하는 합병'이란 합병일 현재 「조세특례제한법 시행령」 제29조 제3항에 따른 소비성서비스업(소비성서비스업과 다른 사업을 겸영하고 있는 경우로서 합병일이 속하는 사업연도의 직전 사업연도의 소비성서비스업의 사업별 수입금액이 가장 큰 경우를 포함하며 '소비성서비스업'이라 함)을 제외한 사업을 1년 이상 계속하여 영위한 법인('합병법인'이라 함) 간의 합병을 말한다.

이 경우 소비성서비스업을 1년 이상 영위한 법인이 합병으로 인하여 소멸하고 합병법인이 소비성서비스업을 영위하지 아니하는 경우에는 해당 합병을 포함한다.

〈사례〉 합병으로 양수하는 재산에 관한 등기

구 「조세제한특례법」 제119조 제1항 제2호에 따른 합병으로 인하여 양수하는 재산에 관한 등기라 함은 합병을 원인으로 재산을 양수하는 경우를 의미하므로, 이 사건의 경우에는 위 조항에 따라 원고가 소외 회사를 합병함으로써 이 사건 토지를 원고 명의로 취득하는 데에 따른 등록세를 면제한다는 것이지 소외 회사가 이 사건 토지를 취득한 후 정당한 사유 없이 3년이 경과할 때까지 당해 업종에 사용하지 아니함에 따라 소외 회사를 합병한 원고가 부담하여야 할 중과세율에 따른 등록세를 면제한다는 것은 아니다(국승)(서울고법2009누41099, 2011.02.15).

원고는 2007년 12월 5일 소외 회사를 흡수합병하면서 이 사건 토지의 소유권을 승계 취득하였는데, 그 후 이 사건 토지를 주택건설용이 아닌 업무시설인 건축물 용지로 사용하였다. 결국 소외 회사는 이 사건 토지 최초 등기일부터 3년 이내에 정당한 사유 없이 이 사건 토지를 주택건설사업에 사용하지 않은 것에 해당하므로 「지방세법 시행령」 제101조 제2항에 의하여 소급하여 등록세 중과세율이 적용된다.

구 「조세제한특례법」 제119조 제1항 제2호, 구 「조세제한특례법」 제116조 제1항에 의하면, 합병일 현재 소비성서비스업을 제외한 사업을 1년 이상 계속하여 영위한 법인간의 합병으로 인하여 양수하는 재산에 관한 등기에 대하여는 등록세를 면제하고, 이 경우 「지방세법」 제138조 제1항의 중과세율을 적용하지 아니하도록 되어있는 바, 여기서 합병으로 인하여 양수하는 재산에 관한 등기라 함은 합병을 원인으로 재산을 양수하는 경우를 의미하므로, 이 사건의 경우에는 위 조항에 따라 원고가 소외 회사를 합병함으로써 이 사건 토지를 원고 명의로 취득하는 데에 따른 등록세를 면제한다는 것이지 주택건설사업자인 소외 회사가 합병 전에 이미 이 사건 토지를 취득한 데에 따른 등록세를 면제한다거나 소외 회사가 이 사건 토지를 취득한 후 구 「지방세법」 제138조 제1항, 구 「지방세법 시행령」 제101조 제1, 2항에 따라 정당한 사유 없이 3년이 경과할 때까지 당해 업종에 사용하지 아니함에 따라 소외 회사를 합병한 원고가 부담하여야 할 중과세율에 따른 등록세를 면제한다는 것은 아니고, 또한 이와 같은 중과세율에 따른 등록세 추징규정으로 위 구 「지방세법」 제138조 제1항, 구 「지방세법 시행령」 제101조 제1항, 제2항이 있으므로, 위 주장은 이유 없다.

〈사례〉 합병 후 중과대상

원칙적으로는 합병을 원인으로 이 사건 토지를 양수하였으므로 그 부동산등기에 관하여 「지방세법」 제131조가 정한 일반세율에 의한 등록세 납부의무를 부담하나(설립 후 5년이 경과한 법인), 「조세특례제한법」 제119조 제1항 제2호 및 같은 법 시행령 제116조 제1항에 의하여 등록세 납부의무가 면제된다.

원고는 이 사건 합병으로 등록세를 면제받은 이 사건 토지에 관하여 등록세 추징을 위한 근거 법규가 없으므로 이 사건 처분은 위법하다는 취지로 주장하나, 원고가 합병으로 인해 면제받은 등록세는 합병을 원인으로 이 사건 토지를 취득하는 데 부담해야 할 일반세율에 의한 등록세일 뿐, 소외 회사가 이 사건 토지 취득 후 등록세 중과 제외 요건을 충족하지 못하여 부과되는 중과세율에 의한 등록세까지 위 각 규정에 의하여 당연히 면제되는 것은 아니다. 따라서 원고의 이 부분 주장은 이유 없다.

소외 회사의 이 사건 토지를 취득한 2007년 2월 28일 이후 주택건설사업을 추진하던 중 시공사인 ㈜A의 부도 등으로 사업을 진행하지 못하고 있다가 2007년 12월 5일 원고와 합병하는 바람에 이 사건 토지를 더 이상 주택건설사업에 사용하지 못하게 된 사실, 원고가 이 사건 합병 후 이 사건 토지가 포함된 이 사건 정비구역에서 업무시설물의 신축에 관한 사업시행인가를 받고 2007년 12월 1일 용도가 업무시설·근린생활시설·문화집회시설인 건축공사에 착공함으로써 결국 소외 회사가 이 사건 토지를 최초로 등기한 때로부터 3년 이내에 주택건설공사에 사용하는 것이 불가능하게 된 사실은 앞서 인정사실에서 본 바와 같다.

위 인정사실에 의하면, 소외 회사는 이 사건 토지를 취득하여 주택건설사업을 추진하던 중 약 10개월 만에 이 사건 합병으로 더 이상 사업 추진이 불가능하게 되었으므로 소외 회사가 이 사건 토지를 주택건설사업에 사용하지 못한 데에는 「지방세법 시행령」 제101조 제2항이 정한 정당한 사유가 있다고 봄이 상당하다.

나아가 소외 회사를 합병한 원고는 대도시 내에서 설립한 지 이미 5년이 경과된 법인인 사실은 앞서 본 바와 같으므로, 원고가 이 사건 합병으로 소외 회사의 3년 이내에 주택건설사업을 추진할 의무까지 그대로 승계한다거나 대도시 내에서 설립된 지 5년 이내인 법인이 토지를 취득하는 경우에 적용되는 「지방세법」 제138조 제1항 제3호에 의하여 중과세율에 의한 등록세 납부의무를 부담한다고 할 수도 없다(서울행법2009구합37302, 2009.12.03).

(2) 농업협동조합 등의 합병(지방세특례제한법 제57조의 2 ②)

다음 각각에서 정하는 법인의 합병으로 양수받은 재산의 취득에 대해서는 취득세를 2015년 12월 31일까지 면제한다.

① 「농업협동조합법」, 「수산업협동조합법」 및 「산림조합법」에 따라 설립된 조합 간의 합병.

② 「새마을금고법」에 따라 설립된 새마을금고 간의 합병.

③ 「신용협동조합법」에 따라 설립된 신용협동조합 간의 합병.

④ ①부터 ③까지와 유사한 합병으로서 대통령령으로 정하는 합병.

'대통령령으로 정하는 합병'이란 다음의 어느 하나에 해당하는 합병을 말한다.

ⓐ 「금융산업의 구조개선에 관한 법률」 제4조에 따라 금융위원회의 인가를 받은 금융회사 간의 합병.

ⓑ 법률 제12663호 「한국산업은행법」 전부개정법률 부칙 제3조 제1항에 따라 한국산업은행을 존속하는 법인으로, 산은금융지주주식회사 및 한국정책금융공사를 각각 소멸하는 법인으로 하는 합병.

ⓒ 행정자치부장관이 산업통상자원부장관과 협의하여 고시한 업종 간의 합병.

(3) 국유재산법에 따라 현물출자한 재산(지방세특례제한법 제57조의 2 ③ 1)

「국유재산법」에 따라 현물출자한 재산을 2015년 12월 31일까지 취득하는 경우에는 취득세를 면제한다.

〈사례〉 인천국제공항공사

'인천국제공항공사'가 구 '수도권신공항건설공단'으로부터 포괄승계한 토지 중 '국유재산의 현물출자'분은 취득세 면제되며, 도시계획실시인가를 받은 도로부지는 취득세 비과세대상이다(지방세심사 2001-198, 2001.04.30).

청구인은 1999년 1월 26일 제정된 인천국제공항공사법에 의하여 설립된 법인으로서, 같은 법 부칙 제5조의 규정에 의하여 법인설립과 동시에 구 수도권신공항건설공단의 모든 재산과 권리·의무 등을 포괄승계하였으며, 처분청은 청구인이 구 수도권신공항건설공단으로부터 승계취득한 이 건 토지에 대하여 취득세 등의 비과세 및 면제대상에 해당되지 않는다고 보아 이 건 부과처분을 하였음을 알 수 있다.

이에 대하여 살펴보면, 첫째 청구인이 이 건 토지를 취득한 것이 국유재산의 현물출자에 해당된다고 주장하고 있는 바, 인천국제공항공사법이 제정되면서 그 부칙 제8조 제2항에서 법 시행 이전에 정부가 수도권신공항건설공단에 출연하거나 지급한 출연금 또는 보조금 등(수도권신공항건설공단에서 차입하여 조달한 자금 외의 투자분을 포함)은 이 법 시행일에 국가가 공사에 출자한 것으로 본다고 규정하고 있으며, 구 수도권신공항건설공단법 제19조 제1항에서 공단이 신공항건설사업에 의하여 건설한 신공항시설의 소유권은 당해 공사의 준공과 동시에 국가에 귀속하도록 규정하고 있는 점을 종합해 보면, 수도권신공항건설공단이 정부의 출연금 등과 자체 차입금으로 신공항건설사업을 추진하는 과정에서 취득한 이 건 토지는 국가에 귀속될 토지에 해당된다고 보아야 할 것으로서, 이러한 토지를 「인천국제공항공사법」 부칙 제5조의 규정에 의하여 청구인이 그 소유권을 승계받은 것이므로, 청구인이 취득한 이 건 토지 중 정부가 기존의 수도권신공항건설공단에 출연한 출연금 등에 상당하는 토지 부분은 국유재산의 현물출자로 취득한 부동산에 해당된다고 보아야 할 것이다. 다만, 같은 법 부칙 제8조 제1항 단서규정에 의하여 국가 또는 지방자치단체가 관리할 토지 부분과 차입금에 상당하는 부동산을 제외하도록 규정하고 있으므로 이러한 토지 부분은 현물출자 대상 토지에 해당하지 아니한다 하겠다.

둘째, 이 건 토지 중 일부는 도시계획시설 실시인가를 받아 도로를 조성하여 국가 또는 지방자치단체에 기부채납할 부동산이므로 취득세 비과세대상에 해당된다는 주장에 대하여 보면, 수도권신공항건설공단은 1997년 8월 12일 인천광역시 ○구 ○동 및 ○동 일원에 도로를 개설하기 위한 도시계획시설(도로) 실시계획인가를 받고, 1998년 11월 4일에 다시 실시계획변경인가를 받았으며, 「인천국제공항공사법」 부칙 제5조 제4항에서 공사설립 전에 수도권신공항건설공단이 수도권신공항건설사업과 관련하여 행한 행위 또는 수도권신공항건설공단에 행하여진 행위는 이를 공사가 행하거나 공사에 대하여 행하여진 행위로 본다고 규정하고 있으므로, 청구인이 이 건 토지 중 도시계획도로 개설부지에 대하여 도시계획시설 실시계획인가를 받았다고 보아야 할 것이며, 「도시계획법」 제83조에서 공공시설은 그 시설을 관리할 행정청에 무상 귀속하도록 규정하고 있으므로, 이 건 토지 중 도시계획도로 개설부지인 인천광역시 ○구 ○동 **XXX-XXX**번지외 118필지 182,362㎡는 국가 등에 무상 귀속을 목적으로 취득한 토지로서 취득세 비과세 대상에 해당된다고 보아야 할 것이므로, 처분청이 이러한 토지에 대하여 취득세를 부과 고지한 처분은 잘못이라 하겠다.

(4) 분할(지방세특례제한법 제57조의 2 ③ 2)

1) 면제 대상

「법인세법」 제46조 제2항 각 호(물적분할의 경우에는 같은 법 제47조 제1항)의 요건을 갖춘 분할로 인하여 취득하는 재산을 2015년 12월 31일까지 취득하는 경우에는 취득세를 면제한다. 다만, 「법인세법」 제46조의 3 제3항(물적분할의 경우에는 같은 법 제47조 제3항) 각 호의 사유가 발생하는 경우(같은 항 각 호 외의 부분 단서에 해당하는 경우는 제외)에는 면제받은 취득세를 추징한다.

관련법령

법인세법 제46조(분할 시 분할법인등에 대한 과세)

1. 분할등기일 현재 5년 이상 사업을 계속하던 내국법인이 다음 각 목의 요건을 모두 갖추어 분할하는 경우일 것(분할합병의 경우에는 소멸한 분할합병의 상대방법인 및 분할합병의 상대방법인이 분할등기일 현재 1년 이상 사업을 계속하던 내국법인일 것)

    가. 분리하여 사업이 가능한 독립된 사업부문을 분할하는 것일 것

    나. 분할하는 사업부문의 자산 및 부채가 포괄적으로 승계될 것. 다만, 공동으로 사용하던 자산, 채무자의 변경이 불가능한 부채 등 분할하기 어려운 자산과 부채 등으로서 대통령령으로 정하는 것은 제외한다.

    다. 분할법인등만의 출자에 의하여 분할하는 것일 것

2. 분할법인등의 주주가 분할신설법인등으로부터 받은 분할대가의 전액(분할합병의 경우에는 제44조 제2항 제2호의 비율 이상)이 주식으로서 그 주식이 분할법인등의 주주가 소유하던 주식의 비율에 따라 배정(분할합병의 경우에는 대통령령으로 정하는 바에 따라 배정한 것을 말한다)되고 대통령령으로 정하는 분할법인등의 주주가 분할등기일이 속하는 사업연도의 종료일까지 그 주식을 보유할 것

3. 분할신설법인등이 분할등기일이 속하는 사업연도의 종료일까지 분할법인등으로부터 승계받은 사업을 계속할 것

2) 면제요건

인적분할의 경우 취득세가 면제되는「법인세법」제46조 제2항의 요건은 다음과 같다. 분할법인이 물적분할에 의하여 분할신설법인의 주식 등을 취득한 경우(물적분할)에 있어서도 다음의 요건을 충족하여야 한다.

2-1) 5년 이상 사업을 계속하던 내국법인

분할등기일 현재 5년 이상 사업을 계속하던 내국법인이 다음의 요건을 모두 갖추어 분할하는 경우일 것(분할합병의 경우에는 소멸한 분할합병의 상대방법인 및 분할합병의 상대방법인이 분할등기일 현재 1년 이상 사업을 계속하던 내국법인일 것).

① 분리하여 사업이 가능한 독립된 사업부문을 분할하는 것일 것.

② 분할하는 사업부문의 자산 및 부채가 포괄적으로 승계될 것. 다만, 공동으로 사용하던 자산, 채무자의 변경이 불가능한 부채 등 분할하기 어려운 자산과 부채 등으로서 대통령령으로 정하는 것은 제외한다.

③ 분할법인 등만의 출자에 의하여 분할하는 것일 것.

2-2) 분할대가의 전액이 주식

분할법인 등의 주주가 분할신설법인 등으로부터 받은 분할대가의 전액(분할합병의 경우에는 제44조 제2항 제2호의 비율 이상)이 주식으로서 그 주식이 분할법인 등의 주주가 소유하던 주식의 비율에 따라 배정(분할합병의 경우에는 대통령령으로 정하는 바에 따라 배정한 것을 말한다)되고 대통령령으로 정하는 분할법인 등의 주주가 분할등기일이 속하는 사업연도의 종료일까지 그 주식을 보유할 것.

2-3) 승계받은 사업의 운영

분할신설법인 등이 분할등기일이 속하는 사업연도의 종료일까지 분할법인 등으로부터 승계 받은 사업을 계속할 것.

3) 면제 대상 재산

분할로 인하여 취득하는 재산에 대하여 면제하므로 법인의 분할시 취득세 면제의 대상이 되는 재산은 유형자산에 한정되지 않고 분할로 취득한 모든 재산을 포함한다.

법인 분할시의 취득세 감면 대상 자산을 종전에는 유형자산으로 한정하는 것으로 해석하여 왔으나 법원(수원지법2007구합10533, 2008.05.28) 및 감사원(감심2009-21, 2009.03.12)에서 법인분할에 따른 취득세 감면 대상 재산의 범위를 유형고정자산에 한정되지 아니한다고 결정한 바 있다.

〈사례〉 5년 이상 계속한 사업

분할법인이 부동산임대업에 '5년 이상' 사용하지 않은 부동산을 분할신설법인이 승계받아 부동산임대업에 공하는 경우, '물적분할'의 요건을 충족하지 않아 취득세 등 면제 대상이 아니다(기각)(지방세심사2002-125, 2002.03.25). '5년 이상 계속한 사업'이라 함은 법령 또는 법인등기부상에 규정된 고유목적사업 그 자체를 뜻하는 것인 바, 청구인의 경우는 분할법인이 분할등기일 현재 5년 이상 계속하여 사업을 영위한 부분을 분할하여야 함에도 분할법인인 주식회사A의 법인등기부상 부동산임대업이 1999년 12월 10일 추가로 등재되어 있는 사실로 미루어 보면, 신설분할법인인 청구인이 2001년 6월 30

일 취득한 이 사건 부동산은 분할법인이 5년 이상 계속하여 사업을 영위한 부분을 분할하여 취득한 재산이 아니라 1999년 12월 10일부터 1년 6개월 정도 계속하여 사업을 영위한 부분을 분할하여 취득한 재산에 해당되기 때문에 청구인은 둘째, 셋째 요건의 충족 여부와 관계없이 첫째 요건을 충족하지 못하고 있는 이상 이 사건 부동산은 물적분할로 인하여 취득한 부동산이라고 할 수 없으므로 처분청에서 이 사건 취득세 등을 부과고지한 것은 적법한 부과처분이라고 판단된다.

〈사례〉 분할로 취득한 재산의 매각

「법인세법」 제46조 제1항 각호 및 제47조 제1항의 요건을 갖춘 분할에 의하여 신설된 법인이 승계한 자산에 대한 취득세와 등록세를 면제받은 후 승계받은 자산을 제3자에게 매각하는 경우, 별도의 추징 규정을 두고 있지 않으므로 기 면제한 취득세와 등록세의 추징 대상이 되지 않는 것으로 판단된다(세정-1168, 2007.04.20).

〈사례〉 관련 부채의 승계 여부

분할법인이 신설법인에게 자산 및 부채를 승계함에 있어서 분할하는 사업부문의 자산 및 부채 외에 분할법인의 자산 및 부채의 일부를 포함하여 승계한 경우에도 특례요건을 갖추어 분할하는 것(국세청 서이46012-10777, 2002.04.12; 서이46012-10148, 2003.01.22 등)이라고 할 것이다. 취득세 등 과세와 관련하여 '분할하는 사업부문의 자산 및 부채가 포괄적으로 승계될 것'이란 분할하는 사업부문과 직접 관련되는 자산·부채만 승계하면 되는 것이지 분할 당시 자산·부채로 인식할 수 없는 장래의 우발부채까지 포함하는 것은 아니다. 다만, 당해 미승계된 부채가 우발부채의 구체적인 인정 범위에 포함되는지 등에 대해서는 해당 과세관청에서 관련 자료 및 사실관계 등을 면밀히 조사하여 판단할 사항이다(지방세운영-106, 2012.01.09).

〈사례〉 5년 이내 중과세대상

「법인세법」상의 인적분할요건을 갖추어 설립된 대도시 내 법인이 설립 당시 분할 전 법인 소유의 건축 중인 건축물과 그 부속토지를 승계 취득하고 그 부속토지에 대하여 구

「조세특례제한법」에 의하여 취득세를 면제받았다가 건축물 사용 승인 이후 그 일부를 고급오락장과 본점 사무소로 사용하는 경우 당해 건축물의 부속토지가 취득세 중과대상에 해당되는지 여부이다(조심2009지291, 2010.02.10).

구「조세특례제한법」제120조 제1항 제9호에서「법인세법」제46조 제1항 각 호의 요건을 갖춘 분할로 인하여 취득하는 재산에 대하여는 취득세를 면제한다고 하면서 그 제2항 제2호에서 제1항에서 면제한 취득세를 추징하는 경우로서 제1항 제13호에 의하여 면제된 취득세에 대한 추징요건을 규정하고 있을 뿐 구「지방세법」제112조 제2항 제4호 및 제3항의 규정에 의한 고급오락장 또는 대도시 내 법인의 본점 사업용 부동산을 취득세 면제대상에서 제외한다거나 분할법인이 분할로 재산을 승계 취득한 이후 5년 이내에 고급오락장 또는 본점 사무소로 사용하는 경우 면제된 취득세를 추징한다는 규정을 두고 있지 아니하고 있고, 구「지방세법」제291조에서 고급오락장 등 사치성 재산은 취득세 등의 감면대상에서 제외한다고 규정하고 있으나 그 적용 범위를「지방세법」제5장에 한정하고 있으며 또한 구「조세특례제한법」제120조 제1항 제9호의 규정에 의하여 분할로 인하여 취득하는 재산에 대하여 취득세를 면제하는 것은 분할의 경우 종래 같은 법인 내에 존재하던 특정 사업부문에 별개의 법인격을 부여하는 것에 불과하여 경제적 실질에는 변함이 없어 재산의 이전에 따르는 취득세를 부과할 당위성이 적을 뿐만 아니라 비록 분할로 설립되는 법인은 설립등기를 함으로써 대도시 내에서 새로이 법인이 신설되는 형식을 취하고 있지만 사실상 종전의 법인의 일부가 분할되어 계속 존속하는 것으로 볼 수 있으므로, 분할 전 법인이 1981년 2월 14일 소유권이전등기 이후 보유하고 있던 이 건 토지를 청구법인이 2008년 9월 2일 인적분할방식으로 설립되면서 승계취득한 후 이로부터 5년 이내인 2008년 12월 2일 이 건 건축물을 신축 취득한 다음 그 일부인 쟁점 건축물을 고급오락장과 본점 사무소로 사용한다고 하여 그 부속토지인 쟁점 토지에 대하여 면제된 취득세를 추징할 수는 없다 할 것이다.

〈사례〉 면제대상자산의 범위(회원권)

요건을 갖춘 물적분할로 인하여 취득한 재산인 회원권도 취득세 면제 대상에 해당된다(감심2009-21, 2009.03.12).

「법인세법」 제46조 제1항 및 제47조 제1항의 규정은 「법인세법」 제46조 제1항 각 호의 요건을 갖춘 분할로 인하여 발생한 분할평가차익(물적분할 제외) 또는 자산양도차익(물적분할 해당)에 대하여 과세이연을 적용받을 수 있도록 분할등기일이 속하는 사업연도의 소득금액 계산 시 위 차익에 상당하는 금액을 손금에 산입할 수 있도록 하고 있으면서, 그 손금산입 적용 대상을 분할평가차익은 토지 및 건축물로 한정하고 있으나 자산양도차익은 물적분할로 인하여 발생한 자산으로 하고 있다. 구 「조세특례제한법」 제120조 제1항 제9호의 규정은 「법인세법」 제46조 제1항(물적분할의 경우에는 동법 제47조 제1항) 각 호의 요건을 갖춘 분할의 경우 그 분할로 인하여 취득하는 재산에 대하여 취득세를 면제하도록 하고 있다.

이에 따라 「법인세법」 제46조 제1항의 규정이 분할평가차익에 대한 법인세의 과세이연을 적용할 수 있는 재산의 범위를 토지와 건축물로 한정하고 있다고 하더라도 구 「조세특례제한법」 제120조 제1항 제9호는 취득세 면제되는 재산의 범위를 토지와 건축물로 한정하지 않고 '분할로 인하여 취득하는 재산'으로 규정하고 있고, 다만 그 재산의 취득이 「법인세법」 제46조 제1항 각 호의 요건을 갖춘 분할에 의하여 이루어질 것을 요구하고 있을 뿐이다.

또한 분할재산에 대하여 취득세 등을 면제하는 취지는 분할의 경우 종래 같은 법인 내에 존재하던 특정 사업부문에 별개의 법인격을 부여하는 것에 불과하여 경제적 실질에는 변함이 없으므로 재산이전에 따르는 취득세 등을 부과할 당위성이 적고, 기업구조조정 수단으로서의 분할을 장려할 필요성이 있기 때문이다. 이러한 점에 비추어 볼 때 「조세특례제한법」 제120조 제1항 제9호의 규정에 따라 취득세 면제의 대상이 되는 재산은 '토지 및 건축물'에 한정되지 않고 분할로 취득한 모든 재산을 포함하는 것으로 보아야 할 것이다. 그렇다면 위 취득세 면제 대상 자산 및 과세이연 대상자산의 범위는 각기 다른 입법 취지와 법적 효과의 내용에 따라 다르게 규정한 것으로 보여진다.

따라서 물적분할로 인하여 취득한 재산인 이 사건 회원권은 구 「조세특례제한법」 제120조 제1항 제9호의 규정에 따라 취득세 면제 대상에 해당된다고 할 것이다.

(5) 현물출자(지방세특례제한법 제57조의 2 ③ 3)

「법인세법」 제47조의 2에 따른 현물출자에 따라 재산을 2015년 12월 31일까지 취득하는 경우에는 취득세를 면제한다.

다만,「법인세법」제47조의 2 제3항 각 호의 사유가 발생하는 경우(같은 항 각 호 외의 부분 단서에 해당하는 경우는 제외)에는 면제받은 취득세를 추징한다.

여기서 감면대상자산의 범위를 재산으로 규정하고 다만 그 재산의 취득이 법인세법 제47조의 2의 규정에 의한 현물출자에 의하여 이루어질 것을 요구하고 있을 뿐이므로 자산의 양도차익 상당액을 사업연도의 소득금액계산에 있어서 손금에 산입하여 과세를 이연받을 수 있는 재산의 범위에 맞추어 해석할 것이 아니라 현물출자대상자산이 취득 세 과세대상자산이면 면제 대상이 된다고 할 수 있다.

관련법령

법인세법 제47조의 2(현물출자 시 과세특례)

① 내국법인(이하 이 조에서 "출자법인"이라 한다)이 다음 각 호의 요건을 갖춘 현물출자를 하는 경우 그 현물출자로 취득한 현물출자를 받은 내국법인(이하 이 조에서 "피출자법인"이라 한다)의 주식가액 중 현물출자로 발생한 자산의 양도차익에 상당하는 금액은 대통령령으로 정하는 바에 따라 현물출자일이 속하는 사업연도의 소득금액을 계산할 때 손금에 산입할 수 있다. 다만, 대통 령령으로 정하는 부득이한 사유가 있는 경우에는 제2호 또는 제4호의 요건을 갖추지 못한 경우에도 자산의 양도차익에 상당하는 금액을 대통령령으로 정 하는 바에 따라 손금에 산입할 수 있다.

1. 출자법인이 현물출자일 현재 5년 이상 사업을 계속한 법인일 것
2. 피출자법인이 그 현물출자일이 속하는 사업연도의 종료일까지 출자법인으로 부터 승계받은 사업을 계속할 것
3. 다른 내국인 또는 외국인과 공동으로 출자하는 경우 공동으로 출자한 자가 출 자법인의 제52조 제1항에 따른 특수관계인이 아닐 것
4. 출자법인 및 제3호에 따라 출자법인과 공동으로 출자한 자(이하 이 조에서 "출

자법인등"이라 한다)가 현물출자일 다음 날 현재 피출자법인의 발행주식총수 또는 출자총액의 100분의 80 이상의 주식등을 보유하고, 현물출자일이 속하는 사업연도의 종료일까지 그 주식등을 보유할 것

② 출자법인이 제1항에 따라 손금에 산입한 양도차익에 상당하는 금액은 다음 각 호의 어느 하나에 해당하는 사유가 발생하는 사업연도에 해당 주식등과 자산의 처분비율을 고려하여 대통령령으로 정하는 금액만큼 익금에 산입한다. 다만, 피출자법인이 적격합병되거나 적격분할하는 등 대통령령으로 정하는 부득이한 사유가 있는 경우에는 그러하지 아니하다.
1. 출자법인이 피출자법인으로부터 받은 주식등을 처분하는 경우
2. 피출자법인이 출자법인등으로부터 승계받은 대통령령으로 정하는 자산을 처분하는 경우. 이 경우 피출자법인은 그 자산의 처분 사실을 처분일부터 1개월 이내에 출자법인에 알려야 한다.

③ 제1항에 따라 양도차익 상당액을 손금에 산입한 출자법인은 다음 각 호의 어느 하나에 해당하는 사유가 발생하는 경우에는 제1항에 따라 손금에 산입한 금액 중 제2항에 따라 익금에 산입하고 남은 금액을 그 사유가 발생한 날이 속하는 사업연도의 소득금액을 계산할 때 익금에 산입한다. 다만, 대통령령으로 정하는 부득이한 사유가 있는 경우에는 그러하지 아니하다.
1. 피출자법인이 출자법인으로부터 승계받은 사업을 현물출자일부터 3년 이내의 범위에서 대통령령으로 정하는 기간 이내에 폐지하는 경우
2. 출자법인등이 피출자법인의 발행주식총수 또는 출자총액의 100분의 50 미만으로 주식등을 보유하게 되는 경우

④ 제1항부터 제3항까지의 규정에 따른 손금산입 대상 양도차익의 계산, 승계받

〈사례〉 현물출자 시의 면세대상자산의 범위

내국법인이 현물출자에 의하여 새로운 내국법인을 설립하는 경우 그 현물출자한 재산 중 자산의 양도차익 상당액을 사업연도의 소득금액계산에 있어서 손금에 산입하여 과세를 이연 받을 수 있는 재산과 그 취득에 따른 취득세를 면제받을 수 있는 재산을 어느 범위까지로 정할 것인가는 입법정책에 관한 문제로서 반드시 그 범위가 일치하여야 하는 것은 아니다. 법 제38조 제1항 제2호 및 그에 따른 법 시행령 제35조 제1항 제3호, 제3조 제2항, 법 시행규칙 제3조 제1항 제1호의 규정이 내국법인이 현물출자에 의하여 새로운 내국법인을 설립하면서 자산의 양도차익 상당액을 손금에 산입하여 과세를 이연 받을 수 있는 재산에서 광업권과 같은 무형고정자산을 제외하고 있다고 하더라도, 법 제120조 제1항 제6호는 그 면세의 대상이 되는 재산의 범위를 위와 같이 한정하지 아니하고 널리 '재산'으로 규정하고 다만 그 재산의 취득이 법 제38조의 규정에 의한 현물출자에 의하여 이루어질 것을 요구하고 있을 뿐인 점, 법 제120조 제1항 제6호가 현물출자 되는 재산에 대하여 취득세를 면제하는 취지는 이 경우 실질적으로는 동일한 사업 법인이 사업의 운영형태만을 바꾸는 것에 불과하여 재산 이전에 따르는 취득세를 부과할 필요가 적음과 더불어 기업의 구조조정을 촉진함에 있다는 점에 비추어 볼 때, 법 제120조 제1항 제6호에서 "제38조의 규정에 의한 현물출자에 따라 취득하는 재산"이라 함은 법 제38조의 규정에 의하여 "신설법인의 설립등기일 현재 5년 이상 계속하여 사업을 영위한 내국법인이 그 신설법인에 현물출자하여 취득하는 재산"을 의미한다고 볼 것이지, 내국법인이 현물출자에 의하여 새로운 내국법인을 설립하는 경우에 자산의 양도차익 상당액을 사업연도의 소득금액계산에 있어서 손금에 산입하여 과세를 이연받을 수 있는 재산의 범위에 맞추어 광업권, 특허권과 같은 무형고정자산은 제외된다고 한정하여 해석할 것은 아니라고 할 것이다(대법원 2003.03.14 선고, 2002두12182 판결 참조).

〈사례〉 2년 이내 합병

청구법인이 2013년 6월 10일 흡수합병한 주식회사A(대표이사 A모씨, 이하 '피합병법인'이라 한다)는 합병 전인 2011년 9월 1일 부동산 임대업을 영위하던 개인사업자 B모씨와 이 사건 부동산에 대하여 현물출자계약을 체결한 후, 2011년 9월 27일 법인을 설립하면서 이 사건 부동산을 취득하고, 2011년 10월 21일 「조세특례제한법(2013.01.01 법률 제11614호로 개정되기 전의 것, 이하 같다)」 제120조 제5항 규정에 따라 취득세 등을 면제받았다. 청구법인은 피합병법인이 이 사건 부동산을 취득한 후 2년 이내인 2013년 6월 10일 피합병법인을 흡수합병하고, 이 사건 부동산의 소유권을 이전등기 받았다.

피합병법인이 합병으로 인하여 해산한 것이 「조세특례제한법」 제120조 제5항의 "해당 사업을 폐업하거나 해당 재산을 처분한 것"으로 볼 수 있는지 여부를 보면, 피합병법인은 청구법인과의 흡수합병으로 인하여 2013년 6월 10일 해산등기하고, 같은 날 해당 사업을 폐업하였으며, 2013년 7월 4일 이 사건 부동산의 소유권이 청구법인에게 이전되었는 바, 「지방세법」 제6조 제1호에서 취득세에서 사용하는 취득의 정의를 매매, 교환, 상속, 증여, 기부, 법인에 대한 현물출자 등과 그 밖에 이와 유사한 취득으로서 원시취득, 승계취득 또는 유상·무상의 모든 취득이라고 규정하고 있는 점, 한편 취득세 과세 대상인 취득은 취득자가 실질적으로 완전한 내용의 소유권을 취득하는가의 여부에 관계없이 소유권이전의 형식에 의한 취득의 모든 경우를 포함하는 것이므로 「지방세법」은 합병법인이 피합병법인으로부터 소유권을 이전받는 형식을 취하고 있는 것에 착안하여 그 이전을 취득세 과세 대상으로 파악하고 있는 점 등에 비추어 보면, 피합병법인이 청구법인에 의하여 합병되면서 해산등기가 이루어지고, 이 사건 부동산이 청구법인에게 이전된 것은 피합병법인의 사업이 폐업되면서 청구법인이 이 사건 부동산을 취득한 것이므로 피합병법인의 입장에서는 청구법인에게 이 사건 부동산을 처분하였다고 볼 수 있다 하겠다(대법원 2010.07.08 선고, 2010두6007 판결 참조).

합병이 「조세특례제한법」 제120조 제5항에서 규정한 '정당한 사유'에 해당하는지 여부를 보면, 조세법률주의 원칙상 과세요건이거나 비과세요건 또는 조세감면요건을 막론하고 조세법규의 해석은 특별한 사정이 없는 한 법문대로 하여야 할 것이고 합리적 이유 없이 확장해석하거나 유추해석하는 것은 허용되지 아니하며, 특히 감면요건 규정 가운데 명백히 특혜 규정이라고 볼 수 있는 것은 엄격하게 해석하는 것이 공평과세의 원칙에 부합되는 것(대법원 2003.01.24 선고, 2002두9537 판결 참조)이라 할 것으로, 「조세특례제한법」 제120조 제5항의 위임규정인 같은 법 시행령 제116조 제8항에서 '정당한 사유'를 해당 사업용 재산이 「공익사업을 위한 토지 등의 취득 및 보상에 관한 법률」 및 그 밖의 법률에 따라 수용된 경우와 법령에 따른 폐업·이전명령 등에 따라 해당 사업을 폐지하거나 사업용 재산을 처분하는 경우로만 한정하였고, 청구법인이 주장하는 합병(적격합병)에 대하여 정당한 사유로 달리 규정하고 있지 아니한 이상, 피합병법인의 합병을 「조세특례제한법」 제120조 제5항에서 규정한 '정당한 사유'로 인정하기 어렵다 하겠다 (조심2014지616, 2014.07.15).

(6) 자산의 교환(지방세특례제한법 제57조의 2 ③ 4)

1) 자산교환에 대한 취득세 면제

「법인세법」 제50조에 따른 자산교환에 따라 재산을 2015년 12월 31일까지 취득하는 경우에는 취득세를 면제한다.

자산교환의 경우 금전으로 지급된 부분은 제외한다. 즉 교환이라 함은 당사자가 금전 이외의 재산권을 서로 이전할 것을 약정함으로써 성립하는 계약(민법 제596조)으로 당사자의 한쪽이 목적물과 함께 금전(보충금)도 지급할 것을 약정한 때에는 이에 관하여는 매매대금에 관한 규정을 준용하도록 규정(민법 597조)하고 있다.

그러므로 보충금에 대한 부분은 교환으로 보고 있지 아니하므로 금전의 지급으로 취득하는 재산은 취득세의 면제 대상이 되지 않는다.

> **관련법령**
>
> 법인세법 제50조(교환으로 인한 자산양도차익 상당액의 손금산입)
> ① 대통령령으로 정하는 사업을 하는 내국법인이 2년 이상 그 사업에 직접 사용

하던 고정자산으로서 대통령령으로 정하는 자산(이하 이 조에서 "사업용고정자산"이라 한다)을 제52조 제1항에 따른 특수관계인 외의 다른 내국법인이 2년 이상 그 사업에 직접 사용하던 동일한 종류의 사업용고정자산(이하 이 조에서 "교환취득자산"이라 한다)과 교환(대통령령으로 정하는 여러 법인 간의 교환을 포함한다)하는 경우 그 교환취득자산의 가액 중 교환으로 발생한 사업용고정자산의 양도차익에 상당하는 금액은 대통령령으로 정하는 바에 따라 해당 사업연도의 소득금액을 계산할 때 손금에 산입할 수 있다.

② 제1항은 내국법인이 교환취득자산을 교환일이 속하는 사업연도의 종료일까지 그 내국법인의 사업에 사용하는 경우에만 적용한다.

③ 제1항을 적용받으려는 내국법인은 대통령령으로 정하는 바에 따라 자산 교환에 관한 명세서를 납세지 관할 세무서장에게 제출하여야 한다.

④ 제1항을 적용할 때 손금산입액 및 그 금액의 익금산입 방법 등에 관하여 필요한 사항은 대통령령으로 정한다.

2) 감면대상사업

「조세특례제한법 시행령」 제29조 제3항 및 같은 법 시행령 제60조의 2 제1항 제1호부터 제3호까지의 규정에 해당하는 사업을 제외한 사업을 하는 내국법인이다.

2-1) 제외 대상 소비성서비스업

「조세특례제한법 시행령」 제29조 제3항에 의한 '대통령령으로 정하는 소비성서비스업'이란 다음의 어느 하나에 해당하는 사업을 말한다.

① 호텔업 및 여관업(「관광진흥법」에 따른 관광숙박업은 제외).

② 주점업(일반유흥주점업, 무도유흥주점업 및 「식품위생법 시행령」 제21조에 따른 단란주점 영업만 해당하되, 「관광진흥법」에 따른 외국인전용유흥음식점업 및 관광

유흥음식점업은 제외).

③ 그 밖에 오락·유흥 등을 목적으로 하는 사업으로서 기획재정부령으로 정하는 사업.

2-2) 제외대상 부동산업, 건설업 및 소비성서비스업

「조세특례제한법 시행령」 제60조의 2 제1항 제1호부터 제3호까지의 '대통령령으로 정하는 부동산업, 건설업 및 소비성서비스업'이란 다음 각각의 어느 하나에 해당하는 사업과 소비성서비스업을 말한다. 다만, 「공공기관 지방이전에 따른 혁신도시 건설 및 지원에 관한 특별법」 제2조 제2호의 '이전공공기관'은 예외로 한다.

① 부동산임대업.

② 부동산중개업.

③ 「소득세법 시행령」 제122조 제1항에 따른 부동산매매업.

④ 건설업[한국표준산업분류에 따른 주거용 건물 개발 및 공급업(구입한 주거용 건물을 재판매하는 경우는 제외)을 포함].

〈사례〉 '동일한 종류의 사업용 고정자산'의 의미

「조세특례제한법」 제119조 제1항 제11호 및 제120조 제1항 제10호의 규정에 의거 「법인세법」 제50조의 규정에 의한 자산교환에 따라 취득하는 재산에 대하여는 취득세와 등록세를 면제하도록 규정하고 있으므로 귀문의 경우 「법인세법」 제50조 제1항에 말하는 동일한 종류의 사업용 고정자산이라 함은 「법인세법 시행령」 제86조 제2항의 규정에 의한 「토지·건축물·조세특례제한법 시행령」 제3조 제2항의 규정에 의한 자산 중 고정자산의 종류가 같은 것임을 의미하는 것이다(세정13407-1174, 2002.12.10).

〈사례〉 평가차액을 현금 지급한 경우

이 사건 심사청구의 다툼은 부동산을 교환하면서 그 차액을 현금으로 지급하는 경우, 현금 지급분이 「조세특례제한법」 제119조 제1항 제11호 및 제120조 제1항 제10호의 "법인세법 제50조의 규정에 의한 자산교환에 따라 취득하는 재산"의 범위에 해당되는지 여부에 관한 것이라 하겠다(지방세심사 2006-414, 2006.09.25).

청구인은 「조세특례제한법」 제119조 제1항 제11호 및 제120조 제1항 제10호의 규정의 취지는 면제요건 충족여부에 따라 전부면제가 아니면 전부과세가 되어야 하는 것이고, 이 사건 취득세 등의 과세표준액 중 전기설치비를 제외한 과세표준액 부분은 2년 이상 당해 사업에 직접 사용하던 사업용 고정자산을 특수관계자 외 다른 내국법인이 2년 이상 당해 사업에 사용하던 동일한 종류의 사업용 고정자산을 교환하는 경우로서 「법인세법」 제50조에서 정한 자산교환에 따라 취득하는 재산의 요건을 충족하였으므로 현금 지급분에 대한 과세는 부당하고, 또한 「법인세법」 제50조 및 법인세법 시행규칙 제3조에서는 교환자산의 취득 범위를 토지·건축물·선박·차량·기타 농업용 시설물 중 내용연수가 적용되는 유형자산으로 규정하고 있고, 청구인이 취득한 재산은 토지와 건축물로 현금 지급은 교환 과정에서 부수적으로 발생한 자산가치의 차이를 보전하는 수단으로서 지급한 것이지 현금을 취득한 것이 아니므로 과세할 근거가 없다고 주장하나, 일반적으로 교환이라 함은 당사자가 금전 이외의 재산권을 서로 이전할 것을 약정함으로써 성립하는 계약(민법 제596조)으로 당사자의 한쪽이 목적물과 함께 금전(보충금)도 지급할 것을 약정한 때에는 이에 관하여는 매매대금에 관한 규정을 준용하도록 규정(민법 597조)하고 있어 보충금에 대한 부분은 교환으로 보고 있지 아니하며, 「조세특례제한법」 제119조 제1항 제11호 및 제120조 제1항 제10호의 규정은 "자산교환에 따라 취득하는 재산에 관한 등기"에 대하여 등록세 및 취득세를 면제하는 것으로 규정하고 있어 자산의 교환이 아닌 금전의 지급으로 취득하는 재산에 관한 등기는 등록세 등의 면제 대상이 되지 않는다 할 것이고, 「법인세법」 제50조 제1항에서 "대통령령이 정하는 사업을 영위하는 내국법인이 2년 이상 사업용 고정자산을 제52조 제1항의 규정에 의한 특수관계자 외의 다른 내국법인이 2년 이상 당해 사업에 직접 사용하던 동일한 종류의 사업용 고정자산(이하 이 조에서 '교환취득자산')과 교환(대통령령이 정하는 다수 법인 간의 교환을 포함)하는 경우 당해 교환취득자산의 가액 중 교환으로 발생한 사업용 고정자산의 양도차익에 상당하는 금액은 대통령령이 정하는 바에 따라 당해 사업연도의 소득금액계산에 있어서 이를 손금에 산입할 수 있다"라고 규정하고 있어 「조세특례제한법」 제119조 제1항 제11호 및 제120조 제1항 제10호의 "법인세법 제50조의 규정에 의한 자산교환"이라 함은 내국법인이 2년 이상 사업용 고정자산을 특수관계자 외의 다른 내국법인이 2년 이상 당해 사업에 직접 사용하던 동일한 종류의 교환취득자산과 교환하는 경우를 의미한다 할 것인 바, 청구인의 경우와 같이 C시장 소유의 이 사건 부동산과 청구인 소유의 ○동 청사를 교환하기로 하고 그 평가차액을 지불하기로 한 경우 평가차액에 의하여 취득하는 부분은 교환에 의하여 자산을 취득하는 경우에 해당되지 않는다 할 것이므로 처분청의 이 사건 취득세 등을 부과한 처분은 잘못이 없다고 판단된다.

(7) 중소기업 간의 통합(지방세특례제한법 제57조의 2 ③ 5)

「조세특례제한법」제31조에 따른 중소기업 간의 통합에 따라 설립되거나 존속하는 법인이 양수하는 해당 사업용 재산을 2015년 12월 31일까지 취득하는 경우에는 취득세를 면제한다.

중소기업 간의 통합이란 소비성서비스업(소비성서비스업과 다른 사업을 겸영하고 있는 경우에는 부동산양도일이 속하는 사업연도의 직전 사업연도의 소비성서비스업의 사업별 수입금액이 가장 큰 경우에 한함)을 제외한 사업을 영위하는 중소기업자(「중소기업기본법」에 의한 중소기업자를 말함)가 당해 기업의 사업장별로 그 사업에 관한 주된 자산을 모두 승계하여 사업의 동일성이 유지되는 것을 말한다.

> **관련법령**
>
> 조세특례제한법 제31조(중소기업 간의 통합에 대한 양도소득세의 이월과세 등)
> ① 대통령령으로 정하는 업종을 경영하는 중소기업 간의 통합으로 인하여 소멸되는 중소기업이 대통령령으로 정하는 사업용고정자산(이하 "사업용고정자산"이라 한다)을 통합에 의하여 설립된 법인 또는 통합 후 존속하는 법인(이하 이 조에서 "통합법인"이라 한다)에 양도하는 경우 그 사업용고정자산에 대해서는 이월과세를 적용받을 수 있다.
>
> 조세특례제한법 시행령 제28조(중소기업 간의 통합에 대한 양도소득세의 이월과

세 등)

① 법 제31조 제1항에서 "대통령령으로 정하는 업종을 경영하는 중소기업 간의 통합"이란 제29조 제3항에 따른 소비성서비스업(소비성서비스업과 다른 사업을 겸영하고 있는 경우에는 부동산양도일이 속하는 사업연도의 직전사업연도의 소비성서비스업의 사업별 수입금액이 가장 큰 경우에 한한다)을 제외한 사업을 영위하는 중소기업자(「중소기업기본법」에 의한 중소기업자를 말한다. 이하 이 조에서 같다)가 당해 기업의 사업장별로 그 사업에 관한 주된 자산을 모두 승계하여 사업의 동일성이 유지되는 것으로서 다음 각호의 요건을 갖춘 것을 말한다. 이 경우 설립후 1년이 경과되지 아니한 법인이 출자자인 개인(「국세기본법」 제39조 제2항의 규정에 의한 과점주주에 한한다)의 사업을 승계하는 것은 이를 통합으로 보지 아니한다.

1. 통합으로 인하여 소멸되는 사업장의 중소기업자가 통합후 존속하는 법인 또는 통합으로 인하여 설립되는 법인(이하 이 조에서 "통합법인"이라 한다)의 주주 또는 출자자일 것

2. 통합으로 인하여 소멸하는 사업장의 중소기업자가 당해 통합으로 인하여 취득하는 주식 또는 지분의 가액이 통합으로 인하여 소멸하는 사업장의 순자산가액(통합일 현재의 시가로 평가한 자산의 합계액에서 충당금을 포함한 부채의 합계액을 공제한 금액을 말한다. 이하 같다) 이상일 것

〈사례〉 사업의 동일성

청구법인의 경우, 위에서 규정하고 있는 바와 같이 중소기업 간 통합에 따른 취득세 면제요건인 소비성서비스업을 제외한 사업을 영위하는 중소기업자가 당해 기업의 사업장별로 그 사업에 관한 주된 자산을 모두 승계하는 경우일 것, 법인 설립 후 1년이 경과하였을 것, 통합으로 인하여 소멸되는 사업장의 중소기업자는 통합 후 존속하는 법인 또는 통합으로 인하여 설립되는 법인의 주주일 것, 통합으로 인하여 소멸하는 사업장의 중소기

업자가 당해 통합으로 인하여 취득하는 주식가액이 통합으로 인하여 소멸하는 사업장의 순자산가액 이상일 것 등의 조건은 충족하고 있는 것으로 보이나, 통합 후 사업의 동일성이 유지되는 경우인지 여부가 이 건 취득세 면제요건의 다툼으로 작용하고 있다.

살피건대, A모씨는 부동산 임대업을 영위하는 개인사업자였으며 통합 후 청구법인은 부동산업을 목적사업으로 추가하였고 이후 이 건 부동산을 A모씨에게 임대하였다가 같은 날 재임차하는 등 서류상으로만 임대차 형식을 취한 것이고 그 실질은 청구법인이 주유소 등에 직접 사용하고 있는 것이 나타나고 있는 이상, 이를 거래관행상 통상적인 임대차가 아니라고 보는 것이 상당하다. 더욱이 청구법인은 2010년 11월 26일 ○○으로 본점을 이전하면서 A모씨에게 재임차하여 사용하던 이 건 부동산 임대차계약을 해지하였다고는 하나, 임대차계약을 해지한 후에도 이 건 부동산을 계속해서 사용하고 있으므로 이를 제3자에게 임대하였다는 것은 납득하기 어렵다. 그렇다면 청구법인은 통합 전 개인사업자인 A모씨와 부동산임대업과 관련하여 사업의 동일성이 유지되는 것이라고 인정하기 어려워 이 건 부동산은 취득세 면제 대상에 해당되지 아니한다(조심2010지112, 2011.03.11).

〈사례〉 중소기업 통합에 의한 과점주주

중소기업 간 통합으로 인해 법인은 취득세 등 면제되었더라도 중소기업 간 통합으로 인해 당해 법인의 과점주주가 되는 자의 취득세도 면제되는 것은 아니다(기각)(지방세심사2001-505, 2001.10.29).

청구인과 그 배우자는 ㈜A의 총 발행주식 중 48%인 2,400주를 소유하고 있다가 1999년 8월 10일 청구인의 개인사업체를 ㈜A로 통합하면서 추가로 주식을 취득하여 청구인과 특수관계인은 총 발행주식 79,103주 중 76,503을 소유한 과점주주가 되었으며, 처분청은 ㈜A가 대표이사의 개인사업체를 통합하면서 취득한 부동산에 대하여 「조세특례제한법」의 규정에 의하여 취득세와 등록세를 면제하였음을 제출된 관계 증빙자료에서 알 수 있다.

이에 대하여 청구인은 중소기업 간의 통합으로 인하여 ㈜A가 취득세 등을 면제받았으므로 과점주주인 청구인도 취득세 면제대상에 해당된다고 주장하고 있으나, 과점주주에 대한 납세의무와 법인에 대한 납세의무는 각각 별개의 것으로서, 구「지방세법」제 105조 제6항 단서에서 취득세가 비과세 또는 감면되는 경우라 함은 과점주주의 간주취 득이 지방세법 또는 기타 법령의 규정에 의한 비과세 또는 감면요건에 해당하는 경우라 할 것이므로 당해 법인이 부동산 등을 취득하면서 취득세를 면제받았다고 하여 바로 과 점주주로 된 자의 취득세 납세의무도 면제되는 것은 아니라 할 것으로서(같은 취지의 대 법원판결 99두6897, 2001.01.30), 청구인의 경우에도 ㈜A가 중소기업 통합으로 취득한 부동산에 대하여 취득세와 등록세를 면제받은 것은 사실이지만, 과점주주인 청구인의 납세의무를 판단함에 있어서는 이러한 감면규정이 적용될 수 없고, 이에 대한 별도의 감 면근거도 없으므로, 처분청이 과점주주인 청구인에게 취득세 등을 부과고지한 처분은 아무런 잘못이 없다 하겠다.

(8) 자산의 포괄적 양도(지방세특례제한법 제57조의 2 ③ 6)

「조세특례제한법」제37조 제1항 각 호의 요건을 모두 갖춘 자산의 포괄적 양도(讓渡) 로 인하여 취득하는 재산을 2015년 12월 31일까지 취득하는 경우에는 취득세를 면제한 다. 다만, 같은 법 제37조 제6항 각 호의 사유가 발생하는 경우(같은 조 제7항에 해당하 는 경우는 제외)에는 면제받은 취득세를 추징한다.

1) 면제대상 포괄적 양도

「조세특례제한법」제37조 제1항 각 호의 요건을 모두 갖춘 자산의 포괄적 양도로 인 하여 취득하는 재산의 경우에는 취득세를 면제한다. 즉 다음의 요건을 모두 갖춘 자산의 포괄적 양도로 인하여 취득하는 재산의 경우에 취득세를 면제한다.

① 자산의 포괄적 양도일 현재 1년 이상 계속하여 사업을 하던 내국법인 간의 양도 · 양수일 것.

② 피인수법인이 인수법인으로부터 그 자산의 포괄적 양도로 인하여 취득하는 인수 법인의 주식 등의 가액과 금전, 그 밖의 재산가액의 총 합계액(이하 '인수대가'라 한 다) 중 의결권 있는 인수법인의 주식 등의 가액이 100분의 95 이상으로서 그 주식 등이 대통령령으로 정하는 바에 따라 배정되고, 피인수법인 또는 대통령령으로 정

하는 피인수법인의 주주 등이 자산의 포괄적 양도일이 속하는 사업연도의 종료일까지 그 주식 등을 보유할 것.

③ 인수법인이 자산의 포괄적 양도일이 속하는 사업연도의 종료일까지 피인수법인으로부터 승계 받은 사업을 계속할 것.

2) 추징요건

자산의 포괄적 양도일이 속하는 사업연도의 다음 사업연도 개시일부터 2년 이내에 다음 각의 어느 하나의 사유가 발생하는 경우에는 감면받은 취득세를 추징한다.

① 인수법인이 피인수법인으로부터 승계받은 사업을 폐지하는 경우.

② 피인수법인 또는 대통령령으로 정하는 피인수법인의 주주 등이 자산의 포괄적 양도로 인하여 취득한 인수법인의 주식 등을 처분하는 경우.

관련법령

조세특례제한법 제37조(자산의 포괄적 양도에 대한 과세특례)

① 내국법인(이하 이 조에서 "피인수법인"이라 한다)이 다음 각 호의 요건을 모두 갖추어 대통령령으로 정하는 바에 따라 자산의 대부분을 다른 내국법인(이하 이 조에서 "인수법인"이라 한다)에 양도(이하 이 조에서 "자산의 포괄적 양도"라 한다)하고 그 대가로 인수법인의 주식 또는 출자지분(이하 이 조에서 "주식등"이라 한다)을 받고 청산하는 경우 양도하는 자산의 가액을 대통령령으로 정하는 바에 따라 장부가액으로 할 수 있다. 이 경우 「법인세법」 제79조에 따른 해산에 의한 청산소득금액은 대통령령으로 정하는 바에 따라 계산한 금액으로 한다.

1. 자산의 포괄적 양도일 현재 1년 이상 계속하여 사업을 하던 내국법인 간의 양도·양수일 것

2. 피인수법인이 인수법인으로부터 그 자산의 포괄적 양도로 인하여 취득하는 인수법인의 주식등의 가액과 금전, 그 밖의 재산가액의 총합계액(이하 "인수대가"라 한다) 중 의결권 있는 인수법인의 주식등의 가액이 100분의 95 이상으로서 그 주식등이 대통령령으로 정하는 바에 따라 배정되고, 피인수법인 또는 대통령령으로 정하는 피인수법인의 주주 등이 자산의 포괄적 양도일이 속하는 사업연도의 종료일까지 그 주식등을 보유할 것

3. 인수법인이 자산의 포괄적 양도일이 속하는 사업연도의 종료일까지 피인수법인으로부터 승계받은 사업을 계속할 것

⑥ 제3항에 따라 피인수법인의 자산을 장부가액으로 양도받은 인수법인(제4항에 따라 결손금 등을 승계받은 경우를 포함한다)은 3년 이내의 범위에서 대통령령으로 정하는 기간에 다음 각 호의 어느 하나의 사유가 발생하는 경우에는 그 사유가 발생한 날이 속하는 사업연도의 소득금액을 계산할 때 양도받은 자산의 장부가액과 인수대가와의 차액(인수대가가 장부가액보다 큰 경우만 해당한다), 승계받은 결손금 중 공제한 금액 등을 대통령령으로 정하는 바에 따라 익금에 산입한다. 이 경우 제5항에 따라 피인수법인으로부터 승계받아 공제한 감면·세액공제액 등은 「법인세법」 제44조의 3 제3항을 준용하여 처리한다.

1. 인수법인이 피인수법인으로부터 승계받은 사업을 폐지하는 경우

2. 피인수법인 또는 대통령령으로 정하는 피인수법인의 주주 등이 자산의 포괄적 양도로 인하여 취득한 인수법인의 주식등을 처분하는 경우

⑦ 제1항 제2호 및 제3호와 제6항 제1호 및 제2호를 적용할 때 대통령령으로 정하는 부득이한 사유가 있는 경우에는 주식등을 보유하거나 사업을 계속하는 것으로 본다.

조세특례제한법 시행령 제35조(자산의 포괄적 양도에 대한 과세특례)
③ 법 제37조 제1항 전단에 따른 자산의 대부분은 자산의 포괄적 양도일 현재 피인

수법인의 자산총액의 100분의 70 이상이면서 자산총액에서 부채총액을 뺀 금액의 100분의 90 이상으로 한다. 다만, 피인수법인이 자산의 포괄적 양도일 전 2년 내에 분할한 법인인 경우에는 분할하기 이전 법인을 기준으로 판정한다.

⑤ 법 제37조 제1항 제2호에 따라 인수대가 중 의결권 있는 인수법인의 주식등의 가액이 100분의 95 이상인지를 판정할 때 인수법인이 자산의 포괄적 양도일 전 2년 내에 취득한 피인수법인의 주식등이 있는 경우에는 다음 각 호의 금액을 금전으로 교부한 것으로 보아 인수대가에 더한다.

1. 인수법인이 자산의 포괄적 양도일 현재 피인수법인의 「법인세법 시행령」 제43조 제7항에 따른 지배주주등이 아닌 경우: 인수법인이 자산의 포괄적 양도일 전 2년 이내에 취득한 피인수법인의 주식등이 피인수법인의 발행주식총수 또는 출자총액의 100분의 20을 초과하는 경우 그 초과하는 주식등의 취득가액

2. 인수법인이 자산의 포괄적 양도일 현재 피인수법인의 「법인세법 시행령」 제43조 제7항에 따른 지배주주등인 경우: 자산의 포괄적 양도일 전 2년 이내에 취득한 주식등의 취득가액

⑥ 법 제37조 제1항 제2호 및 같은 조 제6항 제2호에서 "대통령령으로 정하는 피인수법인의 주주 등"이란 피인수법인의 「법인세법 시행령」 제43조 제3항에 따른 지배주주등 중 다음 각 호의 어느 하나에 해당하는 자를 제외한 주주 등을 말한다.

1. 「법인세법 시행령」 제43조 제8항 제1호 가목의 친족 중 4촌 이상의 혈족 및 인척

2. 자산의 포괄적 양도일 현재 피인수법인에 대한 지분비율이 100분의 1 미만이면서 시가로 평가한 그 지분가액이 10억원 미만인 자

(9) 특별법의 개정 등에 의한 조직변경(지방세특례제한법 제57조의 2 ③ 7)

특별법에 따라 설립된 법인 중 「공공기관의 운영에 관한 법률」 제2조 제1항에 따른 공공기관이 그 특별법의 개정 또는 폐지로 인하여 「상법」 상의 회사로 조직 변경됨에 따라

취득하는 사업용 재산을 2015년 12월 31일까지 취득하는 경우에는 취득세를 면제한다.

〈사례〉 공공기관에 해당하는지의 여부

청구인은 특별법인 「농어촌기본법」에 의하여 설립된 A농산영농조합법인이 상법상의 회사로 조직변경됨에 따라 취득·등기한 부동산에 해당되기 때문에 이 사건 부동산에 대한 취득세 및 등록세 등은 「조세특례제한법」 제119조 제1항 제5호 및 같은 법 제120조 제1항 제4호의 규정에 의하여 과세 면제되어야 한다고 주장하고 있지만, 「조세특례제한법」 제119조 제1항 제5호 및 같은 법 제120조 제1항 제4호와 같은 법 시행령 제116조 제2항에서 특별법에 의하여 설립된 법인 중 「정부투자기관관리기본법」 제2조의 적용을 받는 법인(정부가 납입자본금의 5할 이상을 출자한 기업체)이 당해 특별법의 개정 또는 폐지로 인하여 상법상의 회사로 조직변경됨에 따른 법인설립의 등기와 동 조직변경으로 인하여 취득·등기하는 사업용 재산에 대하여는 취득세와 등록세를 면제하도록 규정하고 있으므로, 청구인의 경우는 「정부투자기관관리기본법」 제2조의 적용을 받는 법인이 아니라 상법상의 회사를 설립한 후 영농조합법인으로부터 포괄양수도방법으로 이 사건 부동산을 취득·등기한 것이므로 이 사건 부동산에 대한 취득세 등은 과세면제대상에서 제외되어야 한다고 판단된다(지방세심사2002-410, 2002.12.23).

(10) 현물출자 또는 사업양도·양수(지방세특례제한법 제57조의 2 ④)

「조세특례제한법」 제32조에 따른 현물출자 또는 사업 양도·양수에 따라 2015년 12월 31일까지 취득하는 사업용 재산에 대해서는 취득세를 면제한다. 다만, 취득일부터 2년 이내에 대통령령으로 정하는 정당한 사유 없이 해당 사업을 폐업하거나 해당 재산을 처분(임대를 포함)하는 경우에는 면제받은 취득세를 추징한다. '대통령령으로 정하는 정당한 사유'란 다음의 어느 하나에 해당하는 경우를 말한다.

① 해당 사업용 재산이 「공익사업을 위한 토지 등의 취득 및 보상에 관한 법률」 및 그 밖의 법률에 따라 수용된 경우.
② 법령에 따른 폐업·이전명령 등에 따라 해당 사업을 폐지하거나 사업용 재산을 처분

하는 경우.

조세특례제한법 제32조(법인전환에 대한 양도소득세의 이월과세)

① 거주자가 사업용고정자산을 현물출자하거나 대통령령으로 정하는 사업 양도·양수의 방법에 따라 법인(대통령령으로 정하는 소비성서비스업을 경영하는 법인은 제외한다)으로 전환하는 경우 그 사업용고정자산에 대해서는 이월과세를 적용받을 수 있다.

② 제1항은 새로 설립되는 법인의 자본금이 대통령령으로 정하는 금액 이상인 경우에만 적용한다.

③ 제1항을 적용받으려는 거주자는 대통령령으로 정하는 바에 따라 이월과세 적용신청을 하여야 한다.

④ 제1항에 따라 설립되는 법인에 대해서는 제31조 제4항부터 제6항까지의 규정을 준용한다.

⑤ 제1항에 따라 설립된 법인의 설립일부터 5년 이내에 다음 각 호의 어느 하나에 해당하는 사유가 발생하는 경우에는 제1항을 적용받은 거주자가 사유발생일이 속하는 과세연도의 과세표준신고를 할 때 제1항에 따른 이월과세액(해당 법인이 이미 납부한 세액을 제외한 금액을 말한다)을 양도소득세로 납부하여야 한다. 이 경우 사업 폐지의 판단기준 등에 관하여 필요한 사항은 대통령령으로 정한다. (2013. 1. 1. 개정)

1. 제1항에 따라 설립된 법인이 제1항을 적용받은 거주자로부터 승계받은 사업을 폐지하는 경우

2. 제1항을 적용받은 거주자가 법인전환으로 취득한 주식 또는 출자지분의 100분의 50 이상을 처분하는 경우

사업용 고정자산이란 당해 사업에 직접 사용하는 유형자산 및 무형자산을 말한다. 이 경우 1981년 1월 1일 이후에 취득한 부동산으로서 기획재정부령이 정하는 법인의 업무와 관련이 없는 부동산의 판정기준에 해당되는 자산을 제외한다. '기획재정부령이 정하는 법인의 업무와 관련이 없는 부동산의 판정기준에 해당되는 자산'이라 함은 「법인세법 시행령」 제49조 제1항 제1호의 규정에 의한 업무와 관련이 없는 부동산('업무무관부동산')을 말한다.

(11) 과점주주의 간주취득세 면제(지방세특례제한법 제57조의 2 ⑤)

다음의 어느 하나에 해당하는 경우에는 2015년 12월 31일까지 「지방세법」 제7조 제5항에 따라 과점주주가 해당 법인의 부동산을 취득한 것으로 보아 부과하는 취득세를 면제한다. 다만, 아래 ⑧의 경우에는 2016년 12월 31일까지 해당 취득세를 면제한다.

「지방세법」 제7조 제5항(과점주주의 간주취득)을 적용하지 아니한다는 의미는 지방세관계법상 세목에서 납세의무 자체를 부인하는 비과세가 아니라 「지방세법」상 세목에 따라 과세요건은 성립하였으나 납세의무의 이행단계에서 징수권행사의 유보로서 지방세의 일부 또는 전부를 이행하지 않도록 하는 감면에 해당한다.

① 부실금융기관으로부터 주식 또는 지분을 취득: 「금융산업의 구조개선에 관한 법률」 제10조에 따른 제3자의 인수, 계약이전에 관한 명령 또는 같은 법 제14조 제2항에 따른 계약이전결정을 받은 부실금융기관으로부터 주식 또는 지분을 취득하는 경우.

② 대출금의 출자전환: 금융기관이 법인에 대한 대출금을 출자로 전환함에 따라 해당 법인의 주식 또는 지분을 취득하는 경우.

③ 지주회사의 취득: 「독점규제 및 공정거래에 관한 법률」에 따른 지주회사(금융지주회사를 포함한다. 이하 '지주회사'라 함)가 되거나 지주회사가 같은 법 또는 「금융지주회사법」에 따른 자회사의 주식을 취득하는 경우. 다만, 해당 지주회사의 설립·전환일부터 3년 이내에 「독점규제 및 공정거래에 관한 법률」에 따른 지주회사의 요건을 상실하게 되는 경우에는 면제받은 취득세를 추징한다. '지주회사가 되거나'의 의미는 주식을 취득함으로써 최초로 지주회사가 됨과 동시에 과점주주가 된 경우를

말하는 것이고, 후단에서 규정하고 있는 '지주회사가 자회사의 주식을 취득하는 경우'의 의미는 이미 지주회사인 회사가 자회사의 주식 등을 취득하여 과점주주가 된 경우를 말한다. 지주회사를 간주취득세 부과대상에서 제외하는 입법 취지는 지주회사의 설립이나 지주회사로의 전환에 대하여 세제혜택을 줌으로써 소유와 경영의 합리화를 위한 기업의 구조조정을 지원하려는 데에 있다. 이에 비해 자본투자법상의 사모투자전문회사나 투자목적회사는 투자한 회사의 기업가치를 높여 창출한 수익을 투자자에게 배분하는 것을 주된 목적으로 하여 설립된 회사로서 공정거래법상의 지주회사와는 설립목적이나 기능 등에서 많은 차이가 있다. 따라서 공정거래법의 지주회사에 관한 규정이 적용되지 아니하는 사모투자전문회사나 투자목적회사에 대하여는 간주취득세 부과대상에서 제외되지 아니한다.

④ 예금보험공사 등의 취득: 「예금자보호법」 제3조에 따른 예금보험공사 또는 같은 법 제36조의 3에 따른 정리금융기관이 같은 법 제36조의 5 제1항 및 제38조에 따라 주식 또는 지분을 취득하는 경우.

관련법령

예금자보호법 제36조의 5(정리금융기관의 업무범위 등)

① 정리금융기관은 예금 등 채권의 지급, 대출 등 채권의 회수 기타 부실금융기관의 정리업무를 효율적으로 수행하기 위하여 필요한 업무로서 금융위원회가 승인한 업무를 수행한다.

② 제1항의 규정에 의하여 정리금융기관이 예금자 등에게 지급하는 예금 등 채권의 금액은 보험금 및 개산지급금을 한도로 하고, 그 지급액은 제32조의 규정에 의한 보험금에서 이를 공제한다.

③ 공사는 위원회의 의결에 따라 정리금융기관의 운영에 필요한 범위안에서 자금지원을 할 수 있다.

④ 공사는 대통령령이 정하는 바에 의하여 정리금융기관의 업무를 지도·감독한다.

⑤ 금융감독원장은 필요하다고 인정하는 경우 정리금융기관에 대하여 구체적인

범위를 정하여 필요한 자료의 제공을 요청하거나 공사에 대하여 정리금융기관을 검사할 것을 요청할 수 있다. 이 경우 그 요청을 받은 정리금융기관 또는 공사는 특별한 사유가 없는 한 이에 응하여야 한다.

예금자보호법 제38조(부보금융기관에 대한 자금지원)

① 공사는 다음 각호의 1에 해당하는 경우 위원회의 의결에 따라 부보금융기관 또는 당해 부보금융기관을 금융지주회사법에 의한 자회사등으로 두는 금융지주회사에 대하여 자금지원을 할 수 있다.

1. 제37조의 규정에 의한 자금지원의 신청이 있거나 부실금융기관 등의 합병등이 원활하게 이루어질 수 있도록 하기 위하여 필요하다고 인정되는 경우

2. 예금자 보호 및 신용질서의 안정을 위하여 부실금융기관 등의 재무구조 개선이 필요하다고 인정되는 경우

3. 금융산업의 구조개선에 관한 법률 제12조 제1항의 규정에 의한 금융위원회의 요청이 있는 경우

② 제1항의 규정에 의한 자금지원의 기준·방법·조건 기타 필요한 사항은 대통령령으로 정한다.

⑤ 한국자산관리공사의 인수채권 출자전환: 한국자산관리공사가 「금융회사부실자산 등의 효율적 처리 및 한국자산관리공사의 설립에 관한 법률」 제26조 제1항 제1호에 따라 인수한 채권을 출자전환함에 따라 주식 또는 지분을 취득하는 경우. 「금융회사부실자산 등의 효율적 처리 및 한국자산관리공사의 설립에 관한 법률」 제26조 제1항 제1호에 의한 한국자산관리공사의 업무는 부실채권의 보전·추심(가압류, 가처분, 「민사소송법」 및 「민사집행법」에 따른 경매 및 소송 등에 관한 모든 행위를 포함한다)의 수임 및 인수정리를 말한다.

⑥ 농업협동조합자산관리회사의 부실자산 출자전환: 「농업협동조합의 구조개선에 관

한 법률」에 따른 농업협동조합자산관리회사가 같은 법 제30조 제3호 다목에 따라 인수한 부실자산을 출자전환함에 따라 주식 또는 지분을 취득하는 경우

⑦ 주식의 포괄적 교환·이전으로 완전자회사의 주식을 취득: 「조세특례제한법」 제38조 제1항 각 호의 요건을 모두 갖춘 주식의 포괄적 교환·이전으로 완전자회사의 주식을 취득하는 경우. 다만, 같은 법 제38조 제2항에 해당하는 경우(같은 조 제3항에 해당하는 경우는 제외)에는 면제받은 취득세를 추징한다.

⑧ 상장주식의 취득: 「자본시장과 금융투자업에 관한 법률」에 따른 증권시장으로서 대통령령으로 정하는 증권시장에 상장한 법인의 주식을 취득한 경우. '대통령령으로 정하는 증권시장'이란 유가증권시장과 코스닥시장을 말한다.

〈사례〉 투자목적회사

청구법인은 A회사(「공정거래법」상 지주회사의 형식 요건은 갖춘 것으로 보임)가 2008년 1월 28일 설립한 투자목적회사이고 「공정거래법」상의 지주회사 요건을 갖추지 아니한 청구법인이 쟁점법인의 주식을 100% 취득한 이상, 이는 「조세특례제한법」 제120조 제6항 제8호 전단에서 규정하고 있는 「공정거래법」에 의한 지주회사가 되는 경우' 및 후단에서 규정하고 있는 '지주회사가 자회사의 주식을 취득'한 경우에 해당되지 않는다고 판단된다. 설령 청구법인이 지주회사의 형식 요건을 갖추었다고 하더라도 다른 회사에 대한 지배력 행사가 가능한 형태의 투자를 한 경우에는 그로부터 10년간 「공정거래법」에 의한 지주회사에 관한 규제를 받지 않도록 「간접투자법」 제144조의 17 제1항에서 명시하고 있는데, 이는 투자전문회사 등이 투자활동 과정에서 일시적으로 지주회사와 같은 외형을 갖추었다 하더라도 그 본질이 지주회사와는 달리 투자활동을 통한 수익창출을 목적으로 하고 있으므로 이를 반영하여 원칙적으로 지주회사와 달리 취급하겠다는 것으로 해석할 수 있다(조심2010지831, 2011.03.14).

〈사례〉 주식을 취득하는 시점에 지주회사에 해당되지 아니한 경우

「조세특례제한법」 제120조 제5항 제8호에서 "독점규제 및 공정거래에 관한 법률에 의한 지주회사(금융지주회사를 포함)가 되거나 지주회사가 동법 또는 금융지주회사법에

의한 자회사의 주식을 취득하는 경우"로 인하여 「지방세법」 제22조 제2호의 규정에 의한 과점주주에 해당하는 경우 당해 과점주주에 대하여는 동법 제105조 제6항의 규정을 적용하지 아니한다라고 규정하고 있는 바, 지주회사가 「조세특례제한법」 제120조 제5항 제8호의 규정에 의하여 취득세를 면제받기 위해서는 지주회사가 자회사의 주식을 취득하는 시점에 지주회사에 해당되지 아니한 경우에는 취득세 납세의무가 있음(세정 13407-400, 2001.10.08).

〈사례〉기업구조조정조합

「조세특례제한법」 제120조 제5항 제6호에서 산업발전법에 의한 구조조정전문회사에게는 과점주주에 대한 취득세를 부과하지 아니하도록 규정되어 있으므로, 귀문의 구조조정조합은 기업구조조정전문회사에 해당되지 않아 동 규정이 적용되지 않으며, 조합원에 대한 취득세 세액 안분은 해당 기업구조조정조합에서 결정할 사항임(세정13407-949, 2000.07.27).

3. 기업 재무구조 개선 등에 대한 감면(지방세특례제한법 제57조의 3)

(1) 부실 금융기관으로부터 양수한 재산(지방세특례제한법 제57조의 3 ①)
다음에 해당하는 재산의 취득에 대해서는 취득세를 2015년 12월 31일까지 면제한다.

① 「금융산업의 구조개선에 관한 법률」 제2조 제1호에 따른 금융기관, 한국자산관리공사, 예금보험공사, 정리금융기관이 같은 법 제10조 제2항에 따른 적기시정조치(영업의 양도 또는 계약이전에 관한 명령으로 한정) 또는 같은 법 제14조 제2항에 따른 계약이전결정을 받은 부실 금융기관으로부터 양수한 재산.

② 「농업협동조합법」에 따른 조합, 「농업협동조합의 구조개선에 관한 법률」에 따른 상호금융예금자보호기금 및 농업협동조합자산관리회사가 같은 법 제4조에 따른 적기시정조치(사업양도 또는 계약이전에 관한 명령으로 한정) 또는 같은 법 제6조 제

2항에 따른 계약이전결정을 받은 부실 조합으로부터 양수한 재산.

③ 「수산업협동조합법」에 따른 조합 및 「수산업협동조합의 구조개선에 관한 법률」에 따른 상호금융예금자보호기금이 같은 법 제4조에 따른 적기시정조치(사업양도 또는 계약이전에 관한 명령으로 한정) 또는 같은 법 제10조 제2항에 따른 계약이전결정을 받은 부실 조합으로부터 양수한 재산.

④ 「산림조합법」에 따른 조합 및 「산림조합의 구조개선에 관한 법률」에 따른 상호금융예금자보호기금이 같은 법 제4조에 따른 적기시정조치(사업양도 또는 계약이전에 관한 명령으로 한정) 또는 같은 법 제10조 제2항에 따른 계약이전결정을 받은 부실 조합으로부터 양수한 재산.

금융위원회는 금융기관의 자기자본비율이 일정 수준에 미달하는 등 재무상태가 일정 기준에 미달하거나 거액의 금융사고 또는 부실채권의 발생으로 금융기관의 재무상태가 일정 기준에 미달하게 될 것이 명백하다고 판단되면 금융기관의 부실화를 예방하고 건전한 경영을 유도하기 위하여 해당 금융기관이나 그 임원에 대하여 영업의 양도나 예금·대출 등 금융 거래와 관련된 계약의 이전 등의 명령을 할 수 있다. 또한 금융위원회는 부실 금융기관이 적기시정조치 등에 따른 명령을 이행하지 않는 등 일정한 사유가 발생한 경우에는 그 부실 금융기관에 대하여 계약이전의 결정 등 필요한 처분을 할 수 있다.

관련법령

금융산업의 구조개선에 관한 법률 제2조(정의)

1. "금융기관"이란 다음 각 목의 어느 하나에 해당하는 것을 말한다.

가. 「은행법」에 따라 설립된 은행

나. 「중소기업은행법」에 따른 중소기업은행

다. 「자본시장과 금융투자업에 관한 법률」에 따른 투자매매업자·투자중개업자

라. 「자본시장과 금융투자업에 관한 법률」에 따른 집합투자업자, 투자자문업자

       또는 투자일임업자

마. 「보험업법」에 따른 보험회사

바. 「상호저축은행법」에 따른 상호저축은행

사. 「자본시장과 금융투자업에 관한 법률」에 따른 신탁업자

아. 「자본시장과 금융투자업에 관한 법률」에 따른 종합금융회사

자. 「금융지주회사법」에 따른 금융지주회사

차. 그 밖의 법률에 따라 금융업무를 하는 기관으로서 대통령령으로 정하는 기관

〈사례〉 계약이전 결정 자체에는 포함되어 있지 않더라도 금융감독위원회에서 계약이전 결정을 받은 부실 금융기관으로부터 자산양수도 계약을 체결하여 양수받은 재산

「금융산업 구조개선에 관한 법률」 제2조 제1호 규정에 의한 금융기관 등이 부실 금융기관으로부터 양수한 재산과 이에 대한 등기에 대하여 취득세와 등록세의 면제대상이 되는 범위는 「금융산업 구조개선에 관한 법률」 제14조 제5항 규정에 의한 계약이전 결정 자체에는 포함되어 있지 않더라도 금융감독위원회에서 계약이전 결정을 받은 부실 금융기관으로부터 자산양수도 계약을 체결하여 양수받은 재산인 경우라면 취득세와 등록세의 면제대상이 되는 것이다(세정-2229, 2005.08.19).

〈사례〉 자구계획에 의한 주식 취득 시 과점주주의 취득

금융감독위원회가 「금융산업의 구조개선에 관한 법률」 제10조의 규정에 따라 이 사건 은행을 제3자에게 인수시키기 위한 적기시정명령을 한 사실은 없고 단순히 2000년 10월 7일 이 사건 은행의 BIS자기자본비율이 낮아 「금융산업의 구조개선에 관한 법률」과 상호신용금고감독규정에 의한 적기시정조치의 대상에 해당되므로 경영정상화를 위한 자구계획을 제출하도록 이 사건 은행에 요구(비검일6116-1407호)한 상태에서 청구인이 이 사건 주식을 취득한 사실이 제출된 관련 증빙자료에서 입증되어 이 사건 주식의 취득이 「금융산업 구조조정에 관한 법률」 제10조의 적기시정조치에 의한 제3자 인수의 방법

으로 이루어졌다고 할 수는 없다 할 것이다. 따라서 이 사건 주식을 취득함에 따라 과점주주가 된 청구인에게 간주취득 규정을 적용하여서는 안 된다는 청구인의 주장은 받아들일 수 없다 할 것이다.

(2) 한국자산관리공사의 취득(지방세특례제한법 제57조의 3 ②)

한국자산관리공사가 「금융회사부실자산 등의 효율적 처리 및 한국자산관리공사의 설립에 관한 법률」 제26조 제1항 제9호 및 제10호에 따라 취득하는 재산에 대해서는 취득세를 면제하고, 같은 항 제7호에 따라 한국자산관리공사가 「중소기업기본법」에 따른 중소기업이 보유한 자산을 취득하는 경우에는 취득세의 100분의 50을 경감한다.

관련법령

금융회사부실자산 등의 효율적 처리 및 한국자산관리공사의 설립에 관한 법률 제26조 제1항 제9호 및 제10호

9. 법령에 따라 국가기관 등으로부터 대행을 의뢰받은 압류재산의 매각, 대금 배분 등 사후관리 및 해당 재산의 가치의 보전·증대 등을 위한 관련 재산(저당권 등 제한물권을 포함한다. 이하 같다)의 매입과 개발
10. 법령에 따라 국가기관 등으로부터 수임받은 재산의 관리·처분, 채권의 보전·추심 및 해당 재산의 가치의 보전·증대 등을 위한 관련 재산의 매입과 개발

---

4. 벤처기업 등에 대한 과세특례(지방세특례제한법 제58조)

(1) 벤처기업집적시설 등의 개발사업

「벤처기업육성에 관한 특별조치법」에 따라 지정된 벤처기업집적시설 또는 신기술창업집적지역을 개발·조성하여 분양 또는 임대할 목적으로 취득(「산업집적활성화 및 공장설립에 관한 법률」 제41조에 따른 환수권의 행사로 인한 취득을 포함)하는 부동산에 대

해서는 취득세의 100분의 50을 2017년 12월 31일까지 경감한다.

다만, 그 취득일부터 3년 이내에 정당한 사유 없이 벤처기업집적시설 또는 신기술창업집적지역을 개발·조성하지 아니하는 경우 또는 부동산의 취득일부터 5년 이내에 벤처기업집적시설 또는 신기술창업집적지역의 지정이 취소되거나 「벤처기업육성에 관한 특별조치법」 제17조의 3 또는 제18조 제2항에 따른 요건을 갖춘 날부터 5년 이내에 부동산을 다른 용도로 사용하는 경우에 해당 부분에 대해서는 경감된 취득세를 추징한다.

(2) 벤처기업집적시설에의 입주시 중과세 배제

「벤처기업육성에 관한 특별조치법」에 따라 지정된 벤처기업집적시설 또는 「산업기술단지 지원에 관한 특례법」에 따라 조성된 산업기술단지에 입주하는 자(벤처기업집적시설에 입주하는 자 중 벤처기업에 해당되지 아니하는 자는 제외)에 대하여 취득세를 과세할 때에는 2015년 12월 31일까지 「지방세법」 제13조 제1항부터 제4항까지의 세율(중과세율)을 적용하지 아니한다.

(3) 산업용 건축물 등

「벤처기업육성에 관한 특별조치법」 제17조의 2에 따라 지정된 신기술창업집적지역에서 산업용 건축물·연구시설 및 시험생산용 건축물로서 대통령령으로 정하는 건축물('산업용 건축물 등')을 신축하거나 증축하려는 자(공장용 부동산을 중소기업자에게 임대하려는 자를 포함)가 취득하는 부동산에 대해서는 2017년 12월 31일까지 취득세의 100분의 50을 경감한다. 다만, 다음의 어느 하나에 해당하는 경우 그 해당 부분에 대해서는 경감된 취득세를 추징한다.

① 정당한 사유 없이 그 취득일부터 3년이 경과할 때까지 해당 용도로 직접 사용하지 아니하는 경우.
② 해당 용도로 직접 사용한 기간이 2년 미만인 상태에서 매각·증여하거나 다른 용도로 사용하는 경우.

지방세특례제한법 시행령(산업용 건축물 등의 범위)

"대통령령으로 정하는 건축물"이란 다음 각 호의 어느 하나에 해당하는 건축물을 말한다.

1. 「산업입지 및 개발에 관한 법률」 제2조에 따른 공장·지식산업·문화산업·정보통신산업·자원비축시설용 건축물 및 이와 직접 관련된 교육·연구·정보처리·유통시설용 건축물

2. 「산업집적활성화 및 공장설립에 관한 법률 시행령」 제6조 제5항에 따른 폐기물 수집운반·처리 및 원료재생업, 폐수처리업, 창고업, 화물터미널 또는 그 밖에 물류시설을 설치 및 운영하는 사업, 운송업(여객운송업은 제외한다), 산업용기계장비임대업, 전기업 및 농공단지에 입주하는 지역특화산업용 건축물, 「도시가스사업법」 제2조 제5호에 따른 가스공급시설용 건축물 및 「집단에너지사업법」 제2조 제6호에 따른 집단에너지공급시설용 건축물

3. 「산업기술단지 지원에 관한 특례법」에 따른 연구개발시설 및 시험생산시설용 건축물

4. 「산업집적활성화 및 공장설립에 관한 법률」 제30조 제2항에 따른 관리기관이 산업단지의 관리, 입주기업체 지원 및 근로자의 후생복지를 위하여 설치하는 건축물(수익사업용으로 사용되는 부분은 제외한다)

(4) 벤처기업이 취득하는 부동산

「벤처기업육성에 관한 특별조치법」에 따른 벤처기업이 「벤처기업육성에 관한 특별조치법」 제18조의 4에 따른 벤처기업육성촉진지구에서 그 고유업무에 직접 사용하기 위하여 취득하는 부동산에 대해서는 2016년 12월 31일까지 취득세의 1,000분의 375를 경감한다.

5. 지식산업센터 등에 대한 감면(지방세특례제한법 제58조의 2)

(1) 지식산업센터의 신축이나 증축

지식산업센터를 신축하거나 증축하여 「산업집적활성화 및 공장설립에 관한 법률」 제28조의 5 제1항 제1호 및 제2호에 따른 시설용('사업시설용')으로 직접 사용하거나 분양 또는 임대하기 위하여 취득하는 부동산과 신축 또는 증축한 지식산업센터에 대해서는 2016년 12월 31일까지 취득세의 100분의 50을 경감한다. 다만, 다음의 어느 하나에 해당하는 경우 그 해당 부분에 대해서는 경감된 취득세를 추징한다.

① 정당한 사유 없이 그 취득일부터 1년이 경과할 때까지 착공하지 아니한 경우.
② 그 취득일부터 5년 이내에 매각·증여하거나 다른 용도로 분양·임대하는 경우.

(2) 지식산업센터의 입주자

「산업집적활성화 및 공장설립에 관한 법률」 제28조의 4에 따라 지식산업센터를 신축하거나 증축하여 설립한 자로부터 최초로 해당 지식산업센터를 분양받은 입주자(「중소기업기본법」 제2조에 따른 중소기업을 영위하는 자로 한정)가 사업시설용으로 직접 사용하기 위하여 취득하는 부동산에 대해서는 2016년 12월 31일까지 취득세의 100분의 50을 경감한다. 다만, 다음의 어느 하나에 해당하는 경우 그 해당 부분에 대해서는 경감된 취득세를 추징한다.

① 정당한 사유 없이 그 취득일부터 1년이 경과할 때까지 해당 용도로 직접 사용하지 아니하는 경우.
② 그 취득일부터 5년 이내에 매각·증여하거나 다른 용도로 사용하는 경우.

6. 창업중소기업 등에 대한 감면(지방세특례제한법 제58조의 3)

(1) 감면 대상

다음의 어느 하나에 해당하는 기업이 해당 사업을 하기 위하여 창업일부터 4년 이내에 취득하는 사업용 재산(「지방세법」 제127조 제1항 제1호에 따른 비영업용 승용자동차는 제외)에 대해서는 취득세의 100분의 75에 상당하는 세액을 감면한다. 창업중소기업 및 창업벤처중소기업 감면을 적용받으려는 경우에는 행정자치부령으로 정하는 감면신 청서를 관할 지방자치단체의 장에게 제출하여야 한다.

① 창업중소기업: 2016년 12월 31일까지 수도권과밀억제권역 외의 지역에서 창업한 중소기업.

② 창업벤처중소기업: 2016년 12월 31일까지 「벤처기업육성에 관한 특별조치법」 제2 조 제1항에 따른 벤처기업 중 대통령령으로 정하는 기업으로서 창업 후 3년 이내에 같은 법 제25조에 따라 벤처기업으로 확인받은 기업. 여기서 '대통령령으로 정하는 기업'이란 다음의 어느 하나에 해당하는 기업을 말한다.

ⓐ 「벤처기업육성에 관한 특별조치법」 제2조의 2의 요건을 갖춘 중소기업(같은 조 제1항 제2호 나목에 해당하는 중소기업은 제외).

ⓑ 연구개발 및 인력개발을 위한 비용으로서 「조세특례제한법 시행령」 [별표6]의 비용이 해당 과세연도의 수입금액의 100분의 5(「벤처기업육성에 관한 특별조치 법」 제25조에 따라 벤처기업 해당 여부에 대한 확인을 받은 날이 속하는 과세연 도부터 연구개발 및 인력개발을 위한 비용의 비율이 100분의 5 이상을 유지하는 경우로 한정) 이상인 중소기업.

(2) 창업중소기업 등의 범위

감면 대상 창업중소기업 및 창업벤처중소기업의 범위는 「지방세특례제한법」 제100조 제3항 각 호의 업종을 경영하는 중소기업으로 한다. 다만, 제100조 제3항 제20호의 업 종 중 「체육시설의 설치·이용에 관한 법률」에 따라 골프장을 경영하는 기업과 같은 조 제 6항에 해당하는 경우에는 취득세 감면 대상이 되는 창업중소기업 및 창업벤처중소기업 의 범위에서 제외한다.

지방세특례제한법 제100조 제3항

③ 창업중소기업과 창업벤처중소기업의 범위는 다음 각 호의 업종을 경영하는 중소기업으로 한다.

1. 광업

2. 제조업

3. 건설업

4. 음식점업

5. 출판업

6. 영상·오디오 기록물 제작 및 배급업(비디오물 감상실 운영업은 제외한다)

7. 방송업

8. 전기통신업

9. 컴퓨터 프로그래밍, 시스템 통합 및 관리업

10. 정보서비스업(뉴스제공업은 제외한다)

11. 연구개발업

12. 광고업

13. 그 밖의 과학기술서비스업

14. 전문디자인업

15. 전시 및 행사대행업

16. 창작 및 예술관련 서비스업(자영예술가는 제외한다)

17. 대통령령으로 정하는 엔지니어링사업(이하 "엔지니어링사업"이라 한다)

18. 대통령령으로 정하는 물류산업(이하 "물류산업"이라 한다)

19. 「학원의 설립·운영 및 과외교습에 관한 법률」에 따른 직업기술 분야를 교습하는 학원을 운영하는 사업 또는 「근로자직업능력 개발법」에 따른 직업능력개발훈련시설을 운영하는 사업(직업능력개발훈련을 주된 사업으로 하는 경우에 한한다)

20. 「관광진흥법」에 따른 관광숙박업, 국제회의업, 유원시설업 및 대통령령으로
　　정하는 관광객이용시설업

21. 「노인복지법」에 따른 노인복지시설을 운영하는 사업

22. 「전시산업발전법」에 따른 전시산업

23. 인력공급 및 고용알선업(농업노동자 공급업을 포함한다)

24. 건물 및 산업설비 청소업

25. 경비 및 경호 서비스업

26. 시장조사 및 여론조사업

27. 사회복지 서비스업

(3) 창업

창업이란 새로운 사업을 최초로 개시하는 것으로서 다음의 경우에는 창업으로 보지 아니한다(조세특례제한법 제6조 제6항).

① 합병·분할·현물출자 또는 사업의 양수를 통하여 종전의 사업을 승계하거나 종전의 사업에 사용되던 자산을 인수 또는 매입하여 같은 종류의 사업을 하는 경우. 다만, 종전의 사업에 사용되던 자산을 인수하거나 매입하여 같은 종류의 사업을 하는 경우 그 자산가액의 합계가 사업 개시 당시 토지·건물 및 기계장치 등 대통령령으로 정하는 사업용 자산의 총가액에서 차지하는 비율이 100분의 50 미만으로서 대통령령으로 정하는 비율 이하인 경우는 제외한다.

② 거주자가 하던 사업을 법인으로 전환하여 새로운 법인을 설립하는 경우.

③ 폐업 후 사업을 다시 개시하여 폐업 전의 사업과 같은 종류의 사업을 하는 경우.

④ 사업을 확장하거나 다른 업종을 추가하는 경우 등 새로운 사업을 최초로 개시하는 것으로 보기 곤란한 경우.

(4) 창업일

창업중소기업 및 창업벤처중소기업의 창업일에 대하여 현행 「지방세특례제한법」에서는 별도로 규정하고 있지 아니하므로 「중소기업창업지원법」 제2조 및 「부가가치세법」 제5조의 사업 개시일을 기준으로 판단함이 타당하다고 할 것이다. 특히, 개인사업자로서 사업 계획의 승인을 받아 사업을 개시하는 경우 이외에는 「부가가치세법」 제5조 제1항에 따른 사업자등록증상의 당초 사업 개시일을 창업일로 보아야 한다.

「중소기업창업지원법 시행령」 제3조에서는 창업자가 법인이면 법인설립등기일, 창업자가 개인이면 「부가가치세법」 제8조 제1항에 따른 사업 개시일. 다만, 「중소기업창업지원법」 제33조에 따른 사업계획의 승인을 받아 사업을 개시하는 경우에는 「부가가치세법」 제8조 제1항에 따른 사업자 등록일을 사업 개시일로 보고 있다.

창업일부터 4년 이내에 취득하는 사업용 재산에 대하여는 취득세를 면제하므로 창업일 이전에 취득하는 경우에는 취득세를 감면하지 아니한다.

(5) 사업용 재산

사업용 재산이란 사업을 영위하는 데 중추적인 기능을 하는 재산으로서 지속적으로 사업에 직접 공여되는 재산을 말한다. 또한 사업용 재산은 당해 사업의 수행에 필요불가결한 토지, 공장, 사무실, 차량, 기계장치 등은 물론 당해 사업 수행에 필요불가결한 존재인 근로자를 위한 기숙사, 후생복지시설도 사업에 직접 사용하는 사업용 재산에 포함된다고 보아야 한다(감심2011-169, 2011.09.15).

(6) 추징

취득일부터 2년 이내에 그 재산을 정당한 사유 없이 해당 사업에 직접 사용하지 아니하거나 다른 목적으로 사용·처분(임대를 포함)하는 경우 또는 정당한 사유 없이 최초 사용일부터 2년간 해당 사업에 직접 사용하지 아니하거나 처분하는 경우에는 감면받은 세액을 추징한다.

(7) 정당한 사유의 판단

정당한 사유란 입법 취지, 토지의 취득 목적에 비추어 그 목적사업에 사용할 수 없는 법령상·사실상의 장애사유 및 장애정도, 목적사업에 사용하기 위한 진지한 노력을 다하였는지 여부, 행정관청의 귀책사유가 가미되었는지 여부 등을 아울러 참작하여 구체적인 사안에 따라 개별적으로 판단하여야 한다(대법원 2002.09.04 선고, 2001두229 판결).

즉 정당한 사유란 그 취득 재산을 해당 사업에 사용하지 못한 사유가 행정관청의 사용금지·제한 등 외부적인 사유와 내부적으로 그 재산을 해당 사업에 사용하기 위하여 정상적인 노력을 하였음에도 불구하고 시간적인 여유가 없거나 객관적인 사유로 인하여 부득이 해당 사업에 사용할 수 없는 경우라 할 것이나, 재산의 취득자가 그 자체의 자금사정이나 수익상의 문제 등으로 해당 사업에 직접 사용하기를 포기한 경우에는 이에 포함되지 않는다(대법원 2004.04.18, 2004두11752 판결 참조).

〈사례〉 정당한 사유

청구법인은 쟁점 부동산을 취득하고 2년 이내에 고유목적 사업에 직접 사용하지 않고 청구법인 대표이사의 자녀에게 임대한 사실이 나타나고, 그 이유가 청구법인과 시공사와의 다툼으로 인하여 쟁점 부동산을 청구법인 대표이사의 자녀에게 불가피하게 임대하였다고 주장하나, 이는 법령의 금지 · 제한, 행정관청의 귀책사유 등 외부적인 사유가 아닌 청구법인 내부의 사정으로 인한 것이므로 정당한 사유에 해당하지 않는다(조심 2013지1020, 2014.06.30).

〈사례〉 2년 이내 처분 시 정당한 사유

청구법인은 쟁점 부동산을 취득하고 2년 이내에 고유목적 사업에 직접 사용하지 않고 처분한 사실이 나타나고, 그 이유가 청구법인은 쟁점 부동산을 채무를 인수하는 조건으로 취득한 후 금융기관의 채무상환기간 연장 불허, 채권인수금융기관의 약정 위배 등으로 인하여 취득 목적대로 사용하지 못하고 불가피하게 처분하였다고 주장하나, 이는 법령의 금지·제한, 행정관청의 귀책사유 등 외부적인 사유가 아닌 청구법인 내부의 사정으로 인한 것이므로 정당한 사유에 해당하지 않는다(기각)(조심2014지491, 2014.06.23).

〈사례〉 사업양수

청구법인은 A㈜의 호텔사업을 양수하여 승계한 경우에 해당하고, 당초 법인 설립 당시 창업중소기업의 범위에 해당하지 아니한 부동산개발업 등을 목적사업으로 하였으므로 청구법인이 관광호텔업 등을 목적사업에 추가하였다 하더라도 창업중소기업에 해당하지 아니한 것으로 보는 것이 타당하다(기각)(조심2013지697, 2014.05.13).

〈사례〉 동종의 사업용으로 사용하던 부동산을 취득한 경우

「조세특례제한법」 제119조 제3항 및 제120조 제3항에서 창업중소기업이 당해 사업을 영위하기 위하여 창업일부터 2년 이내에 취득하는 사업용 재산에 대하여는 취득세와 등록세를 면제한다고 규정하고 있을 뿐 동종의 사업에 사용하던 부동산을 취득하는 경우 감면 대상에서 제외한다고 규정하고 있지 아니하고, 여기에서 말하는 '창업일'이라 함은 중소기업창업지원법시행령 제3조 각 호의 1에 의거 판단하는 것이라 하겠는 바, 청구인의 경우 2002년 5월 23일 양계 및 축산물 가공업 등의 사업을 목적으로 설립된 창업중소기업으로서 창업일부터 2년 이내인 2003년 4월 21일 축산물가공 판매시설(도계공장)로 사용하던 이 사건 부동산을 취득하였으므로 취득세 등의 면제 대상에 해당된다 하겠으므로 처분청이 이 사건 취득세 등을 부과한 처분은 잘못이라 하겠다(지방세심사 2003-261, 2003.12.24).

〈사례〉 분양 목적의 취득

청구법인이 취득한 쟁점 토지는 청구법인이 분양을 목적으로 취득한 재고자산에 해당하고, 이는 정상적인 영업 과정에서 판매를 목적으로 취득하는 재고자산에 해당된다 할 것이므로, 창업중소기업의 해당 사업에 직접 공여되는 사업용 재산으로 보기 어렵다(기각)(조심2013지886, 2014.04.21).

사업용 재산에 해당되어 취득세를 면제받기 위해서는 사업을 영위하는 데 중추적인 기능을 하는 재산으로서 지속적으로 사업에 직접 공여되는 재산에 해당되어야 하고, 취득일부터 2년 이내에 그 재산을 정당한 사유 없이 해당 사업에 직접 사용하지 아니하거나 다른 목적으로 사용·처분하지 않아야 하며, 정당한 사유 없이 최초 사용일부터 2년간 해당 사업에 직접 사용하지 아니하고 다른 목적으로 사용하거나 처분하지 않아야 하나, 쟁점 토지는 청구법인이 분양을 목적으로 취득한 것으로 재고자산에 해당하고, 재고자산은 해당 사업을 위하여 청구법인이 직접 사용한다고 보기보다는 판매할 목적으로 취득하는 것으로서 정상적인 영업활동을 통하여 언제든지 매매되는 것이므로 재고자산인 쟁점 토지를 「지방세특례제한법」 제120조 제3항에서의 사업용 재산으로 보기 어렵다고 판단된다.

《사례》 임대 또는 위탁하는 방법으로 당해 사업에 부동산을 직접 사용

'직접 사용'이라 함은 해당 재산을 제3자에게 임대 또는 위탁하여 자신의 사업에 사용하는 것도 포함하는 것이지만, 이 경우 임대 또는 위탁하는 방법으로 당해 사업에 부동산을 직접 사용한다고 보기 위해서는 당해 사업자가 해당 부동산을 그 사업수행에 직접 사용하는 것으로 볼 수 있을 정도의 제3자에 대한 지휘, 통제 및 관리 감독의 권한을 가지고 있어야 할 것이다(취소)(조심2013지318, 2014.01.27).

청구법인과 그 외주업체인 A회사는 모두가 자동차금형 등을 목적사업으로 하는 사업자로서 A회사의 용역 제공은 청구법인의 제조 과정 중 일부로 판단되는 점, 그리고 이는 청구법인이 생산성 향상 및 제조공정의 효율화를 위하여 일부 공정을 A회사에 분담시키면서 당해 시설물을 그 목적사업에 사용하게 한 것으로 볼 수 있는 점, 쟁점 부동산 내 모든 시설물은 청구법인의 목적사업인 금형 등에만 사용될 뿐 다른 용도에는 사용되지 아니하고 전반적인 작업관리도 청구법인의 지배하에 이루어진 것으로 나타나는 점 등에 비추어 볼 때, 청구법인은 쟁점 부동산을 당해 사업에 직접 사용하는 것으로 보는 것이 타당하다 할 것이다.

《사례》 사업을 확장하거나 다른 업종을 추가

취득세 감면 대상 창업중소기업에 해당하려면 광업, 제조업 등 창업 대상 업종으로 창업(법인 설립)이 이루어져야 할 것인 바, 창업에 해당하지 아니한 업종으로 창업하여 사업용 재산을 취득한 경우에는 업종의 영위 여부를 떠나 취득세 감면 대상 창업중소기업에 해당되지 아니한다 할 것이고, 이후에 창업에 해당하는 업종을 추가한 경우라고 하더

라도 이는 다른 업종을 추가한 경우로 새로운 창업으로 볼 수 없다고 판단된다.

〈사례〉 창업업종의 판단

창업중소기업에 해당하는지 여부를 판단함에 있어서는 법인등기부나 사업자등록증 상의 형식적 기재만을 가지고 판단할 것이 아니라 실제 영위하는 사업의 실질적인 내용에 따라 판단하는 것이 합리적일 뿐더러, 실질적인 창업업종을 영위하는 중소기업에 세제혜택을 부여하고자 하는 조세감면의 입법 취지에도 부합한다(경정)(조심2013지58, 2013.05.03).

청구법인의 경우 2011년 2월 11일 창업중소기업 업종(양초제조업)과 창업중소기업 제외 업종(농수산물 수출입업 등)을 목적사업으로 하여 설립되었으나 실제로 사업을 영위하지 아니하다가 2011년 6월 10일 '복지용구·용품 제조'를 법인등기부상 목적사업에 추가하고, 2011년 6월 16일 사업자등록증에도 '복지용품 제조'를 추가한 다음 2011년 9월 5일부터 쟁점 건축물의 일부인 ○에서 정형외과용 및 신체보정용기기제조업을 영위한 사실이 부가가치세 매입매출실적에서 확인되고 있고, 2012년 7월 25일 신체보정용기기제조업을 영위하기 위하여 쟁점 부동산을 취득한 것이므로, 청구법인은 복지용품제조업(신체보정용기기제조업)을 원시적으로 창업한 것으로 보아야 하고, 이를 영위하지도 않은 사업에 다른 업종을 추가한 것이므로 감면 대상인 창업중소기업에서 제외된다고 보는 것은 창업중소기업이 창업일로부터 4년 이내에 취득하는 사업용 재산에 대하여 취득세를 면제함으로써 지원하는 취지에 부합되지 않는다.

〈사례〉 공장 건축물의 철거

창업중소기업이 사업용 재산으로 공장을 취득하여 취득세 등을 감면받은 후, 공장 건축물이 당해 목적사업의 '생산공정'과 맞지 않아 일부를 철거하고 재건축하여 사용하는 경우, 2년 이내 철거된 부분이 감면세액 추징 대상에 해당되는지 여부다.

취득세 감면 대상에 해당하는 창업중소기업의 '사업용 재산'이란 당해 목적사업에 직접 공여되는 재산이라고 할 것인 점, 취득하기 이전에 조금만 주의를 기울였더라면 당해 공장 건축물이 창업중소기업의 목적사업용에 부합하지 아니한다는 사실을 인지할 수 있었던 점, 당해 목적사업의 생산공정에 부합하지 않다는 이유로 사용하지 못함은 법령에 의한 금지·제한 등 기업이 마음대로 할 수 없는 오로지 외부적 사유에 해당된다고 보기는 어려운 점(대법원 2010.07.08 선고, 2010두6007 판결 참조) 등을 종합적으로 고려해 볼 때, 귀문 철거 공장의 경우 추징이 제외되는 사용하지 못한 '정당한 사유'에 해당된다고 보기에는 무리가 있다고 사료된다(지방세운영-108, 2013.04.01).

〈사례〉 창업중소기업이 창업벤처중소기업으로 되는 경우

창업중소기업으로서 이미 취득세 등을 감면받은 경우라면 이후에 창업벤처중소기업으로 되는 경우라도 추가로 감면적용(4년 간)은 불가하다고 할 것이다(지방세운영-421, 2013.02.08).

〈사례〉 골프장업의 창업업종 해당 여부

골프장업의 경우 「조세특례제한법」 제6조 제3항에서 창업 업종으로 규정하고 있는 전문휴양업이라기보다는 창업 제외 업종인 골프장업에 해당된다(지방세운영-1674, 2012.05.30).

〈사례〉 예비벤처기업확인서

구 「벤처기업육성에 관한 특별조치법(2006년 3월 3일 법률 제7868호로 개정되기 전의 것, 이하 '벤처기업법')」 제25조 제1항, 제2항, 같은 법 시행령(2006년 6월 2일 대통령령 제19498호로 개정되기 전의 것) 제2조의 2, 제18조의 3 제2호, 같은 법 시행규칙(2006년 6월 5일 산업자원부령 제342호로 개정되기 전의 것, 이하 '벤처기업법 시행규칙') 제8조는 벤처기업으로서 지원을 받고자 하는 기업이 벤처기업에의 해당 여부에 관하여 중소기업청장에게 확인을 요청하면 중소기업청장은 당해 기업이 벤처기업에 해당하는 때에는 유효기간을 확인일로부터 2년으로 한 벤처기업확인서를 발급하도록 규정하고 있고, 벤처기업법 시행규칙 제8조 제4항의 위임에 따른 중소기업청고시 제2003-12호 벤처기업확인요령(이하 '벤처기업 확인요령'이라 한다)은 창업 후 6개월 이내의 자로서 예비적으로 벤처기업임을 확인받은 자 등을 예비벤처기업이라 하고(제2조 제1호), 지방중소기업청장은 벤처기업의 요건에 해당된다고 확인한 때에는 벤처기업확인서를 발급하되, 예비벤처기업확인서에는 '예비벤처기업'임을 명시하고 「벤처기업법」 제25조의 규정에 의하여 예비벤처기업임을 확인한다는 취지를 기재하며(제7조), 창업 후 예비벤처기업으로 확인받은 기업이 확인일로부터 6개월이 경과한 경우 지방중소기업청장에게 벤처기업확인서의 재발급을 신청하여야 하고(제9조 제1항 제4호), 재발급한 확인서의 유효기간은 종전 확인서의 유효기간으로 한다(제9조 제2항)고 각 규정하고 있다.

구 「조세특례제한법」 제119조 제3항 제1호 괄호규정에서 창업벤처중소기업의 창업일로 보는 '벤처기업으로 확인받은 날'은 「벤처기업법」 제25조의 규정에 의하여 벤처기업으로 확인받은 날을 의미한다고 할 것인데, 「벤처기업법」 제2조의 2 제1항 제3호 다목 ②와 제25조는 벤처기업의 요건과 확인 절차를 규정함에 있어 예비벤처기업과 벤처기업을 구분하지 않고 있으며, 벤처기업 확인요령에서도 예비벤처기업확인은 벤처기업확인과 동일하게 「벤처기업법」 제25조의 규정에 의한 것임을 밝히고 있는 점, 벤처기업확인요령에 의하면 창업 후 예비벤처기업확인서를 발급받은 경우 그로부터 6개월이 경과하기만 하면 벤처기업확인서를 발급받을 수 있고 그 유효기간도 예비벤처기업확인서의 유효기간과 동일하여 예비벤처기업확인을 받은 기업은 폐업을 하지 않는 한 벤처기업확인을 받은 기업으로 당연히 전환된다고 할 수 있는 점 등을 고려하면 벤처기업의 창업을 지원하기 위한 구 「조세특례제한법」 제119조 제3항 제1호, 제120조 제3항을 적용함에 있어 창업 후 예비벤처기업확인을 받은 기업이 창업 초창기에 사업용 재산을 취득하였음에도 예정된 벤처기업확인을 받기 전이라는 이유로 달리 취급할 필요가 없다고 할 것이므로, 벤처기업으로 확인받은 다음에 사업용 재산을 취득하고 등기한 경우뿐만 아니라 벤처기업확인으로 당연히 전환될 수 있는 예비벤처기업확인 이후 사업용 재산을 취득하고 그에 관한 등기를 마친 다음 실제로 벤처기업확인을 받은 경우에도 위 규정에 따른 취득세 및 등록세의 면제 대상이 된다고 봄이 상당하다(대법2009두14040, 2011.12.22).

〈사례〉 영농조합법인

영농조합법인 등 농업법인이라도 중소기업의 범위 기준을 충족하는 경우 중소기업으로 보고 있는 점(중소기업청 2010, 중소기업 범위해설 참조), 당해 자치단체에서 가금류 가공 및 저장처리업으로 중소기업창업 사업 계획을 승인받은 점, 당해 법인의 영위 업종인 가금류 가공 및 저장처리업(표준산업분류 10121)의 경우 한국표준산업분류표에서 제조업으로 분류하고 있는 점, 한국표준산업분류표상 제조업의 경우 「조세특례제한법」 제6조 제3항에서 중소기업의 창업 업종으로 구분하고 있는 점, 새로이 설립되는 영농조합법인이 현물출자가 아닌 현금출자 방식으로 설립된 점 등을 종합하여 볼 때, 당해 영농조합법인이 창업중소기업의 요건을 충족하였다고 할 것이므로 창업일부터 4년 이내에 가금류 가공 및 저장처리업을 영위할 목적으로 공장용 건축물 등을 취득할 경우 취득세 및 등록세 면제 대상에 해당된다고 판단된다(지방세운영-5090, 2011.11.01).

〈사례〉 사택 및 기숙사

청구인이 청구인의 사업 수행에 필요불가결한 존재인 근로자들의 거주를 위한 사택 및 기숙사를 신축할 목적으로 이 사건 토지를 취득한 후 공동주택(연립) 및 공동주택(기숙사) 용도로 건축허가를 받아 실제로 사택 및 기숙사 신축공사에 착공한 점, 청구인의 공장은 주거지역에서 떨어진 ○시 ○읍 외곽에 위치해 있고, 청구인 소속 근로자 102명 중 83명이 ○시가 아닌 ○, ○ 등에서 출퇴근하거나 가족과 떨어져 생활하고 있으므로 근로자를 계속적, 안정적으로 고용하고 그들의 복리후생을 위해 16가구를 수용할 수 있는 사택과 60명을 수용할 수 있는 기숙사는 사업 수행에 필요한 것으로 보이는 점(청구인이 고용 중인 근로자 수, 신축 중인 사택 및 기숙사의 규모 등을 고려하면 이 사건 토지가 사택 및 기숙사 이외의 용도로 사용될 것으로 보기도 어렵고, 만일 청구인이 이 사건 토지를 사업에 직접 사용하지 아니하거나 다른 목적으로 사용·처분하는 등의 경우에는 면제받은 세액을 추징할 수 있다)등을 종합하면 이 사건 토지는 청구인이 사업을 영위하기 위하여 취득한 '사업용 재산'에 해당한다고 봄이 상당하다(감심2011-169, 2011.09.15).

〈사례〉 법인설립등기 당시 수도권과밀억제권역 내에서 창업 후 이전

법인설립등기 당시 수도권과밀억제권역 내에서 창업한 이상, 설령 법인설립등기일 이후 수도권과밀억제권역 외의 지역으로 이전하여 실제 사업을 개시하였다 하더라도 「조세특례제한법」 제6조 제1항의 창업중소기업 요건을 충족하지 아니한 것이다(기각)(조심2010지542, 2011.07.22).

〈사례〉면제 대상 업종 추가

창업중소기업으로 인정받은 기업이 취득세 등의 면제 기간 내에 면제 대상 업종(제조업 등)에 속하는 사업의 종목을 추가하는 경우라면 당초 창업중소기업의 지위는 계속되므로 그 사업에 사용하고자 취득하는 사업용 재산은 취득세 등이 면제된다(조심2010지282, 2011.05.27).

7. 중소기업진흥공단 등에 대한 감면(지방세특례제한법 제59조)

(1) 중소기업 지원사업을 위한 부동산

「중소기업진흥에 관한 법률」에 따른 중소기업진흥공단이 중소기업 전문기술인력 양성을 위하여 취득하는 교육시설용 부동산에 대해서는 취득세의 100분의 25를 2017년 12월 31일까지 경감한다.

(2) 중소기업에 분양 또는 임대용 부동산

「중소기업진흥에 관한 법률」에 따른 중소기업진흥공단이 중소기업자에게 분양 또는 임대할 목적으로 취득하는 부동산에 대하여는 2015년 12월 31일까지 취득세의 100분의 50을 경감한다.

(3) 협동화실천계획

「중소기업진흥에 관한 법률」 제29조에 따라 협동화실천계획의 승인을 받은 자(과밀억제권역 및 광역시는 「산업집적 활성화 및 공장설립에 관한 법률」에 따른 산업단지에서 승인을 받은 경우로 한정)가 해당 사업에 직접 사용하거나 분양 또는 임대하기 위하여 최초로 취득하는 공장용 부동산(이미 해당 사업용으로 사용하던 부동산을 승계하여 취득한 경우 및 과세기준일 현재 60일 이상 휴업하고 있는 경우는 제외)에 대해서는 취득세의 100분의 75를 2017년 12월 31일까지 경감한다.

다만, 그 취득일부터 1년 이내에 정당한 사유 없이 공장용으로 직접 사용하지 아니하는 경우 및 그 취득일부터 5년 이내에 공장용 외의 용도로 양도하거나 다른 용도로 사용하는 경우에 해당 부분에 대하여는 감면된 취득세를 추징한다.

8. 중소기업협동조합 등에 대한 과세특례(지방세특례제한법 제 60조)

(1) 중소기업협동조합 등이 취득하는 부동산

「중소기업협동조합법」에 따라 설립된 중소기업협동조합(사업협동조합, 연합회 및 중앙회를 포함한다)이 제품의 생산·가공·수주·판매·보관·운송을 위하여 취득하는 공동시설용 부동산에 대해서는 2017년 12월 31일까지 취득세의 100분의 50을 경감한다.

다만, 「전통시장 및 상점가 육성을 위한 특별법」에 따른 전통시장의 상인이 조합원으로서 설립한 협동조합 또는 사업협동조합과 그 밖에 대통령령으로 정하는 사업자가 조합원으로 설립하는 협동조합과 사업협동조합의 경우에는 취득세의 100분의 75를 경감한다. '대통령령으로 정하는 협동조합과 사업협동조합'이란 다음에 해당하는 것을 말한다.

① 「전통시장 및 상점가 육성을 위한 특별법」에 따른 전통시장의 상인이 조합원으로서 설립한 협동조합 또는 사업협동조합.
② 「유통산업발전법」 제18조에 따른 상점가진흥조합 중 「통계법」에 따라 통계청장이 공표하는 한국표준산업분류에 따른 슈퍼마켓이나 기타 음·식료품 위주 종합 소매업의 사업자가 조합원으로서 설립한 협동조합 또는 사업협동조합.

(2) 중소기업중앙회가 취득하는 부동산

「중소기업협동조합법」에 따라 설립된 중소기업중앙회가 그 중앙회 및 회원 등에게 사용하게 할 목적으로 신축한 건축물의 취득에 대한 취득세는 「지방세법」 제11조 제1항 제

3호의 세율(원시취득: 1,000분의 28)에도 불구하고 2019년 12월 31일까지 1,000분의 20을 적용하여 과세한다. 다만, 다음의 어느 하나에 해당하는 경우 그 해당 부분에 대해서는 경감된 취득세를 추징한다.

① 수익사업에 사용하는 경우.
② 정당한 사유 없이 그 등기일부터 1년이 경과할 때까지 해당 용도로 직접 사용하지 아니하는 경우.
③ 해당 용도로 직접 사용한 기간이 2년 미만인 상태에서 매각·증여하거나 다른 용도로 사용하는 경우.

(3) 창업보육센터

「중소기업창업 지원법」에 따른 창업보육센터에 대하여는 다음과 같이 지방세를 감면한다.

① 창업보육센터사업자의 지정을 받은 자가 창업보육센터용으로 직접 사용하기 위하여 취득하는 부동산에 대해서는 2017년 12월 31일까지 취득세를 면제한다.
② 창업보육센터에 입주하는 자에 대하여 취득세를 과세할 때에는 2015년 12월 31일까지 「지방세법」 제13조 제1항부터 제4항까지, 제28조 제2항·제3항 및 제111조 제2항의 세율을 적용하지 아니한다.

(4) 지방중소기업육성

특별시장·광역시장·특별자치시장·도지사 또는 특별자치도지사가 「지역균형개발 및 지방중소기업 육성에 관한 법률」 제2조 제5호에 따른 지방중소기업에 대하여 경영·산업기술·무역정보의 제공 등 종합적인 지원을 하게 할 목적으로 설치하는 법인으로서 대통령령으로 정하는 법인이 그 고유업무에 직접 사용하기 위하여 취득하는 부동산에 대해서는 2015년 12월 31일까지 취득세의 100분의 50을 경감한다.

'대통령령으로 정하는 법인'이란 「지역균형개발 및 지방중소기업 육성에 관한 법률 시행령」 제63조에 따른 지방중소기업종합지원센터를 말한다.

9. 도시가스사업 등에 대한 감면(지방세특례제한법 제61조)

(1) 도시가스사업자

「한국가스공사법」에 따라 설립된 한국가스공사 또는 「도시가스사업법」 제3조에 따라 허가를 받은 도시가스사업자가 도시가스사업에 직접 사용하기 위하여 취득하는 가스관에 대하여는 2015년 12월 31일까지 취득세의 100분의 50을 각각 경감한다. 다만, 특별시·광역시에 있는 가스관에 대하여는 경감하지 아니한다.

(2) 한국지역난방공사

「집단에너지사업법」에 따라 설립된 한국지역난방공사 또는 「집단에너지사업법」 제9조에 따라 허가를 받은 지역난방사업자가 열공급사업에 직접 사용하기 위하여 취득하는 열수송관에 대하여는 2015년 12월 31일까지 취득세의 100분의 50을 각각 경감한다. 다만, 특별시·광역시에 있는 열수송관에 대하여는 경감하지 아니한다.

10. 광업 지원을 위한 감면(지방세특례제한법 제62조)

출원에 의하여 취득하는 광업권과 광산용에 사용하기 위하여 취득하는 지상임목에 대하여는 취득세를 면제한다.

Chapter 07 | 수송 및 교통에 대한 지원

1. 철도시설 등에 대한 감면(지방세특례제한법 제63조)

(1) 한국철도시설공단

「한국철도시설공단법」에 따라 설립된 한국철도시설공단('한국철도시설공단')이 취득하는 「철도산업발전기본법」 제3조 제2호에 따른 철도시설(같은 호 마목 및 바목에 따른 시설은 제외하며, 이하 '철도시설')용으로 직접 사용하기 위하여 취득하는 부동산에 대해서는 취득세의 100분의 50을 2016년 12월 31일까지 경감한다. 다만, 한국철도시설공단이 다음의 어느 하나에 해당하는 재산을 2016년 12월 31일까지 취득하는 경우에는 취득세를 면제한다.

① 「철도산업발전기본법」 제3조 제4호에 따른 철도차량.
② 「철도건설법」 제17조 제1항에 따라 국가로 귀속되는 부동산.

(2) 한국철도공사

「한국철도공사법」에 따라 설립된 한국철도공사가 같은 법 제9조 제1항 제1호부터 제3호까지 및 제6호(같은 호의 사업 중 철도역사 개발사업으로 한정)의 사업('해당사업')에 직접 사용하기 위하여 취득하는 부동산 및 철도차량에 대해서는 취득세의 100분의 75를 2016년 12월 31일까지 각각 경감한다.

(3) 철도건설부지의 확정·분할

철도건설사업으로 인하여 철도건설부지로 편입된 토지의 확정·분할에 따른 토지의 취득에 대하여는 취득세를 면제한다.

(4) 도시철도공사

「지방공기업법」에 따라 도시철도사업을 목적으로 설립된 지방공사('도시철도공사'라 함)가 그 고유업무에 직접 사용하기 위하여 취득하는 부동산 및 철도차량에 대해서는 취득세의 100분의 100(100분의 100의 범위에서 조례로 따로 정하는 경우에는 그 율)에 지방자치단체의 주식소유비율[해당 도시철도공사의 발행주식총수에 대한 지방자치단체의 소유 주식(「지방공기업법」 제53조 제4항에 따라 지방자치단체가 출자한 것으로 보는 주식을 포함) 수의 비율을 말한다]을 곱한 금액을 2016년 12월 31일까지 감면한다.

2. 해운항만 등 지원을 위한 과세특례(지방세특례제한법 제64조)

(1) 국제선박

「국제선박등록법」에 따른 국제선박으로 등록하기 위하여 취득하는 선박에 대하여는 2015년 12월 31일까지 「지방세법」 제12조 제1항 제1호의 세율에서 1,000분의 20을 경감하여 취득세를 과세한다. 다만, 선박의 취득일부터 6개월 이내에 국제선박으로 등록하지 아니하는 경우에는 감면된 취득세를 추징한다.

(2) 화물운송용 선박, 외국항로취항용 선박

연안항로에 취항하기 위하여 취득하는 대통령령으로 정하는 화물운송용 선박과 외국항로에만 취항하기 위하여 취득하는 대통령령으로 정하는 외국항로취항용 선박에 대하여는 2015년 12월 31일까지 「지방세법」 제12조 제1항 제1호의 세율에서 1,000분의 10을 경감하여 취득세를 과세한다. 다만 다음의 어느 하나에 해당하는 경우 그 해당 부분에 대해서는 경감된 취득세를 추징한다.

① 정당한 사유 없이 그 취득일부터 1년이 경과할 때까지 해당 용도로 직접 사용하지 아니하는 경우.

② 해당 용도로 직접 사용한 기간이 2년 미만인 상태에서 매각·증여하거나 다른 용도로 사용하는 경우.

지방세특례제한법 시행령 제30조(화물운송용 선박 등의 범위 등)

"연안항로에 취항하기 위하여 취득하는 대통령령으로 정하는 화물운송용 선박과 외국항로에만 취항하기 위하여 취득하는 대통령령으로 정하는 외국항로취항용 선박"이란 다음 각 호의 어느 하나에 해당하는 선박을 말한다.

1. 「해운법」 제24조에 따라 내항 화물운송사업을 등록한 자(취득일부터 30일 이내에 내항 화물운송사업을 등록하는 경우를 포함한다) 또는 같은 법 제33조에 따라 선박대여업을 등록한 자(「여신전문금융업법」에 따른 시설대여업자가 선박을 대여하는 경우를 포함하며, 이하 이 항에서 "선박대여업의 등록을 한 자"라 한다)가 취득하는 내항 화물운송용 선박

2. 다음 각 목의 어느 하나에 해당하는 선박으로서 「국제선박등록법」에 따라 등록되지 아니한 선박

가. 「해운법」 제4조에 따라 외항 여객운송사업의 면허를 받거나 같은 법 제24조에 따라 외항 화물운송사업을 등록한 자가 외국항로에 전용하는 선박

나. 선박대여업의 등록을 한 자가 외국항로에 전용할 것을 조건으로 대여한 선박

다. 원양어업선박(취득일부터 3개월 이내에 「원양산업발전법」 제6조에 따라 허가를 받는 경우를 포함한다)

---

3. 항공운송사업 등에 대한 과세특례(지방세특례제한법 제65조)

「항공법」에 따라 면허를 받거나 등록을 한 국내항공운송사업, 국제항공운송사업, 소

형항공운송사업 또는 항공기사용사업에 사용하기 위하여 취득하는 항공기에 대해서는 2016년 12월 31일까지 「지방세법」 제12조 제1항 제4호의 세율에서 1,000분의 20(2017년 1월 1일부터 2018년 12월 31일까지는 1,000분의 12)을 경감하여 취득세를 과세한다.

4. 교환자동차 등에 대한 감면(지방세특례제한법 제66조)

(1) 교환자동차

자동차(기계장비를 포함)의 제작 결함으로 인하여 「소비자기본법」에 따른 소비자분쟁해결기준에 따라 반납한 자동차 등과 같은 종류의 자동차 등(자동차의 경우에는 「자동차관리법」 제3조에 따른 같은 종류의 자동차를 말함)으로 교환받는 자동차 등에 대하여는 취득세를 면제한다. 다만, 교환으로 취득하는 자동차 등의 가액이 종전의 자동차 등의 가액을 초과하는 경우에 그 초과분에 대하여는 취득세를 부과한다.

(2) 하이브리드자동차

「환경친화적 자동차의 개발 및 보급촉진에 관한 법률」 제2조 제3호, 제5호에 따른 전기 및 하이브리드자동차로서 같은 조 제2호 각 목의 요건을 갖춘 자동차를 취득하는 경우에는 다음과 같이 2015년 12월 31일까지 취득세를 감면한다.

① 취득세액이 140만 원 이하인 경우는 취득세를 전액 면제한다.
② 취득세액이 140만 원을 초과하는 경우는 산출한 세액에서 140만 원을 공제한다.

5. 경형자동차 등에 대한 과세특례(지방세특례제한법 제67조)

(1) 승용자동차

「자동차관리법」 제3조 제1항에 따른 승용자동차 중 대통령령으로 정하는 규모의 자동차를 대통령령으로 정하는 비영업용 승용자동차로 취득하는 경우에는 2015년 12월 31일까지 취득세를 면제한다.

1) 규모 기준

'대통령령으로 정하는 규모의 자동차'란 각각 배기량 1,000cc 미만으로서 길이 3.6m, 너비 1.6m, 높이 2.0m 이하인 승용자동차·승합차 및 화물자동차를 말한다. 다만, 동력원으로 전기만 사용하는 자동차의 경우에는 길이·너비 및 높이 기준만 적용한다.

2) 비영업용 승용자동차

'대통령령으로 정하는 비영업용 승용자동차'란 「지방세법 시행령」 제122조 제1항에 따른 비영업용으로 이용되는 승용자동차를 말한다.

'영업용'이란 「여객자동차운수사업법」 또는 「화물자동차운수사업법」에 따라 면허(등록을 포함한다)를 받거나 「건설기계관리법」에 따라 건설기계대여업의 등록을 하고 일반의 수요에 제공하는 것을 말하고, '비영업용'이란 개인 또는 법인이 영업용 외의 용도에 제공하거나 국가 또는 지방공공단체가 공용으로 제공하는 것을 말한다.

(2) 승합자동차 또는 화물자동차

「자동차관리법」 제3조 제1항에 따른 승합자동차 또는 화물자동차(같은 법 제3조에 따른 자동차의 유형별 세부 기준이 특수용도형 화물자동차로서 피견인형 자동차는 제외) 중 대통령령으로 정하는 규모의 자동차를 취득하는 경우에는 2015년 12월 31일까지 취득세를 면제한다.

6. 매매용 및 수출용 중고자동차 등에 대한 감면(지방세특례제한법 제68조)

(1) 자동차매매업자

다음 각각에 해당하는 자가 매매용으로 취득하는 중고자동차 또는 중고건설기계('중고자동차 등')에 대하여는 2015년 12월 31일까지 취득세를 면제한다.

① 「자동차관리법」 제53조에 따라 자동차매매업을 등록한 자.
② 「건설기계관리법」 제21조 제1항에 따라 건설기계매매업을 등록한 자.

(2) 수출용 자동차 등

「대외무역법」에 따른 무역을 하는 자가 수출용으로 취득하는 중고선박, 중고기계장비 및 중고항공기에 대하여는 2015년 12월 31일까지 「지방세법」 제12조 제1항 제1호·제3호 및 제4호의 세율에서 각각 1,000분의 20을 경감하여 취득세를 과세하고, 「대외무역법」에 따른 무역을 하는 자가 수출용으로 취득하는 중고자동차에 대하여는 2015년 12월 31일까지 취득세를 면제한다.

(3) 추징

매매용 및 수출용을 취득하고 그 취득일부터 2년 이내에 해당 중고선박, 중고기계장비, 중고항공기 및 중고자동차 등을 매각하지 아니하거나 수출하지 아니하는 경우에는 감면된 취득세를 추징한다.

7. 교통안전 등을 위한 감면(지방세특례제한법 제69조)

「교통안전공단법」에 따라 설립된 교통안전공단이 같은 법 제6조 제6호의 사업을 위한 부동산을 취득하는 경우 및 「자동차관리법」 제44조에 따른 지정을 받아 자동차검사업무를 대행하는 자동차검사소용 부동산을 취득하는 경우에는 2015년 12월 31일까지 취득세의 100분의 25를 경감한다.

8. 운송사업 지원을 위한 감면(지방세특례제한법 제70조)

(1) 여객운송용 자동차

「여객자동차운수사업법」에 따라 여객자동차운송사업 면허를 받은 자가 시내버스운송사업, 마을버스운송사업 등 대통령령으로 정하는 사업에 직접 사용하기 위하여 자동차를 취득하는 경우 2015년 12월 31일까지 취득세의 100분의 50을 감면한다.

'시내버스운송사업, 마을버스운송사업 등 대통령령으로 정하는 사업'이란 「여객자동차운수사업법 시행령」 제3조에 따른 시내버스운송사업, 농어촌버스운송사업, 마을버스운송사업, 시외버스운송사업, 일반택시운송사업 및 개인택시운송사업을 말한다.

(2) 천연가스 버스

「여객자동차운수사업법」에 따라 여객자동차운송사업 면허를 받은 자가 운송사업용으로 직접 사용하기 위하여 천연가스 버스를 취득하는 경우에는 2015년 12월 31일까지 취득세를 면제한다.

9. 물류단지 등에 대한 감면(지방세특례제한법 제71조)

(1) 물류단지개발사업

「물류시설의 개발 및 운영에 관한 법률」 제27조에 따른 물류단지개발사업의 시행자가 같은 법 제22조 제1항에 따라 지정된 물류단지를 개발하기 위하여 취득하는 부동산에 대해서는 취득세의 100분의 35를 2016년 12월 31일까지 경감한다.

물류단지개발사업에 대한 취득세를 경감하는 경우 지방자치단체의 장은 해당 지역의 재정 여건 등을 고려하여 100분의 25의 범위에서 조례로 정하는 율을 추가로 경감할 수 있다. 이 경우 「지방세특례제한법」 제4조 제1항 각 호 외의 부분, 같은 조 제6항 및 제7항을 적용하지 아니한다.

(2) 물류사업용 부동산

물류단지에서 물류사업을 직접 하려는 자가 취득하는 대통령령으로 정하는 물류사업용 부동산에 대해서는 2016년 12월 31일까지 취득세의 100분의 35를 경감한다.

'물류단지에서 물류사업을 직접 하려는 자가 취득하는 물류사업용 부동산'이란 「물류시설의 개발 및 운영에 관한 법률」 제2조 제7호에 따른 물류단지시설을 설치하기 위하여 물류단지 안에서 최초로 취득하는 토지와 그 토지취득일부터 5년 이내에 취득하는 사업용 토지 및 건축물(토지 취득일 전에 그 사용 승인을 받아 신축한 건축물을 포함하며, 기존 건축물을 취득한 경우는 제외)을 말한다.

물류사업용 부동산에 대한 취득세를 경감하는 경우 지방자치단체의 장은 해당 지역의 재정 여건 등을 고려하여 100분의 25의 범위에서 조례로 정하는 율을 추가로 경감할 수 있다. 이 경우 「지방세특례제한법」 제4조 제1항 각 호 외의 부분, 같은 조 제6항 및 제7항을 적용하지 아니한다.

(3) 복합물류터미널사업시행자

「사회기반시설에 대한 민간투자법」에 따라 복합물류터미널사업시행자로 지정된 자가 「물류시설의 개발 및 운영에 관한 법률」 제9조 제1항에 따라 인가받은 공사 계획을 시행하기 위하여 취득하는 부동산에 대해서는 취득세의 100분의 25를 2016년 12월 31일까지 각각 경감한다.

다만, 그 취득일부터 3년이 경과할 때까지 정당한 사유 없이 그 사업에 직접 사용하지 아니하는 경우에는 경감된 취득세를 추징한다.

이 경우 지방자치단체의 장은 해당 지방자치단체의 조례로 경감률을 초과하여 정할 수 있다.

10. 별정우체국에 대한 과세특례(지방세특례제한법 제72조)

(1) 별정우체국사업

「별정우체국법」에 따라 별정우체국사업에 사용하기 위하여 취득하는 부동산에 대한 취득세는 2019년 12월 31일까지 「지방세법」 제11조 제1항의 세율에서 1,000분의 20을 경감하여 과세한다. 다만, 다음의 어느 하나에 해당하는 경우 그 해당 부분에 대해서는 경감된 취득세를 추징한다.

① 수익사업에 사용하는 경우.
② 정당한 사유 없이 그 취득일부터 1년이 경과할 때까지 해당 용도로 직접 사용하지 아니하는 경우.
③ 해당 용도로 직접 사용한 기간이 2년 미만인 상태에서 매각·증여하거나 다른 용도로 사용하는 경우.

(2) 별정우체국 연금관리단

「별정우체국법」에 따라 설립된 별정우체국 연금관리단이 같은 법 제16조 제1항의 업무에 직접 사용하기 위하여 취득하는 부동산에 대하여는 다음과 같이 2014년 12월 31일까지 취득세를 감면한다.

① 「별정우체국법」 제16조 제1항 제4호의 복리증진사업을 위한 부동산에 대하여는 취득세를 면제한다.
② 「별정우체국법」 제16조 제1항 제3호 및 제5호의 업무를 위한 부동산에 대하여는 취득세의 100분의 50을 경감한다.

국토 및 지역개발에 대한 지원

1. 토지수용 등으로 인한 대체취득에 대한 감면(지방세특례제한 법 제73조)

(1) 대체취득

토지 등을 수용할 수 있는 사업인정을 받은 자에게 부동산이 매수, 수용 또는 철거된 자가 계약일 또는 해당 사업인정 고시일 이후에 대체취득할 부동산 등에 관한 계약을 체결하거나 건축허가를 받고, 그 보상금을 마지막으로 받은 날부터 1년 이내에 일정 지역에서 종전의 부동산 등을 대체할 부동산 등을 취득하였을 때에는 그 취득에 대한 취득세를 면제한다. 다만, 새로 취득한 부동산 등의 가액 합계액이 종전의 부동산 등의 가액 합계액을 초과하는 경우에 그 초과액에 대하여는 취득세를 부과하며, 초과액의 산정 기준과 방법 등은 대통령령으로 정한다.

> **관련법령**
>
> 지방세특례제한법 시행령 제34조(수용시의 초과액 산정기준)
>
> ① 법 제73조 제1항 각 호 외의 부분 단서에 따른 초과액의 산정 기준과 산정 방법은 다음 각 호와 같다.
>
> 1. 법 제73조 제1항 각 호 외의 부분 본문에 따른 부동산등(이하 이 조에서 "부동산등"이라 한다)의 대체취득이 「지방세법」 제10조 제5항 각 호에 따른 취득에 해당하는 경우의 초과액: 대체취득한 부동산등의 사실상의 취득가격에서 매수·수용·철거된 부동산등의 보상금액을 뺀 금액

> 2. 부동산등의 대체취득이 「지방세법」 제10조 제5항 각 호에 따른 취득 외의 취득에 해당하는 경우의 초과액: 대체취득한 부동산등의 시가표준액(「지방세법」 제4조에 따른 시가표준액을 말한다. 이하 이 호에서 같다)에서 매수·수용·철거된 부동산등의 매수·수용·철거 당시의 시가표준액을 뺀 금액

1) 대체취득자

다음과 같은 사업자에게 부동산(선박·어업권 및 광업권을 포함한다. '부동산 등'이라 한다)이 매수, 수용 또는 철거된 자(「공익사업을 위한 토지 등의 취득 및 보상에 관한 법률」이 적용되는 공공사업에 필요한 부동산 등을 해당 공공사업의 시행자에게 매도한 자 및 같은 법 제78조 제1항부터 제4항까지 및 제81조에 따른 이주대책의 대상이 되는 자를 포함한다)를 말한다.

① 「공익사업을 위한 토지 등의 취득 및 보상에 관한 법률」, 「국토의 계획 및 이용에 관한 법률」, 「도시개발법」 등 관계 법령에 따라 토지 등을 수용할 수 있는 사업인정을 받은 자.
② 「관광진흥법」 제55조 제1항에 따른 조성 계획의 승인을 받은 자.
③ 「농어촌정비법」 제56조에 따른 농어촌정비사업 시행자.

2) 대체취득 시기

다음과 같은 날로부터 1년 이내(「지방세특례제한법」 제6조 제1항에 따른 농지의 경우는 2년 이내)다.

① 계약일 또는 해당 사업인정 고시일(「관광진흥법」에 따른 조성 계획 고시일 및 「농어촌정비법」에 따른 개발 계획 고시일을 포함) 이후에 대체취득할 부동산 등에 관한 계약을 체결하거나 건축허가를 받고, 그 보상금을 마지막으로 받은 날.

② 사업인정을 받은 자의 사정으로 대체취득이 불가능한 경우에는 취득이 가능한 날.

③ 「공익사업을 위한 토지 등의 취득 및 보상에 관한 법률」 제63조 제1항에 따라 토지로 보상을 받는 경우에는 해당 토지에 대한 취득이 가능한 날.

④ 같은 법 제63조 제6항 및 제7항에 따라 보상금을 채권으로 받는 경우에는 채권상환기간 만료일.

3) 대체구입 지역

① 농지 외의 부동산 등.

ⓐ 매수·수용·철거된 부동산 등이 있는 특별시·광역시·도 내의 지역.

ⓑ ⓐ 외의 지역으로서 매수·수용·철거된 부동산 등이 있는 시·군·구와 잇닿아 있는 시·군·구 내의 지역.

ⓒ 매수·수용·철거된 부동산 등이 있는 특별시·광역시·도와 잇닿아 있는 특별시·광역시·도 내의 지역. 다만, 「소득세법」 제104조의 2 제1항에 따른 지정 지역은 제외한다.

② 농지(제6조 제1항에 따른 자경농민이 농지 경작을 위하여 총 보상금액의 100분의 50 미만의 가액으로 취득하는 주거용 건축물 및 그 부속토지를 포함).

ⓐ ①에 따른 지역.

ⓑ ⓐ 외의 지역으로서 「소득세법」 제104조의 2 제1항에 따른 지정 지역을 제외한 지역.

4) 면제 제외되는 대체취득

「지방세법」 제13조 제5항에 따른 과밀억제권역 안의 취득세 중과세대상을 취득하는 경우와 대통령령으로 정하는 부재부동산 소유자가 부동산을 대체취득하는 경우에는 취득세를 부과한다.

지방세특례제한법 제34조 제2항 "대통령령으로 정하는 부재부동산 소유자"

② 공익사업을 위한 토지 등의 취득 및 보상에 관한 법률」 등 관계 법령에 따른 사업고시지구 내에 매수·수용 또는 철거되는 부동산을 소유하는 자로서 다음 각 호에 따른 지역에 계약일 또는 사업인정고시일 현재 1년 전부터 계속하여 주민등록 또는 사업자등록을 하지 아니하거나 1년 전부터 계속하여 주민등록 또는 사업자등록을 한 경우라도 사실상 거주 또는 사업을 하고 있지 아니한 거주자 또는 사업자(법인을 포함한다)를 말한다. 이 경우 상속으로 부동산을 취득하였을 때에는 상속인과 피상속인의 거주기간을 합한 것을 상속인의 거주기간으로 본다.

1. 매수 또는 수용된 부동산이 농지인 경우: 그 소재지 시·군·구 및 그와 잇닿아 있는 시·군·구 또는 농지의 소재지로부터 20킬로미터 이내의 지역

2. 매수·수용 또는 철거된 부동산이 농지가 아닌 경우: 그 소재지 구[자치구가 아닌 구를 포함하며, 도농복합형태의 시의 경우에는 동(洞) 지역만 해당한다. 이하 이 호에서 같다]·시(자치구가 아닌 구를 두지 아니한 시를 말하며, 도농복합형태의 시의 경우에는 동 지역만 해당한다. 이하 이 호에서 같다)·읍·면 및 그와 잇닿아 있는 구·시·읍·면 지역

(2) 환매권 행사

「공익사업을 위한 토지 등의 취득 및 보상에 관한 법률」에 따른 환매권을 행사하여 매수하는 부동산에 대하여는 취득세를 면제한다.

2. 도시개발사업 등에 대한 감면(지방세특례제한법 제74조)

(1) 환지계획 등에 따라 취득하는 부동산

「도시개발법」에 따른 도시개발사업과 「도시및주거환경정비법」에 따른 정비사업(주택

재개발사업 및 도시환경정비사업으로 한정)의 시행으로 해당 사업의 대상이 되는 부동산의 소유자(상속인을 포함)가 환지계획 및 토지상환채권에 따라 취득하는 토지, 관리처분계획에 따라 취득하는 토지 및 건축물('환지계획 등에 따른 취득부동산')과 사업시행자가 취득하는 체비지 또는 보류지에 대해서는 취득세를 2019년 12월 31일까지 면제한다.

여기서 환지계획 등에 따른 취득부동산은 그 토지의 지목이 사실상 변경되는 부동산을 포함한다. 다만, 다음에 해당하는 부동산에 대하여는 취득세를 부과한다.

① 환지계획 등에 따른 취득부동산의 가액 합계액이 종전의 부동산 가액의 합계액을 초과하여 「도시및주거환경정비법」 등 관계 법령에 따라 청산금을 부담하는 경우에는 그 청산금에 상당하는 부동산.

② 환지계획 등에 따른 취득부동산의 가액 합계액이 종전의 부동산 가액 합계액을 초과하는 경우에는 그 초과액에 상당하는 부동산. 이 경우 사업시행인가(승계취득일 현재 취득부동산 소재지가 「소득세법」 제104조의 2 제1항에 따른 지정지역으로 지정된 경우에는 도시개발구역 지정 또는 정비구역 지정) 이후 환지 이전에 부동산을 승계취득한 자로 한정한다.

초과액은 환지계획 등에 따른 취득부동산의 과세표준(「지방세법」 제10조 제5항에 따른 사실상의 취득가격이 증명되는 경우에는 사실상의 취득가격을 말함)에서 환지 이전의 부동산의 과세표준(승계취득할 당시의 취득세 과세표준을 말함)을 뺀 금액으로 한다.

(2) 주택재개발사업과 주거환경개선사업을 시행하여 취득

「도시및주거환경정비법」에 따른 주택재개발사업과 주거환경개선사업을 시행하여 취득하는 대통령령으로 정하는 부동산에 대하여는 2015년 12월 31일까지 취득세를 면제한다.

다만, 그 취득일부터 5년 이내에 「지방세법」 제13조 제5항에 따른 과세대상이 되거나 관계 법령을 위반하여 건축한 경우에는 면제된 취득세를 추징한다.

'대통령령으로 정하는 부동산'이란 다음의 어느 하나에 해당하는 것을 말한다.

① 「도시및주거환경정비법」 제8조에 따른 주택재개발사업의 시행자가 같은 법 제2조 제2호 나목에 따른 주택재개발사업의 대지 조성을 위하여 취득하는 부동산.

② 주택재개발사업의 시행자가 해당 사업의 관리처분계획에 따라 취득하는 주거용 부동산.

③ 「도시및주거환경정비법」에 따른 주택재개발사업의 정비구역지정 고시일 현재 부동산을 소유한 자가 제1호에 따른 주택재개발사업의 시행자로부터 취득하는 전용면적 85㎡ 이하의 주택(「도시및주거환경정비법」에 따라 청산금을 부담하는 경우에는 그 청산금에 상당하는 부동산을 포함).

④ 「도시및주거환경정비법」 제7조에 따른 주거환경개선사업의 시행자가 같은 법 제2조 제2호 가목에 따른 주거환경개선사업의 시행을 위하여 취득하는 주거용 부동산.

⑤ 「도시및주거환경정비법」에 따른 정비구역지정 고시일 현재 부동산을 소유하는 자가 같은 법 제6조 제1항 제1호에 따라 스스로 개량하는 방법으로 취득하는 주택과 제4호에 따른 주거환경개선사업의 시행자로부터 취득하는 전용면적 85㎡ 이하의 주거용 부동산.

3. 지역개발사업에 대한 감면(지방세특례제한법 제75조)

「지역균형개발 및 지방중소기업 육성에 관한 법률」 제9조에 따라 개발촉진지구로 지정된 지역에서 사업시행자로 지정된 자가 같은 법에 따라 고시된 개발사업을 시행하기 위하여 취득하는 부동산에 대하여는 2015년 12월 31일까지 취득세를 면제한다.

다만, 그 취득일부터 3년 이내에 정당한 사유 없이 그 사업에 직접 사용하지 아니하거나 매각·증여하는 경우에 해당 부분에 대하여는 감면된 취득세를 추징한다.

4. 택지개발용 토지 등에 대한 감면(지방세특례제한법 제76조)

한국토지주택공사가 국가 또는 지방자치단체의 계획에 따라 제3자에게 공급할 목적으로 대통령령으로 정하는 사업에 사용하기 위하여 일시 취득하는 부동산에 대해서는 2016년 12월 31일까지 취득세의 100분의 30을 경감한다. '대통령령으로 정하는 사업'이란 다음의 어느 하나에 해당하는 사업을 말한다.

① 「한국토지주택공사법」 제8조 제1항 제1호(국가 또는 지방자치단체가 매입을 지시하거나 의뢰한 것으로 한정), 같은 항 제2호 가목부터 라목까지, 같은 항 제3호·제7호·제8호 및 제10호(공공기관으로부터 위탁받은 사업은 제외)에 따른 사업.
② 「공공토지의 비축에 관한 법률」 제14조 및 제15조에 따른 공공개발용 토지의 비축사업.

5. 수자원공사의 단지조성용 토지에 대한 감면(지방세특례제한법 제77조)

「한국수자원공사법」에 따라 설립된 한국수자원공사가 국가 또는 지방자치단체의 계획에 따라 분양의 목적으로 취득하는 단지조성용 토지에 대해서는 2016년 12월 31일까지 취득세의 100분의 30을 경감한다.

6. 산업단지 등에 대한 감면(지방세특례제한법 제78조)

(1) 산업단지개발사업 시행자의 취득

1) 산업단지 등의 조성용 부동산 취득

「산업입지 및 개발에 관한 법률」 제16조에 따른 산업단지개발사업의 시행자 또는 「산업기술단지 지원에 관한 특례법」 제4조에 따른 사업시행자가 산업단지 또는 산업기술단지를 조성하기 위하여 취득하는 부동산에 대해서는 취득세의 100분의 35를 2016년 12월 31일까지 각각 경감한다. 다만, 산업단지 또는 산업기술단지를 조성하기 위하여 취득한 부동산의 취득일부터 3년 이내에 정당한 사유 없이 산업단지 또는 산업기술단지를 조성하지 아니하는 경우에 해당 부분에 대해서는 경감된 취득세를 추징한다.

2) 산업단지 등을 개발·조성하여 분양 또는 임대할 목적으로 취득하는 부동산

사업시행자가 산업단지 또는 산업기술단지를 개발·조성한 후 분양 또는 임대할 목적으로 취득하는 산업용 건축물 등 대통령령으로 정하는 부동산에 대해서는 취득세의 100분의 35를 2016년 12월 31일까지 경감한다. 다만, 그 취득일부터 3년 이내에 정당한 사유 없이 산업단지 또는 산업기술단지를 개발·조성하지 아니하는 경우에 해당 부분에 대해서는 경감된 취득세를 추징한다. '산업용 건축물 등 대통령령으로 정하는 부동산'이란 다음의 어느 하나에 해당하는 건축물을 말한다.

① 「산업입지 및 개발에 관한 법률」 제2조에 따른 공장·지식산업·문화산업·정보통신산업·자원비축시설용 건축물 및 이와 직접 관련된 교육·연구·정보처리·유통시설용 건축물.
② 「산업집적활성화 및 공장설립에 관한 법률 시행령」 제6조 제5항에 따른 폐기물 수집·운반·처리 및 원료재생업, 폐수처리업, 창고업, 화물터미널 또는 그 밖에 물류시설을 설치 및 운영하는 사업, 운송업(여객운송업은 제외), 산업용기계장비임대업, 전기업 및 농공단지에 입주하는 지역특화산업용 건축물, 「도시가스사업법」 제2조 제5호에 따른 가스공급시설용 건축물 및 「집단에너지사업법」 제2조 제6호에 따른 집단에너지공급시설용 건축물.
③ 「산업기술단지 지원에 관한 특례법」에 따른 연구개발시설 및 시험생산시설용 건축물.
④ 「산업집적활성화 및 공장설립에 관한 법률」 제30조 제2항에 따른 관리기관이 산업단지의 관리, 입주기업체 지원 및 근로자의 후생복지를 위하여 설치하는 건축물(수익사업용으로 사용되는 부분은 제외).

3) 산업단지 등의 조성공사 후의 감면

산업단지 또는 산업기술단지 조성공사를 끝낸 후 산업용 건축물 등의 신축이나 증축으로 취득하는 부동산에 대해서는 취득세의 100분의 35를 2016년 12월 31일까지 경감한다.

다만, 산업단지 또는 산업기술단지 조성공사가 끝난 후에 정당한 사유 없이 3년 이내에 산업용 건축물 등을 신축하거나 증축하지 아니하는 경우에 해당 부분에 대해서는 경감된 취득세를 추징한다.

(2) 산업단지 등에서의 부동산 취득

1) 대상 지역

경감 대상이 되는 지역은 다음과 같다.

① 「산업입지 및 개발에 관한 법률」에 따라 지정된 산업단지.
② 「산업집적활성화 및 공장설립에 관한 법률」에 따른 유치지역.
③ 「산업기술단지 지원에 관한 특례법」에 따라 조성된 산업기술단지.

2) 경감 내용

산업단지 등의 취득세 경감 내용은 다음과 같다.

① 산업용 건축물 등을 건축하려는 자[공장용 건축물(「건축법」 제2조 제1항 제2호에 따른 건축물을 말함)을 건축하여 중소기업자에게 임대하려는 자를 포함]가 취득하는 부동산에 대해서는 취득세의 100분의 50을 2016년 12월 31일까지 경감한다.
② 산업단지 등에서 산업용 건축물 등을 대수선하여 취득하는 부동산에 대해서는 취득세의 100분의 25를 2016년 12월 31일까지 경감한다.

3) 추징

다음의 어느 하나에 해당하는 경우 그 해당 부분에 대해서는 감면된 취득세를 추징한다.

① 정당한 사유 없이 그 취득일부터 3년이 경과할 때까지 해당 용도로 직접 사용하지 아니하는 경우.

② 해당 용도로 직접 사용한 기간이 2년 미만인 상태에서 매각(해당 산업단지관리기관 또는 산업기술단지관리기관이 환매하는 경우는 제외)·증여하거나 다른 용도로 사용하는 경우.

(3) 한국산업단지공단의 취득

「산업집적활성화 및 공장설립에 관한 법률」에 따른 한국산업단지공단이 같은 법 제45조의 13 제1항 제3호 및 제5호의 사업을 위하여 취득하는 부동산(같은 법 제41조에 따른 환수권의 행사로 인한 취득의 경우를 포함)에 대해서는 취득세의 100분의 60을 2016년 12월 31일까지 경감한다. 다만, 취득일부터 3년 이내에 정당한 사유 없이 한국산업단지공단이 「산업집적활성화 및 공장설립에 관한 법률」 제45조의 13 제1항 제3호 및 제5호의 사업에 사용하지 아니하는 경우에 해당 부분에 대해서는 경감된 취득세를 추징한다.

(4) 조례에 의한 추가 경감

「지방세특례제한법」 제78조 제1항부터 제4항에 따라 취득세를 경감하는 경우 지방자치단체의 장은 해당 지역의 재정 여건 등을 고려하여 100분의 25(제4항 제2호 나목에 따라 취득세를 경감하는 경우에는 100분의 15)의 범위에서 조례로 정하는 율을 추가로 경감할 수 있다. 이 경우 제4조 제1항 각 호 외의 부분, 같은 조 제6항 및 제7항을 적용하지 아니한다.

7. 법인의 지방 이전에 대한 감면(지방세특례제한법 제79조)

과밀억제권역에 본점 또는 주사무소를 설치하여 사업을 직접 하는 법인이 해당 본점 또는 주사무소를 매각하거나 임차를 종료하고 대통령령으로 정하는 대도시('대도시') 외의 지역으로 본점 또는 주사무소를 이전하는 경우에 해당 사업을 직접 하기 위하여 취득하는 부동산에 대하여는 2015년 12월 31일까지 취득세를 면제한다.

다만, 법인을 이전하여 법인이 해산된 경우(합병·분할 또는 분할합병으로 인한 경우는 제외)와 법인을 이전하여 과세 감면을 받고 있는 기간에 과밀억제권역에서 이전 전에 생산하던 제품을 생산하는 법인을 다시 설치한 경우에는 감면한 취득세를 추징한다.

8. 공장의 지방 이전에 따른 감면(지방세특례제한법 제80조)

대도시에서 공장시설을 갖추고 사업을 직접 하는 자가 그 공장을 폐쇄하고 대도시 외의 지역으로서 공장 설치가 금지되거나 제한되지 아니한 지역으로 이전한 후 해당 사업을 계속하기 위하여 취득하는 부동산에 대하여는 2015년 12월 31일까지 취득세를 면제한다.

다만, 공장을 이전하여 과세 감면을 받고 있는 기간에 대도시에서 이전 전에 생산하던 제품을 생산하는 공장을 다시 설치한 경우에는 감면한 취득세를 추징한다.

(1) 공장의 범위
공장의 범위는 「지방세법 시행규칙」 별표 2에서 규정하는 업종의 공장으로서 생산설비를 갖춘 건축물의 연면적(옥외에 기계장치 또는 저장시설이 있는 경우에는 그 시설물의 수평투영면적을 포함한다)이 200㎡ 이상인 것을 말한다. 이 경우 건축물의 연면적에는 그 제조시설을 지원하기 위하여 공장 경계구역 안에 설치되는 종업원의 후생복지시설 등 각종 부대시설을 포함한다.

(2) 공장용 부동산의 요건
감면 대상이 되는 공장용 부동산은 다음의 요건을 갖춘 것이어야 한다.

① 이전한 공장의 사업을 시작하기 이전에 취득한 부동산일 것.
② 공장시설(제조장 단위별로 독립된 시설을 말함)을 이전하기 위하여 대도시 내에 있는 공장의 조업을 중단한 날까지 6개월(임차한 공장의 경우에는 2년을 말함) 이상 계속하여 조업한 실적이 있을 것. 이 경우 「수질 및 수생태계 보전에 관한 법률」

또는 「대기환경보전법」에 따라 폐수배출시설 또는 대기오염물질배출시설 등의 개선명령·이전명령·조업정지나 그 밖의 처분을 받아 조업을 중단하였을 때의 그 조업 중지기간은 조업한 기간으로 본다.

③ 대도시 외에서 그 사업을 시작한 날부터 6개월(시운전 기간은 제외) 이내에 대도시 내에 있는 해당 공장시설을 완전히 철거하거나 폐쇄할 것.

④ 토지를 취득하였을 때에는 그 취득일부터 6개월 이내에 공장용 건축물 공사를 시작하여야 하며, 건축물을 취득하거나 토지와 건축물을 동시에 취득하였을 때에는 그 취득일부터 6개월 이내에 사업을 시작할 것. 다만, 정당한 사유가 있을 때에는 6개월 이내에 공장용 건축물 공사를 시작하지 아니하거나 사업을 시작하지 아니할 수 있다.

(3) 초과액의 산정기준

감면 대상이 되는 공장용 부동산 가액의 합계액이 이전하기 전의 공장용 부동산 가액의 합계액을 초과하는 경우 그 초과액에 대해서는 취득세를 과세한다. 이 경우 초과액의 산정기준은 다음 각각의 경우와 같다. 부동산의 초과액에 대하여 과세하는 경우에는 이전한 공장용 토지와 건축물 가액의 비율로 나누어 계산한 후 각각 과세한다.

① 이전한 공장용 부동산의 가액과 이전하기 전의 공장용 부동산의 가액이 각각 「지방세법」 제10조 제5항에 따른 사실상의 취득가격 및 연부금액으로 증명되는 경우에는 그 차액.

② ① 외의 경우에는 이전한 공장용 부동산의 시가표준액과 이전하기 전의 공장용 부동산의 시가표준액의 차액.

9. 이전공공기관 등 지방이전에 대한 감면(지방세특례제한법 제81조)

(1) 공공기관의 취득

「공공기관 지방이전에 따른 혁신도시 건설 및 지원에 관한 특별법」 제2조 제2호에 따른 이전공공기관이 같은 법 제4조에 따라 국토교통부장관의 지방이전계획 승인을 받아 이전할 목적으로 취득하는 부동산에 대하여는 2015년 12월 31일까지 취득세를 면제한다.

(2) 이전공공기관의 임직원 등의 취득

다음의 감면 대상자가 해당 지역에 거주할 목적으로 주거용 건축물과 그 부속토지를 취득함으로써 대통령령으로 정하는 1가구 1주택이 되는 경우에는 다음의 감면 내용에 따라 2015년 12월 31일까지 취득세를 감면한다.

1) 감면 대상자

① 이전공공기관을 따라 이주하는 소속 임직원.

② 「신행정수도 후속대책을 위한 연기·공주지역 행정중심복합도시 건설을 위한 특별법」 제16조에 따른 이전계획에 따라 행정중심복합도시로 이전하는 중앙행정기관 및 그 소속기관(이전계획에 포함되어 있지 않은 중앙행정기관의 소속기관으로서 행정중심복합도시로 이전하는 소속기관을 포함)을 따라 이주하는 공무원(1년 이상 근무한 기간제근로자로서 해당 소속기관이 이전하는 날까지 계약이 유지되는 종사자 및 「국가공무원법」 제26조의 4에 따라 견습으로 근무하는 자를 포함).

③ 행정중심복합도시건설청 및 세종청사관리소 소속 공무원.

2) 감면 내용

① 전용면적 85㎡ 이하의 주거용 건축물과 그 부속토지: 면제.

② 전용면적 85㎡ 초과 102㎡ 이하의 주거용 건축물과 그 부속토지: 1,000분의 750을 경감.

③ 전용면적 102㎡ 초과 135㎡ 이하의 주거용 건축물과 그 부속토지: 1,000분의 625를 경감.

3) 추징

취득세를 감면받은 사람이 사망, 혼인, 해외 이주, 정년퇴직, 파견 근무 또는 부처교류로 인한 근무지역의 변동 등의 정당한 사유 없이 다음의 어느 하나에 해당하는 경우에는 감면된 취득세를 추징한다.

① 이전공공기관 또는 중앙행정기관 등의 이전일(이전공공기관의 경우에는 이전에 따른 등기일 또는 업무개시일 중 빠른 날을 말하며, 중앙행정기관 등의 경우에는 업무개시일을 말함) 전에 주거용 건축물과 그 부속토지를 매각하거나 증여한 경우.

② 해당 기관의 이전일(이전공공기관 또는 중앙행정기관 등에 소속된 임직원 또는 공무원의 경우만 해당) 또는 주거용 건축물과 그 부속토지의 취득일로부터 2년 이내에 주거용 건축물과 그 부속토지를 매각하거나 증여한 경우.

4) 환급

이전공공기관, 중앙행정기관 등, 행정중심복합도시건설청 및 세종청사관리소('감면대상기관'이라 함)의 소속 임직원 또는 공무원(소속기관의 장이 인정하여 주택특별공급을 받은 사람을 포함)으로서 해당 지역에 거주할 목적으로 주거용 건축물과 그 부속토지를 취득하기 위한 계약을 체결하였으나 취득시에 인사발령으로 감면대상기관 외의 기관에서 근무하게 되어 취득세 감면을 받지 못한 사람이 3년 이내의 근무기간을 종료하고 감면대상기관으로 복귀하였을 때에는 이미 납부한 세액에서 감면을 적용하였을 경우의 납부세액을 뺀 금액을 환급한다.

10. 시장정비사업에 대한 감면(지방세특례제한법 제83조)

(1) 시장정비사업시행자의 취득

「전통시장 및 상점가 육성을 위한 특별법」 제37조에 따라 승인된 시장정비구역에서 시장정비사업을 추진하려는 자('시장정비사업시행자'라 함)가 해당 사업에 직접 사용하기 위하여 취득하는 부동산에 대하여는 2015년 12월 31일까지 취득세를 면제한다.

(2) 시장정비사업시행자로부터의 취득

시장정비구역에서 대통령령으로 정하는 자가 시장정비사업시행자로부터 시장정비사업시행에 따른 부동산을 최초로 취득하는 경우 해당 부동산(주거용 부동산은 제외)에 대하여는 2015년 12월 31일까지 취득세를 면제한다.

'대통령령으로 정하는 자'란 시장정비사업시행인가일 현재 기존의 전통시장(「전통시장 및 상점가 육성을 위한 특별법」 제2조 제1호에 따른 전통시장을 말함)에서 3년 전부터 계속하여 입점한 상인 또는 시장정비사업시행인가일 현재 전통시장에서 부동산을 소유한 자를 말한다.

(3) 추징
「전통시장 및 상점가 육성을 위한 특별법」 제38조에 따라 사업추진계획의 승인이 취소되는 경우, 그 취득일부터 3년 이내에 정당한 사유 없이 그 사업에 직접 사용하지 아니하거나 매각·증여하는 경우와 다른 용도에 사용하는 경우 감면된 취득세를 추징한다.

Chapter 09 | 공공행정 등에 대한 지원

1. 한국법무보호복지공단 등에 대한 감면(지방세특례제한법 제85조)

(1) 갱생보호사업

「보호관찰 등에 관한 법률」에 따른 한국법무보호복지공단 및 같은 법에 따라 갱생보호사업의 허가를 받은 비영리법인이 갱생보호사업에 직접 사용하기 위하여 취득하는 부동산에 대하여는 2015년 12월 31일까지 취득세를 면제한다.

(2) 민영교도소

「민영교도소 등의 설치·운영에 관한 법률」 제2조 제4호에 따른 민영교도소 등을 설치·운영하기 위하여 취득하는 부동산에 대하여는 취득세의 100분의 75를 2014년 12월 31일까지 경감한다.

2. 지방공기업 등에 대한 감면(지방세특례제한법 제85조의 2)

(1) 지방공사

「지방공기업법」에 따라 설립된 지방공사(농수산물공사 및 도시철도공사를 제외)가 그 고유업무에 직접 사용하기 위하여 취득하는 부동산에 대해서는 취득세의 100분의 50(100분의 50의 범위에서 조례로 따로 정하는 경우에는 그 율)에 지방자치단체의 주식소유비율[해당 지방공사의 발행주식총수에 대한 지방자치단체의 소유주식(「지방공기업법」 제53조 제4항에 따라 지방자치단체가 출자한 것으로 보는 주식을 포함) 수의 비율을 말한다]을 곱한 금액을 2016년 12월 31일까지 경감한다.

(2) 지방공단

「지방공기업법」에 따라 설립된 지방공단이 그 고유업무에 직접 사용하기 위하여 취득하는 부동산에 대해서는 취득세의 100분의 100(100분의 100의 범위에서 조례로 따로 정하는 경우에는 그 율)을 2016년 12월 31일까지 감면한다.

(3) 지방자치단체가 출자한 법인

지방자치단체가 자본금 또는 재산을 출연하여 설립한 「상법」에 따른 주식회사('출자법인'이라 함) 또는 「민법」에 따른 재단법인('출연법인'이라 함)이 그 고유업무에 직접 사용하기 위하여 취득하는 부동산에 대해서는 취득세의 100분의 50(100분의 50 범위에서 조례로 따로 정하는 경우에는 그 율)에 다음 각각의 구분에 따른 비율('출자·출연비율'이라 함)을 곱한 금액을 2016년 12월 31일까지 경감한다.

① 출자법인의 발행주식총수에 대한 지방자치단체의 소유주식(지방자치단체가 설립한 지방공사가 출자한 주식은 그 지방자치단체가 출자한 것으로 봄) 수의 비율.
② 출연법인이 출연받은 재산총액에 대한 지방자치단체의 출연 재산(지방자치단체가 설립한 지방공사가 출연한 재산은 그 지방자치단체가 출연한 것으로 봄)의 비율.

(4) 한국지역정보개발원

「전자정부법」 제72조에 따른 한국지역정보개발원이 그 고유업무에 직접 사용하기 위하여 취득하는 부동산에 대해서는 취득세의 100분의 25를 2016년 12월 31일까지 경감한다.

3. 주한미군 임대용 주택 등에 대한 감면(지방세특례제한법 제86조)

한국토지주택공사가 주한미군에 임대하기 위하여 취득하는 임대주택용 부동산에 대하여는 2015년 12월 31일까지 취득세를 면제한다.

4. 새마을금고 등에 대한 감면(지방세특례제한법 제87조)

(1) 신용협동조합

「신용협동조합법」에 따라 설립된 신용협동조합에 대해서는 다음 각각에서 정하는 바에 따라 2016년 12월 31일까지 취득세를 경감한다.

① 신용협동조합: 신용협동조합(중앙회는 제외)이 「신용협동조합법」 제39조 제1항 제1호·제2호 및 제4호의 업무에 직접 사용하기 위하여 취득하는 부동산에 대해서는 2015년 12월 31일까지 취득세를 면제한다.
② 신용협동조합중앙회: 「신용협동조합법」에 따라 설립된 신용협동조합중앙회가 같은 법 제78조 제1항 제1호 및 제2호의 업무에 직접 사용하기 위하여 취득하는 부동산에 대해서는 2016년 12월 31일까지 취득세의 100분의 25를 경감한다.

(2) 새마을금고중앙회

「새마을금고법」에 따라 설립된 새마을금고중앙회가 같은 법 제67조 제1항 제1호 및 제2호의 업무에 직접 사용하기 위하여 취득하는 부동산에 대해서는 2016년 12월 31일까지 취득세의 100분의 25를 경감한다.

5. 새마을운동조직 등에 대한 감면(지방세특례제한법 제88조)

(1) 새마을운동조직

「새마을운동조직육성법」을 적용받는 새마을운동조직이 그 고유업무에 직접 사용하기 위하여 취득하는 부동산(임대용 부동산은 제외)에 대하여는 취득세를 2016년 12월 31일까지 면제한다.

(2) 기타 단체

다음의 법인이 그 고유업무에 직접 사용하기 위하여 취득하는 부동산(임대용 부동산은 제외한다)에 대하여는 취득세를 2014년 12월 31일까지 면제한다.

① 「한국자유총연맹 육성에 관한 법률」에 따른 한국자유총연맹.
② 「대한민국재향군인회법」에 따른 대한민국재향군인회.

6. 정당에 대한 면제(지방세특례제한법 제89조)

「정당법」에 따라 설립된 정당이 해당 사업에 사용하기 위하여 취득하는 부동산에 대하여는 취득세를 면제한다. 다만, 다음의 어느 하나에 해당하는 경우 그 해당 부분에 대해서는 면제된 취득세를 추징한다.

① 수익사업에 사용하는 경우.
② 정당한 사유 없이 그 취득일부터 3년이 경과할 때까지 해당 용도로 직접 사용하지 아니하는 경우.
③ 해당 용도로 직접 사용한 기간이 2년 미만인 상태에서 매각·증여하거나 다른 용도로 사용하는 경우.

7. 마을회 등에 대한 감면(지방세특례제한법 제90조)

대통령령으로 정하는 마을회 등 주민공동체('마을회 등'이라 한다)의 주민 공동소유를 위한 부동산 및 선박을 취득하는 경우 취득세를 2019년 12월 31일까지 면제한다. 다만, 다음의 어느 하나에 해당하는 경우 그 해당 부분에 대해서는 면제된 취득세를 추징한다.

① 수익사업에 사용하는 경우.
② 정당한 사유 없이 그 취득일부터 1년이 경과할 때까지 해당 용도로 직접 사용하지

아니하는 경우.

③ 해당 용도로 직접 사용한 기간이 2년 미만인 상태에서 매각·증여하거나 다른 용도
로 사용하는 경우.

8. 재외 외교관 자녀 기숙사용 부동산에 대한 과세특례(지방세 특례제한법 제91조)

사단법인 한국외교협회의 재외 외교관 자녀 기숙사용 토지 및 건축물에 대한 취득세
는 「지방세법」 제11조 제1항의 세율에도 불구하고 1,000분의 20을 적용하여 과세한다.
다만, 다음의 어느 하나에 해당하는 경우 그 해당 부분에 대해서는 감면된 취득세 및 등
록면허세를 추징한다.

① 수익사업에 사용하는 경우.

② 정당한 사유 없이 그 취득일부터 1년이 경과할 때까지 해당 용도로 직접 사용하지
아니하는 경우.

③ 해당 용도로 직접 사용한 기간이 2년 미만인 상태에서 매각·증여하거나 다른 용도
로 사용하는 경우.

9. 천재지변 등으로 인한 대체취득에 대한 감면(지방세특례제한 법 제92조)

천재지변, 소실, 도괴(倒壞), 그 밖의 불가항력으로 멸실 또는 파손된 건축물·선박·자
동차 및 기계장비를 그 멸실일 또는 파손일부터 2년 이내에 다음의 어느 하나에 해당하
는 취득의 경우에는 취득세를 면제한다. 다만, 새로 취득한 건축물의 연면적이 종전의
건축물의 연면적을 초과하거나 새로 건조, 종류 변경 또는 대체취득한 선박의 톤수가 종
전의 선박의 톤수를 초과하는 경우 및 새로 취득한 자동차 또는 기계장비의 가액이 종
전의 자동차 또는 기계장비의 가액(신제품구입가액을 말함)을 초과하는 경우에 그 초과

부분에 대하여는 취득세를 부과한다.

① 복구를 위하여 건축물을 건축 또는 개수하는 경우.

② 선박을 건조하거나 종류 변경을 하는 경우.

③ 건축물·선박·자동차 및 기계장비를 대체취득하는 경우.

Chapter 10 | 지방세특례제한법 보칙

1. 감면 제외 대상

「지방세특례제한법」상의 지방세 감면을 적용할 때 「지방세법」제13조 제5항에 따른 별장, 골프장, 고급 주택, 고급 오락장 및 고급 선박 등 부동산 등은 감면 대상에서 제외한다.

2. 감면된 취득세의 추징

부동산에 대한 감면을 적용할 때 「지방세특례제한법」에서 특별히 규정한 경우를 제외하고는 다음의 어느 하나에 해당하는 경우 그 해당 부분에 대해서는 감면된 취득세를 추징한다.

① 정당한 사유 없이 그 취득일부터 1년이 경과할 때까지 해당 용도로 직접 사용하지 아니하는 경우.

② 해당 용도로 직접 사용한 기간이 2년 미만인 상태에서 매각·증여하거나 다른 용도로 사용하는 경우.

3. 중복 감면의 배제

동일한 과세 대상에 대하여 지방세를 감면할 때 둘 이상의 감면 규정이 적용되는 경우에는 그중 감면율이 높은 것 하나만을 적용한다.

다만, 제73조(토지수용 등으로 인한 대체취득에 대한 감면), 제74조(도시개발사업 등에 대한 감면), 제92조(천재지변 등으로 인한 대체취득에 대한 감면) 및 제92조의 2(자동계좌이체 납부에 대한 세액공제)의 규정과 다른 규정은 두 개의 감면규정(제73조, 제74조 및 제92조 간에 중복되는 경우에는 그중 감면율이 높은 것 하나만을 적용)을 모두 적용할 수 있다.

4. 지방세 특례의 사전·사후관리

(1) 기본계획의 수립
행정자치부장관은 매년 2월 말까지 지방세 특례 및 그 제한에 관한 기본계획을 수립하여 중앙행정기관의 장에게 통보하여야 한다.

(2) 지방세감면건의서
중앙행정기관의 장은 그 소관 사무로서 지방세를 감면하려는 경우에는 감면이 필요한 사유, 세목 및 세율, 감면 기간, 지방세 수입 증감 추계, 관련 사업계획서, 예산서 및 사업수지 분석서 및 조세부담능력 등을 적은 지방세감면건의서('지방세감면건의서'라 함)를 매년 4월 20일까지 행정자치부장관에게 제출하여야 한다.

(3) 감면평가서
대통령령으로 정하는 지방세 특례 사항에 대하여 중앙행정기관의 장은 지방세 감면으로 인한 효과 분석 및 지방세 감면제도의 존치 여부 등에 대한 의견서('지방세감면평가서'라 함)를 매년 4월 20일까지 행정자치부장관에게 제출하여야 한다.

(4) 감면건의서 등의 지방자치단체장에게 제출
중앙행정기관의 장은 조례에 따른 지방세 감면제도의 신설, 연장 또는 폐지 등을 요청하려는 경우에는 지방세감면건의서 또는 지방세감면평가서를 해당 지방자치단체의 장에게 제출하여야 한다.

5. 지방자치단체의 감면율 자율 조정

(1) 감면율 자율 조정

지방자치단체는 「지방세특례제한법」에 따른 지방세 감면 중 지방세 감면 기한이 연장되는 경우에는 지방자치단체의 재정 여건, 감면 대상자의 조세부담능력 등을 고려하여 해당 조에 따른 지방세 감면율을 100분의 50의 범위에서 조례로 인하하여 조정할 수 있다. 이 경우 면제는 감면율 100분의 100에 해당하는 것으로 본다.

(2) 자율 조정이 불가능한 경우

지방자치단체는 사회적 취약계층 보호, 공익 목적, 그 밖에 전국적으로 동일한 지방세 감면이 필요한 경우 등으로 대통령령으로 정하는 사항에 대하여는 지방세 감면율을 인하하여 조정할 수 없다.

대통령령이 정하는 사항은 다음과 같다.
① 「지방세특례제한법」 제6조(자경농민의 농지 등에 대한 감면).
② 「지방세특례제한법」 제17조(장애인용 자동차에 대한 감면).
③ 「지방세특례제한법」 제29조(국가유공자 등에 대한 감면).

취득세 실무

초판 1쇄 2015년 6월 15일

지은이 최용원
펴낸이 전호림 **편집총괄** 고원상 **담당PD** 신수엽 **펴낸곳** 매경출판㈜
등 록 2003년 4월 24일(No. 2-3759)
주 소 우)100-728 서울특별시 중구 퇴계로 190 (필동 1가) 매경미디어센터 9층
홈페이지 www.mkbook.co.kr
전 화 02)2000-2610(기획편집) 02)2000-2636(마케팅) 02)2000-2606(구입 문의)
팩 스 02)2000-2609 **이메일** publish@mk.co.kr
인쇄·제본 ㈜M-print 031)8071-0961

ISBN 979-11-5542-306-6(93360)
값 48,000원